Uni-Taschenbücher 172

W0319064

UTB

Eine Arbeitsgemeinschaft der Verlage

Birkhäuser Verlag Basel und Stuttgart
Wilhelm Fink Verlag München
Gustav Fischer Verlag Stuttgart
Francke Verlag München
Paul Haupt Verlag Bern und Stuttgart
Dr. Alfred Hüthig Verlag Heidelberg
J. C. B. Mohr (Paul Siebeck) Tübingen
Quelle & Meyer Heidelberg
Ernst Reinhardt Verlag München und Basel
F. K. Schattauer Verlag Stuttgart-New York
Ferdinand Schöningh Verlag Paderborn
Eugen Ulmer Verlag Stuttgart
Vandenhoeck & Ruprecht in Göttingen und Zürich
Verlag Dokumentation München-Pullach
Westdeutscher Verlag/Leske Verlag Opladen

INHALT

EINLEITUNG

Es gehört zu den Zeichen der Zeit, die nachdenklich stimmen müssen, daß ein Werk von Joseph Schumpeter ins Deutsche übertragen werden muß und für den deutsch sprechenden Leser einer Einführung bedarf. Wenig mehr als ein Menschenalter ist verflossen, seit der damals 25-jährige junge Gelehrte durch sein Erstlingswerk («Das Wesen und der Hauptinhalt der theoretischen Nationalökonomie», München und Leipzig, 1908) als die große Hoffnung der österreichischen Schule der Nationalökonomie auf den Plan trat. Knapp zwei Jahrzehnte sind vergangen, seit die Berufung des inzwischen in der ganzen wissenschaftlichen Welt zu Ruf und Ruhm gelangten Theoretikers an die Universität Bonn die Hoffnung erweckte, daß endlich auch in Deutschland die in der Zeit der Herrschaft der Schmollerschule unheilvoll vernachlässigte Theorie zur Anerkennung gelange und daß von Schumpeters Wirken die Heranziehung einer neuen wissenschaftlichen Generation zu erwarten sei. Aber 1932 hat Schumpeter, der schon in jungen Jahren eine enge Verbindung zu den USA. und der amerikanischen Wissenschaft gefunden hatte, in richtiger Erkenntnis der für die Wissenschaft – und wahrlich nicht nur für diese – tödlichen Bewegung, die in Deutschland im Gang war, Bonn verlassen und ist einem Ruf an die Universität Harvard gefolgt. Er hat dort seine Konjunkturtheorie, die bereits einen Stützpfeiler seines theoretischen Hauptwerkes in deutscher Sprache darstellte («Theorie der wirtschaftlichen Entwicklung», München und Leipzig 1912, ebd. 4. Auflage 1935), weiter ausgearbeitet und hat im Jahre 1939 sein theoretisches Hauptwerk in englischer Sprache veröffentlicht, das unter Vereinigung der wissenschaftlichen Methoden des deutschen und des angloamerikanischen Gebiets die erste umfassende, zugleich theoretische, geschichtliche und statistische Analyse der kapitalistischen Entwicklung gibt («Business Cycles. A theoretical, historical and statistical analysis of the capitalist process», 2 Bde. Newyork 1939). Diesem Werk ist drei Jahre später das hier über-

tragene Buch «Capitalism, Socialism and Democracy» (Newyork 1942) gefolgt, das seit seinem Erscheinen in den angelsächsischen Ländern starke Beachtung gefunden und lebhafteste Diskussionen hervorgerufen hat und auf dessen Bedeutung auch in der Schweiz mehrfach hingewiesen worden ist. (Vgl. außer meiner Besprechung «Nochmals: ein dritter Weg?» in der Zeitschrift für schweizerische Statistik und Volkswirtschaft 1944 u. a. noch den Artikel von W. A. Jöhr «Sozialismus?» in Schweizer Monatshefte 1945).

Das neue Buch stellt – wie alle Arbeiten von Schumpeter – an den Leser, auch an den wissenschaftlich geschulten Leser, nicht geringe Anforderungen. Es verlangt von ihm vor allem, daß er bereit ist, den Gedankengängen des Autors zu folgen, auch wenn sie seinen eingewurzelten politischen oder theoretischen Anschauungen widersprechen. Und daß sie widersprechen – dem einen Leser in diesem, dem andern in jenem Punkt, und vielleicht vielen Lesern in nahezu allen Punkten –, das dürfte gewiß sein.

Denn so wenig wie früher bewegt sich Schumpeter in diesem Buch auf altvertrauten Bahnen, und so wenig wie sonst läßt er sich in irgend ein Schema, für irgend eine Schule, für irgend eine Partei einspannen. Er entstammt der österreichischen Grenznutzenschule; aber ein theoretisch geschulter Leser wird erkennen, daß er mindestens so viel bei Pareto – auch bei dem Soziologen Pareto – gelernt hat und daß er bereit ist, wenn das ihm gerade vorliegende Problem es erfordert, jedes zweckmäßige theoretische Werkzeug zu ergreifen, gleichviel wo es fabriziert wurde.

Schumpeter ist Sozialist. Aber kein Sozialist, gehöre er zu den Marxisten oder zu den Fabiern, wird seinen Sozialismus bei Schumpeter finden. Nirgendwo sonst in der wissenschaftlichen Literatur sind daher auch die Grenzen der theoretischen Leistung von Marx mit solcher Schärfe abgesteckt wie von diesem Sozialisten; aber vielleicht ist auch nirgendwo sonst die außerordentliche Größe der Marxschen Leistung so unvoreingenommen und bleibend gewürdigt wie von diesem Nicht-Marxisten.

Dieses Doppelantlitz zeigt sich auch auf anderen Gebieten. Nirgendwo sonst, außer vielleicht bei Marx selbst, wird mit solcher Sicherheit das Ende des Kapitalismus als nahe bevorstehend «wissenschaftlich» erwiesen; aber nirgendwo sonst, außer vielleicht wieder bei Marx und auch noch bei Sombart, wird gleichzeitig die ökonomische und soziale

Bedeutung des Kapitalismus so fast emphatisch gepriesen. Nirgendwo sonst wird die Rolle der Monopole als der eigentlichen Totengräber des Kapitalismus so unausweichlich aufgezeigt; aber nirgendwo sonst wird auch die wirtschaftliche, soziale und vor allem die konjunktur-stabilisierende Bedeutung eben dieser Monopole so stark – vielleicht gar übertrieben – unterstrichen.

Einer besonderen Hervorhebung bedürfen vielleicht noch Schumpeters Ausführungen über die Demokratie, da sie auf dem europäischen Kontinent leicht einem Mißverständnis ausgesetzt sein können. Es sei daher hier unterstrichen – was Schumpeter im Text selbst ausführt –, daß er die Gültigkeit der klassischen Lehre der Demokratie für die Schweiz *in keiner Weise bestreitet. Dies ist festzuhalten, auch wenn man die Gründe, aus denen die schweizerische Demokratie der Verwirklichung der klassischen Doktrin noch so nahe kommt, hier aus der Nähe anders sehen und formulieren wird, als Schumpeter es von der Ferne tut. Auf der andern Seite besteht aber gerade auf dem Kontinent und gerade in der Situation von heute aller Anlaß, sich die Erkenntnis von Schumpeter zu eigen zu machen, daß sich sowohl die englische wie erst recht die amerikanische Demokratie grundlegend von der schweizerischen unterscheidet, und es besteht darum sachlich wie politisch die dringende Notwendigkeit, sich mit Schumpeters Theorie der Demokratie als des Konkurrenzkampfes um die Führung eindringlich auseinanderzusetzen. Nur auf diese Weise läßt sich die gebräuchliche und mißbräuchliche Verwendung, die das Wort jetzt im Kampf um die Neuverteilung der Welt von allen Seiten findet, weitgehend vermeiden, und nur so besteht die Möglichkeit, durch den Schleier der Worte zu den Tatsachen selbst hindurch zu stoßen.*

Das Buch muß also Widerspruch erregen, und es wird vermutlich eben dadurch seine starke Wirkung auch in den deutschsprechenden Ländern ausüben. Joan Robinson hat in einer ausgezeichneten Besprechung (Economic Journal 1943) ihre Ansicht dahin zusammengefaßt, daß dieses Buch, ob es überzeugt oder nicht, den ganzen «Papageienkäfig» zeitgenössischer ökonomischer Theoretiker, der Orthodoxen von rechts und von links und des Zentrums, aufwiegt. Man wird dieser Ansicht, auch wenn man sie vielleicht mit Rücksicht auf die Betroffenen etwas höflicher fassen mag, nur zustimmen können: Schumpeter ist in diesem Buch seiner alten Art und Arbeitsweise treu geblieben. Auch der 60-jährige Gelehrte verfügt noch über das Feuer und über die

Sprunghaftigkeit der Jugend; auch der in Amerika heimisch Gewordene verrät noch die alt-österreichische Freude an bildhaften und paradoxen Gedanken; auch der überzeugte Sozialist versagt sich nicht den Blick hinter *den Schleier ... Man mag sich darüber verwundern, mag sich daran stoßen; doch lasse man sich drob den Blick nicht trüben für die einsame Genialität des Menschen und des Buches. In einer Zeit, in der wieder die Gefahr besteht, daß kleine Geister ihre gewiß unentbehrliche Kärrner-Arbeit für den Inhalt und die Aufgabe der Wissenschaft und insonderheit der Theorie halten, kann, auch wer in vielen Punkten andrer Ansicht ist, nur mit heller Freude ein Buch aus der Hand legen, über das die Goldkörner des lebendigen, originalen – und sei es auch eigenwilligen – Denkens in reichem Maße verstreut sind.*

Angesichts der Schwierigkeiten, die in den Monaten, in denen Dr. Susanne Preiswerk *die Übertragung vornahm, noch einer regelmäßigen postalischen Verbindung mit den Vereinigten Staaten im Wege standen, hat Schumpeter die Gestaltung der deutschen Ausgabe völlig dem Unterzeichneten überlassen. Nur in einem Punkt schien es diesem angezeigt, von dem englischen Original wesentlich abzuweichen: der fünfte Teil, der eine historische Skizze einiger sozialistischer Parteien enthält, ist so sehr auf den amerikanischen Leser ausgerichtet, bei dem minimale Kenntnisse der europäischen Entwicklung vorausgesetzt werden, daß es unnötig schien, diesen Teil in der deutschen Ausgabe zu bringen. Nur der letzte Abschnitt des fünften Teils, der eine Art von Ausblick darstellt, wurde als Nachwort den ersten vier Teilen angefügt. Im Übrigen glaubte der Unterzeichnete dem in ihn gesetzten Vertrauen dadurch am besten zu entsprechen, daß er die Übertragung Wort für Wort verglich und somit zur Hoffnung berechtigt ist, daß der deutsche Text dem deutsch geborenen Verfasser als wirkliche Wiedergabe seiner Gedanken in einer seiner Eigenwilligkeit von Wort und Stil entsprechenden Form erscheint und zugleich von dem Leser nicht mehr verlangt als die volle Bereitschaft zur eigenen gedanklichen Mitarbeit.*

Basel, Oktober 1945. *Edgar Salin*

VORWORT

Dieses Buch ist die Frucht meiner Bemühung, die Summe einer beinahe vierzigjährigen Gedankenarbeit, Beobachtung und Forschung über das Thema des Sozialismus in eine lesbare Form zu gießen. Das Problem der Demokratie hat sich den Platz, den es nun in diesem Buch einnimmt, dadurch erzwungen, daß es sich als unmöglich erwiesen hat, meine Ansichten über die Beziehung zwischen sozialistischer Gesellschaftsordnung und demokratischer Regierungsform ohne eine ausführlichere Analyse der letzteren darzulegen.

Meine Aufgabe hat sich als schwieriger herausgestellt, als ich es mir vorgestellt hatte. Das heterogene Material, das zu ordnen war, spiegelte teilweise die Ansichten und Erfahrungen eines Menschen wider, der zu verschiedenen Zeiten seines Lebens mehr Beobachtungsmöglichkeiten hatte, als ein Nicht-Sozialist sie gewöhnlich hat, und der auf das, was er sah, auf unkonventionelle Art reagiert hat. Ich habe nicht den Wunsch, diese Spuren zu verwischen; hätte ich versucht, sie auszulöschen, wäre viel von dem Interesse, das dieses Buch finden mag, verloren gegangen.

Überdies spiegelte dieses Material auch die analytischen Bemühungen eines Menschen wider, der zwar stets ernsthaft versuchte, unter die Oberfläche vorzustoßen, doch niemals für längere Zeit die Probleme des Sozialismus zum Hauptziel seiner Forschertätigkeit machte und deshalb zu einigen Punkten viel mehr zu sagen hat als zu andern. Um den Eindruck zu vermeiden, daß ich einen wohlabgewogenen Grundriß zu schreiben beabsichtigte, hielt ich es für das beste, mein Material um zentrale Themen zu gruppieren. Selbstverständlich wurden Verbindungsglieder und -brücken zwischen ihnen hergestellt, und ich hoffe, daß so etwas wie eine systematische Einheit der Darstellung erreicht wurde. Aber ihrem Wesen nach sind sie, wenn auch nicht unabhängige, so doch weitgehend in sich geschlossene Einzelanalysen.

Der erste Teil faßt, auf eine nichttechnische Art und Weise, das zusammen, was ich über die Marxsche Lehre zu sagen habe – tatsächlich habe ich dies während Jahrzehnten gelehrt. Die Diskussion der Hauptprobleme des Sozialismus durch eine Darlegung des Evangeliums einzuleiten, wäre das Natürliche für einen Marxisten. Was aber ist der Zweck solch einer Darlegung in der Vorhalle eines Hauses, das von einem gebaut ist, der kein Marxist ist? Sie steht da, um Zeugnis abzulegen, daß dieser Nicht-Marxist an die einzigartige Bedeutung dieser Botschaft glaubt, eine Bedeutung, die von Annahme oder Ablehnung vollständig unabhängig ist. Dadurch wird freilich die Lektüre schwierig. Auch werden keine Marxschen Werkzeuge in dem nachfolgenden Werk verwendet. Obschon seine Ergebnisse immer wieder mit den Sätzen des einen großen sozialistischen Denkers verglichen werden, können deshalb die Leser, die sich nicht für den Marxismus interessieren, sogleich mit Teil II beginnen.

Im zweiten Teil – «Kann der Kapitalismus weiterleben?» – habe ich zu zeigen versucht, daß eine sozialistische Gesellschaftsform unvermeidlich aus einer ebenso unvermeidlichen Auflösung der kapitalistischen Gesellschaft entstehen wird. Manche Leser werden sich fragen, warum ich eine so mühsame und komplizierte Analyse für nötig erachte, um das festzustellen, was nun rasch zur allgemeinen Ansicht selbst der Konservativen wird. Der Grund liegt darin, daß die meisten von uns zwar einig sind über das Ergebnis, nicht jedoch über die Natur des Prozesses, der den Kapitalismus umbringt, und über die genaue Bedeutung, die dem Wort «unvermeidlich» beizulegen ist. In der Meinung, daß die meisten vorgebrachten Argumente – sowohl in Marxschen wie in mehr populären Bahnen – falsch sind, hielt ich es für meine Pflicht, beträchtliche eigene Mühe aufzuwenden, aber sie auch dem Leser zuzumuten, um letzten Endes zu meiner paradoxen Schlußfolgerung zu kommen: Der Kapitalismus wird durch seine eigenen Errungenschaften umgebracht.

Nachdem wir, wie ich hoffe, erkannt haben, daß der Sozialismus ein praktischer Vorschlag ist, der im Gefolge des gegenwärtigen Krieges vielleicht *unmittelbar* zur Verwirklichung kommt, werden wir im dritten Teil – «Kann der Sozialismus funktionieren?» – einen weiten Bereich von Problemen behandeln, die von Bedeutung sind für die Bedingungen, unter denen von einer sozialistischen Ordnung ein wirtschaftlicher Erfolg erwartet werden kann. Dieser Teil kommt am nächsten an eine abgewogene Behandlung ihrer verschiedenen Seiten, einschließlich der «Übergangs»-Probleme, heran. Liebe und Haß haben die Ergebnisse aller bisher unternommenen, ernsthaften Untersuchungen dieser Frage – viel ist es nicht – so sehr getrübt, daß hie und da sogar die bloße Wiederholung weithin anerkannter Ansichten gerechtfertigt schien.

Der vierte Teil – «Sozialismus und Demokratie» – ist ein Beitrag zu einer Kontroverse, die schon seit einiger Zeit in den Vereinigten Staaten im Gang ist. Es sollte indessen beachtet werden, daß in diesem Teil nur die grundsätzliche Frage behandelt wird. Tatsachen und Erläuterungen, die für dieses Thema von Belang sind, finden sich über das ganze Buch verstreut[1].

Kein Teil dieses Buches ist bisher im Druck erschienen. Ein früher Entwurf der Argumente des zweiten Teils hat indessen die Grundlage zu einem Vortrag gebildet, den ich an der Graduate School des U. S. Department of Agriculture am 18. Januar 1936 hielt und der von dieser Schule vervielfältigt wurde. Ich möchte dem Präsidenten des Vortragsausschusses Mr. A. C. Edwards meinen Dank dafür aussprechen, daß er mir die Aufnahme einer erweiterten Fassung in dieses Buch gestattet hat.

Joseph A. Schumpeter

Taconic, Conn.,
März 1942.

---

[1] [Im folgenden Abschnitt sagt der Verfasser über den fünften Teil, der, wie in der Einleitung (S. 10) begründet, in der deutschen Übertragung fortblieb: «Der fünfte Teil ist eine Skizze. Mehr als in den andern Teilen habe ich mich willentlich auf das beschränkt, was ich auf Grund persönlicher Beobachtung und sehr fragmentarischer Forschung zu sagen hatte. Deshalb ist das in diesem Teil aufgenommene Material ohne Zweifel bedauerlich unvollständig. Aber was darin ist, ist lebensvoll.»]

ERSTER TEIL

DIE MARXSCHE LEHRE

PROLOG

Die meisten Schöpfungen des Verstands oder der Phantasie entschwinden für ewig nach einer Frist, die zwischen einer Stunde nach dem Essen und einer Generation variieren kann. Einige jedoch nicht. Sie tauchen wohl unter, doch sie kehren zurück, und sie kehren zurück nicht als unerkennbare Elemente des Kulturerbes, sondern in ihrem eigenen Kleid und mit ihren persönlichen Wunden, die man sehen und berühren kann. Diese Schöpfungen dürfen wir die großen nennen, – es ist kein Nachteil dieser Definition, daß sie Größe und Vitalität miteinander verbindet. In diesem Sinne kann das Wort zweifellos auf die Botschaft Marxens angewandt werden. Doch ergibt sich ein weiterer Vorteil, wenn wir Größe durch Wiederauferstehung definieren: sie wird dadurch unabhängig von unserer Liebe oder unserm Haß. Wir brauchen nicht zu glauben, daß eine große Leistung notwendigerweise eine Quelle des Lichts oder ohne Fehler in den Grundlagen und den Einzelheiten sein muß. Im Gegenteil, wir können sie für eine Macht der Finsternis halten; wir können sie als grundsätzlich falsch ansehen oder über jede beliebige Zahl von Einzelpunkten anderer Meinung sein. Im Fall des Marxschen Systems dient solch ein negatives Urteil, ja selbst eine exakte Widerlegung, gerade dadurch daß beide nicht tödlich treffen, nur dazu, die Macht seines Baus hervortreten zu lassen.

Die letzten zwanzig Jahre waren Zeugen einer höchst interessanten Marxschen Auferstehung. Daß der große Lehrer des sozialistischen Glaubensbekenntnisses in Sowjetrußland zu seinem Recht gekommen ist, ist nicht überraschend. Und es ist nur kennzeichnend für solche Heiligsprechungsprozesse, daß zwischen dem wahren Sinn von Marxens Botschaft und der bolschewistischen Praxis und Ideologie mindestens ein ebenso großer Abstand klafft wie einst zwischen der Religion von schlichten Galiläern und der Praxis und Ideologie der Kirchenfürsten und Kriegsherren des Mittelalters.

Doch eine andere Auferstehung ist weniger einfach zu erklären – die Marxsche Auferstehung in den Vereinigten Staaten. Diese Erscheinung ist so interessant, weil es bis zu den zwanziger Jahren eine marxistische Strömung von Bedeutung weder in der amerikanischen Arbeiterbewegung noch in der Gedankenwelt des amerikanischen Intellektuellen gab. Was dort an Marxismus vorhanden war, ist immer oberflächlich, belanglos und ohne Ansehen gewesen. Zudem rief der bolschewistische Typ der Auferstehung keinen entsprechenden Aufschwung in jenen Ländern hervor, die vorher am stärksten mit Marxologie durchtränkt gewesen waren. In Deutschland vornehmlich, das von allen Ländern die stärkste marxistische Tradition hatte, blieb zwar eine kleine orthodoxe Sekte während des sozialistischen Hochschwunges nach dem Kriege wie schon vorher in der vorangegangenen Depression am Leben. Aber die Führer des sozialistischen Denkens (und zwar nicht nur diejenigen, die mit der sozial-demokratischen Partei verbündet waren, sondern auch jene, die in praktischen Fragen weit über deren vorsichtigen Konservativismus hinausgingen) zeigten wenig Neigung, zu den alten Grundsätzen zurückzukehren; während sie der Gottheit huldigten, hielten sie sie wohlweislich in einiger Distanz und urteilten in ökonomischen Fragen genau wie andere Ökonomen. Außerhalb Rußlands steht daher das amerikanische Phänomen allein. Wir befassen uns nicht mit seinen Ursachen. Aber es lohnt sich, die Umrisse und den Sinn der Botschaft zu prüfen, die sich so viele Amerikaner zu eigen gemacht haben[1].

---

[1] Die Hinweise auf die Schriften von Marx sind auf ein Minimum beschränkt; auch werden keine Angaben über sein Leben gebracht. Dies scheint unnötig, weil jeder Leser, der eine Liste der ersteren und einen allgemeinen Überblick über das letztere zu erhalten wünscht, alles, was er für unsern Zweck braucht, in irgend einem Nachschlagebuch, namentlich in der Encyclopedia Britannica oder in der Encyclopedia of the Social Sciences, findet. Ein Studium von Marx beginnt am besten mit dem ersten Band des «Kapitals». Trotz eines riesigen Haufens neuerer Werke halte ich F. Mehrings Biographie immer noch für die beste, wenigstens vom allgemeinen Leserstandpunkt aus.

ERSTES KAPITEL

MARX DER PROPHET

Nicht aus Versehen durfte eine Analogie aus der Welt der Religion in die Überschrift dieses Kapitels eingehen. Hier waltet mehr als Analogie. In einer wichtigen Hinsicht *ist* der Marxismus eine Religion. Dem Gläubigen bietet er erstens ein System von letzten Zielen, die den Sinn des Leben enthalten und absolute Maßstäbe sind, nach welchen Ereignisse und Taten beurteilt werden können; und zweitens bietet er sich als Führer zu jenen Zielen, was gleichbedeutend ist mit einem Erlösungsplan und mit der Aufdeckung des Übels, von dem die Menschheit oder ein auserwählter Teil der Menschheit erlöst werden soll. Wir können noch weiter abgrenzen: Der marxistische Sozialismus gehört auch zu jener Gruppe, die das Paradies schon für diese Seite des Grabes verspricht. Ich glaube, eine Formulierung dieser Wesenszüge durch einen Hagiographen gäbe Möglichkeiten der Klassifizierung und Erläuterung, die vielleicht viel tiefer in die soziologische Essenz des Marxismus einführen als alles, was ein bloßer Ökonom sagen kann.

Der am wenigsten wichtige Punkt dabei ist, daß sich so der Erfolg des Marxismus erklären läßt[1]. Eine rein wissenschaftliche Leistung hätte – selbst wenn sie viel vollkommener gewesen wäre, als sie es im Falle von Marx war – ihm nie die Unsterblichkeit im geschichtlichen Sinn eingetragen, die er besitzt. Auch sein Arsenal von Partei-Schlagwörtern hätte dies nicht erreicht. Zum Teil, allerdings zu einem sehr geringen Teil,

---

[1] Die religiöse Qualität des Marxismus erklärt auch eine bezeichnende Haltung des orthodoxen Marxisten gegenüber Widersachern. Für ihn wie für jeden Anhänger eines Glaubens ist der Widersacher nicht nur im Irrtum, sondern in der Sünde verstrickt. Anders zu denken wird nicht nur intellektuell, sondern auch moralisch mißbilligt. Es kann keine Entschuldigung dafür geben, sobald einmal die Botschaft offenbart ist.

ist tatsächlich sein Erfolg dem Schubkarren voll weißglühender Phrasen, leidenschaftlicher Anklagen und zorniger Gesten zuzuschreiben, die er seinen Verehrern zur Verfügung gestellt hat und die jederzeit auf jeder Rednertribüne gebraucht werden können. Was über diese Seite der Sache gesagt werden muß, ist einzig das, daß diese Munition ihren Zweck sehr gut erfüllt hat und erfüllt, daß aber ihre Erzeugung einen Nachteil mit sich brachte: um solche Waffen für die Arena des sozialen Kampfes zu schmieden, mußte Marx gelegentlich die Ansichten, die logisch aus seinem System folgen würden, umbiegen oder von ihnen abweichen. Wenn jedoch Marx nicht mehr als ein Phrasenlieferant gewesen wäre, wäre er schon längst tot. Die Menschheit bezeugt für solcherlei Dienst keine Dankbarkeit und vergißt rasch die Namen derer, die die Librettos für ihre politischen Opern schreiben.

Doch er war ein Prophet. Um das Wesen dieser Leistung zu verstehen, müssen wir ihn in den Gegebenheiten seiner eigenen Zeit ins Auge fassen. Es war der Zenith der Bourgeois-Wirklichkeit und der Nadir der Bourgeois-Zivilisation, die Zeit des mechanistischen Materialismus, eines kulturellen Milieus, das noch nicht erkennen ließ, daß eine neue Kunst und eine neue Lebensart in seinem Schoße ruhten und das sich in höchst abstoßenden Banalitäten erging. Glauben in jedem echten Sinn entschwand immer rascher aus allen Klassen der Gesellschaft, und damit erlosch in der Welt des Arbeiters der einzige Lichtstrahl (außer was vielleicht aus Rochdale-Haltung und aus Sparkassen gekommen sein mag), während die Intellektuellen sich höchst befriedigt von Mills *Logik* und den Armengesetzen erklärten.

Hier bedeutet nun für Millionen menschlicher Herzen die Marxsche Botschaft vom irdischen Paradies des Sozialismus einen neuen Lichtstrahl und einen neuen Sinn des Lebens. Nenne man die marxistische Religion, wenn es einem so gefällt, eine Verfälschung oder eine Karikatur jedes Glaubens – es läßt sich sehr vieles für diese Ansicht sagen –, doch man übersehe nicht die Größe der Leistung und verfehle nicht sie zu bewundern. Es ist gleichgültig, daß von jenen Millionen die meisten nicht imstande waren, die Botschaft in ihrer wahren Bedeutung zu verstehen und zu würdigen. Das ist das Los aller Botschaften. Das Wichtige ist, daß die Botschaft so abgefaßt und dargeboten war, daß sie von dem positivistischen Geist ihrer Zeit angenommen werden konnte – der ohne Zweifel seinem Wesen nach bourgeois war; doch es liegt kein Paradox in der Aussage, daß der Marxismus seinem Wesen nach ein Produkt des bourgeoisen Geistes ist. Dies wurde einerseits dadurch erreicht, daß er das Gefühl, unterdrückt und schlecht behandelt zu sein, das die autotherapeutische Haltung der erfolglosen Masse ist, mit unvergleichlicher Kraft formulierte, und daß er andererseits verkündete, die sozialistische Erlösung von diesen Übeln sei eine rational beweisbare Gewißheit.

Man beachte, mit welch vollendeter Kunst es hier gelang, jene außerrationalen Sehnsüchte, die die Religion auf ihrem Rückzug wie herrenlos herumlaufende Hunde zurückgelassen hatte, mit den rationalistischen und materialistischen Strömungen der Zeit zu verknüpfen, die im Augenblick unausweichlich waren und keinen Glauben duldeten, der nicht einen wissenschaftlichen oder pseudowissenschaftlichen Anstrich hatte. Einfach das Ziel zu predigen, wäre wirkungslos geblieben; eine Analyse des sozialen Prozesses hätte nur ein paar hundert Spezialisten interessiert. Aber im Kleid des Analytikers zu predigen und mit einem Blick auf die Bedürfnisse des Herzens zu analysieren, dies schuf eine leidenschaftliche Anhängerschaft und gab dem Marxisten jenes größte Geschenk, das in der Überzeugung besteht, daß das, was man ist und wofür man einsteht, niemals unterliegen, sondern am Ende siegreich sein wird. Darin erschöpft sich selbstverständlich die Leistung noch nicht. Die Gewalt der Person und der Strahl der Prophetie wirken unabhängig vom Inhalt des Glaubens. Kein neues Leben und keine neue Bedeutung des Lebens können ohne diese mit Erfolg offenbart werden. Aber damit befassen wir uns hier nicht.

Einiges wird zu sagen sein über die zwingende Kraft und Richtigkeit von Marxens Versuch, die Unvermeidbarkeit des sozialistischen Endzieles zu beweisen. Über das, was oben die Formulierung der Gefühle der erfolglosen Masse genannt wurde, genügt jedoch eine einzige Bemerkung. Es war selbstverständlich nicht eine richtige Formulierung der tatsächlichen, bewußten oder unbewußten Gefühle. Eher könnten wir es einen Versuch nennen, die tatsächlichen Gefühle durch eine wahre oder falsche Offenbarung der Logik der sozialen Evolution zu ersetzen. Indem er dies tat und indem er – völlig unrealistisch – den Massen sein eigenes Schlagwort des «Klassenbewußtseins» unterschob, hat er ohne Zweifel die wahre Psychologie des Arbeiters verfälscht (die in dem Wunsche gipfelt, ein kleiner Bourgeois zu werden und in diesen Stand durch politische Gewalt zu gelangen); doch insoweit seine Lehre eine Wirkung hatte, hat er jene auch ausgeweitet und veredelt. Er hat keine sentimentalen Tränen über die Schönheit der sozialistischen Idee vergossen. Darin besteht einer seiner Ansprüche auf Überlegenheit über das, was er die utopischen Sozialisten nannte. Auch hat er nicht die Arbeiter als Helden des Alltags verherrlicht, so wie die Bourgeois es gerne tun, wenn sie um ihre Dividenden zittern. Er war völlig frei von jeglicher, bei einigen seiner schwächeren Nachfolger so deutlichen Neigung, des Arbeiters Füße zu lecken. Er hatte wahrscheinlich eine sehr klare Vorstellung von dem, was die Massen sind, und schaute weit über ihre Köpfe hinweg nach sozialen Zielen, die völlig jenseits dessen lagen, was sie dachten oder wollten. Auch hat er nie irgendwelche Ideale als von ihm selbst gesetzte gelehrt. Solche Eitelkeit war ihm völlig fremd. Wie jeder wahre Prophet sich selbst das bescheidene Sprachrohr seiner Gottheit nennt, so beanspruchte auch Marx nur, die Logik des dialektischen Geschichtsprozesses auszusprechen. In dem allen liegt eine Würde, die manche Kleinlichkeit und Gewöhnlichkeit aufwiegt, mit denen seine Würde eine so merkwürdige Verbindung in seinem Werk und in seinem Leben einging.

Endlich sollte noch ein anderer Punkt nicht unerwähnt bleiben. Marx war persönlich viel zu kultiviert, um mit jenen gewöhnlichen Verkündern des Sozialismus sich zu verbrüdern, die einen Tempel nicht erkennen, wenn sie ihn sehen. Er war durchaus fähig, eine Kultur und den «relativ absoluten» Wert ihrer Werte zu verstehen, so weit entfernt er sich selbst von ihnen gefühlt haben mag. In dieser Beziehung kann kein besseres Zeugnis für die Offenheit seines Geistes erbracht werden als das *Kommunistische Manifest*, das eine geradezu begeisterte

Darstellung der Leistungen des Kapitalismus gibt[2]; und noch indem er *pro futuro* das Todesurteil über ihn aussprach, unterließ er es nie, seine historische Notwendigkeit anzuerkennen. Diese Haltung ist selbstverständlich gleichbedeutend mit einer Menge von Dingen, die Marx selbst nie zugegeben hätte. Aber er wurde ohne Zweifel darin bestärkt, und es war ihm leichter, sie einzunehmen auf Grund jener Vorstellung von der organischen Logik der Dinge, die in seiner Geschichtstheorie *einen* besonderen Ausdruck findet. Soziale Dinge hatten für ihn ihre feste Ordnung, und soviel er auch von einem Kaffeehausverschwörer zu gewissen Zeiten seines Lebens an sich gehabt haben mag, so verachtete doch sein wahres Selbst eine derartige Haltung. Sozialismus war für ihn nicht eine Besessenheit, die alle andern Farben des Lebens auslöscht und ungesunden, dummen Haß oder Verachtung für andere Kulturen erzeugt. Und es gibt mehr als eine Rechtfertigung für den Titel, den er für seine Art des sozialistischen Gedankens und des sozialistischen Wollens in Anspruch nimmt, die durch die Kraft seiner grundsätzlichen Haltung zusammengeschweißt sind: Wissenschaftlicher Sozialismus.

---

[2] Das scheint eine Übertreibung zu sein. Doch lese man folgendes Zitat: «Erst sie (die Bourgeoisie) hat bewiesen, was die Tätigkeit der Menschen zustande bringen kann. Sie hat ganz andere Wunderwerke vollbracht als ägyptische Pyramiden, römische Wasserleitungen und gotische Kathedralen ... Die Bourgeoisie ... reißt ... alle ... Nationen in die Zivilisation ... Sie hat enorme Städte geschaffen ... und so einen bedeutenden Teil der Bevölkerung dem Idiotismus (sic!) des Landlebens entrissen. Die Bourgeoisie hat in ihrer kaum hundertjährigen Klassenherrschaft massenhaftere und kolossalere Produktionskräfte geschaffen als alle vergangenen Generationen zusammen.» Man beachte, daß alle erwähnten Errungenschaften *der Bourgeoisie allein* zugeschrieben werden, was mehr ist, als manche durch und durch bourgeoise Nationalökonomen beanspruchen würden. Das ist alles, was ich mit dem obigen Satz meinte – und ist gründlich verschieden von den Ansichten des vulgarisierten Marxismus von heute oder von dem Veblenistischen Zeug des modernen nicht-marxistischen Radikalen. Man lasse mich hier sogleich feststellen: nicht mehr als dies ist gemeint in allem, was ich im zweiten Teil über die Leistung des Kapitalismus sagen werde. [Die Technologie von Veblen und seinen Schülern ist derzeit in den USA. die wirksamste, nicht-marxistische Kritik des Kapitalismus.]

ZWEITES KAPITEL

MARX DER SOZIOLOGE

Wir müssen nun etwas tun, das den Gläubigen sehr zuwider ist. Sie vermerken begreiflicherweise die Vornahme einer kühlen Analyse dessen, was ihnen der eigentliche Quell der Wahrheit ist, sehr übel. Doch was sie am meisten übel nehmen, ist, wenn man Marxens Werk in Stücke zerlegt und sie der Reihe nach diskutiert. Sie würden sagen, daß diese Handlung als solche die Unfähigkeit des Bourgeois' zeigt, das prachtvolle Ganze zu begreifen, dessen sämtliche Teile sich gegenseitig ergänzen und erklären, so daß die richtige Bedeutung nicht erkannt werden kann, sobald irgend ein Teil oder eine Seite für sich betrachtet wird. Uns bleibt indessen keine andere Wahl. Indem ich das Unrecht begehe und nach Marx, dem Propheten, nun als nächstes Marx, den Soziologen, unter die Lupe nehme, habe ich nicht die Absicht, zu bestreiten, daß eine Einheit der sozialen Vision besteht, der es gelingt, dem Marxschen Werk ein gewisses Maß von analytischer Einheit und noch mehr den Anschein von Einheit zu geben. Auch bestreite ich nicht die Tatsache, daß jeder innerlich noch so selbständige Teil vom Autor mit allen andern Teilen verbunden worden ist. Es bleibt jedoch genügend Unabhängigkeit auf jedem Gebiet dieses weiten Reiches übrig, um dem Forscher zu erlauben, die Früchte seiner Arbeit auf dem einen Gebiet anzunehmen und sie gleichzeitig auf einem andern auszuschlagen. Viel von dem Zauber des Glaubens geht bei diesem Prozeß verloren; aber einiges wird gewonnen, wenn man wichtige und anregende Wahrheiten bewahrt, die für sich allein viel wertvoller sind, als sie es in der Verkettung an ein hoffnungsloses Wrack wären.

Dies bezieht sich vor allem auf Marxens Philosophie, der wir uns am besten sogleich ein für allemal entledigen. Von deutscher Bildung und spekulativ veranlagt wie er war, besaß er eine gründliche Schulung in Philosophie und ein leidenschaftliches Interesse für sie. Reine Philosophie deutscher Art war sein Ausgangspunkt und seine Jugendliebe. Eine Zeitlang sah er in ihr seinen wahren Beruf. Er war ein Neu-Hegelianer, was ungefähr bedeutet, daß er und seine Gruppe zwar des Meisters Grundhaltung und -methoden annahmen, jedoch die konservativen Auslegungen, die auf Hegels Philosophie von vielen seiner anderen Anhänger aufgepfropft wurde, ausmerzten und so ziemlich durch ihr Gegenteil ersetzten. Dieser Hintergrund schaut in allen seinen Schriften durch, wo sich Gelegenheit dazu bietet. Es ist kein Wunder, daß seine deutschen und russischen Leser, durch Denkart und Schulung ähnlich veranlagt, sich auf dieses Element stürzten und es zum Hauptschlüssel seines Systems machten.

Ich halte dies für einen Fehler und für ein Unrecht gegenüber Marxens wissenschaftlichen Fähigkeiten. Er behielt seine frühe Liebe während seines ganzen Lebens bei. Er hatte seine Freude an gewissen formalen Analogien, wie sie zwischen seinem und Hegels Argument gefunden werden können. Er liebte es, von seinem Hegelianismus Zeugnis abzulegen und die Hegelsche Ausdrucksweise zu gebrauchen. Das ist aber auch alles. Nirgends hat er die positive Wissenschaft an die Metaphysik verraten. Ähnliches sagt er selbst im Vorwort zur zweiten Ausgabe des ersten Bandes des *Kapitals*, und daß das, was er dort sagt, richtig und kein Selbstbetrug ist, läßt sich durch die Analyse seiner Argumentation beweisen, die überall auf sozialen Tatsachen beruht, und der eigentlichen Quellen seiner Behauptungen, deren keine auf dem Gebiet der Philosophie liegt. Begreiflicherweise waren jene Kommentatoren und Kritiker, die selbst von der philosophischen Seite ausgingen, nicht dazu imstande, weil sie nicht genügend die hier in Betracht kommenden Sozialwissenschaften kannten. Ihre Neigungen zum philosophischen Systembau machten sie überdies jeder andern Auslegung abgeneigt, außer der einen, die von einem philosophischen Prinzip ausgeht. So sahen sie Philosophie in den allertatsächlichsten Feststellungen über wirtschaftliche Erfahrung, schoben dadurch die Diskussion auf ein falsches Geleise und führten gleicherweise Freund und Feind in die Irre.

Marx als Soziologe brachte für seine Aufgabe ein Rüstzeug mit, das hauptsächlich in einer ausgedehnten Beherrschung historischer und zeitgenössischer Fakten bestand. Seine Kenntnisse der letzteren waren immer etwas veraltet; denn er war ein ausgesprochener Bücherwurm, und grundlegende Materialien – wenn es nicht gerade Zeitungsmaterial war – erreichten ihn daher immer erst mit Verspätung. Jedoch entging ihm kaum je ein historisches Werk seiner Zeit, das irgend allgemeine Bedeutung oder Reichweite hatte, – immerhin manches der monographischen Literatur. Obschon wir die Vollständigkeit seiner Kenntnis auf diesem Gebiet nicht ebenso hoch einschätzen können, wie wir seine Gelehrsamkeit auf dem Gebiet der ökonomischen Theorie rühmen werden, war er dennoch fähig, seine sozialen Visionen nicht nur durch große historische Fresken, sondern auch durch viele Details zu illustrieren, von denen die meisten hinsichtlich Zuverlässigkeit eher über als unter dem Standard anderer Soziologen seiner Zeit standen. Diese Fakten erfaßte er mit einem Blick, der durch die zufälligen Unregelmäßigkeiten der Oberfläche bis zur großartigen Logik der historischen Dinge hindurchdrang.

Darin lag nicht bloß Leidenschaft, lag nicht bloß ein analytischer Impuls. Darin lag beides. Und das Ergebnis seines Versuches, diese Logik zu formulieren, die sogenannte ökonomische Geschichtsauffassung[1], ist zweifellos bis auf diesen Tag eine der größten individuellen Leistungen der Soziologie. Davor sinkt die Frage, ob diese Leistung völlig eigenständig war oder nicht, und inwieweit sie teilweise deutschen oder französischen Vorgängern zuzuschreiben ist, zur Bedeutungslosigkeit herab.

Die ökonomische Geschichtsauffassung bedeutet *nicht*, daß die Menschen, bewußt oder unbewußt, vollständig oder vorwiegend, durch ökonomische Motive vorwärtsgetrieben werden. Im Gegenteil ist die Erklärung der Rolle und der Wirksamkeit nicht-ökonomischer Motive und die Analyse der Art und Weise, in welcher die soziale Realität sich in der individuellen

[1] Erstmals veröffentlicht in dem vernichtenden Angriff auf Proudhons *Philosophie de la Misère*, betitelt *Das Elend der Philosophie*, 1847. Eine andere Version ist enthalten im *Kommunistischen Manifest*, 1848.

Psyche spiegelt, ein wesentliches Element der Theorie und einer ihrer bedeutungsvollsten Beiträge. Marx hat nicht behauptet, daß Religion, Metaphysik, Kunstrichtungen, ethische Ideen und politisches Wollen sich entweder auf ökonomische *Motive* reduzieren ließen oder von keiner Bedeutung seien. Er versuchte nur, die ökonomischen *Bedingungen* aufzudecken, die sie formen und die ihren Aufstieg und Niedergang erklären. Sämtliche Tatsachen und Argumente von Max Weber[2] passen vollkommen in Marxens System. Soziale Gruppen und Klassen und die Art und Weise, in der sich diese Gruppen oder Klassen ihre eigene Existenz, ihre Lage und ihr Verhalten erklären, waren natürlich das, was ihn am meisten interessierte. Er goß die Schale seines Zornes und seiner bittersten Galle über die Historiker aus, die jene Haltung und ihren sprachlichen Niederschlag – (die Ideologien oder, wie Pareto gesagt hätte, die *Ableitungen*) – zu ihrem Oberflächenwert nahmen und die versuchten, mit ihrer Hilfe die soziale Wirklichkeit zu deuten. Aber auch wenn Ideen und Werte für ihn nicht die Hauptantriebskräfte des sozialen Prozesses waren, so waren sie ihm auch nicht bloßer Rauch. Wenn ich mich der Analogie bedienen darf, so spielten sie in der sozialen Maschine die Rolle von Transmissionsriemen. Wir können hier nicht die höchst interessante Nachkriegsentwicklung dieser Prinzipien berühren, die *Wissenssoziologie*[3], die zur Erklärung die beste Illustration bieten würde. Es war jedoch nötig, wenigstens so viel zu sagen, weil Marx in dieser Beziehung beharrlich falsch verstanden worden ist. Selbst sein Freund Engels definierte am offenen Grabe Marxens die fragliche Theorie dahin, daß sie genau das bedeute: daß Individuen und Gruppen hauptsächlich von ökonomischen Motiven vorwärts getrieben werden, – was in einigen wichtigen Beziehungen falsch und für den Rest erbärmlich trivial ist.

---

[2] Das obige bezieht sich auf Webers Untersuchungen zur Religionssoziologie, namentlich auf seine berühmte Studie *Die protestantische Ethik und der Geist des Kapitalismus* (wieder abgedruckt in seinen gesammelten Werken).

[3] Die besten Namen, die hier zu erwähnen sind, sind die von Max Scheler und Karl Mannheim. Des letzteren Artikel über dieses Thema im *Handwörterbuch der Soziologie* kann als Einführung dienen.

Da wir schon einmal dabei sind, können wir Marx ebenso gut auch noch gegen ein anderes Mißverständnis verteidigen: die *ökonomische* Geschichtsauffassung ist oft die *materialistische* Auffassung genannt worden. Sie wurde so von Marx selbst genannt. Diese Ausdrucksweise hat bei einigen Leuten ihre Popularität, bei andern ihre Unpopularität stark vergrößert. Sie ist jedoch absolut bedeutungslos. Marxens Philosophie ist nicht materialistischer als die Hegels, und seine Geschichtstheorie ist nicht materialistischer als irgend ein anderer Versuch, den historischen Prozeß durch die der empirischen Wissenschaft zur Verfügung stehenden Mittel zu erklären. Es sollte klar sein, daß dies mit jedem metaphysischen oder religiösen Glauben logisch vereinbar ist, genau wie es jedes physikalische Weltbild ist. Die mittelalterliche Theologie selbst liefert Methoden, mit welchen diese Vereinbarkeit hergestellt werden kann[4].

Was die Theorie wirklich sagt, mag in zwei Behauptungen zusammengefaßt werden: 1. Die Formen oder Bedingungen der Produktion sind die Hauptbestimmungsgründe der sozialen Struktur, die ihrerseits Verhaltensweisen, Handlungen und Kulturen hervorbringt. Marx illustriert seine Ansicht mit der berühmten Feststellung, daß die «Handmühle» die feudale, die «Dampfmühle» die kapitalistische Gesellschaft hervorbringt. Dies legt dem technischen Element ein gefährliches Gewicht bei, kann aber akzeptiert werden unter der Voraussetzung, daß bloße Technik nicht alles ist. Indem wir ein wenig popularisieren und zugeben, daß wir dadurch viel vom eigentlichen Sinn verlieren, können wir sagen: es ist unsere tägliche Arbeit, die unsern Geist formt, und es ist unsere Stellung im produktiven Prozeß, die unsere Einstellung zu den Dingen – oder jener Seite der Dinge, die wir sehen – und die jedem von uns zur Verfügung stehende soziale Ellbogenfreiheit bestimmt. 2. Die Produktionsformen selbst haben eine ihnen eigene Logik; das heißt, sie verändern sich gemäß ihnen innewohnenden Notwendigkeiten, so daß sie ihre Nachfolger schon durch

[4] Ich bin auf mehrere katholische Radikale, unter ihnen auch auf einen Priester gestoßen, alles gläubige Katholiken, die diesen Standpunkt einnahmen und sich tatsächlich Marxisten in jeder Beziehung außer in Dingen ihres Glaubens nannten.

ihr eigenes Funktionieren erzeugen. Zur Illustration dient das gleiche Marxsche Beispiel: das durch die «Handmühle» charakterisierte System schafft eine wirtschaftliche und soziale Situation, in der die Anwendung der mechanischen Mahlmethode eine praktische Notwendigkeit wird, die zu ändern weder in der Macht von Einzelnen noch von Gruppen steht. Das Emporkommen und der Betrieb der «Dampfmühle» schaffen ihrerseits neue soziale Funktionen und Situationen, neue Gruppen und Ansichten, die sich dergestalt entwickeln, daß sie aus ihrem eigenen Rahmen hinauswachsen. Hier haben wir also den Propeller, der in erster Linie für die wirtschaftlichen und in der Folge für sämtliche sozialen Veränderungen verantwortlich ist, einen Propeller, der zu seiner Bewegung keinen Anstoß von außen braucht.

Beide Behauptungen enthalten zweifellos ein großes Maß von Wahrheit und sind, wie wir noch an verschiedenen Punkten unseres Weges finden werden, unschätzbare Arbeitshypothesen. Die meisten der üblichen Einwände versagen völlig, zum Beispiel alle jene, die zur Widerlegung auf den Einfluß ethischer und religiöser Faktoren hinweisen, oder jener, der schon von Eduard Bernstein vorgebracht wurde, der mit köstlicher Einfalt versichert, daß die «Menschen Köpfe haben» und daß sie deshalb nach ihrer Wahl handeln. Nach dem was oben gesagt worden ist, ist es kaum nötig, sich bei der Schwäche solcher Argumente aufzuhalten: Selbstverständlich «wählen» die Menschen den Kurs ihres Handelns, der ihnen nicht unmittelbar durch die objektiven Daten ihrer Umgebung aufgezwungen wird; aber sie wählen von Standpunkten, von Ansichten und Neigungen aus, die nicht eine andere Gattung unabhängiger Daten bilden, sondern selbst geformt sind durch die objektive Gattung.

Trotzdem erhebt sich die Frage, ob die ökonomische Geschichtsauffassung mehr ist als bloß eine bequeme Annäherung, von der man nicht in allen Fällen ein gleich befriedigendes Funktionieren erwarten darf. Eine augenfällige Einschränkung ergibt sich gleich zu Beginn. Soziale Strukturen, Typen und Verhaltensweisen sind Münzen, die nicht leicht schmelzen. Sind sie einmal geprägt, so überdauern sie möglicherweise Jahrhunderte, und da verschiedene Strukturen und Typen verschiedene Grade dieser Lebensfähigkeit aufweisen, finden wir beinahe immer, daß das tatsächliche Verhalten der Gruppen und Nationen mehr oder weniger von dem abweicht, was wir erwarten müßten, wenn wir versuchten, es von den vorherrschenden Formen des produktiven Prozesses abzuleiten. Obschon dies ganz allgemein gilt, ist es am sichtbarsten, wenn eine sehr dauerhafte Struktur leibhaft von einem Land in ein anderes verpflanzt wird. Die soziale Situation, die in Sizilien durch die normannische Eroberung geschaffen wurde, wird das, was ich meine, illustrieren. Solche Tatsachen übersah Marx nicht, aber er machte sich kaum all ihre Folgerungen klar.

Ein verwandter Fall ist von bedenklicher Bedeutung. Man betrachte die Entstehung des Feudaltyps der Grundherrschaft im Frankenreich während des sechsten und siebten Jahrhunderts. Es war dies sicherlich ein höchst wichtiges Ereignis, das die Struktur der Gesellschaft auf viele Generationen hinaus formte und *auch die Produktionsbedingungen, einschließlich der Bedürfnisse und der Technik beeinflußte*. Doch die einfachste Erklärung kann darin gefunden werden, daß die Familien und Individuen, die früher die Funktion der militärischen Führerschaft ausgeübt hatten, nun nach der endgültigen Eroberung des neuen Gebietes (unter Beibehaltung jener Funktion) zu feudalen Grundherren wurden. Dies paßt gar nicht gut in das Marxsche Schema und könnte sehr leicht so konstruiert werden, daß es in eine andere Richtung wiese. Tatsachen dieser Natur können ohne Zweifel mittels Hilfshypothesen ebenfalls in die rechten Falten gelegt werden; aber die Notwendigkeit, solche Hypothesen einzuführen, ist gewöhnlich der Anfang vom Ende einer Theorie.

Viele andere Schwierigkeiten, dic im Verlaufe historischer Interpretationsversuche mittels des Marxschen Schemas entstehen, könnten dadurch gelöst werden, daß ein gewisses Maß von Wechselbeziehungen zwischen der Produktionssphäre und andern Sphären des sozialen Lebens anerkannt würde[5]. Aber

---

[5] In seinem späteren Leben hat Engels dies offen zugegeben. Noch weiter in dieser Richtung ging Plechanow.

der Zauber fundamentaler Wahrheit, der es umgibt, beruht gerade auf der Strenge und Einfachheit der einseitigen Beziehung, die es behauptet. Wenn diese in Frage gestellt wird, wird die ökonomische Geschichtsauffassung ihren Platz unter andern Behauptungen ähnlicher Art einnehmen müssen, als eine von vielen Teilwahrheiten, – oder einer andern Platz machen, die grundlegendere Wahrheit enthält. Indessen wird weder ihr Rang als Leistung noch ihre Brauchbarkeit als Arbeitshypothese dadurch beeinträchtigt.

Dem Gläubigen ist sie natürlich ganz einfach der Schlüssel zu allen Geheimnissen der menschlichen Geschichte. Und wenn wir manchmal die Neigung verspüren, über ihre etwas naive Anwendung zu lächeln, so sollten wir uns daran erinnern, welche Art von Argumenten sie ersetzt hat. Selbst die verkrüppelte Schwester der ökonomischen Geschichtsauffassung, die Marxsche Theorie der sozialen Klassen, rückt in ein günstigeres Licht, sobald wir dessen eingedenk bleiben.

Wieder ist es in erster Linie eine bedeutungsvolle Leistung, die wir zu verzeichnen haben. Die Nationalökonomen haben merkwürdig lange gebraucht, um das Phänomen der sozialen Klassen zu erkennen. Natürlich haben sie schon immer die Personen klassifiziert, deren Zusammenspiel die Prozesse erzeugte, mit denen sie sich beschäftigten. Aber diese Klassen waren einfach Gruppen von Individuen, die einen gemeinsamen Charakterzug aufwiesen: so wurden gewisse Leute als Grundbesitzer oder als Arbeiter eingeteilt, weil sie Land besaßen oder ihre Arbeitskraft verkauften. Soziale Klassen sind jedoch nicht die Geschöpfe des klassifizierenden Beobachters, sondern lebendige Ganzheiten, die als solche existieren. Und ihre Existenz zieht Folgen nach sich, die ein Schema überhaupt nicht erfassen kann, das in der Gesellschaft nur eine amorphe Versammlung von Individuen oder Familien sieht. Wohl steht die Frage offen, welche Wichtigkeit dem Phänomen der sozialen Klassen bei der Forschung auf dem Gebiet der reinen Wirtschaftstheorie zukommt. Daß es für manche praktischen Anwendungen und für alle weiteren Aspekte des sozialen Prozesses im allgemeinen sehr wichtig ist, ist außer Zweifel.

Grob gesprochen können wir sagen, daß die sozialen Klassen zum erstenmal auftraten in der berühmten, im *Kommunistischen Manifest* enthaltenen Feststellung, daß die Geschichte der Gesellschaft die Geschichte von Klassenkämpfen ist. Das ist natürlich ein maximaler Anspruch. Aber selbst wenn wir ihn hinunterschrauben auf die Behauptung, daß historische Ereignisse sehr oft mit Klasseninteressen und Klassenhaltungen erklärt werden können und daß bestehende Klassenstrukturen immer ein wichtiger Faktor der geschichtlichen Deutung sind, so bleibt genug übrig, um uns das Recht zu geben, von einer Auffassung zu sprechen, die fast so wertvoll ist wie die ökonomische Geschichtsauffassung selbst.

Es ist klar, daß der Erfolg auf der Linie des Vorgehens, die durch das Prinzip des Klassenkampfes eröffnet wurde, von der Tragfähigkeit der besonderen Klassentheorie abhängt, die wir uns zu eigen machen. Unser Geschichtsbild und unsere ganze Interpretation kultureller Formen und des Mechanismus der sozialen Veränderungen wird verschieden sein, je nachdem wir zum Beispiel die Rassentheorie der Klassen wählen und wie Gobineau die menschliche Geschichte auf die Geschichte von Rassenkämpfen reduzieren, oder ob wir – anderes Beispiel – die Arbeitsteilungstheorie der Klassen in der Art von Schmoller oder Durkheim wählen und den Klassenantagonismus in den Interessenantagonismus verschiedener Berufsgruppen auflösen. Auch ist der Bereich möglicher Differenzen der Analyse nicht auf das Problem der Natur der Klassen beschränkt. Was für Ansichten wir hier auch vertreten, – es werden verschiedene Interpretationen sich aus den verschiedenen Definitionen des Klasseninteresses[6] ergeben und auch aus den verschiedenen Meinungen darüber, wie sich die Klassenaktion selbst manifestiert. Dieses Thema ist bis heute eine Brutstätte von Vor-

---

[6] Der Leser wird bemerken, daß die eigenen Ansichten über das, was Klassen sind und was sie entstehen läßt, nicht allein bestimmen, was die *Interessen* dieser Klassen sind und wie jede Klasse handeln wird gemäß dem, was «sie» – ihre Führer zum Beispiel oder ihre Mitläufer – lang- oder kurzfristig, irrtümlicher- oder richtigerweise, als ihr Interesse oder ihre Interessen ansieht oder empfindet. Das Problem des Gruppeninteresses ist voll von ihm eigentümlichen Dornen und Schlingen, ganz unabhängig von der Natur der gerade untersuchten Gruppen.

urteilen, und noch kaum in seinem wissenschaftlichen Stadium.

Merkwürdigerweise hat Marx das, was offensichtlich einer der Tragpfeiler seines Gedankenbaus war, unseres Wissens nie systematisch ausgebaut. Es ist möglich, daß er die Aufgabe so lange hinausschob, bis es zu spät war, gerade weil sein Denken so sehr sich in Klassenbegriffen bewegte, daß er es nicht als notwendig empfand, sich um eine endgültige Darstellung zu kümmern. Es ist ebensowohl möglich, daß einige Punkte in seinem eigenen Denken unentschieden blieben und daß ihm der Weg zu einer voll entwickelten Klassentheorie durch gewisse Schwierigkeiten verbaut war, die er selbst sich dadurch geschaffen hatte, daß er auf einer rein ökonomischen und übervereinfachten Konzeption des Phänomens bestand. Sowohl er selbst als auch seine Schüler wandten diese unterentwickelte Theorie auf besondere Modelle an, von denen seine eigene *Geschichte der Klassenkämpfe in Frankreich*[7] das hervorragendste Beispiel ist. Darüber hinaus ist kein wirklicher Fortschritt erzielt worden. Die Theorie seines Hauptverbündeten Engels war vom Arbeitsteilungstypus und wesentlich un-Marxisch in ihren Folgerungen. Abgesehen davon besitzen wir nur Streiflichter und Aperçus – einige davon von schlagender Kraft und Brillanz –, die über sämtliche Schriften des Meisters verstreut sind, namentlich im *Kapital* und im *Kommunistischen Manifest*.

Die Aufgabe, diese Fragmente zusammenzustückeln, ist heikel und kann hier nicht unternommen werden. Jedoch ist die grundlegende Idee klar genug. Das schichtenbildende Prinzip besteht im Eigentum – oder im Ausschluß vom Eigentum – an den Produktionsmitteln, wie Fabrikgebäuden, Maschinen, Rohstoffen und den Konsumgütern, die ins Budget des Arbeiters übergehen. Grundsätzlich haben wir damit zwei und nur zwei

[7] Ein anderes Beispiel ist die sozialistische Theorie des Imperialismus, die später erwähnt wird. O. Bauers interessanter Versuch, den Antagonismus zwischen den verschiedenen, in Österreich-Ungarn lebenden Rassen als Klassenkampf zwischen Kapitalisten und Arbeiter zu deuten (*Die Nationalitätenfrage*, 1905) verdient ebenfalls angeführt zu werden, obschon die Gewandtheit des Analytikers nur die Ungeeignetheit des Werkzeugs aufzuzeigen geeignet ist.

Klassen, – die einen Eigentümer, Kapitalisten, die andern Habenichtse, die gezwungen sind, ihre Arbeitskraft zu verkaufen, die arbeitende Klasse oder das Proletariat. Das Bestehen von Zwischengruppen, wie sie von den Bauern oder von den Handwerkern, die Arbeitskräfte beschäftigen, aber selbst auch mit ihren Händen arbeiten, und von den Angestellten und den freien Berufen gebildet werden, wird selbstverständlich nicht in Abrede gestellt. Sie werden jedoch als Anomalien behandelt, die dazu neigen, im Verlaufe des kapitalistischen Prozesses zu verschwinden. Die beiden Grundklassen sind, kraft der Logik ihrer Stellung und gänzlich unabhängig von jeglichem individuellen Wollen, ihrem Wesen nach gegenseitig antagonistisch. Es kommen Spaltungen innerhalb einer jeden Klasse und Zusammenstöße zwischen den Gruppen vor; sie können sogar von geschichtlich entscheidender Bedeutung sein. Aber für die letzte Analyse sind solche Spaltungen oder Zusammenstöße nur Zufälle. Der eine Antagonismus, der kein Zufall, sondern dem Grundriß der kapitalistischen Gesellschaft inhärent ist, beruht auf der privaten Verfügung über die Produktionsmittel: die Beziehung zwischen der Kapitalistenklasse und dem Proletariat ist ihrer tiefsten Natur nach Streit, – Klassenkampf.

Wie wir gleich sehen werden, versucht Marx zu zeigen, wie in diesem Klassenkampf Kapitalisten sich gegenseitig vernichten und letzten Endes auch das kapitalistische System vernichten werden. Er versucht auch zu zeigen, wie der Besitz von Kapital zu weiterer Akkumulation führt. Aber diese Art der Begründung sowie auch die Definition selbst, die aus dem Eigentum an einer Sache das konstituierende Charakteristikum einer sozialen Klasse macht, dient nur dazu, die Bedeutung der Frage nach der «ursprünglichen Akkumulation» noch zu steigern, das heißt der Frage, wie die Kapitalisten dazu kamen, überhaupt einmal Kapitalisten zu sein oder wie sie diesen Vorrat an Gütern erwarben, der gemäß der Marxschen Lehre notwendig war, um sie zum Beginn der Ausbeutung zu befähigen. Über diese Frage äußert sich Marx weniger ausführlich[8]. Er

---

[8] Vgl. *Das Kapital,* Bd. I, Kapitel XXIV, 1. Das Geheimnis der ursprünglichen Akkumulation.

lehnt mit Verachtung die bourgeoise *Kinderfibel* ab, daß gewisse Leute eher als andere dank höherer Intelligenz und Arbeits- und Sparenergie Kapitalisten wurden und es noch täglich werden. Nun war er gut beraten, wenn er über diese Geschichte von den braven Kindern spottete. Denn die Lacher auf seine Seite zu bringen, ist ohne Zweifel eine vortreffliche Methode, um eine unbequeme Wahrheit loszuwerden, wie jeder Politiker zu seinem Vorteil weiß. Niemand, der geschichtliche und zeitgenössische Tatsachen mit einiger Unvoreingenommenheit betrachtet, kann sich der Feststellung entziehen, daß diese Kindergeschichte, obschon sie bei weitem nicht die ganze Wahrheit erzählt, doch ein gut Teil Wahrheit birgt. Übernormale Intelligenz und Energie bilden in neun von zehn Fällen die Erklärung für den industriellen Erfolg und insbesondere für die *Begründung* von industriellen Positionen. Und gerade in den Anfangsstadien des Kapitalismus und jeder einzelnen industriellen Karriere, war und ist das Sparen ein wichtiges Element im Prozeß, obschon nicht ganz so, wie es von der klassischen Wirtschaftslehre erklärt wird. Es ist richtig, daß man gewöhnlich den Stand eines Kapitalisten (eines industriellen Arbeitgebers) nicht erreichen kann dadurch, daß man aus einem Lohn oder einem Gehalt spart, um aus dem solcherart angesammelten Fonds seine Fabrik auszurüsten. Die Masse der Akkumulation stammt aus Profiten und setzt darum Profite voraus, – dies ist in Wirklichkeit der *vernünftige* Grund für die Unterscheidung von Sparen und Akkumulieren. Die zum Beginn einer Unternehmung erforderlichen Mittel werden typischerweise dadurch beschafft, daß man anderer Leute Sparguthaben (ihr Vorhandensein in vielen kleinen Pfützen ist leicht zu erklären) oder die Depositen, welche die Banken für den Gebrauch dieses Möchtegern-Unternehmers schöpfen, entleiht. Nichtsdestoweniger spart dieser letztere in der Regel: die Funktion seines Sparens ist die, daß es ihn der Notwendigkeit enthebt, sich um seines täglichen Brotes willen einer täglichen Plackerei zu unterwerfen und daß es ihm den Atemraum gibt, um sich umzuschauen, seine Pläne zu entwickeln und die Zusammenarbeit zu sichern. Von der Wirtschaftstheorie aus gesehen, hatte deshalb Marx, wenn er auch zu weit ging, wirklich recht, wenn er dem Sparen die Rolle absprach, die ihm die Klassiker beigelegt hatten. Nur ergibt sich daraus nicht seine Schlußfolgerung. Und die Lacher auf seine Seite zu ziehen, ist dadurch kaum mehr gerechtfertigt, als wenn die klassische Theorie richtig wäre[9].

Das Gelächter tat jedoch seine Wirkung und half dazu, die Bahn für Marxens eigene Theorie der primitiven Akkumulation frei zu machen. Aber diese andere Theorie ist nicht so exakt, wie wir es wünschten. Daß Gewalt, Raub, Unterdrückung der Massen ihre Ausbeutung erleichtern und daß die Resultate der Ausplünderung ihrerseits wieder die Unterdrückung erleichtern – dies alles war natürlich richtig und paßte wunderbar zu den Ideen, wie sie unter den Intellektuellen aller Schattierungen im Schwang sind, heutzutage noch mehr als in den Tagen von Marx. Offensichtlich wird jedoch nicht das Problem gelöst, das darin besteht, eine Erklärung dafür zu geben, wie gewisse Leute die Macht zu Raub und Unterdrückung erworben haben. Die populäre Literatur kümmert sich darum nicht. Ich würde nicht daran denken, diese Frage an die Schriften von John Reed zu richten. Wir befassen uns jedoch mit Marx.

Nun bietet wenigstens den Anschein einer Lösung der historische Charakter aller Haupttheorien Marxens. Es ist ihm für die *Logik* des Kapitalismus, und nicht nur als *Tatsache* wesentlich, daß dieser aus einem feudalen Zustand der Gesellschaft herausgewachsen ist. Selbstverständlich entsteht auch in diesem Fall die nämliche Frage nach den Ursachen und dem Mechanismus der sozialen Schichtung; doch Marx übernahm

---

[9] Ich will nicht länger dabei verweilen, obwohl ich es erwähnen muß, daß selbst die klassische Theorie nicht so falsch ist, wie Marx es behauptete. «Zusammensparen» im wörtlichsten Sinn ist in früheren Stadien des Kapitalismus eine nicht unwichtige Methode der «ursprünglichen Akkumulation» gewesen. Überdies gab es eine andere mit ihr verwandte, doch nicht identische Methode. Manche Fabrik war im 17. und 18. Jahrhundert ein bloßer Schuppen, den einer durch seiner eigenen Hände Werk errichten konnte, und erforderte nur eine äußerst einfache Einrichtung zum Betrieb. In solchen Fällen war alles, was man brauchte, die Handarbeit des künftigen Kapitalisten plus ein ganz kleiner Fonds von Ersparnissen – und, natürlich, Intelligenz.

grundsätzlich die bourgeoise Auffassung, daß der Feudalismus eine Gewaltherrschaft[10] war, unter welcher die Unterdrückung und Ausbeutung der Massen bereits vollendete Tatsachen gewesen sind. Die ursprünglich für die kapitalistischen Gesellschaftsverhältnisse erfundene Klassentheorie wurde auf ihren feudalen Vorgänger ausgedehnt – so wie ein großer Teil des Begriffsapparates der Wirtschaftstheorie des Kapitalismus[11] –; einige der stachligsten Probleme wurden in den feudalistischen Vorhof hinausgeschoben, um dann in verfestigtem Zustand, in der Form von Daten, in der Analyse des kapitalistischen Modells wieder zu erscheinen. Der feudale Ausbeuter wurde lediglich durch den kapitalistischen Ausbeuter ersetzt. In jenen Fällen, in denen tatsächlich Feudalherren zu Industriellen wurden, würde dies genügen, um den so verbliebenen Rest des Problems zu lösen. Das historische Beweismaterial unterstützt diese Auffassung bis zu einem gewissen Grad: viele Feudalherren, namentlich in Deutschland, errichteten und betrieben wirklich Fabriken und stellten oft die finanziellen Mittel aus ihren Feudalrenten und die Arbeitskräfte aus der landwirtschaftlichen Bevölkerung (in manchen Fällen, doch nicht notwendig, ihren Leibeigenen)[12]. In allen andern Fällen ist das zum Stopfen dieser Lücke verfügbare Material ausgesprochen unge-

[10] Viele sozialistische Schriftsteller außer Marx haben dieses unkritische Vertrauen auf den Erklärungswert des Gewaltelements und der Kontrolle über die physischen Mittel, mit denen Gewalt ausgeübt wird, gesetzt. Ferdinand Lasalle zum Beispiel hat zur Erklärung der Regierungsautorität kaum etwas anderes als Kanonen und Bajonette zu bieten. Es ist für mich eine beständige Quelle der Verwunderung, daß so viele Leute blind sein sollten für die Schwäche einer solchen Soziologie und für die Tatsache, daß es offensichtlich viel richtiger wäre zu sagen, daß Macht zur Kontrolle über Kanonen (und über Menschen, die sie zu gebrauchen willens sind) führt, als daß Kontrolle über Kanonen Macht erzeugt.

[11] Darin besteht eine der Verwandtschaften zwischen der Lehre von Marx und jener von K. Rodbertus.

[12] W. Sombart suchte in der ersten Auflage seines Werks «*Der moderne Kapitalismus*», auf diese Fälle größten Nachdruck zu legen. Aber dieser Versuch, die ursprüngliche Akkumulation vollständig auf die Akkumulation der Grundrente zu basieren, erwies sich als aussichtslos, wie Sombart selbst schließlich erkannte.

nügend. Die einzig aufrichtige Darstellung der Lage ist die, daß es von einem Marxschen Standpunkt aus keine befriedigende Erklärung gibt, das heißt keine Erklärung, die nicht ihre Zuflucht zu nicht-Marxschen Elementen nehmen muß, welche nicht-Marxsche Schlußfolgerungen nahelegen[13].

Dies verfälscht jedoch die Theorie, sowohl in ihrer historischen wie ihrer logischen Wurzel. Da die meisten Methoden der ursprünglichen Akkumulation auch die spätere Akkumulation erklären, – die ursprüngliche Akkumulation als solche dauert während der ganzen kapitalistischen Ära an –, ist es nicht möglich zu sagen, daß Marxens Theorie der sozialen Klassen in Ordnung ist, *mit Ausnahme* der Schwierigkeiten bei der Erklärung von Vorgängen in einer fernen Vergangenheit. Aber es ist vielleicht überflüssig, auf den Mängeln einer Theorie herumzureiten, die nicht einmal bei den günstigsten Anlässen irgendwie dem Kern des Phänomens nahekommt, das sie zu erklären beabsichtigt, und die nie hätte ernst genommen werden sollen. Diese Anlässe sind hauptsächlich in jener Epoche der kapitalistischen Entwicklung zu finden, die ihren Charakter durch die Vorherrschaft der mittelgroßen, von ihrem Eigentümer betriebenen Unternehmung erhielt. Jenseits des Bereichs dieses Typus sind die Klassenpositionen, obschon sie sich in den meisten Fällen in mehr oder weniger entsprechenden wirtschaftlichen Positionen widerspiegeln, häufiger die Ursache als die Folge der letzteren: Geschäftserfolg ist offensichtlich nicht überall der einzige Zugang zu sozialem Vorrang, und nur, wo er es ist, kann das Eigentum an den Produktionsmitteln die Stellung einer Gruppe in der sozialen Struktur *kausal* bestimmen. Selbst dann jedoch ist es ebensowenig sinn-

---

[13] Dies trifft auch dann zu, wenn wir Raub bis zu jener äußersten Grenze zugeben, die vertretbar ist, ohne das Gebiet der intellektuellen Volksmärchen zu betreten. Raub ist tatsächlich an manchem Ort und zu mancher Zeit am Aufbau des Handelskapitals beteiligt gewesen. Der phönizische wie der englische Reichtum bieten bekannte Beispiele. Doch selbst dann ist die Marxsche Erklärung inadäquat, weil letzten Endes erfolgreicher Raub auf der persönlichen Überlegenheit der Räuber beruhen muß. Und sobald dies zugegeben wird, empfiehlt sich eine sehr andersgeartete Theorie der sozialen Schichtung.

voll, diesen Besitz zum Element der Definition zu machen, als es sinnvoll wäre, einen Soldaten als einen Mann zu definieren, der gerade ein Gewehr hat. Die wasserdichte Scheidung zwischen Menschen, die (zusammen mit ihren Nachkommen) ein für allemal als Kapitalisten gelten, und anderen, die (zusammen mit ihren Nachkommen) ein für allemal als Proletarier gelten, ist nicht nur, wie schon oft gezeigt wurde, äußerst wirklichkeitsfremd, sondern sie übersieht den springenden Punkt in bezug auf die sozialen Klassen, – den unaufhörlichen Aufstieg und Niedergang von einzelnen Familien in die obere Sphäre hinein und aus ihr heraus. Die Tatsachen, auf die ich anspiele, sind alle offensichtlich und unbestreitbar. Wenn sie auf der Marxschen Leinwand nicht erscheinen, so kann der Grund nur in ihren un-Marxschen Folgen liegen.

Immerhin ist es nicht überflüssig, die Rolle zu betrachten, die diese Theorie innerhalb des Marxschen Gebäudes spielt, und uns zu fragen, welcher analytischen Absicht – im Gegensatz zu ihrer Verwendung als Rüstzeug des Agitators – sie dienen sollte.

Einerseits müssen wir eingedenk bleiben, daß für Marx die Theorie der sozialen Klassen und die ökonomische Geschichtsauffassung nicht wie für uns zwei unabhängige Lehren waren. Bei Marx ergänzt die erste in einer besonderen Weise die zweite und begrenzt somit den *modus operandi* der Bedingungen oder Formen der Produktion – sie macht ihn bestimmter. Diese determinieren die soziale Struktur und, durch die soziale Struktur, alle Werke der Zivilisation und den ganzen Gang der kulturellen und politischen Geschichte. Doch die soziale Struktur wird für alle nichtsozialistischen Epochen als Beziehung von Klassen – von jenen zwei Klassen – definiert, die die wahren Helden des Dramas und zugleich die einzig *unmittelbaren* Geschöpfe der Logik des kapitalistischen Produktionssystems sind, das alles andere durch sie beeinflußt. Dies erklärt, warum Marx gezwungen war, aus seinen Klassen rein ökonomische Phänomene zu machen und sogar ökonomische Phänomene in einem sehr engen Sinn: er verbaute sich dadurch eine tiefere Einsicht; aber gerade an dem Punkte seines analytischen Schemas, an den er sie stellte, blieb ihm keine andere Wahl.

Auf der andern Seite wollte Marx den Kapitalismus durch den gleichen Charakterzug definieren, der auch seine Klassenscheidung bestimmt. Eine kurze Überlegung wird den Leser überzeugen, daß dies nicht notwendig oder natürlich ist. Tatsächlich war es ein kühner Streich analytischer Strategie, der das Schicksal des Klassenphänomens mit dem Schicksal des Kapitalismus solcherart verband, daß der Sozialismus, der in Wirklichkeit nichts mit dem Vorhandensein oder Nichtvorhandensein sozialer Klassen zu tun hat, definitionsmäßig die einzig mögliche Art einer klassenlosen Gesellschaft wurde, – primitive Gruppen ausgenommen. Diese geniale Tautologie hätte durch keine anderen Definitionen der Klassen *und* des Kapitalismus ebenso gut gesichert werden können wie durch die von Marx gewählte: die Definition durch den Privatbesitz an den Produktionsmitteln. Deswegen gab es nur gerade zwei Klassen, Besitzende und Nichtbesitzende, und deswegen mußten alle andern Einteilungsprinzipien, darunter auch viel einleuchtendere, stark vernachlässigt oder entwertet oder auf dieses eine reduziert werden.

Die Übertreibung der Endgültigkeit und Bedeutung der Trennungslinie zwischen der Kapitalistenklasse in diesem Sinne und dem Proletariat wurde nur durch die Übertreibung des Antagonismus zwischen ihnen noch überboten. Für jedermann, dessen Geist nicht durch die Gewohnheit, den Marxschen Rosenkranz herunterzuleiern, nur noch in einer Richtung läuft, sollte es offensichtlich sein, daß ihre Beziehung in normalen Zeiten in erster Linie eine Beziehung der Zusammenarbeit ist und daß jede gegenteilige Theorie weitgehend pathologische Fälle zur Verifikation heranziehen muß. Im sozialen Leben sind natürlich Antagonismus und Synagogismus überall vorhanden und außer in sehr seltenen Fällen tatsächlich unzertrennlich. Ich bin beinahe versucht zu behaupten, daß in der alten harmonistischen Anschauung jedenfalls weniger absoluter Unsinn enthalten war – voller Unsinn war sie freilich auch – als in der Marxschen Konstruktion einer unüberbrückbaren Kluft zwischen Werkzeugeigentümern und Werkzeugbenützern. Jedoch wieder: er hatte keine andere Wahl, nicht weil er zu revolutionären Ergebnissen kommen wollte – diese hätte er ebenso gut von Dutzenden anderer möglicher Schemata ableiten können –, sondern wegen der Erfordernisse seiner eigenen Analyse. *Wenn* der Klassenkampf das Hauptthema der Geschichte und auch das Mittel zur Herbeiführung der sozialistischen Morgenröte war, und *wenn* es nur gerade diese zwei Klassen geben durfte, dann mußte ihre Beziehung grundsätzlich antagonistisch sein, oder sonst wäre die Triebkraft in seinem System der sozialen Dynamik verloren gegangen.

Obschon nun Marx den Kapitalismus soziologisch *definiert*, nämlich durch die Aufrichtung der privaten Kontrolle über die Produktionsmittel, wird doch der *Mechanismus* der kapitalistischen Gesellschaft von seiner ökonomischen Theorie aus erklärt. Diese ökonomische Theorie soll zeigen, wie die soziologischen Daten, – verkörpert in Begriffen wie Klassen, Klasseninteresse, Klassenverhalten, Austausch zwischen den Klassen, – sich durch das Medium ökonomischer Werte, Profite, Löhne, Investitionen und so weiter auswirken, und wie sie genau den Wirtschaftsprozeß erzeugen, der letzten Endes seinen eigenen institutionellen Rahmen sprengen und gleichzeitig die Bedingungen für die Entstehung einer andern sozialen Welt schaffen wird. Diese besondere Theorie der sozialen Klassen ist das analytische Werkzeug, das dadurch, daß es die ökonomische Geschichtsauffassung mit den Begriffen der Profitwirtschaft verknüpft, alle sozialen Tatsachen ordnet und alle Phänomene in einem Brennpunkt zusammenfaßt. Sie ist darum nicht bloß eine Theorie eines individuellen Phänomens, die dieses Phänomen und nichts anderes zu erklären hat. Sie hat eine organische Funktion, die in Wirklichkeit viel wichtiger für das Marxsche System ist als der mehr oder weniger große Erfolg, mit dem sie ihr unmittelbares Problem löst. Diese Funktion muß gesehen werden, wenn wir verstehen sollen, wie ein Analytiker von der Kraft Marxens auch ihre Mängel in die Welt setzen konnte.

Es gibt Enthusiasten, und hat sie immer gegeben, die die Marxsche Theorie der sozialen Klassen als solche bewunderten. Weit verständlicher sind jedoch die Empfindungen jener, die die Stärke und Größe dieser Synthese als eines Ganzen so sehr bewundern, daß sie bereit sind, beinahe jede Zahl von Mängeln in den einzelnen Teilen zu verzeihen. Wir werden versuchen, diese Synthese unserseits zu würdigen (viertes Kapitel). Doch zuerst müssen wir sehen, wie Marxens ökonomischer Mechanismus sich der Aufgabe erledigt, die sein allgemeiner Plan ihm stellt.

DRITTES KAPITEL

MARX DER NATIONALÖKONOM

Als Wirtschaftstheoretiker war Marx in allererster Linie ein sehr gelehrter Mann. Es mag sonderbar erscheinen, daß ich es für notwendig halte, diesem Element ein solches Gewicht beizulegen im Falle eines Autors, den ich ein Genie und einen Propheten genannt habe. Und doch ist es wichtig, dies zu würdigen. Genies und Propheten zeichnen sich gewöhnlich nicht durch berufliche Gelehrsamkeit aus, und ihre etwaige Originalität ist oft gerade der Tatsache zuzuschreiben, daß sie es nicht tun. Aber nichts in Marxens Wirtschaftslehre ist auf irgendwelchen Mangel an Gelehrsamkeit oder Ausbildung in der Technik der theoretischen Analyse zurückzuführen. Er war ein unersättlicher Leser und ein unermüdlicher Schaffer. Es entgingen ihm sehr wenige Beiträge von Bedeutung. Und was er las, verdaute er auch, indem er sich dabei mit jeder Tatsache oder jedem Argument mit einer Leidenschaft fürs Detail herumschlug, die ganz ungewöhnlich ist bei jemandem, dessen Blick üblicherweise ganze Zivilisationen und säkulare Entwicklungen umfaßt. Kritisierend und ablehnend oder akzeptierend und einordnend ging er stets jeder Sache auf den Grund. Den hervorragenden Beweis dafür bildet sein Werk «Theorien über den Mehrwert», das ein Denkmal theoretischen Eifers ist. Dieses unaufhörliche Bestreben, sich selbst zu schulen und zu meistern, was immer zu meistern war, hat ihn weithin von Vorurteilen und außerwissenschaftlichen Neigungen freigemacht, obwohl er sicher in der Absicht arbeitete, eine bestimmte Vision zu verifizieren. Seinem scharfen Intellekt stand – trotz seiner selbst – das Interesse für das Problem als solches im Vordergrund; und wie stark er auch den Sinn seiner endgültigen *Resultate* umgebogen haben mag, so beschäftigte ihn doch, wenn er an der Arbeit war, in erster Linie die Schärfung der analytischen Werkzeuge, wie sie die Wissenschaft seiner Zeit ihm bot, die Aufhellung logischer Schwierigkeiten und – auf den so gesicherten Grundlagen – die Errichtung einer Theorie, die ihrer Natur und ihrer Absicht nach wahrhaft wissenschaftlich war, was auch immer ihre Mängel gewesen sein mögen.

Es ist leicht zu sehen, warum sowohl Freund wie Feind die Natur seiner Leistung auf rein ökonomischem Gebiet verkannt haben. Für die Freunde war er so viel mehr als nur ein bloßer Theoretiker von Beruf, daß es ihnen beinahe als Lästerung erschienen wäre, auf diese Seite seines Werkes allzuviel Nachdruck zu legen. Die Feinde, die ihm seine Einstellung und die Fassung seines theoretischen Arguments übelnahmen, fanden es beinahe unmöglich zuzugeben, daß er in gewissen Teilen seines Werkes genau die Art von Dingen tat, die sie so hoch schätzten, wenn sie von anderer Hand dargeboten wurden. Überdies ist das harte Metall der Wirtschaftstheorie in Marxens Büchern in solch einen Reichtum dampfender Phrasen eingetaucht, daß es eine ihm von Natur aus nicht eigene Temperatur erreicht. Wer die Schultern zuckt über Marxens Anspruch, als ein Analytiker im wissenschaftlichen Sinne angesehen zu werden, denkt natürlich an diese Phrasen und nicht an die Gedanken, denkt an die leidenschaftliche Sprache und an die glühende Anklage der «Ausbeutung» und der «Verelendung». Sicherlich sind alle diese Dinge und viele andere, – so seine gehässigen Anspielungen oder seine vulgären Bemerkungen über Lady Orkney[1] –, wichtige Teile des Schauspiels, waren für Marx selbst wichtig und sind es sowohl für den Gläubigen wie für den Ungläubigen. Sie erklären zum Teil, warum manche Leute beharrlich in Marxens Theorien etwas mehr als in den analogen Lehrsätzen seines Meisters, ja etwas davon grundsätzlich Verschiedenes sehen. Aber sie berühren nicht die Natur seiner Analyse.

Marx hatte also einen Meister? Ja. Das wirkliche Verständnis seiner Wirtschaftslehre beginnt mit der Erkenntnis, daß er als Theoretiker ein Schüler Ricardos war. Er war sein Schüler

[1] Die Freundin von Wilhelm III., dem König, der, so unpopulär er auch zu seiner Zeit gewesen, damals zum Abgott der englischen Bourgeoisie geworden war.

nicht nur in dem Sinn, daß seine eigene Beweisführung offensichtlich von den Behauptungen Ricardos ausgeht, sondern auch in dem weit bedeutungsvolleren Sinn, daß er die Kunst des Theoretisierens von Ricardo gelernt hatte. Er benützte stets Ricardos Werkzeuge, und jedes theoretische Problem stellte sich ihm in der Form von Schwierigkeiten, auf die er in seinem eigehenden Studium Ricardos gestoßen war und von Anregungen zur Weiterarbeit, die er hier gesammelt hatte. Marx selbst hat vieles davon zugegeben, obwohl er natürlich nicht zugegeben hätte, daß seine Haltung gegenüber Ricardo typisch die eines Schülers war, der zum Professor geht, ihn mehrere Male in beinahe sich wiederholenden Sätzen von Bevölkerungsüberschuß und von überschüssiger Bevölkerung und wiederum vom Mechanismus, der die überschüssige Bevölkerung hervorbringt, sprechen hört und dann heimgeht und versucht, die Sache auszuarbeiten. Daß beide Parteien der Marxschen Kontroverse dies zuzugeben nicht geneigt waren, ist vielleicht verständlich.

Ricardo ist nicht der einzige, dessen Einfluß auf Marxens Wirtschaftslehre gewirkt hat; doch in einer Skizze wie dieser braucht sonst niemand erwähnt zu werden, mit Ausnahme von Quesnay, von dem Marx seine grundsätzliche Auffassung vom Wirtschaftsprozeß als Ganzem übernommen hat. Die Gruppe englischer Autoren, die zwischen 1800 und 1840 die Arbeitswerttheorie zu entwickeln suchten, mag manche Anregungen und Einzelheiten geliefert haben; doch wird dies für unsern Zweck durch den Hinweis auf die Ricardianische Denkrichtung mitüberdeckt. Mehrere Autoren, – gegenüber einigen von ihnen war Marx in umgekehrtem Verhältnis zu ihrer Entfernung von ihm unfreundlich –, deren Arbeit in manchen Punkten parallel zu der seinen lief (Sismondi, Rodbertus, John Stuart Mill), müssen außerhalb der Betrachtung bleiben, ebenso wie alles, was nicht direkt zum Hauptargument gehört, so zum Beispiel Marxens ausgesprochen schwache Leistung auf dem Gebiet des Geldes, wo es ihm nicht gelungen ist, an den Ricardianischen Standard heranzukommen.

Hier mag nun in verzweifelter Kürze ein Abriß des Marxschen Arguments folgen – unvermeidlich in manchen Punkten ungerecht gegen die Struktur des *Kapitals*, das, teils unvollendet, teils durch erfolgreiche Angriffe zerschlagen, immer noch in mächtigen Umrissen vor uns aufragt!

1. Marx stimmte mit dem gewöhnlichen Verfahren der Theoretiker seiner eigenen und auch einer späteren Epoche darin überein, daß er die Werttheorie zum Eckstein seines theoretischen Baus machte. Seine Werttheorie ist die Ricardianische. Ich glaube, daß eine solch hervorragende Autorität wie Professor Taussig anderer Ansicht war und stets die Unterschiede hervorhob. Es bestehen sehr viele Unterschiede in der Ausdrucksweise, in der Deduktionsweise und in den soziologischen Schlußfolgerungen; aber es besteht kein Unterschied im Theorem an sich, das für den Theoretiker von heute allein von Bedeutung ist[2]. Sowohl Ricardo wie Marx sagen, daß der Wert einer jeden Ware (bei vollkommenem Gleichgewicht und bei vollkommener Konkurrenz) proportional zu der in der Ware enthaltenen Arbeit ist, vorausgesetzt daß diese Arbeit übereinstimmt mit dem jeweiligen Leistungsstandard der Produktion

---

[2] Die Frage bleibt immerhin offen, ob dies alles ist, was für Marx selbst von Bedeutung war. Er unterlag der gleichen Täuschung wie Aristoteles, daß nämlich der Wert, obschon ein Faktor in der Bestimmung relativer Preise, dennoch etwas von den relativen Preisen und Austauschrelationen Verschiedenes ist und unabhängig von ihnen existiert. Die Behauptung, daß der Wert einer Ware die Summe der in ihr verkörperten Arbeit *ist*, kann kaum etwas anderes bedeuten. Wenn dies so ist, dann besteht ein Unterschied zwischen Ricardo und Marx, da Ricardos Werte einfach Austauschwerte oder relative Preise sind. Es lohnt sich, dies zu erwähnen; denn wenn wir diese Ansicht des Wertes annehmen könnten, wäre vieles seiner Theorie, das uns unhaltbar oder sogar sinnlos scheint, dies nicht mehr. Natürlich können wir es nicht. Auch würde die Lage sich nicht bessern, wenn wir gewissen Marxologisten folgten und der Ansicht wären, daß Marxens Arbeitsmengenwerte, – ob sie nun eine eigentliche «Substanz» sind oder nicht –, nur dazu bestimmt sind, als Werkzeuge zu dienen, mit welchen die Aufteilung des gesamten Sozialeinkommens in Arbeits- und Kapitaleinkommen herausgearbeitet werden soll (wonach dann die Theorie der einzelnen relativen Preise eine Angelegenheit zweiten Ranges wäre). Denn wie wir sogleich sehen werden, versagt Marxens Werttheorie auch bei dieser Aufgabe (angenommen, daß wir diese Aufgabe vom Problem der individuellen Preise trennen können).

(die «gesellschaftlich notwendige Arbeitsmenge»). Beide messen diese Menge in Arbeitsstunden und benutzen die gleiche Methode, um verschiedene Arbeitsqualitäten auf ein einheitliches Maß zu reduzieren. Beide begegnen den mit dieser Annäherung verbundenen Anfangsschwierigkeiten in ähnlicher Weise (das heißt Marx begegnet ihnen, wie er es von Ricardo gelernt hat). Keiner hat etwas Brauchbares über Monopole oder was wir jetzt unvollkommene Konkurrenz nennen zu sagen. Beide antworten Kritikern mit den gleichen Argumenten. Marxens Argumente sind bloß weniger höflich, weitschweifiger und «philosophischer» im schlimmsten Sinne des Wortes.

Jedermann weiß, daß diese Werttheorie unbefriedigend ist. In der umfangreichen Diskussion, die sich darüber entsponnen hat, war das Recht bestimmt nicht nur auf einer Seite, und viele fehlerhafte Argumente sind von ihren Gegnern verwendet worden. Der wesentliche Punkt ist nicht der, ob die Arbeit die wahre «Quelle» oder «Ursache» des wirtschaftlichen Wertes ist. Diese Frage mag von vordringlichem Interesse für Sozialphilosophen sein, die daraus ethische Ansprüche auf das Produkt ableiten wollen, und Marx selbst war selbstverständlich dieser Seite des Problems gegenüber nicht gleichgültig. Für die Wirtschaftstheorie als eine positive Wissenschaft jedoch, die tatsächliche Vorgänge zu beschreiben oder zu erklären hat, ist es viel wichtiger zu fragen, wie die Arbeitswerttheorie als analytisches Werkzeug funktioniert; und der wirkliche Kummer ist, daß sie dies sehr schlecht tut.

Erstens funktioniert sie überhaupt nicht außerhalb des Falls der vollkommenen Konkurrenz. Zweitens funktioniert sie selbst bei vollkommener Konkurrenz nie *reibungslos*, außer wenn die Arbeit der einzige Produktionsfaktor ist, wenn überdies alle Arbeit von der gleichen Art ist[3]. Wenn eine dieser

---

[3] Die Notwendigkeit der zweiten Voraussetzung ist besonders verhängnisvoll. Die Arbeitswerttheorie mag imstande sein, mit Unterschieden in der Qualität der Arbeit fertig zu werden, die von der Ausbildung (erworbenen Geschicklichkeit) herrühren: angemessene Quoten der Arbeit, die in den Ausbildungsprozeß eingehen, müßten dann jeder Stunde gelernter Arbeit zugerechnet werden, so daß wir, ohne den Bereich des Grundgesetzes zu verlassen, die Arbeitsstunde eines gelernten Arbeiters gleich einem

zwei Bedingungen nicht erfüllt ist, müssen zusätzliche Annahmen eingeführt werden, und die analytischen Schwierigkeiten nehmen in einem Ausmaß zu, das bald nicht mehr zu bewältigen ist. In den Bahnen der Arbeitswerttheorie zu argumentieren bedeutet deshalb, von einem ganz speziellen Falle ohne praktische Bedeutung aus argumentieren, obwohl einiges zu ihren Gunsten gesagt werden kann, wenn sie im Sinn einer rohen Annäherung an die historischen Tendenzen der relativen Werte interpretiert wird. Die Theorie, die diese Argumentation ersetzte, – in ihrer frühesten und nun überholten Form bekannt als die Grenznutzentheorie –, mag in mancher Beziehung Überlegenheit beanspruchen; aber das wirkliche Argument für sie ist, daß sie viel allgemeiner ist und ebenso gut einerseits für die Fälle des Monopols und der unvollkommenen Konkurrenz wie andrerseits für das Vorhandensein von andern Produktionsfaktoren und von Arbeit verschiedener Art und Qualität paßt. Zudem folgt, wenn wir in diese Theorie die erwähnten einschränkenden Annahmen einführen, aus ihr die Proportionalität zwischen Wert und aufgewandter Arbeitsmenge[4]. Es sollte

---

bestimmten Vielfachen der Stunde ungelernter Arbeit setzen könnten. Aber diese Methode versagt im Falle «natürlicher» Unterschiede in der Arbeitsqualität (verursacht durch Unterschiede in der Intelligenz, Willenskraft, physischen Kraft oder Beweglichkeit). Dann muß man seine Zuflucht zu Wertunterschieden der jeweils von einem von Natur aus schlechteren oder einem von Natur aus besseren Arbeiter gearbeiteten Stunden nehmen, – einem Wert, der selber nicht mit dem Arbeitsmengenprinzip erklärbar ist. Tatsächlich tut Ricardo genau dies: er behauptet einfach, daß diese verschiedenen Qualitäten irgendwie durch das Spiel des Marktmechanismus in ihr rechtes Verhältnis gebracht werden, so daß wir letzten Endes von einer Arbeitsstunde, ausgeführt von Arbeiter A, als gleichwertig einem bestimmten Vielfachen der von Arbeiter B ausgeführten Arbeit sprechen können. Er übersieht jedoch vollständig, daß wenn er auf diese Weise argumentiert, er an ein anderes Prinzip der Wertung appelliert und in Wirklichkeit das Arbeitsmengenprinzip aufgibt, das somit von Anbeginn an innerhalb seiner eigenen Grenzen versagt und zwar bevor es Gelegenheit hatte, wegen des Vorhandenseins von anderen Faktoren als nur Arbeit zu versagen.

[4] Tatsächlich folgt aus der Grenznutzentheorie des Wertes, daß, soll Gleichgewicht herrschen, jeder Faktor so über die ihm offenstehenden, produktiven Verwendungsarten verteilt sein muß, daß die letzte, irgend

deshalb klar sein, nicht nur daß es von den Marxisten vollkommen unsinnig war, die Gültigkeit der Grenznutzentheorie des Wertes (die ihnen entgegentrat) in Frage zu stellen, wie sie es am Anfang taten, sondern auch, daß es auch unrichtig ist, die Arbeitswerttheorie «falsch» zu nennen. Jedenfalls ist sie tot und begraben.

2. Obwohl anscheinend weder Ricardo noch Marx aller Schwächen der Stellung völlig gewahr waren, in die sie sich selbst durch die Wahl ihres Ausgangspunktes versetzt hatten, erkannten sie einige von ihnen durchaus klar. Namentlich rangen sie mit dem Problem, das Element der Dienste natürlicher Kräfte zu eliminieren, die selbstverständlich durch eine Werttheorie, die allein auf der Arbeitsmenge beruht, ihres angemessenen Platzes im Produktions- und Verteilungsprozeß beraubt werden. Die bekannte Ricardianische Theorie der Bodenrente ist im wesentlichen ein Versuch, diese Eliminierung zu vollziehen, und die Marxsche Theorie ist ein anderer. Sobald wir im Besitz eines analytischen Apparates sind, der mit der Rente ebenso leicht fertig wird wie mit den Löhnen, verschwindet die ganze Schwierigkeit. Deshalb braucht nichts weiter über die inneren Vorzüge oder Mängel der Marxschen Theorie der absoluten Rente im Unterschied von der Differentialrente oder über ihre Beziehung zur Lehre von Rodbertus gesagt zu werden.

Selbst wenn wir jedoch dies gelten lassen, sehen wir uns immer noch der Schwierigkeit gegenüber, die aus der Existenz von Kapital entsteht, – Kapital im Sinne eines Vorrats von produzierten Produktionsmitteln. Für Ricardo war die Lage sehr einfach: in dem berühmten vierten Abschnitt des ersten Kapitels seiner *Grundsätze* führt er als Tatsache ein und akzeptiert als solche – ohne Versuch, sie in Frage zu stellen –: daß, wenn

---

einer Verwendung zugewiesene Einheit den gleichen Wert wie die letzte, irgend einer andern Verwendung zugewiesene Einheit erzeugt. Wenn es keine anderen Faktoren gibt außer Arbeit von gleicher Art und Qualität, bedeutet dies offenbar, daß die relativen Werte oder Preise aller Waren proportional zur Zahl der in ihnen enthaltenen Arbeitsstunden sein müssen, – vorausgesetzt daß vollkommene Konkurrenz und Beweglichkeit herrscht.

Kapitalgüter wie Anlagen, Maschinen und Rohstoffe bei der Produktion einer Ware verwendet werden, diese Ware zu einem Preis verkauft werden wird, der dem Besitzer dieser Kapitalgüter einen Nettoertrag abwirft. Er war sich klar darüber, daß diese Tatsache etwas mit der Zeitperiode zu tun hat, die zwischen der Investition und der Entstehung verkäuflicher Produkte verstreicht und daß sie Abweichungen des tatsächlichen Wertes der Produkte von der Proportionalität zu den in ihnen «enthaltenen» Arbeitsstunden – einschließlich der Arbeitsstunden, die in die Produktion der Kapitalgüter selbst eingingen – jedesmal dann erzwingen wird, wenn diese Perioden nicht die gleichen in allen Industrien sind. Darauf weist er so gleichmütig hin, als ob dies aus seinem Grundtheorem des Wertes folgte und nicht ihm widerspräche; und darüber hinaus geht er nicht eigentlich, sondern beschränkt sich auf einige untergeordnete Probleme, die in diesem Zusammenhang auftauchen, und glaubt offenbar, daß seine Theorie immer noch die Grunddeterminante des Wertes beschreibt.

Auch Marx hat diese gleiche Tatsache eingeführt, angenommen und erörtert und hat sie nie als Tatsache in Frage gestellt. Er war sich gleichfalls klar darüber, daß sie anscheinend die Arbeitswerttheorie Lügen straft. Indessen erkannte er, daß Ricardo das Problem unzulänglich behandelt hat; und während er das Problem selbst in der Form, in der es Ricardo gestellt hatte, akzeptierte, machte er sich doch daran, es ernstlich in Angriff zu nehmen; er widmete ihm ebensoviel hundert Seiten, als Ricardo ihm Sätze gewidmet hatte.

3. Hierbei bewies er nicht nur eine viel schärfere Einsicht in die Natur des Problems, sondern er verbesserte auch den Begriffsapparat, den er übernommen hatte. Zum Beispiel ersetzte er mit gutem Grund Ricardos Unterscheidung zwischen fixem und umlaufendem Kapital durch die Unterscheidung zwischen konstantem und variablem (Lohn –) Kapital, und Ricardos rudimentäre Vorstellungen über die Dauer des Produktionsprozesses durch den viel genaueren Begriff der «organischen Struktur des Kapitals», der sich um das Verhältnis zwischen konstantem und variablem Kapital dreht. Er lieferte auch manche andere Beiträge zur Theorie des Kapitals. Wir wollen uns jedoch hier

auf seine Erklärung des Nettoertrages des Kapitals, auf seine Theorie der Ausbeutung beschränken.

Die Massen haben sich nicht immer betrogen und ausgebeutet gefühlt. Aber die Intellektuellen, die für sie ihre Ansichten formulierten, haben ihnen stets gesagt, sie seien es, ohne damit unbedingt etwas Bestimmtes zu meinen. Marx wäre ohne diese Phrase nicht ausgekommen, selbst wenn er es gewollt hätte. Sein Verdienst und seine Leistung lag darin, daß er die Schwäche der verschiedenen Argumente erkannte, mit welchen die Vormünder des Massengeists vor ihm den Vorgang der Ausbeutung zu zeigen versucht hatten, – jener Argumente, die noch heute die Handelsartikel des gewöhnlichen Radikalen darstellen. Keines der üblichen Schlagworte von Übervorteilung und Betrügerei befriedigte ihn. Was er beweisen wollte, war, daß die Ausbeutung nicht gelegentlich und zufällig aus Einzelsituationen heraus entstand, sondern daß sie sich aus der eigenen Logik des kapitalistischen Systems ergab, unvermeidlich und ganz unabhängig von den Absichten des Einzelnen.

Er tat dies folgendermaßen. Das Gehirn, die Muskeln und die Nerven eines Arbeiters bilden sozusagen einen Fonds oder Vorrat (Stock) von Arbeitskraft. Diesen Fonds oder Vorrat betrachtet Marx als eine Art von Substanz, die in einer bestimmten Menge vorhanden und in der kapitalistischen Gesellschaft eine Ware wie irgend eine andere ist. Wir können uns den Gedanken für uns selbst noch klarer machen, indem wir an den Fall der Sklaverei denken: Marxens Idee ist, daß kein wesentlicher Unterschied – trotz vieler untergeordneter – zwischen dem Lohnvertrag und dem Kauf eines Sklaven besteht: wer «freie» Arbeiter anstellt, kauft zwar nicht wie im Fall der Sklaverei die Arbeiter selbst, wohl aber eine bestimmte Quote der Gesamtsumme ihrer Arbeitskraft.

Da nun Arbeit in diesem Sinne (nicht die *Dienstleistung* der Arbeit oder die tatsächliche Arbeitsstunde) eine Ware ist, muß das Wertgesetz auf sie anwendbar sein. Das heißt, daß die Arbeit bei Gleichgewicht und vollkommener Konkurrenz einen Lohn einbringen muß, der proportional ist der Zahl der Arbeits*stunden*, die in ihre «Produktion» eingegangen sind. Aber welche Zahl von Arbeits*stunden* geht in die «Produktion» des Vorrats an Arbeitskraft ein, die in der Haut eines Arbeiters aufgespeichert ist? Nun, die Zahl von Arbeits*stunden*, die es brauchte und braucht, um den Arbeiter aufzuziehen, zu nähren, zu kleiden und unterzubringen[5]. Dies bestimmt den Wert dieses Vorrats, und wenn er Teile davon verkauft – ausgedrückt in Tagen, Wochen oder Jahren –, wird er einen Lohn erhalten, der dem Arbeitswert dieser Teile entspricht, genau so, wie ein Sklavenhändler, der einen Sklaven verkauft, bei Gleichgewicht einen Preis im Verhältnis zur Gesamtsumme dieser Arbeits*stunden* erhielte. Es sollte noch einmal beachtet werden, daß sich so Marx sorgfältig von allen jenen populären Schlagwörtern fernhält, die in der einen oder andern Form behaupten, daß auf dem kapitalistischen Arbeitsmarkt der Arbeiter beraubt oder betrogen wird oder daß er in seiner beklagenswerten Schwäche einfach gezwungen ist, alle Bedingungen anzunehmen. Die Sache ist nicht so einfach: er bekommt den vollen Wert seiner Arbeitskraft.

Wenn aber die «Kapitalisten» einmal diesen Vorrat an potentiellen Dienstleistungen erworben haben, sind sie in der Lage, den Arbeiter mehr Stunden arbeiten, mehr tatsächliche Dienste leisten zu lassen, als es braucht, um diesen Vorrat oder potentiellen Vorrat zu produzieren. Sie können in diesem Sinn mehr tatsächliche Arbeitsstunden eintreiben, als sie bezahlt haben. Da die dabei entstehenden Produkte ihrerseits zu einem Preis verkauft werden, der proportional ist den Arbeitsstunden, die in ihre Produktion eingehen, besteht eine Differenz zwischen den zwei Werten, – eine Folge einzig des modus operandi des Marxschen Wertgesetzes –, die notwendig und kraft des Mechanismus des kapitalistischen Marktes an den Kapitalisten geht. Dies ist der Mehrwert[6]. Durch dessen Aneignung «beutet» der Kapitalist die Arbeit aus, obwohl er den Arbeitern nicht weniger als den vollen Wert ihrer Arbeitskraft bezahlt und von

[5] Das ist, unter Ausschluß der Unterscheidung zwischen «Arbeitskraft» und Arbeit, die Lösung, die S. Bailey (*A Critical Discourse on the Nature, Measure and Causes of Value*, 1825) zum voraus als absurd erklärte, was Marx selbst nicht zu bemerken unterließ. (Das Kapital, Band I, Kapitel 19.)

[6] Die Rate des Mehrwertes (der Grad der Ausbeutung) wird definiert als das Verhältnis zwischen Mehrwert und variablem (Lohn-)Kapital.

den Konsumenten nicht mehr als den vollen Wert der von ihm verkauften Produkte erhält. Wiederum sollte beachtet werden, daß keine Berufung erfolgt auf solche Dinge wie unangemessene Preisstellung, Einschränkung der Produktion oder Betrug auf den Warenmärkten. Marx beabsichtigte natürlich nicht, das Vorhandensein solcher Praktiken zu bestreiten. Aber er sah sie in ihrer richtigen Perspektive und gründete deswegen niemals eine grundsätzliche Folgerung auf sie.

Bewundern wir im Vorbeigehen die Pädagogik: wenn die Bedeutung, die das Wort «Ausbeutung» nun erhält, auch noch so speziell und von seinem gewöhnlichen Sinn entfernt sein mag, – wenn auch die Unterstützung, die es aus dem Naturgesetz und den Philosophien der Scholastiker und der Schriftsteller der Aufklärung ableitet, noch so zweifelhaft sein mag –, es ist nun zuguterletzt in den Bereich der wissenschaftlichen Argumente aufgenommen und dient so dem Zweck, die Jünger zu stärken, die ausziehen, um seine Schlachten zu schlagen.

Hinsichtlich der Verdienste dieses wissenschaftlichen Arguments müssen wir sorgfältig zwei Seiten auseinanderhalten, deren eine beharrlich von den Kritikern vernachlässigt worden ist. Auf dem gewöhnlichen Stand der Theorie eines stationären Wirtschaftsprozesses ist es leicht nachzuweisen, daß unter Marxens eigenen Voraussetzungen die Mehrwertlehre unhaltbar ist. Die Arbeitswerttheorie, – selbst wenn wir zugeben könnten, daß sie für jede andere Ware gültig ist –, kann niemals auf die Ware Arbeit angewandt werden; denn das würde heißen, daß Arbeiter wie Maschinen nach rationalen Kostenrechnungen erzeugt werden. Da sie das nicht werden, ist man nicht befugt anzunehmen, daß der Wert der Arbeitskraft proportional sein wird den Arbeitsstunden, die in ihre «Produktion» eingehen. Logisch hätte Marx seine Position verbessert, wenn er Lasalles «ehernes Lohngesetz» angenommen oder wenn er einfach in den Bahnen von Malthus argumentiert hätte, wie Ricardo es tat. Da er dies aber wohlweislich ablehnte, hat seine Ausbeutungstheorie von Anbeginn an eine ihrer wesentlichen Stützen verloren[7].

---

[7] Wir werden später sehen, wie Marx diese Stütze zu ersetzen versuchte.

Überdies kann nachgewiesen werden, daß ein vollkommenes Konkurrenzgleichgewicht nicht in einer Situation bestehen kann, in der alle Kapitalisten = Arbeitgeber Ausbeutungsgewinne machen. Denn in diesem Falle würde jeder einzelne versuchen, die Produktion auszudehnen, und die Massenwirkung dieses Unterfangens würde unvermeidlich dahin tendieren, die Lohnsätze zu erhöhen und derartige Gewinne auf Null zu reduzieren. Es wäre ohne Zweifel möglich, eine Verteidigung zusammenzuflicken, indem man zur Theorie der unvollkommenen Konkurrenz Zuflucht nähme, Friktionen und institutionelle Hemmungen für das Funktionieren der Konkurrenz einführte, alle Möglichkeiten von Hindernissen im Geld- und Kreditwesen besonders hervorhöbe und so weiter. Indessen könnte nur eine mäßige Verteidigung auf diese Weise aufgebaut werden – eine, die Marx aus tiefstem Herzen verachtet hätte.

Die Sache hat jedoch noch eine andere Seite. Wir müssen nur Marxens analytisches Ziel betrachten, um uns klar zu werden, daß er den Kampf nicht auf einem Gebiet hätte anzunehmen brauchen, auf dem es so leicht ist, ihn zu schlagen. Das ist nur so lange so leicht, als wir in der Mehrwerttheorie nur eine Behauptung über stationäre Wirtschaftsprozesse bei vollkommenem Gleichgewicht sehen. Da das, worauf seine Analyse hinzielte, nicht ein Gleichgewichtszustand war, den nach seiner Ansicht die kapitalistische Gesellschaft nie erreichen kann, sondern im Gegenteil ein Prozeß unaufhörlicher Veränderung der Wirtschaftsstruktur, ist eine Kritik in obiger Richtung nicht völlig durchschlagend. Mehrwerte mögen bei vollkommenem Gleichgewicht unmöglich, aber sie können stets vorhanden sein, weil diesem Gleichgewicht nie gestattet wird, sich zu verwirklichen. Sie mögen immer darauf *tendieren* zu verschwinden und doch immer da sein, weil sie ständig wiedergeschaffen werden. Diese Verteidigung wird die Arbeitswerttheorie nicht retten, namentlich nicht in ihrer Anwendung auf die Ware Arbeit selbst, und auch nicht das Argument über die Ausbeutung, so wie es gefaßt ist. Aber es wird uns instand setzen, dem Ergebnis eine günstigere Auslegung zu geben, obschon eine befriedigende Theorie dieser Mehrwerte sie des spezifisch Marxschen Begriffsinhaltes entkleiden wird. Dieser Aspekt erweist sich als von beträchtlicher Bedeutung. Er wirft auch auf andere Teile von Marxens Apparat der ökonomischen Analyse ein neues Licht und erklärt weitgehend, warum dieser Apparat durch die gegen seine eigentlichen Grundlagen gerichtete, erfolgreiche Kritik nicht verhängnisvoller beschädigt worden ist.

4. Wenn wir jedoch auf der Ebene fortfahren, auf der die Diskussion der Marxschen Lehre sich gewöhnlich bewegt, geraten wir immer tiefer in Schwierigkeiten, oder vielmehr bemerken wir, daß es den Gläubigen so geht, wenn sie dem Meister auf seinem Weg zu folgen versuchen. Erstens macht es die Mehrwertlehre nicht leichter, die oben erwähnten Probleme zu lösen, die durch die Diskrepanz zwischen der Arbeitswerttheorie und den einfachen Tatsachen der wirtschaftlichen Wirklichkeit entstehen. Im Gegenteil, die Mehrwertlehre unterstreicht sie, weil laut ihr das konstante Kapital – das heißt das Nicht-Lohn-Kapital – auf das Produkt nicht mehr Wert überträgt, als es bei seiner Produktion verliert; nur das Lohnkapital tut dies, und infolgedessen sollten die erzielten Profite von Unternehmung zu Unternehmung je nach der organischen Zusammensetzung ihres Kapitals variieren. Marx verläßt sich auf die Konkurrenz zwischen den Kapitalisten, die eine solche Verteilung der gesamten «Masse» des Mehrwertes bewerkstellige, daß jede Unternehmung Profite im Verhältnis zu ihrem gesamten Kapital erzielt oder daß die einzelnen Profitraten sich ausgleichen. Wir sehen sogleich: diese Schwierigkeit gehört zur Klasse der unechten Probleme, die immer aus Versuchen zum Ausbau einer fehlerhaften Theorie[8] resultieren, und die Lösung zur Klasse der verzweifelten Ratschlüsse. Marx glaubte indes-

[8] Es gibt immerhin ein Element in ihr, das nicht fehlerhaft ist, und dessen, zwar sehr unklare, Wahrnehmung Marx gutgeschrieben werden sollte. Es ist nicht, wie fast alle Ökonomen selbst heute noch glauben, eine unbestreitbare Tatsache, daß produzierte Produktionsmittel in einer vollkommen stationären Wirtschaft einen Nettoertrag abwerfen. Wenn sie in Wirklichkeit normalerweise einen Nettoertrag abzuwerfen scheinen, so mag das sehr wohl der Tatsache zuzuschreiben sein, daß die Wirtschaft nie stationär ist. Marxens Argument über den Nettoertrag des Kapitals kann als Umweg zu dieser Erkenntnis ausgelegt werden.

sen nicht nur, daß der letztere dienlich sein könne, um die Entstehung von gleichmäßigen Profitraten zu bestätigen und um zu erklären, wie infolgedessen die relativen Warenpreise von ihrem Wert, in Arbeit ausgedrückt[9], abweichen müssen, sondern auch, daß seine Theorie die Erklärung eines andern «Gesetzes» biete, das in der klassischen Lehre einen großen Platz einnahm, nämlich der Behauptung, daß die Profitrate eine inhärente Tendenz hat zu fallen. Dies folgt tatsächlich recht einleuchtend daraus, daß die relative Bedeutung des konstanten Teils des Gesamtkapitals in den Lohngüterindustrien zunimmt: wenn die relative Bedeutung von Anlagen und Ausrüstung in diesen Industrien zunimmt, wie es im Verlauf der kapitalistischen Entwicklung geschieht, und wenn die Rate des Mehrwertes oder der Grad der Ausbeutung gleich bleibt, dann wird im allgemeinen die Ertragsrate des Gesamtkapitals abnehmen. Dieses Argument hat viel Bewunderung geweckt und wurde

---

[9] Seine Lösung dieses Problems hat er in Manuskripten niedergelegt, aus denen sein Freund Engels den nach seinem Tod erschienenen dritten Band des *Kapitals* formte. Deshalb haben wir nicht vor uns, was Marx selbst vielleicht zuletzt noch hätte sagen wollen. Dennoch zögerten die meisten Kritiker nicht, ihn zu überführen, er habe durch den dritten Band der Lehre des ersten glatt widersprochen. Äußerlich betrachtet ist dieses Urteil nicht berechtigt. Wenn wir uns selbst auf Marxens Standpunkt stellen, was in einer Frage wie dieser unsere Pflicht ist, ist es nicht sinnlos im Mehrwert eine «Masse», erzeugt durch den als Einheit betrachteten sozialen Produktionsprozeß, zu sehen, und das übrige zu einer Sache der Verteilung dieser Masse zu machen. Und wenn dies nicht sinnlos ist, so ist es immer noch möglich, aufrecht zu erhalten, daß die im dritten Band abgeleiteten relativen Warenpreise aus der Arbeitsmengentheorie des ersten Bandes folgen. Deshalb ist es nicht richtig zu behaupten, wie einige Autoren von Lexis bis Cole, es getan haben, daß Marxens Werttheorie von seiner Preistheorie völlig geschieden ist und nichts zu ihr beiträgt. Doch Marx gewinnt wenig dadurch, daß er von Widersprüchen freigesprochen wird. Die restliche Anklage ist durchaus schwer genug. Der beste Beitrag zur ganzen Frage, wie Werte und Preise im Marxschen System sich zueinander verhalten, – ein Beitrag, der auch einige der besseren Leistungen in einer Kontroverse anführt, die nicht gerade faszinierend war, – ist L. von Bortkiewicz's «Wertrechnung und Preisrechnung im Marxschen System», *Archiv für Sozialwissenschaft und Sozialpolitik*, 1907.

wahrscheinlich auch von Marx mit all der Befriedigung betrachtet, die wir gewöhnlich empfinden, wenn eine unserer Theorien eine Beobachtung erklärt, die nicht in ihre Konstruktion eingegangen war. Es wäre interessant, sie auf Grund ihrer eigenen Vorzüge zu diskutieren und unabhängig von den Irrtümern, die Marx bei ihrer Ableitung unterliefen. Wir brauchen uns dabei nicht aufzuhalten, denn sie ist durch ihre Prämissen genügend verurteilt. Aber eine verwandte, wenn auch nicht identische Behauptung liefert sowohl eine der wichtigsten «Kräfte» der Marxschen Dynamik als auch das Verbindungsglied zwischen der Ausbeutungstheorie und dem nächsten Stockwerk in Marxens analytischem Bau, – sie wird gewöhnlich die Akkumulationstheorie genannt.

Den Hauptteil der den ausgebeuteten Arbeitern abgerungenen Beute (nach einigen seiner Schüler praktisch die ganze) verwandelt der Kapitalist in Kapital, in Produktionsmittel. Dies bedeutet an sich – und abgesehen von der durch Marxens Ausdrucksweise hervorgerufenen Nebenbedeutung – natürlich nichts anderes als die Feststellung eines wohlbekannten Sachverhaltes, der gewöhnlich mit den Ausdrücken Sparen und Investieren beschrieben wird. Marx jedoch genügte diese bloße Tatsache nicht: wenn der kapitalistische Prozeß sich nach einer unerbittlichen Logik zu entfalten hatte, dann hatte diese Tatsache Teil dieser Logik zu sein, was praktisch heißt, daß sie «notwendig» sein mußte. Auch wäre es nicht befriedigend gewesen, dieser Notwendigkeit zu gestatten, aus der Sozialpsychologie der kapitalistischen Klasse herauszuwachsen, zum Beispiel nach der Art von Max Webers Erklärung, der die puritanische Haltung, – die Enthaltung vom hedonistischen Genuß an den eigenen Gewinnen paßt auffällig gut zu ihrem Stil –, zu einer kausalen Determinante des kapitalistischen Verhaltens gemacht hat. Marx verachtete keineswegs eine Unterstützung, die er von dieser Methode zu gewinnen vermochte[10]. Aber es

[10] Zum Beispiel übertrifft er sich selbst an einer Stelle *(Das Kapital,* Band I, S. 558) in bilderreicher Rhetorik über dieses Thema; er geht dabei nach meinem Dafürhalten weiter, als es für den Autor der ökonomischen Geschichtsauffassung passend ist. Mag nun Akkumulieren für die Kapitalistenklasse «Moses und alle Propheten» (!) sein oder auch nicht, und mö-

brauchte für ein System, das wie das seinige konstruiert war, etwas Solideres, – etwas, das die Kapitalisten zu akkumulieren zwingt, unabhängig davon, was sie dabei empfinden, und das stark genug ist, sogar diesen psychologischen Stil zu erklären. Und zum Glück gibt es dies.

Wenn ich die Natur dieses Sparzwanges auseinandersetze, werde ich um der Bequemlichkeit willen Marxens Lehre in einem Punkte übernehmen; das heißt ich werde wie er annehmen, daß das Sparen durch die Kapitalistenklasse *ipso facto* eine entsprechende Vermehrung des realen Kapitals bedeutet[11]. Diese Bewegung wird in erster Linie stets im variablen Teil des Gesamtkapitals, im Lohnkapital, eintreten, – selbst wenn die Absicht besteht, den konstanten Teil zu vermehren und insbesondere den Teil, den Ricardo fixes Kapital nannte, – vornehmlich Maschinen.

Bei der Erörterung von Marxens Ausbeutungstheorie wies ich darauf hin, daß in einer vollkommenen Konkurrenzwirtschaft die Ausbeutungsgewinne die Kapitalisten veranlassen würden, die Produktion auszudehnen oder ihre Ausdehnung zu versuchen, weil vom Standpunkt eines jeden von ihnen aus dies mehr Profit bedeuten würde. Um dies zu tun, müßten sie akkumulieren. Überdies würde die Massenwirkung dahin tendieren, die Mehrwerte durch die nachfolgende Erhöhung der Lohnsätze, wenn nicht auch noch durch einen nachfolgenden Fall der Warenpreise zu reduzieren, – ein sehr hübsches Beispiel für die dem Kapitalismus inhärenten Widersprüche, die Marxens Herz so teuer waren. Und diese Tendenz selbst würde auch für den einzelnen Kapitalisten einen weiteren Grund bil-

---

gen uns solche Ausbrüche lächerlich berühren oder auch nicht, – bei Marx lassen Argumente dieser Art und diesen Stils immer eine Schwäche vermuten, die verborgen werden muß.

[11] Für Marx ist Sparen oder Akkumulieren identisch mit der Verwandlung «von Mehrwert in Kapital». Ich beabsichtige nicht, dagegen Stellung zu nehmen, obschon individuelle Sparversuche nicht unbedingt und automatisch das Realkapital vermehren. Marxens Ansicht scheint mir der Wahrheit so viel näher zu sein als die von vielen meiner Zeitgenossen vertretene, entgegengesetzte Meinung, daß ich glaube, es lohnt sich nicht, hier gegen sie in die Schranken zu treten.

den, weshalb er sich zu akkumulieren gezwungen fühlen würde[12], obschon wiederum dies die Sache letzten Endes für die Kapitalistenklasse als ganze verschlimmern müßte. Deshalb wäre eine Art von Zwang zur Akkumulation selbst in einem sonst stationären Prozeß vorhanden, der, wie ich vorhin erwähnte, kein stabiles Gleichgewicht erreichen könnte, bevor nicht die Akkumulation den Mehrwert auf Null reduziert und so den Kapitalismus selbst zerstört hätte[13].

Viel wichtiger und viel zwingender ist jedoch etwas anderes. In Tat und Wahrheit ist die kapitalistische Wirtschaft nicht stationär und kann es nicht sein. Auch dehnt sie sich nicht bloß in einer stetigen Art und Weise aus. Sie wird unaufhörlich *von innen* her durch neue Unternehmungen revolutioniert, das heißt durch die Einführung neuer Waren oder neuer Produktionsmethoden oder neuer Handelsmöglichkeiten in die industrielle Struktur, wie sie in irgendeinem Augenblick existiert. Alle vorhandenen Strukturen und alle Geschäftsbedingungen sind stets in einem Prozeß der Veränderung. Jede Situation wird

---

[12] Selbstverständlich würde im allgemeinen weniger aus einem kleinen als aus einem großen Einkommen gespart. Aber aus jedem gegebenen Einkommen wird mehr gespart, wenn nicht erwartet wird, daß es gleich bleibt, oder wenn erwartet wird, daß es zurückgeht, als aus dem gleichen Einkommen gespart würde, wenn man wüßte, daß es auf seinem jetzigen Stand zumindest stabil bliebe.

[13] Marx anerkennt dies bis zu einem gewissen Grad. Aber er glaubt, daß wenn die Löhne steigen und dabei mit der Akkumulation in Konflikt geraten, die Rate der letzteren abnehmen wird, «weil der Stachel des Gewinns abstumpft», so daß «der Mechanismus des kapitalistischen Produktionsprozesses selbst die Hindernisse beseitigt, die er vorübergehend schafft». *(Das Kapital,* Band I, Kapitel 23, 1. Abschnitt). *Diese* Tendenz des kapitalistischen Mechanismus, sich selbst ins Gleichgewicht zu bringen, ist nun sicherlich nicht über alle Zweifel erhoben, und ihre Behauptung würde zum mindesten vorsichtige Einschränkungen erfordern. Der interessante Punkt ist jedoch der, daß wir diese Behauptung höchst un-Marxisch nennen würden, wenn wir ihr zufällig in den Werken eines anderen Ökonomen begegneten, und daß sie, soweit sie haltbar ist, den Hauptgedankengang von Marxens Argument stark schwächt. Hier wie in manchen andern Punkten trägt Marx in einem erstaunlichen Grad die Fesseln der Bourgeois-Ökonomik seiner Zeit, die er selbst gesprengt zu haben glaubt.

umgestürzt, bevor sie Zeit hatte, sich zu vollenden. Wirtschaftlicher Fortschritt bedeutet in der kapitalistischen Gesellschaft Aufruhr. Und wie wir im nächsten Teil sehen werden, wirkt in diesem Aufruhr die Konkurrenz – sei sie noch so vollkommen – in völlig anderer Weise, als sie es in einem stationären Prozeß täte. Durch die Produktion von neuen Dingen oder durch die billigere Produktion von alten Dingen einzuheimsende Gewinnmöglichkeiten verwirklichen sich ständig und fordern neue Investitionen. Diese neuen Produkte und neuen Methoden konkurrenzieren die alten Produkte und alten Methoden nicht zu gleichen Bedingungen, sondern mit einem entscheidenden Vorsprung, der für die letzteren den Tod bedeuten kann. Auf diese Weise geht der «Fortschritt» in der kapitalistischen Gesellschaft vor sich. Um zu vermeiden, daß sie unterboten wird, ist *jede* Unternehmung letzten Endes gezwungen, dasselbe zu tun, muß ihrerseits investieren und muß, um dies tun zu können, Teile ihrer Profite in den eigenen Betrieb wieder hineinstecken, das heißt: akkumulieren[14]. So akkumulieren auch alle andern.

Nun hat Marx diesen Prozeß der industriellen Veränderung klarer gesehen als alle andern Ökonomen seiner Zeit und war sich seiner entscheidenden Bedeutung voller bewußt. Das will nicht heißen, daß er ihre Natur richtig verstand und ihren Mechanismus richtig erklärte. Bei ihm löst sich dieser Mechanismus in eine bloße Mechanik von Kapitalmassen auf. Er besaß keine ausreichende Unternehmungstheorie, und sein Unvermögen, zwischen Unternehmern und Kapitalisten zu unterscheiden, erklärt – zusammen mit einer fehlerhaften theoretischen Technik – viele Fälle des *non sequitur* und manche Irrtümer. Doch die bloße Vision des Prozesses genügte an sich für viele der Zwecke, die Marx im Auge hatte. Das *non sequitur*

[14] Das ist natürlich nicht die einzige Methode, um die technischen Verbesserungen zu finanzieren. Doch es ist praktisch die einzige Methode, die Marx in Betracht zog. Da sie tatsächlich sehr wichtig ist, können wir ihm hierin folgen, obschon andere Methoden, namentlich diejenige des Borgens von Banken, das heißt der Schöpfung von Depositen, ihre eigenen Folgen haben. Um ein richtiges Bild des kapitalistischen Prozesses zu gewinnen, wäre es notwendig, diese miteinzubeziehen.

ist dann kein verhängnisvoller Einwand mehr, wenn das, was nicht aus Marxens Argument folgt, aus einem andern gefolgert werden kann; und selbst offene Irrtümer und Mißverständnisse werden oft durch die wesentliche Richtigkeit der allgemeinen Richtung des Argumentes, in dessen Verlauf sie auftreten, wiedergutgemacht, – namentlich können sie für die weiteren Stufen der Analyse unschädlich gemacht werden –, nur für den Kritiker, der diese paradoxe Situation nicht zu würdigen vermag, scheinen diese unwiderruflich verurteilt.

Wir hatten dafür weiter oben ein Beispiel. Marxens Theorie des Mehrwertes, so wie sie dasteht, ist unhaltbar. Aber da der kapitalistische Prozeß immer neue Wellen von zeitweisen Mehrgewinnen über die Kosten erzeugt, die andere Theorien, obschon auf sehr un-Marxsche Art und Weise, sehr gut erklären können, ist Marxens nächster, der Akkumulation gewidmeter Schritt nicht völlig durch seine früheren Felhtritte verunmöglicht. Gleicherweise hat Marx selbst den Zwang zur Akkumulation, der so wesentlich ist für sein Argument, nicht befriedigend begründet. Es entsteht jedoch kein großer Schaden aus den Mängeln seiner Erklärung, weil wir in der erwähnten Weise ohne weiteres selbst eine befriedigende Erklärung bieten können, in der unter anderm der Rückgang der Profite von selbst auf seinen rechten Platz zu stehen kommt. Die gesamte Profitrate des ganzen industriellen Kapitals braucht langfristig weder wegen der Marxschen Begründung, daß das konstante Kapital im Vergleich zum variablen Kapital relativ zunimmt[15], noch

---

[15] Nach Marx können die Profite natürlich auch aus einem andern Grund fallen, nämlich wegen eines Fallens der Mehrwertrate. Das mag verursacht sein entweder durch eine Erhöhung der Lohnsätze oder durch zum Beispiel gesetzliche Herabsetzung der Arbeitsstunden. Es ist selbst vom Standpunkt der Marxschen Theorie aus möglich zu argumentieren, daß dies die «Kapitalisten» veranlassen wird, Arbeit durch arbeitssparende Kapitalgüter zu ersetzen und also die Investition zeitweise zu vermehren, ohne Rücksicht auf den Druck der neuen Waren und des technischen Fortschritts. Wir können jedoch auf diese Fragen nicht eingehen. Indessen sollten wir von einem merkwürdigen Vorfall Kenntnis nehmen. Im Jahre 1837 veröffentlichte Nassau W. Senior eine Schrift mit dem Titel *Letters on the Factory Act*, in der er zu zeigen versuchte, daß die vorgeschlagene Herabsetzung

wegen irgend einer anderen zu fallen. Es genügt, daß, wie wir gesehen haben, der Profit jedes einzelnen Betriebes ununterbrochen durch die tatsächliche oder mögliche Konkurrenz neuer Waren oder Produktionsmethoden bedroht wird, die ihn früher oder später in Verlust verwandeln werden. So erhalten wir die erforderliche Triebkraft und sogar ein Analogon zu Marxens Behauptung, daß das konstante Kapital keinen Mehrwert erzeugt, – denn keine einzelne Ansammlung von Kapitalgütern bleibt für immer eine Quelle von Mehrgewinnen –, ohne daß wir uns auf jene Teile seines Argumentes stützen müßten, die von zweifelhafter Gültigkeit sind.

Ein anderes Beispiel bietet sich im nächsten Glied von Marxens Kette, in seiner Konzentrationstheorie, das heißt in seiner Behandlung der Tendenz des kapitalistischen Prozesses, sowohl die industriellen Betriebe wie auch die Kontrolleinheiten zu vergrößern. Alles, was er als Erklärung[16] zu bieten hat, schrumpft, seiner Bildersprache entkleidet, auf die nicht gerade aufregenden Feststellungen zusammen, daß «der Konkurrenzkampf durch Verbilligung der Waren geführt wird», die «ceteris paribus von der Produktivität der Arbeit abhängt»; daß diese wiederum von der Stufenleiter der Produktion abhängt und daß «die größeren Kapitale die kleineren schlagen[17]». Dies lautet ziemlich gleich wie das, was die üblichen Lehrbücher über dieses Thema sagen, und ist an sich weder sehr tief noch sehr bewundernswürdig. Namentlich ist es unzulänglich, weil es den ausschließlichen Nachdruck auf die Größe der individuellen «Kapitale» legt, während bei der Beschreibung der Folgen Marx

---

der täglichen Arbeitszeit zu einer Aufhebung der Profite in der Baumwollindustrie führen würde. Im *Kapital*, Band I, Kapitel 7, 3. Abschnitt, übertrifft sich Marx selber in wilden Anklagen gegen diese Darstellung. Seniors Argument ist tatsächlich beinahe verrückt. Aber Marx hätte der Letzte sein sollen, es so zu nennen; denn es ist durchaus im Einklang mit seiner eigenen Ausbeutungstheorie.

[16] Vgl. *Das Kapital*, Band I, Kapitel 23, 2. Abschnitt.

[17] Diese Schlußfolgerung, oft die Expropriationstheorie genannt, ist nach Marx die einzige rein-ökonomische Basis des Kampfes, durch den sich die Kapitalisten gegenseitig vernichten.

erheblich durch seine Technik behindert ist, die weder mit dem Monopol noch mit dem Oligopol wirksam fertig zu werden vermag.

Dennoch ist die Bewunderung, die nach ihrem Bekenntnis so viele Ökonomen außerhalb der Gemeinde für diese Theorie empfinden, nicht unberechtigt. Schon das eine: das Aufkommen der großen Unternehmungen vorherzusagen, war in Anbetracht der Verhältnisse zu Marxens Zeit eine Leistung an sich. Aber er hat mehr als das getan. Er verknüpfte die Konzentration geschickt mit dem Akkumulationsprozeß oder vielmehr, er sah die erste als Teil des letzteren und zwar nicht nur als Teil seines faktischen Modells, sondern auch seiner Logik. Er erkannte einige Folgen richtig, – zum Beispiel, daß «der wachsende Umfang der individuellen Kapitalmassen ... zur materiellen Grundlage einer beständigen Umwälzung der Produktionsweise selbst» wird –, und andere Folgen zumindest in einseitiger oder verzerrter Form. Er elektrisierte die das Phänomen umgebende Atmosphäre mit allen Dynamos von Klassenkampf und -politik. Dies allein hätte schon genügt, um seine Darstellung hoch über die darin enthaltenen trockenen ökonomischen Theoreme zu erheben, namentlich für Leute ohne jede eigene Phantasie. Und, am wichtigsten von allem, er war imstande, weiterzuschreiten, beinahe völlig ungehemmt durch die unzureichende Motivierung einzelner Striche seines Gemäldes und durch das, was dem Gelehrten als mangelnde Bündigkeit seines Arguments erscheint; denn immerhin –, die Industrieriesen waren wirklich im Nahen und ebenso war es die soziale Situation, die sie erzeugen mußten.

5. Zwei weitere Punkte mögen diese Skizze vervollständigen: Marxens Theorie der Verelendung und seine (und Engels') Theorie des Konjunkturzyklus. Bei der ersten versagen Analyse und Vision hoffnungslos; bei der zweiten zeigen sich beide von ihrer vorteilhaftesten Seite.

Marx war ohne Zweifel der Ansicht, im Verlauf der kapitalistischen Entwicklung würden die Reallohnsätze und der Lebensstandard der Massen bei den besser bezahlten Gruppen fallen und bei den schlechtest bezahlten sich nicht verbessern, und dies würde nicht durch irgendwelche zufälligen oder Milieuumstände, sondern kraft der reinen Logik des kapitalistischen Prozesses[18] geschehen. Als Voraussage war dies natürlich einzigartig unglücklich, und die Marxisten aller Typen haben es sich sauer werden lassen, das Beste aus dem klar entgegengesetzten Beweismaterial, dem sie sich gegenüber sahen, herauszuholen. In der ersten Zeit – und in vereinzelten Fällen sogar bis heute – versuchten sie mit bemerkenswerter Hartnäckigkeit dieses «Gesetz» als die Feststellung einer tatsächlichen, durch Lohnstatistiken bewiesenen Tendenz zu retten. Später wurden Versuche gemacht, eine andere Bedeutung hineinzulesen, das heißt, dieses «Gesetz» sich nicht auf die Sätze der Reallöhne beziehen zu lassen oder auf den absoluten Anteil, der an die Arbeiterklasse geht, sondern auf den relativen Anteil der Arbeitseinkommen am gesamten Volkseinkommen. Obschon einige Stellen bei Marx tatsächlich eine Auslegung in diesem Sinne gestatten, läuft sie doch klar dem Sinn der meisten zuwider. Überdies würde wenig durch die Annahme dieser Auslegung gewonnen, weil Marxens Hauptfolgerungen voraussetzen, daß der absolute pro Kopf-Anteil der Arbeit fällt oder zuallermindest nicht zunimmt: hätte er wirklich an den relativen Anteil gedacht, so würde dies nur die Marxistischen Verlegenheiten noch vermehren. Schließlich wäre die Behauptung selbst immer noch falsch. Denn der relative Anteil der Löhne und Gehälter am Gesamteinkommen variiert nur wenig von Jahr zu Jahr und ist zeitlich bemerkenswert konstant, – er zeigt jedenfalls keinerlei Tendenz zu fallen.

---

[18] Es gibt eine vordere Verteidigungslinie, die die Marxisten wie die meisten Apologeten gegen die kritische Absicht, die hinter jeder solchen klaren Feststellung lauert, zu errichten pflegen. In diesem Fall: Marx habe die Kehrseite der Medaille nicht vollständig übersehen und habe sehr oft Fälle von steigenden Löhnen und so weiter «anerkannt» – was ja wohl niemand gut übersehen konnte –, was implicite heißen soll, daß er alles schon vorwegnahm, was ein Kritiker je einwenden könnte. Ein so weitschweifiger Schriftsteller, der sein Argument mit so reichen Einlagen historischer Analysen spickt, läßt natürlich für eine solche Verteidigung mehr Raum, als je ein Kirchenvater es getan hat. Was nützt es jedoch, eine widerspenstige Tatsache «anzuerkennen», wenn sie die Schlußfolgerungen nicht beeinflussen darf?

Es scheint jedoch einen andern Ausweg aus der Schwierigkeit zu geben. Eine Tendenz mag sich vielleicht in unsern statistischen Zeitreihen nicht zeigen – sie mögen sogar die entgegengesetzte wie in diesem Fall aufweisen –, und doch kann sie dem untersuchten System inhärent sein; denn sie kann unterdrückt sein durch außergewöhnliche Bedingungen. Das ist tatsächlich die Linie, die die meisten modernen Marxisten wählen. Die außergewöhnlichen Bedingungen werden in der Kolonialexpansion oder allgemeiner in der Aufschließung neuer Länder während des neunzehnten Jahrhunderts gefunden, die nach ihrer Ansicht den Opfern der Ausbeutung[19] eine «Schonzeit» gewährt hat. Im nächsten Teil werden wir Gelegenheit haben, auf diese Materie zurückzukommen. Mittlerweile wollen wir zur Kenntnis nehmen, daß die Tatsachen prima facie dieses Argument, das logisch ebenfalls nicht außergewöhnlich wäre, einigermaßen stützen, und daß es deshalb die Schwierigkeit beheben könnte, wenn diese Tendenz anderweitig gut begründet wäre.

Aber das eigentlich Bedenkliche ist, daß Marxens theoretische Struktur in diesem Sektor nichts weniger als vertrauenswürdig ist: gleichläufig mit der Vision ist hier auch die analytische Grundarbeit auf falscher Fährte. Die Grundlage der Verelendungstheorie ist die Theorie von der «industriellen Reservearmee», das heißt von der Arbeitslosigkeit, die durch die Mechanisierung des Produktionsprozesses geschaffen wird[20]. Und die Theorie der Reservearmee beruht ihrerseits auf der Lehre, die in Ricardos Kapitel über das Maschinenwesen dargelegt ist. Nirgends sonst – ausgenommen natürlich die Wertlehre – stützt sich Marxens Argument so vollständig auf dasjenige

---

[19] Dieser Gedanke wurde von Marx selbst angedeutet, doch wurde er erst von den Neo-Marxisten entwickelt.

[20] Diese Art der Arbeitslosigkeit muß natürlich von anderen Arten unterschieden werden. Marx interessiert besonders jene Art, deren Existenz durch die zyklischen Veränderungen in der Geschäftstätigkeit verursacht wird. Da die beiden nicht voneinander unabhängig sind, und da er in seinem Argument öfters sich mehr auf den zweiten Typ als auf den ersten stützt, entstehen Schwierigkeiten der Auslegung, deren sich anscheinend nicht alle Kritiker voll bewußt sind.

Ricardos, ohne irgend etwas Wesentliches beizufügen[21]. Ich spreche natürlich nur von der reinen Theorie des Phänomens. Marx steuerte, wie immer, viele kleinere Züge bei, so die glückliche Verallgemeinerung, durch die der Ersatz gelernter Arbeiter durch ungelernte in die Vorstellung der Arbeitslosigkeit eingeführt wird; er steuerte auch einen unerschöpflichen Reichtum an Bildern und Ausdrücken bei, und, am wichtigsten, – er steuerte den eindrucksvollen Rahmen bei, den weiten Hintergrund seines sozialen Prozesses.

Ricardo hatte anfänglich dazu geneigt, die zu allen Zeiten sehr allgemeine Ansicht zu teilen, die Einführung von Maschinen in den Produktionsprozeß könne kaum anders als zum Vorteil der Massen ausschlagen. Als er dann dazu kam, diese Ansicht oder jedenfalls ihre allgemeine Gültigkeit zu bezweifeln, revidierte er mit charakteristischer Offenheit seine Stellung. Nicht weniger charakteristisch neigte er sich nun stark auf die andere Seite und brachte unter Anwendung seiner gewohnten Methode der «strong cases» ein allen Ökonomen wohlbekanntes Zahlenbeispiel vor, um zu zeigen, daß die Dinge auch anders herauskommen können. Er wollte damit weder bestreiten, daß er einerseits nicht mehr als eine Möglichkeit bewies – obschon eine nicht unwahrscheinliche –, noch daß sich andrerseits schlußendlich aus der Mechanisierung ein Nettogewinn für die Arbeiter ergebe durch die weiteren Auswirkungen auf das gesamte Produktionsergebnis, auf die Preise und so weiter.

Das Beispiel stimmt innerhalb seines Bereiches[22]. Die etwas verfeinerten Methoden von heute stützen sein Ergebnis so weit, daß sie sowohl die Möglichkeit, die es feststellen wollte,

---

[21] Jedem Theoretiker muß dies auffallen, nicht nur beim Studium der *sedes materiae*, im *Kapital*, Band I, Kapitel 15, Abschnitt 3, 4, 5 und namentlich 6 (wo Marx die noch zu erwähnende Kompensationstheorie behandelt), sondern auch beim Studium der Kapitel 24 und 25, wo in einem teilweise andern Kleid die gleichen Dinge wiederholt und herausgearbeitet werden.

[22] Oder es kann zum Stimmen gebracht werden, ohne seine Bedeutung zu verlieren. Es gibt ein paar zweifelhafte Punkte in dem Argument, welche wahrscheinlich seiner jämmerlichen Technik zuzuschreiben sind – die so manche Ökonomen gerne verewigen möchten.

als auch das Gegenteil zugeben; sie gehen darüber hinaus, indem sie die formalen Bedingungen aufstellen, die bestimmen, ob die eine oder andere Folge eintreten wird. Das ist natürlich alles, was die reine Theorie tun kann. Weitere Daten sind notwendig, um die tatsächliche Wirkung vorhersagen zu können. Aber für unsern Zweck weist Ricardos Beispiel noch einen andern interessanten Zug auf. Er betrachtet eine Unternehmung, die eine gegebene Summe von Kapital besitzt und eine gegebene Anzahl von Arbeitern beschäftigt und die beschließt, einen Schritt zur Mechanisierung zu unternehmen. Demgemäß weist sie einer Gruppe dieser Arbeiter die Aufgabe zu, eine Maschine zu bauen, die nach ihrer Installation die Firma instand setzen wird, mit einem Teil dieser Gruppe auszukommen. Die Profite mögen letzten Endes gleich bleiben (nach den Angleichungen durch die Konkurrenz, die alle zeitweiligen Gewinne beseitigen wird); aber das Bruttoeinkommen wird genau bis zu dem Betrag vernichtet werden, der früher als Lohn an die Arbeiter ausbezahlt wurde, die nun «freigesetzt» wurden. Marxens Idee des Ersatzes des variablen (Lohn-) Kapitals durch das konstante Kapital ist beinahe die genaue Replik dieser Form der Darstellung. Ricardos Betonung des daraus folgenden Bevölkerungs*überflusses* findet gleichermaßen ihre genaue Parallele in Marxens Betonung der *Überschuß*-bevölkerung, welchen Begriff er als Alternative zum Begriff «industrielle Reservearmee» verwendet. Ricardos Lehre wird tatsächlich mit Haut und Haar verschlungen.

Aber was der Prüfung standhalten mag, solange wir uns innerhalb der begrenzten Zielsetzung bewegen, die Ricardo im Auge hatte, wird völlig unzureichend – in der Tat die Quelle eines andern *non sequitur*, das diesmal nicht durch die richtige Vision der letzten Ergebnisse wiedergutgemacht wird –, sobald wir den Überbau betrachten, den Marx auf dieser schwachen Grundlage errichtet hat. Er scheint selbst dies einigermaßen empfunden zu haben. Denn er klammerte sich mit einer Energie, die etwas Verzweifeltes an sich hat, an das bedingt pessimistische Ergebnis seines Lehrers, wie wenn dessen «strong case», dessen klar umrissener Fall der einzig mögliche wäre; und mit einer noch verzweifelteren Energie bekämpfte er jene Autoren, die die Folgerungen entwickelt hatten aus Ricardos Andeutung über Kompensationen, die das Maschinenzeitalter den Arbeitern bieten könnte, selbst wo die unmittelbare Wirkung der Einführung von Maschinen einen Schaden bedeutete (die Kompensationstheorie, der gehätschelte Greuel für alle Marxisten).

Er hatte allen Grund, diesen Weg einzuschlagen. Denn er brauchte sehr notwendig eine feste Grundlage für seine Theorie der Reservearmee, die zwei fundamental wichtigen Zwecken zu dienen hatte, neben einigen weniger wichtigen. Erstens haben wir gesehen, daß er seiner Ausbeutungslehre eine, wie ich es nannte, wesentliche Stütze dadurch entzog, daß er, an und für sich ganz verständlich, eine Abneigung dagegen hatte, die Malthusische Bevölkerungstheorie zu verwenden. Diese Stütze wurde durch die stets vorhandene, weil stets neugeschaffene[23] Reservearmee ersetzt. Zweitens war die besonders enge Ansicht über den Mechanisierungsprozeß, die er annahm, wesentlich, um die tönenden Phrasen im 24. Kapitel, Abschnitt 7 des ersten Bandes des *Kapitals* zu motivieren, die in einem gewissen Sinn das krönende Finale nicht nur dieses Bandes, sondern von Marxens ganzem Werk sind. Ich will sie hier vollständig zitieren – vollständiger als der hier diskutierte Punkt es erfordert –, um meinen Lesern einen Einblick zu geben in die Haltung Marxens, die ebenso die Begeisterung der einen wie die Verachtung der andern erklärt. Seien diese Sätze eine Mischung von Dingen, die nicht so sind, oder seien sie der wirkliche Kern einer prophetischen Wahrheit –, folgendermaßen lauten sie:

«Hand in Hand mit dieser Zentralisation oder der Expropriation vieler Kapitalisten durch wenige entwickelt sich ...

---

[23] Es ist natürlich nötig, die unaufhörliche Neuschaffung zu betonen. Es wäre sowohl gegenüber Marxens Worten wie gegenüber ihrem Sinn völlig unfair, wie gewisse Kritiker sich einzubilden: er habe angenommen, daß die Einführung von Maschinen Leute arbeitslos mache, von denen dann jeder einzelne auf immer ohne Arbeit bliebe. Er bestritt die Absorption nicht, und eine Kritik, die auf dem Beweis beruht, daß jede entstandene Arbeitslosigkeit jedesmal wieder völlig aufgesogen wird, verfehlt das Ziel.

die Verschlingung aller Völker in das Netz des Weltmarktes und damit der internationale Charakter des kapitalistischen Regimes. Mit der beständig abnehmenden Zahl der Kapitalmagnaten, welche alle Vorteile dieses Umwandlungsprozesses usurpieren und monopolisieren, wächst die Masse des Elends, des Drucks, der Knechtschaft, der Entartung, der Ausbeutung, aber auch die Empörung der stets anschwellenden und durch den Mechanismus des kapitalistischen Produktionsprozesses selbst geschulten, vereinten und organisierten Arbeiterklasse. Das Kapitalmonopol wird zur Fessel der Produktionsweise, die mit und unter ihm aufgeblüht ist. Die Zentralisation der Produktionsmittel und die Vergesellschaftung der Arbeit erreichen einen Punkt, wo sie unverträglich werden mit ihrer kapitalistischen Hülle. Sie wird gesprengt. Die Stunde des kapitalistischen Privateigentums schlägt. Die Expropriateurs werden expropriiert.»

6. Eine Würdigung von Marxens Leistung auf dem Gebiet der Konjunkturzyklen ist äußerst schwierig. Ihr wirklich wertvoller Teil besteht aus Dutzenden von Beobachtungen und Kommentaren meist zufälliger Art, die über beinahe alle seine Schriften, einschließlich vieler seiner Briefe, zerstreut sind. Versuche, aus solchen *membra disjecta* einen Körper zu rekonstruieren, der nirgends in Fleisch und Blut erscheint und vielleicht nicht einmal in Marxens eignem Geist existierte, außer in embryonaler Form, – solche Versuche können leicht in verschiedenen Händen zu verschiedenen Ergebnissen führen und durch die verständliche Tendenz der Bewunderer verfälscht werden, Marx mittels passender Auslegung praktisch alle jene Ergebnisse späterer Forschung zuzuschreiben, denen der Bewunderer selbst zustimmt.

Der gewöhnliche Haufe von Freunden und Feinden ist sich nie der Art von Aufgabe bewußt geworden – und ist es auch heute nicht –, der sich der Kommentator gegenüber sieht, und zwar wegen Marxens kaleidoskopartigem Beitrag zu diesem Gegenstand. Da sie sahen, daß Marx sich darüber so häufig aussprach und daß sie offenbar für sein Grundthema sehr wesentlich war, nahmen sie als gesichert an, daß es eine einfache, klargefaßte Marxsche Konjunkturtheorie geben müsse, und dachten, es sollte möglich sein, sie aus dem übrigen Bestand seiner Logik des kapitalistischen Prozesses herauswachsen zu lassen, so wie zum Beispiel die Ausbeutungstheorie aus der Arbeitstheorie herauswächst. Demgemäß machten sie sich auf, eine solche Theorie zu finden, und es ist leicht zu erraten, was ihnen dabei widerfahren ist.

Einerseits preist Marx unstreitig – wenn auch ohne ganz hinreichende Motivierung – die ungeheure Kraft des Kapitalismus, die Produktionskapazität der Gesellschaft zu entwickeln. Andrerseits betont er unaufhörlich das zunehmende Elend der Massen. Ist es nicht die natürlichste Sache auf der Welt, daraus zu schließen, daß Krisen und Depressionen der Tatsache zuzuschreiben sind, daß die ausgebeuteten Massen nicht kaufen können, was dieser sich stets ausdehnende Produktionsapparat erzeugt oder in der Lage ist zu erzeugen, und daß aus diesem und auch aus andern Gründen, die wir nicht zu wiederholen brauchen, die Profitrate auf ein Bankrott-Niveau herunterfällt? So scheinen wir tatsächlich je nach dem Element, das wir besonders betonen wollen, an den Küsten entweder einer Unterkonsumtions- oder einer Überproduktionstheorie der verächtlichsten Art zu landen.

Die Marxsche Erklärung ist in der Tat unter die Unterkonsumtionstheorien klassifiziert worden[24]. Es gibt zwei Umstände, die dies anscheinend stützen können. Erstens ist bei der Theorie des Mehrwertes und auch bei anderen Fragen die Verwandtschaft von Marxens Lehre mit derjenigen von Sismondi und Rodbertus handgreiflich. Und diese Männer verfochten die Unterkonsumtionsauffassung. Es war nicht abwegig, daraus zu folgern, Marx habe wohl das gleiche getan. Zweitens eigneten sich einige Stellen in Marxens Werk, namentlich die kurze Erklärung über Krisen, die im Kommunistischen Manifest enthalten ist, ohne Zweifel für einc solche

[24] Obwohl diese Auslegung zur Mode geworden ist, will ich nur zwei Autoren anführen, von denen der eine für eine modifizierte Version verantwortlich ist, während der andere Zeugnis für ihr Beharrungsvermögen ablegen mag: Tugan-Baronowsky, *Theoretische Grundlagen des Marxismus*, 1905, der Marxens Krisentheorie aus diesem Grunde verurteilte; und M. Dobb, *Political Economy and Capitalism*, 1937, der ihr sympathischer gegenübersteht.

Auslegung, obwohl Äußerungen von Engels dies viel mehr tun[25]. Doch ist dies nicht von Bedeutung, da Marx mit gesundem Menschenverstand sie ausdrücklich abgelehnt hat[26].

Tatsache ist, daß er keine einfache Theorie des Konjunkturzyklus hatte, und keine kann logisch aus seinen «Gesetzen» des kapitalistischen Prozesses gefolgert werden. Selbst wenn wir seine Erklärung der Entstehung des Mehrwertes annehmen und gewillt sind zuzugestehen, daß Akkumulation, Mechanisierung (relative Zunahme des konstanten Kapitals) und Überschußbevölkerung – letztere unerbittlich das Massenelend verstärkend – in einer logischen Kette verbunden sind, die in der Katastrophe des kapitalistischen Systems endet, – selbst dann fehlt uns ein Faktor, der mit Notwendigkeit dem Prozeß die zyklischen Schwankungen verleihen und eine *immanente* Wechselfolge von Prosperität und Depression erklären würde[27].

---

[25] Engels' Ansichten über diesen Gegenstand – ziemliche Gemeinplätze – sind am besten zum Ausdruck gekommen in seinem polemischen Buch: *Herrn Eugen Dührings Umwälzung der Wissenschaft*, 1878, – der Abschnitt ist eine meist zitierte Stelle der sozialistischen Literatur. Er gibt dort einen sehr anschaulichen Bericht über die Morphologie der Krisen, der ohne Zweifel für die Zwecke populärer Vorträge ausreicht, doch an der Stelle, wo man nach einer Erklärung suchen würde, äußert er bloß die Meinung, daß «die Ausdehnung der Märkte mit der der Produktion nicht Schritt halten kann.» Er verweist auch in zustimmendem Sinne auf Fouriers Auffassung, die in dem sich selbst erklärenden Ausdruck «crises pléthoriques» enthalten ist. Es kann immerhin nicht bestritten werden, daß Marx einen Teil des 10. Kapitels schrieb und die Verantwortung für das ganze Buch mitträgt.

Ich bemerke, daß die wenigen Ausführungen über Engels, die in dieser Skizze enthalten sind, abschätziger Art sind. Das ist bedauerlich; denn ich habe nicht die Absicht, die Verdienste dieses hervorragenden Mannes zu verkleinern. Ich bin jedoch der Ansicht, daß offen zugegeben werden sollte, daß er intellektuell und namentlich als Theoretiker weit unter Marx stand. Wir können nicht einmal sicher sein, daß er des letzteren Meinung immer verstand. Seine Auslegungen müssen daher mit Vorsicht verwendet werden.

[26] *Das Kapital*, Band II, Kapitel 20, § IV. Vgl. jedoch auch *Theorien über den Mehrwert*, Band II, Kap. 3.

[27] Dem Laien scheint das Gegenteil so handgreiflich zu sein, daß es nicht

Ohne Zweifel sind uns immer genügend Zwischenfälle und Zufälle zur Hand, auf die wir zurückgreifen können, um für die fehlende grundsätzliche Erklärung aufzukommen. Es gibt Fehlkalkulationen, betrogene Erwartungen und andere Irrtümer, Wellen des Optimismus oder des Pessimismus, spekulative Exzesse und Reaktionen auf spekulative Exzesse, und es gibt die unerschöpfliche Quelle der «äußeren Faktoren». Da jedoch Marxens mechanischer Akkumulationsprozeß gleichmäßig weitergeht – und nichts sagt, warum er es grundsätzlich nicht sollte –, so *könnte* der Prozeß, den er beschreibt, auch gleichmäßig verlaufen; soweit seine Logik in Betracht kommt, ist er seinem Wesen nach ohne Aufschwung und ohne Depression.

Natürlich ist dies nicht unbedingt ein Unglück. Viele andere Theoretiker glaubten und glauben einfach, daß Krisen immer dann eintreten, wenn etwas von genügend großer Wichtigkeit schief geht. Und es war auch nicht nur ein Nachteil, da Marx so für einmal von der Sklaverei seines Systems erlöst wurde und die Freiheit erhielt, die Tatsachen zu sehen, ohne ihnen Gewalt antun zu müssen. Demgemäß zieht er eine große Vielfalt von mehr oder weniger relevanten Elementen in Betracht. Zum Beispiel verwendet er etwas oberflächlich das Dazwischentreten des Geldes bei Warentransaktionen – nur dies –, um Says Annahme der Unmöglichkeit eines allgemeinen Überflusses zu entkräften; oder er verwendet reichlich versorgte Geldmärkte, um disproportionale Entwicklungen in den durch Großinvestitionen in dauerhaften Kapitalgütern charakterisierten Richtungen zu erklären; oder er verwendet besondere Anreize wie die Eröffnung neuer Märkte oder die Entstehung neuer sozialer Bedürfnisse, um plötzliche Beschleunigungen in der «Akkumulation» zu motivieren. Er versucht

---

leicht wäre, diese Behauptung fest zu gründen, selbst wenn wir allen Raum der Welt dazu hätten. Der beste Weg, auf dem sich der Leser von ihrer Wahrheit überzeugen kann, ist das Studium von Ricardos Argument über das Maschinenwesen. Der dort beschriebene Prozess kann jede beliebige Menge von Arbeitslosigkeit hervorrufen und doch unbeschränkt weitergehen, ohne einen Zusammenbruch zu verursachen außer dem endgültigen des Systems selbst. Marx wäre mit dieser Auslegung einverstanden gewesen.

nicht sehr erfolgreich, aus dem Bevölkerungswachstum einen Faktor zu machen, der Schwankungen begünstigt[28]. Er bemerkt, obschon er es nicht wirklich erklärt, daß die Produktionsskala sich «plötzlich und ruckweise» ausdehnt, was «die Einleitung ihrer ebenso plötzlichen Einschränkung» ist. Er sagt sehr geschickt, daß «die Oberflächlichkeit der politischen Ökonomie sich unter anderm darin zeigt, daß sie die Ausweitung und Einengung des Kredits, das bloße Symptom der Wechselperioden des industriellen Zyklus, zu deren Ursache macht[29]». Und natürlich brandschatzt er gehörig das Kapitel der Zwischenfälle und Zufälle.

All dies ist gesunder Menschenverstand und wirklich vernünftig. Wir finden praktisch alle Elemente, die je in einer ernsthaften Analyse der Konjunkturzyklen Eingang fanden, und im ganzen sehr wenig Irrtümer. Überdies darf nicht vergessen werden, daß allein schon die Wahrnehmung der Existenz zyklischer Bewegungen zu jener Zeit eine große Leistung war. Viele Ökonomen vor ihm hatten eine Ahnung davon. Sie konzentrierten jedoch in der Hauptsache ihre Aufmerksamkeit auf die augenfälligen Zusammenbrüche, die allgemach «Krisen» genannt wurden. Und es gelang ihnen nicht, diese Krisen im richtigen Licht zu sehen, nämlich im Licht des zyklischen Prozesses, in dem sie bloße Zwischenfälle sind. Sie hielten sie, ohne dahinter oder hinein zu sehen, für isolierte Mißgeschicke, die sich eben ereignen infolge von Irrtümern, Exzessen, falschem Verhalten oder dem fehlerhaften Funktionieren des Kreditmechanismus. Marx war, glaube ich, der erste Ökonom, der diese

---

[28] Auch hierin steht er nicht allein. Man dürfte jedoch von ihm füglich erwarten, daß er schließlich die Schwächen dieser Wendung gesehen hätte, und es ist wichtig festzuhalten, daß seine Bemerkungen über diesen Gegenstand im dritten Band stehen und man sich also nicht darauf verlassen kann, daß sie wiedergeben, was seine endgültige Ansicht gewesen sein mag.

[29] *Das Kapital*, Band I, Kapitel 23, Abschnitt 3. Unmittelbar nach dieser Stelle schlägt er eine Richtung ein, die dem modernen Konjunkturforscher ebenfalls sehr vertraut ist: «Wirkungen werden ihrerseits zu Ursachen, und die Wechselfälle des ganzen Prozesses, *der seine eigenen Bedingungen stets reproduziert* [von mir ausgezeichnet], nehmen die Form der Periodizität an.»

Tradition überwunden hat und der – abgesehen von der statistischen Ergänzung – das Werk von Clément Juglar vorweggenommen hat. Obgleich er, wie wir gesehen haben, keine zureichende Erklärung des Konjunkturzyklus geboten hat, so stand doch das Phänomen klar vor seinen Augen, und er verstand viel von seinem Mechanismus. Wieder wie Juglar sprach er ohne Zögern von einem zehnjährigen Zyklus, «unterbrochen von kleineren Schwankungen[30]». Die Frage beschäftigte ihn stark, was die Ursache dieser Periode sei, und er erwog den Gedanken, daß sie etwas mit der Lebensdauer der Maschinen in der Baumwollindustrie zu tun haben könnte. Auch viele andere Zeichen deuten darauf hin, daß er sich mit dem Problem der Konjunkturzyklen im Unterschied zu dem der Krisen beschäftigt hat. Das genügt, um ihm unter den Vätern der modernen Konjunkturforschung einen hohen Rang zu sichern.

Eine andere Seite ist noch zu erwähnen. In den meisten Fällen gebrauchte Marx den Begriff Krise in seinem gewöhnlichen Sinn, so wenn er von der Krisis von 1825 oder derjenigen von 1847 wie andere Leute sprach. Doch er gebrauchte ihn auch in einem andern Sinn. Im Glauben, daß die kapitalistische Entwicklung eines Tages den institutionellen Rahmen der kapitalistischen Gesellschaft sprengen werde, dachte er, daß, bevor der eigentliche Zusammenbruch erfolge, der Kapitalismus mit zunehmenden Reibungswiderständen zu arbeiten beginnen und die Symptome einer tödlichen Krankheit zeigen werde. Auf dieses Stadium, das man sich natürlich als eine mehr oder weniger ausgedehnte historische Periode vorzustellen hat, wandte er den gleichen Begriff an. Und er zeigt eine Neigung, die sich

---

[30] Engels ist weiter gegangen. Einige seiner Bemerkungen zu Marxens drittem Band verraten, daß er auch das Vorhandensein einer längeren Schwingung vermutete. Obschon er dazu neigte, den verhältnismäßig schwachen Aufschwung und die verhältnismäßig intensive Depression in den siebziger und achtziger Jahren eher als strukturelle Veränderung denn als Wirkung der Depressionsphase einer Welle von längerer Spanne zu deuten (genau wie viele moderne Ökonomen in bezug auf die Nachkriegsentwicklung und namentlich die des letzten Jahrzehnts), so kann man darin eine gewisse Vorwegnahme von Kondratieffs Werk über die langen Wellen sehen.

wiederholenden Krisen mit der einzigartigen Krisis der kapitalistischen Ordnung zu verknüpfen. Er deutet sogar an, daß die ersteren in einem gewissen Sinne als Vorformen des letzten Zusammenbruchs angesehen werden können. Da für viele Leser dies wie ein Schlüssel zu Marxens Krisentheorie im gewöhnlichen Sinne aussehen kann, ist es nötig, darauf hinzuweisen, daß die Faktoren, die nach Marx für den endgültigen Zusammenbruch verantwortlich sein werden, ohne eine gute Dosis zusätzlicher Hypothesen nicht für die sich wiederholenden Depressionen verantwortlich gemacht werden können[31], und daß der Schlüssel uns nicht weiter bringt als zur trivialen Behauptung, daß die «Expropriation der Expropriateure» in einer Depression eine leichtere Angelegenheit sein dürfte als in einem Aufschwung.

7. Endlich bietet die Vorstellung, daß die kapitalistische Entwicklung die Einrichtungen der kapitalistischen Gesellschaft sprengen oder über sie hinauswachsen wird *(Zusammenbruchstheorie)* ein letztes Beispiel für die Verbindung eines *non sequitur* mit einer tiefgründigen Vision, die das Ergebnis zu retten hilft.

Da Marxens «dialektische Deduktion» auf der Zunahme des Elends und der Unterdrückung beruht, die die Massen zur Revolte treiben wird, wird sie durch das *non sequitur* entkräftet, welches das Argument hinfällig macht, das diese unvermeidliche Zunahme des Elends beweisen sollte. Überdies haben schon seit langem sonst orthodoxe Marxisten an der Gültigkeit der Behauptung zu zweifeln begonnen, daß die Konzentration der industriellen Kontrolle notwendig mit der «kapitalistischen Hülle» unvereinbar ist. Der erste, der diesen Zweifel auf Grund eines gutgeordneten Arguments ausgesprochen hat, war Rudolf Hilferding[32], einer der Führer der bedeutenden Gruppe von

---

[31] Um sich davon zu überzeugen, braucht der Leser nur einen Blick auf das Zitat auf Seite 68 zu werfen. In der Tat vermeidet es Marx, obschon er oft mit dem Gedanken spielt, sich darauf festzulegen, was darum bedeutsam ist, weil es sonst nicht seine Art war, sich die Gelegenheit für eine Verallgemeinerung entgehen zu lassen.

[32] *Das Finanzkapital*, 1910. Es waren natürlich schon oft vorher Zweifel geltend gemacht worden; sie beruhten meist auf einer Anzahl neben-

Neo-Marxisten, die tatsächlich nach der entgegengesetzten Folgerung neigten, nämlich daß der Kapitalismus durch die Konzentration an Stabilität gewinnen könnte[33]. Ich will das, was ich über diesen Gegenstand zu sagen habe, auf den nächsten Teil verschieben und hier nur bemerken, daß Hilferding mir zu weit zu gehen scheint, obschon, wie wir sehen werden, kein Grund für den zur Zeit hierzulande allgemeinen Glauben vorliegt, daß die Großunternehmung «zu einer Fessel der Produktionsweise wird», und obschon Marxens Schlußfolgerung in Wirklichkeit nicht aus ihren Prämissen folgt.

Selbst wenn Marxens Tatsachen und Beweisführung noch irriger wären, als sie sind, könnte nichtsdestoweniger sein Ergebnis insofern richtig sein, als es einfach versichert, daß die kapitalistische Entwicklung die Grundlagen der kapitalistischen Gesellschaft zerstören wird. Ich glaube, so ist es. Und ich glaube nicht, daß ich übertreibe, wenn ich eine Vision tiefgründig nenne, in der diese Wahrheit, über alle Zweifel erhaben, im Jahre 1847 enthüllt wurde. Sie ist heute ein Gemeinplatz. Der erste, der sie dazu machte, war Gustav Schmoller. Seine Exzellenz Professor von Schmoller, Preußischer Geheimrat und Mitglied des Preußischen Herrenhauses, hatte nicht viel vom Revolutionär an sich und neigte nicht sehr zu agitatorischen

---

sächlicher Umstände, die zeigen sollten, daß Marx zu viel Wesens aus den Tendenzen machte, die er gezeigt zu haben glaubte, und daß die soziale Entwicklung ein viel komplexerer und weniger folgerichtiger Prozeß sei, als er gemeint hatte. Es genügt, E. Bernstein zu nennen; vgl. Kapitel 26. Aber Hilferdings Analyse plädiert nicht für mildernde Umstände, sondern bekämpft diese Schlußfolgerung grundsätzlich und auf Marxens eigenem Boden.

[33] Diese Behauptung ist oft (selbst von ihrem Autor) mit der Behauptung vermengt worden, daß die Konjunkturschwankungen dahin tendieren, im Verlaufe der Zeit schwächer zu werden. Das mag oder mag nicht so sein (1929–32 würde es nicht widerlegen), aber größere Stabilität des kapitalistischen *Systems*, das heißt ein etwas weniger temperamentvolles Verhalten unserer Zeitreihen der Preise und Mengen impliziert nicht unbedingt größere Stabilität, oder wird nicht durch sie impliziert, Stabilität, – das heißt eine vermehrte Fähigkeit der kapitalistischen *Ordnung*, Angriffen zu widerstehen. Natürlich sind beide Dinge miteinander verbunden; aber sie sind nicht das gleiche.

Gesten. Aber er stellte ruhig die selbe Wahrheit fest. Das Warum und Wie ließ auch er ungesagt.

Es ist kaum notwendig, umständlich zusammenzufassen. Bei aller Unvollkommenheit sollte unsere Skizze doch genügen, um über allen Zweifel zu sichern: erstens daß niemand, der überhaupt Wert legt auf eine rein ökonomische Analyse, von einem unbedingten Erfolg sprechen kann; zweitens daß niemand, der überhaupt Wert legt auf eine kühne Konstruktion, von einem unbedingten Mißerfolg sprechen kann.

Vor einem Gericht, das die theoretische Technik beurteilt, muß das Urteil ungünstig lauten. Festhalten an einem analytischen Apparat, der immer unzureichend gewesen war und in Marxens eigener Zeit rasch veraltete, – eine lange Reihe von Schlüssen, die nicht zwingend oder ausgesprochen falsch sind, – Irrtümer, die wenn richtig gestellt wesentliche Folgerungen ändern, manchmal in ihr Gegenteil, – all dies kann mit Recht gegen Marx, den theoretischen Techniker, vorgebracht werden.

Selbst vor diesem Gericht jedoch wird eine Einschränkung des Urteils aus zwei Gründen notwendig sein.

Erstens: obwohl Marx oft – manchmal hoffnungslos – Unrecht hatte, hatten auch seine Kritiker bei weitem nicht immer Recht. Da sich ausgezeichnete Ökonomen unter ihnen befanden, sollte diese Tatsache zu seinen Gunsten gebucht werden, namentlich weil er den meisten von ihnen nicht selbst entgegentreten konnte.

Zweitens: ebenso sollten Marxens Beiträge zu einer Menge von Einzelproblemen, sowohl die kritischen wie auch die positiven, zu seinen Gunsten gebucht werden. In einer Skizze wie dieser ist es unmöglich, sie aufzuzählen, geschweige denn, ihnen Gerechtigkeit widerfahren zu lassen. Doch wir haben einen Blick auf einige von ihnen bei unserer Erörterung seiner Behandlung des Konjunkturzyklus geworfen. Ich habe auch einige erwähnt, die unsere Strukturtheorie des physischen Kapitals verbessert haben. Die Schemata, die er auf diesem Gebiet ersonnen hat, haben – obwohl nicht ganz einwandfrei – in neueren Arbeiten, die stellenweise ganz Marxisch aussehen, sich wieder als brauchbar erwiesen.

Ein Appellationsgericht indessen – selbst wenn es sich noch auf theoretische Fragen zu beschränken hätte – könnte sich versucht fühlen, dieses Urteil vollständig umzustoßen. Denn es gibt eine wirklich große Leistung, die den theoretischen Vergehen von Marx gegenübergestellt werden kann. Durch all das, was mangelhaft oder sogar unwissenschaftlich an seiner Analyse ist, zieht sich ein Grundgedanke, der weder das eine noch das andere ist, – der Gedanke einer Theorie, nicht bloß einer unbegrenzten Zahl von unzusammenhängenden Einzelmodellen oder der Logik von ökonomischen Quantitäten im allgemeinen, sondern der tatsächlichen Folge dieser Modelle oder des wirtschaftlichen Prozesses, so wie er abläuft, unter seinem eigenen Dampf, in historischer Zeit, in jedem Augenblick jenen Zustand erzeugend, der aus sich heraus den nächsten bestimmen wird. So war der Autor so vieler falscher Auffassungen auch der erste, der im Geiste vor Augen sah, was auch in der Gegenwart noch immer die Wirtschaftstheorie der Zukunft ist, für die wir langsam und mühselig Stein und Mörtel, statistische Fakten und Funktionsgleichungen zusammentragen.

Und er hatte nicht nur diesen Gedanken, sondern er versuchte auch, ihn auszubauen. Alle Mängel, die sein Werk verunstalten, müssen wegen dieses großen Zieles, dem sein Argument zu dienen versuchte, anders beurteilt werden, selbst dort, wo sie nicht, wie in einigen Fällen, von ihm aus völlig geheilt werden. Es gibt jedoch eine Sache von grundsätzlicher Bedeutung für die Methodologie der Wirtschaftswissenschaft, die er tatsächlich zustande brachte. Die Ökonomen haben immer entweder selbst wirtschaftsgeschichtlich gearbeitet oder sonst die historische Arbeit anderer verwendet. Doch die Tatsachen der Wirtschaftsgeschichte wurden in eine gesonderte Abteilung verwiesen. Wenn sie überhaupt in die Theorie Einlaß fanden, dann bloß in der Rolle von Illustrationen oder möglicherweise zur Verifikation von Ergebnissen. Sie vermischten sich mit ihr nur mechanisch. Nun, – Marxens Mischung ist chemisch; das heißt: er führte sie in das Argument selbst ein, das die Resultate zeitigt. Er war der erste Ökonom von Spitzenrang, der sah und systematisch lehrte, wie ökonomische Theorie in historische

Analyse und wie die historische Erzählung in *histoire raisonnée* verwandelt werden kann[34]. Das analoge Problem in bezug auf die Statistik hat er nicht zu lösen versucht. Aber in gewissem Sinn ist es im andern enthalten. Dies beantwortet auch die Frage, wie weit – in der am Ende des vorangehenden Kapitels beschriebenen Weise – es Marxens ökonomischer Theorie gelingt, sein soziologisches Gerüst zu füllen. Es glückt ihr nicht; aber im Versagen steckt sie nicht nur ein Ziel, sondern weist auch eine Methode.

---

[34] Wenn ergebene Jünger darum den Anspruch erhöben, daß er der historischen Wirtschaftsschule das Ziel setzte, so könnte dieser Anspruch nicht leichtlich abgetan werden, obwohl die Arbeit der Schmollerschule sicher völlig unabhängig von Marxens Anregung war. Aber wenn sie den weiteren Anspruch erhöben, daß Marx und nur Marx wußte, wie man Geschichte rationalisiert, während die Männer der historischen Schule nur wußten, wie man Tatsachen beschreibt, ohne zu ihrem Sinn zu gelangen, dann würden sie ihre Sache verderben. Denn diese Männer wußten in der Tat, wie man analysiert. Wenn ihre Verallgemeinerungen weniger gewagt und ihre Erzählungen weniger willkürlich waren, so spricht das nur zu ihren Gunsten.

VIERTES KAPITEL

MARX DER LEHRER

Die Hauptkomponenten des Marxschen Baus liegen nun vor uns. Was gilt von der imposanten Synthese im Ganzen? Die Frage ist nicht müßig. Wenn es je wahr ist, dann gilt in diesem Falle, daß das Ganze mehr ist als die Summe der Teile. Überdies könnte die Synthese den Weizen so verdorben oder die Spreu so verwertet haben – beide sind beinahe überall vorhanden –, daß das Ganze wahrer oder falscher sein könnte als irgend ein Teil für sich genommen. Schließlich, die Botschaft ist da und geht nur aus dem Ganzen hervor. Von dieser letzteren soll jedoch nicht mehr gesagt werden. Jeder von uns muß mit sich selbst abmachen, was sie für ihn bedeutet.

Unsere Zeit lehnt sich gegen die unerbittliche Notwendigkeit der Spezialisierung auf und verlangt nirgends lauter nach einer Synthese als in den Sozialwissenschaften, in welchen das nichtfachliche Element so stark ins Gewicht fällt[1]. Doch Marxens System illustriert deutlich, daß die Synthese, obwohl sie neues Licht bedeuten kann, auch neue Fesseln bedeutet.

Wir haben gesehen, wie im Marxschen Argument Soziologie und Ökonomie sich gegenseitig durchdringen. Ihrer Absicht nach, und bis zu einem gewissen Grad auch in praxi, sind sie eins. Alle wichtigen Begriffe und Behauptungen sind daher sowohl ökonomisch wie soziologisch und haben auf beiden

---

[1] Das nicht-fachliche Element ist besonders stark unter jenen Bewunderern Marxens vertreten, die über die Haltung des typischen Marxschen *Ökonomen* hinausgehen und immer noch alles, was er schrieb, als bare Münze nehmen. Das ist sehr bedeutungsvoll. In jeder nationalen Gruppe von Marxisten fallen mindestens drei Laien auf jeden geschulten Ökonomen, und selbst dieser Ökonom ist in der Regel nur in jenem beschränkten Sinn ein Marxist, wie er im Prolog zu diesem Teil definiert wurde: er verrichtet seine Andacht vor dem Schrein, aber er kehrt ihm den Rücken zu, wenn er seine Forschungsarbeit verrichtet.

Ebenen den gleichen Sinn, – wenn wir von unserm Standpunkt aus noch von zwei Ebenen der Beweisführung sprechen wollen. Dadurch werden – wenigstens grundsätzlich – die ökonomische *Kategorie* «Arbeit» und die soziale *Klasse* «Proletariat» kongruent, tatsächlich sogar identisch. Oder die «funktionale Verteilung» des Ökonomen – das heißt die Erklärung der Art und Weise, in der die Einkommen als Entschädigung für produktive Leistungen entstehen, unabhängig davon, zu welcher sozialen Klasse der Empfänger einer solchen Entschädigung gerade gehört – wird in das Marxsche System nur in der Form der Verteilung zwischen sozialen Klassen eingeführt und erhält dadurch einen andern Begriffsinhalt. Oder «Kapital» im Marxschen System ist nur Kapital, wenn in den Händen einer besonderen Kapitalistenklasse. Die gleichen Dinge in den Händen der Arbeiter sind kein Kapital.

Über den Zuwachs an Lebendigkeit, den die Analyse dadurch erhält, kann kein Zweifel bestehen. Die schattenhaften Begriffe der ökonomischen Theorie beginnen zu atmen. Das blutlose Theorem steigt *in agmen, pulverem et clamorem* nieder; ohne seine logische Qualität zu verlieren, ist es nun nicht mehr ein bloßer Lehrsatz über die logischen Eigenschaften eines Systems von Abstraktionen –, es ist der Strich eines Pinsels, der das wilde Gewoge des sozialen Lebens malt. Eine solche Analyse vermittelt nicht nur einen reicheren Sinn von all dem, was die ökonomische Analyse beschreibt, sondern sie umfaßt auch ein viel weiteres Gebiet, – sie bezieht jede Art von Klassenaktion in ihr Bild mit ein, ob nun diese Klassenaktion den gewöhnlichen Regeln des Geschäftslebens entspricht oder nicht. Kriege, Revolutionen, Gesetzgebung aller Typen, Änderungen in der Regierungsstruktur, kurz alle die Dinge, welche die nichtmarxistische Ökonomie einfach als äußere Störungen behandelt, finden ihren Platz Seite an Seite von, sagen wir, Investitionen in Maschinen oder Lohnverhandlungen mit Arbeitern, – alles wird überdeckt durch ein einziges Erklärungsschema.

Zu gleicher Zeit hat ein solches Verfahren seine Mängel. Begriffliche Ordnungen, die unter ein derartiges Joch gebeugt werden, können leicht ebensoviel an Leistungsfähigkeit einbüßen, als sie an Lebendigkeit gewinnen. Das Paar Arbeiter –

Proletarier mag als sprechendes, wenn auch etwas abgedroschenes Beispiel dienen. In der nicht-marxistischen Ökonomie haben alle Entschädigungen für persönliche Dienste teil an der Natur von Löhnen, einerlei ob die Personen erstklassige Anwälte, Filmstars, Geschäftsführer oder Straßenkehrer sind. Da alle diese Entschädigungen vom Standpunkt des darin enthaltenen ökonomischen Phänomens aus viel Gemeinsames haben, ist diese Verallgemeinerung nicht nutzlos noch unfruchtbar. Im Gegenteil kann sie selbst für den soziologischen Aspekt der Dinge aufklärend wirken. Dadurch jedoch, daß wir Arbeiter und Proletarier gleichsetzen, verdunkeln wir ihn, ja, wir verbannen ihn vollständig aus unserem Bild. Gleicherweise kann ein wertvolles ökonomisches Theorem durch seine soziologische Metamorphose fehlerhaft werden, statt einen reicheren Sinn zu bekommen, – und umgekehrt. So kann die Synthese im allgemeinen und die Synthese auf Marxschen Bahnen leicht in schlechterer Ökonomie und schlechterer Soziologie enden.

Die Synthese im allgemeinen, das heißt die Koordination der Methoden und Ergebnisse verschiedener Verfahren, ist eine schwierige Sache, die wenige anzupacken fähig sind. Infolgedessen wird sie gewöhnlich überhaupt nicht in Angriff genommen, und von den Studierenden, die nur einzelne Bäume zu sehen gelehrt werden, hören wir unzufriedene Rufe nach dem Wald. Es gelingt ihnen nicht, zu realisieren, daß das Übel zum Teil ein *embarras de richesse* ist und daß der Wald der Synthese einem intellektuellen Konzentrationslager merkwürdig ähnlich sehen mag.

Die Synthese in Marxscher Richtung, das heißt die Koordination von ökonomischer und soziologischer Analyse in der Absicht, alles einem einzigen Zwecke unterzuordnen, ist natürlich besonders geeignet, als Erfüllung auszusehen. Die Absicht einer *histoire raisonée* der kapitalistischen Gesellschaft ist weit genug, nicht aber der analytische Rahmen. Hier gibt es wirklich eine großartige Hochzeit zwischen politischen Fakten und ökonomischen Theoremen; aber sie sind mit Gewalt verheiratet, und keine von beiden können dabei atmen. Die Marxisten erheben den Anspruch, daß ihr System alle die großen Probleme löse, die den nicht-marxistischen Ökonomen unlösbare Rätsel aufgeben; das tut es wirklich, aber nur indem es sie verwässert. Dieser Punkt fordert eine sorgfältige Beachtung.

Ich sagte vorhin, daß Marxens Synthese alle jene historischen Ereignisse – wie Kriege, Revolutionen, gesetzgeberische Veränderungen – und alle jene sozialen Einrichtungen – wie Eigentum, vertragliche Beziehungen, Regierungsformen – umfaßt, die nicht-marxistische Ökonomen als störende Faktoren oder als Daten zu behandeln pflegen, – was bedeutet, daß sie nicht sie zu erklären, sondern nur ihre *modi operandi* und ihre Folgen zu analysieren beabsichtigen. Solche Faktoren oder Daten sind natürlich notwendig, um den Gegenstand und das Gebiet irgend eines Forschungsprogrammes abzugrenzen. Wenn sie nicht immer ausdrücklich einzeln angegeben werden, so nur deswegen, weil von jedermann erwartet wird, daß er sie kennt. Der dem Marxschen System eigentümliche Zug ist der, daß es jene historischen Ereignisse und sozialen Einrichtungen selbst dem Erklärungsprozeß der ökonomischen Analyse unterwirft, oder – um das technische Kauderwelsch zu gebrauchen – daß er sie nicht als Daten, sondern als Variable behandelt.

Die Napoleonischen Kriege, der Krimkrieg, der amerikanische Bürgerkrieg, der Weltkrieg von 1914, die französische Fronde, die große französische Revolution, die Revolutionen von 1830 und 1848, der englische Freihandel, die Arbeiterbewegung als Ganzes wie auch alle ihre einzelnen Manifestationen, die koloniale Ausdehnung, institutionelle Änderungen, die National- und Parteipolitik aller Zeiten und Länder, – all dies geht somit ein in den Bereich der Marxschen Ökonomie, die den Anspruch erhebt, theoretische Erklärungen zu finden in den Begriffen des Klassenkampfs, der Versuche zur und der Revolte gegen Ausbeutung, der Akkumulation und der qualitativen Veränderung der Kapitalstruktur, der Veränderungen der Mehrwertrate und der Profitrate. Nicht länger muß sich der Ökonom nun damit begnügen, technische Antworten auf technische Fragen zu geben; stattdessen lehrt er die Menschheit den verborgenen Sinn ihrer Kämpfe. Nicht länger ist die «Politik» ein unabhängiger Faktor, von dem bei der Erforschung der Fundamente abstrahiert werden kann und muß und der, wenn er sich eindrängt, je nach Neigung entweder die Rolle des bösen Buben spielt, der unartig an einer Maschine herumpfuscht, während der Maschinist den Rücken dreht, oder aber die Rolle eines *deus ex machina*, kraft der geheimnisvollen Weisheit einer zweifelhaften Species von Säugetieren, von denen mit Ehrerbietung als von «Staatsmännern» gesprochen wird. Nein, – die Politik selbst ist bestimmt durch Struktur und Stand des ökonomischen Prozesses und wird ebenso vollständig zu einem Wirkungsträger innerhalb des Bereichs der Wirtschaftstheorie wie irgend ein Kauf oder Verkauf.

Nochmals, nichts ist leichter zu verstehen als die Bezauberung durch eine Synthese, die uns gerade das bietet. Sie ist besonders verständlich bei der Jugend und bei jenen intellektuellen Bewohnern unserer Zeitungswelt, denen die Götter die Gabe ewiger Jugend gewährt zu haben scheinen. Zitternd vor Ungeduld, selbst an die Reihe zu kommen, sehnsuchterfüllt, die Welt von dem oder jenem zu erlösen, angewidert von unbeschreiblich langweiligen Lehrbüchern, gefühls- und verstandesmäßig unbefriedigt, unfähig durch eigene Anstrengung eine Synthese zustande zu bringen, finden sie das, wonach sie sich sehnen, bei Marx. Hier ist er, der Schlüssel zu all den tiefsten Geheimnissen, der Zauberstab, der die großen wie die kleinen Ereignisse ordnet. Sie erblicken ein Erklärungsschema, das gleichzeitig – wenn ich für einen Augenblick in Hegelianismen zurückfallen darf – höchst allgemein und höchst konkret ist. Sie brauchen sich nicht länger als Außenseiter in den großen Affären des Lebens zu fühlen, – plötzlich sehen sie durch die aufgeblasenen Marionetten von Politik und Wirtschaft hindurch, die niemals wissen, worum dies alles geht. Und wer kann ihnen in Anbetracht der verfügbaren Alternativen einen Vorwurf machen?

Ja, natürlich, – aber davon abgesehen, worauf läuft dieser Dienst der Marxschen Synthese hinaus? Das nimmt mich wunder. Der bescheidene Ökonom, der Englands Übergang zum Freihandel oder die ersten Errungenschaften der englischen Fabrikgesetzgebung beschreibt, vergißt und vergaß wahrscheinlich nie, die Strukturverhältnisse der englischen Wirtschaft zu erwähnen, die zu dieser Politik führten. Wenn er dies in einer Vorlesung oder in einem Buche über reine Theorie nicht tut, so fördert das bloß eine saubrere und wirkungsvollere Analyse. Was der Marxist dazu beizusteuern hat, ist nur das Beharren auf dem Prinzip und eine besonders enge und schiefe Theorie, um dieses zu verfechten. Diese Theorie führt ohne Zweifel zu Ergebnissen, und zu sehr einfachen und bestimmten obendrein. Aber wir müssen sie nur einmal systematisch auf einzelne Fälle anwenden, um des unaufhörlichen Wortgeklingels über den Klassenkampf zwischen Besitzenden und Nichtbesitzenden müde und eines peinlichen Gefühls der Unzulänglichkeit, ja schlimmer noch, der Trivialität gewahr zu werden – das erste, wenn wir nicht auf das zugrundeliegende Schema eingeschworen sind, das zweite, wenn wir es sind.

Die Marxisten haben die Gewohnheit, triumphierend auf den Erfolg der Marxschen Diagnose der wirtschaftlichen und sozialen Tendenzen hinzuweisen, die der kapitalistischen Entwicklung inhärent sein sollen. Wie wir gesehen haben, ist dies einigermaßen berechtigt: klarer als irgend ein anderer Autor seiner Zeit hat Marx den Zug zur Großunternehmung erkannt und nicht nur das, sondern auch einige Merkmale der daraus folgenden Situationen. Wir haben auch gesehen, daß in diesem Fall die Vision der Analyse zu Hilfe kam und so einige Mängel der Analyse geheilt und den Sinn der Synthese wahrer gemacht hat als die tragenden Elemente der Analyse selbst es waren. Das ist aber alles. Und der Leistung muß der Fehlschlag in der Voraussage zunehmender Verelendung gegenübergehalten werden, das gemeinsame Ergebnis falscher Vision und mangelhafter Analyse, auf der eine Menge Marxscher Spekulationen über den künftigen Verlauf des sozialen Geschehens beruhten. Wer sein Vertrauen auf die Marxsche Synthese als Ganzes setzt, um Situationen und Probleme der Gegenwart zu verstehen, dem geschieht es leicht, daß er traurig in die Irre geht[2]. Dies scheinen in der Tat manche Marxisten gerade heute zu empfinden.

---

[2] Einige Marxisten würden darauf antworten, daß nicht-marxistische Ökonomen überhaupt nichts zum Verständnis unserer Zeit beizutragen

Insbesondere besteht kein Anlaß, auf die Art und Weise stolz zu sein, in der die Marxsche Synthese die Erfahrung des letzten Jahrzehnts erklärt. Jede anhaltende Periode der Depression oder der unbefriedigenden Erholung wird jede pessimistische Voraussage ebenso gut verifizieren wie die Marxsche. In diesem Falle wird ein gegenteiliger Eindruck erweckt durch das Gerede von mutlosen Bourgeois und erregten Intellektuellen, die durch ihre Befürchtungen und Hoffnungen unwillkürlich einen Marxschen Anstrich erhielten. Aber keine wirkliche Tatsache rechtfertigt irgend eine spezifisch Marxsche Diagnose und noch weniger eine Schlußfolgerung, daß das, was wir erlebt haben, nicht einfach eine Depression war, sondern Symptome einer strukturellen Änderung im kapitalistischen Prozeß, so wie Marx sie erwartete. Denn, wie im nächsten Teil bemerkt werden wird – die übernormale Arbeitslosigkeit, das Fehlen von Investitionsmöglichkeiten, das Schrumpfen der Geldwerte, die Verluste und so weiter – alle beobachteten Phänomene passen in das wohlbekannte Modell von Perioden vorherrschender Depression, so wie die der siebziger und achtziger Jahre, die Engels mit einer Zurückhaltung kommentiert hat, welche allen eifrigen Jüngern von heute beispielhaft sein sollte.

Zwei hervorragende Beispiele mögen sowohl die Vorzüge wie die Nachteile illustrieren, die der Marxschen Synthese als problem-lösendem Werkzeug eignen.

---

haben, so daß ein Jünger von Marx in dieser Hinsicht trotzdem besser daran ist. Unter Verzicht auf die Frage, ob es besser ist, nichts zu sagen, oder etwas zu sagen, das falsch ist, sollten wir uns eingedenk bleiben, daß dies nicht richtig ist; denn sowohl Ökonomen wie Soziologen nicht-marxistischer Überzeugungen haben tatsächlich Wesentliches beigetragen, wenn auch meist zu Einzelfragen. Am wenigsten kann dieser marxistische Anspruch auf einen Vergleich von Marxens Lehren mit jenen der österreichischen oder der Walras- oder der Marshall-Schule gegründet werden. Die Mitglieder dieser Gruppen interessieren sich in den meisten Fällen ausschließlich, in allen Fällen zur Hauptsache, für ökonomische Theorie. Diese Leistung ist deshalb mit Marxens Synthese nicht vergleichbar. Sie könnte nur mit Marxens theoretischem Apparat verglichen werden, und auf diesem Gebiet fällt der Vergleich völlig zu ihren Gunsten aus.

Zunächst wollen wir die marxistische Theorie des Imperialismus betrachten. Ihre Wurzeln sind alle in Marxens Hauptwerk zu finden; sie ist jedoch von der neo-marxistischen Schule entwickelt worden, die in den ersten zwei Dekaden dieses Jahrhunderts geblüht und, ohne auf die Gemeinschaft mit den alten Verteidigern des Glaubens wie Karl Kautsky zu verzichten, viel für die Überholung des Systems getan hat. Wien war ihr Zentrum, Otto Bauer, Rudolf Hilferding, Max Adler waren ihre Führer. Auf dem Gebiet des Imperialismus wurde ihr Werk mit nur geringfügigen Betonungsverschiebungen durch viele andere fortgesetzt, unter denen Rosa Luxemburg und Fritz Sternberg hervorragten. Ihre Argumentation verläuft folgendermaßen:

Da einerseits ohne Profite die kapitalistische Gesellschaft nicht existieren und ihr wirtschaftliches System nicht funktionieren kann und da andrerseits die Profite gerade durch das Funktionieren des Systems fortwährend eliminiert werden, wird das unaufhörliche Bestreben, sie am Leben zu erhalten, zum zentralen Ziel der Kapitalistenklasse. Die Akkumulation, begleitet von qualitativer Veränderung der Zusammensetzung des Kapitals, ist, wir wir gesehen haben, ein Mittel, das zwar für den Augenblick die Lage für den einzelnen Kapitalisten erleichtert, letzten Endes die Sache jedoch nur schlimmer macht. So sucht das Kapital, dem Druck der fallenden Profitrate nachgebend – diese fällt, wie wir uns erinnern, sowohl weil das konstante Kapital im Verhältnis zum variablen Kapital zunimmt, als auch weil die Mehrwertrate fällt, wenn die Löhne zu steigen tendieren und die Arbeitszeit verkürzt wird – nach einem Ausweg in Ländern, wo es noch Arbeit gibt, die nach Belieben ausgebeutet werden kann, und wo der Mechanisierungsprozeß noch nicht weit fortgeschritten ist. So erhalten wir einen Kapitalexport nach unentwickelten Ländern, der im wesentlichen ein Export von Kapitalgütern ist oder von Konsumgütern, die dazu verwendet werden sollen, Arbeit zu kaufen oder Dinge zu erwerben, mit welchen Arbeit gekauft werden kann[3]. Er ist jedoch auch ein Kapitalexport im gewöhnlichen

[3] Man denke an Luxusartikel, wofür bei Häuptlingen Sklaven einge-

Sinn des Wortes, da die exportierten Waren nicht – wenigstens nicht sofort – vom importierenden Land mit Gütern, Dienstleistungen oder Geld bezahlt werden. Und er wird zur Kolonisation, wenn das unentwickelte Land zur Sicherung der Investitionen sowohl gegen eine feindliche Reaktion der eingeborenen Umgebung (oder, wem es besser gefällt: gegen seinen Widerstand gegenüber der Ausbeutung) als auch gegen die Konkurrenz anderer kapitalistischer Länder in politische Abhängigkeit gebracht wird. Dies wird gewöhnlich durch militärische Gewalt erreicht, die entweder durch die kolonisierenden Kapitalisten selbst zur Verfügung gestellt wird oder durch die Regierung des Mutterlandes, die damit gemäß der im *Kommunistischen Manifest* gegebenen Definition handelt: «Die moderne Staatsgewalt ist .... ein Ausschuß, der die gemeinschaftlichen Geschäfte der ganzen Bourgeoisklasse verwaltet.» Natürlich wird diese Gewalt nicht nur zu defensiven Zwecken ausgeübt. Es wird Eroberungen geben, Reibungen zwischen den kapitalistischen Ländern und brudermörderischen Krieg zwischen rivalisierenden Bourgeoisien.

Ein anderes Element vervollständigt diese Theorie des Imperialismus, wie sie heute gewöhnlich dargeboten wird. Soweit als die koloniale Expansion durch eine fallende Profitrate in den kapitalistischen Ländern veranlaßt wird, sollte sie in den späteren Stadien der kapitalistischen Entwicklung eintreten, – die Marxisten sprechen in der Tat vom Imperialismus als von einem Stadium, mit Vorliebe als vom letzten Stadium des Kapitalismus. Infolgedessen würde er mit einem hohen Grad der Konzentration der kapitalistischen Kontrolle über die Industrie

---

handelt oder wofür Lohngüter gekauft werden, um mit ihnen eingeborene Arbeiter anzuwerben. Um der Kürze willen lasse ich die Tatsache außer acht, daß der Kapitalexport in dem betrachteten Sinne im allgemeinen als Teil des gesamten Handels zwischen den zwei Ländern entsteht, welch letzterer auch Warentransaktionen enthält, die nicht mit dem besonderen Prozeß, an den wir hier denken, in Verbindung stehen. Diese Transaktionen erleichtern jenen Kapitalexport natürlich sehr, berühren aber sein Prinzip nicht. Ich werde auch andere Arten des Kapitalexportes beiseite lassen. Die hier diskutierte Theorie ist keine allgemeine Theorie des internationalen Handels- und Finanzverkehrs und beabsichtigt auch nicht, es zu sein.

zusammenfallen und mit einem Niedergang jener Art von Konkurrenz, wie sie die Zeiten der kleinen und mittelgroßen Unternehmungen charakterisiert hat. Marx selbst hat keinen großen Nachdruck auf die resultierende Tendenz einer monopolistischen Produktionsbeschränkung gelegt, noch auf die daraus folgende Tendenz, das einheimische Wildschutzgebiet gegen das Eindringen von Wilddieben aus andern kapitalistischen Ländern zu schützen. Vielleicht war er ein zu fähiger Ökonom, um dieser Linie des Arguments allzuweit zu trauen. Aber die Neo-Marxisten machten gern davon Gebrauch. So erhalten wir nicht nur einen weiteren Stimulus für die imperialistische Politik und eine weitere Quelle imperialistischer Verwicklungen, sondern auch, als Nebenprodukt, eine Theorie für ein Phänomen, das an sich nicht notwendigerweise imperialistisch ist, – für den modernen Protektionismus.

Man beachte einen weiteren Haken in diesem Prozeß, der dem Marxisten bei seiner Aufgabe, weitere Schwierigkeiten zu erklären, zustatten kommt. Wenn die unentwickelten Länder entwickelt worden sind, wird der Kapitalexport der von uns hier in Betracht gezogenen Art abnehmen. Es mag dann eine Periode kommen, während welcher das Mutterland und die Kolonie, sagen wir, Fabrikate gegen Rohstoffe austauschen. Aber schließlich wird auch der Export von Fabrikaten abnehmen müssen, während die koloniale Konkurrenz sich selbst im Mutterland geltend machen wird. Versuche, das Eintreten dieses Zustands zu verzögern, werden die Quelle weiterer Reibungen sein, diesmal zwischen jedem alten kapitalistischen Land und seinen Kolonien, und von Unabhängigkeitskriegen usw. Doch in jedem Fall werden sich die kolonialen Türen schließlich vor dem heimischen Kapital verschließen, das nicht mehr imstande sein wird, weg von den dahinschwindenden Profiten zu Hause nach den reicheren Weidegründen draußen zu fliehen. Fehlende Abflußmöglichkeit, Überschußkapazität, vollständige Stockung, zum Schluß regelmäßige Wiederkehr von nationalen Bankrotten und andern Katastrophen – vielleicht Weltkriege rein aus kapitalistischer Verzweiflung – können vertrauensvoll vorausgesehen werden. Solchermaßen einfach ist die Geschichte.

Diese Theorie ist ein gutes – vielleicht das beste – Beispiel der Art und Weise, wie die Marxsche Synthese Probleme zu lösen sucht und dadurch Ansehen gewinnt. Die ganze Sache scheint prächtig aus zwei Hauptvoraussetzungen zu folgen, die beide fest im Fundament des Systems verankert sind: aus der Klassentheorie und der Akkumulationstheorie. Eine Reihe wesentlicher Tatsachen unserer Zeit scheinen vollkommen dadurch erklärt zu werden. Der ganze Irrgarten der internationalen Politik scheint durch einen einzigen kräftigen Schlag der Analyse entwirrt zu sein. Und wir sehen in diesem Prozeß, warum und wie die Klassenaktion, während sie innerlich immer sich gleich bleibt, die Form der polititschen oder wirtschaftlichen Aktion annimmt, – je nach den Umständen, die nur die taktischen Methoden und die Ausdrucksweise bestimmen. Wenn angesichts der Mittel und der Chancen, die einer Kapitalistengruppe zur Verfügung stehen, es vorteilhafter ist, eine Anleihe aufzunehmen, wird eine Anleihe aufgenommen. Wenn angesichts der vorhandenen Mittel und Chancen es vorteilhafter ist, Krieg zu führen, wird Krieg geführt. Die letzte Alternative ist nicht minder zum Eintritt in die Wirtschaftstheorie berechtigt wie die erste. Selbst bloßer Protektionismus ergibt sich nun hübsch aus der reinen Logik der kapitalistischen Entwicklung.

Überdies zeigt diese Theorie mit höchstem Nutzen einen Vorzug, den sie mit den meisten Marxschen Begriffen auf dem Gebiet gemein hat, das gewöhnlich das der angewandten Nationalökonomie genannt wird. Es ist dies ihre enge Verbindung mit historischen und zeitgenössischen Fakten. Wahrscheinlich hat kein Leser mein Résumé durchgelesen, ohne von der Leichtigkeit frappiert zu sein, mit der historische Beispiele sich ihm als Bestätigung bei jedem einzelnen Schritt der Argumentation aufdrängten. Hat er nicht schon gehört von der Unterdrückung eingeborener Arbeiter durch die Europäer in vielen Teilen der Welt – zum Beispiel von dem, was süd- und mittelamerikanische Indianer von den Spaniern erduldet haben, oder von den Sklavenjagden und dem Sklavenhandel und den Kuli-Zuständen? Ist ein Kapitalexport in den kapitalistischen Ländern nicht tatsächlich von jeher vorhanden gewesen? War er nicht beinahe beständig von militärischer Eroberung begleitet, die dazu diente, die Eingeborenen zu unterdrücken und andere europäische Mächte zu bekämpfen? Hat nicht die Kolonisation immer einen recht deutlichen militärischen Aspekt gehabt, selbst wenn sie vollständig durch wirtschaftliche Körperschaften wie die Ostindische Kompagnie oder die Britische Südafrika-Kompagnie geleitet wurde? Was für eine bessere Illustration könnte Marx selbst sich gewünscht haben als Cecil Rhodes und den Burenkrieg? Ist es nicht handgreiflich, daß koloniale Ambitionen in den europäischen Unruhen seit ungefähr 1700 ein wichtiger Faktor, um nicht mehr zu sagen, waren? Und wer hat nicht, was die Gegenwart angeht, einerseits von der «Strategie der Rohstoffe» und andrerseits von den Rückwirkungen gehört, die das Wachstum des eingeborenen Kapitalismus in den Tropen auf Europa gehabt hat? Und so weiter. Und in bezug auf den Protektionismus, – nun, das ist so klar, wie etwas nur sein kann.

Seien wir jedoch lieber vorsichtig. Eine anscheinende Verifikation durch Fälle, die auf den ersten Blick hin günstig, jedoch nicht ins einzelne analysiert sind, kann sehr trügerisch sein. Wie zudem jeder Advokat und jeder Politiker weiß, bewirkt ein energischer Appell an vertraute Fakten sehr leicht, daß ein Gericht oder ein Parlament auch die Konstruktion akzeptiert, die er ihnen suggerieren möchte. Die Marxisten haben diese Technik zur Vollendung entwickelt. Bei diesem Beispiel ist sie besonders erfolgreich, weil die fraglichen Tatsachen die zwei Eigenschaften in sich vereinigen, oberflächlich jedermann bekannt zu sein, und gründlich von sehr wenigen verstanden zu werden. Obwohl wir hier nicht auf eine ins Einzelne gehende Diskussion eintreten können, so genügt in der Tat eine rasche Überlegung, um einen Verdacht nahezulegen, daß «es nicht so ist.»

Im nächsten Teil werden einige wenige Bemerkungen über das Verhältnis gemacht werden, in dem die Bourgeoisie zum Imperialismus steht. Hier wollen wir die Frage betrachten, ob, wenn die Marxsche Interpretation von Kapitalexport, Kolonisation und Protektionismus richtig wäre, sie auch als Theorie all jener Phänomene ausreichen würde, an die wir denken, wenn wir diesen weiten und mißbrauchten Ausdruck verwenden. Natürlich können wir Imperialismus stets solcherart definieren, daß er gerade das bedeutet, was die Marxsche Interpretation enthält, und wir können uns immer zur Überzeugung bekennen, daß alle diese Phänomene auf die Marxsche Weise erklärbar sein *müssen*. Dann aber würde das Problem des Imperialismus – immer angenommen, daß die Theorie an sich richtig ist – nur tautologisch «gelöst»[4]. Ob der Marxsche Weg oder überhaupt ein rein ökonomischer Weg in dieser Sache zu einer Lösung führt, die nicht tautologisch ist, müßte erst noch untersucht werden. Dies braucht uns jedoch hier nicht zu beschäftigen, da der Boden nachgibt, bevor wir so weit gelangen.

Auf den ersten Blick scheint die Theorie ganz gut auf einige Fälle zu passen. Die wichtigsten Beispiele liefern die englischen und holländischen Eroberungen in den Tropen. Auf andere

---

[4] Die Gefahr leerer Tautologien, die man über uns ausschüttet, wird am besten durch einzelne Fälle illustriert. So hat Frankreich Algerien, Tunis und Marokko und Italien Abessinien durch militärische Gewalt ohne den Druck nennenswerter kapitalistischer Interessen erobert. Das Vorhandensein solcher Interessen war in Wirklichkeit ein Vorwand, der sehr schwierig zu belegen war, und die spätere Entwicklung solcher Interessen war ein langsamer Prozeß, der, unbefriedigend genug, unter Regierungsdruck vor sich ging. Sollte das nicht sehr marxistisch aussehen, so wird die Antwort sein, daß die Aktion unter dem Druck potentieller oder vorweggenommener kapitalistischer Interessen unternommen wurde, oder daß bei genauer Analyse irgend ein kapitalistisches Interesse oder eine objektive Notwendigkeit zugrunde gelegen haben «muß». Und wir können dann auf die Jagd nach bekräftigendem Beweismaterial gehen, das nie vollständig fehlen wird, da tatsächlich kapitalistische Interessen wie irgendwelche anderen durch jede beliebige Situation berührt werden und in jeder ihren Vorteil wahrnehmen, und da die dem kapitalistischen Organismus eigenen Bedingungen immer gewisse Züge aufweisen werden, die sich ohne Absurdität mit jener Politik der nationalen Expansion verknüpfen lassen. Offenbar ist es eine vorgefaßte Überzeugung und nichts anderes, was uns an einem solch aussichtslosen Versuch festhalten läßt; ohne eine solche Überzeugung käme es uns nie in den Sinn, uns darauf einzulassen. Und wir brauchen uns wirklich die Mühe nicht zu machen: wir können gerade so gut sagen «es muß so sein», und es dabei bewenden lassen. Dies ist es, was ich mit tautologischer Erklärung meinte.

Fälle jedoch, wie die Kolonisierung der Neu-England-Staaten, paßt sie gar nicht. Und sogar der erstere Typus wird durch die Marxsche Theorie des Imperialismus nicht befriedigend beschrieben. Es genügt offensichtlich nicht anzuerkennen, daß der Köder des Gewinns eine Rolle bei der Motivierung der kolonialen Expansion gespielt hat[5]. Die Neo-Marxisten hatten nicht die Absicht, eine so fürchterliche Plattheit zu behaupten. Wenn diese Fälle ihnen gutgeschrieben werden müssen, so ist ebenso unerläßlich, daß die koloniale Expansion, in der angedeuteten Weise, unter dem Druck der Akkumulation auf die Profitrate erfolgte, infolgedessen als Zeichen des niedergehenden oder auf alle Fälle des voll gereiften Kapitalismus. Doch die heroische Zeit kolonialer Abenteuer war gerade die Zeit des frühen, unreifen Kapitalismus, als die Akkumulation noch in ihren Anfängen stak und jeder solche Druck – insbesondere auch jede Schranke gegen die Ausbeutung der einheimischen Arbeit – durch Abwesenheit glänzte. Das Monopolelement fehlte nicht. Im Gegenteil, es trat viel offener zu Tage als heute. Doch das vermehrt nur die Absurdität der Konstruktion, die sowohl das Monopol wie die Eroberung zu spezifischen Eigenschaften des Kapitalismus neuester Zeit macht.

Zudem steckt der andere Fuß der Theorie, der Klassenkampf, in keinen besseren Schuhen. Man muß schon Scheuklappen tragen, um sich auf diesen Aspekt der kolonialen Expansion zu konzentrieren, der kaum je mehr als eine untergeordnete Rolle gespielt hat, und um mit dem Klassenkampfbegriff ein Phänomen zu deuten, das einige der auffallendsten Beispiele für die Zusammenarbeit der Klassen liefert. Es war ebenso sehr eine Bewegung nach höheren Löhnen als es eine Bewegung nach höheren Profiten war, und auf lange Sicht gesehen hat sie sicherlich (zum Teil wegen der Ausbeutung der *Eingeborenen*arbeit) das Proletariat mehr als das Kapitalisten-Interesse begünstigt. Ich möchte indessen nicht ihre *Wirkungen* betonen.

[5] Es genügt auch nicht, die Tatsache zu betonen, daß jedes Land tatsächlich seine Kolonien «ausgebeutet» hat. Denn das war Ausbeutung des einen Landes als Ganzen durch ein anderes Land als Ganzes (aller Klassen durch alle Klassen) und hatte nichts mit der spezifisch Marxschen Art der Ausbeutung zu tun.

Der wesentliche Punkt ist der, daß ihre *Ursache* nicht viel mit Klassenkampf zu tun hat, und nicht mehr mit Klassenstruktur, als in der Führung von Gruppen und Individuen enthalten ist, die zur Kapitalistenklasse gehörten oder durch Kolonialunternehmungen in sie aufstiegen. Wenn wir jedoch die Scheuklappen ablegen und aufhören, in Kolonisation oder Imperialismus einen bloßen Zwischenfall im Klassenkampf zu sehen, so bleibt wenig übrig, was dabei spezifisch marxistisch ist. Was Adam Smith darüber zu sagen hat, tut es gerade so gut, – in der Tat noch besser.

Das Nebenprodukt, die Neo-Marxistische Theorie des modernen Protektionismus, bleibt noch übrig. Die klassische Literatur ist voller Schmähungen gegen die «finsteren Interessen» – damals hauptsächlich, aber nie ausschließlich, die Agrarinteressen –, die durch ihr Geschrei nach Protektion das unbegreifliche Verbrechen gegen das öffentliche Wohl begingen. So hatten die Klassiker eine Kausaltheorie der Protektion, die ganz in Ordnung war – nicht nur eine Theorie ihrer Auswirkungen –, und wenn wir heutzutage die protektionistischen Interessen der modernen Großunternehmungen hinzufügen, so sind wir so weit gegangen, als es vernünftig ist. Moderne Ökonomen mit marxistischen Sympathien sollten sich wirklich nicht dazu hergeben zu behaupten, daß selbst heute noch ihre bourgeoisen Kollegen die Beziehung zwischen dem Zug zum Protektionismus und dem Zug zu großen Kontrolleinheiten nicht sehen, obschon diese Kollegen es vielleicht nicht immer nötig finden, einen so offenbaren Sachverhalt zu betonen. Nicht als ob die Klassiker und ihre Nachfolger bis auf diesen Tag in Hinsicht der Protektion Recht gehabt hätten: ihre Deutung war und ist so einseitig, wie es die Marxsche war, abgesehen davon, daß sie oft in der Abschätzung der Folgen und der beteiligten Interessen fehl ging. Aber seit mindestens fünzig Jahren haben sie über die Monopolkomponente im Protektionismus alles gewußt, was die Marxisten je gewußt haben – was in Anbetracht des Gemeinplatzcharakters der Entdeckung nicht schwierig war.

Und sie waren der marxistischen Theorie in einem sehr wichtigen Punkt überlegen. Was auch der Wert ihrer ökonomischen

Theorie gewesen sein mag – vielleicht war er nicht sehr groß –, jedenfalls hielten sie meistens daran fest[6]. Bei diesem Beispiel war dies ein Vorteil. Die Behauptung, daß manche Schutzzölle ihre Existenz dem Druck großer Konzerne zu verdanken haben, die sie dazu verwenden wollen, ihre Preise zu Hause über dem Stand zu halten, auf dem sie sonst wären – möglicherweise um imstand zu sein, im Ausland billiger zu verkaufen –, ist ein Gemeinplatz, aber richtig, obschon noch nie ein Zoll völlig oder auch nur zur Hauptsache dieser besondern Ursache zuzuschreiben war. Es ist die Marxsche Synthese, die ihn unzulänglich oder falsch macht. Wenn es unser Ehrgeiz ist, einfach alle politischen, sozialen und wirtschaftlichen Ursachen und Verwicklungen des modernen Protektionismus zu verstehen, dann ist er unzulänglich. So ist zum Beispiel die kräftige Unterstützung, die das amerikanische Volk der protektionistischen Politik gewährt, so oft es eine Gelegenheit hatte, unumwunden seine Ansicht zu äußern, nicht mit einer Neigung zu den Großunternehmungen oder einer Beherrschung durch sie zu erklären, sondern mit einem glühenden Wunsch, eine eigene Welt aufzubauen und für sich zu behalten und alle Wechselfälle der restlichen Welt los zu werden. Eine Synthese, die solche Elemente des Falls übersieht, ist kein Aktivum, sondern ein Passivum. Aber wenn es unser Ehrgeiz ist, alle Ursachen und Verwicklungen des modernen Protektionismus, welche es auch immer sein mögen, auf das monopolistische Element der modernen Industrie als die einzige *causa causans* zurückzuführen, und wenn wir diese Behauptung entsprechend formulieren, dann wird sie falsch. Die Großunternehmungen waren imstande, Vorteile aus dem Volksempfinden zu ziehen, und haben es darum gehätschelt; aber es ist absurd zu behaupten, sie hätten es geschaffen. Eine Synthese, die zu einem solchen Ergebnis

[6] Sie haben sich nicht immer auf ihre ökonomische Theorie beschränkt. Wenn sie es nicht taten, waren die Ergebnisse alles andere als ermutigend. So können James Mills rein ökonomische Schriften, obschon sie nicht besonders wertvoll sind, nicht einfach als hoffnungslos unter dem Standard abgetan werden. Der wirkliche Unsinn – und dabei platter Unsinn – findet sich in seinen Artikeln über den Staat und verwandte Gegenstände.

führt – wir sollten eher sagen, die ein solches Ergebnis fordert – ist minderwertiger als überhaupt keine Synthese.

Die Sache wird unendlich viel schlimmer, wenn wir den Tatsachen plus dem gesunden Menschenverstand ins Gesicht schlagen und diese Theorie des Kapitalexports und der Kolonisation zur fundamentalen Erklärung der internationalen Politik erheben, die sich daraufhin einerseits in einen Kampf der monopolistischen Kapitalistengruppen untereinander, andrerseits in einen Kampf einer jeden dieser Gruppen mit ihrem eigenen Proletariat auflöst. Diese Art von «Theorie» mag eine nützliche Parteiliteratur abgeben, aber sonst zeigt sie nur, daß der Standpunkt der Kinderfibel kein Monopol der Bourgeois-Ökonomie ist. In Wirklichkeit ist von den Großunternehmungen – oder von der *haute finance* von den Fuggern zu den Morgans – sehr wenig Einfluß auf die Außenpolitik ausgeübt worden, und in den meisten Fällen, in denen die Großindustrie als solche oder Bankinteressen als solche fähig waren, sich durchzusetzen, hat ihr naiver Dilettantismus nur zu Enttäuschungen geführt. Die Haltung von Kapitalistengruppen gegenüber der Politik ihrer Nationen ist überwiegend eine solche der Anpassung, nicht der Verursachung, – heute mehr denn je. Auch drehen sie sich in erstaunlichem Maß um kurzfristige Überlegungen, die ebenso weit von allen tiefangelegten Plänen wie von allen bestimmten «objektiven» Klasseninteressen entfernt sind. An diesem Punkt entartet der Marxismus zur Formulierung populären Aberglaubens[7].

---

[7] Dieser Aberglaube steht genau gleich hoch wie ein anderer, der von manchen würdigen unkompliziertenLeuten gehegt wird, die sich die moderne Geschichte auf Grund der Hypothese erklären, daß es irgendwo ein Komitee von überaus weisen und böswilligen Juden gibt, die hinter der Szene die internationale oder vielleicht alle Politik kontrollieren. Die Marxisten fallen diesem besonderen Aberglauben nicht zum Opfer, aber der ihrige liegt auf keiner höheren Ebene. Es ist amüsant festzustellen, daß ich immer, wenn ich mich einer der beiden Lehren gegenübersah, große Schwierigkeiten hatte, in einer Art zu antworten, die mich selbst befriedigte. Dies war nicht nur dem Umstand zuzuschreiben, daß es immer schwierig ist, die Ablehnung von Tatsachen-Behauptungen zu begründen. Die Hauptschwierigkeit rührte von dem Faktum her, daß Leute, denen jede

Es gibt in allen Teilen der Marxschen Konstruktion andere Beispiele von einem ähnlichen Stand der Dinge. Um eines zu erwähnen, hat die Definition der Natur der Regierungsgewalt, die etwas weiter oben aus dem Kommunistischen Manifest zitiert wurde, bestimmt ein Element der Wahrheit in sich. Und in manchen Fällen wird diese Wahrheit die Einstellung der Regierungen gegenüber den handgreiflicheren Manifestationen des Klassen-Antagonismus erklären. Soweit jedoch die in dieser Definition verkörperte Theorie wahr ist, ist sie trivial. Was die Mühe lohnt, ist einzig das Warum und Wie jener großen Mehrheit von Fällen zu untersuchen, wo die Theorie entweder nicht mit den Tatsachen übereinstimmt oder wo sie zwar übereinstimmt, doch das tatsächliche Verhalten jenes «Ausschusses, der die gemeinschaftlichen Geschäfte der ganzen Bourgeois-Klasse verwaltet» nicht korrekt beschreibt. Wiederum kann in praktisch allen Fällen die Theorie tautologisch wahr gemacht werden. Denn es gibt keine Politik – außer der zur Vernichtung der Bourgeoisie –, von der nicht behauptet werden kann, daß sie einem ökonomischen oder außerökonomischen Bourgeoisinteresse dient, zumindest in dem Sinne, daß sie noch schlimmere Dinge abwehrt. Dies macht jedoch die Theorie nicht irgendwie wertvoller. Aber wir wollen uns nun dem zweiten Beispiel für die problem-lösende Kraft der Marxschen Synthese zuwenden.

Das Kennzeichen des Wissenschaftlichen Sozialismus, das ihn laut Marx vom Utopischen Sozialismus unterscheiden soll, besteht in dem Beweis, daß der Sozialismus, unabhängig vom menschlichen Wollen oder von seiner Wünschbarkeit, unvermeidlich ist. Wie schon früher festgestellt wurde, bedeutet dies, daß kraft ihrer reinen Logik die kapitalistische Entwicklung dahin tendiert, die kapitalistische Ordnung der Dinge zu vernichten und die sozialistische herbeizuführen[8]. Wie weit ist es Marx gelungen, die Existenz dieser Tendenzen zu beweisen?

Was die Tendenz zur Selbstvernichtung betrifft, so ist die

Kenntnis der internationalen Beziehungen und Personen aus erster Hand abgeht, auch kein Organ zur Erkenntnis von Absurditäten besitzen.

[8] Vgl. auch den Prolog des zweiten Teils.

Frage bereits beantwortet[9]. Die Lehre, daß die kapitalistische Wirtschaft aus rein wirtschaftlichen Gründen unvermeidlich zusammenbrechen wird, ist von Marx nicht bewiesen worden, wie allein schon Hilferdings Einwände zeigen würden. Einerseits sind einige seiner Behauptungen über künftige Tatsachen, die für das orthodoxe Argument wesentlich sind, namentlich die eine über die unvermeidliche Zunahme von Verelendung und Unterdrückung, unhaltbar; andrerseits würde der Zusammenbruch der kapitalistischen Ordnung nicht mit Notwendigkeit aus diesen Behauptungen folgen, selbst wenn sie alle wahr wären. Andere Faktoren der Situation jedoch, die der kapitalistische Prozeß zu entwickeln tendiert, wurden von Marx richtig gesehen, ebenso – wie ich zu zeigen hoffe – das endgültige Ergebnis selbst. Was das letztere betrifft, so mag es nötig sein, den Marxschen Nexus durch einen anderen zu ersetzen, und es mag sich dann herausstellen, daß der Ausdruck «Zusammenbruch» eine falsche Bezeichnung ist, namentlich wenn er im Sinn eines durch das Versagen der kapitalistischen Produktionsmaschine verursachten Zusammenbruchs verstanden wird; doch das berührt nicht die Essenz der Lehre, wie stark es auch ihre Formulierung und einige ihrer Folgerungen berühren mag.

Was die Tendenz zum Sozialismus betrifft, so müssen wir zuerst realisieren, daß dies ein besonderes Problem ist. Die kapitalistische oder sonst eine Ordnung der Dinge kann offenbar zusammenbrechen – oder die wirtschaftliche und soziale Entwicklung kann über sie hinausgehen –, und doch kann es geschehen, daß kein sozialistischer Phönix der Asche entsteigt. Es kann zum Chaos kommen, und, sofern wir nicht jede nichtchaotische Alternative des Kapitalismus als Sozialismus definieren, gibt es auch noch andere Möglichkeiten. Der besondere Typus der sozialen Organisation, den – jedenfalls vor dem Emporkommen des Bolschewismus – der durchschnittliche orthodoxe Marxist vorauszusehen glaubte, ist sicherlich nur einer von vielen möglichen Fällen.

Während Marx selbst sich klugerweise enthielt, die sozialistische Gesellschaft im einzelnen zu beschreiben, legte er den

---

[9] Siehe oben, Kapitel 3, § 7.

Nachdruck auf die Bedingungen ihrer Entstehung: einerseits das Vorhandensein von industriellen Riesenunternehmungen – die selbstverständlich die Sozialisierung sehr erleichtern würden –, und andrerseits das Vorhandensein eines unterdrückten, geknechteten, ausgebeuteten, doch auch sehr zahlreichen, *geschulten*, geeinten und organisierten Proletariats. Dies gibt manche Andeutung hinsichtlich des Endkampfs, der das akute Stadium des jahrhundertelangen Kriegs zwischen den zwei Klassen sein wird, die dann das letztemal gegeneinander ausziehen werden. Es läßt auch einiges von dem erraten, was folgen soll: es legt die Vorstellung nahe, daß das Proletariat als solches «die Regierung übernehmen» und durch seine Diktatur «der Ausbeutung des Menschen durch den Menschen» ein Ende bereiten und die klassenlose Gesellschaft herbeiführen wird. Wenn es unsere Absicht wäre, zu beweisen, daß der Marxismus ein Glied der Familie der chiliastischen Glaubensbekenntnisse ist, würde dies gewiß reichlich genügen. Da wir uns nicht mit diesem Aspekt beschäftigen, sondern mit einer wissenschaftlichen Vorhersage, tut es das offensichtlich nicht. Schmoller bewegte sich auf weit sichrerem Grunde. Denn obwohl auch er es ablehnte, auf Einzelheiten einzugehen, so stellte er sich doch augenscheinlich im Geist den Prozeß als fortschreitende Bürokratisierung, Nationalisierung usw. vor, im Staatssozialismus endend, was, ob uns dies nun gefällt oder nicht, zum mindesten einen klar umrissenen Sinn gibt. So gelingt es Marx nicht, die sozialistische Möglichkeit in eine Gewißheit zu verwandeln, selbst wenn wir seine Zusammenbruchstheorie in ihrer Gesamtheit gelten lassen; tun wir dies nicht, so folgt das Mißlingen *a fortiori*.

Auf keinen Fall jedoch – ob wir nun die Beweisführung von Marx oder irgend eine andere annehmen – wird die sozialistische Ordnung automatisch in die Wirklichkeit umgesetzt werden; selbst wenn die kapitalistische Entwicklung alle Bedingungen dafür in der denkbarst Marxschen Weise schaffte, würde immer noch eine besondere Aktion nötig sein, um sie herbeizuführen[10]. Dies ist natürlich in Übereinstimmung mit Marxens

[10] Vgl. Teil III, Kapitel 19.

Lehre. Seine Revolution ist nur das besondere Gewand, in das es seiner Vorstellungskraft gefiel, diese Aktion zu hüllen. Die Betonung der Gewalt ist vielleicht bei jemandem verständlich, der in seinen Bildungsjahren die ganze Aufregung von 1848 erlebt hatte und der – obschon durchaus imstande, revolutionäre Ideologien zu verachten – doch nie imstande war, ihre Fesseln abzuschütteln. Zudem wäre der größere Teil seiner Zuhörerschaft kaum willens gewesen, auf eine Botschaft zu hören, der der heilige Drommetenton fehlte. Obwohl er auch die Möglichkeit eines friedlichen Übergangs – zumindest für England – sah, mag er schließlich ihre Wahrscheinlichkeit nicht gesehen haben. Zu seiner Zeit war sie nicht leicht zu sehen, und seine Lieblingsvorstellung von den zwei Klassen in Schlachtordnung machte es noch schwieriger, sie zu sehen. Sein Freund Engels nahm sich wirklich die Mühe, die Taktik zu studieren. Doch obgleich die Revolution in das Gebiet des Nichtwesentlichen verwiesen werden kann, bleibt doch die Notwendigkeit für eine besondere Aktion bestehen.

Dies sollte auch das Problem lösen, das die Jünger gespalten hat: Revolution oder Evolution? Wenn ich die Meinung von Marx erfaßt habe, ist die Antwort nicht schwer zu geben. Die Evolution war für ihn die Mutter des Sozialismus. Er war viel zu sehr erfüllt von einem Gefühl der inhärenten Logik der sozialen Dinge, um zu glauben, daß die Revolution irgend einen Teil des Werks der Evolution ersetzen könne. Die Revolution kommt dennoch. Aber sie kommt nur, um den Schlußsatz unter eine vollständige Reihe von Prämissen zu schreiben. Die Marxsche Revolution unterscheidet sich daher nach ihrer Natur und ihrer Aufgabe völlig von den Revolutionen sowohl der bourgeoisen Radikalen als der sozialistischen Verschwörer. Sie ist ihrem Wesen nach Revolution in der Fülle der Zeit[11]. Es ist richtig, daß Jünger, die eine Abneigung gegen diesen Schluß und namentlich gegen seine Anwendung auf den russischen Fall haben[12], auf viele Stellen der heiligen Schriften hinweisen

[11] Dies sollte wegen späterer Hinweise beachtet werden. Wir werden wiederholt auf diesen Punkt zurückkommen und unter anderm die Kriterien der «Fülle der Zeit» diskutieren.

[12] Karl Kautsky nahm in seinem Vorwort zu den «Theorien über den

können, die ihm zu widersprechen scheinen. Doch in diesen Stellen widerspricht Marx selbst seinem tiefsten und reifsten Gedanken, der unmißverständlich aus der analytischen Struktur des *Kapitals* spricht und der – wie notwendig jeder Gedanke, der durch ein Gefühl für die inhärente Logik der Dinge inspiriert ist – unter dem phantastischen Glitzern zweifelhafter Edelsteine zu deutlich konservativen Folgerungen führt. Und, schließlich, warum nicht? Kein ernsthaftes Argument unterstützt je bedingungslos irgendwelchen «ismus»[13]. Sagt man, daß Marx, von Phrasen entkleidet, eine Auslegung in konservativem Sinn zuläßt, so besagt dies nur, daß er ernst genommen werden kann.

Mehrwert» sogar die Revolution von 1905 für den Marxschen Sozialismus in Anspruch, obwohl offenkundig die Marxsche Ausdrucksweise einiger Intellektueller alles war, was daran sozialistisch gewesen ist.

[13] Dieses Argument könnte noch viel weiter geführt werden. Namentlich ist nichts spezifisch Sozialistisches in der Arbeitswerttheorie; dies wird jedermann ohne weiteres zugeben, der mit der historischen Entwicklung dieser Lehre vertraut ist. Das gleiche gilt von der Ausbeutungstheorie (ausgenommen natürlich den Ausdruck). Wir müssen nur erkennen, daß das Vorhandensein von Mehrwerten (so von Marx tituliert), eine notwendige Voraussetzung ist, oder zumindest war, für die Entstehung all dessen, was wir im Begriff «Zivilisation» zusammenfassen (was in der Tat schwierig wäre zu bestreiten), und schon sind wir angelangt. Um Sozialist zu sein, ist es selbstverständlich nicht nötig, Marxist zu sein; jedoch genügt es auch nicht, Marxist zu sein, um Sozialist zu sein. Sozialistische oder revolutionäre Folgerungen können jeder wissenschaftlichen Theorie aufgeprägt werden; keine wissenschaftliche Theorie schließt sie mit Notwendigkeit ein. Und keine wird uns in dem Zustand halten, den Bernard Shaw einmal als soziologische Raserei beschrieben hat, sofern nicht ihr Urheber von seinem Weg abgeht, um uns dahinein zu steigern.

ZWEITER TEIL

KANN DER KAPITALISMUS WEITERLEBEN?

PROLOG

Kann der Kapitalismus weiterleben? Nein, meines Erachtens nicht. Diese meine Ansicht ist freilich wie die eines jeden andern Nationalökonomen, der sich über diesen Gegenstand geäußert hat, an sich völlig uninteressant. Was bei jedem Versuch einer sozialen Prognose zählt, ist nicht das Ja oder Nein, das die dazu führenden Tatsachen und Argumente zusammenfaßt, sondern diese Tatsachen und Argumente selbst. Diese enthalten alles, was am endgültigen Ergebnis wissenschaftlich ist. Alles andere ist nicht Wissenschaft, sondern Prophezeiung. Jede Analyse, sei sie ökonomischer oder sonstiger Art, wird jedenfalls nie mehr als eine Feststellung der in einem Beobachtungsobjekt vorhandenen Tendenzen enthalten können. Diese sagen uns niemals, was mit dem Objekt geschehen *wird*, sondern nur was geschehen *würde*, wenn sie weiterhin wirkten, wie sie in dem Zeitabschnitt wirksam waren, den unsere Beobachtung umfaßt, und wenn keine anderen Faktoren aufträten. «Unvermeidlichkeit» oder «Notwendigkeit» kann niemals mehr als dies bedeuten.

Alles Folgende muß mit diesem Vorbehalt gelesen werden. Unsere Ergebnisse und ihre Zuverlässigkeit werden aber noch in anderer Weise eingeschränkt. Der soziale Lebensprozeß ist eine Funktion so vieler Variablen, von denen viele kaum einer Messung zugänglich sind, daß selbst die bloße Diagnose eines gegebenen Zustands der Dinge zu einer sehr zweideutigen Angelegenheit wird, ganz abgesehen von den furchtbaren Irrtumsquellen, die sich ergeben, sobald wir eine Prognose versuchen. Diese Schwierigkeiten sollten immerhin nicht übertrieben werden. Wir werden sehen, daß die dominierenden Züge des Bildes deutlich gewisse Schlußfolgerungen stützen; diese sind trotz gewisser Einschränkungen, die möglicherweise beigefügt werden müssen, zu stark, um mit der Begründung vernachlässigt werden zu können, daß sie nicht im gleichen Sinn wie eine Behauptung Euklids beweisbar sind.

Noch ein Punkt ist zu erwähnen, bevor wir beginnen. Die These, die ich zu begründen versuchen werde, ist die, daß die gegenwärtigen und künftigen Leistungen des kapitalistischen Systems dergestalt sind, daß sie die Vorstellung seines Zusammenbruchs unter dem Gewicht wirtschaftlicher Fehlschläge widerlegen und daß vielmehr gerade sein Erfolg die sozialen Einrichtungen, die es schützen, untergräbt und «unvermeidlich» Bedingungen schafft, unter denen es nicht zu leben vermag und die nachdrücklich auf den Sozialismus als seinen gesetzmäßigen Erben deuten. Meine endgültige Folgerung unterscheidet sich deshalb nicht von jener der meisten sozialistischen Schriftsteller und namentlich nicht von jener aller Marxisten, so anders auch meine Begründung ist. Um sie jedoch anzunehmen, braucht man kein Sozialist zu sein. Die Prognose enthält nichts über die Wünschbarkeit des Laufs der Dinge, die sie voraussagt. Wenn ein Arzt voraussagt, daß sein Patient nächstens sterben wird, bedeutet das nicht, daß er es wünscht. Man kann den Sozialismus hassen oder ihn zum mindesten mit kühler Kritik betrachten und doch seinen Aufstieg voraussehen. Viele Konservative haben dies getan und tun es heute.

Auch braucht niemand diese Folgerung anzunehmen, um sich als Sozialist zu qualifizieren. Man kann den Sozialismus lieben und inbrünstig an seine wirtschaftliche, kulturelle und ethische Überlegenheit glauben und trotzdem gleichzeitig der Auffassung sein, daß die kapitalistische Gesellschaft keine Tendenz zur Selbstzerstörung in sich birgt. Es gibt in der Tat Sozialisten, die glauben, daß die kapitalistische Ordnung an Kraft gewinnt und sich im Verlauf der Zeit stabilisiert, so daß es ein Hirngespinst sei, auf ihren Zusammenbruch zu hoffen.

FÜNFTES KAPITEL

DIE WACHSTUMSRATE DER GESAMTERZEUGUNG

Die Atmosphäre der Feindschaft gegenüber dem Kapitalismus, die wir gleich noch zu erklären haben werden, macht es viel schwieriger als es sonst wäre, sich eine vernünftige Ansicht über seine wirtschaftlichen und kulturellen Leistungen zu bilden. Die öffentliche Meinung ist allgemach so gründlich über ihn verstimmt, daß die Verurteilung des Kapitalismus und aller seiner Werke eine ausgemachte Sache ist, – beinahe ein Erfordernis der Etikette der Diskussion. Was auch die politische Vorliebe des jeweiligen Autors oder Redners sein mag, ein jeder beeilt sich, sich diesem Kodex anzupassen und seine kritische Einstellung zu betonen, sein Freisein von jeglichem «sich zufrieden geben», seinen Glauben an die Unzulänglichkeit der kapitalistischen Leistungen, seine Abneigung gegen die kapitalistischen und seine Sympathie für die antikapitalistischen Interessen. Jede andere Haltung gilt nicht nur als verrückt, sondern als antisozial und wird als Zeichen unmoralischer Unfreiheit angesehen. Das ist selbstverständlich durchaus natürlich. Neue soziale Religionen haben immer diese Wirkung. Nur wird dadurch die Aufgabe, die der Analytiker zu erfüllen hat, nicht leichter: im Jahre 300 n. Chr. wäre es nicht leicht gewesen, einem überzeugten Anhänger des Christentums die Leistungen der antiken Zivilisation auseinanderzusetzen. Einerseits werden die handgreiflichsten Wahrheiten einfach *a limine* von der Traktandenliste gestrichen[1]; andrerseits übt man gegen-

[1] Es gibt allerdings noch eine andere Methode, um mit handgreiflichen, aber unbequemen Wahrheiten fertig zu werden, nämlich die Methode, über ihre Trivialität zu spotten. Solcher Spott ersetzt eine Widerlegung; denn die durchschnittliche Zuhörerschaft gewahrt in der Regel nicht die Tatsache, daß solcher Spott oft die Unmöglichkeit einer Widerlegung verdeckt – ein hübsches Beispiel der Sozialpsychologie!

über den handgreiflichsten Fehlbehauptungen Nachsicht oder spendet ihnen Beifall.

Ein erster Prüfstein der wirtschaftlichen Leistung ist die Gesamterzeugung, die Summe aller Waren und Dienstleistungen, die in einer Zeiteinheit – einem Jahr, einem Vierteljahr oder einem Monat – erzeugt werden. Die Nationalökonomen versuchen, Veränderungen dieser Menge mit Indices zu messen, die aus einer Anzahl von die Produktion einzelner Güter darstellenden Reihen abgeleitet werden. «Die strenge Logik ist ein harter Lehrmeister, und wenn man sie respektierte, würde niemand je einen Produktionsindex konstruieren oder gebrauchen»[2]; denn nicht nur das Material und die Technik der Konstruktion eines solchen Index, sondern auch der Begriff an sich einer Gesamterzeugung verschiedener Güter, die in einem fortwährend wechselnden Verhältnis erzeugt werden, ist eine höchst zweifelhafte Angelegenheit[3]. Trotzdem glaube ich, daß dieses Instrument zuverlässig genug ist, um uns eine allgemeine Vorstellung zu vermitteln.

Für die Vereinigten Staaten stehen seit dem Sezessionskrieg einzelne Reihen zur Verfügung, die gut und zahlreich genug sind, um die Konstruktion eines solchen Produktionsindex zu gewährleisten. Wenn wir den als Day-Persons-Index bekannten Index der Gesamtproduktion[4] wählen, sehen wir, daß von 1870 bis 1930 die durchschnittliche Wachstumsrate 3,7% im Jahre war und in der Kategorie der Fabrikbetriebe allein 4,3%. Wir wollen uns auf die erste Zahl beschränken und uns klar zu machen versuchen, was sie bedeutet. Dazu müssen wir jedoch zuerst eine Korrektur anbringen: Da die dauerhafte Kapitalausrüstung der Industrie stets an relativer Bedeutung zugenommen hat, kann sich die für den Konsum verfügbare Produktion nicht im gleichen Maß wie die Gesamtproduktion vermehrt haben. Wir müssen dafür einen Abzug vornehmen. Ich

---

[2] A. F. Burns, *Production Trends in the United States since* 1870, S. 262.

[3] Wir können hier nicht auf dieses Problem eingehen. Es wird indessen noch einiges darüber zu sagen sein, wenn wir ihm im nächsten Kapitel wieder begegnen. Für eine vollständigere Behandlung vergleiche man mein Buch über *Business Cycles*, Kapitel 9.

[4] Siehe W. M. Persons, *Forecasting Business Cycles*, Kapitel 11.

glaube jedoch, daß ein Abzug von 1,7% reichlich ist[5]; so gelangen wir für die «verzehrbare Erzeugung» zu einer Wachstumsrate von 2% (Zinseszins) pro Jahr.

Nehmen wir nun an, die kapitalistische Maschine setze ihre Produktion mit dieser Wachstumsrate während eines weiteren halben Jahrhunderts, von 1928 an gerechnet, fort. Gegen diese Annahme bestehen verschiedene Einwände, die später berücksichtigt werden müssen; der Einwand jedoch, daß der Kapitalismus im Jahrzehnt von 1929 bis 1939 bereits versagt, das heißt diesen Standard nicht mehr erreicht hat, darf nicht erhoben werden. Denn der Verlauf der Depression zwischen dem letzten Quartal 1929 und dem dritten Quartal 1932 beweist nicht, daß im Antriebsmechanismus der kapitalistischen Produktion ein säkulärer Bruch erfolgt ist; denn Depressionen von solcher Heftigkeit haben sich wiederholt ereignet – grob gesprochen je einmal in fünfundfünfzig Jahren – und die Wirkungen einer von ihnen, derjenigen von 1873 bis 1877, sind im Jahresdurchschnitt von 2% bereits berücksichtigt. Die unterdurchschnittliche Erholung bis 1935, der unterdurchschnittliche Aufschwung bis 1937 und der Abschwung nachher können leicht aus den Schwierigkeiten erklärt werden, die mit der Anpassung an eine neue Fiskalpolitik, an eine neue Arbeitsgesetzgebung und an eine allgemeine Änderung in der Haltung der Regierung gegenüber den Privatunternehmungen verbunden waren, – was alles in einem noch später zu definierenden Sinn vom Arbeiten des Produktionsapparats als solchem unterschieden werden kann.

Da an diesem Punkte Mißverständnisse besonders unerwünscht sind, möchte ich betonen, daß dieser letzte Satz nicht an sich eine abschätzige Beurteilung der New-Deal-Politik enthält, noch die Behauptung, daß eine Politik dieser Art auf lange Sicht mit dem erfolgreichen Funktionieren des Systems der Privatunternehmung unvereinbar ist – obschon ich diese Behauptung für richtig halte, nur brauche ich sie gerade jetzt

[5] Dieser Abzug ist in Wirklichkeit widersinnig groß. Vgl. auch Professor F. C. Mills Schätzung von 3,1% für den Zeitraum von 1901 bis 1913 und von 3,8% für die Zeit von 1922 bis 1929. (Ohne das Bauwesen; *Economic Tendencies in the United States*, 1932.)

nicht. Was ich jetzt unterstreichen will, ist einzig dies, daß eine so weitreichende und rasche Veränderung der sozialen Bühne naturgemäß während einer gewissen Zeit auch die Produktionsleistung beeinflußt, – soviel muß der überzeugteste New-Dealer zugeben und *kann es auch*. Ich für meinen Teil sehe nicht, wie sonst die Tatsache zu erklären wäre, daß dieses Land, das die besten Aussichten hatte, sich rasch zu erholen, gerade dasjenige war, das die unbefriedigendste Erholung erlebte. Der einzige einigermaßen ähnliche Fall, der Frankreichs, unterstützt diese Deutung. Es folgt daraus, daß der Lauf der Ereignisse während des Jahrzehnts von 1929 bis 1939 nicht *per se* einen gültigen Grund abgibt, um die aufmerksame Berücksichtigung unseres Arguments abzulehnen, das überdies in jedem Fall dazu dienen kann, die Bedeutung der früheren Leistung zu illustrieren.

Nun, – wenn von 1928 an die verbrauchsbestimmte Produktion unter den Bedingungen der kapitalistischen Ordnung sich weiterhin wie vorher entwickeln würde, das heißt mit einer durchschnittlichen Wachstumsrate von 2% pro Jahr, so würde sie nach fünfzig Jahren, im Jahre 1978, ungefähr das 2,7-fache (2,6916) der Summe von 1928 erreichen. Wenn wir dies auf ein mittleres Realeinkommen *pro Kopf der Bevölkerung* übertragen wollen, bemerken wir erstens, daß unsere Wachstumsrate der Gesamtproduktion ungefähr der Wachstumsrate der Gesamtsumme der privaten für den Konsum[6] verfügbaren Geldeinkommen gleichgesetzt werden kann, falls man diese mit Rücksicht auf Änderungen der Kaufkraft des Konsumentendollars berichtigt. Zweitens müssen wir uns eine Vorstellung von der zu erwartenden Bevölkerungszunahme machen; wir wählen Mr. Sloanes Schätzung, die 160 Millionen für 1978 angibt. Das durchschnittliche Einkommen pro Kopf würde folglich in diesen fünfzig Jahren auf etwas mehr als das Doppelte des Betrages von 1928 ansteigen, der ungefähr 650 Dollar betrug, also auf ungefähr 1300 Dollar der *Kaufkraft von 1928*[7].

[6] Der «Konsum» umschließt den Erwerb von dauerhaften Konsumgütern wie Autos, Kühlschränken und Wohnhäusern. Wir machen keinen Unterschied zwischen unmittelbar verbrauchten Konsumgütern und dem, was manchmal «Konsumentenkapital» genannt wird.

[7] Das heißt, daß das durchschnittliche Realeinkommen pro Kopf zu

Vielleicht haben einige Leser das Gefühl, daß ein gewisser Vorbehalt in bezug auf die Verteilung des gesamten Geldeinkommens angebracht werden sollte. Bis vor ungefähr vierzig Jahren glaubten – wie vor ihnen Marx – viele Nationalökonomen, daß der kapitalistische Prozeß die Tendenz zeige, die relativen Anteile am gesamten Volkseinkommen zu verschieben, so daß die klaren Folgerungen aus unserm Durchschnitt an Kraft verlören, da die Reichen noch reicher und die Armen noch ärmer würden, zum mindesten relativ. Es besteht jedoch keine solche Tendenz. Was man auch von den für diesen Zweck entwickelten statistischen Methoden halten mag, so steht doch so viel fest: daß der Aufbau der in Geldgrößen ausgedrückten Einkommenspyramide während der durch unser Material belegten Zeit – die für England das ganze neunzehnte Jahrhundert umfaßt[8] – sich nicht stark verändert hat und daß der relative Anteil der Löhne plus Gehälter während dieser Zeit ebenfalls im wesentlichen konstant geblieben ist. Solange wir darüber diskutieren, was die kapitalistische Maschine, wenn sich selbst

---

einem Zinseszins von $1^3/_8\%$ zunehmen würde. Es trifft sich, daß das Realeinkommen pro Kopf der Bevölkerung in England während des Jahrhunderts vor dem ersten Weltkrieg beinahe im gleichen Verhältnis gestiegen ist (vgl. Lord Stamp, *Wealth and Taxable Capacity*). Es darf nicht zu viel Gewicht auf diese Übereinstimmung gelegt werden. Aber ich glaube, sie dient dazu, uns zu zeigen, daß unsere kleine Berechnung nicht vollständig aus der Luft gegriffen ist. In Nr. 241 der *National Industrial Conference Board Studies*, Tabelle I, S. 6 und 7 finden wir, daß das «pro Kopf erzielte Volkseinkommen», korrigiert mit dem Lebenshaltungskostenindex der Federal Reserve Bank of New York und des National Industrial Conference Board, im Jahre 1929 etwas mehr als das Vierfache der Zahl von 1829 betrug; – ein ähnliches Ergebnis, obschon noch stärkere Zweifel an seiner Zuverlässigkeit erlaubt sind.

[8] Siehe Stamp, a.a.O. Die gleiche Erscheinung kann in allen Ländern, für die genügende statistische Angaben vorliegen, festgestellt werden, wenn wir diese letzteren von den störenden Einwirkungen der Konjunkturzyklen verschiedener Spannweite, die das verfügbare Material umfaßt, befreien. Gegen den von Vilfredo Pareto aufgestellten Maßstab der Einkommensverteilung (oder der Ungleichheit der Einkommen) können Einwände erhoben werden. Aber die Tatsache an sich besteht unabhängig von seinen Mängeln.

überlassen, tun würde, besteht kein Grund zur Auffassung, daß die Verteilung der Einkommen oder die Streuung um unser Mittel im Jahre 1978 wesentlich verschieden von derjenigen von 1928 wäre.

Wir können unser Ergebnis so ausdrücken, daß wir sagen: würde der Kapitalismus seine frühere Leistung während eines weiteren halben Jahrhunderts von 1928 an wiederholen, so würde dies mit allem, was nach heutigem Standard Armut genannt werden könnte, auch in den untersten Schichten der Bevölkerung, abgesehen von pathologischen Fällen, aufräumen.

Dies ist jedoch noch nicht alles. Was unser Index sonst leisten mag oder nicht, jedenfalls gibt er die tatsächliche Wachstumsrate nicht zu hoch an. Er berücksichtigt nicht die Ware «freiwillige Muße». Neue Güter werden nicht oder nur in unzureichender Weise durch einen Index erfaßt, da dieser größtenteils auf Rohstoffen und Zwischenprodukten beruhen muß. Aus dem gleichen Grund können auch Qualitätsverbesserungen kaum zur Geltung gebracht werden, obschon sie in mancher Beziehung den Kern des erreichten Fortschritts bilden –, es gibt kein Verfahren, um in angemessener Weise den Unterschied zwischen einem Auto von 1940 und einem Auto von 1900 oder das Ausmaß, bis zu welchem der Preis der Autos pro Nutzeinheit gefallen ist, auszudrücken. Es wäre noch eher möglich, das Verhältnis zu schätzen, in welchem gegebene Mengen von Rohstoffen oder Halbfabrikaten heute weiter reichen als früher, – obschon die physischen Eigenschaften eines Stahlbarrens oder einer Tonne Kohle vielleicht unverändert geblieben sind, repräsentieren sie doch ein Vielfaches ihrer wirtschaftlichen Leistungsfähigkeit von vor sechzig Jahren. Aber es ist wenig in dieser Richtung getan worden. Ich habe keine Ahnung, was mit unserm Index geschähe, wenn es eine Methode gäbe, um ihn auf Grund dieser und anderer Faktoren zu korrigieren. Jedenfalls ist sicher, daß seine prozentuale Veränderungsrate erhöht würde und daß wir hier eine Reserve haben, die die angewandte Schätzung gegen die Wirkung jeder denkbaren Revision nach unten sichern sollte. Selbst wenn wir aber die Mittel besäßen, um die Änderung in der technischen Leistungsfähigkeit industrieller Erzeugnisse zu messen, so könnte uns dieser

Maßstab doch keine hinreichende Vorstellung geben von dem, was dies für die Würde oder die Intensität oder die Annehmlichkeit des menschlichen Lebens bedeutet, – also für all das, was die Nationalökonomen einer früheren Generation unter dem Titel «Befriedigung von Bedürfnissen» subsumierten. Und dies ist letzten Endes für uns der entscheidende Gesichtspunkt, die wirkliche «Erzeugung» der kapitalistischen Produktion, der Grund, warum wir uns für den Produktionsindex interessieren und für die Pfunde und Liter, die in ihn eingehen und die an sich dieses Interesse nicht lohnen würden.

Aber bleiben wir bei unsern 2%. Es gibt noch einen Punkt, der für die richtige Würdigung dieser Zahl wichtig ist. Ich habe oben erwähnt, daß grob gesprochen die relativen Anteile am Volkseinkommen während der letzten hundert Jahre im wesentlichen gleich geblieben sind. Dies ist jedoch nur richtig, wenn wir sie in Geld messen. In realen Größen gemessen haben sich die relativen Anteile wesentlich zugunsten der niedrigeren Einkommensgruppen verändert. Dies folgt aus der Tatsache, daß die kapitalistische Maschine alles in allem eine Maschine der Massenproduktion ist, was unvermeidlich auch Produktion für die Massen bedeutet; wenn wir dagegen auf der Leiter der Einzeleinkommen hinaufklettern, finden wir, daß ein steigender Anteil für persönliche Dienstleistungen und von Hand hergestellte Waren ausgegeben wird, deren Preise weitgehend eine Funktion der Lohnsätze sind.

Die Verifikation ist leicht. Es stehen ohne Zweifel dem modernen Arbeiter gewisse Dinge zur Verfügung, über die Ludwig XIV. entzückt gewesen wäre, wenn er sie hätte haben können, – zum Beispiel die moderne Zahnbehandlung. Im großen ganzen jedoch war für ein Einkommen auf diesem Niveau nur wenig wirklich Wichtiges aus den kapitalistischen Errungenschaften zu gewinnen. Selbst die Geschwindigkeit des Reisens wäre wohl von geringer Bedeutung für einen so würdigen Herrn gewesen. Elektrische Beleuchtung ist keine große Wohltat für jemanden, der genug Geld hat, um genügend Kerzen zu kaufen und Diener zu ihrer Wartung zu besolden. Es ist das billige Tuch, die billigen Baumwoll- und Kunstseidenwaren, Schuhe, Autos und so weiter, die die typischen Leistungen der kapitalistischen Produktion sind, und in der Regel nicht Verbesserungen, die einem reichen Mann viel bedeuten könnten. Königin Elisabeth besaß seidene Strümpfe. Die kapitalistische Leistung besteht nicht typischerweise darin, noch mehr Seidenstrümpfe für Königinnen zu erzeugen, sondern sie in den Bereich der Fabrikmädchen zu bringen als Entgelt für fortwährend abnehmende Arbeitsmühe.

Die gleiche Tatsache tritt noch klarer hervor, wenn wir auf jene langen Wellen der wirtschaftlichen Tätigkeit blicken, deren Analyse die Natur und den Mechanismus des kapitalistischen Prozesses besser als irgend etwas anderes enthüllt. Jede von ihnen besteht aus einer «industriellen Revolution» und der Absorption ihrer Wirkungen. Zum Beispiel können wir statistisch und historisch – das Phänomen ist so klar, daß selbst unsere spärlichen Informationen es genügend beweisen – das Anschwellen einer solchen langen Welle gegen Ende der 1780er Jahre beobachten, ihren Höhepunkt um 1800 herum, ihren Abschwung, und darauf eine Art von Erholung, die zu Beginn der 1840er Jahre endet. Das war die «Industrielle Revolution», die den Herzen der Lehrbuchverfasser so teuer ist. Ihr auf den Fersen folgte jedoch eine andere solche Revolution, die eine neue lange Welle erzeugte; diese stieg an in den vierziger Jahren, kulminierte unmittelbar vor 1857 und verebbte bis 1897, um ihrerseits wiederum von einer Welle gefolgt zu werden, die ihren höchsten Stand um 1911 erreichte und nun eben am Verebben ist[9].

Diese Revolutionen formen periodisch die bestehende Struktur der Industrie um, indem sie neue Produktionsmethoden einführen: die mechanisierte Fabrik, die elektrifizierte Fabrik, die chemische Synthese und ähnliches; oder neue Güter: Eisenbahnen, Autos, elektrische Geräte; oder neue Organisationsformen: die Fusionsbewegung; oder neue Versorgungsquellen: La Plata-Wolle, amerikanische Baumwolle, Katanga-Kupfer; neue Handelswege und -märkte für den Absatz und so weiter. Dieser Prozeß der industriellen Wandlung sorgt für

---

[9] Dies sind die «langen Wellen», die in der Konjunkturliteratur mit dem Namen von N. D. Kondratieff verbunden sind.

das Grundcrescendo, das der Wirtschaft den allgemeinen Ton gibt: während diese Dinge eingeführt werden, finden wir lebhafte Ausdehnung und vorherrschende «Prosperität» – zweifellos unterbrochen durch die negativen Phasen der kürzeren Zyklen, die diesem Grundcrescendo überlagert sind –, und während diese Dinge vollendet und ihre Ergebnisse herausgeschleudert werden, werden die veralteten industriellen Strukturelemente entfernt, und es herrscht «Depression». So gibt es längere Perioden des Steigens und Fallens von Preisen, Zinsfuß, Beschäftigung und so weiter – alles Phänomene, die Teile des Mechanismus dieses Prozesses der dauernden Verjüngung des Produktionsapparates bilden.

Die Resultate bestehen jedesmal in einer Lawine von Konsumgütern, die dauernd den Strom des Realeinkommens vertiefen und erweitern, obschon sie zuerst Verwirrung, Verluste und Arbeitslosigkeit bedeuten. Und wenn wir diese Lawinen von Konsumgütern betrachten, so finden wir wieder, daß jede von ihnen aus Artikeln des Massenkonsums besteht und die Kaufkraft des Lohn-Dollars stärker als die irgend eines andern Dollars vermehrt, – mit andern Worten, daß der kapitalistische Prozeß progressiv den Lebensstandard der Massen erhöht, und zwar nicht durch einen bloßen Zufall, sondern kraft seines Mechanismus. Dies geschieht in einer Folge von Wechsellagen, deren Ausschläge proportional zur Geschwindigkeit des Fortschrittes sind. Doch es geschieht mit Erfolg. Die Probleme der Versorgung der Massen mit Gütern sind eines nach dem andern erfolgreich dadurch gelöst worden[10], daß sie innerhalb des Wirkungskreises der kapitalistischen Produktionsmethoden gebracht worden sind. Auch das wichtigste der verbleibenden Probleme, das Wohnungsproblem, nähert sich dank dem vorfabrizierten Hause seiner Lösung.

Auch dies ist noch nicht alles. Die Würdigung einer wirtschaftlichen Ordnung wäre unvollständig – und beiläufig auch un-Marxisch –, wenn sie bei der Produktion stehen bliebe, die

[10] Dies bezieht sich natürlich auch auf landwirtschaftliche Güter, deren billige Massenproduktion vollständig das Werk kapitalistischer Großunternehmungen war (Eisenbahnen, Schiffahrt, landwirtschaftliche Maschinen, Düngemittel).

durch die entsprechende wirtschaftliche Vermittlung an die verschiedenen Gesellschaftsgruppen weitergeleitet wird, hingegen alle jene Dinge außer acht ließe, die von dieser Vermittlung nicht direkt bedient werden, für die sie jedoch sowohl die Mittel als auch das politische Wollen liefert, – und wenn sie alle jene kulturellen Leistungen nicht beachtete, die durch die von ihr erzeugte Mentalität veranlaßt werden. Wir schieben die Betrachtung des letzteren Umstandes noch auf (11. Kapitel) und wenden uns nun einigen Aspekten des ersteren zu.

Die Technik und Atmosphäre des Kampfes um die Sozialgesetze verdunkelt den sonst klaren Sachverhalt, daß einerseits diese Gesetzgebung zum Teil frühere kapitalistische Erfolge voraussetzt (mit andern Worten: einen Wohlstand, der zuvor durch die kapitalistische Unternehmung geschaffen werden mußte) und daß andrerseits viel von dem, was die Sozialgesetzgebung ausbaut und verallgemeinert, zuvor durch die Aktion der kapitalistischen Schicht selbst eingeführt worden war. Beide Tatsachen müssen natürlich zur Gesamtsumme der kapitalistischen Leistung hinzugerechnet werden. Wenn nun das System noch einmal eine Gelegenheit erhielte, wie es sie in den sechzig Jahren vor 1928 hatte, und tatsächlich die 1300 Dollars *pro Kopf der Bevölkerung* erreichte, so würden, wie leicht einzusehen ist, alle bisher geäußerten Wünsche aller Sozialreformer – praktisch ohne Ausnahme, einschließlich sogar des größeren Teils der Wolkenschieber – entweder automatisch erfüllt oder sie könnten *ohne nennenswerten Eingriff in den kapitalistischen Prozeß* erfüllt werden. Namentlich wäre dann eine reichliche Fürsorge für die Arbeitslosen nicht nur eine tragbare, sondern sogar eine leichte Bürde. Unverantwortlichkeit bei der Schaffung von Arbeitslosigkeit und bei der Finanzierung der Arbeitslosenunterstützung könnte natürlich unlösbare Probleme erzeugen. Doch wäre eine *durchschnittliche* Jahresausgabe von 16 Milliarden für eine *durchschnittliche* Zahl von 16 Millionen Arbeitslosen, einschließlich der Angehörigen (10% der Bevölkerung), wenn mit normaler Sorgfalt verwendet, nichts an sich Bedenkliches bei einem verfügbaren Volkseinkommen in der Größenordnung von 200 Milliarden Dollar (Kaufkraft von 1928).

Darf ich hier den Leser darauf aufmerksam machen, warum die Arbeitslosigkeit, – die, wie alle sich einig sind, eines der wichtigsten Probleme bei jeder Diskussion über den Kapitalismus sein muß, bei einigen Kritikern sogar so sehr, daß sie ihre Anklage ausschließlich auf dieses Element stützen –, warum die Arbeitslosigkeit eine verhältnismäßig geringe Rolle in meiner Argumentation spielen wird? Ich bin nicht der Ansicht, daß die Arbeitslosigkeit zu jenen Übeln gehört, die die kapitalistische Entwicklung von sich aus wie die Armut für immer beseitigen kann. Ich bin auch nicht der Ansicht, daß irgend eine Tendenz der Zunahme des Prozentsatzes der Arbeitslosen auf lange Sicht besteht. Die einzige Reihe, die eine nennenswerte Zeitspanne umfaßt – ungefähr die dem ersten Weltkrieg vorangehenden sechzig Jahre –, ist der von den englischen Gewerkschaften gegebene Prozentsatz ihrer arbeitslosen Mitglieder. Es ist eine typisch zyklische Reihe, die keinen Trend zeigt (auch keinen horizontalen)[11]. Dies ist theoretisch verständlich – theoretisch besteht kein Grund, diesen Sachverhalt in Frage zu stellen –, und daher dürften diese beiden Behauptungen für die Vorkriegszeit bis einschließlich 1913 bewiesen sein. In der Nachkriegszeit war die Arbeitslosigkeit in den meisten Ländern auf einem ungewöhnlich hohen Stand, schon vor 1930. Doch diese Arbeitslosigkeit und erst recht die Arbeitslosigkeit während der dreißiger Jahre können mit Gründen erklärt werden, die nichts zu tun haben mit einer langfristigen Tendenz zur Zunahme des Prozentsatzes der Arbeitslosen, *aus dem kapitalistischen Mechanismus selbst inhärenten Ursachen*. Ich habe weiter oben die industriellen Revolutionen erwähnt, die für den kapitalistischen Prozeß so charakteristisch sind. Überdurchschnittliche Arbeitslosigkeit ist einer der Züge der Anpassungsperioden, die jeweils auf die «Prosperityphasen» folgen. Wir beobachten sie in den 1820er und den 1870er Jahren, und die Zeit nach 1920 ist einfach eine weitere solche Periode. Insofern

[11] Diese Reihe ist des öftern aufgezeichnet und analysiert worden. Vgl. z. B. A. C. Pigou, *Industrial Fluctuations* oder meine *Business Cycles*. Für jedes Land scheint es ein unreduzierbares Minimum zu geben und diesem überlagert eine zyklische Bewegung, deren stärkste Komponente eine Periodizität von neun bis zehn Jahren aufweist.

ist das Phänomen seinem Wesen nach zeitgebunden in dem Sinn, daß aus ihm nichts für die Zukunft gefolgert werden kann. Es gab jedoch noch eine Anzahl anderer Faktoren, die auf ihre Intensivierung tendierten – Kriegsfolgen, Verschiebungen im Außenhandel, Lohnpolitik, gewisse institutionelle Änderungen, die die statistischen Ziffern anschwellen ließen, in England und Deutschland die Fiskalpolitik (seit 1935 auch in den Vereinigten Staaten wichtig) und anderes mehr. Einige dieser Faktoren sind ohne Zweifel Symptome einer «Atmosphäre», in der der Kapitalismus nur mit abnehmendem Erfolg arbeiten wird. Dies ist jedoch ein anderer Punkt, der unsere Aufmerksamkeit später beanspruchen wird.

Doch ob sie nun dauert oder vorübergeht, ob sie schlimmer wird oder nicht, – die Arbeitslosigkeit ist zweifellos eine Geißel und ist es immer gewesen. Im nächsten Teil dieses Buches werden wir ihre mögliche Beseitigung als einen jener Punkte anzuführen haben, auf Grund deren die sozialistische Ordnung einen Überlegenheitsanspruch erhebt. Dennoch behaupte ich fest, daß die eigentliche Tragödie nicht die Arbeitslosigkeit *an sich* ist, sondern die Arbeitslosigkeit plus die Unmöglichkeit, ausreichend für die Arbeitslosen zu sorgen, *ohne die Bedingungen einer weiteren wirtschaftlichen Entwicklung zu verschlechtern:* offenbar würden nämlich die Leiden und die Entwürdigung – die Zerstörung menschlicher Werte –, die wir mit der Arbeitslosigkeit verbinden, – freilich nicht die Verschwendung produktiver Kräfte – weitgehend beseitigt, und die Arbeitslosigkeit würde praktisch alle ihre Schrecken verlieren, wenn nicht das Privatleben der Arbeitslosen durch ihre Arbeitslosigkeit ernstlich in Mitleidenschaft gezogen würde. Die Anklage ist berechtigt, daß in der Vergangenheit – sagen wir ungefähr bis zum Ende des neunzehnten Jahrhunderts – die kapitalistische Ordnung nicht nur nicht willens, sondern auch nicht fähig war, dies zu garantieren. Doch da sie dazu imstand sein wird, wenn sie ihre früheren Leistungen während eines halben Jahrhunderts fortsetzt, würde in diesem Falle diese Anklage nur die Vorhölle betreffen, die von den traurigen Schatten der Kinderarbeit und des sechzehnstündigen Arbeitstages und der fünf in einem Raum lebenden Menschen bevölkert ist, – Schrecken, die zu unterstreichen durchaus angebracht ist, wenn wir über die vergangenen sozialen Kosten der kapitalistischen Errungenschaften sprechen, die jedoch für den Saldo der künftigen Alternativen nicht unbedingt relevant sind. Unsere eigene Zeit befindet sich irgendwo zwischen den Unzulänglichkeiten früherer Stadien der kapitalistischen Entwicklung und den Möglichkeiten des Systems bei voller Reife. Zumindest in diesem Lande [USA.] könnte der größere Teil der Aufgabe auch heute noch ohne übermäßige Belastung des Systems gelöst werden. Die Schwierigkeiten scheinen nicht so sehr darin zu bestehen, daß genügende Überschüsse fehlen, um die dunkelsten Stellen des Bildes aufzuhellen; sie bestehen vielmehr einerseits in der Tatsache, daß die Zahl der Arbeitslosen in den dreißiger Jahren durch eine antikapitalistische Politik über das unvermeidliche Maß hinaus vermehrt worden ist, und andrerseits in der Tatsache, daß die öffentliche Meinung, sobald sie überhaupt einmal sich der in Frage stehenden Pflichten bewußt wird, sogleich auf wirtschaftlich ganz irrationalen Methoden der Finanzierung der Unterstützung und auf laxen und verschwenderischen Methoden ihrer Verteilung besteht.

So ziemlich das gleiche Argument gilt für die künftigen – und weitgehend auch für die gegenwärtigen – Möglichkeiten, welche die kapitalistische Entwicklung der Fürsorge für die Alten und Kranken, der Erziehung und Hygiene und so weiter bietet. Auch vom Standpunkt des einzelnen Haushalts aus darf mit gutem Grund erwartet werden, daß eine zunehmende Zahl von Waren die Kategorie der wirtschaftlichen Güter verläßt und praktisch bis zum Sättigungspunkt verfügbar wird. Dies könnte entweder durch Abmachungen zwischen öffentlichen Ämtern und Produktionsunternehmungen oder durch ihren Übergang in Staats- oder Gemeindebesitz erreicht werden, wobei ein allmählicher Fortschritt in dieser Richtung selbstverständlich ein charakteristisches Merkmal der künftigen Entwicklung auch eines sonst ungefesselten Kapitalismus wäre.

SECHSTES KAPITEL

PLAUSIBLER KAPITALISMUS

Das Argument des vorangegangenen Kapitels scheint einer Entgegnung ausgesetzt, die ebenso gefährlich wie naheliegend ist. Die durchschnittliche Wachstumsrate der gesamten, für den Konsum verfügbaren Produktion, die während der dem Jahre 1928 vorangegangenen sechzig Jahre erreicht wurde, wurde in die Zukunft projiziert. Insoweit dies nur ein Hilfsmittel war, um die Bedeutung der vergangenen Entwicklung zu illustrieren, lag nichts in diesem Verfahren, das das statistische Gewissen hätte verletzen können. Sobald ich jedoch daraus folgerte, daß die folgenden fünfzig Jahre tatsächlich eine ähnliche durchschnittliche Wachstumsrate aufweisen könnten, habe ich augenscheinlich ein statistisches Verbrechen begangen; es ist natürlich klar, daß eine historische Aufzeichnung der Produktion während irgend einer gegebenen Periode nicht in sich irgendwelche Extrapolation rechtfertigt[1], geschweige gar eine Extrapolation über ein halbes Jahrhundert. Es muß deshalb noch einmal betont werden, daß meine Extrapolation nicht das tatsächliche Verhalten der künftigen Produktion voraussagen soll. Über die Beleuchtung der Bedeutung der vergangenen Leistung hinaus besteht lediglich die Absicht, eine mengenmäßige Vor-

[1] Diese Behauptung gilt nach allgemeinen Grundsätzen für jede *historische* Zeitreihe, da schon der Begriff der historischen Folge an sich das Auftreten irreversibler Veränderungen in der Wirtschaftsstruktur enthält, von denen erwartet werden muß, daß sie das Gesetz jeder gegebenen wirtschaftlichen Menge beeinflussen. Eine theoretische Rechtfertigung und, in der Regel, eine statistische Behandlung sind daher schon bei der bescheidensten Extrapolation notwendig. Es kann jedoch geltend gemacht werden, daß unser Fall etwas durch die Tatsache begünstigt wird, daß innerhalb des weiten Bereiches, den die Produktionsreihen umfassen, die Idiosynkrasien der einzelnen Posten bis zu einem gewissen Grad sich gegenseitig aufheben werden.

stellung zu geben von dem, was die kapitalistische Maschine denkbarerweise vollbringen könnte, wenn sie während eines weiteren halben Jahrhunderts ihre früheren Leistungen wiederholte, – was etwas völlig anderes ist. Die Frage, ob dies erwartet werden kann, wird unabhängig von der Extrapolation selbst beantwortet werden. Zu diesem Zweck haben wir nun eine lange und schwierige Untersuchung vorzunehmen.

Bevor wir die Chance des Kapitalismus auf Wiederholung seiner früheren Leistung diskutieren können, müssen wir offenbar herauszufinden versuchen, in welchem Sinn die beobachtete Wachstumsrate der Produktion tatsächlich diese frühere Leistung mißt. Kein Zweifel kann sein: die Periode, die unsere Daten geliefert hat, war die Epoche eines verhältnismäßig unbeschränkten Kapitalismus. Diese Tatsache an sich stellt jedoch noch kein ausreichendes Bindeglied zwischen der Leistung und der kapitalistischen Maschine dar. Um glauben zu können, daß dies mehr als eine zufällige Übereinstimmung war, müssen wir uns erstens davon überzeugen, daß es eine verstehbare Beziehung zwischen der kapitalistischen Ordnung und der beobachteten Wachstumsrate der Produktion gibt; zweitens daß beim Bestehen einer solchen Beziehung die Wachstumsrate tatsächlich auf sie zurückzuführen ist und nicht auf besonders günstige Bedingungen, die nichts mit dem Kapitalismus zu tun hatten.

Diese zwei Probleme müssen gelöst werden, bevor überhaupt das Problem einer «Wiederholung der Leistung» entstehen kann. Der dritte Punkt reduziert sich dann auf die Frage, ob irgend ein Grund besteht, warum es der kapitalistischen Maschine während der nächsten vierzig Jahre nicht gelingen sollte, weiterzuarbeiten, wie sie es in der Vergangenheit getan hat.

Wir werden diese drei Punkte der Reihe nach behandeln.

Unser erstes Problem mag noch einmal folgendermaßen formuliert werden. Einerseits besitzen wir eine beträchtliche Zahl statistischer Angaben, die alle eine «Fortschritts»rate anzeigen, die selbst von sehr kritisch eingestellten Geistern bewundert worden ist. Andrerseits kennen wir eine Fülle von Tatsachen über die Struktur des Wirtschaftssystems dieser Epoche und über die Art und Weise, wie es funktioniert hat; aus diesen Tatsachen hat die Analyse etwas herausdestilliert, was technisch ein «Modell» der kapitalistischen Wirklichkeit genannt wird, das heißt ein verallgemeinertes Bild ihrer wesentlichen Charakterzüge. Wir möchten nun wissen, ob dieser Wirtschaftstypus für die beobachteten Leistungen günstig, irrelevant oder ungünstig war, und wenn günstig, ob vernünftigerweise behauptet werden kann, daß diese Charakteristika eine hinreichende Erklärung dieser Leistung liefern. Wir verzichten hierbei so viel als möglich auf Fachausdrücke und wollen uns bloß mit gesundem Menschenverstand an die Beantwortung der Frage heranmachen.

1. Im Gegensatz zur Klasse der Feudalherren ist die händlerische und industrielle Bourgeoisie durch wirtschaftlichen Erfolg hochgekommen. Die bürgerliche Gesellschaft ist in eine rein wirtschaftliche Form gegossen worden, – ihre Fundamente, ihre Tragbalken und ihre Leuchttürme sind alle aus wirtschaftlichem Material hergestellt. Das Gebäude schaut nach der wirtschaftlichen Seite des Lebens. Belohnung und Strafe bemißt sich in Geldgrößen. Aufstieg und Abstieg bedeutet Geldverdienen oder Geldverlieren. Dies kann natürlich niemand abstreiten; aber ich möchte noch beifügen, daß diese soziale Ordnung innerhalb ihres eigenen Rahmens einzigartig erfolgreich ist oder jedenfalls war. Teils appelliert sie an ein Schema von Motiven, das in Einfachheit und Kraft unübertrefflich ist, teils schafft sie es. Das Versprechen von Reichtum und die Drohung mit Armut, die sie verkündet, löst sie mit unbarmherziger Pünktlichkeit ein. Überall, wo die bürgerliche Lebensart sich genügend durchsetzt, um die Leuchtfeuer anderer sozialer Welten zu verdunkeln, sind diese Versprechen stark genug, um die große Mehrheit der überdurchschnittlichen Geister zu faszinieren und Erfolg mit Geschäftserfolg zu identifizieren. Sie werden nicht auf gut Glück abgegeben; und doch besitzen sie in hinreichendem Maße eine verführerische Beimischung von Zufall: das Spiel ist weniger gleich Roulettespiel, eher gleich Poker. Es verlangt Gewandtheit, Energie und überdurchschnittliche Arbeitsfähigkeit; aber wenn es eine Methode gäbe, entweder diese Gewandtheit im allgemeinen oder die persönliche, an einem besondern Erfolg beteiligte Leistung zu messen, fände man wahrscheinlich, daß die tatsächlich bezahlten Prämien un-

verhältnismäßig groß sind. Außerordentliche Belohnungen, die viel größer sind, als notwendig wäre, um eine besondere Leistung hervorzubringen, werden auf eine kleine Minderheit von glücklichen Gewinnern ausgeschüttet, und dadurch wird die große Mehrheit der Unternehmer zu viel größerer Aktivität angetrieben, als eine gleichmäßigere und «gerechtere» Verteilung es täte. Diese Mehrheit erhält für ihre Tätigkeit ein sehr bescheidenes Entgelt oder gar nichts oder weniger als nichts und tut dennoch ihr Äußerstes, weil sie die große Belohnung vor Augen hat und ihre Chancen auf gleichen Erfolg überschätzt. Entsprechende Drohungen richten sich gegen Unfähigkeit. Doch obschon de facto die unfähigen Menschen und die veralteten Methoden eliminiert werden, oft sehr rasch, oft mit einiger Verzögerung, bedrohen Fehlschläge auch manchen Fähigen oder bringen ihn wirklich zu Fall; sie peitschen so *jeden einzelnen* auf, wiederum viel wirksamer, als es ein gleichmäßigeres und «gerechteres» System von Strafen tun könnte. Schließlich: sowohl wirtschaftlicher Erfolg wie wirtschaftliches Fiasko sind von idealer Eindeutigkeit. Weder der eine noch das andere kann wegdisputiert werden.

Ein Aspekt sollte besonders beachtet werden, sowohl weil wir später darauf Bezug nehmen werden, als auch wegen seiner Bedeutung für das vorliegende Argument. In der dargelegten Art und Weise, aber auch in anderer, die später diskutiert werden wird, wird die bürgerliche Schicht durch die kapitalistische Ordnung, wie sie in der Einrichtung der Privatunternehmung verkörpert ist, sehr wirksam an ihre Aufgabe gefesselt. Die kapitalistische Ordnung tut jedoch noch mehr. Der gleiche Apparat, der die Individuen und Familien, die jeweils die Bourgeoisklasse bilden, zu ihren Leistungen fähig macht, wählt auch *ipso facto* die Individuen und Familien aus, die in diese Klasse aufzusteigen oder aus ihr zu fallen bestimmt sind. Diese Verbindung der befähigenden und der auswählenden Funktion ist nichts Selbstverständliches. Im Gegenteil garantieren die meisten Methoden der sozialen Auswahl, im Gegensatz zu den «Methoden» der biologischen Auswahl, nicht auch die Leistungsfähigkeit der ausgewählten Individuen; und dieses ihr Versagen bildet eines der entscheidenden Probleme der sozialistischen Organisation, das in einem späteren Stadium unserer Untersuchung zu diskutieren ist. Vorläufig sei bloß darauf aufmerksam gemacht, wie gut das kapitalistische System dieses Problem löst: in den meisten Fällen ist, wer als erster bis in die Klasse der Geschäftsleute und dann weiter in ihr aufsteigt, wirklich ein fähiger Geschäftsmann, und er wird wahrscheinlich genau so weit aufsteigen, als seine Fähigkeiten gehen, – einfach darum, weil in diesem Schema der Aufstieg zu einer Position und die Bewährung in ihr im allgemeinen ein und dasselbe ist oder war. Diese Tatsache, die so oft dadurch verdeckt wird, daß die Erfolglosen sich bemühen, sie selbsttherapeutisch zu bestreiten, ist für eine Würdigung der kapitalistischen Gesellschaft und ihrer Zivilisation viel wichtiger als alles, was aus der reinen Theorie der kapitalistischen Maschine herausgelesen werden kann.

2. Wird jedoch nicht alles, was wir uns versucht fühlen, aus der «Maximalleistung einer optimal ausgewählten Gruppe» zu folgern, durch die weitere Tatsache wertlos gemacht, daß diese Leistung nicht für sozialen Dienst – Produktion für den Konsum könnten wir sagen – in Gang gesetzt wird, sondern nur zum Zweck des Geldverdienens, daß sie auf maximale Gewinne anstatt auf maximalen Volkswohlstand hinzielt? Außerhalb der bürgerlichen Schicht ist dies natürlich immer die allgemeine Meinung gewesen. Die Nationalökonomen haben sie manchmal bekämpft und manchmal unterstützt. Dabei haben sie etwas geleistet, was viel wertvoller war als alle letzten Urteile, zu denen sie im einzelnen gelangt sind, und die in den meisten Fällen nur ihren sozialen Standort, ihre Interessen und Sympathien oder Antipathien widerspiegeln. Sie haben langsam unsere tatsächlichen Kenntnisse und unsere analytischen Kräfte erweitert, so daß die Antworten, die wir heutzutage auf manche Fragen geben können, ohne Zweifel richtiger, allerdings auch weniger einfach und schwungvoll als die unserer Vorgänger sind.

Die sogenannten klassischen Nationalökonomen[2] – um nicht

---

[2] Der Ausdruck Klassiker wird in diesem Buch verwendet, um die führenden englischen Nationalökonomen zu bezeichnen, deren Werke zwischen 1776 und 1848 erschienen sind. Adam Smith, Ricardo, Malthus,

weiter zurückzugreifen – waren praktisch alle der gleichen Auffassung. Die meisten von ihnen liebten vieles an den sozialen Einrichtungen ihrer Zeit und der Art und Weise, wie diese Einrichtungen funktionierten, durchaus nicht. Sie bekämpften die Interessen der Grundbesitzer und billigten soziale Reformen – namentlich die Fabrikgesetzgebung –, die durchaus nicht alle in der Richtung des *laissez faire* lagen. Aber sie waren völlig überzeugt, daß innerhalb des institutionellen Rahmens des Kapitalismus das Selbstinteresse der Fabrikanten und der Kaufleute die maximalen Leistungen im Interesse aller fördere. Wenn sie dem hier diskutierten Problem gegenübergestellt worden wären, hätten sie kaum gezögert, die beobachtete Zuwachsrate der Gesamtproduktion der verhältnismäßig unbehinderten Unternehmung und dem Profitmotiv zuzuschreiben –, vielleicht hätten sie noch eine «segensreiche Gesetzgebung» als Bedingung erwähnt; doch damit hätten sie die Beseitigung von Fesseln gemeint, besonders die Aufhebung oder Reduktion von Schutzzöllen während des neunzehnten Jahrhunderts.

Es ist heutzutage äußerst schwierig, diesen Ansichten Gerechtigkeit widerfahren zu lassen. Sie waren natürlich die typischen Ansichten der englischen Bourgeoisklasse, und bourgeoise Scheuklappen sind auf beinahe jeder Seite, die die Klassiker schrieben, evident. Nicht weniger evident sind Scheuklappen von einer andern Gattung: die Klassiker argumentierten mit den Größen einer besonderen historischen Situation, die sie kritiklos idealisierten und von der aus sie kritiklos verallgemeinerten. Die meisten von ihnen scheinen überdies ausschließlich im englischen Interesse und von den englischen Problemen ihrer Zeit aus argumentiert zu haben. Das ist der Grund, aus dem die Menschen in andern Ländern und zu andern Zeiten ihre Wirtschaftslehre nicht ausstehen konnten, häufig bis zu einem Grad, daß sie sich nicht einmal die Mühe nahmen, sie zu verstehen. Es führt jedoch zu nichts, wenn man ihre Lehre mit dieser Begründung abtut. Ein Mann mit Vorurteilen kann doch die Wahrheit sagen. Behauptungen, die aus besonderen

Senior und John Stuart Mill sind die hervorragendsten Namen. Es ist wichtig, dies zu beachten, da in letzter Zeit eine weitere Verwendung dieses Ausdruckes Mode geworden ist.

Fällen abgeleitet werden, können doch allgemeingültig sein. Und die Feinde und Nachfolger der Klassiker hatten und haben nur andere, aber nicht weniger Scheuklappen und Vorurteile; sie sahen und sehen andere, aber nicht weniger spezielle Fälle.

Vom Standpunkt des Wirtschaftsanalytikers aus besteht das Hauptverdienst der Klassiker darin, daß sie neben manchen andern groben Irrtümern auch die naive Vorstellung zum Verschwinden gebracht haben, die wirtschaftliche Tätigkeit in der kapitalistischen Gesellschaft müsse, weil sie sich um das Gewinnmotiv dreht, schon allein kraft dieser Tatsache mit Notwendigkeit den Konsumenteninteressen zuwiderlaufen; oder, um es anders auszudrücken: das Geldverdienen lenke mit Notwendigkeit die Produktion von ihrem sozialen Ziel ab; oder endlich: private Gewinne seien, sowohl an und für sich wie auch durch die von ihnen hervorgerufene Verzerrung des Wirtschaftsprozesses, immer ein Nettoverlust für Alle, ausgenommen für jene, die sie erhalten, und stellten deshalb einen bei Sozialisierung zu pflückenden Nettogewinn dar. Wenn wir die Logik dieser und ähnlicher Behauptungen betrachten, – keinem geschulten Ökonomen kam es übrigens je in den Sinn, sie zu verteidigen –, mag die klassische Widerlegung trivial erscheinen. Sobald wir jedoch alle Theorien und Schlagwörter betrachten, die diese Behauptungen ganz oder halb bewußt implizieren und die heutzutage wieder aufgetischt werden, empfinden wir mehr Respekt vor jener Leistung. Ich möchte gleich noch beifügen, daß die Klassiker auch die Rolle des Sparens und Akkumulierens klar erkannten, obschon sie sie überschätzt haben mögen, und daß sie sie mit der Rate des von ihnen beobachteten «Fortschrittes» in einer Weise in Verbindung brachten, die grundsätzlich, wenn auch nur annähernd, richtig war. Vor allem war praktische Weisheit, eine verantwortungsbewußte Betrachtung auf lange Sicht und ein männlicher Ton in ihrer Lehre enthalten, was alles vorteilhaft von modernen Hysterikern absticht.

Indessen besteht zwischen der Erkenntnis, daß die Jagd nach einem Profitmaximum und der Kampf für eine maximale produktive Leistung nicht notwendig unvereinbar sind, und dem Beweis, daß die erstere notwendig – oder in der weit überwiegenden Zahl aller Fälle – die letztere impliziert, ein viel weiterer

Abstand, als die Klassiker dachten. Und es ist ihnen nie gelungen, ihn zu überbrücken. Wer heutzutage sich in ihre Lehren vertieft, wundert sich unaufhörlich, wie es ihnen möglich war, sich mit ihren Argumenten zufrieden zu geben oder diese Argumente fälschlich für Beweise zu halten; im Licht späterer Analyse zeigte sich ihre *Theorie* als ein Kartenhaus, unabhängig von dem Maß von Wahrheit, das in ihrer *Vision* enthalten gewesen sein mag[3].

3. Diese spätere Analyse wollen wir in zwei Schritten durchwandern, – so weit als wir für die Klärung unseres Problems brauchen. Historisch wird uns der erste Schritt in das erste Jahrzehnt dieses Jahrhunderts führen, der zweite wird gewisse Nachkriegsentwicklungen der wissenschaftlichen Ökonomie überdecken. Offengestanden weiß ich nicht, wieviel Nutzen dies für den Nichtfachmann haben wird; wie jeder andere Zweig unseres Wissens, entfernt sich auch die Ökonomie mit der Verbesserung ihres analytischen Apparates verhängnisvoll von jenem glücklichen Stadium, in dem alle Probleme, Methoden und Ergebnisse jedem gebildeten Menschen ohne besondere Schulung zugänglich gemacht werden konnten. Ich werde jedoch mein Bestes tun.

Der erste Schritt kann mit zwei großen Namen verknüpft werden, die bis auf den heutigen Tag zahllose Schüler verehren – wenigstens soweit die letzteren es nicht als stillos ansehen, Verehrung für irgend etwas oder irgend jemand zum Ausdruck zu bringen, was viele von ihnen offensichtlich tun –, Alfred Marshall und Knut Wicksell[4]. Ihr theoretischer Bau hat wenig

---

[3] Der Leser wird sich daran erinnern, welchen Nachdruck ich auf den Unterschied von Theorie und Vision im Fall von Marx gelegt habe. Es ist jedoch immer wichtig, eingedenk zu bleiben, daß die Fähigkeit, die Dinge in ihrer richtigen Perspektive zu sehen, von der Fähigkeit, richtig zu argumentieren, getrennt sein kann und oft ist, und umgekehrt. Das ist der Grund, warum ein Mensch ein sehr guter Theoretiker sein und doch absoluten Unsinn schwatzen kann, wenn er sich der Aufgabe gegenüber gestellt sieht, ein konkretes historisches Modell als ganzes zu diagnostizieren.

[4] Marshalls *Principles* (erste Ausgabe 1890) und Wicksells *Vorlesungen* (erste schwedische Ausgabe 1901, englische Übersetzung 1934, deutsche Übersetzung, 1. Band 1913, 2. Band 1922) haben ein Recht auf die Vor-

mit dem der Klassiker gemein, – obschon Marshall sein Bestes tat, diese Tatsache zu verdecken –, doch behält er die klassische Behauptung bei, daß im Falle vollkommener Konkurrenz das Profitinteresse des Produzenten auf eine maximale Produktion hintendiert. Sie erbringen sogar einen recht befriedigenden Beweis dafür. Nur hat die Behauptung im Prozeß der korrekteren Formulierung und Beweisführung viel von ihrem Inhalt verloren, – sie erholt sich zwar wirklich von der Operation, aber geschwächt und kaum lebenskräftig[5]. Dennoch kann innerhalb

---

zugsstellung, die ich ihnen hier einräume, wegen des Einflusses, den sie auf viele Geister in ihren Bildungsjahren ausgeübt haben, und weil sie sich mit Theorie in einem durchaus praktischen Sinn befaßten. Auf rein wissenschaftlicher Grundlage sollte dem Werk von Léon Walras der Vorzug gegeben werden. Für Amerika sind folgende Namen zu nennen: J. B. Clark, Irving Fisher und F. W. Taussig.

[5] Ich nehme in dieser Anmerkung ein späteres Argument voraus (siehe unten, Kapitel 8, § 6), um kurz den obigen Passus zu erklären. Die Analyse des Mechanismus der Profitwirtschaft führte nicht nur zur Entdeckung von Ausnahmen des Prinzips, daß die Konkurrenzwirtschaft auf maximale Produktion tendiert, sondern auch zur Entdeckung, daß der Beweis dieses Prinzips selbst Annahmen erforderlich macht, die es beinahe zu einem Gemeinplatz reduzieren. Sein praktischer Wert wird jedoch besonders durch folgende zwei Überlegungen beeinträchtigt:

a) Soweit das Prinzip überhaupt bewiesen werden kann, gilt es für einen Zustand des statischen Gleichgewichts. Die kapitalistische Wirklichkeit ist in erster und letzter Linie ein Prozeß dauernder Veränderung. Bei einer Würdigung der Leistung der Konkurrenzwirtschaft ist deshalb die Frage, ob das Prinzip in einem vollkommen ausgeglichenen stationären Zustand des Wirtschaftsprozesses auf eine maximale Produktion hintendiert oder nicht, zwar nicht völlig, doch nahezu irrelevant.

b) Das Prinzip, wie es Wicksell formuliert hat, ist alles, was von einer anspruchsvollen Behauptung übrig geblieben ist, die noch bei Marshall, wenn auch in einer verdünnten Form, zu finden ist, – vom Theorem nämlich, daß die Konkurrenzwirtschaft darauf hintendiere, einen Zustand der maximalen Bedürfnisbefriedigung herzustellen. Doch selbst wenn wir vom ernsthaften Einwand gegen die Verwendung nicht beobachtbarer psychischer Größen absehen, ist leicht zu erkennen, daß dieses Theorem sich auf die Trivialität reduzieren läßt, daß ungeachtet der Gegebenheiten und namentlich der institutionellen Ordnungen einer Gesellschaft das menschliche Handeln, soweit es rational ist, immer versuchen wird, das Beste aus der allgemeinen Annahmen der Marshall-Wicksell'schen Analyse gezeigt werden, daß Unternehmungen, die durch ihre eigene Einzelaktion keinen Einfluß auf den Preis ihrer Produkte oder der von ihnen verwendeten Produktionsfaktoren ausüben können, – sodaß es für sie keinen Sinn hätte, über die Tatsache Tränen zu vergießen, daß jegliche Produktionsausdehnung die Tendenz hat, den Preis der ersteren zu senken und der letzteren zu erhöhen –, daß also solche Unternehmungen ihre Produktion ausdehnen, bis sie den Punkt erreichen, an welchem die zusätzlichen Kosten, die sie auf sich zu nehmen haben, um einen weiteren kleinen Produktionszuwachs zu erzeugen (Grenzkosten), gerade dem Preis gleich werden, den sie für diesen Zuwachs erzielen können, das heißt daß sie so viel produzieren werden, als ohne Verlust möglich ist. Und es kann gezeigt werden, daß dies so viel ist, als im allgemeinen «gesellschaftlich wünschenswert» ist zu produzieren. Mehr technisch ausgedrückt sind in diesem Fall die Preise vom Standpunkt der einzelnen Unternehmung aus nicht Variable, sondern Parameter; und wo dies so ist, da herrscht ein Gleichgewichtszustand, in dem sämtliche Erzeugungen ihr Maximum erreicht haben und alle Faktoren voll beschäftigt sind. Dieser Fall wird gewöhnlich «vollkommene Konkurrenz» genannt. Wenn wir uns an das erinnern, was wir über den Auswahlprozeß sagten, dem alle Unternehmungen und ihre Leiter unterworfen sind, dann könnten wir tatsächlich zu einer sehr optimistischen Auffassung von den Ergebnissen gelangen, die von einer ausgewählten Gruppe von Menschen zu erwarten sind, die innerhalb dieses Rahmens durch ihr Gewinnmotiv gezwungen werden, sich aufs äußerste anzustrengen, um eine maximale Produktion und minimale Kosten zu erreichen. Namentlich könnte es auf den ersten Blick scheinen, daß ein diesem Modell entsprechen-

---

jeder gegebenen Situation herauszuholen. De facto reduziert es sich auf eine Definition des rationalen Handelns und kann deshalb mit analogen Theoremen für, sagen wir, eine sozialistische Gesellschaft gleichgesetzt werden. Das gleiche gilt für das Prinzip der maximalen Produktion. Keines formuliert irgend einen besondern Vorzug der privaten Konkurrenzwirtschaft. Das bedeutet nicht, daß solche Vorzüge nicht vorhanden sind. Es bedeutet jedoch, daß sie nicht einfach der *Logik* der Konkurrenz inhärent sind.

des System ein bemerkenswertes Fehlen einiger der wichtigeren Ursachen sozialer Vergeudung aufweisen würde. Wie eine kurze Überlegung zeigen sollte, ist dies nur eine andere Art und Weise, um den Inhalt des vorangegangenen Satzes zu formulieren.

4. Nun der zweite Schritt. Selbstverständlich hat die Marshall-Wicksell'sche Analyse die vielen Fälle, die nicht diesem Modell entsprechen, nicht übersehen. Auch die Klassiker hatten dies übrigens nicht getan. Sie erkannten Fälle von «Monopol», und Adam Smith selbst hat die Häufigkeit von Maßnahmen zur Einschränkung der Konkurrenz[6] und alle daraus resultierenden Unterschiede in der Elastizität der Preise sorgfältig notiert. Sie sahen jedoch in diesen Fällen Ausnahmen und überdies Ausnahmen, die zur gegebenen Zeit beseitigt werden könnten und beseitigt würden. Ähnliches gilt auch für Marshall. Obschon er Cournot's Monopoltheorie[7] weiterentwickelt und obschon er die spätere Analyse dadurch vorweggenommen hat, daß er die Aufmerksamkeit auf die Tatsache lenkte, daß die meisten Unternehmungen ihre eigenen Spezialmärkte haben, auf welchen sie die Preise festsetzen und nicht bloß akzeptieren[8], hat er ebenso wie Wicksell seine allgemeinen Schlußfolgerungen innerhalb des Modells der vollkommenen Konkurrenz geformt, so daß er wie die Klassiker den Schluß naheiegt, daß die vollkommene Konkurrenz die Regel ist. Weder Marshall noch Wicksell noch die Klassiker sahen, daß vollkommene Konkurrenz die Ausnahme bildet, und daß selbst wenn sie die Regel wäre, sehr viel weniger Grund sich zu beglückwünschen bestünde, als man vielleicht annimmt.

---

[6] In einer Weise, die auffallend an heutige Auffassungen erinnert, unterstrich er sogar die Diskrepanz zwischen den Interessen des einzelnen Wirtschaftszweiges und jenen der Allgemeinheit und sprach von den Verschwörungen, die nach seiner Vorstellung bei jedem Diner von Geschäftsleuten gegen die letzteren entstünden.

[7] Augustin Cournot, 1838.

[8] Dies ist der Grund, warum die spätere Theorie des unvollkommenen Wettbewerbes mit Recht auf ihn zurückgeführt werden darf. Obschon er sie nicht ausgearbeitet hat, hat er das Phänomen richtiger gesehen als die meisten, die sie ausgearbeitet haben. Namentlich überschätzte er nicht seine Bedeutung.

Wenn wir die Bedingungen näher betrachten, – sie sind nicht alle von Marshall und Wicksell ausdrücklich formuliert oder auch nur klar gesehen –, die erfüllt sein müssen, um vollkommene Konkurrenzwirtschaft zu bewirken, realisieren wir sofort, daß es außerhalb der landwirtschaftlichen Massenproduktion nicht viele Beispiele dafür geben dürfte. Ein Farmer bietet tatsächlich seine Baumwolle oder seinen Weizen unter diesen Bedingungen an: von seinem Standpunkt aus sind die herrschenden Baumwoll- oder Weizenpreise Daten, obschon sehr variable, und da er sie durch seine individuelle Tätigkeit nicht zu beeinflussen vermag, paßt er einfach seine Produktion an; da alle Farmer das gleiche tun, werden schließlich Preise und Mengen ausgeglichen, so wie die Theorie der vollkommenen Konkurrenz es verlangt. Doch dies trifft schon auf manche Agrarprodukte nicht mehr zu – zum Beispiel nicht auf Enten, Würste, Gemüse und viele Molkereiprodukte. Und in Hinsicht auf praktisch alle Fertigfabrikate und Dienstleistungen der Industrie und des Gewerbes ist evident, daß jeder Spezereihändler, jede Tankstelle, jeder Handschuhmacher, jeder Fabrikant von Rasiercrème oder Handsägen einen kleinen, unsicheren Eigenmarkt hat, den er auszubauen und durch Preisstrategie, Qualitätsstrategie – «Differenzierung des Produktes» – und Reklame zu halten versucht, versuchen muß. So bekommen wir ein vollständig anderes Modell, und es scheint kein Grund zur Erwartung vorzuliegen, daß die Ergebnisse der vollkommenen Konkurrenz eintreten, – es paßt viel besser in das monopolistische Schema. In diesen Fällen sprechen wir von «Monopolistischer Konkurrenz». Ihre Theorie ist einer der Hauptbeiträge zur Ökonomie der Nachkriegszeit gewesen[9].

Es bleibt ein weites Gebiet übrig von wesentlich homogenen Produkten – hauptsächlich industriellen Rohstoffen und Halbfabrikaten wie Stahlbarren, Zement, ungebleichte Baumwollwaren und ähnliches –, wo die Bedingungen für die Entstehung der monopolistischen Konkurrenz nicht vorzuherrschen scheinen. Dies stimmt; aber im allgemeinen ergeben sich für

---

[9] Siehe insbesondere E. S. Chamberlin, *Theory of Monopolistic Competition* und Joan Robinson, *The Economics of Imperfect Competition.*

dieses Gebiet insofern ähnliche Ergebnisse, als sein größerer Teil überdeckt wird von Unternehmungen größten Ausmaßes, die, entweder einzeln oder gemeinsam, die Preise zu manipulieren vermögen, sogar ohne die Produkte differenzieren zu müssen, – der Fall des Oligopols. Wieder scheint das Monopolschema, zweckmäßig abgeändert, viel besser auf diesen Typus des Verhaltens zu passen als das Schema der vollkommenen Konkurrenz.

Sobald das Vorherrschen der monopolistischen Konkurrenz oder des Oligopols oder von Verbindungen der beiden anerkannt wird, werden viele Behauptungen, die die Marshall-Wicksell'sche Generation von Nationalökonomen mit größter Zuversicht zu lehren pflegte, entweder unanwendbar oder sehr viel schwieriger zu beweisen. Dies gilt in erster Linie von den Behauptungen, die sich um den fundamentalen Begriff des Gleichgewichts drehen, das heißt eines bestimmten Zustandes des Wirtschaftsorganismus, nach dem jeder gegebene Zustand stets gravitiert und der gewisse einfache Eigenschaften aufweist. Im allgemeinen Fall des Oligopols gibt es tatsächlich überhaupt kein bestimmtes Gleichgewicht, und es zeigt sich die Möglichkeit, daß dort eine endlose Folge von Bewegungen und Gegenbewegungen, ein unablässiger Kampfzustand zwischen den Unternehmungen besteht. Zwar gibt es viele Sonderfälle, in denen theoretisch ein Gleichgewichtszustand herrscht. Aber selbst in diesen Fällen ist das Gleichgewicht nicht nur viel schwerer zu erreichen als bei vollkommener Konkurrenz und noch schwieriger zu erhalten, sondern die «wohltätige» Konkurrenz vom klassischen Typus scheint leicht durch eine «räuberische» oder «halsabschneiderische» Konkurrenz oder einfach durch Kämpfe um die Kontrolle in der Finanzsphäre ersetzt zu werden. Diese Dinge bedeuten ebensoviele Ursachen sozialer Verluste; dazu gibt es noch manche andere wie die Kosten von Reklamefeldzügen, die Unterdrückung neuer Produktionsmethoden (Aufkauf von Patenten, um ihre Verwendung zu verhindern) und so weiter. Nicht zu vergessen das wichtigste: Unter den erwähnten Bedingungen garantiert das Gleichgewicht, selbst wenn es am Ende auf eine äußerst kostspielige Methode erreicht wird, nun nicht mehr Vollbeschäftigung oder maximale Produktion im Sinne der Theorie der vollkommenen Konkurrenz. Es *kann* existieren ohne Vollbeschäftigung. Es *muß*, so scheint es, existieren bei einem Produktionsstand unterhalb der Maximalgrenze, weil die profiterhaltende Strategie, die unter den Bedingungen der vollkommenen Konkurrenz unmöglich ist, nun nicht nur möglich wird, sondern sich selbst aufdrängt.

Bestätigt dies nun nicht das, was der Mann der Straße (wenn er nicht gerade selbst Geschäftsmann ist) schon immer in bezug auf die Privatwirtschaft gedacht hat? Hat nicht die moderne Analyse die klassische Lehre völlig widerlegt und die populäre Ansicht gerechtfertigt? Ist es nicht letzten Endes völlig richtig, daß wenig Parallelität besteht zwischen der Produktion für den Gewinn und der Produktion für den Konsumenten, und daß die private Unternehmung nur ein Mittel zur Einschränkung der Produktion ist, um Profite zu erpressen, die dann mit Recht als Mauten und Tribute bezeichnet werden?

SIEBENTES KAPITEL

DER PROZESS DER SCHÖPFERISCHEN ZERSTÖRUNG

Die Theorien der monopolistischen und oligopolistischen Konkurrenz und ihre populären Varianten können auf zweierlei Weise in den Dienst der Auffassung gestellt werden, daß die kapitalistische Wirklichkeit für eine maximale Produktionsleistung nicht günstig ist. Man kann behaupten, daß es immer so gewesen ist und daß die Produktion überall *trotz* der jahrhundertealten Sabotage der leitenden Bourgeoisie zugenommen hat. Verteidiger dieser Behauptung müssten den Beweis erbringen, daß die beobachtete Wachstumsrate erklärt werden kann durch eine Folge günstiger Umstände, die in keinem Zusammenhang mit dem Mechanismus der Privatunternehmungen standen und die stark genug waren, um ihre Widerstände zu überwinden. Dies ist genau das Problem, das wir im neunten Kapitel untersuchen werden. Die Verfechter dieser Variante vermeiden immerhin wenigstens die Schwierigkeit der historischen Tatsachen, denen sich die Verteidiger der zweiten Behauptung gegenübersehen. Diese besagt, die kapitalistische Wirklichkeit habe früher dahin tendiert, eine maximale Produktionsleistung zu begünstigen, oder jedenfalls eine so beträchtliche Produktionsleistung, daß sie ein Hauptelement für jede ernsthafte Würdigung des Systems bilde; aber die spätere Ausbreitung monopolistischer Gebilde habe durch Vernichtung der Konkurrenz mittlerweile jene Tendenz in ihr Gegenteil verkehrt.

Erstens enthält diese Behauptung die Fiktion eines völlig imaginären goldenen Zeitalters des vollkommenen Wettbewerbes, das sich zu irgend einem Zeitpunkt irgendwie in das monopolistische Zeitalter verwandelte, wogegen es doch völlig klar ist, daß die vollkommene Konkurrenz zu keinem Zeitpunkt mehr Wirklichkeit gewesen ist als heutzutage. Zweitens ist hervorzuheben, daß die Zuwachsrate der Produktion seit den neunziger Jahren nicht abgenommen hat – und seit damals ist doch wohl die Vorherrschaft der Großkonzerne zum mindesten in der verarbeitenden Industrie zu datieren; ferner, daß nichts im Verhalten der Zeitreihen der Gesamtproduktion einen «Umbruch im Trend» andeutet; und – weitaus am wichtigsten –, daß der moderne Lebensstandard der Massen während dieser Periode der relativ uneingeschränkten Großunternehmung weiter fortgeschritten ist. Wenn wir die Posten aufführen, die das Budget des modernen Arbeiters ausmachen, und von 1899 an die Entwicklung ihrer Preise betrachten (nicht in Geld ausgedrückt, sondern in den Arbeitsstunden, die zu ihrem Erwerb nötig sind – das heißt die Geldpreise eines jeden Jahres geteilt durch die Stundenlohnansätze eines jeden Jahres), werden wir unwillkürlich vom Tempo des Fortschritts beeindruckt; unter Berücksichtigung der augenfälligen Qualitätsverbesserung scheint es rascher und nicht langsamer als zu irgend einem früheren Zeitpunkt gewesen zu sein. Wenn wir Ökonomen mehr zur Beobachtung von Tatsachen und weniger zum Wunschdenken neigten, würden sofort Zweifel über die realistischen Vorzüge einer Theorie auftauchen, die uns ein ganz anderes Ergebnis hätte erwarten lassen. Dies ist überdies nicht alles. Sobald wir auf Einzelheiten eingehen und die einzelnen Posten untersuchen, bei welchen der Fortschritt am deutlichsten gewesen ist, führt uns die Spur nicht zu den Toren jener Firmen, die unter den Bedingungen einer verhältnismäßig freien Konkurrenz arbeiten, sondern ausgerechnet zu den Toren der großen Konzerne – die, wie im Fall der Agrarorganisation, auch zum Fortschritt im Konkurrenzsektor viel beigetragen haben –, und es dämmert uns der schreckliche Verdacht, daß die Großunternehmung vielleicht mehr mit der Erhöhung als mit der Niedrighaltung dieses Lebensstandards zu tun gehabt hat.

In der Tat sind die am Ende des vorhergehenden Kapitels angedeuteten Folgerungen beinahe völlig falsch. Und doch folgen sie aus Beobachtungen und Theoremen, die beinahe völlig[1] richtig sind. Sowohl die Ökonomen wie die populären

---

[1] In Wirklichkeit sind diese Beobachtungen und Theoreme nicht völlig befriedigend. Die gewöhnliche Darstellung der Lehre von der unvoll-

Schriftsteller sind wieder einmal mit einigen Fragmenten der Wirklichkeit, die sie gerade erwischt hatten, davongestürmt. Diese Fragmente selbst waren meist richtig gesehen. Ihre formalen Charakteristika wurden meist richtig entwickelt. Es folgen jedoch aus solch fragmentarischen Analysen keine Schlüsse auf die kapitalistische Wirklichkeit als Ganzes. Wenn man sie trotzdem zieht, kann nur durch Zufall ein richtiges Resultat herausschauen. Jenes ist geschehen. Und der glückliche Zufall hat sich nicht ereignet.

Als wesentlichster Punkt ist festzuhalten, daß wir uns bei der Behandlung des Kapitalismus mit einem Entwicklungsprozeß befassen. Es mag merkwürdig scheinen, daß ein so offensichtlicher Sachverhalt, der zudem schon längst von Karl Marx hervorgehoben worden war, überhaupt übersehen werden kann. Und doch wird er von jener fragmentarischen Analyse, die den Großteil unserer Behauptungen über das Funktionieren des modernen Kapitalismus liefert, beharrlich vernachlässigt. Wir wollen diesen Punkt noch einmal klarlegen und sehen, welche Bedeutung er für unser Problem hat.

Der Kapitalismus ist also von Natur aus eine Form oder Methode der ökonomischen Veränderung und ist nicht nur nie stationär, sondern kann es auch nie sein. Dieser evolutionäre Charakter des kapitalistischen Prozesses ist nicht einfach der Tatsache zuzuschreiben, daß das Wirtschaftsleben in einem gesellschaftlichen und natürlichen Milieu vor sich geht, das sich verändert und durch seine Veränderung die Daten der wirtschaftlichen Tätigkeit ändert; diese Tatsache ist zwar wichtig

---

kommenen Konkurrenz versagt namentlich insofern, als sie den vielen und wichtigen Fällen keine gebührende Aufmerksamkeit schenkt, in denen die unvollkommene Konkurrenz – sogar als Gegenstand der statischen Theorie – sich den Resultaten der vollkommenen Konkurrenz nähert. Es gibt andere Fälle, in denen sie es nicht tut, jedoch Kompensationen bietet, die zwar in keinen Produktionsindex eingehen, jedoch zu dem beitragen, was der Produktionsindex letzten Endes messen soll – jene Fälle, in welchen eine Unternehmung ihren Markt verteidigt, indem sie sich zum Beispiel einen Namen für Qualität und Dienst am Kunden schafft. Um jedoch die Sache zu vereinfachen, wollen wir den Kampf mit dieser Lehre nicht auf ihrem eigenen Gebiet aufnehmen.

und diese Veränderungen (Kriege, Revolutionen usw.) bedingen oft auch eine Veränderung der Industrie; sie sind aber nicht ihre primäre Triebkraft. Auch ist dieser evolutionäre Charakter nicht einer quasi-automatischen Bevölkerungs- und Kapitalzunahme oder den Launen des Geldsystems zuzuschreiben, von denen genau das gleiche gilt. Der fundamentale Antrieb, der die kapitalistische Maschine in Bewegung setzt und hält, kommt von den neuen Konsumgütern, den neuen Produktions- oder Transportmethoden, den neuen Märkten, den neuen Formen der industriellen Organisation, welche die kapitalistische Unternehmung schafft.

Wie wir im vorangehenden Kapitel gesehen haben, hat der Inhalt des Arbeiterbudgets, sagen wir von 1760 bis 1940, nicht einfach in unveränderter Richtung zugenommen, sondern er unterlag einem Prozeß der qualitativen Veränderung. Gleicherweise ist die Geschichte des Produktionsapparates eines typischen landwirtschaftlichen Betriebes vom Beginn der Rationalisierung des Fruchtwechsels, des Pflügens und des Mästens an bis zur Mechanisierung von heute – zusammen mit Getreidesilos und Eisenbahnen – eine Geschichte von Revolutionen. Ebenso ist dies die Geschichte des Produktionsapparates der Eisen- und Stahlindustrie vom Holzkohlen- bis zu unserem heutigen Typ des Hochofens, oder die Geschichte der Energieproduktion vom oberschlächtigen Wasserrad bis zur modernen Kraftanlage oder die Geschichte des Transportes von der Postkutsche bis zum Flugzeug. Die Eröffnung neuer, fremder oder einheimischer Märkte und die organisatorische Entwicklung vom Handwerksbetrieb und der Fabrik zu solchen Konzernen wie dem U.S.-Steel illustrieren den gleichen Prozeß einer industriellen Mutation – wenn ich diesen biologischen Ausdruck verwenden darf –, der unaufhörlich die Wirtschaftsstruktur *von innen heraus* revolutioniert[2], unaufhörlich die alte

[2] Diese Revolutionen sind nicht eigentlich ununterbrochen; sie treten in unsteten Stößen auf, die voneinander durch Spannen verhältnismäßiger Ruhe getrennt sind. Der Prozeß als ganzer verläuft jedoch ununterbrochen – in dem Sinne, daß immer entweder Revolution oder Absorption der Ergebnisse der Revolution im Gang ist; beides zusammen bildet das, was als Konjunkturzyklus bekannt ist.

Struktur zerstört und unaufhörlich eine neue schafft. Dieser Prozeß der «schöpferischen Zerstörung» ist das für den Kapitalismus wesentliche Faktum. Darin besteht der Kapitalismus und darin muß auch jedes kapitalistische Gebilde leben. Diese Tatsache hat in zwei Richtungen Bedeutung für unser Problem.

Erstens: da wir uns mit einem Problem befassen, von dem jedes Element beträchtlich Zeit braucht, um seine wahren Eigenschaften und seine endgültigen Wirkungen zu enthüllen, so hat es keinen Sinn, die Leistung dieses Prozesses *ex visu* eines gegebenen Zeitpunktes zu würdigen; wir müssen seine Leistung über eine längere Zeitspanne hin beurteilen, wie sie sich während Jahrzehnten oder Jahrhunderten entfaltet. Ein System – jedes System, nicht nur jedes Wirtschaftssystem, sondern auch jedes andere –, das zu *jedem* gegebenen Zeitpunkt seine Möglichkeiten möglichst vorteilhaft voll ausnützt, kann dennoch auf lange Sicht hinaus einem System unterlegen sein, das dies zu *keinem* gegebenen Zeitpunkt tut, weil diese seine Unterlassung eine Bedingung für das Niveau oder das Tempo der langfristigen Leistung sein kann.

Zweitens: da wir uns mit einem organischen Prozeß befassen, kann die Analyse dessen, was in einem besonderen Teil dieses Prozesses sich ereignet – sagen wir in einem einzelnen Konzern oder in einer einzelnen Industrie – zwar Einzelheiten des Mechanismus aufklären, gibt jedoch darüber hinaus keinen Aufschluß. Jedes Teilstück der Wirtschaftsstrategie erhält seine wahre Bedeutung nur gegen den Hintergrund dieses Prozesses und innerhalb der durch ihn geschaffenen Situation. Es muß in seiner Rolle im ewigen Sturm der schöpferischen Zerstörung gesehen werden; es kann nicht davon unabhängig verstanden werden oder gar auf Grund der Hypothese, daß eine ewige Windstille herrscht.

Nationalökonomen, die *ex visu* eines Zeitpunktes zum Beispiel das Verhalten einer oligopolistischen Industrie – einer Industrie, die aus ein paar wenigen großen Unternehmungen besteht – betrachten und dabei die wohlbekannten Bewegungen und Gegenbewegungen innerhalb ihrer beobachten, die kein anderes Ziel als hohe Preise und Produktionsbeschränkungen zu haben scheinen, machen jedoch gerade diese Hypothese. Sie akzeptieren die Daten der momentanen Situation, als ob diese keine Vergangenheit und keine Zukunft hätte, und glauben, sie hätten verstanden, was es zu verstehen gibt, wenn sie das Verhalten dieser Unternehmungen aus dem Prinzip des Strebens nach möglichst großen Profiten auf der Basis dieser Daten interpretieren. Die üblichen Abhandlungen des Theoretikers und die üblichen Berichte der Regierungskommissionen versuchen praktisch nie, dieses Verhalten einerseits als ein Ergebnis eines Stückes vergangener Geschichte und andrerseits als einen Versuch zu sehen, eine Situation zu meistern, die bestimmt sich sofort wieder ändern wird – als einen Versuch dieser Unternehmungen, sich auf einem Boden, der unter ihnen weggleitet, aufrechtzuhalten. Mit andern Worten: gewöhnlich wird nur das Problem betrachtet, wie der Kapitalismus mit bestehenden Strukturen umgeht, während das relevante Problem darin besteht, wie er sie schafft und zerstört. Solange dies nicht erkannt wird, verrichtet der Forscher eine sinnlose Arbeit. Sobald es erkannt wird, ändert sich sein Einblick in die kapitalistische Praxis und ihre sozialen Ergebnisse beträchtlich[3].

Das erste, was weichen muß, ist der überlieferte Begriff des *modus operandi* der Konkurrenz. Die Ökonomen entwachsen nun endlich dem Stadium, wo sie nur Preiskonkurrenz sahen und nichts sonst. Sobald die Qualitätskonkurrenz und der Kundendienst in die geheiligten Gefilde der Theorie zugelassen werden, ist die Preisvariable aus ihrer beherrschenden Stellung vertrieben. Es ist jedoch immer noch die Konkurrenz innerhalb eines starren Systems unveränderter Bedingungen – namentlich der Produktionsmethoden und der Formen der industriellen Organisation –, die praktisch alle Aufmerksamkeit monopoli-

[3] Es sollte klar sein, daß nur unsere Würdigung der wirtschaftlichen Leistung und nicht unser moralisches Urteil auf diese Weise verändert werden kann. Dank ihrer Autonomie ist die moralische Billigung oder Mißbilligung völlig unabhängig von unserer Würdigung der sozialen (oder irgendwelcher anderer) Ergebnisse, sofern wir uns nicht gerade ein moralisches System wie den Utilitarismus zulegen, der *ex definitione* die moralische Billigung oder Mißbilligung von den Ergebnissen abhängig macht.

siert. In der kapitalistischen Wirklichkeit jedoch, im Unterschied zu ihrem Bild in den Lehrbüchern, zählt nicht diese Art von Konkurrenz, sondern die Konkurrenz der neuen Ware, der neuen Technik, der neuen Versorgungsquelle, des neuen Organisationstyps (zum Beispiel der größtdimensionierten Unternehmungseinheit) – jene Konkurrenz, die über einen entscheidenden Kosten- oder Qualitätsvorteil gebietet und die bestehenden Firmen nicht an den Profit- und Produktionsgrenzen, sondern in ihren Grundlagen, ihrem eigentlichen Lebensmark trifft. Diese Art der Konkurrenz ist um so viel wirkungsvoller als die andere, wie es ein Bombardement ist im Vergleich zum Aufbrechen einer Tür, und sie ist so viel wichtiger, daß es verhältnismäßig gleichgültig wird, ob die Konkurrenz im gewöhnlichen Sinne mehr oder weniger rasch funktioniert; der mächtige Sauerteig, der auf lange Sicht die Produktion ausdehnt und die Preise herunterdrückt, ist auf jeden Fall aus anderem Stoff gemacht.

Es ist kaum nötig zu erwähnen, daß die Konkurrenz von der Art, wie wir sie nun im Sinne haben, nicht nur wirkt, wenn sie tatsächlich vorhanden, sondern auch wenn sie nur eine allgegenwärtige Drohung ist. Sie nimmt in Zucht, bevor sie angreift. Der Geschäftsmann hat das Gefühl, sich in einer Konkurrenzsituation zu befinden, selbst wenn er allein auf seinem Gebiet ist oder selbst wenn er, obzwar nicht allein, doch solch eine Stellung einnimmt, daß kein Regierungsexperte bei seiner Enquête eine wirksame Konkurrenz zwischen ihm und irgendwelchen andern Firmen auf dem gleichen oder einem benachbarten Gebiet entdeckt, woraus der Schluß gezogen wird, daß sein Gerede über Konkurrenzsorgen sich bei näherer Prüfung als Spiegelfechterei entpuppt. In vielen Fällen, wenn auch nicht in allen, wird dies auf die Dauer ein Verhalten erzwingen, das sehr ähnlich dem der vollkommenen Konkurrenz ist.

Viele Theoretiker nehmen den entgegengesetzten Standpunkt ein, der am besten durch ein Beispiel zu illustrieren ist. Wir wollen annehmen, daß eine gewisse Anzahl von Detailhändlern in einer Nachbarschaft vorhanden ist und daß sie versuchen, ihre relative Lage durch Kundendienst und «Atmosphäre» zu verbessern, doch eine Preiskonkurrenz vermeiden und hinsichtlich der Methoden sich an die Tradition des Ortes halten, – ein Bild der stagnierenden Routine. Wenn andere in das Gewerbe eindringen, wird zwar dieses Quasi-Gleichgewicht gestört, aber auf eine Art und Weise, die nicht zum Vorteil der Kunden ist. Da der Wirtschaftsraum um jeden Laden herum eingeengt wird, werden ihre Besitzer nicht mehr imstande sein, ihren Lebensunterhalt zu verdienen und werden versuchen, in stillschweigender Übereinkunft ihre Lage durch Erhöhung der Preise zu verbessern. Dies wird ihren Absatz weiter herabsetzen und so wird sich allmählich pyramidenartig eine Situation herausbilden, in der ein zunehmendes potentielles Angebot von steigenden statt von fallenden Preisen und von abnehmendem statt von zunehmendem Absatz begleitet wird.

Solche Fälle ereignen sich tatsächlich, und es ist angebracht, sie durchzuarbeiten. Aber wie die gewöhnlich gegebenen praktischen Beispiele zeigen, sind es nur Grenzfälle, die hauptsächlich in jenen Sektoren zu finden sind, die von allem, was für die kapitalistische Tätigkeit am charakteristischsten ist, am weitesten entfernt liegen[4]. Zudem sind sie von vorübergehender Natur. Im Fall des Detailhandels kommt die entscheidende Konkurrenz nicht von zusätzlichen Ladengeschäften des gleichen Typus, sondern vom Warenhaus, vom Kettengeschäft, vom Postversandgeschäft und von der Warenhalle (supermarket), die früher oder später diese Pyramiden zerstören müssen[5]. Eine theoretische Konstruktion, die dieses wesent-

---

[4] Dies zeigt sich auch bei einem Theorem, auf das wir des öfteren in Darstellungen der Theorie der unvollkommenen Konkurrenz stoßen, – dem Theorem, daß unter den Bedingungen der unvollkommenen Konkurrenz Produktions- oder Handelsgeschäfte die Tendenz haben, irrational klein zu sein. Da zu gleicher Zeit die unvollkommene Konkurrenz für ein hervorragendes Merkmal der modernen Industrie erklärt wird, müssen wir uns verwundert fragen, in was für einer Welt diese Theoretiker leben, es sei denn, daß sie, wie oben festgestellt, nur Grenzfälle im Auge haben.

[5] Die bloße Drohung ihres Angriffes kann unter den besonderen, – persönlichen und Milieu –, Bedingungen eines kleinen Detailgeschäftes nicht ihren gewöhnlichen disziplinierenden Einfluß haben; denn der kleine Mann wird zu sehr durch seine Kostenstruktur gehemmt: so gut er auch sein Geschäft innerhalb seiner unüberschreitbaren Grenzen führen mag,

liche Element des Falles vernachlässigt, vernachlässigt alles was am typischsten kapitalistisch daran ist; selbst wenn sie sowohl logisch wie faktisch korrekt ist, ist sie doch wie ein *Hamlet* ohne Dänenprinzen.

---

so kann er sich doch niemals den Methoden von Konkurrenten anpassen, die es sich leisten können, zu Preisen zu verkaufen, zu welchen er einkauft.

ACHTES KAPITEL

MONOPOLISTISCHE PRAKTIKEN

Was bis jetzt gesagt wurde, dürfte genügen, um den Leser instand zu setzen, mit der großen Mehrheit der praktischen Fälle, auf die er wahrscheinlich stoßen wird, fertig zu werden und um die Unzulänglichkeit der Mehrzahl jener kritischen Einwände gegen die Profitwirtschaft zu erkennen, die mittelbar oder unmittelbar auf dem Fehlen der vollkommenen Konkurrenz basiert. Da jedoch die Bedeutung unserer Argumentation für einige dieser Einwände nicht auf den ersten Blick klar sein mag, wird es sich lohnen, sie etwas auszuarbeiten, um dadurch einige Punkte deutlicher zu machen.

1. Wir haben eben gesehen, daß – sowohl als Faktum wie als Drohung – der Druck von Neuerungen, zum Beispiel einer neuen Technik, auf die bestehende Struktur einer Industrie die langfristige Wirkung und Bedeutung jener produktionseinschränkenden Maßnahmen, die auf die Erhaltung erworbener Positionen und die Maximierung der daraus anfallenden Gewinne hinzielen, erheblich verringert. Wir müssen jetzt die weitere Tatsache erkennen, daß derartige einschränkende Maßnahmen, soweit sie wirksam sind, eine neue Bedeutung im ewigen Sturm der schöpferischen Zerstörung erhalten, eine Bedeutung, die sie in einem stationären Zustand oder in einem Zustand geringen und ausgewogenen Wachstums nicht hätten. In diesen beiden Fällen würde die restriktive Strategie kein anderes Ergebnis erzielen als eine Zunahme der Gewinne auf Kosten der Käufer, – es sei denn, dieser Weg würde sich im Falle eines ausgewogenen Fortschritts als der leichteste und wirksamste erweisen, um die Mittel für die Finanzierung zusätzlicher Investitionen zu sammeln[1]. Im Prozeß der schöpferischen Zer-

[1] Theoretiker bezichtigen gern jeden, der diese Möglichkeit zugibt, eines schweren Irrtums und beweisen sogleich, daß die Finanzierung durch

störung können jedoch Restriktionsmaßnahmen viel zur Beruhigung und zur Erleichterung zeitweiliger Schwierigkeiten beitragen. Dies ist tatsächlich ein sehr bekanntes Argument, das in Depressionszeiten immer auftaucht und das, wie jedermann weiß, bei Regierungen und ihren Wirtschaftsberatern sehr beliebt geworden ist, – Beweis: die NRA[2]. Während es so oft mißbraucht und so stümperhaft angewendet wurde, daß die meisten Nationalökonomen es aus vollem Herzen verachten, können die gleichen Experten, die hierfür verantwortlich sind[3], seine viel allgemeinere Daseinsberechtigung nicht sehen.

Praktisch zieht jede Investition als eine notwendige Ergänzung der Unternehmertätigkeit gewisse Schutzmaßnahmen wie Versicherung und dergleichen nach sich. Unter rasch sich verändernden Bedingungen, besonders unter Bedingungen, die jeden Augenblick unter dem Druck neuer Güter und Techniken wechseln oder doch wechseln können, ist die langfristige Investition dem Schießen auf ein Ziel zu vergleichen, das nicht nur undeutlich ist, sondern sich auch bewegt, – und überdies sich stoßweise bewegt. Deshalb muß man Zuflucht suchen bei solchen Schutzmitteln wie Patenten oder zeitweiligen Verfahrens-

---

Borgen bei Banken oder privaten Sparern oder, im Fall öffentlicher Unternehmungen, aus den Erträgen einer Einkommenssteuer viel rationeller ist als die Finanzierung aus Übergewinnen, die durch eine Restriktionspolitik angesammelt werden. Für gewisse Kategorien des Verhaltens haben sie durchaus recht, für andere durchaus unrecht. Ich glaube, daß sowohl der Kapitalismus wie auch der Kommunismus des russischen Typs zur zweiten Kategorie gehören. Der springende Punkt ist jedoch der, daß theoretische Überlegungen, namentlich theoretische Überlegungen kurzfristiger Natur, das Problem, dem wir im nächsten Teil wieder begegnen werden, nicht lösen können, obschon sie zu seiner Lösung beitragen.

[2] [NRA = National Recovery Administration, die Organisation zur Durchführung der Rooseveltschen Antikrisengesetzgebung. Ihr Kernstück war die National Industrial Recovery Act (NIRA), die eine gewisse «Wettbewerbsordnung» für Arbeitgeber und -nehmer einführte; unwirtschaftliche Konkurrenz sollte ausgeschaltet, das Koalitionsrecht der Arbeiter geschützt und Löhne und Beschäftigung aufrecht erhaltenwerden.]

[3] Namentlich ist es leicht zu zeigen, daß eine Politik, die auf die Beibehaltung von «Preisparitäten» hinzielt, keinen Sinn hat und viel Unheil anrichtet.

geheimnissen oder, in gewissen Fällen, langfristigen, im voraus abgeschlossenen Verträgen. Diese Schutzmittel, welche die meisten Ökonomen als normale Elemente einer rationalen Betriebsführung akzeptieren[4], sind indessen nichts anderes als Sonderfälle einer größeren Klasse, die auch viele andere Fälle enthält, die von den meisten Ökonomen verurteilt werden, obwohl sie grundsätzlich von den anerkannten nicht abweichen.

Wenn zum Beispiel ein Kriegsrisiko versichert werden kann, so erhebt niemand einen Einwand dagegen, daß eine Unternehmung die Kosten dieser Versicherung von den Käufern ihrer Produkte einzieht. Aber wenn es keine Möglichkeit gibt, sich dagegen zu versichern, so bildet dieses Risiko deshalb nicht weniger ein Element der langfristigen Kosten; in diesem Fall jedoch scheint eine Preisstrategie, die das gleiche bezweckt, unnötige Restriktionen zu enthalten und Übergewinne abzuwerfen. Ebenso, wenn ein Patent nicht erlangt werden kann oder, falls erlangt, keinen sichern Schutz bietet, müssen vielleicht andere Mittel angewandt werden, um die Investition zu rechtfertigen. Dazu gehört unter anderem eine Preispolitik, die es möglich macht, schneller abzuschreiben, als sonst rationell wäre, oder zusätzliche Investitionen zur Erreichung einer Überkapazität, die nur zum Angriff oder zur Verteidigung bestimmt ist. Wenn hinwiederum keine langfristigen Verträge zum voraus abgeschlossen werden können, dann müssen unter Umständen andere Mittel verwendet werden, um die voraussichtlichen Abnehmer an die investierende Unternehmung zu binden.

Bei der Analyse einer solchen Geschäftsstrategie *ex visu* eines gegebenen Zeitpunktes sieht der untersuchende Ökonom oder Regierungsbeauftragte preispolitische Maßnahmen, die ihm als Plünderung, und Produktionsbeschränkungen, die ihm gleichbedeutend mit dem Verlust von Produktionsgelegen-

---

[4] Gewisse Ökonomen betrachten jedoch selbst diese Mittel als Hindernisse für den Fortschritt, die wenn sie auch vielleicht in einer kapitalistischen Gesellschaft nötig sind, in einer sozialistischen nicht vorkämen. Es ist etwas Wahres daran. Indessen berührt dies nicht die Behauptung, daß der durch Patente und anderes mehr gewährte Schutz, unter den Bedingungen einer Profitwirtschaft, per Saldo ein vorwärtstreibender und nicht ein hemmender Faktor ist.

heiten erscheinen. Er sieht nicht, daß derartige Einschränkungen, unter den Bedingungen des ewigen Sturmes, Zwischenfälle, oft unvermeidbare Zwischenfälle, eines langfristigen Expansionsprozesses sind, den sie mehr schützen als hemmen. Diese Feststellung ist nicht paradoxer als die Aussage, daß Autos mit Bremsen schneller fahren als sie es sonst täten, *weil* sie mit Bremsen versehen sind.

2. Dies zeigt sich am klarsten im Fall jener Wirtschaftssektoren, in denen sich jeweils der Anprall neuer Dinge und Methoden auf die vorhandene industrielle Struktur vollzieht. Der beste Weg, um eine lebendige und wirklichkeitsnahe Vorstellung der industriellen Strategie zu gewinnen, ist tatsächlich der, daß man das Verhalten neuer Konzerne und industrieller Unternehmungen ins Auge faßt, die neue Güter oder Prozesse einführen (wie die Aluminiumindustrie) oder sonst einen Industriezweig teilweise oder ganz reorganisieren (wie zum Beispiel die alte Standard Oil Company).

Wie wir gesehen haben, sind solche Konzerne von Natur aus aggressiv und führen die wirklich wirkungsvolle Waffe der Konkurrenz. Nur in den seltensten Fällen wird ihr Eindringen nicht zur Folge haben, daß sich die Gesamtproduktion in Menge oder Qualität verbessert, und zwar sowohl durch die neue Methode selbst, – sogar wenn sie nie voll ausgenützt wird –, als auch durch den Druck, den sie auf die vorher bestehenden Unternehmungen ausübt. Die Lage dieser Angreifer ist aber dergestalt, daß sie, zum Zweck des Angriffs und der Verteidigung, auch noch andere Waffen brauchen als nur den Preis und die Qualität ihrer Produkte, die zudem während der ganzen Zeit strategisch manipuliert werden müssen, so daß sie in jedem Augenblick anscheinend nichts anderes tun, als ihre Produktion einschränken und ihre Preise hochhalten.

Einerseits könnten in vielen Fällen Pläne größten Ausmaßes überhaupt nicht verwirklicht werden, wenn man nicht von Anbeginn an wüßte, daß die Konkurrenz durch große Kapitalerfordernisse oder Mangel an Erfahrung abgeschreckt werden wird, oder daß Mittel vorhanden sind, sie abzuschrecken oder matt zu setzen, um Zeit und Raum für weitere Entwicklungen zu gewinnen. Selbst die Erringung der finanziellen Kontrolle über konkurrenzierende Konzerne in sonst unangreifbaren Positionen oder die Sicherung von Vorteilen, die der allgemeinen Auffassung von fair play zuwiderlaufen, – Eisenbahnrabatte –, rücken in ein anderes Licht, sofern ausschließlich die langfristigen Wirkungen auf die Gesamtproduktion betrachtet werden[5]; es *können* Methoden sein, um Hindernisse wegzuräumen, die die Institution des Privateigentums dem Fortschritt in den Weg legt. In einer sozialistischen Gesellschaft wären Zeit und Raum dieser Art nicht weniger notwendig. Sie müßten durch Befehl der Zentralbehörde gesichert werden.

Auf der andern Seite wäre ein Unternehmen in den meisten Fällen unmöglich, wenn man nicht von Anbeginn an wüßte, daß wahrscheinlich außergewöhnlich günstige Situationen entstehen werden, die, wenn durch Preis-, Qualitäts- und Quantitätsmanipulationen ausgenützt, hinlänglich große Profite abwerfen werden, um über außergewöhnlich ungünstige Situationen hinwegzusteuern, vorausgesetzt, daß diese in ähnlicher Weise behandelt werden. Wiederum erfordert dies eine Strategie, die

---

[5] Ich glaube, die beigefügte Einschränkung beseitigt jeden gerechtfertigten Grund des Anstoßes, den die obige Behauptung denkbarerweise verursachen könnte. Für den Fall, daß die Einschränkung nicht klar genug ist, bitte ich wiederholen zu dürfen, daß der moralische Aspekt in diesem wie in jedem andern Falle durch ein wirtschaftliches Argument völlig unberührt bleibt. Im übrigen möge der Leser sich überlegen, daß selbst bei der Behandlung unzweifelhaft krimineller Handlungen jeder zivilisierte Richter und jedes zivilisierte Gericht das letzte Ziel berücksichtigen, in dessen Verfolgung ein Verbrechen begangen wurde, ebenso wie den Unterschied den es ausmacht, ob eine Handlung, die ein Verbrechen ist, daneben auch Wirkungen besitzt oder nicht besitzt, die als sozial wünschenswert zu betrachten sind.

Ein anderer Einwand wäre treffender. Wenn ein Unternehmen nur mit solchen Mitteln Erfolg haben kann, beweist das nicht schon an sich, daß es keinen sozialen Gewinn bedeuten kann? Zur Stützung dieser Ansicht kann ein sehr einfaches Argument aufgestellt werden. Es ist jedoch einem gewichtigen *ceteris paribus* Vorbehalt unterworfen. Das heißt, daß es für Bedingungen gilt, die ungefähr gleichbedeutend sind mit dem Ausschluß des Prozesses der schöpferischen Zerstörung – der kapitalistischen Wirklichkeit. Bei einiger Überlegung wird man sehen, daß die Analogie der diskutierten Praktiken mit den Patenten dies zur Genüge zeigt.

auf kurze Frist gesehen oft restriktiv ist. In der Mehrzahl der erfolgreichen Fälle ist es dank dieser Strategie gerade möglich, ihr Ziel zu erreichen. In gewissen Fällen jedoch ist sie so erfolgreich, daß sie weit größere Profite abwirft, als zur Veranlassung der entsprechenden Investition nötig wäre. Diese Fälle liefern dann den Köder, der das Kapital auf unerprobte Bahnen lockt. Ihre Existenz erklärt zum Teil, wieso es möglich ist, daß ein so großer Teil der kapitalistischen Welt für nichts arbeitet: mitten in den Prosperitätsjahren vor 1929 arbeitete in den Vereinigten Staaten ungefähr die Hälfte der Unternehmungen mit Verlust, mit Gewinn gleich Null oder mit einem Gewinn, der, wenn in diesem kleinen Umfang vorausgesehen, nicht genügt hätte, um die notwendigen Anstrengungen und Ausgaben hervorzurufen.

Unser Argument reicht jedoch über die Fälle neuer Konzerne, Methoden und Industrien hinaus. Alte Konzerne und eingesessene Industrien leben, ob sie nun unmittelbar angegriffen werden oder nicht, immer noch im ewigen Sturm. Im Prozeß der schöpferischen Zerstörung entstehen Situationen, in welchen manche Firmen untergehen müssen, die durchaus kräftig und nützlich hätten weiterbestehen können, wenn sie einem besonderen Sturmwind hätten trotzen können. Abgesehen von solchen allgemeinen Krisen oder Depressionen entstehen auch lokale Situationen, in denen der rasche Wechsel der Daten, der für diesen Prozeß charakteristisch ist, eine Industrie für eine gewisse Zeit so desorganisiert, daß sie sinnlos Verluste erleidet und daß eine vermeidbare Arbeitslosigkeit entsteht. Schließlich: es hat ja gewiß keinen Sinn, daß man eine veraltete Industrie auf unbestimmte Zeit hinaus zu erhalten sucht; es hat jedoch einen Sinn, daß man ihren plötzlichen Zusammenbruch zu vermeiden und eine wilde Flucht, die zum Ausgangspunkt kumulativer, depressiver Wirkungen werden kann, in einen geordneten Rückzug zu verwandeln sucht. Entsprechenderweise gibt es im Fall von Industrien, die sich ihre Hörner abgelaufen haben, doch noch immer an Boden gewinnen und nicht an Boden verlieren, auch so etwas wie einen geordneten Vormarsch[6].

---

[6] Ein gutes Beispiel zur Illustration dieses Punktes – ja, vieler Punkte

Dies alles ist natürlich nichts als barster gesunder Menschenverstand. Und doch wird es mit einer so hartnäckigen Beharrlichkeit übersehen, daß man manchmal an der Aufrichtigkeit zweifeln muß. Und es folgt daraus, daß – innerhalb des Prozesses der schöpferischen Zerstörung, dessen ganze Wirklichkeit die Theoretiker gewöhnlich in Bücher und Vorträge über «Konjunkturzyklus» verbannen – es noch eine andere Seite der industriellen Selbstorganisation gibt als nur jene, die diese Theoretiker betrachten. «Einschränkungen der freien Konkur-

---

unseres allgemeinen Arguments – gibt die Nachkriegsgeschichte der Automobil- und Kunstseidenindustrie. Die erste illustriert aufs beste die Natur und den Wert dessen, was wir eine «zurechtgestutzte» Konkurrenz nennen können. Die Goldrauschzeit ging ungefähr mit dem Jahr 1916 zu Ende; doch drängte sich auch später noch eine Schar von Unternehmungen in die Industrie, deren Mehrzahl bis 1925 eliminiert war. Aus einem wilden Kampf auf Leben und Tod erstanden drei Konzerne, auf die jetzt über 80% des Gesamtabsatzes entfallen. Sie stehen insofern unter Konkurrenzdruck, als trotz der Vorteile einer festgegründeten Stellung, einer ausgebauten Verkaufs- und Absatzorganisation usw. jedes Versagen in der Aufrechterhaltung und Verbesserung der Qualität ihrer Produkte oder jeder Versuch zu monopolistischer Kombination neue Konkurrenten auf den Kampfplatz rufen würde. Untereinander verhalten sich die Konzerne auf eine Weise, die eher mit gegenseitiger Achtung als mit Konkurrenz bezeichnet werden muß: sie verzichten auf gewisse Angriffsmittel (die übrigens auch bei vollkommener Konkurrenz nicht angewandt würden); sie marschieren im gleichen Tempo und suchen dabei Vorteile in den Grenzgebieten zu gewinnen. Das dauert nun schon mindestens fünfzehn Jahre, und es ist mehr als zweifelhaft, ob dem Publikum bessere oder billigere Autos oder den Arbeitern höhere Löhne oder mehr und ständigere Beschäftigung geboten worden wären, wenn die Bedingungen einer theoretisch vollkommenen Konkurrenz während dieser Periode geherrscht hätten. Die Kunstseidenindustrie hatte ihre Goldrauschzeit in den zwanziger Jahren. Sie zeigt noch viel deutlicher als die Autoindustrie die Merkmale, die mit der Einführung einer Ware in ein schon vorher völlig besetztes Gebiet verbunden sind, und auch die Maßnahmen, die sich unter solchen Umständen aufdrängen. Auch besteht noch eine Anzahl anderer Unterschiede. Aber grundsätzlich liegt der Fall ähnlich. Die Mengenzunahme und die Qualitätsverbesserung der Kunstseideproduktion ist allgemein bekannt. Und doch hat eine restriktive Politik in jedem einzelnen Zeitpunkt diese Expansion bestimmt.

renz» von der Art der Kartelle, ebenso wie jene, die bloß in einem stillschweigenden Übereinkommen über die Preiskonkurrenz bestehen, können unter Depressionsbedingungen erfolgreiche Heilmittel sein. Soweit sie dies sind, können sie letzten Endes nicht nur eine stetigere, sondern auch eine größere Ausdehnung der Gesamterzeugung hervorrufen, als ein völlig unkontrollierter Drang nach vorwärts gewährleisten könnte, der mit Notwendigkeit zu Katastrophen führen müßte. Auch kann nicht argumentiert werden, daß diese Katastrophen auf jeden Fall eintreten. Wir wissen, was in jedem historischen Fall geschehen ist; wir haben aber nur eine sehr unvollkommene Vorstellung von dem, was in Anbetracht des ungeheuren Fortschrittstempos hätte geschehen können, wenn solche Pflöcke völlig gefehlt hätten.

Auch in seiner jetzigen Ausdehnung überdeckt jedoch unser Argument noch immer nicht alle Fälle der restriktiven oder regulativen Strategie; manche von ihnen haben ohne Zweifel jene schädliche Wirkung auf die langfristige Produktionsentwicklung, die kritiklos allen zugeschrieben wird. Und selbst in den Fällen, die unser Argument überdeckt, ist der Nettoeffekt eine Frage der Umstände sowie der Weise, in welcher, und des Grades, bis zu welchem sich die Industrie in jedem einzelnen Fall selbst reguliert. Es ist sicher ebenso denkbar, daß ein allumfassendes Kartellsystem jeglichen Fortschritt sabotiert, wie auch, daß es mit geringeren sozialen und privaten Kosten all das verwirklicht, was von der vollkommenen Konkurrenz erwartet wird. Darum läuft auch unser Argument nicht auf eine Anklage gegen die staatliche Regulierung hinaus. Es zeigt jedoch, daß es keine allgemeine Verteidigung für das unterschiedslose «Sprengen von Trusts» oder für die Verfolgung von allem gibt, was unter «Einschränkung der freien Konkurrenz» fällt. Eine rationale – im Unterschied zu einer rachsüchtigen – Regulierung durch staatliche Behörden erweist sich als ein äußerst heikles Problem; nicht jeder Regierungsstelle kann zugetraut werden, daß sie es lösen kann[7], namentlich nicht, wenn

---

[7] Unglücklicherweise bildet diese Feststellung eine beinahe ebenso wirksame Schranke gegen eine Verständigung über die zu ergreifenden

sie laut gegen die Großunternehmungen bellt. Indessen bringt unser Argument, das durch seine Formulierung eine herrschende *Theorie* und die daraus gezogenen Folgerungen über das Verhältnis zwischen dem modernen Kapitalismus und der Entwicklung der Gesamtproduktion widerlegen soll, nur eine andere *Theorie* hervor, das heißt einen anderen Ausblick auf Fakten und ein anderes Prinzip zu ihrer Interpretation. Für unsern Zweck genügt dies. Im übrigen haben die Tatsachen selbst das Wort.

3. Im weiteren nun einige Worte über das Thema der «starren Preise», das in letzter Zeit so viel Aufmerksamkeit auf sich gezogen hat. Es ist in Wirklichkeit nur eine besondere Seite des Problems, das wir diskutiert haben. Wir wollen Starrheit folgendermaßen definieren: ein Preis ist starr, wenn er auf Veränderungen in den Nachfrage- und Angebotsbedingungen weniger reagiert, als er es unter der Herrschaft vollkommener Konkurrenz täte[8].

Mengenmäßig hängt das Ausmaß, in welchem Preise in diesem Sinn starr sind, vom Material und den Messungsmethoden ab, die wir wählen, und ist deshalb eine zweifelhafte Angelegenheit. Aber wie auch das Material oder die Methode ist, – es steht fest, daß die Preise bei weitem nicht so starr sind, als es den Anschein hat. Es gibt manche Gründe, weshalb das, was in

---

Maßnahmen, wie die strikteste Ablehnung jeder Verteidigungsmöglichkeit der staatlichen Regulierung es wäre. Sie dürfte sogar die Diskussion nur noch erbitterter werden lassen. Politiker, öffentliche Beamte und Ökonomen können zwar das, was ich höflich die Zollschützler-Opposition von «wirtschaftlichen Royalisten» nennen möchte, aushalten. Es ist aber für sie viel schwieriger, jene Zweifel an ihrer Kompetenz zu ertragen, die uns namentlich überkommen, wenn wir die Juristenseelen am Werk sehen.

[8] Diese Definition genügt für unsere Zwecke, wäre aber für andere nicht befriedigend. Vergleiche die Artikel von D. D. Humphreys im *Journal of Political Economy*, Oktober 1937 und von E. S. Mason in der *Review of Economic Statistics*, Mai 1938. Professor Mason hat unter anderm gezeigt, daß im Gegensatz zu einem weit verbreiteten Glauben die Starrheit der Preise nicht zunimmt oder jedenfalls daß sie heute nicht größer ist als vor vierzig Jahren; dieses Ergebnis genügt an sich schon, um gewisse Folgerungen aus der gegenwärtigen Starrheitsdoktrin zu entkräften.

Wirklichkeit eine Preisveränderung ist, im statistischen Bilde nicht sichtbar wird, oder, mit anderen Worten, weshalb es manche unechte Starrheit gibt. Ich will nur eine Kategorie erwähnen, die in enger Verbindung mit den durch unsere Analyse hervorgehobenen Tatbeständen steht.

Ich habe auf die Bedeutung des Eindringens neuer Güter für den kapitalistischen Prozeß im Allgemeinen und seinen Konkurrenzmechanismus im Besondern aufmerksam gemacht. Nun kann ein neues Gut die vorherige Preisstruktur mit Erfolg herunterdrücken und einen gegebenen Bedarf zu bedeutend tieferen Preisen pro Leistungseinheit (zum Beispiel Transportleistung) befriedigen, ohne daß ein einziger *registrierter* Preis bei dem Prozeß sich zu verändern braucht; Beweglichkeit im relevanten Sinn kann von Starrheit in formalem Sinn begleitet sein. Es gibt andersgeartete Fälle, in welchen eine Preisreduktion das einzige Motiv ist, aus dem ein neuer Artikel herausgebracht wird, während der alte auf seiner früheren Höhe belassen wird, – wiederum eine Preisreduktion, die nicht sichtbar wird. Zudem wird die große Mehrheit der neuen Konsumgüter – namentlich alle Schikanen des modernen Lebens – zuerst in einer noch experimentellen und unbefriedigenden Form herausgebracht, in der sie niemals ihre potentiellen Märkte erobern könnten. Verbesserungen in der Qualität der Produkte sind daher ein praktisch universeller Zug der Entwicklung einzelner Konzerne und Industrien. Ob diese Verbesserung zusätzliche Kosten bedingt oder nicht, jedenfalls sollte ein konstanter Preis pro Einheit einer besser werdenden Ware nicht ohne weitere Untersuchung starr genannt werden.

Selbstverständlich bleiben genügend Fälle einer echten Starrheit der Preise übrig, – von Preisen, die aus Gründen der Geschäftspolitik konstant gehalten werden oder die unverändert bleiben, weil es schwierig ist, einen Preis zu verändern, der zum Beispiel durch ein Kartell nach mühsamen Verhandlungen festgesetzt wurde. Um den Einfluß dieses Tatbestandes auf die langfristige Entwicklung der Produktion abzuschätzen, muß man vor allem erkennen, daß diese Starrheit im wesentlichen eine kurzfristige Erscheinung ist. Es gibt keine bedeutenderen Beispiele von langfristiger Preisstarrheit. Wir können irgendeine wichtige verarbeitende Industrie oder irgendeine wichtige Gruppe von Fabrikaten wählen und sie während einer gewissen Zeitperiode verfolgen, – praktisch finden wir immer, daß auf die Dauer sich die Preise dem technischen Fortschritt anpassen – oft fallen sie in deutlich sichtbarer Reaktion auf ihn[9] –, sofern sie nicht durch monetäre Ereignisse und Maßnahmen oder, in einzelnen Fällen, durch autonome Veränderungen in den Lohnsätzen daran gehindert werden, was natürlich durch entsprechende Korrekturen berücksichtigt werden sollte, – genau so wie Veränderungen in der Qualität der Produkte[10]. Unsere frühere Analyse zeigt zur Genüge, warum dies im Prozeß der kapitalistischen Entwicklung so sein muß.

Worauf die fragliche Unternehmungsstrategie in Wirklichkeit hinzielt – und was sie jedenfalls einzig erreichen kann –, ist, daß sie saisonale, zufällige und zyklische Preisschwankungen vermeidet und nur auf wesentlichere Bedingungsänderungen, die diesen Schwankungen zugrunde liegen, reagiert. Da solche wesentlicheren Änderungen Zeit brauchen, bis sie sichtbar werden,so bedeutet dies eine langsame Bewegung in kleinen Schritten, – das Festhalten an einem Preis, bis sich neue, relativ dauerhafte Umrisse abgezeichnet haben. Technisch ausgedrückt

---

[9] In der Regel fallen sie nicht so, wie sie es unter den Bedingungen der vollkommenen Konkurrenz täten. Dies ist jedoch nur *ceteris paribus* richtig, und dieser Vorbehalt nimmt der Behauptung jegliche praktische Bedeutung. Ich habe schon früher auf diesen Punkt aufmerksam gemacht und werde später auf ihn zurückkommen (§ 5).

[10] Von einem Wohlfahrtsstandpunkt aus ist es angezeigt, eine von der unsern abweichenden Definition anzuwenden und Preisveränderungen in jenen Arbeitsstunden zu messen, die jeweils notwenig sind, um die Dollars zu verdienen, welche gegebene Mengen fabrizierter Konsumgüter – unter Berücksichtigung von Qualitätsveränderungen – kaufen. Wir haben dies bereits im Verlauf eines früheren Arguments getan. Es zeigt sich dann eine langfristige Beweglichkeit nach abwärts, die wahrhaft beeindruckend ist. Veränderungen im Preisniveau werfen ein weiteres Problem auf. Insoweit sie monetäre Einflüsse widerspiegeln, sollten sie bei einer Untersuchung der Starrheit für die meisten Aufgaben ausgeschaltet werden; sie sollten jedoch nicht ausgeschaltet werden, insoweit sie die kombinierte Wirkung zunehmender Leistungsfähigkeit auf allen Produktionsgebieten widerspiegeln.

zielt diese Strategie darauf hin, sich einer Stufenfunktion entlang zu bewegen, die sich dem Trend nähern wird. Darauf kommt in den meisten Fällen die echte, freiwillige Starrheit der Preise heraus. De facto geben die meisten Ökonomen dies zu, wenigstens durch Stillschweigen. Zwar würden einige ihrer Starrheitsargumente nur zutreffen, wenn das Phänomen langfristig wäre, – die meisten Argumente, die behaupten, daß die Starrheit der Preise dem Konsumenten die Früchte des technischen Fortschrittes vorenthält: dennoch messen und diskutieren sie in praxi in erster Linie die zyklische Starrheit und namentlich die Tatsache, daß viele Preise in Rückschlägen und Depressionen nicht oder nicht rasch fallen. Die eigentliche Frage ist daher, wie diese kurzfristige Starrheit[11] auf die langfristige Entwicklung der Gesamtproduktion einwirkt. Innerhalb dieser Frage ist das einzig wirklich wichtige Problem folgendes: Preise, die beim Rückschlag oder in der Depression hoch bleiben, beeinflussen ohne Zweifel die Wirtschaftslage in diesen Phasen des Zyklus; falls dieser Einfluß sehr schädlich ist und die Lage viel schlimmer gestaltet, als sie bei vollkommener allseitiger Beweglichkeit wäre, dann kann die jeweils daraus resultierende Zerstörung auch die Produktion im folgenden Aufschwung und Hochschwung beeinflussen und so die Wachstumsrate der Gesamtproduktion dauernd unter das Maß heruntersetzen, das sie ohne diese Starrheit erreichen würde. Zwei Argumente sind zur Stützung dieser Ansicht vorgebracht worden.

Um das erste möglichst stark zu beleuchten, wollen wir annehmen, daß eine Industrie, die eine Reduktion ihrer Preise im

---

[11] Es sollte jedoch beachtet werden, daß diese Kurzfristigkeit länger dauern kann, als mit dem Ausdruck «Kurzfristigkeit» gewöhnlich gemeint wird, – manchmal zehn Jahre und sogar noch länger. Es gibt nicht nur *einen* Zyklus, sondern viele gleichzeitige von unterschiedlicher Dauer. Einer der wichtigsten dauert im Durchschnitt ungefähr neuneinhalb Jahre. Strukturwandlungen, die Preisanpassung verlangen, erfolgen in wichtigen Fällen in Perioden von ungefähr dieser Länge. Das volle Ausmaß der eindrücklichen Veränderung enthüllt sich nur in viel längeren Perioden. Um den Preisen von Aluminium, Kunstseide oder Autos gerecht zu werden, muß man Perioden von ungefähr fünfundvierzig Jahren überblicken.

Konjunkturrückschlag ablehnt, weiterhin genau die gleiche Warenmenge verkauft, wie wenn sie die Preise herabgesetzt hätte. Die Käufer haben folglich um jenen Betrag weniger Geld in der Tasche, um den die Industrie von der Starrheit ihrer Preise profitiert. Wenn diese Käufer zu der Art von Leuten gehören, die alles, was sie haben, ausgeben und wenn die Industrie oder jene, welchen ihr Nettoertrag zufließt, den erhaltenen Zuwachs nicht ausgeben, sondern ihn entweder ungenutzt lassen oder damit Bankkredite zurückzahlen, dann können die Gesamtausgaben der Wirtschaft dadurch verringert werden. Wenn dies geschieht, können andere Industrien oder Unternehmungen darunter leiden und wenn sie daraufhin ihrerseits Einschränkungen vornehmen, können wir zu einer Kumulierung depressiver Wirkungen gelangen. Mit andern Worten: die Starrheit kann die Höhe und die Verteilung des Volkseinkommens so beeinflussen, daß Bankguthaben abgebaut oder brachliegende Mittel – beziehungsweise Ersparnisse, wenn wir eine populäre, falsche Bezeichnung brauchen wollen – vermehrt werden. Solch ein Fall ist denkbar. Indessen sollte es dem Leser nicht schwer fallen, sich davon zu überzeugen[12], daß seine praktische Bedeutung, wenn überhaupt vorhanden, klein ist.

Das zweite Argument dreht sich um die verwirrenden Wirkungen, welche die Preisstarrheit haben kann, wenn sie in der einzelnen Industrie selbst oder sonstwo zu einer zusätzlichen Produktionseinschränkung führt, das heißt zu einer Einschränkung, die größer ist als jene, die unter allen Umständen während einer Depression eintreten muß. Da diese Wirkungen namentlich durch die damit verbundene Zunahme der Arbeits-

---

[12] Die beste Methode ist die, daß man sorgfältig *sämtliche* darin enthaltenen Voraussetzungen durcharbeitet, und zwar nicht nur für den denkbar günstigsten Fall, sondern auch für die schwächeren Fälle, bei denen es weniger unwahrscheinlich ist, daß sie in der Praxis vorkommen. Auch sollte nicht vergessen werden, daß die aus der Hochhaltung der Preise erzielten Gewinne die Mittel liefern können, um einen Bankrott oder zum mindesten die Notwendigkeit einer Betriebsschließung zu vermeiden, was beides vielleicht mit viel mehr Wirksamkeit einen nach unten gerichteten «circulus vitiosus» beginnen würde, als eine mögliche Reduktion der Gesamtausgaben es tut. Man vergleiche die Ausführungen zum zweiten Argument.

losigkeit – Entstabilisierung der Beschäftigung ist tatsächlich die häufigste Anklage gegen die Starrheit der Preise – und durch den daraus folgenden Rückgang der Gesamtausgaben weitergeleitet werden, so folgt dieses Argument den Spuren des ersten. Seine praktische Bedeutung wird beträchtlich vermindert – obschon die Ökonomen über das Ausmaß dieser Verminderung sehr verschiedener Ansicht sind – durch die Überlegung, daß in den hervorstechendsten Fällen die Starrheit der Preise gerade mit der geringen Empfindlichkeit der Nachfrage für kurzfristige Preisveränderungen motiviert wird. Leute, die sich in der Depression um ihre Zukunft Sorgen machen, kaufen wahrscheinlich kein neues Auto, selbst wenn der Preis um 25 % reduziert wird, besonders wenn der Kauf leicht aufgeschoben werden kann und wenn die Reduktion die Erwartungen weiterer Reduktionen weckt.

Ganz abgesehen davon ist indessen das Argument darum ohne Beweiskraft, weil es wiederum durch eine *ceteris paribus* Klausel hinfällig wird, die bei der Behandlung unseres Prozesses der schöpferischen Zerstörung unzulässig ist. Aus der Tatsache, sofern es eine Tatsache ist, daß bei elastischeren Preisen größere Mengen *ceteris paribus* verkauft werden könnten, folgt nicht, daß entweder die Produktion der fraglichen Waren oder die Gesamtproduktion und folglich die Beschäftigung tatsächlich größer wäre. Denn insofern wir annehmen, daß die Weigerung, die Preise zu senken, die Position der diese Politik verfolgenden Industrien stärkt, entweder durch die Erhöhung ihrer Erlöse oder einfach durch die Vermeidung eines Chaos auf ihren Märkten, – das heißt: sofern diese Politik wirklich mehr ist als nur ein Fehler ihrerseits –, kann sie aus dem, was sonst vielleicht Zentren der Zerstörung wären, Bollwerke des Widerstandes machen. Wie wir vorhin von einem allgemeineren Standpunkt aus gesehen haben, kann die Gesamtproduktion und -beschäftigung bei den mit dieser Politik verbundenen Einschränkungen sehr wohl auf einem höheren Stand gehalten werden, als wenn einer Depression gestattet würde, die Preisstruktur zu verheeren[13]. Mit anderen Worten: unter den durch

[13] Der Theoretiker drückt dies so aus, daß in der Depression die Nach-

die kapitalistische Entwicklung geschaffenen Bedingungen könnte eine vollkommene und allgemeine Beweglichkeit der Preise in der Depression das System noch unstabiler machen, anstatt es zu stabilisieren, wie sie es ohne Zweifel unter den von der allgemeinen Theorie betrachteten Bedingungen täte. Wiederum wird dies weithin anerkannt in jenen Fällen, in welchen der Ökonom mit den unmittelbar betroffenen Interessen sympathisiert, zum Beispiel im Fall der Arbeit und der Landwirtschaft; in diesen Fällen gibt er noch so gerne zu, daß das, was wie Starrheit aussieht, vielleicht nur eine «geregelte Anpassung» ist.

Vielleicht ist der Leser etwas überracht, daß so wenig von einer Lehre übrigbleibt, von der in den letzten Jahren so viel Wesens gemacht wurde. Die Starrheit der Preise ist bei gewissen Leuten zum eigentlichen Fehler der kapitalistischen Maschine und beinahe zum fundamentalen Erklärungsfaktor der Depression geworden. Das ist jedoch nicht weiter verwunderlich. Individuen und Gruppen haschen nach allem, was wie eine Entdeckung aussieht, die sich zur Unterstützung der politischen Tendenzen des Tages eignet. Die Lehre von der Starrheit der Preise, in der ein Körnchen Wahrheit steckt, ist bei weitem nicht der schlimmste Fall dieser Art.

4. Noch eine andere Lehre ist zu einem Schlagwort kristallisiert, nämlich: daß in der Ära der Großunternehmung die Werterhaltung bestehender Investitionen – die Konservierung des Kapitals – zum Hauptziel der unternehmerischen Tätigkeit werde und alle kostensenkenden Verbesserungen nahezu zum Stillstand bringe. Folglich werde die kapitalistische Ordnung unvereinbar mit dem Fortschritt.

Der Fortschritt hat, wie wir gesehen haben, in den Schichten, wo die neue Ware oder die neue Produktionsmethode konkurrenzierend auftritt, die Zerstörung von Kapitalwerten zur Folge. Bei vollkommener Konkurrenz müssen die alten Investitionen entweder unter Opfern angepaßt oder aufgegeben werden; wenn jedoch keine vollkommene Konkurrenz besteht und wenn jedes industrielle Gebiet durch einige wenige große

---

fragekurven sich viel stärker nach unten verschieben könnten, wenn unter allen Preisen alle Stützen entfernt würden.

Konzerne kontrolliert wird, so können diese auf verschiedene Art den ihrer Kapitalstruktur drohenden Angriff bekämpfen und Verluste auf ihrem Kapitalkonto zu vermeiden suchen; das heißt, daß sie den Fortschritt selbst bekämpfen können und wollen.

Insoweit diese Lehre bloß einen besonderen Aspekt der restriktiven Geschäftspolitik formuliert, haben wir dem in diesem Kapitel schon skizzierten Argument nichts mehr hinzuzufügen. Sowohl hinsichtlich der Grenzen dieser Strategie wie auch hinsichtlich ihrer Funktionen im Prozeß der schöpferischen Zerstörung könnten wir nur bereits Gesagtes wiederholen. Dies zeigt sich noch deutlicher, wenn wir bedenken, daß die Erhaltung von Kapitalwerten das gleiche ist wie die Erhaltung von Gewinnen. Die moderne Theorie tendiert tatsächlich dahin, den Begriff «Gegenwärtiger Nettowert der Aktiven» (= Kapitalwerte) an Stelle des Begriffs «Gewinne» zu verwenden. Sowohl Aktivwerte wie Gewinne werden selbstverständlich nicht bloß erhalten, sondern maximal gestaltet.

Indessen bedarf die Behauptung der Sabotage kostenmindernder Verbesserung im Vorbeigehen noch eines Kommentars. Wie eine kurze Überlegung zeigen wird, genügt es, den Fall eines Konzernes zu untersuchen, der eine technische Erfindung kontrolliert – sagen wir ein Patent –, deren Auswertung die teilweise oder ganze Verschrottung der Anlagen und der Ausrüstung nach sich zöge. Wird er, um seine Kapitalwerte zu erhalten, von der Verwertung dieser Erfindung absehen, während eine nicht durch kapitalistische Interessen gehemmte Leitung, zum Beispiel eine sozialistische Leitung, sie zum Vorteil aller verwenden könnte und würde?

Wiederum ist man versucht, die quaestio facti aufzuwerfen. Jeder moderne Konzern richtet sich – sobald er das Gefühl hat, daß er es sich leisten kann – als erstes eine Forschungsabteilung ein, in der jeder Mitarbeiter weiß, daß sein tägliches Brot von seinem Erfolg in der Erfindung von Verbesserungen abhängt. Diese Sitte läßt offenkundig nicht gerade eine Abneigung gegen den technischen Fortschritt erkennen. Auch kann man uns zur Erwiderung nicht einfach auf die Fälle verweisen, in denen die durch große Konzerne erworbenen Patente nicht sogleich oder überhaupt nicht verwendet wurden. Denn dafür können sehr gute Gründe vorliegen; zum Beispiel kann es sich zeigen, daß das patentierte Verfahren nichts taugt oder zumindest nicht die Form hat, die eine Verwertung auf wirtschaftlicher Grundlage gewährleistet. Weder die Erfinder selbst, noch die untersuchenden Ökonomen, noch die Regierungsbeamten sind hier unparteiische Richter, und aus ihren Darstellungen und Berichten wird man leicht ein sehr verzerrtes Bild gewinnen[14].

Wir befassen uns jedoch mit einer Frage der Theorie. Es herrscht Einigkeit darüber, daß sowohl eine private wie eine sozialistische Unternehmungsleitung Verbesserungen dann einführen wird, wenn mit der neuen Produktionsmethode kleinere Gesamtkosten pro Produkteinheit zu erwarten sind, als die Gestehungskosten pro Produkteinheit bei der augenblicklich verwendeten Methode betragen. Ist diese Bedingung nicht erfüllt, dann wird eine private Leitung, so wird angenommen, eine kostensenkende Methode so lange nicht einführen, als die bestehenden Anlagen und Ausrüstungen nicht völlig abgeschrieben sind, während eine sozialistische Leitung, zum sozialen Vorteil, die alte Methode jeweils durch eine neue, kostensenkende ersetzen würde, sobald eine solche zur Verfügung stünde, das heißt ohne Rücksicht auf die Kapitalwerte. Dies stimmt jedoch nicht[15].

---

[14] Beiläufig sollte bemerkt werden, daß die hier diskutierte Art von restriktiver Praxis, vorausgesetzt daß sie in bedeutendem Ausmaß besteht, nicht ohne ausgleichende Wirkungen auf die soziale Wohlfahrt wäre. Tatsächlich unterstreichen die gleichen Kritiker, die von der Sabotage des Fortschrittes sprechen, gleichzeitig die *sozialen* Verluste, die mit dem Tempo des kapitalistischen Fortschritts verbunden sind, namentlich die Arbeitslosigkeit, die dieses Tempo zur Folge hat und die ein langsameres Vorrücken bis zu einem gewissen Grad abschwächen würde. Ist demnach der technische Fortschritt für sie zu rasch oder zu langsam? Sie sollten sich darüber einmal schlüssig werden...

[15] Es sollte beachtet werden, daß selbst, wenn das Argument richtig wäre, es dennoch nicht zur Stützung der These genügte, daß der Kapitalismus unter den gewählten Bedingungen «mit dem technischen Fortschritt unvereinbar» ist. Was es beweisen würde, wäre einzig, daß in einigen Fällen die Einführung neuer Methoden eine Verspätung von gewöhnlihc mäßigem Umfang erlitt.

Eine private Unternehmungsleitung kann, wenn sie durch das Gewinnmotiv vorwärtsgetrieben wird, nicht stärker an der Werterhaltung irgend eines gegebenen Gebäudes oder irgend einer gegebenen Maschine interessiert sein als eine sozialistische Leitung es wäre. Was eine private Leitung zu erreichen sich bemüht, ist einzig die Maximalgestaltung des gegenwärtigen Nettowerts ihrer Gesamtaktiven, der gleich ist dem diskontierten Wert der erwarteten Nettoerträge. Das heißt soviel, wie daß sie stets eine neue Produktionsmethode anwenden wird, wenn sie glaubt, daß diese einen größeren Strom künftigen Einkommens pro Einheit des entsprechenden Stromes künftiger Aufwendung, beides auf die Gegenwart diskontiert, abwerfen wird, als es die augenblicklich verwendete Methode tut. Der Wert vergangener Investitionen spielt – gleichviel ob noch eine zu amortisierende Obligationenschuld parallel läuft oder nicht – überhaupt keine Rolle, es sei denn in dem Sinn und bis zu dem Ausmaß, in dem er auch in der für eine sozialistische Leitung maßgebenden Kalkulation eine Rolle spielen würde. Insoweit die Verwendung der alten Maschinen, im Vergleich zur sofortigen Einführung neuer Methoden, künftige Kosten spart, ist selbstverständlich der Rest ihrer Nutzleistungswerte ein entscheidender Faktor für die Entscheidung sowohl des kapitalistischen wie des sozialistischen Leiters; andernfalls ist Vergangenes für beide vergangen, und jeder Versuch, den Wert vergangener Investitionen zu erhalten, würde ebenso sehr den aus dem Gewinnmotiv folgenden Regeln widersprechen wie jenen Regeln, die für das Verhalten des sozialistischen Leiters maßgebend sind.

Es ist jedoch nicht richtig, daß private Unternehmungen im Besitz von Anlagen, deren Wert durch neue, ebenfalls von ihnen kontrollierte Methoden gefährdet ist, – wenn sie sie nicht kontrollieren, besteht kein Problem und auch kein Vorwurf –, die neue Methode nur dann anwenden werden, wenn mit ihr die Gesamtkosten pro Einheit kleiner sind als die Gestehungskosten bei der alten Methode, oder wenn die alte Investition *gemäß dem vor dem Auftauchen der neuen Methode beschlossenen Abschreibungsplan* völlig abgeschrieben ist. Denn wenn von den neuen Maschinen erwartet wird, daß sie nach ihrer Installation länger leben werden als der Rest der Zeit, die früher für die Verwendung der alten Maschine angesetzt war, so ist ihr diskontierter Restwert in bezug auf dieses Datum ein weiteres Aktivum, das in Rechnung gestellt werden muß. Auch ist es aus analogen Gründen nicht zutreffend, daß eine sozialistische Leitung, wenn sie rational handelt, immer und sofort jede neue Methode anwenden würde, die eine Erzeugung zu kleineren Gesamtkosten pro Einheit verspreche, oder daß dies zum sozialen Vorteil wäre.

Es gibt indessen noch ein anderes Element[16], welches das diesbezügliche Verhalten stark beeinflußt und das beständig übersehen wird. Es könnte die «*ex ante* Erhaltung von Kapital» in Erwartung weiterer Verbesserungen genannt werden. Wenn nicht in den meisten, so zumindest in vielen Fällen, sieht sich ein gut gehender Konzern nicht einfach der Frage gegenüber, ob er eine bestimmte neue Produktionsmethode anwenden soll oder nicht, die die beste verfügbare ist, die unmittelbar nutzbar gemacht werden kann und von der dann erwartet werden darf, daß sie ihre Stellung einige Zeit wird behaupten können. Ein neuer Maschinentyp ist im allgemeinen nur ein Glied in einer Kette von Verbesserungen und kann bald veralten. In einem solchen Falle wäre es offensichtlich nicht rationell, der Kette Glied um Glied zu folgen, ohne Rücksicht auf die jedesmal zu erleidenden Kapitalverluste. Die eigentliche Frage ist daher, bei welchem Glied der Konzern tätig werden soll. Die Antwort muß eine Art von Kompromiß zwischen Überlegungen darstellen, die weithin auf Mutmaßungen beruhen. Aber sie wird in der Regel eine gewisse Wartezeit bedingen, damit man sehen kann, wie die Kette verläuft. Und für den Außenstehenden mag dies leicht wie ein Versuch aussehen, Verbesserungen zu unterdrükken, um *bestehende* Kapitalwerte zu erhalten. Dennoch würde auch der geduldigste Genosse revoltieren, wenn eine sozialistische Leitung so töricht wäre, dem Rat des «Theoretikers»

---

[16] Es gibt selbstverständlich noch manche andere Elemente. Der Leser möge Verständnis dafür haben, daß es bei der Behandlung einiger weniger, prinzipieller Fragen unmöglich ist, allen berührten Themen volle Gerechtigkeit widerfahren zu lassen.

zu folgen und jedes Jahr ihre Anlagen und Ausrüstungen zu verschrotten.

5. Ich habe diesem Kapitel die Überschrift «Monopolistische Praktiken» gegeben, weil es größtenteils Tatbestände und Probleme behandelt, die die gewöhnliche Ausdrucksweise mit Monopol und monopolistischer Politik in Verbindung bringt. Bis jetzt habe ich soviel wie möglich von der Verwendung dieser Ausdrücke abgesehen, um ein paar Bemerkungen zu einigen spezifisch damit verbundenen Themen einem besonderen Abschnitt vorzubehalten. Es wird indessen hier nichts gesagt werden, dem wir nicht in der einen oder andern Form schon begegnet sind.

a) Zunächst der Begriff. Monopolist bedeutet «einziger Verkäufer». Im buchstäblichen Sinne ist deshalb jeder ein Monopolist, der irgend etwas verkauft, das nicht in jeder Hinsicht, einschließlich Verpackung und Standort und Kundendienst, genau das gleiche ist, was andere Leute verkaufen: jeder Kolonialwaren-, jeder Kurzwarenhändler, jeder Straßenverkäufer von «Firneis», der nicht in einer Reihe steht mit andern Verkäufern der gleichen Ice-Cream-Marke. Dies meinen wir jedoch nicht, wenn wir von Monopolisten sprechen. Wir meinen nur jene «einzigen Verkäufer», deren Märkte nicht dem Eindringen potentieller Produzenten der gleichen Ware und tatsächlicher Produzenten ähnlicher Waren offenstehen. Oder, um uns etwas technischer auszudrücken: wir meinen nur jene «einzigen Verkäufer», die sich einer gegebenen Nachfragekurve gegenübersehen, die völlig unabhängig sowohl von ihrer eigenen Aktion wie auch von allen Reaktionen anderer Konzerne auf ihre Aktion ist. Die traditionelle Cournot-Marshall'sche Monopoltheorie, wie sie von späteren Autoren ausgebaut und ergänzt wurde, läßt sich nur halten, wenn wir auf diese Art definieren, und es hat keinen Sinn, so scheint es, etwas ein Monopol zu nennen, worauf diese Theorie nicht paßt.

Wenn wir jedoch das Monopol solchermaßen definieren, so wird sofort klar, daß reine Fälle langfristigen Monopols nur sehr selten vorkommen können und daß selbst leidliche Annäherungen an die Erfordernisse dieses Begriffes noch seltener sein müssen als die Fälle vollkommener Konkurrenz. Die Macht, nach Belieben eine gegebene Nachfragestruktur auszunützen oder eine Nachfragestruktur, die sich unabhängig von der Aktion des Monopolisten und von den dadurch hervorgerufenen Reaktionen ändert, kann unter den Bedingungen eines intakten Kapitalismus kaum während einer genügend langen Zeitdauer bestehen, um für die Analyse der Gesamtproduktion wichtig zu werden –, es sei denn, sie wird, wie zum Beispiel im Falle von fiskalischen Monopolen, durch die staatlichen Behörden gestützt. Ein moderner Wirtschaftskonzern, der nicht *auf diese Weise* geschützt ist – das heißt, abgesehen von allem Schutz durch Zölle oder Einfuhrverbote – und doch diese Macht länger als zeitweise ausübt, ist nicht leicht zu finden und läßt sich auch nicht erdenken. Selbst Eisenbahnen und Kraft- und Licht-Konzerne mußten zuerst die Nachfrage nach ihren Dienstleistungen schaffen und, wenn sie soweit waren, ihren Markt gegen die Konkurrenz verteidigen. Außerhalb des Gebietes der öffentlichen Dienste kann die Stellung eines «einzigen Verkäufers» im allgemeinen nur unter der Bedingung erobert und während Jahrzehnten gehalten werden, daß er sich nicht wie ein Monopolist benimmt. Kurzfristige Monopole werden sogleich noch zur Sprache gebracht werden.

Warum dann all dies Gerede über Monopol und Monopole? Die Antwort ist nicht ohne Interesse für den, der sich mit Psychologie politischer Diskussionen befaßt. Selbstverständlich wird der Begriff des Monopols wie jeder andere ungenau verwendet. Man sagt von einem Land, daß es ein Monopol über dies oder jenes hat[17], selbst wenn die fragliche Industrie

---

[17] Diese sogenannten Monopole sind in letzter Zeit in den Vordergrund des Interesses getreten, in Verbindung mit dem Vorschlag, gewisse Rohstoffe den Angreifernationen vorzuenthalten. Die Ergebnisse dieser Diskussion haben auf dem Weg der Analogie einige Bedeutung für unser Problem. Zuerst hat man die Möglichkeiten dieser Waffe sehr hoch eingeschätzt. Beim nähern Zusehen fand man dann, daß die Liste solcher Rohstoffe zusammenschrumpfte, weil es sich immer klarer zeigte, daß es nur sehr wenig Dinge gibt, die in den in Frage stehenden Gebieten nicht selbst hergestellt oder durch andere ersetzt werden können. Und endlich begann auch der Verdacht wach zu werden, daß, obschon kurzfristig, ein gewisser Druck auf sie ausgeübt werden kann, langfristige Entwicklungen

in schwerer Konkurrenz steht, usw. Dies ist jedoch nicht alles. In den Vereinigten Staaten haben Ökonomen, Regierungsvertreter, Journalisten und Politiker eine offenbare Vorliebe für dieses Wort, weil es zu einem Schimpfnamen geworden ist, der mit Sicherheit die Feindschaft der Öffentlichkeit gegen alle so abgestempelten Interessen hervorruft. Das Monopol ist in der angelsächsischen Welt seit dem sechzehnten und siebzehnten Jahrhundert immer verurteilt und mit funktionsloser Ausbeutung in Verbindung gebracht worden, da es damals die Gepflogenheit der englischen Verwaltung war, zahlreiche monopolistische Positionen zu schaffen, die einerseits ziemlich gut dem theoretischen Modell des monopolistischen Verhaltens entsprachen und andrerseits die Welle der Entrüstung, die selbst auf die große Elisabeth ihren Eindruck nicht verfehlte, völlig rechtfertigten.

Nichts ist so zählebig wie das Erinnerungsvermögen eines Volkes. Unsere Zeit bietet noch andere und wichtigere Beispiele für die Reaktion eines Volkes auf das, was vor Jahrhunderten geschah. Jene Praxis hat die englisch sprechende Öffentlichkeit so monopol-bewußt gemacht, daß es ihr zur Gewohnheit geworden ist, dieser dunklen Macht praktisch alles zuzuschreiben, was ihr im Wirtschaftsleben nicht paßte. Namentlich für den typischen liberalen Bourgeois wurde das Monopol zum Urheber beinahe aller Mißstände, ja es wurde zu einem beliebten Kinderschreck. Adam Smith[18], der in erster Linie an Monopole des Tudor- und Stuart-Typs dachte, betrachtete sie

---

letzten Endes praktisch alles, was noch auf der Liste war, zunichte machen würden.

[18] Die unkritische Haltung läßt sich im Fall Adam Smith's und der Klassiker im allgemeinen leichter entschuldigen als im Fall ihrer Nachfolger, weil damals die Großunternehmung in unserm Sinne noch nicht aufgetaucht war. Aber selbst so gingen sie zu weit. Teilweise war dies der Tatsache zuzuschreiben, daß sie nicht nur keine befriedigende Monopoltheorie besaßen, was sie dazu verleitete, den Ausdruck reichlich unscharf zu verwenden (Adam Smith und sogar Senior deuteten zum Beispiel die Grundrente als monopolistischen Gewinn) und außerdem die Ausbeutungsmacht des Monopolisten als praktisch unbegrenzt ansahen, was natürlich auch in den extremsten Fällen falsch ist.

in furchtbarer Würde mit finsteren Blicken. Sir Robert Peel – der wie die meisten Konservativen gelegentlich mit Geschick aus der Rüstkammer des Demagogen zu borgen wußte – sprach in seinem berühmten Epilog zu seiner letzten Amtsperiode, der bei seinen Kollegen so viel Anstoß erregte, von einem Brot- oder Weizenmonopol, obwohl natürlich die englische Getreideproduktion trotz des Zollschutzes sich in vollkommener Konkurrenz befand[19]. In den Vereinigten Staaten ist «Monopol» praktisch synonym mit jeder Großunternehmung.

b) Die Theorie des einfachen und des diskrimierenden Monopols lehrt, daß – abgesehen von einem Grenzfall – der Monopolpreis höher und die Monopolproduktion geringer ist als der Konkurrenzpreis und die Konkurrenzproduktion. Dies ist richtig, vorausgesetzt daß die Methode und die Organisation der Produktion – und auch alles Übrige – in beiden Fällen genau gleich sind. In Wirklichkeit stehen jedoch dem Monopolisten überlegene Methoden zur Verfügung, die der Menge der Konkurrenten entweder nicht oder nicht so rasch zur Verfügung stehen: denn es gibt Vorteile, die zwar auf dem Konkurrenzniveau der Unternehmungen nicht völlig unerreichbar, jedoch tatsächlich nur auf dem Monopolniveau gesichert sind, zum Beispiel weil die Monopolisierung die Einflußsphäre der helleren Köpfe erweitern und die der schwächeren einengen kann[20],

[19] Dieses Beispiel illustriert die Art und Weise, in der der Ausdruck sich immer wieder in unberechtigte Verwendungen einschleicht. Schutz der Landwirtschaft und ein Monopol in landwirtschaftlichen Produkten sind völlig verschiedene Dinge. Der Kampf ging um den Zollschutz und nicht um ein nicht-vorhandenes Kartell der Bodenbesitzer oder der Pächter. Aber indem man den Zollschutz bekämpfte, warb man auch noch um Popularität. Und offenbar gab es dazu kein einfacheres Mittel, als die Zollschützler Monopolisten zu nennen.

[20] Der Leser sollte beachten, daß, während diese besondere Art der Überlegenheit als allgemeine Regel einfach unbestreitbar ist, die schwachen Köpfe, namentlich wenn ihre Besitzer völlig ausgeschaltet werden, dies wahrscheinlich nicht zugeben, und daß ihnen, und nicht den andern die Herzen der Öffentlichkeit und der nationalökonomischen Chronisten zufliegen. Dies mag etwas mit der Tendenz zu tun haben, die Kosten- oder Qualitätsvorteile quasi-monopolistischer Kombinationen herabzusetzen,

oder weil das Monopol ein unverhältnismäßig viel höheres finanzielles Ansehen genießt. Überall, wo dies zutrifft, ist also jene Behauptung nicht mehr richtig. Mit andern Worten: dieses Element der Verteidigung der Konkurrenz kann völlig versagen, weil der Monopolpreis nicht notwendig höher und die Monopolproduktion nicht notwendig kleiner sein muß, als der Konkurrenzpreis und die Konkurrenzproduktion es auf dem Niveau der Produktions- und Organisationsleistung wären, die im Bereich des zur Konkurrenzhypothese passenden Unternehmungstypus liegen.

Es kann vernünftigerweise kein Zweifel darüber bestehen, daß unter den Bedingungen unserer Epoche eine solche Überlegenheit tatsächlich der hervorstechende Zug der typischen, großdimensionierten Unternehmungseinheit ist, obschon bloße Größe dabei weder notwendig noch hinreichend ist. Nicht nur entstehen diese Einheiten im Prozeß der schöpferischen Zerstörung und arbeiten in einer vom statischen Schema völlig verschiedenen Weise, sondern in vielen, entscheidenden Fällen liefern sie die notwendige Form für die Ausführung. Sie schaffen weitgehend das, was sie nutzen. Folglich wäre die übliche Folgerung über ihren Einfluß auf die langfristige Produktion selbst dann ohne Gewicht, wenn sie echte Monopole im technischen Sinn des Wortes wären.

Die Motivierung ist völlig unwesentlich. Selbst wenn die Möglichkeit, monopolistische Preise festzusetzen, das einzige Ziel wäre, würde der Druck verbesserter Produktionsmethoden oder eines riesigen Apparates im allgemeinen darauf hintendieren, den Punkt des monopolistischen Optimums gegen den Konkurrenzkostenpreis im obigen Sinne oder darüber hinaus zu verschieben, und würde somit – vollständig oder mehr als vollständig – das Werk des Konkurrenzmechanismus[21] voll-

---

was zur Zeit eine ebenso ausgesprochene Tendenz ist wie früher ihre Übertreibung in den typischen Prospekten oder Ankündigungen der Förderer solcher Kombinationen.

[21] Die Aluminium Company of America ist kein Monopol im oben definierten technischen Sinn, unter anderm darum nicht, weil sie selbst ihre Nachfragekurve aufzubauen hatte; dieser Tatbestand genügt, um ein mit dem Cournot-Marshall'schen Schema übereinstimmendes Verhalten

bringen, *selbst wenn Restriktionen durchgeführt werden und sich eine dauernde Überschußkapazität zeigt.* Wenn freilich die Produktionsmethoden, die Organisation und so weiter nicht durch die Monopolisierung oder in Verbindung mit ihr verbessert werden, wie es beim gewöhnlichen Kartell der Fall ist, so kommt natürlich das klassische Theorem über den Monopolpreis und die Monopolproduktion wieder zu seinem Recht[22]. Ebenso tut dies eine andere populäre Vorstellung, – daß nämlich die Monopolisierung eine einschläfernde Wirkung habe. Auch dafür Beispiele zu finden, ist nicht schwer. Doch sollte keine allgemeine Theorie darauf aufgebaut werden. Denn namentlich in der weiterverarbeitenden Industrie ist eine Monopolstellung im allgemeinen kein Ruhekissen. So wie sie durch Wachsamkeit und Energie errungen wird, so kann sie auch nur durch die gleichen Eigenschaften erhalten werden. Was an einschläfernder Wirkung im modernen Wirtschaftsleben vorhanden ist, rührt von einer anderen Ursache her, auf die später noch zurückzukommen ist.

c) Auf *kurze* Sicht sind die echten Monopolpositionen oder Positionen, die sich dem Monopol nähern, sehr viel häufiger. Der Dorfkrämer am Ohio kann während einer Überschwemmung für Stunden oder sogar Tage ein wirklicher Monopolist sein. Jeder erfolgreiche Corner kann für den Augenblick ein

auszuschließen. Die meisten Ökonomen nennen sie jedoch so, und in Ermangelung echter Fälle wollen wir für die Zwecke dieser Anmerkung das gleiche tun. Von 1890 bis 1929 fiel der Preis des Grundproduktes dieses «einzigen Verkäufers» auf ungefähr 12% oder, bei Korrektur gemäß den Veränderungen des Preisniveaus (Großhandelsindex des Board of Labor) auf ungefähr 8,8%. Die Erzeugung stieg von 30 auf 103 400 Metertonnen. Der Patentschutz hörte im Jahre 1909 auf. Argumente, die von den Kosten und Gewinnen ausgehen, müssen bei der Kritik dieses «Monopols» als gewiß annehmen, daß eine Vielzahl konkurrierender Unternehmungen in kostensenkender Forschung, in der wirtschaftlichen Entwicklung des Produktionsapparates, in der Verbreitung neuer Verwendungsarten des Produktes und in der Vermeidung kostspieliger Zusammenbrüche ebenso erfolgreich gewesen wäre. Dies wird tatsächlich durch eine Kritik dieser Art angenommen, was heißt, daß der vorwärtstreibende Faktor des modernen Kapitalismus wegbedungen wird.

[22] Siehe jedoch oben § 1.

Monopol bedeuten. Eine Unternehmung, die sich auf Papieretiketten für Bierflaschen spezialisiert, kann in der Lage sein – wenn jeder mögliche Konkurrent einsieht, daß der anscheinend gute Gewinn sofort zerstört würde, wenn er ebenfalls dieses Gebiet beträte –, sich nach Belieben auf einem bescheidenen, aber immerhin bestimmten Abschnitt der Nachfragekurve zu bewegen, zumindest bis die Metalletikette diese Nachfragekurve zertrümmert.

Neue Produktionsmethoden oder neue Güter, namentlich die letzteren, gewähren nicht an und für sich schon ein Monopol, selbst wenn sie durch eine einzige Unternehmung angewandt oder erzeugt werden. Das Produkt der neuen steht mit den Produkten der alten Methoden im Wettbewerb, und die neue Ware muß eingeführt werden, das heißt: ihre Nachfragekurve muß aufgebaut werden. In der Regel sind weder Patente noch monopolistische Maßnahmen ein Schutz dagegen; doch sie können es sein im Falle außerordentlicher Überlegenheit der neuen Erfindung – namentlich wenn diese wie die Schuhmaschinen vermietet werden kann – oder im Falle neuer Waren, für die vor dem Ablauf des Patents eine dauernde Nachfrage aufgebaut wurde.

Somit ist es richtig, daß in den Unternehmerprofiten, welche die von der kapitalistischen Gesellschaft dem erfolgreichen Neuerer gebotenen Belohnungen darstellen, ein Element des echten Monopolgewinnes steckt oder stecken kann. Die mengenmäßige Bedeutung dieses Elementes, seine flüchtige Natur und seine Funktion im Prozeß, in dem es entsteht, verweisen es indessen in eine besondere Kategorie. Der Hauptwert, den die durch Patente oder monopolistische Strategie gesicherte Stellung des «einzigen Verkäufers» für einen Konzern hat, besteht nicht so sehr in der Möglichkeit, sich zeitweilig gemäß dem monopolistischen Schema zu verhalten, als vielmehr im Schutz, den sie gegen eine zeitweilige Desorganisation des Marktes gewährt, und in der Zeitspanne, die sie für eine langfristige Planung sichert. Hier geht jedoch das Argument in die früher vorgelegte Analyse über.

6. Zurückschauend stellen wir fest, daß die meisten der in diesem Kapitel berührten Tatsachen und Argumente die Ten-

denz haben, den Glanz, der einst die vollkommene Konkurrenz umgab, zu trüben, und zwar in gleichem Maße, wie sie eine günstige Ansicht über ihre Alternative nahelegen. Ich will nun von diesem Gesichtspunkt aus unser Argument noch einmal kurz formulieren.

Die traditionelle Theorie selbst hat – sogar innerhalb der von ihr gewählten Grenzen einer stationären oder *stetig* wachsenden Wirtschaft – seit der Zeit von Marshall und Edgeworth eine steigende Zahl von Ausnahmen zu den alten Behauptungen über die vollkommene Konkurrenz und, beiläufig, Freihandel entdeckt; diese haben jenen unbedingten Glauben an ihre Vorzüge erschüttert, der von der Generation zwischen Ricardo und Marshall hochgehalten wurde, – grob gesprochen J. S. Mills Generation in England und Francesco Ferraras auf dem Kontinent. Besonders die Behauptungen, daß ein vollkommenes Konkurrenzsystem in bezug auf die Produktionskräfte von idealer Wirtschaftlichkeit ist und daß es sie in einer Weise ordnet, die im Hinblick auf eine gegebene Einkommensverteilung optimal ist, – Behauptungen, die für die Frage des Verhaltens der Produktion sehr wichtig sind –, können nun nicht mehr mit der alten Überzeugung aufrechterhalten werden[23].

Weit ernster ist der Bruch, den neuere Arbeiten auf dem Gebiet der dynamischen Theorie (von Frisch, Tinbergen, Roos, Hicks und anderen) verursacht haben. Die dynamische Analyse ist die Analyse von zeitlichen Abfolgen. Um zu erklären, warum eine bestimmte wirtschaftliche Größe, zum Beispiel ein Preis, das ist, als was wir ihn in einem gegebenen Augenblick vorfinden, berücksichtigt sie nicht nur den Zustand anderer wirtschaftlicher Größen im gleichen Augenblick, wie es die statische Theorie tut, sondern auch ihren Zustand in früheren Zeitpunkten und die Erwartungen ihrer künftigen Werte. Wenn wir nun die Bedingungen herausarbeiten, die derart die verschiedenen Zeitpunkten zugehörenden Größen miteinander

---

[23] Da wir nicht näher auf dieses Thema eintreten können, möchte ich den Leser auf R. F. Kahns Aufsatz «Some Notes on Ideal Output» (*Economic Journal,* März 1935) verweisen, der vieles auf diesem Gebiet überdeckt.

verbinden[24], so ist das erste, was wir entdecken, folgende Tatsache: wenn das Gleichgewicht einmal durch irgend eine Störung vernichtet ist, dann verläuft der Prozeß der Herstellung eines neuen Gleichgewichtes nicht so sicher und rasch und wirtschaftlich, wie die alte Theorie der vollkommenen Konkurrenz es dargestellt hat; und es besteht die Möglichkeit, daß gerade der Kampf um die Anpassung ein solches System von einem neuen Gleichgewicht weiter weg anstatt näher heran führt. Dies wird in den meisten Fällen geschehen, wenn nicht die Störung geringfügig ist. In vielen Fällen reicht schon eine Verzögerung der Anpassung aus, um dieses Ergebnis hervorzubringen.

Ich kann hier nichts anderes tun, als dies am ältesten, einfachsten und bekanntesten Beispiel zu illustrieren. Wir wollen annehmen, daß Nachfrage und *beabsichtigtes* Angebot sich auf einem vollkommenen Wettbewerbsmarkt für Weizen im Gleichgewicht befinden, daß aber schlechtes Wetter die Ernte unter den Betrag senkt, den die Bauern anzubieten gedachten. Falls der Preis entsprechend steigt und die Bauern daraufhin diejenige Weizenmenge produzieren, deren Produktion sich für sie lohnen würde, wenn dieser neue Preis der Gleichgewichtspreis wäre, dann wird im nächsten Jahr ein Preissturz auf dem Weizenmarkt erfolgen. Falls nun die Bauern dementsprechend ihre Produktion einschränken, kann sich ein Preis ergeben, der noch höher ist als im ersten Jahr und der eine noch größere Ausdehnung der Produktion veranlaßt als die im zweiten Jahr erfolgte. Und so weiter in alle Ewigkeit (soweit die reine Logik dieses Prozesses in Betracht kommt). Der Leser wird sich bei einem Blick auf die Voraussetzungen leicht überzeugen, daß nicht zu befürchten ist, es würden immer höhere Preise und eine immer größere Erzeugung bis zum jüngsten Tag abwechseln. Doch selbst wenn das Phänomen auf seine richtigen Größenverhältnisse reduziert wird, so reicht es hin, um grelle Schwächen im Mechanismus des vollkommenen Wettbewerbs aufzudecken.

---

[24] Der Ausdruck Dynamik wird ungenau verwendet und enthält viele verschiedene Bedeutungen. Die obige Definition wurde von Ragnar Frisch formuliert.

Sobald man dies erkannt hat, geht viel von dem Optimismus, der die praktischen Folgerungen der Theorie dieses Mechanismus zu zieren pflegte, zum elfenbeinernen Tor hinaus.

Von unserm Standpunkt aus müssen wir jedoch noch darüber hinausgehen[25]. Wenn wir uns klar zu machen suchen, wie die vollkommene Konkurrenz im Prozeß der schöpferischen Zerstörung arbeitet oder arbeiten würde, so gelangen wir zu einem noch entmutigenderen Ergebnis. Berücksichtigen wir, daß alle wesentlichen Fakten dieses Prozesses jenem allgemeinen Schema des wirtschaftlichen Lebens fehlen, das die traditionellen Behauptungen über die vollkommene Konkurrenz stützt, so wird uns dies nicht erstaunen. Auf die Gefahr hin, mich zu wiederholen, will ich diesen Punkt noch einmal beleuchten.

Vollkommene Konkurrenz begreift freien Zutritt zu jeder Industrie mit ein. Es ist innerhalb dieser allgemeinen Theorie durchaus richtig, daß der freie Zutritt zu allen Industrien eine Bedingung für die optimale Zuteilung der Produktionskräfte und folglich für die maximale Produktion ist. Wenn unsere Wirtschaftswelt aus einer Anzahl festgegründeter Industrien bestünde, die bekannte Waren nach festgegründeten und im wesentlichen unveränderten Methoden fabrizierten, und wenn

---

[25] Es sollte beachtet werden, daß der bestimmende Zug der dynamischen Theorie nichts mit der Natur der wirtschaftlichen Wirklichkeit zu tun hat, auf die sie angewendet wird. Es ist eher eine allgemeine analytische Methode als die Untersuchung eines besonderen Prozesses. Wir können sie zur Analyse einer stationären Wirtschaft verwenden, genau so wie eine sich entwickelnde Wirtschaft vermittelst Methoden der Statik analysiert werden kann («komparative Statik»). Folglich braucht die dynamische Theorie vom Prozeß der schöpferischen Zerstörung, der nach unserer Annahme das Wesen des Kapitalismus ausmacht, nicht besonders Kenntnis zu nehmen und hat es tatsächlich auch nicht getan. Sie ist ohne Zweifel für die Behandlung vieler, bei der Analyse dieses Prozesses entstehender Fragen des Mechanismus besser ausgerüstet als die statische Theorie. Aber sie ist nicht eine Analyse dieses Prozesses selbst und sie behandelt die dabei entstehenden einzelnen Störungen gegebener Zustände und Strukturen ganz gleich wie andere Störungen auch. Es ist deshalb nicht das gleiche, ob man das Funktionieren des vollkommenen Wettbewerbes vom Standpunkt der kapitalistischen Entwicklung oder vom Standpunkt der dynamischen Theorie aus beurteilt.

nichts geschähe, als daß zusätzliche Arbeitskräfte und zusätzliche Ersparnisse sich zusammentäten, um neue Unternehmungen der bestehenden Art zu gründen, dann wären Maßnahmen zur Verhinderung ihres Eintritts in irgend eine Industrie, die ihnen eintretenswert erscheint, gleichbedeutend mit Verlusten für die Allgemeinheit. Indessen kann der völlig freie Zutritt zu einem *neuen* Gebiet jegliches Betreten generell verunmöglichen. Die Einführung neuer Produktionsmethoden und neuer Waren ist bei einer von Anfang an vollkommenen – und ganz sofortigen – Konkurrenz kaum denkbar. Dies bedeutet aber, daß die große Masse dessen, was wir wirtschaftlichen Fortschritt nennen, hiermit nicht vereinbar ist. Falls etwas Neues eingeführt wird, wird stets – heute so gut wie in früheren Zeiten – die vollkommene Konkurrenz zeitweilig aufgehoben, entweder automatisch oder durch besondere, zweckbestimmte Maßnahmen, – selbst dann, wenn im übrigen die Bedingungen der vollkommenen Konkurrenz maßgebend sind.

In ähnlicher Weise ist innerhalb des traditionellen Systems die übliche Verurteilung der starren Preise durchaus am Platz. Starrheit ist eine Art von Widerstand gegen die Anpassung, welche die vollkommene und sofortige Konkurrenz ausschließt. Und für die Art der Anpassung und für jene Bedingungen, die von der traditionellen Theorie behandelt wurden, ist es wiederum durchaus richtig, daß ein solcher Widerstand Verlust und Produktionseinschränkung bedeutet. Aber wir haben gesehen, daß im ruckweisen und wechselvollen Prozeß der schöpferischen Zerstörung das Gegenteil richtig sein kann: vollkommene und sofortige Beweglichkeit kann sogar sinnlose Katastrophen erzeugen. Dies kann natürlich auch durch die allgemeine dynamische Theorie begründet werden, die wie oben erwähnt, zeigt, daß es Anpassungsversuche gibt, die das Ungleichgewicht verstärken.

Unter ihren eigenen Voraussetzungen hat die traditionelle Theorie wiederum recht, wenn sie behauptet, daß Gewinne über das Maß hinaus, das in jedem einzelnen Falle nötig ist, um eine Gleichgewichtsmenge von Produktionsmitteln, einschließlich der Unternehmerfähigkeit, auf den Plan zu rufen, einen Nettoverlust zugleich anzeigt und mit sich bringt, und daß eine Wirtschaftsstrategie, die diese Gewinne beizubehalten bezweckt, der Zunahme der Gesamtproduktion feindlich ist. Vollkommene Konkurrenz würde solche Übergewinne verhindern oder sofort beseitigen und keinen Raum für diese Strategie lassen. Da jedoch im Prozeß der kapitalistischen Entwicklung diese Gewinne neue organische Funktionen erhalten – ich will sie hier nicht nochmals aufzählen –, so kann dieser Tatbestand nun nicht mehr unbedingt zugunsten des vollkommenen Konkurrenzmodells gebucht werden, insoweit als die langfristige Wachstumsrate der Gesamtproduktion in Frage steht.

Schließlich: es kann tatsächlich gezeigt werden, daß unter den gleichen Annahmen – die gleichbedeutend sind mit dem Ausschluß der charakteristischsten Züge der kapitalistischen Wirklichkeit – eine vollkommene Konkurrenzwirtschaft verhältnismäßig frei von Unwirtschaftlichkeit ist und namentlich von jenen Arten der Verschwendung, die wir so bereitwillig mit ihrem Gegenstück verbinden. Dies gibt uns jedoch keinen Aufschluß darüber, wie ihr Konto unter den vom Prozeß der schöpferischen Zerstörung gesetzten Bedingungen aussieht.

Einerseits kann vieles, was ohne Berücksichtigung dieser Bedingungen als ununterbrochene Vergeudung erscheint, nicht mehr als solche gelten, wenn die gebührende Verknüpfung hergestellt wird. Als Beispiel sei jener Typ der Überschußkapazität genannt, der seine Existenz der Gewohnheit verdankt, «in Vorwegnahme der Nachfrage zu bauen», oder der Gewohnheit, die Kapazität für die zyklischen Nachfragespitzen bereitzustellen; dieser Typus würde unter der Herrschaft der vollkommenen Konkurrenz stark reduziert. Wenn indessen *alle* Faktoren des Falles berücksichtigt werden, ist es nicht mehr richtig zu sagen, die freie Konkurrenz gewinne bei dieser Rechnung. Zwar würde ein Konzern, der die Preise akzeptieren muß und sie nicht diktieren kann, tatsächlich seine gesamte Kapazität ausnutzen, soweit sie zu Grenzkosten produzieren kann, die durch die geltenden Preise gedeckt werden; daraus folgt aber nicht, daß er je die quantitative und qualitative Kapazität haben wird, die die Großunternehmung geschaffen hat und die sie zu schaffen vermochte, gerade weil sie in der Lage ist, sie «strategisch» zu nutzen. Eine derartige Überschußkapazität kann den Anspruch einer sozialistischen Wirtschaft auf Überlegenheit begründen, – in gewissen Fällen tut sie es, in andern nicht. Sie sollte jedoch nicht ohne weiteres als Überlegenheitsanspruch der «vollkommenen Konkurrenz»-Spezies der kapitalistischen Wirtschaft im Vergleich zur «monopoloiden» Spezies angeführt werden.

Andrerseits weist die Ordnung der vollkommenen Konkurrenz, wenn sie unter den Bedingungen der kapitalistischen Entwicklung arbeitet, Unwirtschaftlichkeiten eigener Art auf. Der Unternehmungstypus, der mit der vollkommenen Konkurrenz vereinbar ist, ist in vielen Fällen in bezug auf die innere, namentlich technische, Leistungsfähigkeit unterlegen; ist er dies, dann vergeudet er wirtschaftliche Chancen. Er kann auch bei seinen Bestrebungen, seine Produktionsmethoden zu verbessern, Kapital vergeuden, weil er in einer weniger günstigen Lage ist, um neue Möglichkeiten zu entwickeln und richtig zu beurteilen. Und, wie wir bereits gesehen haben, eine Industrie mit vollkommener Konkurrenz wird unter dem Druck des Fortschritts oder äußeren Störungen viel leichter deroutiert, verbreitet auch viel rascher die Depressionsbazillen als die Großunternehmung. Letzten Endes sind die amerikanische Landwirtschaft, der englische Kohlenbergbau und die englische Textilindustrie für den Konsumenten viel kostspieliger und beeinflussen die *Gesamt*produktion viel nachteiliger, als sie es täten, wenn jede von einem Dutzend heller Köpfe kontrolliert würde.

So genügt denn das Argument nicht, daß, weil die vollkommene Konkurrenz unter modernen industriellen Bedingungen unmöglich ist – oder weil sie schon immer unmöglich war –, die Großunternehmung oder die große Kontrolleinheit als notwendiges Übel akzeptiert werden muß, das untrennbar mit dem wirtschaftlichen Fortschritt verbunden ist und das durch die dem Produktionsapparat inhärenten Kräfte an seiner Sabotierung verhindert wird. Wir müssen vielmehr anerkennen, daß die Großunternehmung zum kräftigsten Motor dieses Fortschritts und insbesondere der langfristigen Ausdehnung der Gesamtproduktion geworden ist, – und zwar nicht nur im Gegensatz, sondern in einem beträchtlichen Ausmaß gerade im Gefolge dieser Strategie, die vom Einzelfall und vom einzelnen Zeitpunkt aus gesehen so restriktiv aussieht. In dieser Hinsicht ist die vollkommene Konkurrenz nicht allein unmöglich, sondern auch unterlegen, und sie kann keinen Anspruch erheben, als Muster idealer Leistungsfähigkeit zu gelten. Es ist deshalb ein Fehler, die Theorie der staatlichen Regulierung der Industrie auf das Prinzip zu gründen, daß die Großunternehmung so arbeiten sollte, wie die entsprechende Industrie es bei vollkommener Konkurrenz täte. Und die Sozialisten sollten in ihrer Kritik sich eher auf die Vorzüge einer sozialistischen Wirtschaft als auf die des Konkurrenzmodells berufen.

NEUNTES KAPITEL

SCHONZEIT

Es steht beim Leser zu entscheiden, wie weit die vorangegangene Analyse ihr Ziel erreicht hat. Die Nationalökonomie ist nur eine beobachtende und deutende Wissenschaft; infolgedessen kann in Fragen wie den unsrigen der Raum für Meinungsverschiedenheiten nur eingeengt, nicht auf Null reduziert werden. Aus dem gleichen Grund führt die Lösung unseres ersten Problems nur an die Pforte eines weiteren, was in einer experimentellen Wissenschaft überhaupt nicht vorkäme.

Das erste Problem bestand darin, herauszufinden, ob es eine, wie ich sie genannt habe (Seite 121), «verstehbare Beziehung» gibt zwischen den strukturellen Eigenschaften des Kapitalismus, wie sie durch die verschiedenen analytischen «Modelle» dargestellt werden, einerseits, und der ökonomischen Leistung, wie sie für die Epoche des intakten oder verhältnismäßig unbehinderten Kapitalismus durch den Index der Gesamtproduktion dargestellt wird, andrerseits. Meine bejahende Antwort auf diese Frage beruhte auf einer Analyse, die in einer von den meisten Ökonomen gebilligten Richtung verlief bis zu dem Punkt, an welchem eine Erscheinung, die gewöhnlich die moderne Tendenz zu monopolistischer Kontrolle genannt wird, die Bühne betrat. Von da an ist meine Analyse von der üblichen Richtung abgewichen; ich habe nachzuweisen gesucht, daß das, was praktisch jedermann dem Kapitalismus der «vollkommenen Konkurrenz» zubilligt (sei dieser nun eine theoretische Konstruktion oder, zu irgend einer Zeit, eine historische Realität), sogar noch in höherem Grad dem «Großunternehmer»-Kapitalismus zugebilligt werden muß. Da wir jedoch Antriebskraft und Maschine nicht auf eine Versuchsstation bringen können, um sie unter sorgfältig kontrollierten Bedingungen arbeiten zu lassen, gibt es keine Möglichkeit, um einen über alle Zweifel erhabenen Beweis zu erbringen, daß sie gerade dieses Ergebnis, nämlich die beobachtete Entwicklung der Produktion, hervorzubringen geeignet sind. Wir können einzig sagen, daß es eine eindrückliche Leistung war und daß die kapitalistische Ordnung für ihre Erzeugung günstig gewesen ist. Und genau dies ist der Grund, aus dem wir nicht bei unserer Schlußfolgerung Halt machen können, sondern ein anderes Problem ins Auge fassen müssen.

A priori könnte es möglich sein, die beobachtete Leistung durch außergewöhnliche Umstände zu erklären, die sich in jeder institutionellen Ordnung durchgesetzt hätten. Der einzige Weg, sich mit dieser Möglichkeit zu befassen, ist der, daß man die wirtschaftliche und politische Geschichte der in Frage stehenden Periode untersucht und alle außergewöhnlichen Umstände, die wir ausfindig machen können, diskutiert. Wir wollen dem Problem so zu Leibe rücken, daß wir alle Kandidaten, die für die Rolle der außergewöhnlichen, dem kapitalistischen Wirtschaftsprozeß nicht inhärenten Umstände von Ökonomen oder Historikern aufgestellt wurden, einer Prüfung unterziehen. Es sind ihrer fünf.

Der erste ist die Tätigkeit des Staates, der für die Zwecke dieses Argumentes als gegenüber der Wirtschaftswelt externer Faktor betrachtet werden mag, obschon ich völlig der Auffassung von Marx bin, daß Politik und politische Maßnahmen nicht unabhängige Faktoren, sondern Elemente des von uns analysierten sozialen Prozesses sind. Die Periode von ungefähr 1870 bis 1914 stellt beinahe einen Idealfall dar. Es dürfte schwierig sein, eine andere Zeitspanne zu finden, die ebenso frei sowohl von Antrieben wie von Dämpfern war, wie sie vom politischen Sektor des sozialen Prozesses ausgehen können. Die Befreiung der unternehmerischen Tätigkeit und der Industrie und des Handels im allgemeinen von allen Fesseln war weitgehend schon vorher vollzogen worden. Es wurden zwar neue und andere Fesseln und Lasten – die soziale Gesetzgebung usw. – auferlegt; aber niemand wird behaupten, daß sie wichtigere Faktoren in der wirtschaftlichen Situation vor 1914 waren. Es gab Kriege; aber keiner war wirtschaftlich bedeutsam genug, um in der einen oder andern Richtung einen wesentlichen Einfluß auszuüben. Der deutsch-französische

Krieg, der mit der Gründung des Deutschen Reiches endete, könnte etwelche Zweifel entstehen lassen; aber das wirtschaftlich entscheidende Ereignis war letzten Endes die Gründung des Zollvereins gewesen. Es gab Rüstungsausgaben; aber unter den Verhältnissen des 1914 endenden Jahrzehnts, in dem sie wirklich bedeutendes Ausmaß annahmen, waren sie mehr hindernder als fördernder Natur.

Der zweite Kandidat ist das Gold. Es ist ein großes Glück, daß wir uns nicht in das Dickicht von Fragen begeben müssen, das den *modus operandi* der neuen Goldplethora umgibt, welche ungefähr seit 1890 entstanden ist. Denn da in den ersten zwanzig Jahren jener Periode tatsächlich das Gold knapp war und da die Wachstumsrate der Gesamtproduktion damals nicht kleiner war als später, kann die Goldproduktion kein ausschlaggebender Faktor für die Produktionsleistung des Kapitalismus gewesen sein, – gleichviel wie groß oder wie gering ihre Bedeutung für Aufschwungs- und Depressionsphasen gewesen sein mag. Das gleiche gilt auch hinsichtlich der monetären Maßnahmen, die zu jener Zeit eher einen adaptiven als einen aggressiven Charakter hatten.

Drittens ist die Bevölkerungsvermehrung zu nennen, die – gleichviel ob Ursache oder Folge des wirtschaftlichen Fortschritts – sicherlich einer der für die Wirtschaftslage ausschlaggebenden Faktoren war. Sofern wir nicht behaupten wollen, daß sie *ausschließlich* Folge gewesen sei, und nicht annehmen wollen, daß jede Produktionsveränderung stets eine entsprechende Bevölkerungsveränderung nach sich zieht, während wir die Möglichkeit eines umgekehrten Zusammenhanges ablehnen, – was natürlich alles absurd wäre –, muß dieser Faktor als wählbarer Kandidat aufgeführt werden. Im Augenblick genügt eine kurze Bemerkung, um die Situation zu klären.

Unabhängig von der sozialen Organisation wird im allgemeinen eine große Zahl Erwerbstätiger mehr als eine kleine Zahl produzieren. Wenn von irgend einem Teil der tatsächlichen Bevölkerungszunahme während dieser Epoche angenommen werden kann – was selbstverständlich zulässig ist –, daß er unabhängig von den durch das kapitalistische System gezeitigten Ergebnissen eingetreten ist (in dem Sinne, daß er unter jedem andern System auch eingetreten wäre), so muß infolgedessen die Bevölkerung in diesem Ausmaß als externer Faktor verzeichnet werden. Im gleichen Ausmaß ist die beobachtete Zunahme der Gesamtproduktion nicht mehr der Maßstab der kapitalistischen Leistung, sondern läßt sie übertrieben groß erscheinen.

Ceteris paribus wird indessen eine größere Zahl von Erwerbstätigen im allgemeinen weniger pro Kopf der Beschäftigten oder der Bevölkerung produzieren als eine etwas kleinere Zahl es täte, unabhägig von der sozialen Organisation. Dies folgt aus der Tatsache, daß, je größer die Zahl der Arbeiter ist, desto kleiner der Betrag der andern Faktoren sein wird, mit denen der einzelne Arbeiter zusammenarbeitet[1]. Wenn die Produktion pro Kopf der Bevölkerung als Maßstab der kapitalistischen Leistung gewählt wird, so führt infolgedessen die beobachtete Zunahme leicht zur Unterschätzung der tatsächlichen Großtat, weil ein Teil von ihr fortwährend dadurch absorbiert wurde, daß er den Rückgang der Produktion pro Kopf ausglich, der sonst eingetreten wäre. Andere Aspekte dieses Problems werden wir später noch betrachten.

Der vierte und der fünfte Kandidat finden bei den Ökonomen mehr Unterstützung, können aber unbesorgt beiseite gelassen werden, solange wir uns mit der Leistung in der Vergangenheit befassen. Neuland ist der eine Kandidat. Der weite Raum, der – wirtschaftlich gesprochen – während dieser Periode in die amerikanisch-europäische Sphäre eintrat, – die enorme Menge von Nahrungsmitteln und Rohstoffen, die sich aus ihm ergoß –, alle die Städte und Industrien, die überall auf dieser Basis aufschossen –, war dies nicht ein ganz außergewöhnlicher, ja ein völlig einzigartiger Faktor in der Entwicklung der Produktion? Und war dies nicht eine Gabe des Himmels, die bei jedem Wirtschaftssystem, auf das sie gerade fiel, einen gewaltigen Zuwachs an Reichtum erzeugt hätte? Es gibt eine Schule

[1] Diese Darstellung des Zusammenhanges ist keineswegs zufriedenstellend; aber sie dürfte für unsern Zweck genügen. Der kapitalistische Teil der Welt als Ganzes genommen hatte sich damals bestimmt schon über jene Grenzen hinaus entwickelt, innerhalb derer die gegenteilige Tendenz wirksam ist.

sozialistischer Denker, die diese Auffassung vertreten und die tatsächlich auf diese Weise erklären, warum Marxens Prophezeiungen eines ständig zunehmenden Elends nicht eingetroffen sind. Sie machen die Ergebnisse der Ausbeutung jungfräulicher Gebiete für die Tatsache verantwortlich, daß wir nicht mehr an Ausbeutung der Arbeit zu Gesicht bekamen; dank dieses Faktors durfte das Proletariat eine Gnadenfrist genießen.

Über die Bedeutung der durch die Existenz neuer Länder gebotenen Möglichkeiten besteht kein Zweifel. Und selbstverständlich waren sie einzigartig. Aber immer bilden «objektive Möglichkeiten», – das heißt: Möglichkeiten, die unabhängig von jeglicher sozialen Ordnung bestehen –, die Vorbedingungen des Fortschritts, und jede von ihnen ist geschichtlich einzigartig und einmalig. Kohlen- und Eisenerzvorkommen in England oder Petroleumvorkommen in den Vereinigten Staaten oder in andern Ländern sind nicht weniger wichtig und bieten Möglichkeiten, die nicht weniger einzigartig sind. Der ganze kapitalistische Prozeß besteht wie jeder andere wirtschaftliche Entwicklungsprozeß in nichts anderem als in der Ausnützung solcher Möglichkeiten, wie sie gerade am Horizont des Geschäftsmanns auftauchen, und es hat keinen Sinn zu versuchen, die eine hier diskutierte Möglichkeit auszusondern, um aus ihr einen externen Faktor zu machen. Es besteht um so weniger Grund dazu, da die Erschließung dieser neuen Länder Schritt für Schritt durch wirtschaftliche Unternehmungslust erreicht wurde und da die Wirtschaftsunternehmungen für alle nötigen Vorbedingungen sorgten (Bau von Eisenbahnen und Kraftwerken, Schiffsverkehr, landwirtschaftliche Maschinen usw.). Somit war dieser Prozeß wesentlicher Bestandteil der kapitalistischen Leistung und stand auf gleichem Fuß wie das übrige. Die Ergebnisse gehen daher mit vollem Recht in unsere zwei Prozente ein. Wiederum könnten wir das *Kommunistische Manifest* zur Unterstützung anrufen.

Der letzte Kandidat ist der technische Fortschritt. Ist es nicht viel eher der Strom von Erfindungen, die die Produktionstechnik revolutionierten, als Jagd des Geschäftsmanns nach Gewinnen, woraus die beobachtete Leistung zu erklären ist? Die Antwort muß negativ lauten. Die Verwirklichung jener technischen Neuerungen gehört zum Wesen dieser Jagd. Wie gleich noch näher zu erklären sein wird, waren sogar die Erfindungen selbst eine Funktion des kapitalistischen Prozesses, der verantwortlich ist für die geistigen Gewohnheiten, welche Erfindungen hervorbringen. Es ist deshalb ganz falsch – und auch ganz un-Marxisch –, wenn man, wie viele Ökonomen es tun, behauptet, daß die kapitalistische Unternehmung und der technische Fortschritt zwei verschiedene Faktoren in der beobachteten Produktionsentwicklung gewesen seien; sie waren ihrem Wesen nach ein und dasselbe, oder, wie wir es auch ausdrücken können, die erste war die treibende Kraft des zweiten.

Sowohl das Neuland wie der technische Fortschritt können störend werden, sobald wir zur Extrapolation übergehen. Obschon Leistungen des Kapitalismus, ist es denkbar, daß sie Leistungen sind, die nicht wiederholt werden können. Und obwohl wir nun guten Grund zur Annahme haben, daß die beobachtete Entwicklung der Produktion pro Kopf der Bevölkerung während der Periode des Hochkapitalismus kein Zufall war, sondern als ungefährer Maßstab für die Leistung des Kapitalismus gelten darf, so sehen wir uns noch einer andern Frage gegenübergestellt, – der Frage, wie weit die Annahme berechtigt ist, daß die kapitalistische Maschine in der nächsten Zukunft, sagen wir während weiterer vierzig Jahre, so erfolgreich wie in der Vergangenheit weiterarbeiten wird – oder es tun würde, wenn sie es dürfte.

ZEHNTES KAPITEL

DAS SCHWINDEN DER INVESTITIONSCHANCE

Die Natur dieses Problems kann höchst eindrücklich auf dem Hintergrund der zeitgenössischen Diskussion dargestellt werden. Die heutige Generation von Ökonomen hat nicht nur eine weltumspannende Depression von ungewöhnlicher Schwere und Dauer, sondern auch eine darauffolgende Periode zögernder und unbefriedigender Erholung erlebt. Ich habe bereits meine eigene Interpretation[1] dieser Phänomene vorgelegt und die Gründe angegeben, warum ich nicht glaube, daß sie notwendig einen Bruch im Trend der kapitalistischen Entwicklung zeigen. Es ist jedoch nur natürlich, daß viele oder gar die meisten meiner ökonomischen Kollegen anderer Ansicht sind. Tatsächlich haben sie die Empfindung – genau so wie einige ihrer Vorgänger zwischen 1873 und 1896, obschon damals diese Auffassung sich hauptsächlich auf Europa beschränkte –, daß der kapitalistische Prozeß an einem entscheidenden Wendepunkt stehe. Nach dieser Ansicht waren wir nicht bloß Zeugen einer Depression und einer armseligen Erholung, die vielleicht noch durch antikapitalistische Maßnahmen betont wurden, sondern Zeugen der Symptome eines dauernden Verlustes von Lebenskraft, der voraussichtlich weiterdauern und in den verbleibenden Sätzen der kapitalistischen Symphonie das vorherrschende Thema bilden wird. Infolgedessen können vom Funktionieren der kapitalistischen Maschine und ihrer Leistung in der Vergangenheit keine Schlüsse auf die Zukunft gezogen werden.

Diese Ansicht wird von vielen vertreten, bei denen nicht der Wunsch der Vater des Gedankens ist. Allein wir werden verstehen, daß die Sozialisten, bei denen er es ist, mit besonderer Behendigkeit von diesem Glücksfall Gebrauch gemacht haben, – einige von ihnen gingen so weit, die Basis ihrer antikapitali-

---

[1] Siehe Kapitel 5, Seite 109.

stischen Argumentation völlig auf dieses Gebiet zu verschieben. Dabei ernteten sie den zusätzlichen Vorteil, daß sie nun wieder auf die Marxsche Tradition zurückgreifen konnten, von welcher mehr und mehr abzurücken die geschulten Ökonomen unter ihnen sich gezwungen gesehen hatten, worauf ich weiter oben aufmerksam gemacht habe. In gewissem Sinn – im ersten Kapitel ist dieser erklärt – hatte Marx einen solchen Stand der Dinge vorausgesagt: nach ihm würde der Kapitalismus vor seinem tatsächlichen Zusammenbruch in einen Zustand der Dauerkrise eintreten, die nur zeitweilig noch von schwachen Aufschwüngen oder günstigen Zufallsereignissen unterbrochen würde. Dies ist noch nicht alles. Vom Marxschen Standpunkt aus läßt sich die Sache so darstellen, daß man besonders die Wirkungen der Kapitalakkumulation und der Kapitalagglomeration auf die Profitrate und, durch die Profitrate, auf die Investitionschance unterstreicht. Da der kapitalistische Prozeß immer mit einem großen Betrag von laufenden Investitionen verkoppelt war, so würde ihre auch nur teilweise Eliminierung genügen, um die Prophezeiung glaubwürdig zu machen, daß der Prozeß nahe am Kollaps ist. Zweifellos stimmt diese besondere Richtung der marxistischen Argumentation nicht nur gut mit einigen hervorstechenden Tatsachen des vergangenen Jahrzehnts überein – mit der Arbeitslosigkeit, den Überschußreserven, der Übersättigung der Geldmärkte, den unbefriedigenden Gewinnmargen und der Stockung der privaten Investitionstätigkeit –, sondern auch mit mehreren nicht-marxistischen Interpretationen. Der Abstand zwischen Marx und Keynes ist bestimmt kleiner als der frühere zwischen Marx und Marshall oder Wicksell: Sowohl die marxistische Lehre wie auch ihr nicht-marxistisches Gegenstück lassen sich gut umschreiben durch den sich selbst erklärenden Ausdruck, den wir verwenden wollen, «Die Theorie der schwindenden Investitionschance»[2].

Es ist zu beachten, daß diese Theorie in Wirklichkeit drei verschiedene Probleme aufwirft. Das erste ist mit der Frage verwandt, die den Titel dieses zweiten Teils bildet. Da nichts

---

[2] Siehe mein Buch *Business Cycles*, Kapitel 15.

in der sozialen Welt je *aere perennius* sein kann und da die kapitalistische Ordnung ihrem Wesen nach der Rahmen eines Prozesses nicht nur der wirtschaftlichen, sondern auch der sozialen Veränderung ist, bleibt nicht viel Raum übrig für abweichende Antwort. Die zweite Frage ist, ob die Kräfte und Mechanismen, die von der Theorie der schwindenden Investitionschance hervorgehoben werden, diejenigen sind, die eine besondere Betonung verdienen. In den folgenden Kapiteln werde ich eine andere Theorie vortragen über das, was letzten Endes den Kapitalismus töten wird; doch eine Anzahl von Parallelismen wird bestehen bleiben. Es gibt indessen noch ein drittes Problem. Selbst wenn die Kräfte und Mechanismen, die von der Theorie der schwindenden Investitionschance hervorgehoben werden, an sich zum Beweis hinreichten, daß im kapitalistischen Prozeß eine langfristige Tendenz zu einem schließlichen Stillstand vorhanden ist, selbst dann folgt nicht notwendig, daß die Wechsellagen des vergangenen Jahrzehnts durch sie hervorgerufen sind und daß – was für unsern Zweck hinzuzufügen wichtig ist – deshalb weiter ähnliche Wechsellagen für die nächsten vierzig Jahre zu erwarten sind.

Im Augenblick haben wir uns hauptsächlich mit diesem dritten Problem zu befassen. Doch ist viel von dem, was ich zu sagen habe, von Bedeutung auch für das zweite. Die Faktoren, welche eine pessimistische Prophezeiung hinsichtlich der Leistung des Kapitalismus in naher Zukunft rechtfertigen und welche die Vorstellung widerlegen sollen, die vergangene Leistung könne sich wiederholen, lassen sich in drei Gruppen einteilen.

Es gibt erstens die Milieufaktoren. Es ist behauptet worden, und es wird zu beweisen sein, daß der kapitalistische Prozeß eine Verteilung der politischen Macht und eine sozio-psychologische Haltung (die ihren Ausdruck in entsprechenden politischen Maßnahmen findet) erzeugt, die ihm feindlich sind und die voraussichtlich so sehr erstarken werden, daß sie letzten Endes die Funktionsfähigkeit der kapitalistischen Maschine vernichten. Dieses Phänomen werde ich für eine spätere Betrachtung aufsparen. Was nun folgt, muß mit dem entsprechenden Vorbehalt gelesen werden. Es sollte jedoch beachtet werden, daß diese Haltung und verwandte Faktoren auch die Motiv-

Kraft der bourgeoisen Profitwirtschaft selbst beeinflussen und daß darum dieser Vorbehalt mehr überdeckt, als man vielleicht auf den ersten Blick denkt, – jedenfalls mehr als bloß die «Politik».

Da ist zweitens die kapitalistische Maschine selbst. Die Theorie der schwindenden Investitionschance tritt gern auf in Verbindung mit einer anderen Theorie (– die sie nicht unbedingt einschließt –), derzufolge die moderne Großunternehmung eine versteinerte Form des Kapitalismus darstellt, welcher Restriktionsmaßnahmen, Starrheit der Preise, ausschließliche Sorge um die Bewahrung der vorhandenen Kapitalwerte usw. von Natur aus inhärent sind. Damit haben wir uns bereits beschäftigt.

Endlich gibt es noch das, was als das «Material» bezeichnet werden kann, von dem sich die kapitalistische Maschine nährt, d. h. die Möglichkeiten, die sich für neue Unternehmungen und neue Investitionen bieten. Die hier diskutierte Theorie legt solchen Nachdruck auf dieses Element, daß das Etikett gerechtfertigt ist, das wir ihr angeheftet haben. Die Hauptgründe für die Behauptung, daß die Chancen für Privat-Unternehmung und -Investition schwinden, sind folgende: Sättigung, Bevölkerung, neue Gebiete, technische Möglichkeiten und der Umstand, daß viele vorhandene Investitionsmöglichkeiten eher in die Sphäre der öffentlichen als der privaten Investition gehören.

1. Bei jedem gegebenen Stand der menschlichen Bedürfnisse und der Technik (im weitest möglichen Sinn dieses Wortes) gibt es selbstverständlich für jeden Satz der Reallöhne einen bestimmten Betrag von fixem und zirkulierendem Kapital, der Sättigung bedeutet. Wenn die Bedürfnisse und Produktionsmethoden für immer auf ihrem Stand von 1800 eingefroren wären, wäre ein solcher Punkt schon längst erreicht worden. Ist es jedoch nicht denkbar, daß die Bedürfnisse eines Tages so vollständig befriedigt sind, daß sie nachher für immer gefrieren? Einige Weiterungen dieses Falles werden gleich noch dargelegt werden; solange wir uns jedoch mit dem abgeben, was in den nächsten vierzig Jahren geschehen mag, brauchen wir uns offensichtlich nicht den Kopf über diese Möglichkeit zu zerbrechen.

Wenn sie je verwirklicht würde, so würde freilich der gegenwärtige Geburtenrückgang und noch mehr ein tatsächlicher Bevölkerungsrückgang zu einem wichtigen Faktor bei der Beschränkung der Investitionsmöglichkeiten (abgesehen von Ersatzinvestitionen) werden. Denn wenn jedermanns Bedürfnisse befriedigt oder beinahe befriedigt wären, dann wäre die Zunahme der Konsumenten *ex hypothesi* die einzige bedeutendere Quelle für eine zusätzliche Nachfrage. Doch unbeschadet dieser Möglichkeit gefährdet ein Rückgang der Zuwachsrate der Bevölkerung nicht *per se* die Investitionschance oder die Zuwachsrate der Gesamtproduktion pro Kopf[3]. Davon können wir uns leicht durch eine kurze Prüfung der üblichen gegenteiligen Behauptungen überzeugen.

Auf der einen Seite wird behauptet, daß eine abnehmende Zuwachsrate der Gesamtbevölkerung *ipso facto* eine abnehmende Zuwachsrate der Produktion und folglich der Investition bedeutet, weil sie die Ausdehnung der Nachfrage einschränke. Dies folgt jedoch nicht daraus. Bedürfnis und effektive Nachfrage sind nicht das gleiche. Wären sie es, so wären die ärmsten Nationen diejenigen, die die kräftigste Nachfrage entfalten. In Wirklichkeit können die Einkommensteile, die durch den Geburtenrückgang freigesetzt werden, in andere Kanäle geleitet werden, und sie werden besonders leicht in allen jenen Fällen derart abgeleitet, in denen der Wunsch, die Nach-

---

[3] Dies gilt auch für einen kleinen Rückgang der absoluten Bevölkerungszahl, so wie er in nicht allzulanger Zeit in Großbritannien eintreten kann (siehe E. Charles, *London and Cambridge Economic Service*, Memo. No. 40). Ein namhafter absoluter Rückgang würde zusätzliche Probleme aufwerfen. Diese werden wir jedoch beiseite lassen, weil nicht zu erwarten ist, daß er sich während der von uns untersuchten Zeitspanne ereignen wird. Doch werden durch das Altern einer Bevölkerung andere Probleme sowohl wirtschaftlicher wie politischer wie sozial-psychologischer Natur aufgeworfen. Obschon sie sich bereits abzuzeichnen beginnen – es gibt praktisch so etwas wie ein «Foyer der Alten» –, können wir auch darauf nicht eingehen. Es sollte jedoch beachtet werden, daß, solange das Pensionierungsalter das gleiche bleibt, der prozentuale Anteil jener, für die ohne Gegenleistung gesorgt werden muß, durch die rückläufige Prozentzahl der Personen unter fünfzehn Jahren nicht beeinflußt zu werden braucht.

frage nach andern Gütern auszudehnen, das eigentliche Motiv der Kinderlosigkeit ist. Als einigermaßen wirksame Verteidigung könnte einzig die Tatsache betont werden, daß die Nachfragekurven, die für eine zunehmende Bevölkerung charakteristisch sind, besonders gut berechenbar sind und somit besonders verläßliche Investitionsgelegenheiten bieten. Aber für die Wünsche, die alternative Investitionsgelegenheiten schaffen, trifft dies bei dem gegebenen Stand der Bedürfnisbefriedigung nicht weniger zu. Selbstverständlich ist die Prognose für einige individuelle Produktionsbranchen, namentlich für die Landwirtschaft, tatsächlich nicht günstig. Dies darf indessen nicht mit der Prognose für die Gesamtproduktion verwechselt werden[4].

Auf der andern Seite könnten wir versucht sein zu argumentieren, daß die abnehmende Zuwachsrate der Bevölkerung die Tendenz haben wird, die Produktion von der Angebotsseite her einzuschränken. Oft ist in der Vergangenheit eine rasche Bevölkerungsvermehrung eine der Bedingungen der beobachteten Produktionsentwicklung gewesen, und wir könnten *e contrario* den Schluß ziehen, daß der zunehmende Mangel des Faktors Arbeit voraussichtlich ein einschränkendes Element sein wird. Es ist indessen, und zwar aus sehr guten Gründen, nicht viel von diesem Argument zu hören. Die Beobachtung, daß zu Beginn des Jahres 1940 die industrielle Produktion in den Vereinigten Staaten ungefähr 120% des Durchschnitts der Jahre 1923–1925 betrug, während die industrielle Beschäftigung ungefähr 100% war, gibt hinlänglich Antwort für die berechenbare Zukunft. Der Umfang der gegenwärtigen Arbeitslosigkeit – die Tatsache, daß mit fallender Geburtenrate Frauen in vermehrtem Maße für produktive Arbeit freigesetzt werden

[4] Es scheint bei manchen Ökonomen der Eindruck vorzuherrschen, daß eine Bevölkerungszunahme *per se* eine weitere Quelle der Nachfrage nach Investitionen bildet. Müssen nicht alle diese neuen Arbeiter mit Werkzeugen und den komplementären Rohstoffen ausgerüstet werden? Dies ist indessen keineswegs eindeutig so. Wofern nicht der Zuwachs einen Druck auf die Löhne ausüben darf, fehlt dieser Folgerung auf die Investitionsgelegenheiten jegliche Begründung, und selbst in diesem Fall müßte eine Abnahme der Investition pro Kopf der Beschäftigten erwartet werden.

und daß die fallende Sterblichkeitsrate eine Verlängerung des nützlichen Lebensabschnittes bedeutet –, der unerschöpfliche Strom von arbeitssparenden Erfindungen –, die Möglichkeit, komplementäre Produktionsfaktoren geringerer Qualität zu vermeiden (eine Möglichkeit, die relativ größer wird, als sie im Falle einer raschen Bevölkerungszunahme wäre, und die teilweise die Wirksamkeit des Gesetzes der abnehmenden Erträge fernhält), – all dies stützt durchaus die Erwartung von Colin Clark, daß die Produktion pro Arbeitsstunde in der nächsten Generation steigen wird[5].

Natürlich kann der Faktor Arbeit durch eine Politik der hohen Löhne und kurzen Arbeitszeit und durch politische Einmischung in die Disziplin der Arbeiterschaft künstlich verknappt werden. Ein Vergleich der wirtschaftlichen Leistung in den Vereinigten Staaten und Frankreich von 1933 bis 1940 mit der wirtschaftlichen Leistung in Japan und Deutschland während der gleichen Jahre läßt tatsächlich vermuten, daß etwas derartiges sich bereits ereignet hat. Dies gehört jedoch zur Gruppe der Milieufaktoren.

Wie meine Argumentation bald reichlich zeigen wird, bin ich sehr weit davon entfernt, das zur Diskussion stehende Phänomen leicht zu nehmen. Die fallende Geburtenrate scheint mir einer der bedeutsamsten Züge unserer Zeit zu sein. Wir werden sehen, daß er selbst von rein-ökonomischem Standpunkt aus von kardinaler Bedeutung ist, sowohl als Symptom wie auch als Ursache einer sich ändernden Motivation. Dies ist jedoch ein komplizierteres Problem. Hier befassen wir uns lediglich mit den mechanischen Wirkungen einer abnehmenden Zuwachsrate der Bevölkerung, und diese stützen sicherlich keinerlei pessimistische Vorhersagen über die Entwicklung der Produktion pro Kopf in den nächsten vierzig Jahren. Insofern tun jene Ökonomen, die aus diesem Grunde einen «Kollaps» vorhersagen, einfach das, wozu unglücklicherweise Ökonomen schon immer geneigt haben: wie sie einst die Öffentlichkeit ohne irgend zureichende Gründe ängstigten mit den wirtschaftlichen Gefahren einer übermäßigen Zahl von zu fütternden Mäulern,

---

5 *National Income and Outlay*, S. 21.

so ängstigen sie sie nun, ohne bessern Grund, mit den wirtschaftlichen Gefahren von Defiziten[6].

2. Der nächste Punkt: die Erschließung neuer Gebiete – diese einzigartige Investitionschance, die nicht ewig wiederkehren kann. Selbst wenn wir, um des Argumentes willen, zugestehen, daß die geographische Grenze der Menschheit nun endgültig geschlossen ist – was im Hinblick auf die Tatsache, daß sich zur Zeit dort Wüsten befinden, wo einst Äcker und volkreiche Städte waren, an und für sich nicht sehr einleuchtend ist –, und selbst wenn wir des weiteren zugestehen, daß in Zukunft nichts so viel zur menschlichen *Wohlfahrt* beitragen wird, wie es einst die Nahrungsmittel und Rohstoffe aus diesen neuen Ländern taten – was einleuchtender ist –, selbst dann folgt nicht, daß deshalb die Gesamtproduktion pro Kopf während des nächsten halben Jahrhunderts zurückgehen muß oder nur noch in langsamerem Tempo zunehmen kann. Dies müßte allerdings erwartet werden, wenn die Gebiete, die im neunzehnten Jahrhundert in die kapitalistische Sphäre eingetreten sind, in dem Sinne ausgebeutet worden wären, daß sich nun abnehmende Erträge geltend machen müßten. Dies ist jedoch nicht der Fall, und die abnehmende Wachstumsrate der Bevölkerung schließt, wie eben gezeigt wurde, die Vorstellung, daß die Antwort der Natur auf die menschliche Anstrengung entweder schon jetzt weniger freigebig ist als früher oder es bald werden muß, aus dem Bereich der praktischen Überlegungen

---

[6] Prophezeiungen der künftigen Bevölkerungsgröße sind seit dem siebzehnten Jahrhundert praktisch immer falsch gewesen. Dafür gibt es jedoch eine Entschuldigung. Sie mag sogar für die Lehre von Malthus gelten. Ich sehe aber keinerlei Entschuldigung für ihr Weiterbestehen. In der zweiten Hälfte des neunzehnten Jahrhunderts hätte es jedermann klar werden sollen, daß das einzig Wertvolle an Malthus' Bevölkerungsgesetz seine Einschränkungen sind. Das erste Jahrzehnt dieses Jahrhunderts hat endgültig gezeigt, daß es ein Kinderschreck war. Aber keine geringere Autorität als Keynes hat versucht, es in der Nachkriegszeit wiederzubeleben! Und noch im Jahre 1925 hat H. Wright in seinem Buche über «Bevölkerung» davon gesprochen, daß «die Errungenschaften der Zivilisation an ein bloßes Wachstum der Zahl vergeudet» werden. Werden die Ökonomen nie mündig werden?

aus. Der technische Fortschritt hat mit Erfolg den Dingen eine andere Wendung gegeben, und es ist eine der sichersten Prophezeiungen, daß wir in der berechenbaren Zukunft in einem *embarras de richesse* sowohl von Nahrungsmitteln wie von Rohstoffen leben werden, wenn wir der Ausdehnung der Gesamtproduktion so weit die Zügel schießen lassen, als wir wissen, was wir damit anfangen sollen. Dies gilt auch für die Mineralien.

Es bleibt eine andere Möglichkeit. Obschon die gegenwärtige Produktion von Nahrungsmitteln und Rohstoffen pro Kopf nicht zurückzugehen braucht und sogar zunehmen kann, so scheinen doch die großen Unternehmungs- und damit Investitionsmöglichkeiten, die sich bei der Entwicklung der neuen Länder boten, mit ihrem Abschluß geschwunden zu sein, und es werden alle möglichen Arten von Schwierigkeiten aus der dadurch entstehenden Reduktion von Anlagemöglichkeiten für Ersparnisse prophezeit. Wir wollen wiederum, um des Argumentes willen, annehmen, daß jene Länder tatsächlich endgültig entwickelt sind und daß die Ersparnisse sich nicht an die Reduktion der Anlagemöglichkeiten anpassen, Störungen und Vergeudungen verursacht werden, wenn sich nicht statt dessen andere Anlagemöglichkeiten eröffnen. Beide Annahmen sind zwar sehr unrealistisch. Aber wir brauchen sie nicht in Frage zu stellen, weil die Folgerung hinsichtlich der künftigen Produktionsentwicklung von einer dritten Voraussetzung abhängig ist, die vollständig unbegründet ist, nämlich vom Fehlen anderer Anlagemöglichkeiten.

Diese dritte Annahme erklärt sich einfach aus einem Mangel an Vorstellungskraft, und es zeigt sich beispielhaft an ihr ein Fehler, der sehr häufig die historische Interpretation verzerrt. Die besonderen Züge eines historischen Prozesses, die den Analytiker beeindrucken, haben die Tendenz, in seinem Denken in die Rolle entscheidender Ursachen zu schlüpfen, einerlei ob sie darauf ein Anrecht haben oder nicht. Was zum Beispiel der Aufstieg des Kapitalismus genannt wird, fällt grob gesprochen mit dem Zufluß von Silber aus den Potosi-Gruben und mit einer politischen Situation zusammen, in der die Ausgaben der Fürsten gewöhnlich ihre Einnahmen überstiegen, so daß sie fortwährend borgen mußten. Beide Tatbestände sind offensichtlich in mannigfacher Weise für die Wirtschaftsentwicklung jener Zeiten relevant, – sogar Bauernaufstände und religiöse Umwälzungen können in einen sinnvollen Zusammenhang mit ihnen gebracht werden. Der Analytiker zieht daraufhin leicht den übereilten Schluß, daß die Entstehung der kapitalistischen Ordnung der Dinge mit ihnen kausal verknüpft ist in dem Sinn, daß ohne sie (und ohne ein paar andere Faktoren der gleichen Art) die feudale Welt sich nicht in die kapitalistische hätte verwandeln können. Doch ist dies in Wirklichkeit eine neue Behauptung, – eine Behauptung, für die es auf den ersten Blick überhaupt keine Gewähr gibt. Es kann einzig behauptet werden, daß dies die Straße war, auf der die Ereignisse dahergezogen kamen. Daraus folgt nicht, daß es keine andere gab. Beiläufig gesagt: in diesem Fall kann nicht einmal aufrechterhalten werden, daß jene Faktoren eindeutig die kapitalistische Entwicklung begünstigten; denn wenn sie es in gewisser Beziehung sicher taten, so haben sie sie in anderer offensichtlich verzögert.

Ebenso waren, wie wir im vorangegangenen Kapitel sahen, die Unternehmerchancen, wie sie die neu der Ausbeutung erschlossenen Länder boten, sicher einmalig, aber nur in dem Sinn, in dem es alle Chancen sind. Nicht nur ist die Annahme willkürlich, daß die «Schließung der Grenze» ein Vacuum verursachen wird, sondern auch, daß notwendig alle Schritte in den leeren Raum weniger von Bedeutung sind, in jedem Sinne, den wir diesem Wort beilegen mögen. Die Eroberung der Luft kann sehr wohl wichtiger sein, als es die Eroberung von Indien war – wir dürfen geographische Grenzen nicht mit wirtschaftlichen verwechseln.

Es ist richtig, daß sich die relativen Positionen von Ländern oder Regionen erheblich ändern können, wenn eine Art von Investitionsgelegenheit durch eine andere ersetzt wird. Je kleiner ein Land oder eine Region ist und je enger ihre Geschicke mit einem besonderen Element im produktiven Prozeß verknüpft sind, desto weniger zuversichtlich werden wir ihre Zukunft beurteilen, wenn dieses Element ausgespielt hat. So *können* Agrarländer oder -gebiete durch die Konkurrenz synthetischer Produkte (zum Beispiel von Kunstseide, Farbstoffen, synthetischem Gummi) dauernde Verluste erleiden, und es wird kein Trost für sie sein, daß wenn der Prozeß als Ganzes betrachtet wird, für die Gesamtproduktion ein Nettogewinn herausschaut. Es ist auch richtig, daß die möglichen Folgen dieses Vorgangs durch die Aufteilung der wirtschaftlichen Welt in feindliche nationale Sphären sehr verstärkt werden können. Und es ist endlich auch richtig, daß wir höchstens die Behauptung aufstellen können, daß das Schwinden der durch die Entwicklung neuer Länder gegebenen Investitionschancen – wenn sie wirklich am Schwinden sind – keine Leere verursachen *muß*, die notwendig die Zuwachsrate der Gesamtproduktion beeinflussen würde. Wir können nicht dafür einstehen, daß sie wirklich durch mindestens gleichwertige ersetzt werden. Wir können auf die Tatsache verweisen, daß aus dieser Entwicklung naturgemäß weitere Entwicklungen in diesen gleichen Ländern oder in andern entstehen; wir können ein gewisses Vertrauen auf die Fähigkeit der kapitalistischen Maschine setzen, daß sie immer neue Chancen findet oder schafft, da sie gerade auf diesen Zweck hin konstruiert ist; aber solche Überlegungen führen uns nicht über unser negatives Resultat hinaus. Und wenn wir uns der Gründe erinnern, aus denen wir auf dieses Thema eingetreten sind, so genügt dies vollständig.

3. Ein analoges Argument gilt für die weit verbreitete Auffassung, daß der große Schritt im technischen Fortschritt gemacht ist und daß nur kleinere Verbesserungen übrig bleiben. Sofern diese Auffassung nicht nur die während und nach der Weltkrise vom Stand der Dinge gewonnenen Eindrücke widerspiegelt, – als ein augenscheinlicher Mangel an Neuerungsvorschlägen von besonderer Größe ein Detail des bekannten Bildes jeder großen Depression darstellte –, bildet sie ein noch besseres Beispiel als die «Schließung der Grenze der Menschheit» für jenen Irrtum der Interpretation, dem die Ökonomen so leicht verfallen. Wir befinden uns jetzt gerade im Abschwung einer Unternehmungswelle, die das elektrische Kraftwerk, die elektrische Industrie, die Elektrifikation der Landwirtschaft und der Wohnhäuser und das Auto geschaffen hat. Wir finden all dies höchst wunderbar und können um alles in der Welt nicht sehen, wo Möglichkeiten von ähnlicher Bedeutung denn noch herkommen sollen. In Wirklichkeit jedoch sind die Aussichten,

die allein die chemische Industrie bietet, vielversprechender, als was beispielsweise im Jahre 1880 vorausgesehen werden konnte, – ganz zu schweigen von der Tatsache, daß schon die Anwendung der Errungenschaften des Elektrizitätszeitalters und die Produktion moderner Wohnhäuser für die Massen genügen würde, um Investitionsmöglichkeiten für längere Zeit zu bieten.

Technische Möglichkeiten sind ein unerforschtes Meer. Wir können ein geographisches Gebiet vermessen und können, freilich nur in bezug auf eine gegebene Technik der Agrarproduktion, die relative Fruchtbarkeit der einzelnen Parzellen schätzen. Ist diese Technik gegeben und sehen wir von ihrer möglichen künftigen Entwicklung ab, so können wir uns vorstellen (obschon dies historisch falsch wäre), daß die besten Parzellen zuerst angebaut werden, nach ihnen die zweitbesten und so weiter. Zu jedem gegebenen Zeitpunkt dieses Prozesses bleiben für die künftige Bebauung nur relativ minderwertigere Parzellen übrig. Wir können jedoch nicht auf diese Art auf die künftigen Möglichkeiten des technischen Fortschritts schließen. Aus der Tatsache, daß einige von ihnen vor andern genutzt worden sind, kann nicht gefolgert werden, daß die ersten produktiver als die spätern waren. Und jene, die noch im Schoße der Götter ruhen, können mehr oder weniger produktiv sein als alle, welche bislang in den Bereich unserer Betrachtung gekommen sind. Auch hier gelangen wir nur zu einem negativen Ergebnis, das nicht einmal durch die Tatsache, daß der technische «Fortschritt» die Tendenz hat, durch Systematisierung und Rationalisierung der Forschung und der Betriebsführung wirkungsvoller zu werden und auf sichreren Füßen zu stehen, positiv gewandt werden kann. Für uns genügt jedoch das negative Ergebnis: es liegt kein Grund vor, ein Nachlassen des Produktionstempos infolge Erschöpfung der technischen Möglichkeiten zu erwarten.

4. Es bleiben noch zwei Varianten dieses Zweigs der Theorie von der schwindenden Investitionschance zu prüfen. Einige Ökonomen haben die Ansicht vertreten, daß in jedem Land die Arbeitskräfte früher oder später mit den nötigen Produktionsmitteln ausgerüstet werden müssen. Dies sei, so argumentieren sie,

in groben Zügen im Verlauf des neunzehnten Jahrhunderts vollendet worden. Während der Durchführung sei unaufhörlich eine neue Nachfrage nach Kapitalgütern entstanden, wogegen nun – mit Ausnahme von Ergänzungen – nur die Ersatznachfrage noch übriggeblieben sei. Die Periode der kapitalistischen Ausrüstung würde sich somit letzten Endes als einmaliges Intermezzo herausstellen, – ein Intermezzo, das sich charakterisiert durch die Anspannung jeden Nervs der kapitalistischen Wirtschaft, um sich die notwendige Ergänzung von Werkzeugen und Maschinen zu schaffen –, mit dem Ergebnis, daß sie zum Zwecke der Produktion für weitere Produktion in einem Maße ausgerüstet ist, das nun nicht mehr aufrechterhalten werden kann. Das ist in Tat und Wahrheit ein erstaunliches Bild des wirtschaftlichen Fortschritts. Hat es im achtzehnten Jahrhundert, ja auch in der Zeit, da unsere Vorfahren in Höhlen wohnten, keine Ausrüstung mit Produktionsmitteln gegeben? Und wenn es sie gab, warum sollte dann der Zuwachs im neunzehnten Jahrhundert sättigender gewesen sein als irgend ein früherer? Überdies stehen Zugänge zur Rüstung des Kapitalismus in der Regel im Wettbewerb mit seinen von früher bestehenden Teilen. Sie zerstören die wirtschaftliche Nützlichkeit der letzteren. Folglich kann die Aufgabe der Beschaffung von Produktionsmitteln nie endgültig gelöst werden. Die Fälle, in denen Ersatzreserven zu ihrer Lösung ausreichen – wie sie es normalerweise beim Fehlen technischer Veränderungen täten –, sind Ausnahmen. Dies ist besonders klar, wenn die neuen Produktionsmethoden in Gestalt neuer Industrien auftreten; offensichtlich sind die Automobilfabriken nicht aus den Abschreibungskonten der Eisenbahnen finanziert worden ...

Der Leser wird zweifellos bemerken, daß selbst wenn wir die Prämissen dieses Argumentes akzeptieren könnten, daraus nicht notwendig eine pessimistische Vorhersage über die Ausdehnung der Gesamtproduktion folgen müßte. Er könnte im Gegenteil die entgegengesetzte Folgerung ziehen, daß nämlich der Besitz eines umfassenden Vorrates an Kapitalgütern, der durch fortwährende Erneuerung wirtschaftliche Unsterblichkeit erlangt, die weitere Vermehrung der Gesamtproduktion sogar eher erleichtern sollte. Er hätte damit durchaus recht.

Das Argument beruht vollständig auf der Störung, die erwartet wird, wenn eine auf Kapitalgüter-Produktion abgestimmte Wirtschaft sich plötzlich einer rückläufigen Zuwachsrate der entsprechenden Nachfrage gegenübersieht. Aber diese Störung, die ja nicht plötzlich auftritt, kann leicht übertrieben werden. Es hat zum Beispiel der Stahlindustrie keine großen Schwierigkeiten bereitet, sich von einer Industrie, die beinahe ausschließlich Kapitalgüter herstellte, in eine Industrie umzuwandeln, die hauptsächlich dauerhafte Konsumgüter oder Halbfabrikate für die Produktion von dauerhaften Konsumgütern herstellt. Und obwohl die Kompensation nicht innerhalb jeder vorhandenen Kapitalgüterindustrie möglich sein mag, ist das Prinzip in allen Fällen das gleiche.

Die andere Variante ist folgende. Die großen Aufschwünge der Wirtschaftstätigkeit, die die Symptome der Prosperität über den ganzen wirtschaftlichen Organismus zu verbreiten pflegten, waren selbstverständlich immer mit einer Ausdehnung der Produzentenausgaben verbunden, die ihrerseits mit der Herstellung zusätzlicher Anlagen und Ausrüstungen verbunden waren. Nun haben einige Ökonomen entdeckt oder glauben entdeckt zu haben, daß in der Gegenwart neue technische Prozesse die Tendenz haben, weniger fixes Kapital in dem Sinne, wie es in der Vergangenheit, namentlich im Zeitalter des Eisenbahnbaus, benötigt wurde, zu brauchen. Daraus wird gefolgert, daß von nun an die Ausgaben für die Kapitalherstellung an relativer Bedeutung abnehmen. Da dies jene ruckweisen Aufschwünge der Wirtschaftstätigkeit, die augenscheinlich so viel mit der beobachteten Zuwachsrate der Gesamtproduktion zu tun haben, ungünstig beeinflussen würde, so folgt weiter, daß diese Rate abnehmen muß, namentlich wenn das Sparen im alten Tempo weitergeht.

Diese Tendenz der neuen technischen Methoden, in zunehmendem Maße Kapital zu sparen, ist bis jetzt noch nicht genügend bewiesen worden. Das statistische Material bis 1929 – spätere Angaben eignen sich nicht für unsern Zweck – weist in gegenteiliger Richtung. Alles, was die Verfechter der fraglichen Theorie geboten haben, sind ein paar isolierte Beispiele, denen man andere entgegenstellen kann. Aber wir wollen einmal zugestehen, daß eine solche Tendenz vorhanden ist. Wir sehen uns dann dem gleichen formalen Problem gegenüber, das so viele Ökonomen der Vergangenheit im Falle der arbeitsparenden Erfindungen beunruhigt hat. Diese mögen die Interessen der Arbeiter günstig oder ungünstig beeinflussen; aber niemand hegt einen Zweifel, daß sie im Ganzen für die Ausdehnung der Produktion günstig sind. Und dies gilt – abgesehen von möglichen Störungen im Spar-Investitions-Prozeß, die zu übertreiben Mode ist – in gleicher Weise im Fall von Erfindungen, die Aufwendungen für Kapitalgüter *pro Einheit des Endprodukts* ersparen. De facto ist die Behauptung, daß beinahe jeder neue Prozeß, der wirtschaftlich durchführbar ist, sowohl Arbeit wie Kapital spart, gar nicht weit von der Wahrheit entfernt. Die Eisenbahnen waren vermutlich kapitalsparend im Vergleich zu den Aufwendungen, die der Postkutschen- oder Karrentransport einer gleichen Zahl von Passagieren oder gleicher Warenmengen, wie sie nun von den Eisenbahnen transportiert werden, mit sich gebracht hätte. Ebenso mag die Seidenproduktion mit Maulbeerbäumen und Seidenraupen mehr Kapital verzehren – ich weiß es nicht – als die Produktion einer entsprechenden Menge von Kunstseidengeweben. Das kann sehr traurig sein für die Besitzer von Kapital, das in der ersteren angelegt wurde. Aber es braucht nicht einmal eine Abnahme der Investitionsgelegenheiten zu bedeuten. Es bedeutet sicherlich nicht notwendig einen Rückgang in der Ausdehnung der Produktion. Jene, die einen Zusammenbruch des Kapitalismus einzig kraft der Tatsache zu erleben hoffen, daß die Kapitaleinheit in ihrer produktiven Wirkung weiter reicht als früher, werden wohl lange warten müssen...

5. Schließlich: da dieses Thema gewöhnlich von Ökonomen behandelt wird, die der Öffentlichkeit die Notwendigkeit von staatlichen Defizitausgaben eindrücklich klar machen wollen, so wird immer noch ein weiterer Punkt aufgeführt, nämlich, daß die übrigbleibenden Investitionschancen sich besser für öffentliche als für private Unternehmungen eignen. Dies ist bis zu einem gewissen Grad richtig. Erstens nehmen wahrscheinlich bei zunehmendem Wohlstand gewisse Ausgabenrichtungen an Bedeutung zu, die sich nicht ohne weiteres in eine

Kosten-Gewinn-Rechnung einreihen lassen, so Ausgaben für Städteverschönerung, für das öffentliche Gesundheitswesen usw. Zweitens hat ein ständig wachsender Sektor der industriellen Tätigkeit die Tendenz, in die Sphäre der öffentlichen Betriebsführung einzugehen, so Verkehrsmittel, Docks, Kraftwerke, Versicherungen usw., einfach weil diese Industrien in zunehmendem Maße den Methoden der öffentlichen Verwaltung zugänglich werden. Es ließe sich daher erwarten, daß die Investitionen des Staates und der Gemeinden, absolut und relativ, selbst in einer durchgehend kapitalistischen Gesellschaft zunehmen, genau so wie andere Formen der öffentlichen Planung.

Das ist aber auch alles. Um dies zu erkennen, brauchen wir keinerlei Hypothese über den Lauf der Dinge im privaten Sektor der industriellen Aktivität aufzustellen. Zudem ist es für den vorliegenden Zweck unwesentlich, ob in Zukunft die Investition und die damit verbundene Produktionsausdehnung in größerem oder geringerem Ausmaß durch öffentliche und nicht mehr durch private Stellen finanziert und geleitet wird, – es sei denn, es werde darüber hinaus die Auffassung vertreten, daß sich die öffentliche Finanzierung aufdränge, weil die Privatwirtschaft nicht imstande sein werde, die Defizite auf sich zu nehmen, die in Zukunft von *jeder* Investition zu erwarten seien. Damit haben wir uns jedoch schon oben abgegeben.

ELFTES KAPITEL

DIE KAPITALISTISCHE ZIVILISATION

Wir verlassen nun das Gebiet rein wirtschaftlicher Überlegungen und wenden uns zu der kulturellen Ergänzung der kapitalistischen Wirtschaft – ihrem soziologisch-psychologischen *Überbau*, wenn wir in Marxscher Sprache sprechen wollen – und zu der Mentalität, die charakteristisch für die kapitalistische Gesellschaft und namentlich für die Bourgeois-Klasse ist. In verzweifelter Kürze mögen die springenden Punkte folgendermaßen vermittelt werden.

Vor fünfzigtausend Jahren hat sich der Mensch gegenüber den Gefahren und Möglichkeiten seiner Umwelt in einer Weise verhalten, die nach der übereinstimmenden Ansicht einiger «Prähistoriker» (Soziologen und Ethnologen) im großen ganzen der Haltung der modernen Primitiven gleich gewesen ist[1]. Zwei Elemente dieser Haltung sind besonders wichtig für uns: die «kollektive» und die «affektive» Natur des primitiven Geistesprozesses und, teilweise sich damit deckend, die Rolle dessen, was ich hier nicht ganz korrekt Magie nennen werde. Mit dem ersten weise ich auf die Tatsache, daß in kleinen und un-

---

[1] Diese Art der Forschung reicht weit zurück. Ich glaube jedoch, daß sie mit den Werken von Lucien Lévy-Bruhl in ein neues Stadium getreten ist. Vgl. insbesondere seine *Fonctions mentales dans les sociétés inférieures* (1909) und *Le surnaturel et la nature dans la mentalité primitive* (1931). Es ist ein langer Weg von der Position des ersten Werks zu der des zweiten, dessen Meilensteine in *Mentalité primitive* (1921) und *L'âme primitive* (1927) erkennbar sind. Für uns ist Lévy-Bruhls Autorität darum besonders nützlich, weil er durchaus unsere These vertritt, – seine Arbeit geht recht eigentlich davon aus, – daß die «ausführenden» Funktionen des Denkens und die geistige Struktur des Menschen zumindest teilweise durch die Struktur der Gesellschaft bestimmt sind, in welcher sie sich entwickeln. Es ist nebensächlich, daß bei Lévy-Bruhl dieses Prinzip nicht von Marx, sondern von Comte herrührt.

differenzierten oder nicht stark differenzierten sozialen Gruppen kollektive Ideen sich dem Denken des Einzelnen viel stärker aufdrängen als in großen und komplexen Gruppen; und daß Schlußfolgerungen gezogen und Entscheidungen getroffen werden durch Methoden, die für unsern Zweck durch ein negatives Kriterium charakterisiert werden können: die Geringschätzung dessen, was wir Logik nennen, und namentlich der Regel vom Ausschluß der Widersprüche. Mit dem zweiten bezeichne ich die Verwendung einer Reihe von Vorstellungen, die zwar nicht völlig von der Erfahrung losgelöst sind, – keine magische Formel kann eine ununterbrochene Folge von Fehlschlägen überleben –, die aber in die Abfolge der beobachteten Erscheinungen aus nicht-empirischen Quellen abgeleitete Wesenheiten oder Einflüsse einschalten[2]. Die Ähnlichkeit dieses Typs des Denkprozesses mit den Denkprozessen von Neurotikern ist von G. Dromard gezeigt worden (1911; sein Ausdruck *délire d'interprétation* ist besonders bezeichnend) und von S. Freud (*Totem und Tabu*, 1913). Es folgt jedoch nicht daraus, daß er dem Denken des Normalmenschen unserer eigenen Zeit fremd ist. Im Gegenteil, jede Diskussion politischer Probleme kann den Leser davon überzeugen, daß unsere eigenen geistigen Prozesse zu einem großen und – für das Handeln – höchst wichtigen Teil genau gleicher Natur sind.

Rationales Denken oder Verhalten und eine rationalistische Zivilisation bedeuten deshalb nicht das Nichtvorhandensein der erwähnten Kriterien, sondern bloß eine zwar langsame, aber unaufhörliche Erweiterung jenes Sektors des sozialen Lebens, innerhalb welchem Individuen oder Gruppen mit einer gegebenen Situation fertig werden, indem sie erstens versuchen, das Beste aus ihr herauszuholen durch Verlaß – mehr oder weniger,

[2] Ein wohlwollender Kritiker der obigen Stelle hat mich deswegen zur Rede gestellt, mit der Begründung, daß ich unmöglich meinen könne, was sie sagt, weil ich in diesem Falle die «Kraft» des Physikers eine magische Formel nennen müßte. Genau das meine ich aber, wenn man nicht übereinkommt, der Ausdruck «Kraft» sei bloß ein Name für: eine Konstante multipliziert mit dem zweiten Differentialquotienten der Verschiebung nach der Zeit. $\left[K = c \cdot \frac{d_2 x}{d\ t^2}\right]$. Siehe den übernächsten Satz des Textes.

aber nie vollständig – auf ihre eigenen Fähigkeiten; zweitens indem sie dies gemäß den Regeln der Folgerichtigkeit tun, die wir Logik nennen; und drittens indem sie dies auf Grund von Arbeitshypothesen tun, die zwei Bedingungen erfüllen: daß sie minim an Zahl sind, und daß jede von ihnen sich in Begriffen möglicher Erfahrung[3] ausdrücken läßt.

All dies ist natürlich sehr unzulänglich, genügt aber für unsern Zweck. Es gibt indessen noch einen Punkt im Begriff der rationalistischen Zivilisationen, den ich hier wegen späterer Bezugnahme erwähnen möchte. Wenn die Gewohnheit, die täglichen Aufgaben des Lebens rational zu analysieren und sich rational in ihnen zu verhalten, weit genug fortgeschritten ist, wendet sie sich zur Masse der kollektiven Ideen zurück, kritisiert sie und «rationalisiert» sie bis zu einem gewissen Grad, indem sie zum Beispiel fragt, warum es denn Könige und Päpste oder Untergebene oder Zehnten oder Eigentum gibt. Beiläufig bemerkt, es ist wichtig zu beachten, daß, während die meisten von uns in einer solchen Haltung das Symptom einer «höheren Stufe» der geistigen Entwicklung sehen, dieses Werturteil nicht unbedingt und in jedem Sinn durch die Resultate bestätigt wird. Die rationalistische Haltung kann mit so ungenügenden Informationen und einer so unzulänglichen Technik zu Werk gehen, daß einem späteren Beobachter die dadurch veranlaßten Handlungen – und namentlich auch eine dadurch hervorgerufene chirurgische Neigung –, selbst von einem rein intellektuellen Standpunkt aus, minderwertiger erscheinen mögen als die Handlungen und die antichirurgischen Neigungen und Haltungen, die damals die meisten Leute einer niedrigeren Denkfähigkeit zuzuschreiben geneigt waren. Ein großer Teil der politischen Gedanken des siebzehnten und achtzehnten Jahrhunderts illustriert diese immer wieder vergessene Wahrheit. Nicht nur in der Tiefe der sozialen Vision, sondern auch in der logischen Analyse war die spätere «konservative» Gegenkritik klar überlegen, obwohl sie bei den Schriftstellern der Aufklärung nur Gelächter ausgelöst hätte.

---

[3] Diese Kantische Ausdrucksweise ist gewählt worden zur Abwehr eines naheliegenden Einwandes.

Nun hat sich vermutlich die rationale Haltung dem menschlichen Geist vornehmlich aus wirtschaftlicher Notwendigkeit aufgedrängt; es ist das wirtschaftliche Tagewerk, dem wir als Rasse die elementare Schulung im rationalen Denken und Verhalten verdanken, – ich zögere nicht zu behaupten, daß die ganze Logik vom Muster der wirtschaftlichen Entscheidung abgeleitet ist oder, um einen Lieblingsausdruck von mir zu verwenden, daß das wirtschaftliche Modell der Nährboden der Logik ist. Dies scheint aus folgendem Grund einleuchtend: wir wollen annehmen, daß ein «Primitiver» die elementarste aller Maschinen, den bereits von unserm Vetter, dem Gorilla, geschätzten Stock, verwendet und daß dieser Stock in seinen Händen zerbricht. Wenn er versucht, den Schaden durch Hersagen einer Zauberformel wiedergutzumachen, – er könnte zum Beispiel «Angebot und Nachfrage» oder «Planung und Kontrolle» murmeln, in der Erwartung, daß wenn er dies genau neunmal wiederholt, die beiden Stücke sich wieder vereinigen –, dann befindet er sich innerhalb der Bezirke des praerationalen Denkens. Wenn er nach dem besten Weg sucht, um die beiden Stücke wieder zusammenzufügen oder sich einen andern Stock zu verschaffen, so ist er in unserm Sinn rational. Selbstverständlich ist sowohl das eine wie das andere Verhalten möglich. Aber es ist leicht zu verstehen, daß bei dieser und den meisten andern wirtschaftlichen Handlungen das Versagen einer Zauberformel viel offensichtlicher ist, als es das Versagen einer Formel sein könnte, die unsern Mann siegreich im Kampf oder glücklich in der Liebe machen oder eine Schuldlast von seinem Gewissen wälzen sollte. Dies rührt von der unerbittlichen Determiniertheit und dem in den meisten Fällen quantitativen Charakter her, die die wirtschaftliche Sphäre von andern Sphären der menschlichen Tätigkeit unterscheiden, vielleicht auch von der leidenschaftslosen Eintönigkeit des unendlichen Rhythmus der wirtschaftlichen Bedürfnisse und ihrer Befriedigung. Einmal eingehämmert breitet sich die rationale Gewohnheit unter dem pädagogischen Einfluß günstiger Erfahrungen auf andere Gebiete aus und öffnet auch dort die Augen für jenes erstaunliche Ding, die Tatsache.

Dieser Prozeß ist unabhängig von irgend einem besonderen

Gewand der wirtschaftlichen Tätigkeit, folglich auch vom kapitalistischen Gewand. Ebenso ist es das Gewinnmotiv und das Selbstinteresse. Der prae-kapitalistische Mensch ist tatsächlich nicht weniger «raffend» als der kapitalistische Mensch. Leibeigene Bauern zum Beispiel oder Kriegsherren setzen ihr Selbstinteresse mit einer brutalen Energie ganz eigener Art durch. Aber der Kapitalismus entwickelt die Rationalität und verleiht ihr eine neue Schärfe auf zwei miteinander verbundenen Wegen.

Erstens erhebt er die Geldeinheit, die selbst keine Schöpfung des Kapitalismus ist, zu einer Recheneinheit. Das bedeutet: die kapitalistische Praxis wandelt die Geldeinheit in ein Werkzeug rationaler Kosten-Gewinn-Kalkulationen, deren überragendes Denkmal die doppelte Buchhaltung ist[4]. Ohne näher darauf einzugehen, wollen wir doch beachten, daß die Kosten-Gewinn-Rechnung, ursprünglich ein Produkt der Entwicklung der wirtschaftlichen Rationalität, ihrerseits auf diese Rationalität zurückwirkt; durch Kristallisierung und zahlenmäßige Definierung fördert sie machtvoll die Logik der Unternehmung. Derart für den wirtschaftlichen Sektor definiert und quantifiziert beginnt nun diese Art von Logik oder Haltung oder Methode ihre Eroberungslaufbahn: sie unterwirft – rationalisiert – die Werkzeuge und Philosophien des Menschen, seine Tätigkeit als Arzt, sein Bild des Kosmos, seine Lebensauffassung, de facto alles, einschließlich seiner Vorstellungen von Schönheit und Gerechtigkeit und seiner geistigen Ziele.

In dieser Hinsicht ist es von großer Bedeutung, daß die mo-

[4] Dies Element ist von Sombart betont und *more suo* überbetont worden. Die doppelte Buchführung ist der letzte Schritt auf einer langen und gewundenen Straße. Ihr unmittelbarer Vorgänger war die Gewohnheit, von Zeit zu Zeit ein Inventar aufzunehmen und den Gewinn oder Verlust zu berechnen; vgl. A. Sapori in *Biblioteca Storica Toscana,* VII, 1932. Luca Paciolis Abhandlung über die Buchführung 1494 bildet durch ihr Datum einen wichtigen Meilenstein. Für die Geschichte und Soziologie des Staates ist als entscheidende Tatsache zu beachten, daß die rationelle Buchhaltung erst im achtzehnten Jahrhundert in die Verwaltung der öffentlichen Fonds eingedrungen ist, und auch dann nur unvollkommen und in der primitiven Form der «kameralistischen» Buchführung.

derne mathematisch-experimentelle Wissenschaft sich im fünfzehnten, sechzehnten und siebzehnten Jahrhundert nicht nur gleichzeitig mit dem sozialen, gewöhnlich als Aufstieg des Kapitalismus bezeichneten Prozeß entwickelt hat, sondern auch außerhalb der Mauern des scholastischen Denkens und angesichts seiner verachtungsvollen Feindschaft. Im fünfzehnten Jahrhundert befaßte sich die Mathematik hauptsächlich mit Fragen der kommerziellen Arithmetik und mit den Problemen der Architekten. Utilitaristische mechanische Erfindungen, die Menschen vom Handwerkertypus machten, standen an der Wiege der modernen Physik. Der schroffe Individualismus von Galilei war der Individualismus der aufsteigenden Kapitalistenklasse. Der Chirurg begann über die Hebamme und den Bader emporzusteigen. Der Künstler, der gleichzeitig ein Ingenieur und ein Unternehmer war – ein Typus, der durch Männer wie Leonardo da Vinci, Alberti, Cellini unsterblich geworden ist; selbst Dürer beschäftigte sich mit Festungsplänen –, illustriert am besten, was ich meine. Indem sie dies alles verfluchten, zeigten die scholastischen Professoren der italienischen Universitäten mehr Vernunft, als wir ihnen zuschreiben. Was beunruhigte, waren nicht einzelne unorthodoxe Behauptungen. Jedem fähigen Scholastiker war zuzutrauen, daß er seine Texte so drehte, bis sie zum Kopernikanischen System paßten. Aber jene Professoren spürten durchaus richtig den Geist hinter solchen Taten, – den Geist des rationalistischen Individualismus, den durch den aufsteigenden Kapitalismus erzeugten Geist.

Zweitens hat der aufsteigende Kapitalismus nicht nur die geistige Haltung der modernen Wissenschaft hervorgebracht, – jene Haltung, die in der Aufwerfung bestimmter Fragen und in ihrer Beantwortung auf eine bestimmte Weise besteht –, sondern sie brachte auch die Männer und die Mittel hervor. Indem er das feudale Milieu zerbrach und den intellektuellen Frieden der Grundherrschaft und des Dorfes zerstörte (obschon es natürlich in einem Kloster immer vieles gab, über das man diskutieren und sich streiten konnte), namentlich aber indem er den sozialen Raum für eine neue Klasse geschaffen hat, die auf der individuellen Leistung im Gebiet der Wirtschaft beruht, hat er der Reihe nach die Menschen starken Willens und starken Verstands auf dieses Gebiet gezogen. Das prae-kapitalistische Wirtschaftsleben ließ keinen Raum für Leistungen, die über Klassengrenzen hinaustragen konnten oder, um es anders auszudrücken, die ausgereicht hätten zur Schaffung von sozialen Stellungen, vergleichbar jenen der Mitglieder der damals herrschenden Klassen. Nicht daß es generell einen Aufstieg ausgeschlossen hätte[5]. Aber wirtschaftliche Tätigkeit war im großen und ganzen etwas dem Wesen nach Untergeordnetes, selbst auf dem Gipfel des Erfolgs in den Handwerkerzünften, und hat kaum je darüber hinaus geführt. Die Hauptstraße zum Avancement und zu großen Gewinnen stellten die Kirche dar – die während des ganzen Mittelalters beinahe ebenso leicht zugänglich war wie heute und zu der wir noch die Kanzleien der großen Landesfürsten hinzufügen können – und die Hierarchie der Kriegsherren – die bis ungefähr in die Mitte des zwölften Jahrhunderts jedermann offenstand, der physisch und psychisch dazu tauglich war, und die auch später nicht völlig unzugänglich wurde. Erst als die kapitalistische Unternehmung – zuerst die Handels- und Finanz-, dann die Bergwerks-, schließlich die industrielle Unternehmung – ihre Möglichkeit entfaltete, hat sich die überdurchschnittliche Gewandtheit und Ehrsucht der Wirtschaft als einer dritten Straße zugewandt. Der Erfolg war rasch und augenfällig, ist aber in bezug auf das soziale Ansehen, das er zu Anfang mit sich brachte, sehr übertrieben worden. Wenn wir die Laufbahn zum Beispiel von Jakob Fugger oder Agostino Chigi näher betrachten, können wir uns leicht davon überzeugen, daß sie mit der Lenkung der Politik Karls V. oder Papst Leo X. wenig zu tun und daß sie für die Privilegien, die sie genossen, schweres Geld zu bezahlen hatten[6]. Doch war der

---

[5] Wir neigen zu sehr dazu, die mittelalterliche Sozialstruktur als statisch oder starr anzusehen. In Wirklichkeit gab es eine unaufhörliche *circulation des aristocracies*, um Paretos Ausdruck zu gebrauchen. Die Elemente, die um 900 die oberste Schicht bildeten, waren 1500 praktisch verschwunden.

[6] Die Medicis sind keine eigentliche Ausnahme. Denn obschon ihr Reichtum ihnen dazu half, die Herrschaft über das florentinische Gemeinwesen zu erwerben, war es nicht der Reichtum an sich, sondern diese Kontrolle, woraus sich die von dieser Familie gespielte Rolle erklärt. Jedenfalls waren sie die einzigen Händler, die je auf gleichen Fuß mit der

Erfolg der Unternehmer für alle, mit Ausnahme der höchsten Schichten der feudalen Gesellschaft, immerhin so faszinierend, daß er die besten Köpfe anzog und so weitere Erfolge hervorbrachte – einen zusätzlichen Antrieb für die rationalistische Maschine. In diesem Sinn war der Kapitalismus – und nicht bloß die Wirtschaftstätigkeit im allgemeinen – letzten Endes die treibende Kraft in der Rationalisierung des menschlichen Verhaltens.

Und nun sehen wir uns zu guter Letzt dem unmittelbaren Ziel[7] Angesicht zu Angesicht gegenüber, zu dem dieses komplexe und doch unzulängliche Argument führen sollte. Nicht nur die moderne mechanisierte Anlage und die ihr entströmende Produktenmenge, nicht nur die moderne Technik und wirtschaftliche Organisation, sondern auch alle Eigenschaften und Leistungen der modernen Zivilisation sind direkt oder indirekt das Produkt des kapitalistischen Prozesses. Sie müssen in jeder Bilanz und in jedem Urteilsspruch über ihre Leistungen oder Fehlleistungen enthalten sein.

Da ist einmal das Wachstum der rationalen Wissenschaften und die lange Liste ihrer Anwendungen. Flugzeuge, Kühlmaschinen, Fernsehen – all dies ist unmittelbar als Ergebnis der Profitwirtschaft zu erkennen. Doch obwohl das moderne Krankenhaus in der Regel nicht um des Gewinnes willen betrieben wird, ist auch es nichtsdestoweniger das Produkt des Kapitalismus – nicht nur, ich wiederhole, deswegen weil der kapitalistische Prozeß die Mittel und den Willen schafft, sondern viel grundlegender deswegen, weil die kapitalistische Rationalität die geistigen Gewohnheiten schuf, aus denen sich die in diesen Spitälern verwendeten Methoden entwickelt haben. Und die – zwar noch nicht völlig gewonnenen, doch näher-

---

obersten Schicht der feudalen Welt aufgestiegen sind. Wirkliche Ausnahmen finden wir nur dort, wo die kapitalistische Gesellschaft ein Milieu *geschaffen* oder die feudale Schicht völlig zerbrochen hat – zum Beispiel in Venedig und in den Niederlanden.

[7] Das *unmittelbare* Ziel, weil die in den letzten Seiten enthaltene Analyse uns auch noch für andere Zwecke nützlich sein wird. Sie ist tatsächlich für jede ernsthafte Diskussion des großen Themas Kapitalismus und Sozialismus grundlegend.

rückenden – Siege über Krebs, Syphilis und Tuberkulose werden ebenso sehr kapitalistische Großtaten sein wie es Autos, Erdölleitungen und Bessemer Stahl waren. Im Falle der Medizin steht hinter den Methoden ein kapitalistisches Bekenntnis, kapitalistisch sowohl weil die Medizin in einem weiten Ausmaß im Sinn und Geist des Geschäftslebens arbeitet, als auch weil sie eine Emulsion der industriellen und kommerziellen Bourgeoisie ist. Doch selbst wenn dies nicht so wäre, wären dennoch die moderne Medizin und die moderne Hygiene Nebenprodukte des kapitalistischen Prozesses, genau so wie es die moderne Erziehung ist.

Da ist ferner die kapitalistische Kunst und der kapitalistische Lebensstil. Wenn wir uns auf das Beispiel der Malerei beschränken, sowohl um der Kürze willen als auch weil auf diesem Gebiet meine Unwissenheit etwas weniger groß ist als auf andern, und wenn wir (nach meinem Dafürhalten fälschlich) uns einigen, daß eine neue Epoche mit Giottos Arena-Fresken beginnt, und dann der Linie Giotto-Masaccio-Leonardo-Michelangelo-Greco folgen (so verabscheuungswürdig auch solche «linearen» Argumente sind), so kann keine noch so emphatische Betonung der mystischen Inbrunst im Falle Grecos mein Argument auslöschen bei irgend jemandem, der Augen hat zu sehen. Und Leonardos Experimente seien jenen Zweiflern dargebracht, die die kapitalistische Rationalität sozusagen mit den Fingerspitzen berühren wollen. Ich bin mir durchaus klar, daß die Fortsetzung dieser Linie uns (wenn auch vielleicht außer Atem) beim Gegensatz zwischen Delacroix und Ingres landen ließe. Nun, da sind wir also; Cézanne, Van Gogh, Picasso oder Matisse tun den Rest. Die expressionistische Liquidation des Gegenstandes bildet einen wunderbar logischen Schluß. Die Geschichte des kapitalistischen Romans (kulminierend im dokumentarisch-impressionistischen Roman der Goncourts) wäre eine noch bessere Illustration. Aber dies liegt auf der Hand. Die Entwicklung des kapitalistischen Lebensstils könnte leicht – und vielleicht am eindrücklichsten – als Genesis des modernen Straßenanzugs beschrieben werden.

Und da ist schließlich all das, was um das symbolische Mittelstück des Gladstoneschen Liberalismus gruppiert werden kann.

Der Ausdruck «Individualistische Demokratie» würde sich ebenso gut dazu eignen, – sogar noch besser, weil wir gewisse Dinge miteinbeziehen wollen, die Gladstone nicht gebilligt hätte, und eine Moral und eine geistige Haltung, die er, in der Festung des Glaubens wohnend, sogar haßte. Dabei könnte ich es bewenden lassen, wenn nicht die radikale Liturgie weitgehend in malerischer Leugnung dessen bestünde, was ich klarlegen möchte. Die Radikalen mögen darauf bestehen, daß die Massen nach Erlösung von unerträglichen Leiden schreien und in Nacht und Verzweiflung mit ihren Ketten rasseln; aber selbstverständlich hat es früher niemals so viel persönliche – geistige und körperliche – Freiheit für *alle* gegeben, niemals so viel Bereitschaft, die Todfeinde der führenden Klasse zu dulden, (ja sie zu finanzieren), niemals so viel tätiges Mitgefühl mit wirklichen und eingebildeten Leiden, niemals so viel Bereitschaft, Lasten auf sich zu nehmen wie in der modernen kapitalistischen Gesellschaft; und was es an Demokratie außerhalb der bäuerlichen Gemeinschaften gab, das hat sich historisch im Kielwasser des modernen und des antiken Kapitalismus entwickelt. Wiederum kann eine Menge von Tatsachen der Vergangenheit angeführt werden, um ein Gegenargument zusammenzubringen, das zwar wirkungsvoll sein wird, doch in einer Diskussion gegenwärtiger Verhältnisse und künftiger Alternativen irrelevant ist[8]. Wenn wir uns dazu entschließen, uns überhaupt auf historische Untersuchungen einzulassen, werden sogar viele jener Tatsachen, die sich am ehesten für die Zwecke der radikalen Kritiker zu eignen scheinen, oft ganz verschieden aussehen, wenn sie im Licht eines Vergleichs mit den entsprechenden Tatsachen der praekapitalistischen Erfahrung betrachtet werden. Und es ist nicht die Antwort zulässig: «das waren andere Zeiten». Denn es ist gerade der kapitalistische Prozeß, der die Änderung herbeigeführt hat.

Insbesondere müssen zwei Punkte erwähnt werden. Ich habe

[8] Selbst Marx, zu dessen Zeit Anklagen dieser Art bei weitem nicht so absurd waren, als sie es heutzutage sind, hielt es offensichtlich für wünschenswert, seine Sache dadurch zu stärken, daß er sich bei Verhältnissen aufhielt, die schon damals entweder vergangen oder offensichtlich am Verschwinden waren.

oben darauf hingewiesen, daß die soziale Gesetzgebung oder, allgemeiner, die institutionellen Änderungen zum Vorteil der Massen nicht einfach etwas sind, das der kapitalistischen Gesellschaft aufgezwungen wurde durch die unausweichliche Notwendigkeit, das ständig zunehmende Elend der Armen zu lindern, sondern daß der kapitalistische Prozeß – der kraft seiner automatischen Wirkungen den Lebensstandard der Massen hob – außerdem noch die Mittel «und den Willen» für diese Gesetzgebung bereitgestellt hat. Die drei Worte in Anführungszeichen verlangen nach einer näheren Erklärung, – sie ist im Prinzip der sich ausbreitenden Rationalität zu finden. Der kapitalistische Prozeß rationalisiert Verhalten und Ideen und verjagt dadurch aus unsern Köpfen, zugleich mit dem metaphysischen Glauben, mystische und romantische Ideen von vielerlei Art. So formt er nicht nur unsere Methoden zur Erreichung unserer Ziele um, sondern auch diese letzten Ziele selbst. «Freies Denken» im Sinn des materialistischen Monismus, Laïzismus und pragmatischer Akzeptierung der diesseitigen Welt folgt zwar daraus nicht mit logischer Notwendigkeit, aber immerhin sehr natürlich. Einerseits wird unser ererbtes Pflichtgefühl, seiner traditionellen Grundlage beraubt, in utilitaristischen Ideen über die Verbesserung der Menschheit in einem Brennpunkt vereinigt –, in Ideen, die, zugegebenermaßen ganz unlogisch, der rationalistischen Kritik scheinbar besser standhalten als, sagen wir, die Furcht vor Gott. Andrerseits nimmt diese gleiche Rationalisierung der Seele allen Glanz über-empirischer Sanktion von jeder Art von Klassenrechten hinweg. Dies, zusammen mit dem typisch kapitalistischen Enthusiasmus für «Leistung» und «Dienst» (völlig verschieden von der Ideenwelt, die der typische Ritter von früher mit diesen Ausdrücken verbunden hätte), züchtet dann jenen «Willen» innerhalb der Bourgeoisie selbst. Der Feminismus, eine ihrem ganzen Wesen nach kapitalistische Erscheinung, illustriert dies noch deutlicher. Der Leser wird sich klar darüber sein, daß diese Tendenzen «objektiv» verstanden werden müssen und daß daher noch so viel anti-feministisches oder anti-reformistisches *Gerede* oder sogar noch so viel zeitweilige Opposition gegen jede einzelne Maßnahme nichts gegen diese Analyse beweist.

Diese Dinge sind gerade die Symptome der Tendenzen, die sie zu bekämpfen behaupten. Davon noch mehr in den folgenden Kapiteln.

Ferner, die kapitalistische Zivilisation ist rationalistisch, und sie ist «anti-heroisch». Beides geht natürlich zusammen. Erfolg in Industrie und Handel verlangt zwar eine Menge Ausdauer; aber die industrielle und kommerzielle Tätigkeit ist ihrem Wesen nach unheroisch, vom Ritter aus gesehen – kein Schwingen von Schwertern um sie, nicht viel physischer Heldenmut, keine Chance, mit gepanzertem Roß gegen den Feind, am liebsten einen Ketzer oder Heiden, zu galoppieren –, und die Ideologie, die die Idee des Kampfes um des Kampfes willen und des Sieges um des Sieges willen verherrlicht, verdorrt verständlicherweise im Bureau zwischen all den Zahlenreihen. Da die industrielle und kommerzielle Bourgeoisie im Besitz von Vermögenswerten ist, die leicht Räuber oder Steuereinzüger anlocken, und da sie die kriegerische Ideologie, die ihrem «rationalen» Utilitarismus widerstreitet, nicht teilt oder sogar verabscheut, so ist sie grundsätzlich pazifistisch und ist geneigt, auf der Anwendung der sittlichen Gebote des Privatlebens auf die internationalen Beziehungen zu bestehen. Zwar sind – im Gegensatz zu den meisten, doch in Übereinstimmung mit andern Zügen der kapitalistischen Zivilisation – Pazifismus und internationale Moralität auch in nicht-kapitalistischem Milieu und durch prae-kapitalistische Vermittlung, im Mittelalter zum Beispiel durch die katholische Kirche, verfochten worden. Der moderne Pazifismus und die moderne internationale Moral sind nichtsdestoweniger Produkte des Kapitalismus.

Angesichts der Tatsache, daß die Marxsche Lehre – namentlich die neo-marxistische Lehre und selbst ein bedeutender Teil der nicht-sozialistischen Auffassung – sich, wie wir im ersten Teil dieses Buches gesehen haben, in ausgesprochenem Gegensatz zu dieser Behauptung[9] befindet, ist es nötig darauf hinzuweisen, daß damit nicht bestritten werden soll, daß manche Bourgeoisie für Herd und Heim großartig gekämpft hat oder

---

[9] Vgl. unsere Diskussion der Marxschen Theorie des Imperialismus, Teil I, Kapitel 4.

daß nahezu rein bourgeoise Gemeinwesen oft aggressiv waren, wenn es sich zu lohnen schien, – so das athenische oder das venezianische Gemeinwesen; es soll auch nicht bestritten werden, daß keine Bourgeoisie je Kriegsgewinne und die aus Eroberungen erwachsenden Handelsvorteile verschmäht und keine es je abgelehnt hat, sich durch ihre feudalen Lehrmeister oder Führer oder durch die Propaganda einer speziell interessierten Gruppe in kriegerischem Nationalismus schulen zu lassen. Was ich behaupte, ist erstens, daß solche Beispiele kapitalistischer Kampflust nicht ausschließlich oder vornehmlich mit Klasseninteressen oder Klassensituationen, die systematisch kapitalistische Eroberungskriege hervorrufen, zu erklären sind, wie es der Marxismus tat; zweitens daß ein Unterschied besteht zwischen Handlungen, entsprechend dem, was man als seine normale Lebensaufgabe ansieht, für die man sich zu jeder Zeit vorbereitet und an der man seinen Erfolg oder Mißerfolg mißt, und Handlungen, die abseits der eigenen Linie liegen –, für die man durch seine normale Arbeit und Geisteshaltung nicht bestgerüstet ist und in denen ein Erfolg nur das Prestige des unbürgerlichen Berufs erhöht; und drittens, daß dieser Unterschied – sowohl in internationalen wie in heimischen Angelegenheiten – fortwährend gegen die Anwendung militärischer Gewalt und für friedliche Regelungen spricht, selbst wo die Waage des pekuniären Vorteils sich deutlich auf die Seite des Krieges neigt, was unter den heutigen Umständen im allgemeinen nicht sehr wahrscheinlich ist. Tatsächlich können wir beobachten, daß, je vollkommener kapitalistisch die Struktur und Haltung einer Nation, sie auch um so pazifistischer ist (und um so mehr geneigt, die Kosten eines Krieges zu berechnen!). Infolge des komplexen Charakters jedes einzelnen Falles könnte dies nur durch eine detaillierte historische Analyse völlig dargelegt werden. Aber die Einstellung der Bourgeoisie zum Militär (der stehenden Armee), der Geist und die Methode, worin und wie die bürgerlichen Gesellschaften Krieg führen, und die Bereitwilligkeit, mit der sie sich in jedem ernsten Falle eines langen Krieges nicht-bürgerlicher Ordnung unterwerfen, sind in sich beweiskräftig. Die marxistische Theorie, daß der Imperialismus die letzte Stufe der kapitalistischen Entwicklung ist, versagt deshalb, ganz unabhängig von rein ökonomischen Einwänden.

Ich werde jedoch keine Zusammenfassung geben, wie sie der Leser vermutlich von mir erwartet. Das heißt, ich habe nicht die Absicht ihn aufzufordern, bevor er sich entschließt, sein Vertrauen auf eine unerprobte, von unerprobten Männern befürwortete Alternative zu setzen, noch einmal auf die eindrückliche wirtschaftliche und die noch eindrücklichere kulturelle Leistung der kapitalistischen Ordnung und auf das gewaltige, von beiden dargebotene Versprechen zurückzublicken. ich werde nicht argumentieren, daß diese Leistung und dieses Versprechen an sich schon zur Stützung eines Plädoyers genügen: man sollte dem kapitalistischen Prozeß erlauben, weiter zu arbeiten und, wie sehr leicht plädiert werden könnte, die Armut von den Schultern der Menschheit zu heben.

Darin läge kein Sinn. Selbst wenn die Menschheit die gleiche Freiheit der Wahl hätte wie ein Geschäftsmann zwischen zwei sich konkurrenzierenden Maschinen, so folgt aus den Tatsachen und aus Beziehungen zwischen Tatsachen, die ich hier klarzulegen versuchte, nicht notwendig ein bestimmtes Werturteil. Was die wirtschaftliche Leistung betrifft, so folgt nicht, daß die Menschen in der industriellen Gesellschaft von heute «glücklicher» oder auch nur «besser daran» sind, als sie es im mittelalterlichen Gutshof oder Dorf waren. Was die kulturelle Leistung betrifft, so kann man jedes Wort, das ich geschrieben habe, akzeptieren und doch das Ganze aus tiefstem Herzensgrunde hassen, – seinen Utilitarismus und die damit verbundene völlige Zerstörung von «Weltanschauungen». Überdies, – ich werde das in unserer Diskussion der sozialistischen Alternative nochmals betonen müssen –, man mag sich weniger interessieren für die Fähigkeit des kapitalistischen Prozesses, wirtschaftliche und kulturelle Werte hervorzubringen, als für die Art von menschlichen Wesen, die er in die Welt setzt und dann ihren eigenen Einfällen überläßt –, frei ihr Leben zu verpfuschen. Es gibt einen Typ von Radikalen, dessen Verdammungsurteil über die kapitalistische Zivilisation einzig auf Dummheit, Unwissenheit oder Unverantwortlichkeit beruht, – einen Typ, der nicht fähig oder nicht willens ist, die offensichtlichsten Tatsachen geschweige ihre weiteren Folgerungen zu erfassen. Doch zu einem völligen Verdammungsurteil kann man auch auf einer höheren Ebene gelangen.

Indessen, – ob günstig oder ungünstig –, Werturteile über die kapitalistische Leistung sind von geringem Interesse. Denn die Menschheit hat keine Freiheit der Wahl. Nicht nur darum, weil die Masse der Menschen nicht in der Lage ist, Alternativmöglichkeiten rational zu vergleichen, und immer alles akzeptiert, was ihr erzählt wird. Es gibt dafür noch einen viel tieferen Grund. Wirtschaftliche und soziale Dinge bewegen sich durch ihre eigene Antriebskraft weiter und die dabei entstehenden Situationen zwingen Individuen und Gruppen, sich in einer bestimmten Weise zu verhalten, unabhängig davon, was sie vielleicht gerne täten – zwar nicht derart, daß sie ihre Freiheit der Wahl zerstören, aber daß sie die Geisteshaltung der Wählenden formen und die Liste der Möglichkeiten, zwischen denen gewählt werden kann, verkleinern. Wenn dies die Quintessenz des Marxismus ist, dann müssen wir alle Marxisten sein. Demzufolge ist die kapitalistische Leistung für die Prognose gar nicht relevant. Die meisten Zivilisationen sind verschwunden, bevor sie Zeit hatten, das Maß ihres Versprechens voll zu erfüllen. Darum werde ich nicht auf Grund der Größe dieser Leistung argumentieren, daß das kapitalistische Intermezzo wahrscheinlich verlängert werden wird. De facto werde ich nun den genau entgegengesetzten Schluß ziehen.

ZWÖLFTES KAPITEL

BRÖCKELNDE MAUERN

I. Das Veralten der Unternehmerfunktion

In unserer Erörterung der Theorie der schwindenden Investitionschance wurde ein Vorbehalt angebracht zugunsten der Möglichkeit, daß die wirtschaftlichen Bedürfnisse der Menschheit eines Tages so völlig befriedigt wären, daß wenig Anlaß bliebe, noch weitere produktive Anstrengungen zu unternehmen. Wir sind zweifellos von solch einem Zustand der Sättigung noch sehr weit entfernt, selbst wenn wir uns innerhalb des heutigen Bedürfnisschemas halten; und wenn wir die Tatsache berücksichtigen, daß mit der Erreichung eines höheren Lebensstandards diese Bedürfnisse sich automatisch ausdehnen und neue Bedürfnisse entstehen oder geschaffen werden[1], so wird die Sättigung ein bewegliches Ziel, namentlich wenn wir unter die Konsumgüter die Muße einschließen. Wir wollen immerhin einen Blick auf diese Möglichkeit werfen und die noch unrealistischere Annahme machen, daß die Produktionsmethoden einen Zustand der Vollkommenheit erreicht haben, der keine weitere Verbesserung mehr zuläßt.

Es würde sich daraus ein mehr oder weniger stationärer Zustand ergeben. Der Kapitalismus, seinem Wesen nach ein Entwicklungsprozeß, würde verkümmern. Für die Unternehmer würde nichts mehr zu tun übrigbleiben. Sie würden sich in der ganz gleichen Lage befinden wie Generäle in einer des ewigen Friedens völlig gewissen Gesellschaft. Die Profite und mit ihnen der Zinsfuß würden sich dem Nullpunkt nähern. Die Schicht der Bourgeoisie, die von Gewinnen und Zinsen lebt, hätte die Tendenz zu verschwinden. Die Leitung von Industrie und Handel würde eine Sache der gewöhnlichen Verwal-

---

[1] Wilhelm Wundt nannte dies die Heterogonie der Zwecke.

tung, und das Personal würde unvermeidlich die Charakteristica einer Bürokratie annehmen. Beinahe automatisch entstünde ein Sozialismus eines sehr gemäßigten Typs. Die menschliche Energie würde sich von der Wirtschaft abwenden. Das Streben nach anderen als wirtschaftlichen Zielen würde die Geister anziehen und das Abenteuer bieten.

Für die absehbare Zukunft hat diese Vision keine Bedeutung. Doch um so größere Bedeutung kommt der Tatsache zu, daß manche der Wirkungen auf die Gesellschaftsstruktur und auf die Organisation des produktiven Prozesses, die wir von einer annähernd vollständigen Bedürfnisbefriedigung oder von einer absoluten technischen Vollkommenheit erwarten können, auch von einer Entwicklung zu erwarten sind, die bereits deutlich sichtbar ist. Der Fortschritt selbst kann ebenso gut mechanisiert werden wie die Leitung einer stationären Wirtschaft, und diese Mechanisierung des Fortschritts kann das Unternehmertum und die kapitalistische Gesellschaft beinahe ebenso stark beeinflussen, wie es das Ende des wirtschaftlichen Fortschritts täte. Um dies zu verdeutlichen, ist nur nochmals darzulegen, erstens worin die Unternehmerfunktion besteht, und zweitens, was sie für die bürgerliche Gesellschaft und für das Weiterleben der kapitalistischen Ordnung bedeutet.

Wir haben gesehen, daß die Funktion der Unternehmer darin besteht, die Produktionsstruktur zu reformieren oder zu revolutionieren entweder durch die Ausnützung einer Erfindung oder, allgemeiner, einer noch unerprobten technischen Möglichkeit zur Produktion einer neuen Ware bzw. zur Produktion einer alten auf eine neue Weise, oder durch die Erschließung einer neuen Rohstoffquelle oder eines neuen Absatzgebietes oder durch die Reorganisation einer Industrie usw. Der Bau von Eisenbahnen in seinen früheren Stadien, die Erzeugung von Elektrizität vor dem ersten Weltkrieg, Dampf und Stahl, das Auto, koloniale Unternehmungen, dies sind die anschaulichen Beispiele einer großen Gattung, die unzählige bescheidenere umfaßt, – hinunter bis zu solchen Dingen wie zur erfolgreichen Herstellung einer besonderen Art von Würsten oder Zahnbürsten. Diese Art Tätigkeit ist in erster Linie verantwortlich für die immer wiederkehrenden «Aufschwünge», die den wirtschaftlichen Organismus revolutionieren, und für die immer wiederkehrenden «Rückschläge», die durch das gleichgewichtstörende Eindringen der neuen Produkte oder Methoden verursacht werden. Solch neue Dinge zu unternehmen ist schwierig und begründet eine besondere ökonomische Funktion, erstens weil es außerhalb der Routine-Aufgaben liegt, auf die sich jeder versteht, und zweitens wegen der mannigfachen Widerstände der Umwelt –, sie wechseln je nach den sozialen Bedingungen von einer einfachen Weigerung, etwas Neues zu finanzieren oder zu kaufen, bis zum physischen Angriff gegen den Mann, der die Produktion wagt. Zuversichtlich außerhalb der vertrauten Fahrrinne zu navigieren und diesen Widerstand zu überwinden, verlangt Fähigkeiten, die nur in einem kleinen Teil der Bevölkerung vorhanden sind und die sowohl den Unternehmertyp wie auch die Unternehmerfunktion ausmachen. Diese Funktion besteht ihrem Wesen nach weder darin, irgend etwas zu erfinden, noch sonstwie Bedingungen zu schaffen, die die Unternehmung ausnützt. Sie besteht darin, daß sie Dinge in Gang setzt.

Diese soziale Funktion verliert bereits an Bedeutung und muß dies in Zukunft in beschleunigtem Tempo weiter tun, selbst wenn der ökonomische Prozeß, für den das Unternehmertum die Antriebskraft war, an sich unvermindert weiterginge. Denn einerseits ist es heutzutage viel leichter als in der Vergangenheit, Dinge zu tun, die außerhalb der vertrauten Routine liegen: das Erfinden selbst ist zu einer Routinesache geworden. Der technische Fortschritt wird in zunehmendem Maße zur Sache von geschulten Spezialistengruppen, die das, was man von ihnen verlangt, liefern und dafür sorgen, daß es auf die vorausgesagte Weise funktioniert. Die frühere Romantik des geschäftlichen Abenteuers schwindet rasch dahin, weil vieles nun genau berechnet werden kann, was in alten Zeiten durch geniale Erleuchtung erfaßt werden mußte.

Andrerseits zählen Persönlichkeit und Willenskraft weniger in einer Umwelt, die sich an wirtschaftliche Veränderungen – am besten versinnbildlicht durch den unaufhörlichen Strom von neuen Konsum- und Produktionsgütern – gewöhnt hat und die, statt Widerstand zu leisten, sie als selbstverständlich hinnimmt. Der Widerstand, der von den durch eine Neuerung im Produktionsprozeß bedrohten Interessen ausgeht, wird wahrscheinlich so lange nicht aussterben, als die kapitalistische Ordnung bestehen bleibt. Er bildet z.B. das große Hindernis auf dem Wege zur Massenproduktion von billigen Wohnungen, welche eine radikale Mechanisierung und die völlige Ausschaltung unwirtschaftlicher Arbeitsmethoden auf dem Bauplatz voraussetzt. Aber jede andere Art Widerstand, – namentlich der Widerstand von Konsumenten und Produzenten gegen neuartige Dinge, nur weil sie neu sind –, ist beinahe ganz verschwunden.

So zeigt der wirtschaftliche Fortschritt die Tendenz, entpersönlicht und automatisiert zu werden. Bureau- und Kommissionsarbeit haben die Tendenz, die individuelle Aktion zu ersetzen. Wiederum mag ein Hinweis auf militärische Analogien den wesentlichen Punkt deutlich hervortreten lassen:

In früheren Zeiten, ungefähr bis und mit den napoleonischen Kriegen, bedeutete die Feldherrnkunst Führertum; und Erfolg bedeutete den persönlichen Erfolg des Befehlshabers, der entsprechende «Gewinne» in Form sozialen Ansehens verdiente. Die Technik der Kriegsführung und die Struktur der Armeen, wie sie damals waren, die individuelle Entscheidung und die treibende Kraft des führenden Mannes – sogar seine tatsächliche Gegenwart auf einem prächtigen Pferde – waren wesentliche Elemente in den strategischen und taktischen Situationen. Napoleons Gegenwart war auf seinen Schlachtfeldern tatsächlich fühlbar und mußte es sein. Dies ist anders geworden. Rationalisierte und spezialisierte Bureauarbeit wird am Ende die Persönlichkeit, das berechenbare Ergebnis, die «Vision» verdrängen. Der Führende hat heutzutage keine Gelegenheit mehr, sich in den Kampf zu stürzen. Er wird zu einem Bureauarbeiter mehr, zu einem, den zu ersetzen nur selten noch schwer halten wird.

Man kann auch noch eine andere militärische Analogie heranziehen. Kriegführen war im Mittelalter eine sehr persönliche Angelegenheit. Die gepanzerten Ritter übten eine Kunst aus, die eine lebenslängliche Schulung erforderte, und ein jeder von ihnen zählte einzeln auf Grund seines persönlichen Könnens und Heldenmutes. Es ist leicht verständlich, warum dieses Handwerk zur Grundlage einer sozialen Klasse im vollsten und reichsten Sinne dieses Wortes geworden ist. Aber die sozialen und technischen Veränderungen haben sowohl die Funktion wie die Position dieser Klasse unterhöhlt und am Ende zerstört. Kriegführen selbst hat deswegen nicht aufgehört. Es wurde nur immer stärker mechanisiert, – zuletzt so sehr, daß der Erfolg in dem, was nun ein bloßer Beruf geworden ist, nicht mehr zugleich jene Bedeutung einer individuellen Leistung hat, welche nicht nur den Mann, sondern auch seine Gruppe in eine Dauerstellung sozialen Führertums emporhebt.

Ein ähnlicher sozialer Prozeß (– wenn man die Analyse bis zu Ende führt: der gleiche soziale Prozeß –) unterhöhlt nun die Rolle und mit der Rolle die soziale Stellung des kapitalistischen Unternehmers. Seine Rolle – obwohl weniger glanzvoll als die der großen und kleinen mittelalterlichen Kriegsherren – ist oder war auch eine Form der individuellen Führerschaft, die auf Grund persönlicher Kraft und persönlicher Verantwortlichkeit nach Erfolg strebte. Seine Stellung ist wie die der Kriegerklassen bedroht, sobald seine Funktion im sozialen Prozeß ihre Bedeutung verliert, einerlei ob die Ursache darin liegt, daß die sozialen Bedürfnisse, die er befriedigte, versiegen, oder daß diese Bedürfnisse durch andere, unpersönlichere Methoden befriedigt werden.

Dies erschüttert jedoch die Stellung der gesamten bürgerlichen Schicht. Zwar sind die Unternehmer weder mit Notwendigkeit, noch gar in typischer Weise von Anbeginn an Elemente dieser Schicht, sie treten aber im Falle des Erfolges in sie ein. Obgleich also die Unternehmer nicht *per se* eine soziale Klasse bilden, absorbiert sie die bürgerliche Klasse zusammen mit ihren Familien und Verbindungen und verjüngt und belebt sich dadurch fortwährend, während gleichzeitig die Familien, die ihre aktiven Beziehungen zum «Geschäft» lösen, nach ein oder zwei Generationen aus ihr ausscheiden. Dazwischen gibt es die Masse derer, die wir Industrielle, Kaufleute, Finanzleute oder Bankiers nennen; sie befinden sich auf der Zwischenstufe zwischen Unternehmerwagnis und bloß laufender Verwaltung eines ererbten Besitzes. Die Erträge, aus denen die Klasse lebt, werden geschaffen durch die Erfolge dieses mehr oder weniger aktiven Sektors – der selbstverständlich, wie zum Beispiel in den Vereinigten Staaten, über neunzig Prozent der bürgerlichen Schicht ausmachen kann – und der Individuen, die im Begriffe sind, in diese Klasse aufzusteigen; auf diesen Erfolgen beruht auch die soziale Stellung der Klasse als solcher. Ökonomisch und soziologisch, mittel- und unmittelbar hängt deshalb die Bourgeoisie vom Unternehmer ab; als Klasse lebt sie mit ihm und wird mit ihm als Klasse sterben, obgleich es mit großer Wahrscheinlichkeit zu einem kürzeren oder längeren Übergangsstadium kommen wird, wozu es tatsächlich im Fall der feudalen Zivilisation kam, – einem Stadium, in dem die Bourgeoisie sich letzten Endes unfähig fühlen wird zu leben und zu sterben.

Fassen wir diesen Teil unseres Argumentes zusammen: wenn die kapitalistische Entwicklung – «der Fortschritt» – entweder aufhört oder vollständig automatisiert wird, wird sich die wirtschaftliche Grundlage der industriellen Bourgeoisie letzten Endes auf Gehälter reduzieren, wie sie für gewöhnliche Verwaltungsarbeit bezahlt werden, – Überbleibsel von Quasirenten und monopoloiden Gewinnen ausgenommen, die vermutlich noch einige Zeit dahinvegetieren werden. Da die kapitalistische Unternehmung durch ihre eigensten Leistungen den Fortschritt zu automatisieren tendiert, so schließen wir daraus, daß sie sich selbst überflüssig zu machen, – unter dem Druck ihrer eigenen Erfolge zusammenzubrechen tendiert. Die vollkommen bürokratisierte industrielle Rieseneinheit verdrängt nicht nur die kleine oder mittelgroße Firma und «expropriiert» ihre Eigentümer, sondern verdrängt zuletzt auch den Unternehmer und expropriiert die Bourgeoisie als Klasse, die in diesem Prozeß Gefahr läuft, nicht nur ihr Einkommen, sondern, was unendlich viel wichtiger ist, auch ihre Funktion zu verlieren. Die wahren Schrittmacher des Sozialismus waren nicht die Intellektuellen oder Agitatoren, die ihn predigten, sondern die Vanderbilts, Carnegies und Rockefellers. Dieses Ergebnis mag nicht in jeder Hinsicht nach dem Geschmack der Marxschen Sozialisten sein, noch weniger nach dem Geschmack der Sozialisten einer populäreren (Marx hätte gesagt, vulgäreren) Sorte. In bezug auf die Prognose aber unterscheidet es sich nicht von dem ihren.

II. Die Zerstörung der schützenden Schichten

Bis jetzt haben wir die Wirkungen des kapitalistischen Prozesses auf die wirtschaftlichen Grundlagen der oberen Schichten der kapitalistischen Gesellschaft und auf ihre soziale Stellung und ihr soziales Prestige betrachtet. Doch die Wirkungen erstrecken sich auch auf den institutionellen Rahmen, der sie schützte. Indem wir nun dies aufzeigen, verwenden wir den Ausdruck in seiner weitesten Bedeutung, so daß er nicht nur gesetzliche Institutionen, sondern auch die Einstellung der öffentlichen Meinung und der Politik umfaßt.

1. Die kapitalistische Entwicklung hat zunächst einmal die institutionellen Ordnungen der feudalen Welt – den Gutshof, das Dorf, die Handwerkerzunft – zerstört oder weitgehend zerstört. Die Tatsachen und Mechanismen dieses Prozesses sind so wohl bekannt, daß wir uns nicht dabei aufzuhalten brauchen. Die Zerstörung wurde auf drei Wegen bewirkt. Die Welt des Handwerkers wurde in erster Linie durch die automatischen Auswirkungen der Konkurrenz zerstört, die vom kapitalistischen Unternehmer ausging; die politische Aktion, die verkümmerte Organisationen und Verordnungen aufhob, hat nur die Ergebnisse bestätigt. Die Welt des Grundherrn und der Bauern wurde in erster Linie durch politische – bisweilen revolutionäre – Aktion zerstört, und der Kapitalismus präsidierte lediglich bei adaptiven Wandlungen, beispielsweise von deutschen grundherrschaftlichen Organisationen in landwirtschaftlichen Großunternehmungen. Parallel zu diesen industriellen und landwirtschaftlichen Revolutionen lief jedoch eine nicht weniger revolutionäre Veränderung in der allgemeinen Haltung der gesetzgeberischen Gewalten und der öffentlichen Meinung. Gleichzeitig mit der alten wirtschaftlichen Organisation verschwanden auch die wirtschaftlichen und politischen Privilegien der Klassen oder Gruppen, die in ihr die führende Rolle zu spielen pflegten, – namentlich die Steuer-

freiheiten und die politischen Vorrechte des höheren und niederen Landadels und der Geistlichkeit.

Wirtschaftlich bedeutete all dies für die Bourgeoisie die Befreiung von ebenso vielen Fesseln und die Beseitigung ebenso vieler Schranken. Politisch bedeutete es die Ersetzung einer Ordnung, in der der Bourgeois ein demütiger Untertan war, durch eine andere, die seinem rationalistischen Denken und seinen unmittelbaren Interessen besser entsprach. Wenn man jedoch diesen Prozeß vom heutigen Standpunkt überblickt, könnte der Betrachter sich wohl fragen, ob letzten Endes eine solch völlige Emanzipation für den Bourgeois und seine Welt gut war. Denn diese Fesseln hemmten nicht nur, sie schützten auch. Bevor wir weitergehen, müssen wir diesen Punkt sorgfältig klären und seine Bedeutung würdigen.

2. Die miteinander verwandten Prozesse des Aufstiegs der kapitalistischen Bourgeoisie und des Aufstiegs der Nationalstaaten erzeugten im sechzehnten, siebzehnten und achtzehnten Jahrhundert eine soziale Struktur, die uns amphibisch erscheinen mag, obschon sie nicht mehr amphibische Elemente oder Übergangselemente zeigte als irgend eine andere. Betrachten wir das hervorragende Beispiel, das uns die Monarchie Ludwig XIV. bietet. Die königliche Macht hatte die grundbesitzende Aristokratie unterworfen und hatte sie zugleich versöhnt, indem sie ihr Beschäftigung und Pensionen bot und ihren Anspruch auf die Stellung einer herrschenden oder führenden Klasse bedingt akzeptierte. Die gleiche königliche Macht hatte den Klerus unterworfen und sich mit ihm verbündet[2]. Sie hatte schließlich ihren Einfluß auf die Bourgeoisie, ihren alten Verbündeten im Kampf gegen die Landmagnaten, verstärkt, indem sie ihre Unternehmungen schützte und förderte, um sie dafür um so wirkungsvoller zu brandschatzen. Die Bauern und das (kleine) gewerbliche Proletariat wurden in ähnlicher Weise behandelt, ausgebeutet und beschützt durch die öffentlichen Gewalten, – obschon der Schutz im Falle des französischen *ancien régime* viel weniger ausgesprochen war als zum Beispiel in Österreich unter Maria Theresia oder Joseph II. –, und, stellvertretender-

[2] Der Gallikanismus war nichts anderes als der ideologische Reflex.

weise, durch Grundherren oder Industrielle. Dies war nicht einfach eine Regierung im Sinn des Liberalismus des neunzehnten Jahrhunderts, das heißt eine soziale Amtsstelle, die einige wenige, beschränkte, mit einem Minimum von Einnahmen zu finanzierende Funktionen wahrzunehmen hatte. Im Prinzip leitete die Monarchie alles, von den Gewissen bis zu den Mustern der Lyoner Seidengewebe, und finanziell trachtete sie nach einem Maximum von Einnahmen. Obschon der König niemals völlig absolut war, war die öffentliche Autorität allumfassend.

Die richtige Diagnose dieses Systems ist für unsern Gegenstand von größter Bedeutung. Der König, der Hof, das Heer, die Kirche und die Bürokratie lebten in zunehmendem Maße von Einnahmen, die der kapitalistische Prozeß schuf; sogar die rein feudalen Einkommensquellen schwollen infolge der gleichzeitigen kapitalistischen Entwicklung an. In zunehmendem Maße wurden auch die innere und äußere Politik und die institutionellen Änderungen so geformt, daß sie auf diese Entwicklung paßten und sie förderten. *Insofern* treten die feudalen Elemente in der Struktur der sogenannten absoluten Monarchie nur noch unter dem Titel von Atavismen auf, was tatsächlich die Diagnose ist, die sich auf den ersten Blick unwillkürlich aufzudrängen scheint.

Bei näherer Betrachtung sehen wir indessen, daß diese Elemente mehr bedeuteten. Das stählerne Gerüst dieser Struktur bestand nach wie vor aus dem menschlichen Material der feudalen Gesellschaft, und dieses Material verhielt sich immer noch gemäß dem prae-kapitalistischen Schema. Es füllte die Ämter des Staates, versah die Armee mit Offizieren, machte Politik, – es funktionierte als eine *classe dirigeante* und bemühte sich, obwohl es die bürgerlichen Interessen berücksichtigte, sich doch von der Bourgeoisie zu distanzieren. Der Mittelpunkt, der König, war König von Gottes Gnaden, und die Wurzel seiner Stellung war feudal, nicht nur im historischen, sondern auch im soziologischen Sinn, so ausgiebig er auch die vom Kapitalismus gebotenen Möglichkeiten sich zunutze machte. All dies war mehr als Atavismus. Es war eine aktive Symbiose zweier sozialer Schichten, von denen die eine ohne Zweifel die andere wirtschaftlich stützte, von der andern aber umgekehrt politisch gestützt wurde. Was wir auch von den Leistungen oder Unzulänglichkeiten dieser Ordnung halten mögen und was auch der Bourgeois selbst damals oder später davon – und von dem aristokratischen Taugenichts oder Müßiggänger – gehalten haben mag, es war das Wesen dieser Gesellschaft.

3. Nur *dieser* Gesellschaft? Der spätere Verlauf der Dinge – am besten am englischen Fall zu exemplifizieren –, führt uns auf die Antwort: Das aristokratische Element hat auch in der Folge *genau bis zum Ende der Periode des intakten und lebenskräftigen Kapitalismus* das Regiment geführt. Ohne Zweifel hat dieses Element – zwar nirgends so erfolgreich wie in England – laufend die hellen, der Politik zustrebenden Köpfe aus andern Schichten absorbiert; es machte sich zum Vertreter bourgeoiser Interessen und kämpfte die Schlachten der Bourgeoisie; es mußte seine letzten gesetzlichen Vorrechte aufgeben; doch mit diesen Einschränkungen – und für Ziele, die nicht mehr seine eigenen waren – hat es weiterhin die politische Maschine bemannt, den Staat geleitet, regiert.

Der wirtschaftlich tätige Teil der bürgerlichen Schichten hat dem keinen großen Widerstand geleistet. Im großen ganzen paßte ihnen diese Art der Arbeitsteilung, und sie waren damit einverstanden. Wo sie sich dagegen auflehnten oder wo sie politisch in den Sattel gelangten, ohne sich dagegen auflehnen zu müssen, hatte ihr Regiment keinen bemerkenswerten Erfolg und zeigte sich auch nicht fähig, sich zu behaupten. Es stellt sich die Frage, ob wirklich mit Sicherheit angenommen werden darf, daß diese Fehlschläge nichts anderem zuzuschreiben sind als dem Mangel an Gelegenheit, Erfahrungen zu sammeln und, mit der Erfahrung, die Haltung einer politisch regierenden Klasse zu erwerben.

Die Antwort ist nein. Es gibt einen tieferen Grund für diese Fehlschläge, für welche die französischen und deutschen Erfahrungen mit bürgerlichen Regierungsversuchen gute Beispiele liefern, – einen Grund, der wiederum am deutlichsten sichtbar wird, wenn wir die Gestalt des Industriellen oder Kaufmannes der des mittelalterlichen Feudalherrn gegenüberstellen. Nicht nur hat der «Beruf» den letzteren wunderbar für die Verteidigung seiner eigenen Klasseninteressen qualifiziert, – er war nicht nur physisch dafür zu kämpfen imstande, sondern dieser «Beruf» umgab ihn auch mit einem Heiligenschein und machte aus ihm einen Herrscher über Menschen. Das erste war wichtig, doch noch wichtiger war der mystische Glanz und die herrscherliche Haltung, diese Fähigkeit und Gewohnheit zu befehlen und Gehorsam zu finden, was ihm bei allen Gesellschaftsklassen und in jeder Lebenslage Ansehen verlieh. Dieses Ansehen war so groß und diese Haltung so nützlich, daß die Klassenstellung die sozialen und technischen Bedingungen, die einst sie hatten entstehen lassen, überlebte und, vermöge einer Umwandlung der Klassenfunktion, sich an ganz andere soziale und wirtschaftliche Bedingungen als anpassungsfähig erwies. Mit größter Leichtigkeit und Anmut verwandelten sich die Feudalherren und Ritter in Höflinge, Verwaltungsbeamte, Diplomaten, Politiker und Offiziere, die in ihrer Art gar nichts mehr mit mittelalterlichen Rittern zu tun hatten. Und – ein höchst erstaunliches Phänomen, wenn wir es überdenken – ein Rest dieses alten Prestiges ist noch bis zum heutigen Tag lebendig, und nicht nur bei unsern Damen.

Das Gegenteil trifft für den Industriellen und den Kaufmann zu. Es gibt um ihn bestimmt keinen Schimmer irgend eines mystischen Glanzes, der für die Herrschaft über die Menschen so entscheidend ist. Die Börse ist ein armseliger Ersatz für den Heiligen Gral. Wir haben gesehen, daß die Industriellen und Kaufleute, sofern sie Unternehmer sind, auch eine Funktion der Führerschaft erfüllen. Aber wirtschaftliche Führerschaft dieser Art erweitert sich nicht wie die militärische Führerschaft des mittelalterlichen Feudalherren zur Führerschaft von Nationen. Im Gegenteil, Hauptbuch und Kostenkalkulation absorbieren und ziehen Grenzen.

Ich habe den Bourgeois rationalistisch und unheroisch genannt. Er kann nur rationalistische und unheroische Mittel gebrauchen, um seine Stellung zu verteidigen oder eine Nation seinem Willen zu beugen. Er kann mit dem, was die Leute von seiner wirtschaftlichen Leistung erwarten, einen Eindruck machen, – er kann mit Vernunftgründen seine Sache verteidigen, – er kann Geld zu zahlen versprechen, oder es zurückzuhalten drohen –, er kann die unzuverlässigen Dienste eines *Condottiere* oder Politikers oder Journalisten anwerben. Aber dies ist auch alles, und all das wird in bezug auf seinen politischen Wert stark überschätzt. Auch seine Erfahrungen und Lebensgewohnheiten sind nicht von der Art, um einen persönlichen Zauber zu entwickeln. Ein Geschäftsgenie kann außerhalb seines Bureaus völlig unfähig sein – und ist es auch oft –, eine Gans zu verscheuchen, sowohl im Gesellschaftszimmer wie auf der Rednertribüne. Da er dies weiß, wünscht er in Ruhe gelassen zu werden und die Politik in Ruhe zu lassen.

Wiederum werden sich dem Leser Ausnahmen aufdrängen. Aber wiederum haben sie nicht viel zu bedeuten. Die Fähigkeit und das Interesse für die Stadtverwaltung und der Erfolg bei dieser Tätigkeit ist die einzige wichtige Ausnahme in Europa, und, wie sich zeigen wird, stützt dies unsere Behauptung mehr als daß es sie schwächt. Vor dem Aufkommen der modernen Großstadt, die bereits nicht mehr eine Angelegenheit der Bourgeoisie ist, war die Stadtverwaltung der Führung eines Geschäfts verwandt. Das Verständnis für ihre Probleme und die Autorität innerhalb ihres Bezirks waren dem Fabrikanten und Kaufmann von Natur aus gegeben, und die lokalen Interessen von Handel und Industrie bildeten den Hauptgegenstand ihrer Politik, die sich deshalb für eine Behandlung nach den Methoden und im Geist des Geschäftskontors sehr gut eignete. Unter ungewöhnlich günstigen Bedingungen erwuchsen aus diesen Wurzeln ungewöhnliche Entwicklungen wie die der Republiken von Venedig und Genua. Der Fall der Niederlande paßt in das gleiche Schema, ist aber besonders aufschlußreich insofern, als die Kaufmannsrepublik unweigerlich im großen Spiel der internationalen Politik versagte und praktisch bei jeder Notlage die Zügel einem Kriegsherrn feudaler Färbung übergeben mußte. Was die Vereinigten Staaten anlangt, wäre es leicht, die einzigartig günstigen – übrigens rasch schwindenden – Umstände aufzuzählen, die ihren Fall erklären[3].

4. Die Folgerung ist naheliegend: abgesehen von solch außergewöhnlichen Umständen ist die Klasse der Bourgeoisie schlecht

---

[3] Diese Beweisrichtung wird im 4. Teil wieder aufgenommen.

ausgerüstet, um sich mit den innerpolitischen und den internationalen Problemen zu befassen, mit denen normalerweise ein Land von einiger Bedeutung sich zu befassen hat. Die Bourgeoisie selbst fühlt dies, trotz aller Schlagworte, die dies zu leugnen scheinen, und auch die Massen fühlen es. Innerhalb eines schützenden, aus nicht-bürgerlichem Material gefertigten Rahmens kann die Bourgeoisie nicht nur in der politischen Defensive, sondern auch in der Offensive – namentlich als Opposition – erfolgreich sein. Während einer gewissen Zeit fühlte sie sich so sicher, daß sie sich den Luxus leisten konnte, den schützenden Rahmen selbst anzugreifen; solche bürgerliche Opposition, wie es sie im kaiserlichen Deutschland gegeben hat, illustriert dies aufs beste. Aber ohne Schutz irgendeiner nichtbourgeoisen Gruppe ist die Bourgeoisie politisch hilflos und unfähig, nicht nur die Nation zu führen, sondern auch nur für ihr besonderes Klasseninteresse zu sorgen. Was so viel heißt wie, daß sie einen Herren braucht.

Der kapitalistische Prozeß hat jedoch sowohl durch seine wirtschaftliche Mechanik als auch durch seine psychologisch-soziologischen Wirkungen mit diesem schützenden Herren aufgeräumt oder ihm, – oder seinem Ersatzmann wie in den Vereinigten Staaten –, nie eine Entwicklungschance geboten. Die sich hieraus ergebenden Verwicklungen werden noch verstärkt durch eine weitere Folge des gleichen Prozesses. Die kapitalistische Entwicklung schaltet nicht nur den König von Gottes Gnaden, sondern auch die politischen Verteidigungsstellungen aus, die, hätten sie sich als haltbar erwiesen, vom Dorf und der Handwerkerzunft gebildet worden wären. Selbstverständlich waren beide Organisationen nicht haltbar genau in der Form, wie sie der Kapitalismus vorfand. Jedoch haben die kapitalistischen Maßnahmen die Zerstörung weit über das hinausgetrieben, was unvermeidlich war. Sie griffen den Handwerker in Schutzgebieten an, in denen er für unbeschränkte Zeit hätte weiterleben können. Sie zwangen dem Bauern alle Segnungen des frühen Liberalismus auf – das freie, ungeschützte Besitzrecht und all die individualistischen Stricke, die er brauchte, um sich aufzuhängen...

Indem der Kapitalismus den prae-kapitalistischen Gesellschaftsrahmen zerbrach, hat er nicht nur Schranken niedergerissen, die seinen Fortschritt hemmten, sondern auch Strebepfeiler, die seinen Einsturz verhinderten. Dieser in seiner unbarmherzigen Notwendigkeit eindrückliche Prozeß bestand darin, daß nicht nur das dürre Holz von Institutionen beseitigt wurde, sondern auch die Partner der kapitalistischen Schicht, obschon doch die Symbiose mit ihnen ein wesentliches Element des kapitalistischen Schemas war. Nachdem wir diese von so vielen Schlagworten verdunkelte Tatsache entdeckt haben, dürfen wir uns wohl die Frage stellen, ob es ganz korrekt ist, im Kapitalismus eine soziale Form *sui generis* zu sehen oder in Tat und Wahrheit nicht eher das letzte Auflösungsstadium dessen, was wir Feudalismus genannt haben. Im Ganzen neige ich zur Ansicht, daß seine Besonderheiten genügen, um einen eigenen Typus auszumachen, und daß diese Symbiose von Klassen, die ihre Existenz verschiedenen Epochen und Prozessen verdanken, eher als Regel, denn als Ausnahme angenommen werden muß, – wenigstens war es die Regel während der letzten sechstausend Jahre, das heißt seitdem primitive Ackerbauer von berittenen Nomaden unterworfen worden sind. Aber ich kann auch keine großen Bedenken gegen die erwähnte gegenteilige Ansicht sehen.

III. Die Zerstörung des institutionellen Rahmens der kapitalistischen Gesellschaft

Wir kehren mit einer Ladung unheilvoller Tatsachen von unserer Abschweifung zurück. Sie genügen beinahe, wenn auch nicht ganz, zur Begründung unseres nächsten Punktes, nämlich daß der kapitalistische Prozeß auf fast die gleiche Weise, wie er den institutionellen Rahmen der Feudalgesellschaft zerstörte, nun auch seinen eigenen untergräbt.

Es wurde oben darauf hingewiesen, daß paradoxerweise gerade der Erfolg der kapitalistischen Unternehmung das Ansehen oder soziale Gewicht jener Klasse zu schädigen tendiert, die hauptsächlich mit ihr verknüpft ist, und daß die Riesenunternehmung die Bourgeoisie aus der Funktion zu verdrängen tendiert, der sie einst jenes soziale Gewicht verdankte. Die entsprechende Veränderung in der Bedeutung der Institutionen der Bourgeoiswelt und ihrer typischen Haltung und der gleichzeitige Verlust an Vitalität sind leicht nachzuweisen.

Einerseits ist es nicht zu vermeiden, daß der kapitalistische Prozeß die wirtschaftlichen Grundlagen des kleinen Produzenten und Kaufmanns angreift. Was er den prae-kapitalistischen Schichten angetan hat, tut er auch – und zwar durch den gleichen Konkurrenzmechanismus – mit den untern Schichten der kapitalistischen Industrie. Hier gewinnt Marx natürlich viele Punkte. Allerdings entsprechen die Fakten der industriellen Konzentration nicht ganz den Vorstellungen, die dem Publikum beigebracht werden (siehe Kapitel 19). Der Prozeß ist weniger weit fortgeschritten und weniger frei von Rückschlägen und kompensatorischen Bewegungen, als sich aus mancher populären Darstellung entnehmen läßt. Insonderheit wird der Raum der kleinen Produktions- und namentlich Handelsunternehmung von der Großunternehmung nicht nur zerstört, sondern bis zu einem gewissen Grade auch geschaffen. Auch im Fall der Bauern und Farmer hat es sich gezeigt, daß die kapitalistische Welt zu guter Letzt sowohl willens wie auch fähig ist, eine kostspielige, doch im ganzen erfolgreiche Erhaltungspolitik zu verfolgen. Auf lange Dauer gesehen können jedoch wenig Zweifel über den Sachverhalt, dem wir uns gegenübersehen, oder über seine Folgen bestehen. Außerhalb des landwirtschaftlichen Gebiets hat überdies die Bourgeoisie nur wenig Einsicht in dieses Problem oder seine Bedeutung für das Weiterbestehen der kapitalistischen Ordnung bewiesen[4]. Die Gewinne, die durch die Rationalisierung der Produktionsorganisation und namentlich durch die Verbilligung des umständlichen Wegs der Waren von der Fabrik bis zum letzten Konsumenten erzielt werden können, sind zu groß, als daß ihnen die Seele des typischen Geschäftsmanns widerstehen könnte.

Nun ist es aber wichtig, genau zu realisieren, worin diese Folgen bestehen. Eine sehr verbreitete Art der sozialen Kritik,

[4] Obschon einige Regierungen diese Einsicht bewiesen haben; die Regierung des kaiserlichen Deutschland hat viel zur Bekämpfung dieser besonderen Art Rationalisierung getan, und es herrscht in den Vereinigten Staaten zur Zeit eine starke Tendenz, das gleiche zu tun.

der wir bereits begegnet sind, beklagt den «Niedergang der Konkurrenz» und setzt ihn dem Niedergang des Kapitalismus gleich, und zwar wegen der Vorzüge, die sie der Konkurrenz beilegt, und wegen der Laster, die sie den modernen industriellen «Monopolen» nachsagt. Die Monopolisierung spielt in diesem Interpretationsschema die Rolle der Arteriosklerose und reagiert auf die Glücksfälle der kapitalistischen Ordnung mit immer unbefriedigenderen wirtschaftlichen Leistungen. Wir haben die Gründe für die Ablehnung dieser Ansicht gesehen. Weder die Verteidigung der Konkurrenz noch die Anklage gegen die Konzentration wirtschaftlicher Kontrolle stehen ökonomisch auf so festen Füßen, als es dieses Argument impliziert. Und ganz abgesehen von seiner Standfestigkeit übersieht es den springenden Punkt. Selbst wenn die Riesenkonzerne alle so vollkommen geleitet wären, daß sogar die Engel im Himmel Beifall spendeten, wären die politischen Folgen der Konzentration doch immer noch die, die sie sind. Die politische Struktur eines Volkes wird durch die Beseitigung einer Menge kleiner und mittelgroßer Firmen zutiefst erschüttert; die leitenden Besitzer dieser Firmen zusammen mit ihrem Anhang, ihren Gefolgsleuten und ihren Verbindungen zählen mengenmäßig an der Wahlurne und haben auf das, was wir als Vorarbeiterklasse bezeichnen können, einen Einfluß, den keine Leitung einer Großunternehmung je haben kann; das eigentliche Fundament des Privateigentums und des freien Vertragsrechts zerbröckelt in einer Nation, deren lebenskräftigste, faßbarste, ausdrucksvollste Gestalten aus dem moralischen Gesichtskreis des Volkes verschwinden.

Andrerseits attackiert der kapitalistische Prozeß auch sein eigenes institutionelles Gerüst (– wir wollen auch weiterhin «Eigentum» und «freies Vertragsrecht» als *partes pro toto* ansehen –) innerhalb der Bezirke der großen Unternehmungseinheiten. Mit Ausnahme der Fälle, – sie sind immer noch von beträchtlicher Bedeutung –, in denen eine Aktiengesellschaft sich praktisch im Besitz einer Einzelperson oder einer einzelnen Familie befindet, ist die Gestalt des Eigentümers und mit ihr das spezifische Eigentumsinteresse von der Bildfläche verschwunden. Es gibt die bezahlten Vollzugsorgane und all die bezahlten Direktoren und Unterdirektoren. Es gibt die großen Aktienbesitzer. Und dann gibt es noch die kleinen Aktienbesitzer. Die erste Gruppe tendiert dahin, die Angestelltenhaltung anzunehmen und identifiziert sich selten – wenn je – mit dem Aktionärsinteresse, nicht einmal in den günstigsten Fällen, das heißt in den Fällen, in denen sie sich mit dem Interesse des Konzerns als solchem identifiziert. Die zweite Gruppe – selbst wenn sie ihre Verbindung mit dem Konzern als dauernd ansieht und selbst wenn sie sich so verhält, wie sich Aktionäre nach der Finanztheorie zu verhalten haben – ist gleich weit entfernt von den Funktionen wie von der Haltung eines Eigentümers. Was die dritte Gruppe der kleinen Aktionäre anlangt, so kümmern sie sich oft nicht sehr um das, was für die meisten von ihnen nur eine unbedeutendere Einkommensquelle ist; und ob sie sich kümmern oder nicht, – Lärm schlagen sie selten, wenn nicht gerade sie oder ihre Vertreter darauf aus sind, ihren Wert als Schadenstifter auszunützen. Da sie oft schlecht behandelt werden und sich noch öfter schlecht behandelt glauben, geraten sie fast regelmäßig in eine «ihren» Gesellschaften, den Großunternehmungen im allgemeinen und – namentlich wenn die Dinge schlecht stehen – der kapitalistischen Ordnung als solcher feindliche Haltung hinein. Kein Element dieser drei Gruppen, in die ich die typische Situation schematisiert habe, nimmt unbedingt die Haltung ein, die charakteristisch ist für dieses merkwürdige, so bedeutungsvolle und so rasch vergängliche Phänomen, das überdeckt wird durch den Ausdruck «Eigentum».

Das freie Vertragsrecht liegt im gleichen Spital krank. In seiner Vollkraft bedeutete es den individuellen Vertragsabschluß nach einer individuellen Wahl zwischen einer unbegrenzten Zahl von Möglichkeiten. Der stereotype, unindividuelle, unpersönliche und bürokratisierte Vertrag von heute, – dies gilt sehr viel allgemeiner, doch *a potiori* können wir uns hier an den Arbeitsvertrag halten –, der nur noch beschränkte Wahlfreiheit bietet und meistens auf ein *c'est à prendre ou à laisser* herauskommt, zeigt keine der alten Merkmale mehr, deren wichtigste unmöglich geworden sind bei Riesenkonzernen, die mit andern Riesenkonzernen oder mit unpersönlichen Massen von Arbeitern oder Konsumenten zu verkehren haben. Die Lücke wird durch ein tropisches Wachstum von neuen gesetzlichen Konstruktionen gefüllt – und einige Überlegung zeigt, daß es kaum anders sein könnte.

So schiebt der kapitalistische Prozeß alle jene Institutionen, namentlich die Institutionen des Eigentums und des freien Vertragsrechts, die einst die Bedürfnisse und die Formen der wahrhaft «privaten» Wirtschaftstätigkeit ausgedrückt hatten, in den Hintergrund. Wo er sie nicht abschafft, wie er bereits den freien Vertrag auf dem Arbeitsmarkt abgeschafft hat, da erreicht er das gleiche Ziel, indem er die relative Bedeutung bestehender gesetzlicher Formen verschiebt – zum Beispiel die die Aktiengesellschaft betreffenden gesetzlichen Formen gegenüber jenen, die sich auf die Teilhaberschaft oder die Einzelfirma beziehen – oder indem er ihren Inhalt oder ihren Sinn verändert. Indem der kapitalistische Prozeß ein bloßes Aktienpaket den Mauern und den Maschinen einer Fabrik substituiert, entfernt er das Leben aus der Idee des Eigentums. Er vermindert den Zugriff, der einmal so stark war – den Zugriff im Sinn des gesetzlichen Rechts und der tatsächlichen Möglichkeit, mit dem, was einem gehört, zu tun, was einem beliebt; den Zugriff auch in dem Sinn, daß der Inhaber des Titels den Willen verliert, ökonomisch, physisch, politisch für «seine» Fabrik und seine Kontrolle über sie zu kämpfen und wenn nötig auf ihrer Schwelle zu sterben. Und diese Verflüchtigung dessen, was wir die materielle Substanz des Eigentums – seine sichtbare und fühlbare Wirklichkeit – nennen können, beeinflußt nicht nur die Haltung der Aktienbesitzer, sondern auch die der Arbeiter und die der Öffentlichkeit im allgemeinen. Ein Eigentum, das von Person und Materie gelöst und ohne Funktion ist, macht keinen Eindruck und erzeugt keine moralische Treupflicht, wie es die lebenskräftige Form des Eigentums einst tat. Zuletzt bleibt *niemand* mehr übrig, der sich wirklich dafür einsetzen will – niemand innerhalb und niemand außerhalb der Bezirke der großen Konzerne.

DREIZEHNTES KAPITEL

WACHSENDE FEINDSELIGKEIT

I. Die soziale Atmosphäre des Kapitalismus

Nach der Analyse der zwei vorausgehenden Kapitel sollte es nicht schwierig sein zu verstehen, wieso der kapitalistische Prozeß diese Atmosphäre beinahe allgemeiner Feindseligkeit gegen seine eigene soziale Ordnung geschaffen hat, auf die ich eingangs dieses Teiles hingewiesen habe. Die Erscheinung ist so auffallend und sowohl die Marxsche wie die populären Erklärungen sind so unzulänglich, daß es wünschenswert ist, ihre Theorie hier etwas weiter auszubauen.

1. Der kapitalistische Prozeß vermindert, wie wir gesehen haben, letzten Endes die Bedeutung der Funktion, dank welcher die kapitalistische Klasse lebt. Wir haben auch gesehen, daß er die Tendenz hat, schützende Schichten zu zerstören, seine eigenen Verteidigungsanlagen niederzureißen und die Besatzungen seiner Schutzwälle zu zerstreuen. Und wir haben schließlich gesehen, daß der Kapitalismus eine kritische Geisteshaltung erzeugt, die, nachdem sie die moralische Autorität so mancher anderer Einrichtungen zerstört hat, zuletzt sich gegen seine eigene wendet: der Bourgeois sieht zu seinem Erstaunen, daß die rationalistische Einstellung nicht vor den Vollmachten von Königen und Päpsten Halt macht, sondern weiterschreitet zur Attacke gegen das Privateigentum und das ganze Schema von bürgerlichen Werten.

Die bürgerliche Festung wird so politisch wehrlos. Wehrlose Festungen laden zum Angriff ein, zumal wenn in ihnen reiche Beute winkt. Die Angreifer werden sich in einen Zustand rationalisierender Feindseligkeit hineinsteigern[1] – wie Angreifer es

---

[1] Hoffentlich entsteht keine Verwirrung dadurch, daß ich das Verbum «rationalisieren» in zwei verschiedenen Bedeutungen verwende. Eine indu-

immer tun. Es ist ohne Zweifel möglich, sie während einiger Zeit durch Bestechung unschädlich zu machen. Dieses letzte Hilfsmittel versagt jedoch, sobald sie entdecken, daß sie alles erreichen können. Dies erklärt zum Teil das, auf dessen Erklärung wir aus sind. Bis zu einem gewissen Grade – natürlich nicht vollständig – wird dieses Element unserer Theorie durch die enge Wechselbeziehung verifiziert, die historisch zwischen bürgerlicher Wehrlosigkeit und Feindseligkeit gegen die kapitalistische Ordnung besteht: solange die bürgerliche Position unversehrt war, bestand sehr wenig grundsätzliche Feindseligkeit, obschon es damals viel mehr Grund dazu gab; sie breitete sich *pari passu* mit dem Zerbröckeln der schützenden Mauern aus.

2. Aber, so könnte sehr wohl gefragt werden – und tatsächlich fragt so in naiver Bestürzung mancher Industrielle, der das aufrichtige Empfinden hat, daß er gegenüber allen Klassen der Gesellschaft seine Pflicht tut –, warum sollte die kapitalistische Ordnung denn irgendwelchen Schutz durch außer-kapitalistische Mächte oder außer-rationale Treuverhältnisse brauchen? Kann sie nicht mit fliegenden Fahnen die Prüfung bestehen? Beweist nicht unser eigenes früheres Argument zur Genüge, daß sie eine Menge utilitarischer Beglaubigungen vorzuweisen hat? Kann sie sich auf dieser Grundlage nicht sehr gut verteidigen? Und diese Industriellen werden sicherlich auch darauf hinweisen, daß ein vernünftiger Arbeiter, der die Vor- und Nachteile seines Vertrages mit zum Beispiel einem der großen Stahl- oder Automobilkonzerne abwägt, sehr wohl zum Schluß kommen mag, daß er unter Berücksichtigung aller Umstände nicht so schlecht fährt, und daß die Vorteile dieses Handels nicht alle auf einer Seite liegen. Oh ja – sicher –, nur ist dies alles völlig irrelevant.

Denn erstens ist es ein Irrtum zu glauben, daß ein politischer Angriff in erster Linie aus Mißständen entsteht und daß

---

strielle Anlage wird rationalisiert, wenn ihre produktive Leistung pro aufgewandte Einheit vergrößert wird. Wir «rationalisieren» unsere Handlungen, wenn wir uns und den andern Gründe dafür angeben, die unsern Wertmaßstab befriedigen, gleichgültig was unsere wahren Impulse sein mögen.

er durch Rechtfertigung abgewendet werden kann. Politischer Kritik kann man nicht erfolgreich mit einem rationalen Argument begegnen. Aus der Tatsache, daß die Kritik der kapitalistischen Ordnung aus einer kritischen Geisteshaltung hervorgeht, das heißt aus einer Haltung, die die Treupflicht zu außerrationalen Werten verschmäht, folgt nicht, daß eine rationale Widerlegung akzeptiert werden wird. Solche Widerlegung mag das rationale Gewebe des Angriffes zerreißen, kann aber nie bis zu der außerrationalen Antriebskraft vordringen, die stets im Hintergrund lauert. Die kapitalistische Rationalität räumt nicht mit den unter- oder überrationalen Impulsen auf. Sie setzt sie lediglich frei, indem sie die Schranken heiliger oder halbheiliger Tradition entfernt. In einer Zivilisation, der die Mittel und sogar der Wille fehlen, sie zu zügeln und zu leiten, werden diese Impulse sich empören. Und wenn sie sich einmal empören, so hat es wenig zu besagen, daß in einer rationalistischen Kultur ihre Manifestationen im allgemeinen irgendwie rationalisiert sein werden. Gerade so wie der Ruf nach utilitaristischer Beglaubigung nie an Könige, Feudalherren und Päpste in einer unparteiischen Geistesverfassung erging, die die Möglichkeit einer befriedigenden Antwort akzeptiert hätte, so ficht auch der Kapitalismus seinen Prozeß vor Richtern aus, die das Todesurteil bereits in der Tasche haben. Sie werden es fällen, ohne Rücksicht auf die vorgebrachte Verteidigung; der einzige Erfolg, den eine siegreiche Verteidigung möglicherweise zeitigen kann, ist eine Änderung in der Anklage. Eine utilitaristische Begründung ist als Hauptantrieb einer Gruppenaktion in jedem Fall schwach. In keinem Fall ist sie den außer-rationalen Determinanten des menschlichen Verhaltens gewachsen.

Zweitens wird der Erfolg der Anklage völlig verständlich, sobald wir uns klar werden darüber, was die freundliche Aufnahme der Verteidigung des Kapitalismus implizieren würde. Selbst wenn diese Verteidigung auf viel festeren Füßen stünde, als sie es tatsächlich tut, könnte sie nie leicht eingänglich sein. Das große Publikum müßte ein Maß an Einsicht und analytischem Denkvermögen besitzen, das weit jenseits seiner Möglichkeiten liegt. Ja praktisch jeder Unsinn, der je über den Kapitalismus gesagt worden ist, ist von einem Fach-Nationalökonomen verfochten worden. Aber auch davon abgesehen würde die rationale Erkenntnis der wirtschaftlichen Leistung des Kapitalismus und der Hoffnungen, die er für die Zukunft in Aussicht stellt, eine beinahe unmögliche moralische Heldentat von den Habenichtsen verlangen. Diese Leistung wird nur sichtbar, wenn wir sie auf lange Frist betrachten; jedes prokapitalistische Argument muß auf langfristigen Überlegungen beruhen. Auf kurze Frist beherrschen Profit und Erfolglosigkeit das Bild. Um sich in sein Los zu schicken, hätte sich der Leveller oder der Chartist von einst mit den Hoffnungen für seine Urgroßkinder trösten müssen. Um sich mit dem kapitalistischen System zu identifizieren, müßte der Arbeitslose von heute sein persönliches Schicksal und der Politiker von heute seine persönlichen Ambitionen vergessen. Die langfristigen Interessen der Gesellschaft liegen so ausschließlich in den Händen der oberen Schichten der bürgerlichen Gesellschaft, daß es völlig natürlich ist, wenn das Volk in ihnen ausschließlich die Interessen jener Klasse sieht. Für die Massen gibt die kurzfristige Betrachtungsweise den Ausschlag. Wie Ludwig XV. empfinden sie: *après nous le déluge*, und vom Standpunkt des individualistischen Utilitarismus aus sind sie selbstverständlich vollkommen rational, wenn sie so empfinden.

Drittens gibt es die täglichen, wirklichen und voraussichtlichen Schwierigkeiten, mit denen jedermann in jedem sozialen System zu kämpfen hat – die Reibungen und Enttäuschungen, die größeren und kleineren unangenehmen Ereignisse, die verletzen, ärgern und durchkreuzen. Ich nehme an, daß jeder von uns mehr oder weniger die Gewohnheit hat, sie gänzlich jenem Teil der Wirklichkeit zuzuweisen, die außerhalb seiner selbst liegt, und es braucht schon eine *gefühlsmäßige* Anhänglichkeit an die Sozialordnung – das heißt gerade das, was der Kapitalismus seiner Struktur nach unfähig ist zu erzeugen –, um den feindseligen Impuls zu überwinden, mit dem wir auf sie reagieren. Wenn keine gefühlsmäßige Anhänglichkeit vorliegt, dann hat dieser Impuls freie Bahn und wird zu einem dauernden Bestandteil unserer psychischen Haltung.

Viertens, der stetig steigende Lebensstandard und namentlich die Muße, die der moderne Kapitalismus dem vollbeschäftigten Arbeiter bietet... Nun, ich brauche diesen Satz nicht zu beenden und dieses abgedroschenste, älteste und unverdaulichste aller Argumente nicht auszuführen, das leider nur zu wahr ist. Säkularer Fortschritt, der als erwiesen angesehen, verkoppelt mit individueller Unsicherheit, die sehr bitter empfunden wird, ist natürlich das beste Rezept zur Erzeugung sozialer Unruhe.

II. Die Soziologie der Intellektuellen

Nichtsdestoweniger genügen an sich weder die Angriffschancen, noch wirkliche oder vermeintliche Beschwerdegründe, um eine aktive Feindseligkeit gegen eine Sozialordnung entstehen zu lassen, so sehr sie ihr Entstehen begünstigen mögen. Zur Entwicklung einer solchen Atmosphäre braucht es Gruppen, in deren Interesse es liegt, den Groll zu steigern und zu organisieren, ihn zu hegen und zu pflegen, ihm Stimme zu verleihen und ihn zu lenken! Wie im vierten Teil gezeigt werden wird, entwickelt die große Masse des Volkes nie aus eigner Initiative feste Ansichten. Noch weniger ist sie imstande, sie klar auszusprechen und sie in folgerichtige Haltung und Handlung zu wandeln. Was sie tun kann, ist einzig, daß sie Gruppenführern, wie sie sich gerade darbieten, nachfolgt oder die Nachfolge verweigert. Solange wir nicht soziale Gruppen gefunden haben, die sich für diese Rolle eignen, ist unsere Theorie von der Atmosphäre der Feindseligkeit gegen den Kapitalismus unvollständig.

Allgemein gesprochen haben Umstände, die einer allgemeinen Feindseligkeit gegen ein soziales System oder einem spezifischen Angriff auf ein System günsig sind, in allen Fällen die Tendenz, Gruppen ins Leben zu rufen, die sie ausnützen. Im Fall der kapitalistischen Gesellschaft jedoch ist noch ein weiterer Tatbestand zu beachten: im Gegegensatz zu allen andern Gesellschaftstypen schafft, erzieht und subventioniert der Kapitalismus unvermeidlich und kraft gerade der Logik seiner Zivilisation ein festgewurzeltes Interesse an sozialer Unruhe[2].

---

[2] Jedes soziale System ist empfindlich für Revolten und in jedem sozialen

Die Erklärung dieses Phänomens, das ebenso merkwürdig wie bedeutungsvoll ist, ergibt sich aus unserem Argument in Kapitel 11, kann aber durch einen Ausflug in die «Soziologie der Intellektuellen» noch eindrücklicher gemacht werden.

1. Dieser Typus ist nicht leicht zu definieren. Die Schwierigkeit ist in der Tat symptomatisch für den Charakter der Spezies. Die Intellektuellen sind nicht eine soziale Klasse in dem Sinne, wie die Bauern oder Industriearbeiter soziale Klassen bilden; sie kommen aus allen Ecken und Enden der sozialen Welt, und ein großer Teil ihrer Tätigkeit besteht darin, sich gegenseitig zu bekämpfen und Lanzen zu brechen für Klasseninteressen, die nicht ihre eigenen sind. Und doch entwickeln sie eine Gruppenhaltung und Gruppeninteressen von genügender Stärke, um eine große Zahl von ihnen zu einem Verhalten zu bringen, das gewöhnlich mit dem Begriff der sozialen Klassen verbunden ist. Weiter, – sie können nicht einfach definiert werden als die Gesamtsumme aller Menschen, die eine höhere Bildung genossen haben; das würde die wichtigsten Merkmale dieses Typus verwischen. Und doch ist jeder, der sie genossen hat – und abgesehen von Ausnahmefällen niemand, der sie nicht genossen hat – ein potentieller Intellektueller; und die Tatsache, daß ihr Geist stets auf ähnliche Weise abgerichtet ist, erleichtert ihnen das gegenseitige Verständnis und bildet ein gemeinsames Band. Es würde auch unserm Zwecke nicht dienen, wenn wir den Begriff mit der Zugehörigkeit zu den freien Berufen gleichsetzten; Ärzte und Advokaten zum Beispiel sind keine Intellektuellen im eigentlichen Sinne, es sei denn, sie sprechen oder schreiben über außerhalb ihrer beruflichen Zuständigkeit liegende Gegenstände, was sie ohne Zweifel oft tun, – namentlich die Advokaten. Und doch besteht eine enge Verbindung zwi-

System ist die Entfachung von Revolten ein Geschäft, das sich bei Erfolg bezahlt macht und infolgedessen immer Denk- und Muskelkräfte anzieht. Dies war schon in hohem Maße so in der Feudalzeit. Aber die kriegerischen Edelleute, die gegen die Höherstehenden revoltierten, griffen einzelne Personen oder Stellungen an. Sie griffen nicht das Feudalsystem als solches an. Und die Feudalgesellschaft als ganze hatte nicht die Tendenz, Angriffe auf ihr eigenes soziales System als Ganzes – mit oder ohne Absicht – zu ermutigen.

schen den Intellektuellen und den Berufen. Denn *gewisse* Berufe – besonders wenn wir den Journalismus dazu zählen – gehören in der Tat beinahe völlig zur Domäne des intellektuellen Typs; die Angehörigen *aller* Berufe haben die Möglichkeit, Intellektuelle zu werden; und viele Intellektuelle entschließen sich zu einem Beruf für ihren Lebensunterhalt. Schließlich, – eine Definition vermittels des Gegensatzes zur Handarbeit wäre viel zu weit[3]. Und doch scheinen auch wieder die «Schreiberseelen» des Herzogs von Wellington zu eng[4]. Ebenso der Sinn von *hommes de lettres*.

Immerhin könnten wir Schlimmeres tun, als hierin dem Eisernen Herzog zu folgen. Intellektuelle sind in der Tat Leute, die die Macht des gesprochenen und des geschriebenen Wortes handhaben, und eine Eigentümlichkeit, die sie von anderen Leuten, die das gleiche tun, unterscheidet, ist das Fehlen einer direkten Verantwortlichkeit für praktische Dinge. Diese Eigentümlichkeit erklärt im allgemeinen auch eine weitere – das Fehlen jener Kenntnisse aus erster Hand, wie sie nur die tatsächliche Erfahrung geben kann. Die kritische Haltung, die nicht weniger aus der Situation des Intellektuellen als eines bloßen Zuschauers – in den meisten Fällen auch als eines Außenseiters – als aus der Tatsache entsteht, daß seine größten Erfolgsaussichten in seinem tatsächlichen oder möglichen Wert als Störungsfaktor liegen, sollte ein drittes Charakteristikum hinzufügen. Der Beruf des Beruflosen? Beruflicher Dilettantismus? Leute, die über alles reden, weil sie nichts verstehen? Bernard Shaws Journalist in *The Doctor's Dilemma?* Oh nein, – das habe ich nicht gesagt und das meine ich nicht. So etwas wäre ebenso unrichtig wie beleidigend. Wir wollen den Versuch aufgeben, mit Worten zu definieren und an Stelle dessen «epideiktisch»

---

[3] Zu meinem Kummer habe ich entdeckt, daß der Oxford English Dictionary den Sinn, den ich dem Ausdruck beilegen will, nicht aufführt. Er gibt die Redewendung «ein Diner von Intellektuellen», doch in Verbindung mit «höheren Verstandeskräften», was in eine völlig andere Richtung weist. Ich war gebührend erschüttert, vermochte aber keinen anderen Ausdruck zu finden, der meinem Zweck ebenso gut dienen könnte.

[4] Die Redensart des Herzogs findet sich in *The Croker Papers* (herausgegeben von L. J. Jennings, 1884).

definieren: im griechischen Museum können wir uns den Gegenstand betrachten, mit einer hübschen Anschrift versehen. Die Sophisten, Philosophen und Rhetoren des fünften und vierten Jahrhunderts v. Chr. illustrieren auf ideale Weise, was ich meine, – obschon sie sich heftig dagegen verwahrten, daß man sie zusammenwarf, gehören sie doch alle zur gleichen Gattung. Daß sie praktisch alle Lehrer waren, zerstört den Wert der Illustrierung nicht.

2. Bei der Analyse des rationalistischen Charakters der kapitalistischen Zivilisation (Kapitel 11) habe ich darauf hingewiesen, daß die Entwicklung des rationalen Denkens selbstverständlich dem Aufstieg der kapitalistischen Ordnung um Jahrtausende vorausging; der Kapitalismus hat dem Prozeß einzig einen neuen Auftrieb und eine besondere Wendung gegeben. Ebenso finden wir – unter Außerachtlassung der griechisch-römischen Welt – Intellektuelle in durchaus prae-kapitalistischen Verhältnissen, zum Beispiel im Frankenreich und in den Ländern, in die dieses zerfiel. Sie waren jedoch gering an Zahl, waren Geistliche, meistens Mönche, und nur ein unendlich kleiner Teil der Bevölkerung hatte zu ihrem schriftlichen Werk Zugang. Ohne Zweifel vermochten gelegentlich starke Individuen unorthodoxe Ansichten zu entwickeln und sie sogar einer volkstümlichen Zuhörerschaft zu vermitteln. Dies bedeutete jedoch im allgemeinen, daß man sich in Gegensatz stellte gegen ein sehr fest organisiertes Milieu – von dem es gleichzeitig schwer war loszukommen – und daß man Gefahr lief, das Los des Ketzers zu erleiden. Selbst soviel war kaum möglich ohne die Unterstützung oder Duldung eines großen Herrn oder Häuptlings, wie die Taktik der Missionare zur Genüge zeigt. Im großen ganzen konnten deshalb die Intellektuellen leicht gezügelt werden, und es war kein Spaß, über die Stränge zu schlagen, nicht einmal in Zeiten außergewöhnlicher Desorganisation und Auflösung wie während des schwarzen Todes (in und nach dem Jahre 1348).

Doch wenn das Kloster den Intellektuellen der mittelalterlichen Welt hervorgebracht hat, ist es der Kapitalismus gewesen, der ihn befreit und ihn mit der Druckerpresse beschenkt hat. Die langsame Entwicklung des Laien-Intellektuellen war bloß ein anderer Aspekt dieses Prozesses; die Gleichzeitigkeit der Entstehung des Humanismus und der Entstehung des Kapitalismus ist sehr auffallend. Die Humanisten waren in erster Linie Philologen, griffen aber bald auf das Gebiet der Sitten, der Politik, der Religion und der Philosophie über, – ein ausgezeichnetes Beispiel für einen der oben erwähnten Punkte. Veranlaßt wurde dies nicht nur durch den Inhalt der klassischen Schriften, die sie zusammen mit ihrer Grammatik interpretierten, – vielmehr ist der Weg von der Textkritik zur Gesellschaftskritik kürzer, als es den Anschein hat. Nichtsdestoweniger konnte der typische Intellektuelle an der Idee des Scheiterhaufens, der immer noch den Ketzer erwartete, keinen Geschmack finden. In der Regel paßten ihm Ehren und Wohlleben bedeutend besser. Und diese waren letzten Endes nur von den weltlichen oder geistlichen Fürsten zu erhalten, obschon die Humanisten die ersten Intellektuellen waren, die ein Publikum im modernen Sinn hatten. Die kritische Einstellung wurde täglich stärker. Aber die *soziale* Kritik – über das hinaus, was gewisse Angriffe auf die katholische Kirche und im besonderen auf ihre Spitze enthielten – blühte nicht unter solchen Bedingungen.

Ehren und Vorteile können indessen auf mehr als einem Wege erworben werden. Schmeichelei und Unterwürfigkeit sind oft weniger einträglich als ihr Gegenteil. Diese Entdeckung ist nicht erst von Aretino[5] gemacht worden; aber kein Sterblicher hat ihn je in ihrer Auswertung übertroffen. Karl V. war ein liebevoller Gatte; aber während seinen Feldzügen, die ihn jeweilen monatelang von zu Hause fernhielten, führte er das Leben eines Edelmannes seiner Zeit und Klasse. Nun brauchte ja das Publikum – und, was Karl besonders wichtig war, die Kaiserin – davon nichts zu wissen, vorausgesetzt, daß Argumente der richtigen Art und des richtigen Gewichts dem großen Kritiker von Politik und Moral gebührend ausgehändigt wurden. Karl bezahlte. Wichtig daran ist jedoch, daß dies nicht einfach eine Erpressung war, die im allgemeinen nur der einen Seite zugute kommt und der andern ohne Entschädigung einen

[5] Pietro Aretino, 1492–1556.

Verlust zufügt. Karl wußte, warum er bezahlte, obwohl es ohne Zweifel möglich gewesen wäre, das Stillschweigen mit billigeren, wenn auch drastischeren Methoden zu sichern. Er zeigte keinen Groll. Im Gegenteil, er wich sogar von seiner üblichen Art ab, um den Mann zu ehren. Offenbar wünschte er mehr als Stillschweigen, und tatsächlich hat er für seine Gaben den vollen Gegenwert erhalten.

3. In einem gewissen Sinn war daher Aretinos Feder in der Tat stärker als das Schwert. Aber ich kenne – vielleicht aus Unwissenheit – kein vergleichbares Beispiel dieses Typs für die nächsten hundertundfünfzig Jahre[6]; während dieser Zeit scheinen die Intellektuellen außerhalb und unabhängig von den althergebrachten Berufen – vor allem Gericht und Kirche – keine große Rolle gespielt zu haben. Nun fällt dieser Rückschlag ungefähr mit dem Rückschlag in der kapitalistischen Entwicklung zusammen, der in den meisten Ländern des kontinentalen Europas in dieser unruhigen Periode eingetreten ist. Und an der nachfolgenden Erholung des Unternehmer-Kapitalismus nahmen die Intellektuellen ihrerseits teil. Das billigere Buch, die billigere Zeitung oder Flugschrift, zusammen mit der Verbreiterung des Publikums, die teilweise ihr Werk, teilweise aber auch ein selbständiges Phänomen war, das durch den der industriellen Bourgeoisie zufallenden Zuwachs an Reichtum und Gewicht und durch die damit verbundene Zunahme der politischen Bedeutung der anonymen öffentlichen Meinung verursacht wurde, – alle diese Wohltaten, ebenso wie eine zunehmende Befreiung vom Zwang, sind Nebenprodukte der kapitalistischen Maschine.

In den ersten drei Vierteln des achtzehnten Jahrhunderts verlor der individuelle Gönner nur langsam die überragende Bedeutung für die Karriere des Intellektuellen, die er zu Beginn innegehabt hatte. Doch zumindest bei den Spitzenerfolgen erkennen wir bereits deutlich die wachsende Bedeutung des neuen Elementes: der Unterstützung durch den kollektiven Gönner,

---

[6] Immerhin hat das Schreiben von Pamphleten in England während des siebzehnten Jahrhunderts stark an Ausdehnung und Bedeutung zugenommen.

durch das bürgerliche Publikum. In dieser wie auch in jeder anderen Hinsicht bietet Voltaire ein unschätzbares Beispiel. Gerade seine Oberflächlichkeit, die es ihm möglich machte, alles von der Religion bis zur Optik Newtons zu beherrschen, in Verbindung mit einer unverwüstlichen Vitalität und einer unersättlichen Neugierde –, das völlige Fehlen von Hemmungen –, ein untrüglicher Instinkt für die Stimmungen seiner Zeit und ihre völlige Annahme –, all dies zusammen hat diesen unkritischen Kritiker und mittelmäßigen Poeten und Historiker instand gesetzt zu faszinieren – und zu verkaufen. Er hat auch spekuliert, betrogen, Geschenke und Stellen angenommen; aber daneben bestand immer seine auf die solide Basis seines Publikumserfolgs gegründete Unabhängigkeit. Rousseaus Fall und Typ – obschon völlig verschieden – zu diskutieren, wäre noch aufschlußreicher.

In den letzten Jahrzehnten des achtzehnten Jahrhunderts zeigte sich an einer eigentümlichen Episode das Wesen der Macht eines intellektuellen Freibeuters, der mit nichts arbeitet als mit dem soziologisch-psychologischen Mechanismus, genannt «öffentliche Meinung». Dies begab sich in England, dem Lande, das damals auf dem Wege der kapitalistischen Entwicklung am weitesten fortgeschritten war. John Wilkes' Angriffe gegen das politische System Englands wurden zwar unter einzigartig günstigen Umständen ausgelöst; auch kann nicht behauptet werden, daß er tatsächlich die Regierung des Earl of Bute stürzte, da diese nie eine Chance hatte und wegen einem Dutzend anderer Gründe fallen mußte; aber Wilkes' *North Briton* war trotzdem der letzte Halm, der ... Lord Butes politisches Rückgrat brach. *North Briton* Nr. 45 war der erste Schuß in einem Feldzug, der die Abschaffung der generellen Haftbefehle sicherte und einen großen Schritt in Richtung der Preß- und Wahlfreiheit bedeutete. Dies heißt zwar nicht, daß er Geschichte machte oder die Bedingungen für eine Änderung der sozialen Einrichtungen schuf; aber es heißt, daß er die Rolle, sagen wir, eines Hebammen-Gehilfen spielte[7]. Die Unfähigkeit von

---

[7] Ich hege keine Befürchtung, daß irgend ein Historiker oder Politiker finden wird, ich hätte die Bedeutung von Wilkes' Erfolg übertrieben. Aber

Wilkes' Gegnern, ihn daran zu hindern, ist dabei die allerbezeichnendste Tatsache. Sie hatten zwar die ganze Macht des Staatsorganismus zu ihrer Verfügung. Und doch hielt sie etwas zurück.

In Frankreich brachten die der Revolution vorangehenden Jahre und die Revolution selbst die pöbelaufwiegelnden Reizmittel (Marat, Desmoulins), die jedoch nicht, wie die unsern, Stil und Grammatik völlig über Bord warfen. Wir müssen uns jedoch beeilen. Die Schreckensherrschaft und systematischer noch das erste Kaiserreich machten dem ein Ende. Dann folgte eine durch die Regierung des *roi bourgeois* unterbrochene Periode mehr oder weniger entschlossener Unterdrückung, bis das zweite Kaiserreich, ungefähr in der Mitte der sechziger Jahre, sich gezwungen sah, die Zügel zu lockern. In Mittel- und Südeuropa dauerte diese Periode ungefähr ebenso lang, und in England herrschten analoge Zustände vom Anfang der Revolutionskriege bis zu Cannings Machtantritt.

4. Wie unmöglich es ist, die Flut innerhalb des Bettes der kapitalistischen Gesellschaft einzudämmen, zeigt sich darin, daß die während dieser Periode von praktisch allen europäischen Regierungen unternommenen, zum Teil lange dauernden und entschlossenen Versuche, sich die Gefolgschaft der Intellektuellen zu sichern, alle mißlungen sind. Ihre Geschichte ist nichts anderes als ebenso viele verschiedene Versionen von Wilkes' Taten. In der kapitalistischen Gesellschaft – oder in einer Gesellschaft, die ein kapitalistisches Element von entscheidender Bedeutung enthält – muß jeder Angriff auf die Intellektuellen zugleich gegen die privaten Festungen der bürgerlichen Wirtschaft anrennen, die alle oder zumindest von denen ein Teil den Verfolgten Schutz bieten werden. Ein solcher Angriff muß

---

ich fürchte Einwände dagegen, daß ich ihn einen Freibeuter genannt habe, und gegen die Behauptung, daß er alles dem kollektiven und nichts einem individuellen Gönner verdankte. Ohne Zweifel wurde er am Anfang von einer *Koterie* ermuntert. Bei näherer Prüfung wird man jedoch, glaube ich, zugestehen müssen, daß dies nicht von entscheidender Bedeutung war, und daß alle Unterstützung, alles Geld und alle Ehre, die er nachher erhielt, nur die Folge und Anerkennung des früheren Erfolges und einer beim Publikum unabhängig davon erworbenen Stellung war.

überdies nach den bürgerlichen Prinzipien des legislativen und administrativen Verfahrens vor sich gehen, die zwar ohne Zweifel gedreht und gedehnt werden können, die aber eine Verfolgung über einen gewissen Punkt hinaus verhindern. Gesetzlose Gewalt mag die bürgerliche Schicht, wenn sie gründlich aufgebracht oder erschreckt ist, im Einzelfall einmal akzeptieren und ihr sogar Beifall spenden, doch nur für kurze Zeit. Unter einem rein bürgerlichen Regime, wie dem von Louis Philippe, können die Truppen auf Streikende schießen; aber die Polizei kann nicht Jagd auf Intellektuelle machen oder muß sie sogleich wieder frei lassen. Sonst wird die bürgerliche Schicht trotz noch so starker Mißbilligung einzelner ihrer Taten sich hinter sie stellen, weil die Freiheiten, die sie mißbilligt, nicht vernichtet werden können, ohne daß nicht auch Freiheiten, die sie billigt, vernichtet werden.

Man beachte, daß ich der Bourgeoisie keine unrealistische Dosis von Großmut und Idealismus zuschreibe. Auch lege ich nicht übermäßigen Nachdruck auf das, was die Menschen denken und fühlen und wollen –, über dessen Bedeutung gehe ich größtenteils, wenn auch nicht ganz, mit Marx einig. Dadurch daß die Bourgeoisie die Intellektuellen als Gruppe – natürlich nicht jedes Individuum – verteidigt, verteidigt sie sich selbst und ihre Lebensform. Nur eine Regierung nicht-bürgerlichen Charakters und nicht-bürgerlichen Glaubens – unter modernen Verhältnissen nur eine sozialistische oder faschistische Regierung – ist stark genug, um sie in Zucht zu halten. Dazu müßte sie die typisch bürgerlichen Institutionen ändern und die individuelle Freiheit *aller* Schichten der Nation drastisch beschränken. Und solch eine Regierung würde wahrscheinlich nicht – ja sie könnte es gar nicht – vor der Privatunternehmung Halt machen.

Daraus folgt die Abneigung und die Unfähigkeit der kapitalistischen Ordnung, ihren intellektuellen Sektor erfolgreich zu kontrollieren. Diese Abneigung ist eine Abneigung gegen die konsequente Anwendung von Methoden, die der durch den kapitalistischen Prozeß geformten Mentalität fremd sind; jene Unfähigkeit ist die Unfähigkeit, dies innerhalb des Rahmens von durch den kapitalistischen Prozeß geformten Institutionen und ohne Unterwerfung unter nicht-bürgerliche Herrschaft zu tun. So ist einerseits die Freiheit der öffentlichen Diskussion, die in sich die Freiheit einschließt, die Grundlagen der kapitalistischen Gesellschaft zu bekritteln, auf die Dauer gesehen unvermeidlich. Andrerseits kann die Gruppe der Intellektuellen gar nicht anders als kritteln, da sie von der Kritik lebt und ihre ganze Stellung von einer Kritik abhängt, die schmerzend trifft; und eine Kritik an Personen und laufenden Ereignissen wird in einer Situation, in der nichts heilig ist, mit Notwendigkeit in eine Kritik an Klassen und Institutionen ausmünden.

5. Einige wenige Striche mögen das moderne Bild vollenden. Es gibt nun in wachsendem Umfange finanzielle Mittel. Eine Erhöhung des Lebensstandards und der Muße der Massen ist eingetreten, die die Zusammensetzung des kollektiven Gönners, dessen Geschmack die Intellektuellen sich anzupassen haben, geändert hat und weiter ändert. Bücher und Zeitungen wurden und werden immer billiger; Zeitungs-Großkonzerne sind entstanden[8]. Es gibt nun das Radio. Und es gab und gibt eine Ten-

[8] Die Entstehung und die bisherige Karriere des Zeitungs-Großkonzerns illustriert zwei Punkte, die ich besonders betonen möchte: einmal die vielfachen Aspekte, Beziehungen und Wirkungen eines *jeden* konkreten Elementes des sozialen Modells, die einfache, nur in einer Richtung laufende Behauptungen ausschließen, und zum andern die Wichtigkeit einer Unterscheidung von kurz- und langfristigen Phänomenen, für die verschiedene, manchmal entgegengesetzte Behauptungen zutreffen. Der Zeitungs-*Groß*konzern ist in den meisten Fällen nichts anderes als eine kapitalistische Unternehmung. Dies *impliziert* nicht ohne weiteres, daß er kapitalistische oder irgendwelche anderen Klasseninteressen verficht. Er *kann* es tun, aber nur aus einem oder mehreren der folgenden Motive, deren begrenzte Bedeutung offensichtlich ist: weil er von einer kapitalistischen Gruppe subventioniert wird mit dem ausgesprochenen Zweck der Verteidigung ihrer Interessen oder Ansichten, – je größer der Konzern und die Auflagen sind, desto weniger wichtig ist dieses Element; weil er seine Zeitungen einem Publikum mit bürgerlichem Geschmack verkaufen will, – dieses Motiv, das bis ungefähr 1914 sehr wichtig war, wirkt nun zunehmend in entgegengesetzter Richtung; weil die Inserenten es vorziehen, sich eines geistesverwandten Vermittlers zu bedienen, – aber meistens ist ihre Einstellung durchaus vom Geschäftsinteresse diktiert; weil die Eigentümer auf einem bestimmten Kurs bestehen, ohne Rücksicht auf ihr Absatzinteresse, – in

denz, alle Beschränkungen völlig aufzuheben und die kurzfristigen Widerstandsversuche, durch die sich die bürgerliche Gesellschaft als so unfähiger und gelegentlich so kindischer Zuchtmeister erwiesen hat, stetig niederzuringen.

Es gibt indessen noch einen anderen Faktor. Eine der wichtigsten Eigentümlichkeiten der späteren Stadien der kapitalistischen Zivilisation ist die starke Ausdehnung des Erziehungsapparates und namentlich der höheren Bildungsmöglichkeiten. Diese Entwicklung war und ist nicht weniger unvermeidlich als die Entwicklung industrieller Rieseneinheiten[9]; aber im

---

einem gewissen Ausmaße tun sie dies und haben es namentlich getan; aber die Erfahrung zeigt, daß sie nicht durchhalten, wenn es zu einem ernsthaften Konflikt mit dem pekuniären Absatzinteresse kommt. Mit anderen Worten: der Zeitungs-Großkonzern ist ein überaus wirksames Mittel, um die Stellung der intellektuellen Gruppe zu heben und ihren Einfluß zu vergrößern; aber auch heute ist er noch nicht völlig unter ihrer Kontrolle. Er bedeutet Beschäftigung und ein weiteres Publikum, er bedeutet aber auch «Ketten». Diese sind hauptsächlich kurzfristig von Wichtigkeit; der einzelne Journalist, der um größere Freiheit kämpft, um tun zu können, was ihm gefällt, kann leicht unterliegen. Doch dieser kurzfristige Aspekt und die Gruppenerinnerung an vergangene Verhältnisse sind es, die den Intellektuellen beeinflussen und die Färbung des Bildes, das er für das Publikum von Sklaverei und Märtyrertum entwirft, bestimmen. In Wirklichkeit sollte es ein Bild von Eroberungen sein. Eroberungen und Siege sind in diesem wie in so manchem andern Falle ein Mosaik, das aus Niederlagen zusammengesetzt ist.

[9] Gegenwärtig nehmen die meisten Leute gegenüber dieser Entwicklung den Standpunkt ein, das Ideal sei, alle Ausbildungsmöglichkeiten allen, die zu ihrer Benutzung veranlaßt werden können, zugänglich zu machen. Man hält sich so fest an dieses Ideal, daß Zweifel daran fast allgemein als beinahe unschicklich betrachtet werden; diese Situation wird durch die leider nur zu oft frivolen Kommentare jener, die anderer Meinung sind, nicht verbessert. Tatsächlich streifen wir hier eine Reihe äußerst komplexer Probleme der Soziologie der Erziehung und der Erziehungsideale, die wir innerhalb der Grenzen dieser Skizze nicht angreifen können. Aus diesem Grund habe ich den obigen Paragraphen auf zwei unbestreitbare und neutrale Gemeinplätze beschränkt, da wir für den vorliegenden Zweck nicht mehr brauchen. Aber natürlich lösen sie nicht das größere Problem, das als Zeugnis der Unvollständigkeit meiner Darstellung beiseite gelassen werden muß.

Gegensatz zu diesen wurde und wird sie von der öffentlichen Meinung und den Behörden unterstüzt, so daß sie viel weiter geht, als sie es aus eigener Kraft getan hätte. Was wir auch von anderen Gesichtspunkten aus darüber denken mögen und was genau die Ursache sein mag, – es ergeben sich daraus jedenfalls mehrere Folgen, die für die Größe und Haltung der intellektuellen Gruppe von Belang sind.

Erstens: insofern als die höhere Bildung derart das Angebot an Dienstleistungen der beruflichen, quasi-beruflichen und letzten Endes aller «steifen Kragen»-Kategorien über den durch Kostenüberlegungen bestimmten Punkt hinaus vermehrt, kann sie einen besonders wichtigen Fall der Teilarbeitslosigkeit schaffen.

Zweitens: im Gefolge oder an Stelle einer solchen Arbeitslosigkeit schafft sie unbefriedigende Arbeitsbedingungen, – Beschäftigung in weniger qualifizierter Arbeit oder zu Gehältern unter dem Verdienst eines besser bezahlten Handarbeiters.

Drittens: sie kann eine Nichtverwendbarkeit von Arbeitskräften von einer besonders bedenklichen Art entstehen lassen. Der Mann, der durch eine höhere Schule oder Universität gegangen ist, wird leicht in einer Beschäftigung als Handarbeiter psychisch unverwendbar, ohne daß er notwendig die Verwendbarkeit für eine Facharbeit erwirbt. Sein Versagen hierbei kann entweder durch einen Mangel an natürlicher Anlage – der mit dem Bestehen von akademischen Examen durchaus vereinbar ist – oder durch unzureichenden Unterricht verursacht sein; und beide Fälle werden sich absolut und relativ häufiger ereignen, je größere Zahlen zu einer höheren Bildung detachiert werden, und je mehr der geforderte Unterrichtsumfang zunimmt ohne Rücksicht darauf, wie viele Lehrer und Gelehrte die Natur hervorzubringen sich entschließt. Die Vernachlässigung dieses Umstandes und das Handeln auf Grund der Theorie, daß Schulen, höhere Schulen und Universitäten eine Geldangelegenheit sind, zeitigen Resultate, die so offenkundig sind, daß wir nicht dabei zu verweilen brauchen. Die Fälle, in denen unter einem Dutzend Bewerbern für einc Stelle, die alle formell qualifiziert sind, nicht einer ist, der sie befriedigend ausfüllen kann, sind jedem bekannt, der sich je mit Anstellungen zu befassen hatte – jedem heißt das, der selbst zu urteilen qualifiziert ist.

Alle jene, die arbeitslos oder unbefriedigend beschäftigt oder unverwendbar sind, strömen in die Berufe, in denen der Standard am wenigsten bestimmt ist oder in denen Fähigkeiten und Fertigkeiten einer anderen Ordnung zählen. Sie vermehren die Schar der Intellektuellen im eigentlichen Sinne des Wortes, deren Zahl infolgedessen unverhältnismäßig ansteigt. Sie stoßen zu ihnen in einem Geisteszustand äußerster Unzufriedenheit. Unzufriedenheit erzeugt Groll und redet sich oft in jene soziale Kritik hinein, die, wie wir oben gesehen haben, unter allen Umständen die typische Haltung des intellektuellen Zuschauers gegenüber Menschen, Klassen und Institutionen namentlich in einer rationalistischen und utilitaristischen Zivilisation ist. Nun, hier haben wir also Zahlen – eine klar umschriebene Gruppensituation von proletarischer Färbung – und ein Gruppeninteresse, das eine Gruppenhaltung formt. Aus dieser läßt sich die Feindseligkeit gegen die kapitalistische Ordnung viel realistischer erklären als aus der Theorie (die selbst eine Rationalisierung im psychologischen Sinn ist), nach welcher die gerechte Entrüstung des Intellektuellen über das Unrecht des Kapitalismus einfach die logische Folgerung aus empörenden Tatbeständen darstellt – einer Theorie, die nicht besser ist als die von Liebenden, daß ihre Gefühle nichts anderes darstellen als die logische Folgerung aus den Vorzügen der Geliebten[10]. Überdies läßt sich aus unserer Theorie auch die Tatsache erklären, warum diese Feindseligkeit mit jeder neuen Leistung der kapitalistischen Entwicklung zu- anstatt abnimmt.

Selbstverständlich ist die Feindseligkeit der intellektuellen Gruppe – die auf eine moralische Ablehnung der kapitalisti-

---

[10] Der Leser wird bemerken, daß jede solche Theorie unrealistisch wäre, selbst wenn die Fakten des Kapitalismus oder die Vorzüge der Geliebten tatsächlich ganz so wären, wie der Kritiker oder der Liebende glaubt, daß sie sind. Es ist auch wichtig zu beachten, daß in der überwältigenden Mehrheit der Fälle sowohl Kritiker wie Liebende offensichtlich aufrichtig sind; weder psychologisch-soziologische, noch psychologisch-physikalische Mechanismen treten in der Regel in das Rampenlicht des Ego, außer in der Maske von Sublimierungen.

schen Ordnung hinausläuft – etwas anderes als die allgemein feindselige Atmosphäre, die die kapitalistische Maschine umgibt. Die letztere ist das eigentlich bedeutungsvolle Phänomen; und sie ist nicht einfach das Produkt der ersten, sondern fließt teilweise aus unabhängigen Quellen, von denen einige schon früher erwähnt sind; soweit sie dies tut, bietet sie Rohstoff, den die intellektuelle Gruppe verarbeitet. Es gibt zwischen beiden wechselseitige Beziehungen des Gebens und Nehmens, die zu entwirren jedoch mehr Raum beanspruchen würde, als ich entbehren kann. Die allgemeinen Umrisse einer solchen Analyse sind jedoch deutlich genug, und zu aller Sicherheit will ich wiederholen, daß die Rolle der intellektuellen Gruppe in erster Linie darin besteht, dieses Rohmaterial zu stimulieren, ihm Energie zu verleihen, es in Worte zu fassen und es zu organisieren, und erst in zweiter Linie, es zu vermehren. Einige besondere Aspekte werden das Prinzip erhellen.

6. Die kapitalistische Entwicklung bringt eine Arbeiterbewegung hervor, die offenbar nicht die Schöpfung der intellektuellen Gruppe ist. Indessen ist es weiter nicht überraschend, daß eine solche Gelegenheit und der intellektuelle Demiurg sich gegenseitig finden. Die Arbeiter verlangten nie nach intellektueller Führung, aber die Intellektuellen drangen in die Politik der Arbeiterparteien ein. Sie konnten einen wichtigen Beitrag leisten: sie verliehen der Bewegung den sprachlichen Ausdruck, sie lieferten ihr Theorien und Schlagworte, – der «Klassenkampf» ist ein ausgezeichnetes Beispiel –, sie gaben ihr ihr Selbstbewußtsein und änderten dadurch ihre Bedeutung. Indem sie diese Aufgabe von ihrem eigenen Standpunkt aus lösten, radikalisierten sie sie naturgemäß und gaben zuletzt selbst den bürgerlichsten Gewerkschaftspraktiken eine revolutionäre Richtung, – eine Richtung, die die meisten nicht-intellektuellen Führer zuerst übel aufnahmen. Es gab jedoch noch einen andern Grund dafür. Ein Arbeiter, der einem Intellektuellen zuhört, empfindet beinahe immer eine unüberschreitbare Kluft, wenn nicht sogar ein ausgesprochenes Mißtrauen. Um ihn zu fassen und den nicht-intellektuellen Führer zu konkurrenzieren, ist der Intellektuelle zu einem Kurs gezwungen, der für jenen, der sich mit einem Stirnrunzeln begnügen kann, völlig

unnötig ist. Da der Intellektuelle keine echte Autorität besitzt und sich immer in Gefahr fühlt, daß man sich ohne weitere Umstände seine Einmischung verbittet, muß er schmeicheln, versprechen und antreiben, linke Flügel und grollende Minoritäten pfleglich behandeln, zweifelhafte oder Grenzfälle akzeptieren, an die Außenseiter appellieren, sich zum Gehorsam bereit erklären, – kurz, sich gegen die Massen so verhalten, wie seine Vorgänger sich zuerst gegen ihre kirchlichen Obern, später gegen Fürsten oder andere individuelle Gönner, noch später gegen den kollektiven Herrn bürgerlicher Färbung verhielten[11]. Derart haben die Intellektuellen, obwohl sie die Arbeiterbewegung nicht geschaffen haben, sie doch in eine Form gebracht, die wesentlich von der abweicht, die sie allein gefunden hätte.

Die soziale Atmosphäre, für deren Theorie wir Steine und Mörtel zusammengetragen haben, erklärt, warum die allgemeine Politik den kapitalistischen Interessen immer feindlicher wird, letzten Endes so sehr, daß sie grundsätzlich ablehnt, die Erfordernisse der kapitalistischen Maschine zu berücksichtigen, und daß sie für ihr Funktionieren zu einem ernsthaften Hindernis wird. Die Tätigkeit der intellektuellen Gruppe steht nun aber in einer Beziehung zur anti-kapitalistischen Politik, die viel unmittelbarer ist, als aus ihrem Anteil an der Wortführung geschlossen werden könnte. Die Intellektuellen werden nur selten Berufspolitiker und erreichen noch seltener eine verantwortliche Stelle. Aber sie bilden die Stäbe politischer Bureaus, schreiben Partei-Flugblätter und -Reden, wirken als Sekretäre und Berater und schaffen den Zeitungsruhm des einzelnen Politikers, – einen Ruf, der zwar nicht alles ist, den aber zu vernachlässigen nur wenige sich leisten können. Dadurch, daß sie dies tun, drücken sie allem, was geschieht, gewissermaßen ihre Mentalität auf.

Ihr tatsächlicher Einfluß variiert stark mit dem Stand des politischen Spiels von bloßer Formulierung bis zur politischen Ermöglichung oder Verunmöglichung einer Maßnahme. Doch er gibt immer reichlichen Spielraum dafür. Wenn wir sagen,

---

[11] [Einzelne Beispiele hierfür enthält Teil V der englischen Ausgabe.]

daß einzelne Politiker und Parteien die Exponenten von Klasseninteressen sind, so betonen wir bestenfalls eine Hälfte der Wahrheit. Die andere, ebenso wichtige, wenn nicht wichtigere Hälfte tritt dann hervor, wenn wir beachten, daß die Politik ein Beruf ist, der eigene Interessen entwickelt, – Interessen, die mit den Interessen der Gruppen, die ein Mann oder eine Partei «vertritt», ebenso gut kollidieren wie übereinstimmen können[12]. Individuelle und Partei-Meinungen reagieren feinfühliger als irgend etwas sonst auf jene Faktoren der politischen Situation, die die Karriere oder die Stellung des Einzelnen oder der Partei unmittelbar berühren. Einige dieser Faktoren werden von der intellektuellen Gruppe in sehr ähnlichem Sinn kontrolliert wie der moralische Kodex einer Epoche, der die Sache einiger Interessengruppen in alle Himmel hebt und die Sache von andern stillschweigend von der Traktandenliste streicht.

Schließlich berührt diese soziale Atmosphäre oder dieser Kodex der Werte nicht nur die Politik, – den Geist der Gesetzgebung –, sondern auch die Verwaltungspraxis. Aber wiederum gibt es eine unmittelbarere Beziehung zwischen der Gruppe der Intellektuellen und der Bürokratie. Die Bürokratien Europas sind vor- und außerkapitalistischen Ursprungs. Wie sehr sie sich auch in ihrer Zusammensetzung im Lauf der Jahrhunderte geändert haben mögen, so haben sie sich doch niemals vollständig mit der Bourgeoisie, ihren Interessen oder ihrer Werteskala indentifiziert und haben nie viel anderes in ihr gesehen als einen Aktivposten, der im Interesse des Monarchen oder der Nation zu verwalten war. Sofern sie nicht durch berufliche Schulung und Erfahrung gehemmt sind, sind sie deshalb einer Bekehrung durch den modernen Intellektuellen zugänglich, mit dem sie durch eine ähnliche Erziehung viel Gemeinsames haben[13], während ein Hauch von Vornehmheit, der in manchen Fällen einst eine Schranke aufgerichtet hatte,

[12] Dies gilt natürlich ebenso sehr für die Intellektuellen selbst in bezug auf die Klasse, aus der sie stammen oder zu der sie wirtschaftlich und kulturell gehören. Auf diese Frage werde ich im Kapitel 23 noch zurückkommen.

[13] [Vgl. Anm. 11 auf S. 249.]

beim modernen Beamten während der letzten Jahrzehnte immer mehr verschwunden ist. Überdies müssen in Zeiten rascher Ausdehnung der Sphäre der öffentlichen Verwaltung große Teile des erforderlichen zusätzlichen Personals unmittelbar aus der Gruppe der Intellektuellen bezogen werden, – wie gerade die Vereinigten Staaten zeigen.

VIERZEHNTES KAPITEL

ZERSETZUNG

1. Angesichts der zunehmenden Feindseligkeit der Umgebung und angesichts der aus dieser Feindseligkeit geborenen gesetzgeberischen, administrativen und richterlichen Praxis werden die Unternehmer und Kapitalisten – de facto die ganze Schicht, die die bürgerliche Lebensform angenommen hat – zuletzt zu funktionieren aufhören. Ihre maßgebenden Ziele werden rasch unerreichbar, ihre Anstrengungen vergeblich. Das zaubervollste dieser bürgerlichen Ziele, die Gründung einer industriellen Dynastie, ist in den meisten Ländern bereits unerreichbar geworden, und sogar bescheidenere sind nun so schwierig zu erreichen, daß man sie nicht mehr des Kampfes würdig erachten mag, wenn man sich der Permanenz dieser Verhältnisse zunehmend bewußt wird.

Betrachtet man die Rolle, die der bürgerlichen Motivation zur Erklärung der Wirtschaftsgeschichte der letzten zwei oder drei Jahrhunderte zukommt, so stellt ihre Erstickung durch die ungünstigen Reaktionen der Gesellschaft oder ihre Schwächung durch Nichtgebrauch ohne Zweifel einen Faktor dar, der zur Genüge einen Plumps im kapitalistischen Prozeß erklärt – sollten wir ihn je als dauerndes Phänomen beobachten –, und der viel wichtiger ist als alle jene, die von der Theorie der «schwindenden Investitionschance» geboten werden. Es ist daher interessant zu beobachten, daß diese Motivation nicht nur durch Kräfte bedroht wird, die außerhalb des bürgerlichen Denkens stehen, sondern daß sie auch die Tendenz hat, aus inneren Ursachen auszusterben. Zwischen beiden besteht natürlich eine enge gegenseitige Abhängigkeit. Wir können jedoch nicht zur richtigen Diagnose vordringen, wenn wir nicht versuchen, sie auseinanderzuhalten.

Der einen dieser «inneren Ursachen» sind wir bereits begegnet. Ich habe sie «Verflüchtigung der Eigentumssubstanz» genannt. Wir haben gesehen, daß der moderne Geschäftsmann – gleichviel ob Unternehmer oder bloß leitender Direktor – normalerweise zum exekutiven Typ gehört. Aus der Logik seiner Stellung erwirbt er etwas von der Psychologie des bezahlten Angestellten, der in einer bürokratischen Organisation arbeitet. Gleichgültig ob er Aktionär ist oder nicht, sein Kampf- und Durchhaltewille ist nicht so starr – und kann es nicht sein –, wie er es bei dem Manne war, der das Eigentum und seine Verpflichtungen im vollen Sinne dieser Worte kannte. Sein Wertsystem und seine Pflichtauffassung machen eine tiefgehende Veränderung durch. Bloße Aktionäre zählen natürlich überhaupt nicht mehr, – ganz unabhängig von der Beschneidung ihres Anteils durch den regulierenden und besteuernden Staat. So sozialisiert die moderne Unternehmung, obschon sie selbst ein Produkt des kapitalistischen Prozesses ist, das bürgerliche Denken; sie verengert unerbittlich den Spielraum der kapitalistischen Motivation, und nicht nur das, – sie wird letzten Endes ihre Wurzeln zerstören[1].

2. Noch wichtiger ist indessen eine andere «innere Ursache», nämlich die Auflösung der bürgerlichen Familie. Die Tatsachen, auf die ich anspiele, sind so wohlbekannt, daß sie keine ausführliche Darstellung benötigen. Familie und Kinder bedeuten für die Männer und Frauen der modernen kapitalistischen Gesellschaft weniger, als sie es früher taten, und sind daher als Bildner ihres Verhaltens weniger einflußreich; der rebellische Sohn, die rebellische Tochter, die ihre Verachtung

[1] Manche werden dies bestreiten. Dies läßt sich aus der Tatsache erklären, daß sie ihre Eindrücke aus der Vergangenheit und aus den Schlagworten herleiten, die die Vergangenheit geschaffen hat, als sich die von der Großunternehmung erzeugten, institutionellen Veränderungen noch nicht durchgesetzt hatten. Sie mögen auch an den Spielraum denken, den die Gesellschaftsunternehmung für illegale Befriedigungen der kapitalistischen Motivation zu gewähren pflegte. Das wäre jedoch Wasser auf meine Mühle: die Tatsache, daß in einer Gesellschaftsunternehmung von den Exekutivorganen kein persönlicher Gewinn über Gehalt und Gratifikation hinaus eingestrichen werden kann außer durch illegale oder halblegale Praktiken, zeigt gerade, daß die Strukturidee der Kapitalgesellschaft diesen Praktiken feindlich ist.

für «viktorianische» Normen erklären, drücken, wenn auch noch so unvollkommen, eine unbestreitbare Wahrheit aus. Das Gewicht dieser Tatsachen wird durch unsere Unfähigkeit, sie statistisch zu erfassen, nicht beeinträchtigt. Die Zahl der Eheschließungen beweist nichts, da der Ausdruck «Ehe» ebensoviele soziologische Bedeutungen umschließt wie der Ausdruck «Eigentum» und die Art der Gemeinschaft, die einst durch den Ehevertrag gebildet wurde, mag völlig aussterben, ohne daß eine Änderung in der gesetzlichen Konstruktion oder in der Häufigkeit des Vertrags statthat. Auch die Zahl der Ehescheidungen gibt keinen besseren Aufschluß. Es kommt nicht darauf an, wieviele Ehen durch Gerichtsentscheid aufgelöst werden; worauf es ankommt, ist: wievielen der Inhalt fehlt, der zum alten Bild wesentlich zugehört. Bestehen in unserm statistischen Zeitalter die Leser auf einem statistischen Maßstab, so dürfte das Verhältnis der Ehen, die kein oder nur ein Kind hervorbringen (– obschon auch dieses Verhältnis das Phänomen, das ich meine, größenmäßig noch immer nicht richtig darstellt –), immerhin annäherungsweise seine zahlenmäßige Bedeutung angeben, soweit überhaupt Hoffnung auf eine solche Möglichkeit besteht. Das Phänomen erstreckt sich heutzutage mehr oder weniger über alle Klassen. Aber es trat zuerst in der bürgerlichen (und intellektuellen) Schicht auf, und darin liegt für unsern Zweck sowohl sein symptomatischer wie sein kausaler Wert. Es kann vollständig aus der Rationalisierung des gesamten Lebens hergeleitet werden, die, wie wir gesehen haben, eine der Wirkungen der kapitalistischen Entwicklung ist. De facto ist es nur eines der Ergebnisse des Übergreifens dieser Rationalisierung auf die private Lebenssphäre. Alle andern Faktoren, die gewöhnlich zur Erklärung angeführt werden, lassen sich leicht auf diesen einen zurückführen.

Sobald Männer und Frauen die utilitaristische Lektion gelernt haben und es ablehnen, die traditionellen Einrichtungen, die ihr soziales Milieu für sie bereitstellt, als gültig anzuerkennen, – sobald sie die Gewohnheit annehmen, die individuellen Vor- und Nachteile jeder voraussichtlichen Folge von Handlungen abzuwägen –, oder, wie wir es auch ausdrücken könnten: sobald sie in ihrem Privatleben eine Art unausgesprochener Kostenrechnung einführen –, müssen ihnen unvermeidlich die schweren persönlichen Opfer, welche Familienbindungen und namentlich Elternschaft unter modernen Bedingungen mit sich bringen, ebenso wie die Tatsache bewußt werden, daß gleichzeitig – abgesehen vom Fall der Bauern und Landwirte – die Kinder nicht mehr ein wirtschaftliches Aktivum sind. Jene Opfer bestehen nicht nur aus den Posten, die in den Meßbereich des Geldes kommen, sondern bedeuten überdies einen unmeßbaren Verlust an Behaglichkeit, an Sorgenfreiheit und an Möglichkeiten, andere Dinge von zunehmender Anziehungskraft und Mannigfaltigkeit zu genießen, – andere Dinge, die mit den einer immer strengeren kritischen Analyse unterworfenen Elternfreuden verglichen werden. Die daraus zu ziehende Folgerung wird durch die Tatsache, daß die Bilanz wahrscheinlich unvollständig, vielleicht sogar grundlegend falsch ist, nicht abgeschwächt, sondern verstärkt. Denn das größte Aktivum, der Beitrag, den die Elternschaft an die physische und moralische Gesundheit – an die «Normalität», wie wir es auch ausdrücken könnten – leistet, namentlich im Fall der Frauen –, dieses Aktivum entgeht beinahe ausnahmslos dem rationalen Scheinwerfer moderner Individuen, die im privaten wie im öffentlichen Leben die Aufmerksamkeit auf ermittelbare Einzelheiten von unmittelbar utilitaristischer Bedeutung zu lenken und über die Vorstellung verborgener Notwendigkeiten der menschlichen Natur oder des sozialen Organismus zu lächeln tendieren. Was ich sagen will, ist, denke ich, ohne weitere Darlegungen klar. Es kann in der Frage zusammengefaßt werden, die so deutlich in den Köpfen mancher potentieller Eltern steht: «Warum sollten wir unsere Wünsche stutzen und unser Leben arm machen, um in unserm Alter beleidigt und verachtet zu werden?»

Während der kapitalistische Prozeß vermöge der von ihm selbst erzeugten psychischen Haltung die Werte des Familienlebens immer mehr zum Verblassen bringt und die Gewissenshemmungen beseitigt, die eine alte moralische Tradition dem Streben nach einer andern Lebensform in den Weg gelegt hätte, fördert er gleichzeitig die neuen Gelüste. Was die Kinderlosigkeit anlangt, so bringt die kapitalistische Erfindungskraft empfängnisverhütende Mittel von stets zunehmender Wirkungskraft hervor, die den Widerstand überwinden, den sonst der stärkste männliche Trieb entgegengesetzt hätte. Was den Lebensstil anlangt, so vermindert die kapitalistische Entwicklung die Wünschbarkeit der bürgerlichen Häuslichkeit und bietet dafür andere Möglichkeiten. Ich habe schon früher auf die «Verflüchtigung des industriellen Eigentums» aufmerksam gemacht; ich muß nun auf die «Verflüchtigung des Konsumenteneigentums» aufmerksam machen.

Bis in die letzten Jahrzehnte des neunzehnten Jahrhunderts bildeten das Stadthaus und der Landsitz überall nicht nur den angenehmen und behaglichen Rahmen des Privatlebens auf den höhern Einkommensstufen, sondern sie waren auch unentbehrlich. Nicht nur die Pflege der Gastlichkeit jeden Ausmaßes und Stils, sondern auch die Behaglichkeit, Würde, Ruhe und Vornehmheit der Familie waren davon abhängig, daß sie ein angemessenes eigenes *foyer* mit einem angemessenen Dienstbotenstab hatte. Die im Ausdruck «Haus» oder «Häuslichkeit» zusammengefaßten Einrichtungen wurden demgemäß vom durchschnittlichen Mann und der durchschnittlichen Frau aus bürgerlichen Kreisen als Selbstverständlichkeit aufgefaßt, genau so wie sie auch Ehe und Kinder – die «Gründung einer Familie» – als Selbstverständlichkeit betrachteten.

Heutzutage treten nun einerseits die Annehmlichkeiten des bürgerlichen «Hauses» neben seinen Bürden immer mehr in den Hintergrund. Dem kritischen Auge eines kritischen Zeitalters erscheint es wahrscheinlich in erster Linie als eine Quelle von Mühen und Kosten, die sich häufig nicht rechtfertigen. Dies wäre der Fall auch unabhängig von modernen Steuern und Löhnen und von der Einstellung der modernen Haushaltungs-Angestellten – alles typische Ergebnisse des kapitalistischen Prozesses, die natürlich die Angriffe gegen jene Form des Lebens wesentlich verstärken, die schon in naher Zukunft nahezu allgemein als altmodisch und unwirtschaftlich angesehen werden wird. In dieser wie in anderen Beziehungen leben wir in einem Übergangsstadium. Die Durchschnittsfamilie mit bürgerlichem Standard hat die Tendenz, die Schwierigkeiten der Führung eines großen Hauses und eines großen Landsitzes dadurch zu vermindern, daß sie an seine Stelle den kleinen, mechanisierten Haushalt setzt und ein Maximum der früher häuslichen Verrichtungen und des ganzen Lebens außerhalb des Hauses verlegt –, namentlich die Gastfreundschaft wird in zunehmendem Maße im Restaurant oder im Club gepflegt.

Auf der andern Seite ist die Häuslichkeit der alten Art nicht mehr ein unumgängliches Erfordernis, um in der bürgerlichen Sphäre behaglich und verfeinert zu leben. Das Appartementhaus und das Appartementhotel stellen einen rationalisierten Typ des Wohnens und einen andern Stil des Lebens dar, die, wenn sie erst voll entwickelt sind, der neuen Situation besser entsprechen und alles Wesentliche an Behaglichkeit und Verfeinerung bieten werden. Gewiß, weder dieser Stil noch sein äußerer Rahmen sind irgendwo schon voll entwickelt; sie bieten vorerst nur dann Kostenvorteile, wenn wir die mit der Führung eines modernen Hauses verbundene Mühe und Plage einkalkulieren. Jedoch bieten sie bereits andere Vorteile – die Möglichkeit, die Mannigfaltigkeit der modernen Vergnügungen voll auszunutzen, die Möglichkeit des Reisens, der raschen Beweglichkeit und der Abwälzung der Last der täglichen Kleinigkeiten des Daseins auf die kräftigen Schultern hoch spezialisierter Organisationen.

Es ist leicht zu sehen, wie dies in den obern Schichten der kapitalistischen Gesellschaft wiederum einen Einfluß auf das Kinderproblem hat. Es handelt sich auch hier um eine Wechselbeziehung: das allmähliche Verschwinden des geräumigen Hauses – in dem allein sich das reiche Leben einer zahlreichen Familie entfalten kann[2] – und die zunehmenden Reibungen, mit denen es funktioniert, bilden ein weiteres Motiv, um die Sorgen der Elternschaft zu vermeiden; aber der abnehmende Wunsch auf Nachkommenschaft vermindert seinerseits wieder den Wert eines geräumigen Hauses.

Ich habe gesagt, daß der neue Stil des bürgerlichen Lebens noch keine entscheidenden Kostenvorteile bietet. Dies bezieht

---

[2] Das moderne Verhältnis zwischen Eltern und Kindern ist naturgemäß zum Teil durch das Zerbröckeln dieses festen Rahmens des Familienlebens bedingt.

sich jedoch nur auf die laufenden oder Gestehungskosten in der Erfüllung der Bedürfnisse des privaten Lebens. In den allgemeinen Unkosten ist auch der rein pekuniäre Vorteil schon sichtbar. Und insofern als die Aufwendungen für die dauerhaftesten Bestandteile des häuslichen Lebens – namentlich für das Haus, die Bilder, die Möbel – hauptsächlich aus früheren Verdiensten finanziert zu werden pflegten, können wir sagen, daß die Notwendigkeit der Akkumulation von «Konsumentenkapital» durch diesen Prozeß drastisch reduziert wird. Dies bedeutet natürlich nicht, daß die Nachfrage nach «Konsumentenkapital» zur Zeit kleiner als früher ist, nicht einmal relativ; die steigende Nachfrage der kleinen und mittleren Einkommen nach dauerhaften Konsumgütern wiegt jene Entwicklung mehr als auf. Aber es bedeutet, daß soweit die hedonistische Komponente im Modell der Erwerbsmotive in Betracht kommt, die Wünschbarkeit von Einkommen über einem bestimmten Niveau abnimmt. Um sich davon zu überzeugen, braucht sich der Leser die Situation nur rein praktisch vorzustellen: der Mann oder das Ehepaar, die Erfolg haben oder zur «Gesellschaft» gehören und die sich die bestmögliche Unterbringung im Hotel, auf dem Schiff und in der Bahn und die bestmögliche Qualität bei den Artikeln des persönlichen Verbrauchs und Gebrauchs leisten können, – Qualitäten, die in zunehmendem Maße vom laufenden Band der Massenproduktion hergestellt werden[3] –, werden unter den vorliegenden Verhältnissen in der Regel alles haben, was sie sich mit einiger Intensität *für sich* wünschen. Und es ist leicht zu sehen, daß ein nach diesen Richtlinien geformtes Budget weit unter den Erfordernissen eines «seigneurialen» Lebensstiles bleibt.

3. Um sich klar zu werden, was dies alles für die Leistungsfähigkeit der kapitalistischen Produktionsmaschine bedeutet, brauchen wir nur daran zu erinnern, daß die Familie und ihr

[3] Die Wirkungen, die die zunehmende Wahlmöglichkeit unter Artikeln der Massenproduktion auf die Konsumentenbudgets haben, werden durch den Preisunterschied zwischen ihnen und den entsprechenden, herkömmlich hergestellten Produkten noch verstärkt; dieser Preisunterschied wächst infolge steigender Löhne *pari passu* mit der Abnahme der relativen Wünschbarkeit der letzteren; der kapitalistische Prozeß demokratisiert den Konsum.

Haus die hauptsächliche Triebfeder, die typisch bürgerliche Art des Gewinnmotivs zu sein pflegten. Die Ökonomen haben dieser Tatsache nicht immer genügend Gewicht beigelegt. Wenn wir uns ihre Vorstellung vom Selbstinteresse der Unternehmer und Kapitalisten näher betrachten, so kann es uns nicht entgehen, daß die Ergebnisse, die es hervorbringen soll, durchaus nicht dem entsprechen, was man vom rationalen Selbstinteresse des unabhängigen Individuums oder des kinderlosen Ehepaars erwarten würde, welche die Welt nicht mehr durch die Fenster eines Familienhauses betrachten. Bewußt oder unbewußt haben sie das Verhalten eines Mannes analysiert, dessen Ansichten und Motive durch ein solches Haus geformt sind und der in erster Linie für seine Frau *und seine Kinder* arbeiten und sparen will. Sobald diese Motive aus dem moralischen Aspekt des Geschäftsmannes weichen, haben wir eine andere Art des *homo oeconomicus* vor uns, der sich für anderes interessiert und anders handelt. Für ihn und vom Standpunkt seines individualistischen Utilitarismus aus wäre das Verhalten jenes alten Typus de facto völlig irrational. Er geht der einzigen Art von Romantik und Heroismus verlustig, die in dieser unromantischen und unheroischen Zivilisation des Kapitalismus noch übrig geblieben ist – des Heroismus von *navigare necesse est*, *vivere non necesse est*[4]. Und er geht auch der kapitalistischen Ethik verlustig, welche für die Zukunft zu arbeiten einschärft, unabhängig davon, ob man die Ernte selbst einbringen wird oder nicht.

Der letzte Punkt mag noch eindrücklicher dargestellt werden. Wir sahen im vorhergehenden Kapitel, daß die kapitalistische Ordnung die langfristigen Interessen der Gesellschaft den oberen Schichten der Bourgeoisie anvertraut. In Wirklichkeit sind sie dem in diesen Schichten wirksamen Familienmotiv anvertraut. Die Bourgeoisie arbeitete in erster Linie, um zu investieren; und es war nicht so sehr ein Standard des Konsums als ein Standard der Akkumulation, für den die Bourgeoisie kämpfte und den sie auch gegen Regierungen, die den kurzfristi-

---

[4] «Seefahren ist notwendig, leben ist nicht notwendig.» Spruch an einem alten Haus in Bremen.

gen Standpunkt einnahmen[5], zu verteidigen suchte. Mit dem Schwächerwerden der im Familienmotiv enthaltenen Antriebskraft schrumpft der Zeithorizont des Geschäftsmannes, grob gesprochen, auf seine Lebenserwartung zusammen. Und er wäre heutzutage wohl weniger willens als früher, die Funktion des Verdienens, Sparens und Investierens zu erfüllen, selbst wenn er keinen Grund zur Befürchtung hätte, daß die Resultate nur seine Steuern anschwellen ließen. Er gerät in Anti-Spar-Gesinnung hinein und akzeptiert mit zunehmender Bereitwilligkeit Anti-Spar-*Theorien*, die kennzeichnend für eine kurzfristige *Philosophie* sind.

Doch Anti-Spar-Theorien sind nicht das einzige, das er akzeptiert. Mit der geänderten Einstellung zur Unternehmung, für die er arbeitet, und mit der andern Vorstellung von seinem Privatleben gewinnt er allmählich auch einen andern Standpunkt gegenüber den Werten und Maßstäben der kapitalistischen Ordnung. Der vielleicht auffallendste Zug des Bildes ist das Ausmaß, bis zu welchem die Bourgeoisie – abgesehen davon, daß sie ihre eigenen Feinde aufzog – nun sich ihrerseits wieder von ihnen erziehen läßt. Sie übernimmt die Schlagworte des landläufigen Radikalismus und scheint durchaus bereit, einen Bekehrungsprozeß zu einem Glauben durchzumachen, der ihre eigentliche Existenz negiert. Schwankend und grollend gibt sie doch teilweise die Folgerungen aus diesem Glauben zu. Dies wäre sehr erstaunlich und wirklich sehr schwer zu erklären, bestünde nicht die Tatsache, daß der typische Bourgeois immer schneller das Vertrauen zu seinem eigenen Glauben verliert. Und dies wiederum wird völlig verständlich, sobald wir uns klar sind, daß die sozialen Bedingungen, die seine Entstehung erklären, am Verschwinden sind.

Dies wird durch die sehr charakteristische Art verifiziert, in der einzelne kapitalistische Interessen und die Bourgeoisie als Ganzes sich einem direkten Angriff gegenüber verhalten: sie reden und plädieren – oder werben Leute an, die es für sie

[5] Es ist gesagt worden, daß in wirtschaftlichen Dingen «der Staat den längerfristigen Standpunkt vertreten kann». Aber er tut dies nur höchst selten, mit Ausnahme von gewissen Belangen außerhalb der Parteipolitik, zum Beispiel der Erhaltung von Naturschätzen.

tun; sie greifen nach jeder Kompromißmöglichkeit; sie sind immer bereit nachzugeben; sie führen nie einen Kampf unter der Flagge ihrer eigenen Ideale und Interessen (– in den Vereinigten Staaten zum Beispiel ist es nirgends zu einem wirklichen Widerstand gegen die Auferlegung drückender finanzieller Lasten während des letzten Jahrzehnts oder gegen eine mit der erfolgreichen Leitung der Industrie unvereinbare Arbeitsgesetzgebung gekommen). Nun bin ich, wie der Leser sicherlich schon bemerkt hat, gewiß weit davon entfernt, die politische Macht der Trusts oder der Bourgeoisie im allgemeinen zu überschätzen. Zudem bin ich bereit, große Konzessionen für Feigheit zu machen. Und dennoch, – an Verteidigungsmitteln hat es bis jetzt nicht völlig gefehlt, und die Geschichte ist reich an Beispielen von Erfolgen kleiner Gruppen, die in festem Glauben an ihre Sache entschlossen sich auf ihre Waffen stützten. Die einzige Erklärung für die Sanftmut, die wir konstatieren, ist die, daß die bürgerliche Ordnung für die Bourgeoisie selbst keinen Sinn mehr hat und daß es ihr fast gleichgültig ist, wenn nur noch geredet und nichts mehr getan wird.

Der gleiche ökonomische Prozeß, der die Stellung der Bourgeoisie unterhöhlt, indem er die Bedeutung der Unternehmer- und der Kapitalistenfunktion vermindert, die schützenden Schichten und Institutionen zerbricht und eine Atmosphäre der Feindseligkeit schafft, zersetzt somit auch von innen heraus die treibenden Kräfte des Kapitalismus. Dies zeigt in einzigartiger Weise, daß die kapitalistische Ordnung nicht nur auf Pfeilern ruht, die aus außerkapitalistischem Material bestehen, sondern daß sie auch ihre Energie aus außerkapitalistischen Mustern des Verhaltens bezieht, die sie zu gleicher Zeit zerstören muß.

Wir haben wiederentdeckt, was von anderen Gesichtspunkten aus und – so glaube ich – mit unzulänglicher Begründung früher schon oft entdeckt worden ist: dem kapitalistischen System wohnt eine Tendenz zur Selbstzerstörung inne, die in ihren ersten Stadien sich sehr wohl in der Form einer Tendenz zur Verlangsamung des Fortschritts äußern kann.

Ich werde mich nicht damit aufhalten zu wiederholen, wie objektive und subjektive, wirtschaftliche und außerwirtschaftliche Faktoren, die sich gegenseitig zu einem mächtigen Akkord steigern, zu diesem Ergebnis beitragen. Auch werde ich mich nicht damit aufhalten zu zeigen, was deutlich sein sollte und in den folgenden Kapiteln noch deutlicher werden wird –, daß diese Faktoren nicht nur auf die Zerstörung der kapitalistischen, sondern auch auf die Entstehung einer sozialistischen Zivilisation hinwirken. Sie weisen alle in diese Richtung. Der kapitalistische Prozeß zerstört nicht nur seinen eigenen institutionellen Rahmen, sondern schafft auch die Voraussetzungen für einen andern. Zerstörung ist vielleicht letzten Endes nicht das richtige Wort. Vielleicht hätte ich von einer Wandlung sprechen sollen. Das Ergebnis des Prozesses ist nicht einfach eine Leere, die mit irgend etwas, was gerade auftaucht, ausgefüllt werden könnte; Dinge und Seelen werden in solch einer Weise umgewandelt, daß sie der sozialistischen Form des Lebens zugänglicher werden. Mit jeder Stütze, die dem kapitalistischen Bau entzogen wird, verschwindet ein «unmöglich» des sozialistischen Plans. In diesen beiden Beziehungen war Marxens *Vision* richtig. Wir können auch darin mit ihm einig gehen, daß wir die besondere soziale Wandlung, die sich unter unsern Augen vollzieht, mit einem ökonomischen Prozeß als Antriebskraft verkoppeln. Was durch unsere Analyse, wenn sie richtig ist, widerlegt wird, ist letzten Endes von nachgeordneter Bedeutung, wie wesentlich auch die Rolle sein mag, die es im sozialistischen Credo spielt. Schließlich besteht kein so großer Unterschied, wie man denken könnte, zwischen der Behauptung, daß der Zerfall des Kapitalismus seinem Erfolg zuzuschreiben, und der Behauptung, daß er durch seinen Mißerfolg verursacht ist.

Aber unsere Antwort auf die Frage, die den Titel dieses Teils bildet, setzt viel mehr Probleme voraus, als sie löst. Im Hinblick auf das, was in diesem Buch noch folgt, sollte der Leser sich vor Augen halten:

Erstens, daß wir einstweilen nichts über die Art des Sozialismus erfahren haben, der in der Zukunft dämmern mag. Für Marx und die meisten seiner Folger bedeutete der Sozialismus eine ganz bestimmte Sache, – dies war und ist einer der bedenklichsten Unzulänglichkeiten ihrer Lehre. Aber diese Bestimmtheit führt uns in Wirklichkeit nicht weiter, als die Nationalisierung der Industrie uns bringen würde, und damit ist, wie wir noch sehen werden, eine unbegrenzte Mannigfaltigkeit von wirtschaftlichen und kulturellen Möglichkeiten vereinbar.

Zweitens, daß wir gleicherweise noch nichts über den genauen Weg wissen, auf dem das Kommen des Sozialismus zu erwarten sein mag, außer daß es eine Unzahl von Möglichkeiten geben muß, die sich von einer allmählichen Bürokratisierung bis zur farbigsten Revolution erstrecken... Genau gesprochen, wissen wir nicht einmal, ob es tatsächlich einen Zustand des Sozialismus geben wird. Denn um es zu wiederholen: eine Tendenz wahrnehmen und sich ihr Ziel vor Augen stellen, ist etwas ganz anderes als: vorhersagen, daß dieses Ziel tatsächlich erreicht werden und der resultierende Stand der Dinge zu handhaben – geschweige von Dauer – sein wird. Bevor die Menschheit im Kerker (oder im Paradies) des Sozialismus erstickt (oder sich sonnt), kann sie sehr wohl in den Schrecken (oder Seligkeiten) imperialistischer Kriege in Flammen untergehen[6].

Drittens, daß die verschiedenen Komponenten der Tendenz, die wir zu beschreiben versucht haben, zwar überall sichtbar sind, aber sich noch nirgends voll enthüllt haben. Die Dinge sind in den verschiedenen Ländern verschieden weit fortgeschritten, aber noch in keinem Land weit genug, um uns mit irgendeiner Sicherheit eine Aussage zu gestatten, wie weit sie genau gehen werden, oder zu behaupten, daß ihr «zugrunde liegender Trend» zu stark geworden ist, um etwas Ernsterem als höchstens vorübergehenden Rückschlägen ausgesetzt zu sein. Die industrielle Integration ist bei weitem noch nicht vollständig. Die Konkurrenz, die tatsächliche und die potentielle, bildet immer noch in jeder wirtschaftlichen Situation einen wichtigen Faktor. Die Unternehmung ist immer noch aktiv, die Führerschaft der bürgerlichen Gruppe immer noch die Antriebskraft des Wirtschaftsprozesses. Die Mittelklassen sind nach wie vor eine politische Macht. Standard und Motivierung der Bourgeoisie werden zwar zunehmend beeinträchtigt, sind

---

[6] Im Sommer 1935 geschrieben.

aber immer noch am Leben. Fortlebende Traditionen – und der Familienbesitz von kontrollierenden Aktienpaketen – lassen immer noch manchen Firmendirektor sich so verhalten, wie es früher der Eigentümer-Leiter tat. Die bürgerliche Familie ist noch nicht gestorben; de facto hängt sie so zäh am Leben, daß noch kein verantwortungsbewußter Politiker gewagt hat, durch irgendwelche anderen Methoden als durch Besteuerung an sie zu rühren. Sowohl vom Standpunkt der unmittelbaren Praxis als auch für die Zwecke einer kurzfristigen Vorhersage – und bei diesen Dingen ist ein Jahrhundert «eine kurze Frist»[7] – mag diese ganze Oberfläche wichtiger sein als die Tendenz auf eine andere Zivilisation hin, die langsam in der Tiefe sich entwickelt.

---

[7] Darum entkräften die in diesem und den zwei vorangegangenen Kapiteln gebotenen Tatsachen und Argumente nicht meine Darlegungen über die möglichen wirtschaftlichen Ergebnisse weiterer fünfzig Jahre kapitalistischer Entwicklung. Es kann sich sehr wohl herausstellen, daß die dreißiger Jahre der letzte Atemzug des Kapitalismus waren, – diese Wahrscheinlichkeit wird durch den gegenwärtigen Krieg natürlich sehr verstärkt. Aber wiederum: es muß nicht so sein. Jedenfalls gibt es keine *rein wirtschaftlichen* Gründe, weshalb der Kapitalismus nicht noch eine weitere erfolgreiche Runde bestehen sollte –, dies allein wollte ich feststellen.

DRITTER TEIL

KANN DER SOZIALISMUS FUNKTIONIEREN?

FÜNFZEHNTES KAPITEL

GEFECHTSVORBEREITUNGEN

Kann der Sozialismus funktionieren? Selbstverständlich kann er es. Kein Zweifel ist darüber möglich, wenn wir einmal annehmen, daß erstens die erforderliche Stufe der industriellen Entwicklung erreicht ist und daß zweitens Übergangsprobleme erfolgreich gelöst werden können. Es kann einem natürlich bei diesen Voraussetzungen sehr unbehaglich zumute sein und ebenso bei den Fragen, ob die sozialistische Form der Gesellschaft voraussichtlich demokratisch sein und, – demokratisch oder nicht –, wie gut sie aller Wahrscheinlichkeit nach funktionieren wird. All das wird später noch erörtert werden. Aber wenn wir jene Voraussetzungen annehmen und diese Zweifel beiseite lassen, dann ist die Antwort auf die verbleibende Frage ein klares Ja.

Bevor ich versuche, dies zu beweisen, möchte ich gerne noch einige Hindernisse aus unserem Weg räumen. Wir haben uns bis jetzt recht wenig um gewisse Definitionen gekümmert und müssen dies nun nachholen. Wir werden der Einfachheit halber bloß zwei Typen der Gesellschaft ins Auge fassen und andere nur beiläufig erwähnen. Diese beiden Typen wollen wir die «kommerzielle» und die «sozialistische» Gesellschaft nennen.

Die kommerzielle Gesellschaft ist zu definieren durch ein institutionelles System, aus dem wir nur zwei Elemente zu erwähnen brauchen: das Privateigentum an den Produktionsmitteln und die Regelung des Produktionsprozesses durch Privatvertrag (oder private Leitung oder Privatinitiative). Ein derartiger Gesellschaftstyp ist in der Regel nicht ausschließlich bürgerlich. Denn wie wir in Teil II gesehen haben, ist eine industrielle und kommerzielle Bourgeoisie im allgemeinen nicht fähig, ohne Symbiose mit einer nicht-bürgerlichen Schicht zu existieren. Auch ist «kommerzielle Gesellschaft» nicht identisch mit «kapitalistischer Gesellschaft». Die letztere, ein Spezialfall der ersteren, wird zusätzlich durch das Phänomen der Kreditschöpfung definiert, – durch die für so manche hervorstechenden Züge des modernen Wirtschaftslebens verantwortliche Praxis, Unternehmungen durch Bankkredite zu finanzieren, das heißt durch Geld (Noten oder Depositen), das für diesen Zweck fabriziert wird. Aber da die kommerzielle Gesellschaft als eine Alternative zum Sozialismus in praxi immer in der besonderen Form des Kapitalismus auftritt, wird es keinen großen Unterschied machen, wenn sich der Leser lieber an den traditionellen Gegensatz zwischen Kapitalismus und Sozialismus hält.

Mit sozialistischer Gesellschaft wollen wir ein institutionelles System bezeichnen, in dem die Kontrolle über die Produktionsmittel und über die Produktion selbst einer Zentralbehörde zusteht, – oder wie wir auch sagen können, in dem grundsätzlich die wirtschaftlichen Belange der Gesellschaft in die öffentliche und nicht in die private Sphäre gehören. Man hat den Sozialismus einen intellektuellen Proteus genannt. Es gibt eine Menge von Möglichkeiten, ihn zu definieren – eine Menge annehmbarer Möglichkeiten, heißt das, neben so einfältigen wie daß der Sozialismus Brot für alle bedeute –, und die unsrige ist nicht unbedingt die beste. Sie enthält jedoch gewisse Punkte, die zu beachten wir vielleicht gut tun, selbst auf die Gefahr hin, der Pedanterie bezichtigt zu werden.

Unsere Definition schließt den Gildensozialismus, den Syndikalismus und andere Typen aus, – dies darum, weil das, was als «zentralistischer Sozialismus» bezeichnet werden kann, meines Erachtens so eindeutig das Feld behauptet, daß andere Formen zu betrachten Raumverschwendung wäre. Aber wenn wir diese Bezeichnung verwenden, um damit auf die einzige, von uns in Betracht gezogene Form des Sozialismus hinzuweisen, müssen wir Sorge tragen, daß wir ein Mißverständnis vermeiden. Die Bezeichnung «zentralistischer Sozialismus» soll ihrer Absicht nach lediglich die Existenz einer Mehrheit von Kontrolleinheiten ausschließen, von denen grundsätzlich jede einzelne für ein besonderes, eigenes Interesse eintreten würde, – namentlich die Existenz einer Mehrheit von autonomen, territorialen Sektoren, die weitgehend den Antagonismus der kapitalistischen Gesellschaft wieder aufleben lassen würden. Dieser Ausschluß von Regionalinteressen mag zwar als wirklichkeitsfremd angesehen werden. Nichtsdestotrotz ist er wesentlich.

Unsere Bezeichnung soll jedoch nicht an einen Zentralismus in dem Sinn denken lassen, daß die Zentralbehörde, die wir abwechselnd «Zentralamt» oder «Produktionsministerium» nennen werden, notwendigerweise absolut ist, noch in dem Sinn, daß alle Initiative, die zur Exekutivgewalt gehört, einzig von ihr ausgeht. Was den ersten Punkt betrifft, so mag das Amt oder Ministerium seinen Plan einem Kongreß oder Parlament vorzulegen haben. Es mag auch eine Aufsichts- oder Prüfungsbehörde vorhanden sein, eine Art von *cour des comptes*, die denkbarerweise sogar das Vetorecht gegen einzelne Beschlüsse haben könnte. Was den zweiten Punkt betrifft, so muß einige Handlungsfreiheit bewahrt bleiben, und eine Freiheit fast jeden denkbaren Ausmaßes mag dem «Mann an Ort und Stelle» gewahrt bleiben, beispielsweise dem Leiter einzelner Industrien oder Fabriken. Für den Augenblick will ich einmal die kühne Annahme machen, daß experimentell das vernünftige Ausmaß der Freiheit gefunden und tatsächlich gewährt ist, so daß die Wirtschaftlichkeit weder unter den ungezügelten Ambitionen von Untergebenen, noch unter der Anhäufung von Berichten und unbeantworteten Fragen auf dem Schreibtisch des Ministers zu leiden hat, – noch unter Anordnungen des letzteren, die an Mark Twains Regeln für das Einbringen der Kartoffeln erinnern.

Kollektivismus und Kommunismus habe ich nicht gesondert definiert. Den ersten Ausdruck werde ich überhaupt nicht gebrauchen und den zweiten nur beiläufig in bezug auf Gruppen, die sich selbst so nennen. Aber müßte ich sie gebrauchen, so würde ich sie als synonym mit Sozialismus verwenden. Die meisten Autoren, die ihre historische Verwendung analysiert haben, haben versucht, ihnen unterschiedliche Bedeutungen beizulegen. Tatsächlich wurde der Ausdruck «kommunistisch» ziemlich durchgängig zur Bezeichnung von Ideen gewählt, die durchgreifender oder radikaler als andere waren. Aber daneben trägt doch eines der klassischen Dokumente des Sozialismus den Titel «Kommunistisches» Manifest. Und der Unterschied des Prinzips war nie grundsätzlicher Natur, – soweit es ihn gibt, besteht er innerhalb des sozialistischen Lagers nicht weniger ausgesprochen als zwischen ihm und dem kommunistischen. Die Bolschewiken nennen sich selbst Kommunisten und gleichzeitig die wahren und einzigen Sozialisten. Ob sie nun die wahren und einzigen sind oder nicht, – jedenfalls sind sie Sozialisten.

Ich habe die Ausdrücke «Staatsbesitz von» oder «Staatseigentum an» den natürlichen Produktivkräften, Anlagen und Ausrüstungsgegenständen vermieden. Dieser Punkt ist von einiger Bedeutung in der Methodologie der Sozialwissenschaften. Es gibt ohne Zweifel Begriffe, die zu keiner besonderen Epoche oder sozialen Welt in Beziehung stehen, wie zum Beispiel «Bedarf» oder «Wahl» oder «wirtschaftliches Gut». Es gibt andere, die zwar in ihrem alltäglichen Sinn in derartiger Beziehung stehen, die aber vom Analytiker bis zu einem Punkt verfeinert worden sind, an dem sie sie verloren haben. Preise oder Kosten mögen als Beispiele dienen[1]. Es gibt aber auch noch andere, die auf Grund ihres Charakters keine Verpflanzung vertragen und immer den Geruch eines besonderen institutionellen Rahmens an sich haben. Es ist äußerst gefährlich, ja es kommt auf eine Verzerrung historischer Beschreibung heraus, braucht man sie außerhalb der Welt oder Kultur, deren Bewohner sie sind. Nun sind Besitz oder Eigentum – meines Dafürhaltens auch Besteuerung – solche Bewohner der Welt der kommerziellen Gesellschaft, genau so wie Ritter und Lehen Bewohner der feudalen Welt sind.

Doch so auch der Staat. Wir können ihn natürlich durch das Kriterium der Souveränität definieren und dann von einem sozialistischen Staat sprechen. Aber wenn der Begriff aus Fleisch und Blut und nicht bloß aus juristischem oder philosophischem Dunst bestehen soll, sollte man den «Staat» weder in die Erörterung der feudalen, noch der sozialistischen Gesellschaft einbeziehen, da keine von ihnen diese Trennungslinie

[1] Der Preis wird in der modernen Theorie als bloßer Koeffizient der Veränderung definiert. Die Kosten im Sinne von Opportunity-Costs [englischer Fachausdruck für Kosten, die man übernehmen muß, weil man sich andere Verwendungsmöglichkeiten entgehen läßt] sind eine allgemeine logische Kategorie. Wir werden indessen bald darauf zurückkommen.

zwischen privater und öffentlicher Sphäre kannte oder kennen würde, aus der der beste Teil seiner Bedeutung fließt. Um diese Bedeutung mit ihrem ganzen Reichtum von Funktionen, Methoden und Haltungen zu bewahren, sagt man wohl am besten: der Staat, das Produkt der Zusammenstöße und Kompromisse zwischen Feudalherren und Bourgeoisie, wird einen Teil der Asche bilden, aus der der sozialistische Phoenix erstehen wird. Darum habe ich ihn nicht in meiner Definition des Sozialismus verwendet. Selbstverständlich kann der Sozialismus durch einen Akt des Staates einsetzen. Soweit ich sehe, bietet es aber keine Schwierigkeit, wenn man sagt, daß der Staat in diesem Akt stirbt, – wie dies von Marx gezeigt und von Lenin wiederholt worden ist.

In einer Beziehung stimmt schließlich unsere Definition mit allen andern überein, auf die ich je gestoßen bin, nämlich darin, daß es sich um etwas ausschließlich Wirtschaftliches handelt. Jeder Sozialist will die Gesellschaft vom wirtschaftlichen Winkel her revolutionieren und alle Segnungen, die er erwartet, sollen sich durch eine Veränderung in den wirtschaftlichen Institutionen ereignen. Dies impliziert natürlich eine Theorie über soziale Zusammenhänge, – die Theorie, daß das wirtschaftliche System das eigentlich wirksame Element in der Gesamtsumme der Phänomene ist, die wir Gesellschaft nennen. Zwei Bemerkungen drängen sich jedoch hier auf.

Erstens ist im vorangegangenen Teil in bezug auf den Kapitalismus gezeigt worden und muß nun in bezug auf den Sozialismus gezeigt werden, daß weder für uns, die Beobachter, noch für die Menschen, die ihr Vertrauen auf den Sozialismus setzen sollen, der wirtschaftliche Aspekt der einzige oder auch nur der wichtigste ist. Trotz meiner speziellen Definition habe ich nicht die Absicht gehabt, dies zu bestreiten. Und um allen kultivierten Sozialisten, denen ich je begegnet bin oder die ich je gelesen habe, Gerechtigkeit widerfahren zu lassen, muß festgestellt werden, daß für sie das gleiche gilt: wenn sie das ökonomische Element hervorheben wegen der ursächlichen Bedeutung, die ihr Glaubensbekenntnis ihm beilegt, so wollen sie damit nicht die Auffassung entstehen lassen, daß nichts des Kampfes wert ist außer Beefsteaks und Radios. Es gibt tatsächlich unerträgliche Langweiler, die genau dies meinen. Und manche, die keine Langweiler sind, betonen dennoch – auf der Jagd nach Stimmen – die wirtschaftlichen Versprechungen wegen ihrer unmittelbaren Zugkraft. Indem sie dies tun, verzerren und degradieren sie jedoch ihr Glaubensbekenntnis. Wir werden nichts dergleichen tun. Wir wollen uns vielmehr eingedenk bleiben, daß der Sozialismus nach höheren Zielen als vollen Bäuchen strebt, genau so wie das Christentum mehr bedeutet als die reichlich hedonistischen Werte des Himmels und der Hölle. In allererster Linie bedeutet der Sozialismus eine neue kulturelle Welt. Um derentwillen kann man begreiflicherweise ein glühender Sozialist sein, selbst wenn man glaubt, daß die sozialistische Ordnung hinsichtlich der wirtschaftlichen Leistung wahrscheinlich unterlegen sein wird[2]. Deshalb kann ein noch so glückliches rein-ökonomisches Argument dafür oder dawider niemals entscheidend sein.

Zweitens aber, – welche kulturelle Welt? Wir können diese Frage zu beantworten versuchen, indem wir die konkreten Erklärungen anerkannter Sozialisten mustern, um zu sehen, ob sich ein Typus daraus ergibt. Auf den ersten Blick scheint Material im Überfluß vorhanden zu sein. Einige Sozialisten sind gerne bereit, mit gefalteten Händen und dem Lächeln der Glückseligen auf den Lippen das Hohelied von der Gerechtigkeit, Gleichheit und Freiheit im allgemeinen und von der Freiheit von der «Ausbeutung des Menschen durch den Menschen» im besonderen, den Gesang von Friede und Liebe, von gesprengten Fesseln, von freigesetzten kulturellen Energien, von neu eröffneten Horizonten und neu enthüllten Würden anzustimmen. Aber das ist Rousseau, verfälscht mit etwas Bentham. Andere äußern einfach die Belange und Gelüste des radikalen Flügels der Gewerkschaften. Wieder andere jedoch sind auffallend zurückhaltend. Etwa weil sie billige Schlagworte verachten und doch nicht etwas anderes ersinnen können? Weil sie zwar etwas anderes im Sinn haben, doch an seiner populären

---

[2] Das Gegenteil ist natürlich auch wahr: man kann die im Namen des Sozialismus erhobenen wirtschaftlichen Ansprüche gelten lassen und ihn dennoch auf kulturellem Gebiete hassen.

Zugkraft zweifeln? Weil sie wissen, daß sie hoffnungslos anderer Ansicht sind als ihre Genossen?

Wir kommen also in dieser Richtung nicht weiter. Stattdessen sehen wir uns, wie ich es nennen möchte, der «kulturellen Indeterminiertheit des Sozialismus» gegenüber. In der Tat kann gemäß unserer und den meisten anderen Definitionen eine Gesellschaft voll und ganz sozialistisch sein und dennoch durch einen absoluten Herrscher geführt oder in der denkbar demokratischsten Weise organisiert sein; sie kann aristokratisch oder proletarisch sein; sie kann eine Theokratie und hierarchisch oder atheistisch oder religiös indifferent sein; sie kann unter viel straﬀerer Disziplin stehen als die Menschen in einer modernen Armee oder jeglicher Disziplin ermangeln; sie kann asketischen oder eudämonistischen Geistes sein, energisch oder träge, nur an die Zukunft oder nur an das Heute denken; sie kann kriegerisch und nationalistisch oder friedliebend und internationalistisch, gleichheitstrunken oder das Gegenteil sein; sie kann das Ethos von Herren oder das Ethos von Sklaven haben; ihre Kunst kann subjektiv oder objektiv sein[3], ihre Lebensformen individualistisch oder standardisiert; und was für einige von uns schon an sich genügen würde, um unsere Gefolgschaft zu sichern oder unsere Verachtung zu wecken: sie kann aus ihrem übernormalen oder ihrem unternormalen Bestand sich fortpflanzen und entsprechend Übermenschen oder Untermenschen hervorbringen.

Warum ist dies so? Der Leser mag selbst entscheiden. Er kann entweder sagen, daß Marx unrecht hat und daß eine Zivilisation nicht durch das Wirtschaftssystem determiniert wird, oder, daß zwar das vollständige Wirtschaftssystem sie determinieren würde, daß aber das Element, das Sozialismus in unserem Sinne konstituiert, ohne die Hilfe weiterer wirtschaftlicher Daten und Voraussetzungen es nicht tut. Es wäre uns übrigens mit dem Kapitalismus nicht besser ergangen, hätten wir versucht, seine kulturelle Welt nur aus den in unserer Definition enthal-

[3] So paradox es klingt, Individualismus und Sozialismus sind nicht unbedingt Gegensätze. Man kann argumentieren, daß die sozialistische Organisationsform die «wahre» individualistische Verwirklichung der Persönlichkeit gewährleistet. Dies läge sogar durchaus in der Marxschen Richtung.

tenen Fakten zu rekonstruieren. Wir stehen in diesem Falle ohne Zweifel unter dem Eindruck einer Determiniertheit und sehen die Möglichkeit, über Tendenzen in der kapitalistischen Zivilisation zu diskutieren. Das ist aber nur so, weil wir eine historische Realität vor uns haben, die uns alle von uns benötigten zusätzlichen Daten liefert und *via facti* eine unbegrenzte Zahl von Möglichkeiten ausschließt.

Wir haben jedoch das Wort Determiniertheit in einem engen, technischen Sinn gebraucht und überdies mit Bezug auf eine ganz kulturelle Welt. Eine Nicht-Determiniertheit in diesem Sinn ist kein absolutes Hindernis gegen Versuche, gewisse Züge oder Tendenzen zu entdecken, die die sozialistische Ordnung als solche mit mehr Wahrscheinlichkeit als andere hervorbringt, namentlich Züge von besonderen Teilen des kulturellen Organismus und Tendenzen in ihnen. Es ist auch nicht unmöglich, vernünftige zusätzliche Annahmen auszudenken. So viel geht deutlich aus der obigen Übersicht über die verschiedenen Möglichkeiten hervor. Wenn wir zum Beispiel wie manche Sozialisten – nach meinem Dafürhalten fälschlicherweise – glauben, daß Kriege nichts anderes als eine der Formen des Konfliktes kapitalistischer Interessen sind, so folgt ohne weiteres daraus, daß der Sozialismus pazifistisch und nicht kriegerisch sein wird. Oder wenn wir annehmen, daß sich der Sozialismus parallel zu einem gewissen Typ des Rationalismus entwickelt und von ihm untrennbar ist, so werden wir daraus schließen, daß er wahrscheinlich irreligiös, wenn nicht anti-religiös sein wird. Wir werden hie und da an diesem Spiel teilnehmen, obschon wir im großen ganzen das Feld lieber dem einen wirklich großen Meister auf diesem Gebiet, Platon, überlassen. Dies alles hebt jedoch nicht die Tatsache auf, daß der Sozialismus in der Tat ein *kultureller* Proteus ist und daß seine kulturellen Möglichkeiten nur dann eindeutiger definiert werden können, wenn wir uns damit begnügen, von speziellen Fällen innerhalb der sozialistischen Gattung zu sprechen, – von denen zwar jeder einzelne für die Menschen, die sich dafür einsetzen, der einzig wahre sein wird, von denen aber jeder beliebige uns beschieden sein kann.

SECHZEHNTES KAPITEL

DER SOZIALISTISCHE GRUNDPLAN

In erster Linie müssen wir sehen, ob etwas an der reinen Logik einer sozialistischen Wirtschaft falsch ist oder nicht. Zwar wird der Nachweis der Richtigkeit dieser Logik nie jemanden zum Sozialismus bekehren oder für den Sozialismus als durchführbaren Vorschlag viel beweisen; doch würde ein Beweis der logischen Unrichtigkeit oder auch nur ein Mißlingen des Versuchs, die logische Richtigkeit zu beweisen, an sich genügen, um ihn einer inhärenten Sinnwidrigkeit zu überführen.

Unsere Frage mag genauer folgendermaßen formuliert werden: Ist es bei einem sozialistischen System der vorgestellten Art möglich, aus seinen Daten und aus den Regeln des rationalen Verhaltens eindeutig bestimmte Entscheidungen über das Was und Wie der Produktion abzuleiten? Oder, um das gleiche im Jargon der exakten Ökonomen auszudrücken: ergeben diese Daten und Regeln, unter den Bedingungen einer sozialistischen Wirtschaft, Gleichungen, die voneinander unabhängig, unter sich vereinbar – das heißt frei von Widersprüchen – und genügend zahlreich sind, um die Unbekannten des Problems vor dem Zentralamt oder Produktionsministerium eindeutig zu bestimmen?

1. Die Antwort ist bejahend. Die reine Logik des Sozialismus ist durchaus in Ordnung. Und dies ist so offensichtlich, daß es mir nie eingefallen wäre, darauf besonders hinzuweisen, außer wegen der Tatsache, daß dies bestritten worden ist, und wegen der noch merkwürdigeren Tatsache, daß die orthodoxen Sozialisten keine Antwort zu geben vermochten, die wissenschaftlichen Erfordernissen genügt hätte, bis sie von Ökonomen mit ausgesprochen bürgerlichen Ansichten und Sympathien in die Lehre genommen wurden.

Die einzige erwähnenswerte Autorität, die für eine Verneinung eintritt, ist Professor L. von Mises[1]. Ausgehend von der Behauptung, daß ein rationales wirtschaftliches Verhalten rationale Kostenrechnungen voraussetzt, folglich Preise der Kostenfaktoren, folglich auch preisbildende Märkte, zog er den Schluß, daß in einer sozialistischen Gesellschaft, da dort keine solchen Märkte bestünden, die Wegweiser einer rationalen Produktion fehlen würden, so daß das System, wenn überhaupt, in einer vom Zufall bestimmten Weise funktionieren müßte. Dieser und ähnlichen Kritiken oder auch vielleicht einigen eigenen Zweifeln hatten die anerkannten Exponenten der sozialistischen Orthodoxie zunächst nicht viel entgegenzusetzen, außer dem Argument, daß die sozialistische Leitung von dem durch ihren kapitalistischen Vorgänger entwickelten Wertsystem ausgehen könne (– was zweifellos für eine Diskussion praktischer Schwierigkeiten, doch nicht im geringsten für die prinzipielle Frage relevant ist –), und außer einem Loblied auf die wunderbaren Herrlichkeiten ihres Himmels, in welchem man sich leicht aller kapitalistischen Kniffe, wie Kostenrationalität, werde entschlagen können und in welchem Genossen alle Probleme lösen würden, indem sie einander zu den aus den sozialen Magazinen strömenden Gaben verhülfen. Das kommt auf eine Hinnahme der Kritik hinaus, und gewisse Sozialisten scheinen das tatsächlich noch heute zu tun.

Der Ökonom, der die Frage in einer Weise entschied, die wenig mehr zu tun übrig ließ außer einiger Ausarbeitung und außer der Abklärung von Punkten nebensächlicher Bedeutung, war Enrico Barone. Ich verweise jene Leser, die eine strenge Beweisführung wünschen, auf seine Argumentation[2]. Hier möge eine kurze Skizze genügen.

---

[1] «Die Wirtschaftsrechnung im sozialistischen Gemeinwesen», *Archiv für Sozialwissenschaft und Sozialpolitik*, Band 47/1, April 1920. Eine englische Übersetzung dieses Aufsatzes ist erschienen in dem von F. A. von Hayek herausgegebenen Sammelband *Collectivist Economic Planning*, 1935. Vgl. auch von Mises' *Gemeinwirtschaft*, Jena 1922, neue Ausgabe 1932.

[2] Über ein Dutzend Nationalökonomen hatten schon vor Barone die Lösung angedeutet. Unter ihnen waren Autoritäten wie F. von Wieser (*Der natürliche Wert*, 1889) und Pareto (*Cours d'Economie politique*, Band II, 1897). Beide erkannten die Tatsache, daß die fundamentale Logik des

Vom Standpunkt des Nationalökonomen aus ist die Produktion – einschließlich Transport und aller mit dem Absatz verbundenen Operationen – nichts anderes als die rationale Kombination der vorhandenen «Faktoren» innerhalb der durch die technischen Verhältnisse gezogenen Schranken. In einer kommerziellen Gesellschaft ist die Aufgabe der Kombination von Faktoren gleichbedeutend mit ihrem Ankauf oder ihrer Miete; und jene individuellen Einkommen, die typisch für eine derartige Gesellschaft sind, entstehen in eben diesem Prozeß des Kaufens oder Mietens. Das heißt: die Produktion und die «Verteilung» des Sozialproduktes sind bloß verschiedene Aspekte ein und desgleichen Prozesses, der beide gleichzeitig beeinflußt. Nun ist logisch – oder rein theoretisch – der wichtigste Unterschied zwischen einer kommerziellen und einer sozialistischen Gesellschaft der, daß in der letzteren dies nicht mehr so ist. Da es *prima facie* keine Marktwerte der Produktionsmittel gibt und, was noch wichtiger ist, da die Prinzipien der sozialistischen Gesellschaft nicht gestatten würden, sie zum Kriterium der Verteilung zu machen, selbst wenn sie vorhanden wären, fehlt der Verteilungsautomatismus der kommerziellen in einer sozialistischen Gesellschaft. Die Lücke muß durch einen politischen Akt geschlossen werden, – nehmen wir an: durch die

---

wirtschaftlichen Verhaltens sowohl in der kommerziellen wie in der sozialistischen Gesellschaft gleich ist, woraus die Lösung sich ohne weiteres ergibt. Aber Barone, ein Anhänger Paretos, war der erste, der dies ausgearbeitet hat. Man vergleiche seinen Aufsatz «Il Ministro della Produzione nello Stato Colletivista», *Giornale degli Economisti*, 1908; eine englische Übersetzung findet sich in dem in der vorhergehenden Anmerkung erwähnten Band *Collectivist Economic Planning*.

Es ist weder möglich noch notwendig, der reichen Ernte späterer Arbeit gerecht zu werden. Ich möchte nur als in der einen oder andern Richtung besonders wichtig erwähnen: Fred M. Taylor, «The Guidance of Production in a Socialist State», *American Economic Review*, März 1929; K. Tisch, *Wirtschaftsrechnung und Verteilung im ... sozialistischen Gemeinwesen*, 1932; H. Zassenhaus, «Theorie der Planwirtschaft», *Zeitschrift für Nationalökonomie*, 1934; namentlich Oskar Lange «On the Economic Theory of Socialism», *Review of Economic Studies*, 1936/37, als Buch herausgegeben unter dem gleichen Titel von Lange und Taylor, 1938; und A. P. Lerner, auf dessen Aufsätze ich in einer späteren Anmerkung Bezug nehmen werde.

Verfassung des Gemeinwesens. Die Verteilung wird so zu einer besonderen Operation und ist, wenigstens logisch, vollständig getrennt von der Produktion. Dieser politische Akt oder diese politische Entscheidung müßte das Ergebnis des wirtschaftlichen und kulturellen Charakters der Gesellschaft, ihres Verhaltens, ihrer Ziele und Leistungen sein, würde aber andrerseits auch diese weitgehend bestimmen; er bzw. sie wäre aber, vom wirtschaftlichen Standpunkt aus gesehen, vollständig willkürlich. Wie schon früher gezeigt wurde, kann das Gemeinwesen eine egalitäre Richtung verfolgen – auch dies wieder in irgend einer der vielen Bedeutungen, die mit Gleichheitsidealen verbunden werden – oder Ungleichheiten jeden gewünschten Grades zulassen. Es kann sogar die Verteilung in der Absicht vornehmen, Höchstleistungen in irgendeiner gewünschten Richtung hervorzubringen, – ein besonders interessanter Fall. Es kann die Wünsche der einzelnen Genossen erforschen oder es kann beschließen, ihnen das zu geben, was die eine oder andere Behörde als das Beste für sie erachtet; das Schlagwort «jedem nach seinen Bedürfnissen» kann beide Bedeutungen haben... Aber *irgend eine* Regel muß aufgestellt werden. Für unseren Zweck wird es genügen, einen ganz speziellen Fall zu behandeln.

2. Nehmen wir an, daß die ethische Überzeugung unseres sozialistischen Gemeinwesens zutiefst egalitär ist, doch zu gleicher Zeit vorschreibt, es stehe den Genossen frei, unter allen Konsumgütern, die das Ministerium zu produzieren fähig und willens ist, nach Belieben zu wählen, so kann die Gemeinschaft selbstverständlich die Produktion gewisser Waren, zum Beispiel alkoholischer Getränke, verweigern. Wir wollen des weiteren annehmen, daß dem in diesem Fall geltenden Gleichheitsideal dadurch Genüge geschieht, daß jeder Person (wobei Kinder und möglicherweise auch andere Individuen als Bruchzahlen von ganzen Personen je nach dem Entscheid der maßgebenden Behörde zählen mögen) ein Gutschein ausgehändigt wird, der ihren Anspruch auf eine gewisse Menge von Konsumgütern darstellt, – diese Menge wäre gleich dem in der laufenden Rechnungsperiode zur Verfügung stehenden Sozialprodukt, geteilt durch die Zahl der Berechtigten –; und daß alle Gutscheine am Ende dieser Periode ihre Gültigkeit verlören. Man kann

sich diese Gutscheine vorstellen als Ansprüche auf den xten Teil aller Nahrungsmittel, Kleider, Haushaltungsgegenstände, Häuser, Autos, Filmvorführungen usw., die während der in Betracht stehenden Periode für den Konsum (zum Zweck, an die Konsumenten geliefert zu werden) produziert wurden oder werden. Einzig um eine komplexe und unnötige Masse von Tauschakten zu vermeiden, die sonst zwischen den Genossen stattfinden müßten, drücken wir die Ansprüche nicht in Waren, sondern in gleichen Beträgen zweckdienlich gewählter, aber bedeutungsloser Einheiten aus – wir können sie einfach «Einheiten» nennen oder «Monde» oder «Sonnen» oder sogar «Dollars» –, und wir ordnen an, daß Einheiten jeder Ware gegen die Abgabe einer festgesetzten Anzahl dieser Scheine ausgehändigt werden. Diese von den sozialen Vorratshäusern geforderten «Preise» müßten unter unseren Annahmen immer die Bedingung erfüllen, daß sie, mit der vorhandenen Warenmenge, auf die sie sich jeweils beziehen, multipliziert, zusammen das sonst willkürliche Total der Ansprüche der Genossen ergeben. Das Ministerium braucht indessen die einzelnen «Preise» nur am Anfang durch Vorschläge zu fixieren. Bei gegebenem Geschmack und gegebenen gleichen «Dollareinkommen» werden die Genossen durch ihre Reaktion auf diese anfänglichen Vorschläge zeigen, zu welchen Preisen sie bereit sind, das gesamte Sozialprodukt zu übernehmen, außer jenen Artikeln, die überhaupt niemand haben will; und das Ministerium wird dann diese Preise annehmen müssen, wenn es seine Lager räumen will. Dies wird denn auch geschehen, und das Prinzip der gleichen Anteile wird somit in sehr einleuchtendem Sinn und in eindeutig bestimmter Weise durchgeführt sein.

Dies setzt indessen natürlich voraus, daß eine bestimmte Menge eines jeden Gutes bereits produziert worden ist. Das eigentliche Problem, dessen Lösbarkeit bestritten worden ist, besteht gerade darin, wie dies rational, das heißt in einer Weise geschehen kann, in der sich eine maximale Befriedigung der Konsumenten ergibt[3], unter Vorbehalt der Grenzen, die durch die ver-

---

[3] Sollten moderne Theoretiker gegen diese Wendung Einspruch erheben, so möchte ich sie bitten, die Menge völlig unnötiger Umschreibun-

fügbaren Produktivkräfte, die technischen Möglichkeiten und die übrigen Umweltbedingungen gezogen sind. Es ist klar, daß eine Entscheidung über den Produktionsplan beispielsweise durch ein Majoritätsvotum der Genossen dieses[4] Erfordernis ganz und gar nicht erfüllen würde, weil in diesem Falle einige mit Bestimmtheit, und möglicherweise sogar alle, nicht das erhielten, was sie begehren und was ihnen noch gegeben werden könnte, ohne die Bedürfnisbefriedigung anderer zu beschränken. Es ist jedoch ebenso klar, daß wirtschaftliche Rationalität in diesem Sinn auf andere Weise erreicht werden kann. Für den Theoretiker folgt dies aus der elementaren Behauptung, daß die Konsumenten durch die Bewertung der Konsumgüter (durch die «Nachfrage») *ipso facto* auch die Produktionsgüter bewerten, die in die Produktion dieser Güter eingehen. Für den Laien kann der Beweis der Möglichkeit eines rationalen Produktionsplanes in unserer sozialistischen Gesellschaft folgendermaßen erbracht werden:

3. Um die Dinge zu erleichtern, wollen wir annehmen, daß die Produktionsmittel in gegebenen und – im Augenblick – unabänderlichen Mengen vorhanden sind. Nun wollen wir das Zentralamt sich auflösen lassen in eine Kommission für eine bestimmte Industrie, oder, noch besser, wollen wir für jede Industrie eine Behörde einsetzen, die sie zu leiten und mit dem Zentralamt zusammenzuarbeiten hat, das alle diese industriellen Leiter oder leitenden Ausschüsse kontrolliert und koordiniert. Dies tut das Zentralamt, indem es die Produktivkräfte und -mittel – die alle unter seiner Kontrolle stehen – nach gewissen Regeln diesen industriellen Verwaltungsstellen zuteilt. Nehmen wir an, das Amt stelle die Regel auf, daß die industriellen Verwaltungsstellen jede beliebige Menge von Produktionsgütern und -dienstleistungen, die sie anzufordern sich entschließen,

---

gen in Erwägung zu ziehen, die eine korrektere Ausdrucksweise mit sich bringen würde, ohne für den Zweck dieser Argumentation einen kompensierenden Vorteil zu bieten.

[4] Dies soll nicht heißen, daß es nicht Erfordernisse vom Standpunkt einer anderen Rationalitätsdefinition aus erfüllen würde. Es wird hier keine Aussage darüber gemacht, wie sich die diskutierte Ordnung im Vergleich zu anderen ausnimmt. Darauf ist gleich noch zurückzukommen.

unter drei Bedingungen haben können. Erstens müssen sie so wirtschaftlich als möglich produzieren. Zweitens wird von ihnen verlangt, daß sie dem Zentralamt für jede angeforderte Einheit von Produktionsgütern oder -dienstleistungen eine festgesetzte Zahl jener Konsumentendollars abgeben, die sie durch frühere Lieferungen von Konsumgütern eingenommen haben, – wir können gerade so gut sagen, daß das Zentralamt sich bereit erklärt, jeder industriellen Verwaltungsstelle unbegrenzte Mengen von «Produktionsgütern» und «-dienstleistungen» zu festgesetzten «Preisen» zu verkaufen. Drittens wird von den Verwaltungsstellen verlangt, daß sie solche Mengen anfordern und verwenden (und nicht weniger!), als sie bei wirtschaftlichster Produktionsweise verwenden können, ohne einen Teil ihrer Produkte für weniger «Dollars» «verkaufen» zu müssen, als sie dem Zentralamt für die entsprechende Menge von Produktionsmitteln abzugeben haben. Technischer ausgedrückt bedeutet diese Bedingung, daß die Produktion auf allen Gebieten so sein sollte, daß die «Preise» gleich (nicht nur proportional) den Grenzkosten werden[5].

---

[5] Dieses Prinzip, das aus der allgemeinen Logik der wirtschaftlichen Wahlhandlungen folgt, wurde nicht allgemein akzeptiert, bis A. P. Lerner es in einer Reihe von kleinen und großen Artikeln, zumeist in der *Review of Economic Studies* (auch im *Economic Journal*, September 1937) hervorhob und sich dafür einsetzte; diese Aufsätze bilden einen wichtigen Beitrag zur Theorie der sozialistischen Wirtschaft, und ich nehme gerne diese Gelegenheit wahr, um den Leser auf sie aufmerksam zu machen. Es ist auch als Lehrsatz dieser Logik der Wahl korrekt zu sagen, daß die obige Bedingung, wo sie mit der Regel der Preisangleichung an die totalen Kosten per Einheit in Konflikt kommt, die höhere Geltung haben sollte. Doch die Beziehung zwischen ihnen ist durch eine Verwechslung verschiedener Dinge einigermaßen verdunkelt und verlangt nach einer gewissen Klärung.

Der Begriff der Grenzkosten, das heißt der Zuwachs an Totalkosten, der getragen werden muß, wenn die Produktion geringfügig vergrößert werden soll, ist nicht determiniert, solange wir sie nicht zu einer bestimmten Zeitperiode in Beziehung setzen. Wenn es sich zum Beispiel darum handelt, ob ein zusätzlicher Passagier mit einem Zug, der ohnehin fährt, befördert werden soll oder nicht, so können die in Betracht kommenden Grenzkosten gleich Null sein; und sie sind in jedem Fall sehr klein. Dies kann so ausgedrückt werden, daß man sagt: vom Standpunkt einer sehr

Die Aufgabe einer jeden Industriekommission ist somit eindeutig bestimmt. Gerade so wie heute jede Unternehmung eines Industriezweiges mit vollkommener Konkurrenz weiß, was und wieviel und wie sie zu produzieren hat, sobald die technischen Möglichkeiten, die Reaktionen der Konsumenten (ihr Geschmack und ihr Einkommen) und die Preise der Produktionsmittel gegeben sind, so würden auch die Industrieverwaltungen in unserem sozialistischen Gemeinwesen wissen, was sie zu produzieren, wie sie zu produzieren und welche Mengen an Produktionsfaktoren sie vom Zentralamt zu «kaufen» haben, sobald dessen «Preise» veröffentlicht sind und sobald die Konsumenten ihre «Nachfrage» bekanntgegeben haben.

---

kurzen Periode aus – einer Stunde oder einem Tag oder selbst einer Woche – ist praktisch alles «allgemeine Unkosten», selbst Schmieröle und Kohle, und allgemeine Unkosten gehen nicht in die Grenzkosten ein. Je länger jedoch die betrachtete Periode ist, desto mehr Kostenelemente gehen in die Grenzkosten ein, zuerst alle jene, die gewöhnlich im Begriff der «Selbstkosten» enthalten sind und nach ihnen immer mehr auch jene, die der Geschäftsmann „allgemeine Unkosten" nennt, bis – auf sehr lange Dauer gesehen oder vom Standpunkt der Planung eines zur Zeit noch nicht existierenden industriellen Einheit aus – nichts (oder praktisch nichts) in der Kategorie der allgemeinen Unkosten bleibt und alles einschließlich Abschreibungen bei der Berechnung der Grenzkosten berücksichtigt werden muß; es sei denn dieses Prinzip erfahre im Falle gewisser Faktoren wie zum Beispiel einer Geleiseanlage eine Einschränkung durch die technische Tatsache, daß diese Faktoren nur in sehr großen Einheiten verfügbar oder verwendbar sind («Unteilbarkeit»). Grenzkosten sollten daher immer von (Grenz-) Selbstkosten unterschieden werden.

Nun verknüpfen wir oft die hier diskutierte Bedingung mit der Regel, daß die sozialistischen – gerade so wie die kapitalistischen – Unternehmungsleitungen in jedem Zeitpunkt Vergangenes ruhen lassen sollten, um rationell zu handeln; das heißt, daß sie bei ihren Entscheidungen die Buchwerte der vorhandenen Anlagen nicht berücksichtigen sollten. Aber dies ist nur eine Regel für kurzfristiges Verhalten in einer gegebenen Situation. Sie bedeutet nicht, daß sie *ex ante* jene Elemente vernachlässigen sollen, die sich mit Bestimmtheit als fixe Kosten oder allgemeine Unkosten auskristallisieren *werden*. Sie zu vernachlässigen würde in bezug auf die Arbeitsstunden und die Einheiten der natürlichen Produktionskräfte, die in die Produktion der allgemeinen Unkosten eingehen, ein irrationales Verhalten bedeuten, sobald es eine Alternativverwendung für sie gibt.

In gewissem Sinn werden diese «Preise», im Gegensatz zu den «Preisen» der Konsumgüter, einseitig durch das Zentralamt festgesetzt. Wir können indessen auch sagen, daß die Industrieleiter eine eindeutig bestimmte «Nachfrage» nach den Produktionsgütern entfalten, ähnlich wie dies Konsumenten nach Konsumgütern tun. Was wir einzig noch zur Vervollständigung unseres Beweises brauchen, ist eine mit dem Krite-

---

Berücksichtigt man sie jedoch, so impliziert das im allgemeinen, daß die Preise den Gesamtkosten pro Produkteinheit angeglichen werden müssen, so lange, als sich die Dinge plangemäß entwickeln; und da Ausnahmen hauptsächlich darauf zurückzuführen sind, daß die Technik in Form der Unteilbarkeit die Rationalität behindert, oder daß der tatsächliche Verlauf der Dinge von den Plänen abweicht, so wird die Logik dieser Pläne letzten Endes durch dieses Prinzip nicht schlecht ausgedrückt. Obschon es in einer kurzfristigen Situation am rationellsten sein mag, ist es doch niemals ein Teil dieser Logik, eine Industrie mit Verlusten weiter zu betreiben. Dies zu beachten ist wichtig aus zwei Gründen:

Erstens ist es bestritten worden. Es ist sogar behauptet worden, die allgemeine Wohlfahrt würde (d. h. auf die Dauer) vergrößert, wenn die Preise stets den *kurzfristigen* Grenzkosten ausschließlich Abschreibungen angeglichen würden, und allgemeine Unkosten (sagen wir die Kosten einer Brücke) sollten durch Steuern finanziert werden. Unsere Regel, wie sie im Text aufgestellt ist, hat nicht diesen Sinn, und es wäre nicht rationell, so zu handeln.

Zweitens hat die russische Zentralbehörde in einem Dekret vom März 1936 für eine Anzahl von Industrien das bis zu diesem Zeitpunkt in Kraft stehende Subventionssystem aufgehoben und vorgeschrieben, die Preise sollten so reguliert werden, daß sie gleich seien den durchschnittlichen Gesamtkosten pro Einheit plus einem Zuschlag für die Akkumulation. In bezug auf den ersten Teil dieser Anordnung kann gesagt werden, daß sie, obzwar nicht streng korrekt, doch weniger vom Korrekten abweicht, als die unkorrekten Formulierungen des zweiten Teils es vermuten lassen könnten; in bezug auf den zweiten Teil ist zu sagen, daß der naheliegende Einwand stark abgeschwächt wird, sobald wir die Bedingungen oder Notwendigkeiten einer raschen Entwicklung berücksichtigen, – der Leser wird sich des im zweiten Teil zur Verteidigung des Kapitalismus unterbreiteten Argumentes erinnern. Und es ist durchaus denkbar, daß die Sowjetregierung recht hatte, *sowohl als* sie sich auf ihre Subventionspolitik einließ, die auf eine Investitionsfinanzierung mit Verlusten herauskam, *wie auch* als sie diese Maßnahme im Jahre 1936 teilweise aufgab.

rium des Maximums übereinstimmende Regel für diese preisfestsetzende Tätigkeit des Zentralamtes. Diese Regel liegt jedoch nahe. Das Amt hat einfach für jede Art und Qualität von Produktionsgütern einen besonderen Preis festzusetzen, – wenn das Amt diskriminiert, das heißt von den verschiedenen Verwaltungen verschiedene Preise für die gleiche Art und Qualität verlangt, müßte dies im allgemeinen[6] mit nicht-wirtschaftlichen Gründen gerechtfertigt werden; des weitern hat es dafür zu sorgen, daß dieser Preis gerade «den Markt leert», das heißt daß keine unbenützten Produktionsgütermengen übrig bleiben und daß keine zusätzlichen Mengen zu diesen «Preisen» nachgefragt werden. Diese Regel wird normalerweise genügen, um eine rationale Kostenrechnung und folglich eine wirtschaftlich rationale Zuteilung von Produktionsfaktoren zu gewährleisten – denn die erstere ist nichts anderes als eine Methode zur Sicherung und Verifizierung der letzteren –, folglich die Rationalität des Produktionsplans in sozialistischen Gesellschaften. Der Beweis dafür ergibt sich aus der Überlegung, daß, solange diese Regel beachtet wird, kein Produktionselement in eine andere Produktionsrichtung abgelenkt werden kann, ohne die Zerstörung ebenso vieler (oder mehr) Konsumwerte – ausgedrückt in Konsumentendollars – zu verursachen, wie dieses Element in seiner neuen Verwendung zusätzlich schaffen würde. Dies heißt soviel wie, daß die Produktion in allen unter den allgemeinen Bedingungen der gesellschaftlichen Umwelt offenstehenden Richtungen so weit – und nicht weiter – geführt wird, als es rationell möglich ist; und dies vervollständigt nun auch unser Eintreten für die Rationalität der sozialistischen Planung in einem stationären Prozeß des Wirtschaftslebens, in dem alles richtig vorhergesehen wird und sich wiederholt und wo sich nichts ereignet, was den Plan umstürzen könnte.

4. Es entstehen indessen auch keine großen Schwierigkeiten, wenn wir das Gebiet der Theorie des stationären Prozesses verlassen und den mit der industriellen Veränderung verbundenen

---

[6] Es gibt Ausnahmen, die wichtig sind, jedoch den Gang unserer Beweisführung nicht berühren.

Phänomenen Zutritt gewähren. Soweit die wirtschaftliche Logik in Betracht kommt, kann nicht behauptet werden, daß der Sozialismus der hier betrachteten Art theoretisch wohl fähig wäre, mit den sich wiederholenden Verwaltungsaufgaben einer stationären Wirtschaft fertig zu werden, jedoch bei der Lösung der Probleme, die der «Fortschritt» stellt, mit Notwendigkeit versagen müßte. Wir werden später sehen, warum es trotzdem für den Erfolg einer sozialistischen Gesellschaft nicht nur wichtig ist, daß sie ihre Karriere mit einer möglichst reichlichen Dotierung (an Erfahrung und Technik und Hilfsmitteln) durch ihre kapitalistische Vorgängerin beginnt, sondern auch in einem Zeitpunkt, da die letztere bereits sich ihre Hörner abgelaufen und ihre Arbeit getan hat und sich einem stationären Zustand nähert. Doch der Grund dafür liegt nicht irgendwie in einer Unfähigkeit von uns, der sozialistischen Gesellschaft eine rationale und eindeutig bestimmte Bahn vorzuzeichnen, die einzuschlagen ist, sobald sich die Gelegenheit für eine Verbesserung im industriellen Apparat bietet.

Nehmen wir an, eine neue, leistungsfähigere Maschine ist für den Produktionsprozeß der Industrie X erfunden. Um die mit der Investitionsfinanzierung verbundenen Probleme auszuschließen (die gleich noch betrachtet werden sollen) und um eine bestimmte Reihe von Phänomenen zu isolieren, wollen wir annehmen, daß die neue Maschine durch die gleichen Anlagen hergestellt werden kann, die bisher die weniger leistungsfähige hergestellt haben, und zu genau den gleichen Kosten, ausgedrückt in Produktivkräften. Die Leitung der Industrie X wird in Befolgung der ersten Klausel ihrer Instruktionen – nämlich nach der Regel, so wirtschaftlich als möglich zu produzieren – die neue Maschine aufnehmen und so die gleiche Produktionsmenge mit einer kleineren Summe von Produktionsmitteln als bisher erzeugen. Folglich wäre sie in Zukunft in der Lage, an das Ministerium oder Zentralamt einen Betrag an Konsumentendollars zu transferieren, der kleiner wäre als der Betrag, den sie von den Konsumenten erhielte. Wir können die Differenz nennen, wie es uns gefällt, zum Beispiel «D» oder «Schaufel» oder «Profit». Zwar würde die Leitung die durch die dritte Klausel ihrer Instruktionen gesetzte

Bedingung verletzen, wenn sie diesen «Gewinn» realisierte; und wenn sie diese Klausel befolgt und sofort den größeren Betrag erzeugt, der nun zur Erfüllung dieser Bedingung erforderlich ist, werden diese Gewinne nie entstehen. Aber ihr potentielles Vorhandensein in den Berechnungen der Leitung genügt völlig, um sie ihre einzige Funktion erfüllen zu lassen, die sie unter unserer Annahme hätten – nämlich die Funktion: in eindeutig bestimmter Weise die Richtung und das Ausmaß der Neuverteilung der Produktivkräfte zu bestimmen, die durchzuführen nun rational ist.

Wenn zu einer Zeit, da die verfügbaren Produktivkräfte der Gesellschaft mit der Aufgabe, ein gegebenes Konsumniveau zu versorgen, voll beschäftigt sind, sich eine Verbesserung aufdrängt – zum Beispiel eine neue Brücke oder eine neue Eisenbahn –, die die Verwendung zusätzlicher Faktoren oder, wie wir auch sagen können, zusätzliche Investition erfordert, dann müßten die Genossen entweder über die Arbeitszeit hinaus arbeiten, die wir bis jetzt als gesetzlich fixiert angenommen haben, oder sie müßten ihren Konsum einschränken, oder beides. In diesem Falle schließen unsere Annahmen, die ja zwecks Lösung des Grundproblemes in möglichst einfacher Weise aufgestellt worden sind, eine «automatische» Lösung aus, das heißt eine Entscheidung, zu der das Zentralamt und die industriellen Leitungen gelangen könnten, indem sie rein passiv – innerhalb der drei Regeln – der Führung objektiver Anzeichen folgten. Dies ist jedoch natürlich eine Unvollkommenheit unseres Schemas und nicht der sozialistischen Wirtschaft. Wenn wir eine derartige automatische Lösung wünschen, so haben wir bloß das Gesetz zu widerrufen, das alle Ansprüche auf Konsumgüter für ungültig erklärt, die während der Periode, auf die sie lauten, nicht verwendet werden, – ferner das Prinzip der absoluten Einkommensgleichheit aufzugeben und dem Zentralamt die Vollmacht zu verleihen: Prämien auszusetzen für Überzeitarbeit und für – wie sollen wir es nennen? –, nun, sagen wir «Sparen». Die Bedingung, daß mögliche Verbesserungen oder Investitionen in einem solchen Ausmaß unternommen werden müssen, daß die wenigst verlockende einen «Gewinn» abwirft, der gleich ist den Prämien, die geboten werden müssen, um die dazu benötigten Mengen an Überzeitarbeit oder Sparen (oder beidem) hervorzurufen, – diese Bedingung bestimmt eindeutig alle neuen Variablen, die unser Problem einführt, vorausgesetzt, daß Überzeitarbeit und Sparen in der relevanten Zwischenzeit einwertige Funktionen der bezüglichen Prämien sind[7]. Die als Gegenwert der letzteren ausbezahlten «Dollars» werden zweckmäßig als zusätzlich zu den früher ausgegebenen Einkommendollars angenommen. Die Anpassungen, die dadurch in verschiedenen Richtungen sich aufdrängen, brauchen uns hier nicht aufzuhalten.

Diese Gedankenreihe über die Investition macht es indessen nur noch klarer, daß das Schema, das sich scheinbar am besten für unsern Zweck eignete, weder der einzig mögliche Grundplan einer sozialistischen Wirtschaft, noch mit Notwendigkeit derjenige ist, der sich für eine sozialistische Gesellschaft empfehlen würde. Der Sozialismus braucht nicht egalitär zu sein; aber keine Ungleichheit der *Einkommen*, deren Ausmaß wir vernünftigerweise als für eine sozialistische Gesellschaft tragbar voraussetzen können, ist jene Investitionsrate hervorzubringen geeignet, die die kapitalistische Gesellschaft im Durchschnitt der Konjunkturphasen hervorbringt. Selbst die kapitalistischen Ungleichheiten genügen nicht dafür und müssen durch Akkumulation der Gesellschaftsunternehmungen und durch Kredit«schöpfung» der Banken verstärkt werden, – Methoden, die weder besonders automatisch noch eindeutig bestimmt sind. Wenn deshalb eine sozialistische Gesellschaft eine ähnliche oder eine noch größere Rate von Realinvestition zu erreichen wünscht, – sie muß es natürlich nicht, – dann wären andere Methoden als Sparen zu ergreifen. Akkumulation aus «Profiten», die man feste Form annehmen lassen

[7] Es sollte beachtet werden, daß das Problem nur bei *neuen* Investitionen entsteht. Für Investitionen, die laufend gebraucht werden, um einen stationären Prozeß in Gang zu halten, kann man und würde man genau gleich wie für alle anderen Kosten aufkommen. Insbesondere gäbe es keinen Zins. Bei dieser Gelegenheit möchte ich bemerken, daß die Haltung der Sozialisten gegenüber dem Phänomen des Zinses nicht einheitlich ist. Saint-Simon hat ihn beinahe als Selbstverständlichkeit zugelassen. Marx hat ihn aus der sozialistischen Gesellschaft ausgeschlossen. Einige moderne Sozialisten lassen ihn wieder zu. In Rußland wird er in der Praxis zugelassen.

könnte, statt daß sie nur potentiell bleiben, oder, wie oben angedeutet, etwas Analoges zur Kreditschöpfung wäre durchaus ausführbar. Es wäre jedoch weit natürlicher, die Sache dem Zentralamt und dem Kongreß oder Parlament zu überlassen, die sie untereinander als Teil des Sozialbudgets entscheiden könnten; während die Abstimmung über den «automatischen» Teil der Wirtschaftsoperationen der Gesellschaft rein formalen oder vielleicht aufsichtsmäßigen Charakter hätte, würde die Abstimmung über den Posten Investitionen – wenigstens über ihre Höhe – eine wirkliche Entscheidung beinhalten und einer Abstimmung über Rüstungskredite usw. gleichstehen. Die Koordination dieser Entscheidung mit den «automatischen» Entscheidungen über die Mengen und Qualitäten individueller Konsumgüter würde keine unüberwindlichen Schwierigkeiten bieten. Aber wenn wir diese Lösung akzeptierten, würden wir in einem sehr wichtigen Punkt vom Grundprinzip unseres Schemas abweichen.

Andere Züge unseres Grundplanes können sogar innerhalb seines allgemeinen Rahmens geändert werden. Zum Beispiel habe ich die Entscheidung, wie viel Arbeit die Genossen leisten – mit einer bedingten Ausnahme in bezug auf Überzeitarbeit – nicht den einzelnen Genossen überlassen, obschon sie als Stimmberechtigte und auch auf andere Weise auf diese Entscheidung ebenso viel Einfluß haben können, als sie auf die Verteilung der Einkommen usw. ausüben. Ich habe ihnen auch nicht mehr Freiheit bei der Wahl der Beschäftigung gestattet, als das Zentralamt, innerhalb der Erfordernisse seines allgemeinen Plans, ihnen voraussichtlich gewähren kann und will. Man mag sich diese Ordnung in Analogie zur militärischen Dienstpflicht vorstellen. Ein solcher Plan kommt dem Schlagwort: «Jedem gemäß seinem Bedürfnis, Jeder nach seiner Leistungsfähigkeit» recht nahe – oder könnte jedenfalls mit nur geringfügigen Veränderungen damit in Übereinstimmung gebracht werden. Stattdessen können wir aber auch den einzelnen Genossen die Entscheidung überlassen, wie viel und was für eine Art von Arbeit sie leisten wollen. Eine rationale Aufteilung der Arbeitskräfte müßte dann durch ein Antriebssystem versucht werden, – wieder müßten Prämien geboten werden, in diesem

Falle nicht nur für Überzeitarbeit, sondern für alle Arbeit, um überall ein der Struktur der Konsumentennachfrage und dem Investitionsprogramm angepaßtes «Angebot» an Arbeit aller Arten und Grade sicherzustellen. Diese Prämien müßten in einem deutlichen Verhältnis zu den Vorzügen oder Unannehmlichkeiten jedes Arbeitsplatzes und zu den für seine Ausfüllung erforderlichen Fertigkeiten und Kenntnissen stehen, folglich auch zur Lohnskala der kapitalistischen Gesellschaft. Obschon die Analogie zwischen letzterer und einem derartigen sozialistischen Prämiensystem nicht zu weit getrieben werden sollte, könnten wir doch von einem «Arbeitsmarkt» sprechen. Die Einfügung dieses Stücks Mechanismus würde für unseren Grundplan natürlich einen recht großen Unterschied ausmachen, würde aber die Determiniertheit des sozialistischen Systems nicht berühren. Seine formale Rationalität würde de facto sogar noch deutlicher hervortreten.

5. Dies täte auch jene Familienähnlichkeit zwischen kommerzieller und sozialistischer Wirtschaft, die der Leser dauernd bemerkt haben muß. Da diese Ähnlichkeit anscheinend den Nicht-Sozialisten und einigen Sozialisten Vergnügen und anderen Sozialisten Verdruß bereitet hat, ist es vielleicht gut, noch einmal klar festzustellen, worin sie besteht und worauf sie zurückzuführen ist. Wir werden dann sehen, daß weder für Vergnügen noch für Verdruß viel Grund vorliegt. Beim Versuch, ein rationales Schema einer sozialistischen Wirtschaft zu konstruieren, haben wir Mechanismen und Begriffe verwendet, die herkömmlicherweise mit Ausdrücken bezeichnet werden, die uns aus unserer Erörterung der Prozesse und Probleme der kapitalistischen Wirtschaft vertraut sind. Wir haben einen Mechanismus beschrieben, der sofort verstanden wird, sobald wir die Worte «Markt», «Kauf und Verkauf», «Konkurrenz» usw. aussprechen. Wir haben scheinbar Ausdrücke gebraucht (oder jedenfalls ihren Gebrauch kaum vermieden), die nach Kapitalismus schmecken, wie «Preise», «Kosten», «Einkommen» und sogar «Profite», während «Renten», «Zinsen», «Löhne» und andere, unter ihnen auch «Geld», sozusagen an unserm Weg herumlungerten.

Betrachten wir den Fall, der den meisten Sozialisten sicher

als einer der schlimmsten erschien, den Fall der «Rente», worunter wir Erträge der produktiven Verwendung natürlicher Kräfte, sagen wir des «Bodens» verstehen. Unser Schema kann offenbar nicht implizieren, daß irgendwelchen Grundeigentümern eine «Grundrente» bezahlt würde. Was besagt es aber dann? Einfach dies, daß jede Art von Boden, die nicht über alle Erfordernisse der absehbaren Zukunft hinaus reichlich vorhanden ist, wirtschaftlich verwendet oder rational zugeteilt werden muß, – genau wie Arbeit oder irgend eine andere Art von produktiven Hilfsmitteln–, und daß sie zu diesem Zweck einen Index der wirtschaftlichen Bedeutung erhalten muß, mit dem jede sich bietende neue Verwendungsmöglichkeit verglichen werden muß und vermittels dessen der Boden in den sozialen Buchführungsprozeß eingeht. Würde dies nicht getan, dann würde sich das Gemeinwesen irrational verhalten. Wird es jedoch getan, so bedeutet dies keine Konzession an den Kapitalismus oder den kapitalistischen Geist. Alles was an der Grundrente kommerziell oder kapitalistisch ist – sowohl in ihren wirtschaftlichen wie in ihren soziologischen Assoziationen – und alles, was dem Verteidiger des Privateigentums irgendwie sympathisch sein könnte (privates Einkommen, der Grundherr usw.), ist vollständig ausgeschaltet.

Die «Einkommen», mit denen wir die Genossen zu Beginn bedachten, sind keine Löhne. Bei einer Analyse würde man sehen, daß sie Komposita ungleichartiger wirtschaftlicher Elemente sind, von denen nur eines mit der Grenzproduktivität der Arbeit verkettet werden könnte. Die später von uns eingeführten Prämien haben mehr mit den Löhnen der kapitalistischen Gesellschaft zu tun. Aber das Gegenstück der letzteren existiert in Wirklichkeit nirgends außer in den Büchern des Zentralamtes und besteht wiederum bloß aus einem Index der Bedeutung, die zum Zweck der rationalen Zuteilung mit jeder Art und jedem Grad der Arbeit verknüpft ist, einem Index, aus dem ein ganzes Bündel von Bedeutungen verschwunden ist, die der kapitalistischen Welt angehören. Nebenbei können wir noch einflechten: da wir die Einheiten, in die wir die – die Ansprüche der Genossen auf Konsumgüter darstellenden – Gutscheine aufteilten, nach unserm Belieben benennen können, so können wir sie auch Arbeitsstunden nennen. Und da die Gesamtsumme dieser Einheiten – innerhalb der durch die Konvenienz gezogenen Grenzen – nicht weniger willkürlich ist, könnten wir sie den tatsächlichen Arbeitsstunden gleichsetzen und dabei alle Arbeitsarten und -grade in Ricardo-Marxscher Weise einer Standardqualität adjustieren. Endlich kann unser Gemeinwesen – so gut wie irgend ein anderes Prinzip – das Prinzip annehmen, daß die «Einkommen» den von jedem Genossen beigesteuerten Standard-Arbeitsstunden proportional sein sollten. Dann hätten wir ein System von Arbeits-Noten. Und das Interessante dabei ist, daß abgesehen von technischen Schwierigkeiten, die uns hier nichts angehen, ein solches System sich als durchaus funktionsfähig erweisen würde. Es ist indessen leicht zu sehen, daß selbst dann diese «Einkommen» keine «Löhne» wären. Es ist ebenso klar, daß die Funktionsfähigkeit einer solchen Ordnung nicht das geringste für die Arbeitswerttheorie beweist.

Es ist kaum nötig, die gleiche Operation auch für Gewinne, Zinsen, Preise und Kosten durchzuführen. Die Ursache jener Familienähnlichkeit ist unterdessen auch ohnehin deutlich sichtbar geworden: unser Sozialismus borgt nichts vom Kapitalismus, aber der Kapitalismus borgt vieles von der durchaus allgemeinen Logik der Wahl. Jedes rationale Verhalten muß natürlich gewisse formale Ähnlichkeiten mit jedem andern rationalen Verhalten aufweisen, und so geschieht es, daß in der Sphäre des wirtschaftlichen Verhaltens der formende Einfluß der bloßen Rationalität ziemlich weit reicht, wenigstens in Hinsicht auf dessen reine Theorie. Die Begriffe, die die Verhaltungsformen ausdrücken, sind hingegen mit all den besonderen Bedeutungen einer historischen Epoche vollgesogen und haben die Tendenz, im Denken des Laien die so erworbene Färbung zu behalten. Hätten wir die historische Bekanntschaft mit ökonomischen Phänomenen in einer sozialistischen Welt gemacht, hätte es nun den Anschein, daß wir sozialistische Begriffe borgen, wenn wir einen kapitalistischen Prozeß analysieren.

Bis hierher enthält die Entdeckung, daß der Sozialismus letzten Endes nur kapitalistische Mechanismen und Kategorien verwenden könnte, nichts, wozu sich kapitalistisch gesinnte Ökonomen beglückwünschen könnten. Für Sozialisten dürfte ebenso wenig Grund zu Einwendungen vorliegen. Denn nur die naivsten Seelen können über die Tatsache enttäuscht sein, daß das sozialistische Wunder keine eigene Logik entwickelt, und nur die unreifsten und törichtesten Varianten des sozialistischen Bekenntnisses können durch eine in dieser Richtung gehende Beweisführung gefährdet werden, – nur jene Varianten, nach welchen der kapitalistische Prozeß nichts anderes ist als ein wildes Durcheinander ohne jegliche Logik oder Ordnung. Vernünftige Menschen beider Überzeugungen können sich über eine solche Ähnlichkeit, wie sie vorhanden ist, durchaus einig werden und dabei genau so weit voneinander entfernt bleiben wie bisher. Doch ein Einwand wegen der Terminologie kann immerhin erhoben werden: man kann argumentieren, daß es nicht angemessen ist, Ausdrücke zu verwenden, die belastet sind mit einer logisch zufälligen, doch wichtigen Bedeutung, die auszuscheiden nicht von jedermann erwartet werden kann. Zudem dürfen wir nicht vergessen, daß man zwar das Ergebnis, zu dem wir gelangten, akzeptieren und die essentielle Gleichheit der wirtschaftlichen Logik der sozialistischen und der kommerziellen Produktion anerkennen und doch sich gegen das besondere Schema oder Modell wenden kann, mittels dessen wir zu ihm gelangt sind (siehe weiter unten).

Dies ist jedoch nicht alles. Einige sozialistische ebenso wie einige nicht-sozialistische Ökonomen waren nicht nur bereit, sondern sogar darauf erpicht, eine besonders starke Familienähnlichkeit zwischen einer sozialistischen Wirtschaft des betrachteten Typus und einer kommerziellen Wirtschaft vom vollkommenen Konkurrenztypus anzuerkennen. Wir können fast von einer Richtung des sozialistischen Denkens sprechen, die dahin tendiert, die vollkommene Konkurrenz zu verherrlichen und den Sozialismus zu befürworten mit der Begründung, daß er die einzige Methode darstellt, durch welche die Ergebnisse der vollkommenen Konkurrenz in der modernen Welt erreicht werden können. Die taktischen Vorteile, die sich gewinnen lassen, wenn man sich auf diesen Standpunkt stellt, sind allerdings augenfällig genug, um diese auf den ersten Blick scheinbar erstaunliche Großzügigkeit des Denkens zu erklären. Ein fähiger Sozialist, der so klar wie irgend ein anderer Ökonom alle Schwächen der Marxschen und der populären Argumente sieht, kann auf diese Weise all das zugeben, was seinem Gefühl nach zugegeben werden muß, ohne daß er dadurch seine Überzeugungen kompromittiert, weil sich die Zugeständnisse auf ein historisches Stadium beziehen, das (soweit es je existierte) sicher tot und begraben ist; dadurch daß er sein verdammendes Urteil klugerweise auf den Nicht-Konkurrenzfall begrenzt, wird er instand gesetzt, gewissen Anklagen (wie zum Beispiel, daß im modernen Kapitalismus für den Profit und nicht für den Konsum produziert wird) eine beschränkte Unterstützung zu leihen, was sonst einfach töricht wäre; und er kann die guten Bürger verblüffen und verwirren, indem er ihnen erzählt, daß der Sozialismus einzig das tun werde, was sie schon immer eigentlich wünschten und was ihre eigenen ökonomischen Ulemas sie stets lehrten. Doch die analytischen Vorteile der Betonung dieser Familienähnlichkeit sind nicht ebenso groß[8].

Wie wir bereits gesehen haben, dreht es sich bei jenem blutlosen Begriff der vollkommenen Konkurrenz, den die Wirtschaftstheorie für ihre Zwecke gebildet hat, um die Frage, ob die einzelnen Unternehmungen durch ihre Sonderaktion die Preise ihrer Produkte und ihrer Kostenfaktoren beeinflussen können oder nicht. Wenn sie es nicht können – das heißt, wenn jede Unternehmung bloß ein Tropfen im Meer ist und daher die auf dem Markt herrschenden Preise zu akzeptieren hat –, dann spricht der Theoretiker von vollkommener Konkurrenz. Es kann nun gezeigt werden, daß in diesem Fall die Massenwirkung der passiven Reaktion aller einzelnen Firmen zu Marktpreisen und Produktionsmengen führen wird, deren formale Eigenschaften denen der Indices der wirtschaftlichen Bedeutung und der Produktionsmengen in unserm Grundplan einer sozialistischen Wirtschaft ähnlich sind. In allem jedoch, worauf es wirklich ankommt – in den Grundsätzen, die die Bildung der Einkommen bestimmen, in der Auswahl der industriellen Führer, in der Aufteilung von Initiative und Verantwortung, in der Definition des Erfolgs und des Mißerfolgs –, in allem, was die Physiognomie des Konkurrenzkapitalismus

[8] Siehe Kapitel 8.

ausmacht, ist der sozialistische Grundplan das gerade Gegenteil der vollkommenen Konkurrenz und ist er viel weiter von ihr entfernt als vom Großunternehmungstyp des Kapitalismus.

Obschon ich deshalb nicht glaube, daß unser Grundplan abgelehnt werden kann mit der Begründung, daß er vom Kommerzialismus entliehen ist oder daß er sozialistisches Öl zur Salbung dieses unheiligen Dings vergeude, empfinde ich doch starke Sympathie für jene Sozialisten, die sich aus andern Gründen gegen ihn wenden. Ich habe zwar selbst darauf hingewiesen, daß die Methode, einen «Markt» von Konsumgütern zu konstruieren und die Produktion gemäß den aus ihm gewonnenen Angaben zu leiten, näher als irgend eine andere Methode (zum Beispiel die Methode der Entscheidung durch Mehrheitsbeschluß) an das Ziel herankommt, jedem Genossen das zu geben, was er begehrt, – es gibt keine demokratischere Institution als einen Markt –, und daß sie in diesem Sinne zu einem «Maximum der Befriedigung» führen wird. Aber dieses Maximum ist nur kurzfristig[9] und ist überdies relativ zu den tatsächlichen Wünschen der Genossen, wie sie im Augenblick empfunden werden. Nur hundertprozentiger Beefsteak-Sozialismus kann sich jedoch mit einem solchen Ziel zufrieden geben. Ich kann keinen Sozialisten tadeln, der es verachtet und von neuen kulturellen Formen für den menschlichen Lehm, vielleicht überhaupt von einem ganz neuen Lehm träumt; gibt es eine wirkliche Verheißung des Sozialismus, so liegt sie in dieser Richtung. Sozialisten, die so denken, können ihr Gemeinwesen in Dingen, die nur einen hedonistischen Aspekt aufweisen, ruhig durch die jeweiligen Geschmacksrichtungen der Genossen leiten lassen. Aber sie werden einen «Gosplan», nicht nur wie wir es bedingungsweise taten, für ihre Investitionspolitik wählen, sondern für alle Zwecke, die andere Aspekte aufweisen. Sie können ruhig die Genossen nach Belieben zwischen Erbsen und Bohnen wählen lassen. In bezug auf Milch und Whisky und auf Drogen und Verbesserungen des Wohnungswesens mögen

[9] Es *ist* immerhin ein beweisbares Maximum und bestätigt als solches die wirtschaftliche Rationalität dieses Typs des Sozialismus, gerade so wie das Konkurrenzmaximum die Rationalität der Konkurrenzwirtschaft bestätigt. Viel bedeutet das weder im einen noch im andern Fall.

sie wohl zögern. Und sie werden den Genossen die Wahl nicht freigeben zwischen Müßiggang und Tempelbau, – wenn die Tempel für das stehen dürfen, was man im Deutschen unelegant, aber treffend «objektive Kultur» (Kulturmanifestationen) nennt.

6. Wir müssen deshalb fragen, ob wenn wir unsere «Märkte» über Bord werfen, nicht auch die Rationalität und die Determiniertheit über Bord gehen. Die Antwort ist naheliegend. Es müßte eine Behörde geben, die die Wertungen vornimmt, das heißt die für alle Konsumgüter die Bedeutungsindices bestimmt. Bei einem gegebenen Wertsystem könnte diese Behörde dies in einer völlig determinierten Weise tun, genau so wie es ein Robinson Crusoe kann[10]. Und der Rest des Planungsprozesses könnte dann seinen Verlauf im wesentlichen wie in unserem ursprünglichen Grundplan nehmen. Die Gutscheine, die Preise und die abstrakten Einheiten würden immer noch den Zwecken der Kontrolle und Kostenberechnung dienen, obschon sie ihre Affinität zum disponiblen Einkommen und *seinen* Einheiten verlören. Alle Begriffe, die sich aus der allgemeinen Logik des wirtschaftlichen Handelns herleiten lassen, würden wieder auftauchen.

Jede Art von zentralistischem Sozialismus kann daher mit Erfolg über die erste Hürde – logische Bestimmtheit und innere Widerspruchslosigkeit der sozialistischen Planung – setzen, so daß wir gut daran tun, sogleich auch die zweite zu nehmen. Sie besteht aus der «praktischen Unmöglichkeit», auf die sich nun anscheinend die meisten anti-sozialistischen Ökonomen gern zurückziehen möchten, nachdem sie auf rein logischem Gebiet eine Niederlage erlitten haben. Sie behaupten, daß sich unser Zentralamt einer Aufgabe von nicht zu bewältigender Kompliziertheit gegenübersähe[11], und einige von ihnen fügen noch hinzu: die sozialistische Ordnung setze, um funktionieren

[10] Darum hat vielleicht auch Marx so großes Interesse für die Theorie der Crusoe-Wirtschaft gezeigt.

[11] Dies ist die Haltung, die von den meisten Autoren nicht-sozialistischer Überzeugung, die die logische Beglaubigung des Sozialismus akzeptieren, eingenommen wird. Als Hauptautoritäten für diese Ansicht seien die Professoren Robbins und v. Hayek genannt.

zu können, eine allgemeine Wandlung der Seelen oder des Verhaltens – wie wir es lieber nennen wollen – voraus, was nach historischer Erfahrung und gesundem Menschenverstand völlig außer Frage stehe. Wir schieben eine Betrachtung dieses letzten Punktes noch auf und erledigen vorerst mit Leichtigkeit den ersten.

Zunächst: ein Blick auf unsere Lösung des theoretischen Problems wird dem Leser bestätigen, daß es eminent funktionsfähig ist; das soll heißen, daß es nicht nur eine logische Möglichkeit aufstellt, sondern dabei gleichzeitig die Schritte zeigt, durch welche diese Möglichkeit in der Praxis verwirklicht werden kann. Dies gilt auch dann, wenn wir, um das Problem richtig zu erfassen, die Forderung stellen, daß der Produktionsplan *ab ovo* aufzubauen ist, das heißt ohne jegliche vorhergehende Erfahrung in bezug auf Mengen und Werte und mit keiner andern Ausgangsbasis als einem Überblick über die verfügbaren Hilfsmittel und die verfügbare Technik und einem allgemeinen Wissen um die Wesensart der Genossen. Überdies muß man sich bewußt bleiben, daß eine sozialistische Wirtschaft unter modernen Verhältnissen das Vorhandensein einer ungeheuren Bürokratie oder zumindest soziale Voraussetzungen erfordert, die ihrem Entstehen und ihrem Funktionieren günstig sind. Dieses Erfordernis bildet einen der Gründe, warum die wirtschaftlichen Probleme des Sozialismus nie ohne Berücksichtigung des gegebenen Zustandes der sozialen Umgebung oder der historischen Situation diskutiert werden sollten. Ein derartiger Verwaltungsapparat mag alle die herabsetzenden Kommentare, die viele von uns über die Bürokratie gewöhnlich abgeben, verdienen oder nicht verdienen, – wir werden selbst die Bürokratie bald noch kommentieren –, aber im Augenblick befassen wir uns nicht mit der Frage, eine wie gute oder schlechte Erfüllung ihrer Aufgabe von ihr erwartet werden darf; wichtig ist einzig, daß, wenn sie überhaupt existiert, dann kein Grund zur Annahme vorliegt, sie werde unter ihrer Aufgabe zusammenbrechen.

In jeder normalen Situation würde sie über genügende Informationen verfügen, um imstand zu sein, schon auf den ersten Anhieb hin ziemlich nahe an die richtigen Produktionsmengen in den wichtigeren Produktionsrichtungen heranzukommen, und der Rest wäre eine Sache von Anpassungen durch sachverständige Versuche und Irrtümer. Soweit besteht in dieser Hinsicht kein grundsätzlicher Unterschied[12] zwischen einer sozialistischen und einer kommerziellen Wirtschaft, weder in bezug auf die Probleme, auf die der Theoretiker stößt, wenn er zeigen will, wie ein wirtschaftliches System zu einem Stadium gelangt, das im Sinn der Erfüllung gewisser Maximumsbedingungen «rational» oder «optimal» sein könnte, noch in bezug auf die Probleme, auf die die Unternehmungsleiter in der wirklichen Praxis stoßen müssen. Wenn wir einen Start von früherer Erfahrung aus zulassen, wie es die meisten Sozialisten tun und namentlich Karl Kautsky es immer getan hat, vereinfacht sich natürlich die Aufgabe sehr, namentlich wenn es sich um eine Erfahrung vom Großunternehmungstyp handelt.

Sodann aber folgt aus einer weiteren Prüfung unseres Grundplans noch etwas anderes: eine Lösung der Probleme, denen sich die sozialistische Leitung gegenübergestellt sieht, wäre nicht nur ebenso wohl möglich, wie es die praktische Lösung der Probleme ist, denen sich die kommerziellen Leiter gegenübergestellt sehen – sie wäre noch leichter. Davon können wir uns leicht durch die Beobachtung überzeugen, daß eine der wichtigsten Schwierigkeiten jeder Geschäftsführung – die Schwierigkeit, die die meiste Energie eines erfolgreichen Geschäftsmanns absorbiert – in den Unsicherheiten besteht, die jede Entscheidung umgeben. Eine ihrer wichtigsten Kategorien besteht wiederum in der Unsicherheit über die Reaktion der tatsächlichen und potentiellen Konkurrenten und darüber, wie sich die allgemeinen Wirtschaftsverhältnisse gestalten werden. Obschon ohne Zweifel andere Unsicherheitskategorien in einem sozialistischen Gemeinwesen fortdauern würden, ist mit guten Gründen zu erwarten, daß diese zwei bei-

[12] Einige Autoren sind anscheinend der Meinung, daß der Prozeß, durch den das Gleichgewicht erreicht wird, der *gleiche* wäre wie im Zustand der vollkommenen Konkurrenz. Dies ist jedoch nicht so. Eine schrittweise Anpassung als Reaktion nur auf Preisveränderungen könnte leicht das Ziel überhaupt verfehlen. Aus diesem Grunde habe ich im Text von «sachverständigen» Versuchen und Irrtümern gesprochen.

nahe vollständig verschwinden werden. Die Leitungen sozialisierter Industrien und Werke wären in der Lage, genau zu wissen, was die andern vorhaben, und nichts würde sie daran hindern, sich zu gemeinsamem Vorgehen zusammenzuschließen[13]. Das Zentralamt könnte als Informations-Vermittlungs-Stelle amten und die Entscheidungen aufeinander abstimmen und würde dies bis zu einem gewissen Grad unvermeidlich tun – zum mindesten ebenso weitgehend wie ein allumfassendes Kartellbureau. Dies würde die Arbeit, die in den Werkstätten der leitenden Köpfe zu tun ist, enorm verringern, und es wäre viel weniger Intelligenz zur Leitung eines solchen Systems nötig, als es braucht, um einen Konzern von einiger Bedeutung durch die Wellen und -brecher der kapitalistischen See zu steuern. Dies genügt zur Bestätigung unserer Behauptung.

[13] Soweit dies in kapitalistischen Wirtschaften geschieht, ist es ein überaus wichtiger Schritt zum Sozialismus hin. De facto vermindert es zusehends die Übergangsschwierigkeiten und ist an sich ein Symptom des nahenden Übergangsstadiums. Diese Tendenz bedingungslos zu bekämpfen bedeutet so viel wie den Sozialismus bekämpfen.

SIEBZEHNTES KAPITEL

EIN VERGLEICH DER GRUNDPLÄNE

I. Eine Vorbemerkung

Der Leser, der mir bis hierher gefolgt ist, erwartet nun naturgemäß von mir, daß ich zu einer vergleichenden Würdigung des sozialistischen Planes schreite. Vielleicht wäre es klug, diese Erwartung zu enttäuschen. Denn jedermann, dem nicht jegliches Verantwortungsgefühl abgeht, muß einsehen, daß ein Vergleich zwischen einem System, in dem wir gelebt haben, und einem System, das bis jetzt nur ein Denkbild ist, – kein Sozialist wird die russische Erfahrung als vollgültige Verwirklichung gelten lassen –, etwas äußerst Gewagtes ist. Wir wollen jedoch dieses Risiko auf uns nehmen und uns dabei stets bewußt bleiben, daß jenseits des Reiches der Tatsachen und Argumente, das wir durchwandern werden, das Reich individueller Neigungen, Überzeugungen, Wertungen liegt, das wir nicht betreten können. Und wir werden unsere Erfolgsaussichten dadurch verbessern, daß wir unser Ziel eng begrenzen und Schwierigkeiten und Fallen offen anerkennen.

Insbesondere werden wir die kulturellen Welten der kommerziellen und der sozialistischen Gesellschaft nicht miteinander vergleichen. Was ich die kulturelle Indeterminiertheit des Sozialismus genannt habe, genügt an sich schon, um jeden Versuch zu verwehren. Wir haben aber auch noch einen andern Grund, davon abzusehen. Selbst wenn die sozialistische Zivilisation ein genau bestimmtes System bedeutete, wäre trotzdem eine vergleichende Würdigung eine zweifelhafte Sache. Es gibt Idealisten und Monomanen, die hierin keine Schwierigkeit sehen und fröhlich als Vergleichsmaßstab irgend einen Charakterzug wählen, den sie höher als alles andere schätzen und von dem sie erwarten, daß ihr Sozialismus ihn aufweisen wird. Aber wenn wir beschlössen, unsere Sache besser zu machen und, so weit unsere Vision reicht, alle Facetten einer Zivilisation in dem Licht zu sehen, das mit ihr geboren wird und mit ihr stirbt, dann sollten wir sofort entdecken, daß jede Zivilisation eine Welt für sich und mit jeder andern inkommensurabel ist.

Es gibt jedoch einen Punkt, der auf den Vergleich tatsächlicher und möglicher kultureller Leistung Bezug hat und trotzdem in den Bereich unseres Analyse-Typus fällt. Es wird oft behauptet, daß der sozialistische Plan dadurch, daß er dem Einzelnen die wirtschaftlichen Sorgen abnimmt, unabsehbare kulturelle Energien freisetzen wird, die heute im Kampf ums tägliche Brot vergeudet werden. Bis zu einem gewissen Grad ist dies wahr, – jede «geplante» Gesellschaft tut dies vielleicht, ebenso wie sie, aus anderen Gründen und in anderen Beziehungen, kulturelle Möglichkeiten vielleicht auch erstickt. Es kann eingewendet werden, daß öffentliche Behörden, so wie wir sie kennen, kaum der Verantwortung gewachsen wären, Talente zu entdecken und sie bis zum Stadium der vollen Reife zu fördern, und daß kein vernünftiger Grund zur Annahme vorliegt, daß sie Van Gogh irgend rascher anerkannt hätten, als es die kapitalistische Gesellschaft tat. Aber dieser Einwand geht am Wesentlichen vorbei. Denn öffentliche Behörden brauchen nicht so weit zu gehen. Was nötig ist, ist einzig und allein, daß Van Gogh sein «Einkommen» erhält wie alle andern, und daß er nicht zu hart arbeiten muß; dies würde in jedem normalen Falle genügen, um die nötige Gelegenheit zur Bewährung einer schöpferischen Begabung zu geben, – obschon, wenn ich es mir recht überlege, ich nicht mehr sicher bin, ob es im Fall Van Gogh genügt hätte.

Einem anderen Einwand kommt indessen mehr Gewicht zu. In dieser wie in andern Fragen übersieht der Verteidiger des Sozialismus gern – oft ist er leidenschaftlich entschlossen, es nicht zuzugeben –, in welchem Grad einzelne seiner Ideale in der modernen Welt bereits erfüllt sind. Der Kapitalismus bietet in viel größerem Ausmaß, als die meisten von uns glauben, den Talenten eine Leiter zum Aufstieg. Es liegt ein wahrer Kern in dem brutalen Schlagwort des typischen Bourgeois, das viele würdige Männer so irritierend finden: daß, wer auf diesen Leitern nicht aufzusteigen vermag, nicht wert ist, daß man sich aufregt. Es kann sein, daß diese Leitern nicht jedem von uns gewählten Standard entsprechen; aber man darf nicht ihre Existenz leugnen. Nicht nur bietet der moderne Kapitalismus systematisch die Mittel, um beinahe jede Art von Begabung auf den ersten Stufen ihrer Entwicklung zu schützen und zu fördern, – so sehr sogar, daß auf gewissen Gebieten die Schwierigkeit nicht darin besteht, die Mittel für die Talente zu finden, sondern vielmehr darin, jemand zu finden, der irgendwie beanspruchen kann, für die gebotenen Mittel ein Talent genannt zu werden; vielmehr hat er durch sein eigenstes Strukturgesetz die Tendenz, das begabte Individuum und noch viel stärker die begabte Familie nach oben zu senden. Obschon soziale Verluste[1] namentlich in der Kategorie der halbpathologischen Genies vorkommen mögen, ist es daher nicht wahrscheinlich, daß sie sehr groß sind.

II. Eine Erörterung der komparativen Leistungsfähigkeit

Wir wollen indessen innerhalb der ökonomischen Sphäre bleiben, obschon ich hoffentlich völlig klar gemacht habe, daß ich ihr nicht mehr als sekundäre Bedeutung beimesse.

1. Bei unserem ersten Schritt, der sich immer noch nur mit den Grundplänen befaßt, sind die Grenzen unseres Gesichtswinkels am deutlichsten und folglich die Fallen am ungefährlichsten. Wir schieben wiederum die Diskussion der Übergangsschwierigkeiten auf, um sie gesondert zu behandeln, nehmen vorläufig an, daß sie mit Erfolg gemeistert wurden, und brauchen nun nur einen Blick auf die Implikationen zu werfen, die sich aus unserem Beweis der Möglichkeit und Durchführbarkeit des sozialistischen Schemas ergeben, um uns klar zu werden, daß der Glaube an seine überlegene wirtschaftliche Leistungsfähigkeit sehr viel für sich anzuführen hat.

---

[1] Viele Beispiele übertreiben durch voreilige Schlüsse, selbst wenn sie sich bei näherer Untersuchung nicht, wie es oft geschicht, in nichts auflösen. Überdies treten einige dieser Verluste unabhängig von der besonderen Gesellschaftsorganisation auf; nicht jeder derartige Verlust in der kapitalistischen Ordnung ist auch ein Verlust durch die kapitalistische Ordnung.

Diese Überlegenheit braucht nur in bezug auf den Großunternehmungs- oder «monopolistischen» Kapitalismus bewiesen zu werden, weil daraus die Überlegenheit über den «Konkurrenz»-Kapitalismus *a fortiori* folgt. Dies geht aus unserer Analyse im achten Kapitel eindeutig hervor. Viele Ökonomen haben auf Grund der Tatsache, daß unter völlig wirklichkeitsfremden Bedingungen allerhand schmeichelhafte Behauptungen über den Konkurrenzkapitalismus aufgestellt werden können, die Gewohnheit angenommen, ihn auf Kosten seines «monopolistischen» Nachfolgers zu preisen. Ich möchte daher wiederholen, daß selbst wenn diese Lobreden völlig berechtigt wären – was sie nicht sind – und selbst wenn die vollkommene Konkurrenz des Theoretikers auf dem Gebiet der Industrie und des Verkehrs je verwirklicht gewesen wäre – was sie nie war –, wenn endlich alle je gegen die Großunternehmung gerichteten Anklagen völlig berechtigt wären – was bei weitem nicht der Fall ist –, daß selbst dann die Tatsache immer noch bestehen bliebe, daß die tatsächliche Leistungsfähigkeit der kapitalistischen Produktionsmaschine in der Ära der Riesenunternehmungen viel größer gewesen ist als in der vorangegangenen Ära der kleinen oder mittleren Unternehmungen. Dies ist eine Sache der statistischen Messung. Erinnern wir uns nun aber an die theoretische Erklärung dieser Tatsache, so wird uns des weiteren klar, daß die zunehmende Größe der Kontrolleinheiten und die gesamte Geschäftsstrategie, die sich parallel entwickelte, nicht nur unvermeidliche Zwischenfälle, sondern in beträchtlichem Ausmaß auch die Vorbedingungen der in jener Statistik widergespiegelten Leistung waren; mit anderen Worten: daß Unternehmungen jenes Typs, der mit annähernd vollkommener Konkurrenz vereinbar ist, bei den ihnen zur Verfügung stehenden technischen und organisatorischen Möglichkeiten niemals ähnliche Resultate hätten hervorbringen können. Wie der moderne Kapitalismus bei vollkommener Konkurrenz funktionieren würde, ist folglich eine sinnlose Frage. Ganz abgesehen von der Tatsache, daß der Sozialismus das Erbe eines «monopolistischen» und nicht eines Konkurrenzkapitalismus antreten wird, brauchen wir uns daher nur beiläufig um den Konkurrenzfall zu kümmern.

Die wirtschaftliche Leistungsfähigkeit eines Systems wollen wir auf die produktive Leistungsfähigkeit reduzieren. Selbst diese ist keineswegs leicht zu definieren. Die zwei zu vergleichenden Alternativen müssen natürlich[2] auf den gleichen Zeitpunkt bezogen werden – in Vergangenheit, Gegenwart oder Zukunft. Aber das genügt noch nicht. Denn die relevante Frage ist nicht: was von einem bestimmten Zeitpunkt aus gesehen die sozialistische Leitung mit dem zu diesem Zeitpunkt vorhandenen kapitalistischen Apparat tun könnte – dies ist für uns nicht viel interessanter als, was eine sozialistische Leitung mit einem gegebenen Vorrat von Konsumgütern tun könnte –, sondern: was für ein Produktionsapparat vorhanden wäre oder vorhanden gewesen wäre, wenn eine sozialistische anstatt der kapitalistischen Leitung über seinen Aufbau den Vorsitz geführt hätte. Die Masse an Information über unsere tatsächlichen und potentiellen Produktivkräfte, die während der letzten zwanzig Jahre angesammelt worden ist, mag zwar für andere Zwecke sehr wertvoll sein, bietet uns aber nur wenig Hilfe im Kampfe mit unserer Schwierigkeit. Wir können einzig solche Unterschiede zwischen den Mechanismen der wirtschaftlichen Maschinen einer sozialistischen und einer kommerziellen Gesellschaft, die wir trotz allem erkennen, notieren und ihre Bedeutung nach bestem Wissen und Gewissen einschätzen.

Wir setzen voraus, daß Zahl, Qualität, Geschmacksrichtung und Altersaufbau der Bevölkerung zur Zeit des Vergleichs in beiden Fällen gleich ist. Wir werden dann jenes System verhältnismäßig leistungsfähiger nennen, bei dem wir Grund zur Erwartung sehen, daß es *auf lange Sicht* den größeren Strom von Konsumgütern in der gleichen Zeiteinheit hervorbringen wird[3].

---

[2] Diese Regel sollte selbstverständlich sein; es wird aber häufig dagegen verstoßen. Zum Beispiel wird die wirtschaftliche Leistung Sowjetrußlands in der Gegenwart häufig mit der des zaristischen Regimes zu Beginn des ersten Weltkrieges verglichen. Das Vierteljahrhundert jedoch, das seither verstrichen ist, hat einem solchen Vergleich jede Bedeutung genommen. Der einzige Vergleich, der möglicherweise eine Bedeutung haben könnte, wäre der mit den Werten eines extrapolierten Trends, beruhend auf den Zahlen von vielleicht 1890–1914.

[3] Da die kapitalistischen und sozialistischen Realeinkommensströme

2. Diese Definition verlangt einen Kommentar. Es ist zu beachten, daß sie wirtschaftliche Leistungsfähigkeit nicht mit dem wirtschaftlichen Wohlergehen oder mit gegebenen Graden der Bedürfnisbefriedigung identifiziert. Selbst wenn *jede* denkbare sozialistische Wirtschaft mit Sicherheit weniger leistungsfähig in unserm Sinn wäre als *jede* denkbare kommerzielle Wirtschaft, könnte die Mehrheit der Bevölkerung – nur diese liegt ja dem typischen Sozialisten am Herzen – doch in der ersten «besser dran» oder «glücklicher» oder «zufriedener» sein als in der zweiten. Meine erste und vornehmliche Antwort ist, daß die verhältnismäßige Leistungsfähigkeit sogar in sol-

---

bis zu einem gewissen Grade aus verschiedenen Gütern bestehen und die beiden gemeinsamen Güter in etwas verschiedenen Proportionen enthalten werden, wirft ein Vergleich schwierige theoretische Fragen auf, – obschon es ohne weitere Hypothesen über die Veränderung in der Verteilung der verfügbaren Einkommen unmöglich ist, die Bedeutung dieser Verschiedenheit abzuschätzen. Wenn in der kapitalistischen Gesellschaft mehr Wein und weniger Brot produziert wird, als in der sozialistischen erzeugt würde, welcher der beiden Ströme ist dann größer? Bei jedem Versuch, eine derartige Frage zu beantworten, stößt man in vergrößertem Maßstab auf die gleichen Schwierigkeiten, wie wenn man Einkommensströme im gleichen sozialen Rahmen von einem Jahr zum andern vergleichen will (um z. B. einen Index der Gesamtproduktion zu konstruieren). Die folgende Definition genügt jedoch für unsern Zweck ausreichend dem *theoretischen* Problem: der eine Strom wird dann größer als der andere genannt werden – aber nur dann –, wenn er einen größeren Gesamtgeldertrag abwirft als der andere, gleichgültig welches der zwei Preissysteme bei der Wertbestimmung der beiden Ströme gebraucht wird. Wenn ein Strom bei einer Wertbestimmung beider auf Grund des kapitalistischen Preissystems eine höhere Summe abwirft und gleichzeitig eine kleinere Summe bei einer Wertbestimmung beider auf Grund des soziialstischen Preissystems, dann nennen wir sie gleich, so als ob sie tatsächlich gleiche Gesamtsummen bei beiden Preissystemen abwürfen, – was einfach heißt, daß wir glauben, daß in diesem Falle der Unterschied im allgemeinen nicht sehr bedeutend sein wird. Das *statistische* Problem wird durch diese Definition natürlich nicht gelöst, weil wir die beiden Ströme nicht zu gleicher Zeit vor uns haben können. – Der Grund, warum wir die Worte *auf lange Sicht* in den Satz des Textes eingefügt haben, sollte aus unserer Analyse im Kapitel 7 leicht ersichtlich sein.

chen Fällen eine unabhängige Bedeutung behält, und daß sie in allen Fällen eine wichtige Überlegung darstellen wird. Zweitens jedoch glaube ich nicht, daß wir durch die Verwendung eines Kriteriums, das jene Aspekte vernachlässigt, viel verlieren. Dies ist indessen sehr bestreitbar, weshalb es vielleicht gut ist, wenn wir uns etwas eingehender darüber auslassen.

Zunächst einmal werden überzeugte Sozialisten in der bloßen Tatsache, daß sie in einer sozialistischen Gesellschaft leben, Befriedigung finden[4]. Sozialistisches Brot wird ihnen wohl besser schmecken als kapitalistisches, einfach weil es sozialistisches Brot ist, – und es täte es selbst, wenn sie Mäuse darin fänden. Wenn überdies das tatsächlich eingeführte sozialistische System zufällig mit den eigenen Moralprinzipien übereinstimmt, wie zum Beispiel der egalitäre Sozialismus mit den Moralprinzipien vieler Sozialisten, wird natürlich diese Tatsache und die daraus folgende Befriedigung des eigenen Gerechtigkeitssinnes unter den Ansprüchen dieses Systems auf Überlegenheit rangieren. Für das Funktionieren des Systems ist eine derartige moralische Verpflichtung keineswegs gleichgültig; ihre Bedeutung sogar für die Leistungsfähigkeit in unserem Sinn wird später noch behandelt werden müssen. Aber darüber hinaus würden wir besser alle zusammen zugeben, daß unsere Ausdrucksweise über Gerechtigkeit usw. sich großenteils darauf reduzieren läßt, ob wir eine gewisse Gesellschaftsform lieben oder nicht.

Immerhin scheint es ein rein wirtschaftliches Argument zugunsten eines egalitären Sozialismus oder eines Sozialismus zu geben, dessen Struktur eine größere Gleichheit der Einkommen gestattet. Zumindest jene Ökonomen, die keine Gewissensbisse empfinden, wenn sie die Bedürfnisbefriedigungen als meßbare Quantitäten behandeln und Befriedigungen verschiedener Personen vergleichen und zusammenzählen, – zumindest

[4] Wir werden tatsächlich öfters aufgefordert, zugegebene Mängel des sozialistischen Plans zu übersehen um des Privilegs willen, Glieder einer sozialistischen Gesellschaft zu werden. Dieses Argument, das solchermaßen offen das eigentliche sozialistische Empfinden formuliert, ist keineswegs so unvernünftig, wie es klingen mag. Es macht eigentlich alle andern Argumente überflüssig.

sie haben das Recht zu argumentieren, daß ein gegebener Vorrat oder Strom von Konsumgütern, wenn gleichmäßig verteilt, im allgemeinen ein Maximum an Befriedigung hervorbringen wird. Ein egalitäres System, das ebenso leistungsfähig ist wie sein kommerzielles Gegenstück, wird deshalb auf einem höheren Wohlfahrtsniveau sich abwickeln. Sogar ein etwas weniger leistungsfähiges egalitäres System mag dies tun. Die meisten modernen Theoretiker werden zwar dieses Argument mit der Begründung abtun, daß Befriedigungen nicht meßbar sind, oder daß ein Vergleich und eine Addition der Befriedigungen verschiedener Menschen sinnlos ist. Wir brauchen nicht so weit zu gehen. Es genügt, darauf hinzuweisen, daß das egalitäre Argument besonders stark jenem Einwand ausgesetzt ist, den wir in unserer Analyse der monopolistischen Praxis erhoben haben: das Problem liegt nicht darin, wie eine unabhängig von den Prinzipien der Einkommensverteilung gegebene Menge verteilt werden soll. Lohneinkommen können in einer kommerziellen Gesellschaft, die unbegrenzte Ungleichheiten gestattet, sehr wohl höher sein, als es die gleichgroßen Einkommen im egalitären Sozialismus wären. Solange es nicht einigermaßen sicher ist, daß die sozialistische Produktionsmaschine mindestens annähernd ebenso leistungsfähig ist wie die kommerzielle Maschine es ist oder war oder zur Zeit des Vergleichs voraussichtlich sein wird, ist die Argumentation über die Verteilung nicht überzeugend (sie weicht de facto dem wahren Sachverhalt aus), selbst wenn wir sie akzeptieren wollten[5]. Und sobald die Frage der produktiven Leistungsfähigkeit entschieden ist, wird das Verteilungsargument in den meisten Fällen überflüssig sein; sofern es nicht ausschließlich auf moralische Ideale begründet ist, wird es nur in Grenzfällen den Ausschlag geben.

3. Es gibt noch einen andern Grund, warum ähnliche Stufen

---

[5] Das dadurch zur Seite geschobene Argument würde lauten, daß *ceteris paribus* das sozialistische Maximum größer ist als das Konkurrenzmaximum. Zufolge des rein formalen Charakters beider Maxima hat es indessen keinen Sinn, sie zu vergleichen, wie aus früheren Überlegungen klar hervorgehen sollte.

der produktiven Leistungsfähigkeit verschiedenen Stufen der Wohlfahrt zugesellt werden dürfen. Die meisten Sozialisten werden behaupten, daß ein gegebenes Volkseinkommen in einer sozialistischen Gesellschaft weiter reichen würde als in einer kapitalistischen, weil die erste einen ökonomischeren Gebrauch davon mache. Solche Einsparungen ergeben sich aus der Tatsache, daß gewisse Gesellschaftstypen auf Grund ihrer Organisation sich gleichgültig oder ablehnend verhalten gegenüber Zielen, denen andere Typen, ebenfalls auf Grund ihrer Organisation, beträchtliche Teile ihrer Mittel zufließen lassen. So würde zum Beispiel ein pazifistischer Sozialismus bei den Rüstungen, ein atheistischer Sozialismus bei den Kirchen Einsparungen vornehmen, und beide könnten an Stelle dessen mehr Spitäler bauen. Das stimmt selbstverständlich. Aber weil darin Wertungen enthalten sind, die nicht ohne weiteres dem Sozialismus als Ganzem – wenn auch vielen einzelnen Sozialisten – zugeschrieben werden können, so berührt es uns hier nicht.

Fast jede sozialistische Gesellschaft - freilich nicht der platonische Typ – würde mit Sicherheit eine andere Art von Einsparung durchführen, nämlich die Einsparung, die sich ergibt aus der Ausschaltung der Klasse der Müßiggänger, – der «reichen Nichtstuer». Da es vom sozialistischen Standpunkt aus durchaus angemessen ist, die Befriedigungen der dieser Gruppe zugehörigen Individuen zu vernachlässigen und ihre kulturellen Funktionen mit Null zu bewerten – obschon zivilisierte Sozialisten immer ihr Gesicht wahren und hinzufügen: in der Welt von heute –, kann offensichtlich ein sozialistisches Regime hier einen Nettogewinn erzielen. Wieviel verlieren wir, wenn wir einen Leistungs-Test verwenden, der dies vernachlässigt?

Die modernen Einkommens- und Erbschaftssteuern vermindern natürlich in raschem Tempo die mengenmäßige Bedeutung des Problems, auch unabhängig von den im gegenwärtigen Krieg zur Anwendung gelangten Methoden der Finanzpolitik. Indessen ist diese Besteuerung an sich schon Ausdruck einer antikapitalistischen Haltung und möglicherweise Vorläufer einer völligen Beseitigung der typisch kapitalistischen

Einkommensgruppen. Wir müssen deshalb unsere Frage an eine kapitalistische Gesellschaft mit noch unerschütterten wirtschaftlichen Grundlagen richten. Für die Vereinigten Staaten dürfte es angebracht sein, die Daten von 1929 zu wählen[6].

Wir wollen die Reichen definieren als Personen, die ein Einkommen von 50 000 Dollar und darüber haben. Im Jahre 1929 erhielten sie ungefähr 13 Milliarden Dollar von einem Gesamtvolkseinkommen von ungefähr 93 Milliarden[7]. Von diesen 13 Milliarden haben wir Steuern, Ersparnisse und Vergabungen zu gemeinnützigen Zwecken abzuziehen, weil sich aus der Beseitigung dieser Posten für das sozialistische Regime keine Einsparung ergäbe; nur das, was die Reichen für ihren eigenen Verbrauch ausgeben, würde im eigentlichen Sinn des Wortes «gespart»[8]. Diese Ausgaben können nicht genau geschätzt werden. Wir können einzig hoffen, uns eine Vorstellung der in Betracht kommenden Größenordnungen machen zu können. Da die meisten Nationalökonomen, die dieses Risiko zu übernehmen bereit waren, auf weniger als auf ein Drittel der 13 Milliarden geschätzt haben, wird man mit ziemlicher Bestimmtheit sagen können, daß diese Ausgaben nicht mehr als $4^1/_3$ Milliarden oder ungefähr 4,6 Prozent des gesamten Volkseinkommens ausgemacht haben. Nun enthalten diese 4,6 Prozent alle Konsumausgaben der höheren Einkommensbezüger in der Ge-

---

[6] Die Vereinigten Staaten sind das Land, das sich am besten für diesen Test eignet. In den meisten europäischen Ländern würde das Problem zum mindesten für das neunzehnte Jahrhundert oder sogar bis 1914 kompliziert durch das Vorhandensein hoher Einkommen, die vorkapitalistischen Ursprungs, doch durch die kapitalistische Entwicklung vergrößert worden waren.

[7] Vgl. H. G. Moulton, M. Levin und C. A. Warburton, *America's Capacity to Consume* (1934), S. 206. Diese Zahlen sind zugegebenermaßen sehr grobe Schätzungen. Sie enthalten Arbeits- und Vermögenseinkommen, auch Einkommen aus Vermögensveräußerung und geschätzte Erträge von Häusern, die der Eigentümer bewohnt.

[8] Wir werden noch sehen, daß die Tatsache, daß die sozialistischen Behörden diese Ersparnisse und Vergabungen vermutlich für andere Zwecke verwenden würden, das Argument nicht berührt.

schäftswelt und in freien Berufen, so daß der reiche Nichtstuer nicht mehr als höchstens 1 oder 2 Prozent absorbiert haben kann. Und insoweit als das Familienmotiv immer noch lebendig ist, kann nicht einmal all dies als für die Leistungsfähigkeit der Wirtschaftsmaschine irrelevant angesehen werden.

Einige Leser werden ohne Zweifel das Empfinden haben, daß die 50 000-Dollargrenze zu hoch ist. Es ist natürlich klar, daß noch mehr eingespart werden könnte, wenn die Einkommen aller jener, die, ob reich oder arm, wirtschaftlich gesprochen Müßiggänger sind, beseitigt oder auf ein Existenzminimum reduziert werden könnten[9]. Noch mehr ließe sich einsparen, so könnte man glauben, wenn man die Verteilung aller höheren Einkommen so rationalisierte, daß sie in besserer Übereinstimmung mit den Leistungen stünden. Die Argumente des nächsten Abschnitts lassen jedoch vermuten, daß die großen Hoffnungen auf dieses Konto wahrscheinlich zu Enttäuschungen führen werden.

Ich möchte jedoch nicht weiter darauf beharren. Denn wenn der Leser diesen Einsparungen eine größere Bedeutung beilegen sollte, als ich für berechtigt halte, wird die Folgerung, zu der wir nun gelangen werden, nur noch stärker begründet sein.

---

[9] Immerhin sollte beachtet werden, daß ein Einkommen, das ausschließlich aus Vermögenserträgen besteht, nicht unbedingt auf ein wirtschaftliches Müßiggängertum seines Empfängers schließen läßt, da seine Arbeit in seinen Investitionen verkörpert sein kann. Das übliche Schulbeispiel dafür wird hier die gleichen Dienste leisten wie ein ausführlicheres Argument: nehmen wir an, daß jemand ein Stück Land durch seiner Hände Werk urbar macht; der Ertrag, den er daraufhin erhält, ist ein «Ertrag aus dem Aufwand menschlicher Leistung», oder, wie die Ökonomen es nennen, eine Quasirente. Ist die Verbesserung von Dauer, so wird diese Quasirente nicht mehr von der eigentlichen Bodenrente zu unterscheiden sein und wird folglich wie die reine Inkarnation von «unverdientem» Einkommen aussehen, wogegen sie in Wirklichkeit eine Form des Lohnes ist, wenn wir die Löhne als Erträge definieren, die persönlichen produktiven Anstrengungen zuzuschreiben sind. Verallgemeinernd können wir sagen, daß man eine Anstrengung machen kann, um sich Einnahmen zu sichern, die die Form von Löhnen annehmen können, aber nicht müssen.

Somit überdeckt unser Kriterium der Über- oder Unterlegenheit letzten Endes mehr Boden, als es den Anschein hat. Aber wenn wir uns schon darauf stützen, – welches ist jener überzeugende Grund für die Überlegenheit des sozialistischen Plans, von dem ich oben sprach?

Der Leser, der die Analyse im 8. Kapitel gelesen hat, mag sich wohl wundern. Die meisten Argumente, die gewöhnlich zugunsten des sozialistischen und gegen das kapitalistische Regime angeführt werden, versagen, wie wir gesehen haben, sobald die durch einen raschen Fortschrittsgrad für die Wirtschaft geschaffenen Bedingungen angemessen berücksichtigt werden. Bei einer näheren Prüfung zeigt sich sogar, daß einige dieser Argumente in die entgegengesetzte Richtung weisen. Vieles von dem, was als pathologisch angesehen wird, stellt sich als physiologisch heraus, – hat wichtige Funktionen im Prozeß der schöpferischen Zerstörung zu erfüllen. Viele Vergeudungen tragen Kompensationen in sich, die manchmal völlig die gezogenen Schlußfolgerungen ungültig machen. Eine sozial irrationale Zuteilung von Produktivkräften ist nicht annähernd so häufig oder wichtig, wie behauptet wird; überdies wird sie in einigen Fällen wahrscheinlich auch in einer sozialistischen Wirtschaft vorkommen. Überschußkapazitäten – auch sie teilweise unvermeidlich in einer sozialistischen Wirtschaft – lassen oft eine Interpretation zu, die jegliche Kritik zum Verstummen bringt. Und selbst unbehebbare Mängel sind letzten Endes nur Nebenumstände einer Leistung, die groß genug ist, um eine Menge von Sünden zuzudecken.

Die Antwort auf unsere Frage ergibt sich aus dem letzten Paragraphen des vorangegangenen Kapitels. Ihre Gültigkeit mag angezweifelt werden, solange die kapitalistische Entwicklung noch in vollem Schwung ist; sie wird aber entscheidend, sobald diese Entwicklung sich *dauernd* verlangsamt, gleichviel, ob aus Gründen, die ihrem wirtschaftlichen Mechanismus inhärent sind oder die außerhalb seiner liegen.

Es gibt Fälle, in denen die kapitalistischen Industrien sich in einer Lage befinden, daß Preise und Produktion theoretisch undeterminiert werden. Dies kann geschehen – obwohl es nicht immer zutrifft –, wenn ein Oligopol vorliegt. In einer sozialistischen Wirtschaft ist alles eindeutig determiniert – ausgenommen einzig gewisse Grenzfälle ohne praktische Bedeutung. Selbst wenn jedoch ein theoretisch determinierter Zustand besteht, ist es viel schwieriger und kostspieliger, ihn in der kapitalistischen Wirtschaft zu erreichen, als es in einer sozialistischen wäre. In der ersten sind endlose Bewegungen und Gegegenbewegungen notwendig, und Entscheidungen müssen in einer Atmosphäre der Ungewißheit getroffen werden, die die Schärfe der Aktion abstumpft, während diese Strategie und diese Ungewißheit in der letzteren fehlen würden. Daß dies nicht nur für den «monopolistischen» Kapitalismus gilt, sondern noch mehr, wenn auch aus anderen Gründen, für die Konkurrenz-Spezies, zeigt sich am Fall des Schweinezyklus[10] und am Verhalten von Industrien, die in mehr oder weniger vollkommener Konkurrenz stehen, bei allgemeinen Depressionen und bei Wechselfällen, die sie allein treffen.

Dies besagt jedoch mehr, als es auf den ersten Blick den Anschein hat. Jene determinierten Lösungen des Produktionsproblems sind vom Standpunkt gegebener Daten aus rational oder optimal; folglich muß alles, was den Weg zu ihnen abkürzt, ebnet oder sichert, menschliche Energie und materielle Hilfskräfte sparen und die Kosten senken, mit denen ein gegebenes Resultat erzielt wird. Sofern nicht die so eingesparten Mittel völlig vergeudet werden, muß die Leistungsfähigkeit in unserem Sinn notwendig zunehmen.

In dieser Rubrik erlangen nun einige der schwungvollen Anklagen gegen das kapitalistische System, die wir uns oben angesehen haben, eine gewisse Berechtigung. Nehmen wir als Beispiel die Überschußkapazität. Es ist nicht wahr, daß sie im Sozialismus völlig fehlen würde; es wäre unsinnig, wenn das Zentralamt auf der vollen Ausnutzung einer neuen Eisenbahnlinie durch ein noch unbesiedeltes Land bestehen wollte. Und es ist auch nicht so, daß Überschußkapazität in allen Fällen Verlust bedeutet. Aber es gibt Typen der Überschußkapazität, die

---

[10] Siehe Kapitel 8.

Verlust bedeuten und die durch eine sozialistische Verwaltung vermieden werden können, – der wichtigste Fall ist der der Reservekapazität zum Zweck des Wirtschaftskrieges. Unabhängig von der Bedeutung des besonderen Falles – ich glaube nicht, daß sie sehr groß ist –, zeigt sich hier ein Faktum, auf das ich bereits hingewiesen habe: Es gibt Dinge, die innerhalb der Bedingungen der kapitalistischen Entwicklung vollkommen rational und sogar notwendig sind oder sein können und die deshalb vom Gesichtspunkt der kapitalistischen Ordnung aus durchaus keinen Makel zu enthalten brauchen; auch brauchen sie nicht Schwächen des «Monopolkapitalismus» im Vergleich zum Konkurrenzkapitalismus darzustellen, wenn sie, als Bedingungen an jene Leistungen des ersten gebunden sind, die außerhalb des Bereichs des letzteren liegen; aber selbst wenn dies so ist, können sie dennoch Schwächen im Vergleich zum sozialistischen Grundplan bedeuten.

Dies gilt insbesondere von den meisten Phänomenen, die zusammen den Mechanismus der Konjunkturzyklen ausmachen. Der kapitalistischen Unternehmerwirtschaft fehlt es nicht an Regulatoren, – einigen von ihnen mag man sehr wohl in der Praxis des Produktionsministeriums wieder begegnen. Aber die Planung des Fortschritts, namentlich die systematische Koordinierung und Verteilung in Perioden neuer Wagnisse auf allen Gebieten, wäre zur Verhinderung plötzlicher Aufschwünge zu gewissen Zeiten und depressiver Reaktionen zu andern unvergleichlich viel wirksamer, als alle automatischen oder manipulierten Veränderungen des Zinsfußes oder des Kreditangebotes es sein können. De facto würde sie die Ursache der zyklischen Wellenbewegungen beseitigen, während es in der kapitalistischen Ordnung nur sie abzuschwächen möglich ist. Und der Prozeß der Ausschaltung alles Veralteten, der im Kapitalismus, namentlich im Konkurrenzkapitalismus, zeitweilig Lähmung und – teilweise funktionslose – Verluste bedeutet, könnte auf das beschränkt werden, was «Ausschaltung des Veralteten» für den Laienverstand ausdrückt: innerhalb eines umfassenden Planes wäre dafür vorgesorgt, daß die nicht veralteten Bestandteile der veralteten Anlagen oder Ausrüstungsgegenstände in andere Verwendungsarten übergeführt werden. Konkret: eine von der Baumwollindustrie ausgehende Krise kann in der kapitalistischen Ordnung den Wohnungsbau zum Stillstand bringen; in der sozialistischen Ordnung kann es natürlich auch vorkommen, daß die Produktion von Baumwollwaren in kurzer Frist drastisch eingeschränkt werden muß, obschon dies Vorkommnis nicht wahrscheinlich ist; doch dies wäre ein Grund, den Wohnungsbau zu beschleunigen, statt ihn stillzulegen.

Welche wirtschaftlichen Ziele auch immer von Menschen begehrt werden, die in der Lage sind, ihren Begehren Nachdruck zu verleihen, – jedenfalls könnte eine sozialistische Leitung sie mit weniger Störung und Verlust erreichen, ohne dabei notwendig auf die Nachteile zu stoßen, die alle Versuche einer Fortschrittsplanung innerhalb des Rahmens der kapitalistischen Institutionen erwarten würden. Ein Aspekt dessen kann durch folgende Formulierung ausgedrückt werden: die sozialistische Leitung könnte einen Kurs steuern, der sich dem langfristigen Produktions-Trend nähern würde, – sie würde damit eine Tendenz entwickeln, die, wie wir gesehen haben, der Politik der Großunternehmungen nicht fremd ist. Und der Gesamtinhalt unseres Argumentes kann in einer Nußschale Platz finden, wenn man sagt: die Sozialisierung bedeutet einen Schritt über die Großunternehmung hinaus auf dem Weg, der durch diese vorgezeichnet worden ist; oder, was auf das gleiche herauskommt: die sozialistische Leitung wird sich vermutlich dem Kapitalismus der Großunternehmung ebenso überlegen erweisen, wie der Kapitalismus der Großunternehmung sich jener Art von Konkurrenzkapitalismus überlegen gezeigt hat, dessen Prototyp die englische Industrie vor gut hundert Jahren war. Es ist sehr wohl möglich, daß künftige Generationen auf Beweise der Unterlegenheit des sozialistischen Planes ebenso herabsehen werden, wie wir auf Adam Smith's Argumente gegen die Aktiengesellschaften herabsehen, die – auch sie – nicht einfach falsch waren.

Selbstverständlich bezieht sich alles, was ich bisher gesagt habe, ausschließlich auf die Logik der Grundpläne, folglich auf die «objektiven» Möglichkeiten, die zu verwirklichen der Sozialismus in praxi vielleicht gar nicht imstande ist. Soweit jedoch die Logik des Grundplanes in Betracht kommt, ist es unbestreitbar, daß der sozialistische Grundplan auf einer höheren Stufe der Rationalität entworfen ist. Dies ist, glaube ich, die korrekte Art, die Sache darzustellen. Es handelt sich nicht um einen Fall von Rationalität gegen Irrationalität. Der Bauer, dessen Reaktion auf Schweine- und Futtermittelpreise den Schweinezyklus hervorbringt, handelt als Einzelner und vom Standpunkt des Augenblicks aus völlig rational; so auch die Leitung eines Konzerns, die in einer oligopolistischen Situation manövriert; so auch die Unternehmung, die im Aufschwung sich ausdehnt und im Abschwung sich einschränkt. Es ist die Art und der Bereich der Rationalität, die den Unterschied ausmachen.

Dies ist bestimmt nicht alles, was zugunsten des sozialistischen Planes angeführt werden kann. Aber insoweit als die reine Logik einer sozialistischen Wirtschaft zur Diskussion steht, sind die meisten Argumente, die nicht nachweisbar falsch sind, de facto in dem einen hier vorgelegten enthalten.

Ein Beispiel von vorzüglicher Wichtigkeit bietet die Arbeitslosigkeit. Wir haben in Teil II gesehen, daß, was das Interesse der Arbeitslosen selbst betrifft, eine kapitalistische Gesellschaft in einem so weit fortgeschrittenen Stadium, daß eine erfolgreiche Sozialisierung möglich wäre, nicht viel zu wünschen übrig lassen muß und es wahrscheinlich auch nicht lassen wird. In bezug auf den gesellschaftlichen Verlust jedoch impliziert das obige Argument, daß in einer sozialistischen Gesellschaft weniger Arbeitslosigkeit herrschen wird – hauptsächlich infolge der Beseitigung der Depressionen –, und daß, wo sie vorkommt – hauptsächlich infolge technischer Verbesserungen –, das Produktionsministerium in der Lage sein wird (gleichgültig, was es wirklich tut), die Menschen in andere Beschäftigungen überzuführen, die in jedem Fall für sie bereitstehen, wenn die Planung auch nur einigermaßen ihren Möglichkeiten nachkommt.

Ein kleiner Vorteil, der ebenfalls in der höheren Rationalität des sozialistischen Planes impliziert ist, ergibt sich aus der Tatsache, daß in der kapitalistischen Ordnung Verbesserungen in der Regel in einzelnen Konzernen auftreten und zu ihrer Verbreitung Zeit brauchen und dabei auf Widerstand stoßen. Ist das Tempo des Fortschrittes rasch, dann gibt es oft zahlreiche Unternehmungen, die sich an alte Methoden klammern oder sonstwie von unterdurchschnittlicher Leistungsfähigkeit sind. In der sozialistischen Ordnung könnte theoretisch jede Verbesserung durch einen einfachen Erlaß verbreitet und jede unterdurchschnittliche Praktik prompt beseitigt werden. Ich nenne dies einen kleinen Vorteil, weil auch der Kapitalismus in der Regel recht tüchtig mit dem Untüchtigen aufräumt. Natürlich ist es eine andere Frage, ob die Wahrscheinlichkeit besteht, daß eine Bürokratie diesen besonderen Vorteil – gleichviel ob groß, ob klein – in die Wirklichkeit umsetzt; bei einer anständigen Bürokratie kann man stets darauf bauen, daß sie alle ihre Mitglieder auf *ihren* Standard heben wird, doch sagt das noch nichts darüber aus, was dieser Standard selbst sein wird. Daß mögliche Überlegenheiten sich in der Praxis in tatsächliche Unterlegenheiten verwandeln können, – dessen muß man sich stets bewußt bleiben.

Des weitern sind die Leiter oder leitenden Besitzer von kleinen oder mittelgroßen Betrieben in der Regel in erster Linie Ingenieure oder Verkäufer oder Organisatoren und leisten selten, selbst wenn sie als solche gut sind, auf allen Gebieten gleich Gutes. Wir sehen oft, daß selbst erfolgreiche Geschäfte in der einen oder andern Richtung nur mittelmäßig geführt werden – man vergleiche die Berichte von Leistungsexperten – und daß ihre Leiter mithin teilweise fehl am Platz sind. Die sozialistische Wirtschaft könnte, wie die moderne Riesenunternehmung es tut, sie vorteilhafter einsetzen, indem sie sie ausschließlich dort einsetzt, wo sie wirkliche Sachkenntnis besitzen. Doch naheliegende Erwägungen, die uns hier nicht aufzuhalten brauchen, gestatten es nicht, in dieser Beziehung hochgespannte Erwartungen zu hegen.

Indessen gibt es einen Vorteil von größter Wichtigkeit, der in der von uns gezeichneten Form des Grundplans nicht sichtbar ist. Das hervorstechende Merkmal der kommerziellen Gesellschaft ist die Trennung zwischen privater und öffentlicher Sphäre oder, wenn man lieber will, die Tatsache, daß es in der kommerziellen Gesellschaft eine private Sphäre gibt, die sehr viel mehr enthält, als eine feudale oder eine sozialistische Gesellschaft ihr zuweist. Diese private Sphäre unterscheidet sich von der öffentlichen Sphäre nicht nur begrifflich, sondern auch tatsächlich. Die beiden Sphären sind weitgehend mit verschiedenen Personen bemannt – die bemerkenswerteste Ausnahme bietet die Geschichte der lokalen Selbstverwaltung – und sind organisiert und betrieben nach verschiedenen, oft widerstreitenden Prinzipien, die verschiedene, oft unvereinbare Normen hervorbringen.

Reibungen können bei einer solchen Ordnung höchstens vorübergehend ausbleiben, – ihr paradoxer Charakter müßte dauernd unsere Verwunderung wecken, wenn wir nicht so an sie gewöhnt wären. In Tat und Wahrheit waren Reibungen schon immer vorhanden, längst bevor sie sich zur Feindschaft entwickelten infolge der Eroberungskriege, die die Männer der öffentlichen Sphäre gegen die Domäne der Bourgeoisie führten. Diese Feindschaft hat Kampf zur Folge. Die meisten Handlungen des Staates auf wirtschaftlichem Gebiet erscheinen dann in einem Licht, das die alten bürgerlichen Ökonomen treffend als staatliche *Einmischung* charakterisiert haben. Diese Handlungen mischen sich tatsächlich in jedem Sinn des Wortes ein, besonders in dem Sinn, daß sie die private Produktionsmaschine hemmen und lähmen. Es kann nicht eingewandt werden, daß sie häufig erfolgreich sind, oft sogar die produktive Leistungsfähigkeit erhöhen. Doch insoweit sie erfolgreich sind, hätte die Tätigkeit des Zentralamts eine noch größere Aussicht, es zu sein, während die Kosten und Verluste, die mit dem Kampf als solchem verbunden sind, im sozialistischen Fall völlig vermieden würden. Und diese Verluste sind beträchtlich, namentlich wenn wir all den durch unaufhörliche Untersuchungen und Verfolgungen verursachten Ärger mit einrechnen und die unausbleiblichen entmutigenden Wirkungen auf die Energien, die das Wirtschaftsleben vorwärts treiben.

Ein Element dieser Kosten sollte besonders erwähnt werden. Es besteht darin, daß viele Begabungen für reine Schutz-Tätigkeiten absorbiert werden. Ein beträchtlicher Teil der gesamten Arbeit der Anwälte geht im Kampf der Geschäftswelt gegen den Staat und seine Organe auf. Es ist unwesentlich, ob wir dies eine verwerfliche Obstruktion gegen das Gemeinwohl oder eine Verteidigung des Gemeinwohls gegen eine verwerfliche Obstruktion nennen. Jedenfalls bleibt die Tatsache bestehen, daß in einer sozialistischen Gesellschaft weder Bedürfnis noch Raum für diesen Teil der juristischen Tätigkeit vorhanden wäre. Die resultierende Ersparnis wird durch die Honorare der auf diesem Gebiet arbeitenden Advokaten nur unzulänglich ausgedrückt. Das ist unbeträchtlich. Nicht unbeträchtlich ist jedoch der soziale Verlust aus solch unproduktiver Beschäftigung vieler der besten Köpfe. Bedenkt man, wie fürchterlich selten gute Köpfe sind, so könnte ihre Überführung in andere Beschäftigungen von mehr als infinitesimaler Bedeutung sein.

Die Reibung oder Feindschaft zwischen der privaten und der öffentlichen Sphäre wurde von Anfang an durch die Tatsache verstärkt, daß – seit dem Bedeutungsrückgang der feudalen Einkommen der Fürsten – der Staat stets von Einkünften gelebt hat, die in der privaten Sphäre für private Zwecke erzeugt wurden und die durch politische Gewalt von diesen Zwecken abgelenkt werden mußten[11]. Einerseits ist die Besteuerung ein wesentliches Attribut der kommerziellen Gesellschaft – oder des Staates, wenn wir den im fünfzehnten Kapitel erwähnten Begriff des Staates akzeptieren –, und andrerseits liegt es fast unvermeidlich in ihrer Natur[12], daß sie den Produktionsprozeß schädigt. Bis ungefähr 1914 – wenn wir weiterhin unsere Betrachtung auf die Neuzeit beschränken – hielt sich dieser Schaden in engen Grenzen. Seither jedoch haben sich die Steuern allmählich zum beherrschenden Posten in den Geschäfts- und den Familienbudgets ausgewachsen und zu einem wichtigen Faktor in der Erklärung unbefriedigender wirtschaftlicher Leistungen. Überdies ist, um ständig zunehmende Erträge aus einem widerspenstigen Organismus zu quetschen, ein riesenhafter Verwaltungsapparat entstanden, der nichts anderes tut, als mit der Bourgeoisie um jeden Dollar Einnahmen zu kämpfen. In Erwiderung darauf hat dieser Organismus Verteidi-

[11] Die Theorie, die die Steuern in Analogie zu Vereinsbeiträgen oder zum Kauf von Dienstleistungen (z. B. eines Arztes) konstruiert, beweist einzig, wie weit entfernt von wissenschaftlichen Denkgewohnheiten dieser Teil der Sozialwissenschaften ist.

[12] Es gibt Ausnahmen, aber sie zählen nicht für praktische Zwecke.

gungsorgane entwickelt und leitet eine ungeheure Arbeit zu seinem Selbstschutz.

Nichts könnte besser die Kräftevergeudung belegen, die aus dem Konflikt von Strukturprinzipien in einem sozialen Körper resultiert. Der moderne Kapitalismus beruht zwar, für sein tägliches Brot auf dem Gewinnprinzip, gestattet aber nicht, daß es überall herrscht. Kein derartiger Konflikt, folglich auch keine derartige Kräftevergeudung, würde in einer sozialistischen Gesellschaft existieren. Da sie alle Einnahmequellen kontrollieren würde, könnten die Steuern mit dem Staat oder, sofern mein Staatsbegriff keinen Beifall findet, mit dem bürgerlichen Staat verschwinden. Denn nach dem gesunden Menschenverstand wäre es offensichtlich sinnlos, wenn das Zentralamt erst Einkommen ausbezahlte und hernach den Empfängern nachliefe, um einen Teil wieder einzutreiben. Würden die Radikalen nicht gar so gern den Bourgeois hänseln, an den Steuern sei kein anderer Fehler zu entdecken, als daß sie zu niedrig seien, so wäre schon vor meinen Ausführungen erkannt worden, daß wir hier einen der bedeutsamsten Ansprüche auf Überlegenheit gefaßt haben, der zugunsten des sozialistischen Planes vorgebracht werden kann.

ACHTZEHNTES KAPITEL

DAS MENSCHLICHE ELEMENT

Eine Warnung

Es ist sehr wahrscheinlich, daß viele Gegner des Sozialismus das Ergebnis, zu dem wir soeben gelangt sind, akzeptieren werden. Aber ihre Zustimmung wird meistens die folgende Form annehmen: «Ja natürlich, wenn ihr Halbgötter habt, um die sozialistische Maschine zu lenken und Erzengel, um sie zu bemannen, dann mag dies alles so sein. Der springende Punkt ist aber der, daß ihr dies nicht habt und daß – da die menschliche Natur einmal so ist, wie sie ist – die kapitalistische Alternative mit ihrem System von Motivationen und ihrer Verteilung der Verantwortlichkeiten und Belohnungen letzten Endes, wenn auch nicht die denkbar, so doch die praktisch beste Ordnung darstellt.»

Es ist etwas Richtiges an dieser Antwort. Einerseits haben wir nun auf der Hut zu sein nicht nur vor den Gefahren, die hinter jedem Versuch lauern, der eine gegebene Wirklichkeit mit einer *Idee* vergleichen will, sondern auch vor dem Irrtum oder Trick, der in jedem Vergleich einer gegebenen Wirklichkeit mit einem *Ideal* enthalten ist[1]. Andrerseits glaube ich zwar

---

[1] Auch eine Idee oder ein Schema oder ein Modell oder ein Grundplan verkörpert ein Ideal, doch nur im logischen Sinn; solch ein Ideal bedeutet lediglich das Fehlen des Nichtwesentlichen, – den unverfälschten Grundriß, wie wir sagen können. Es bleibt natürlich eine strittige Frage, was er genau enthalten sollte und was folglich als Abweichung angesehen werden muß. Obschon dies eine Frage der analytischen Technik sein sollte, können sich trotzdem Liebe und Haß einmischen: Sozialisten werden dazu neigen, in den Grundplan des Kapitalismus möglichst viele Züge einzubeziehen, die nach ihrem Gefühl ihm abträglich sind; Antisozialisten werden das gleiche gegenüber dem sozialistischen Grundplan tun; und beide werden versuchen, ihren eigenen Grundplan dadurch «weiß zu waschen»,

vollauf klar gemacht zu haben, daß man nach der Natur der Dinge Sozialismus nie im allgemeinen, sondern nur mit Bezug auf gegebene soziale Bedingungen und gegebene historische Stadien verfechten kann; indessen wird diese Relativität jetzt viel wichtiger, als sie früher war, solange wir uns zwischen den Grundplänen bewegten.

I. Die historische Relativität des Argumentes

Wir wollen diesen Punkt durch eine Analogie illustrieren. In der feudalen Gesellschaft wurde viel von dem, was wir alle, einschließlich der treusten Anhänger des Privateigentums, jetzt als ausschließliche Domäne der öffentlichen Verwaltung ansehen, mittels einer Ordnung verwaltet, die für uns so aussieht, als seien diese öffentlichen Funktionen zu Gegenständen des Privateigentums und zu Quellen privater Gewinne gemacht worden; jeder Ritter oder Feudalherr in einer Hierarchie von Lebensbeziehungen besaß sein Lehen zum Profit und nicht als Bezahlung für Dienste, die er dadurch leistete, daß er es *verwaltete*. Die öffentlichen Funktionen – wie sie heutzutage genannt werden –, die damit verbunden waren, waren lediglich die Belohnung für Dienste, die einem höheren Lehnsherrn geleistet waren. Selbst dies drückt die Sache noch nicht ganz richtig aus: er besaß sein Lehen, weil er als Ritter oder Herr dazu berech-

---

daß sie möglichst viele «Gebrechen» zu den unwesentlichen – folglich *implicite* vermeidbaren – Abweichungen zählen. Selbst wenn sie bei irgend einem gegebenen Fall gemeinsam gewisse Phänomene als Abweichungen bezeichnen, können ihre Ansichten immer noch darüber auseinandergehen, bis zu welchem Grad ihr eigenes System und das ihrer Gegner Abweichungen unterworfen ist. Zum Beispiel werden bürgerliche Nationalökonomen geneigt sein, alles was sie selbst am Kapitalismus nicht schätzen, der «politischen Einmischung» zuzuschreiben, während die Sozialisten behaupten werden, daß diese Maßnahmen das unvermeidliche Ergebnis des kapitalistischen Prozesses und der Situationen sind, die die Arbeitsweise der kapitalistischen Maschine erzeugt. Obschon ich alle diese Schwierigkeiten anerkenne, glaube ich nicht, daß sie meine Ausführungen berühren, die, wie der fachlich gebildete Leser bemerken wird, in einer Form gefaßt sind, die diese Schwierigkeiten vermeiden soll.

tigt war, gleichgültig was er im übrigen tat oder nicht tat. Wem der Sinn für historische Maßstäbe abgeht, sieht gerne in diesen Verhältnissen ein Gemisch von «Mißbräuchen». Doch das ist Unsinn. Wie jeder andere institutionelle Rahmen hat zwar auch der Feudalismus das überlebt, was in Wahrheit «seine» Epoche war, – allein unter den Umständen ihrer eigenen Epoche war diese Ordnung die einzig tunliche und verkörperte sie die einzige Methode, durch die diese öffentlichen Funktionen erledigt werden konnten. Wenn Karl Marx beispielsweise im vierzehnten Jahrhundert erschienen und wenn er so töricht gewesen wäre, eine andere Methode der öffentlichen Verwaltung zu propagieren, dann hätte er sich der Antwort ausgesetzt, daß solch ein System ein ausgezeichnetes Mittel sei, um zustande zu bringen, was sonst überhaupt nicht gemacht worden wäre, und daß namentlich – «da die menschliche Natur nun einmal ist, wie sie ist» – das Gewinnmotiv für das Funktionieren der öffentlichen Verwaltung unerläßlich sei; tatsächlich hätte seine Eliminierung Chaos bedeutet und wäre richtig als undurchführbares Traumgespinst bezeichnet worden.

In ähnlicher Weise war zur Zeit, als die englische Baumwollspinnerei den Höhepunkt kapitalistischer Wirtschaft bedeutete – also ungefähr bis 1850 –, der Sozialismus kein durchführbarer Vorschlag, und kein vernünftiger Sozialist glaubt heute oder glaubte damals, daß er es war. Das Auge des Herrn, das das Vieh fett macht und Sand in Gold verwandelt, die Henne, die goldne Eier legt und andere derartige schlichte Redensarten waren damals bloß der Ausdruck für eine unbestreitbare Wahrheit im Munde und für das Ohr einfacher, denkungewohnter Menschen. Ich mache meine sozialistischen Freunde aufmerksam, daß es eine bessere Methode, dem zu begegnen gibt, als nur zu spotten, – zu spotten in der Hoffnung, daß der Gegner (ein eitler und empfindlicher Intellektueller wie man selbst) zu argumentieren aufhören wird, sobald er merkt, daß er sich lächerlich machen könnte: es ist besser, den rechtmäßigen Anspruch jener Hennen innerhalb ihrer eigenen geschichtlichen Umgebung anzuerkennen und die Ablehnung auf andere geschichtliche Umgebungen zu beschränken. Dann werden wir uns wenigstens der eigentlichen Frage gegenübersehen – nämlich, wieviel Bedeutung sie heute besitzen – und immer noch genügend Raum behalten, um unsere gegenteiligen Ansichten anzubringen.

Da wir eine bestimmte Form des Kapitalismus ins Auge fassen müssen, wenn ein Vergleich zwischen kapitalistischer Wirklichkeit und sozialistischen Erfolgsaussichten irgend einen Sinn haben soll, wollen wir den Kapitalismus unserer eigenen Epoche wählen, das heißt den Großunternehmungs-Kapitalismus *in Fesseln*. Wir wollen dabei erstens bemerken, daß diese Bestimmung, obschon damit eine Epoche und ein System definiert wird, dennoch kein besonderes Datum festlegt, nicht einmal in Zeitspannen von Jahrzehnten, weil die Frage, wie weit das System des gefesselten Kapitalismus in irgend einem Zeitabschnitt, beispielsweise in der Gegenwart, seine Merkmale entwickelt und stabilisiert hat, immer noch auf eine Untersuchung der Tatsachen zu warten hätte. Zweitens bemerken wir, daß es für diesen Teil unserer Beweisführung gleichgültig wird, ob diese Fesseln, wie sie auch aussehen, vom kapitalistischen Prozeß selbst entwickelt worden sind oder als etwas betrachtet werden können, was dem kapitalistischen Prozeß von einer außerhalb stehenden Instanz auferlegt wurde; und drittens daß wir zwar nun etwas praktischere Probleme behandeln werden – nämlich, wie weit der Sozialismus voraussichtlich die Ernte einbringen wird, die potentiell in seinem Grundplan enthalten ist –, daß wir aber immer noch lediglich von Chancen sprechen werden und daß wir mit Hypothesen werden arbeiten müssen, um uns hinwegzuhelfen über unsere Unwissenheit hinsichtlich der Art von Sozialismus, die unser Los sein wird.

II. Über Halbgötter und Erzengel

Kehren wir zurück zu unsern Bourgeois, die von Halbgöttern und Erzengeln sprachen. Die ersten können wir rasch abtun; es werden keine Halbgötter erforderlich sein, um die sozialistische Maschine zu lenken, weil, wie wir oben gesehen haben, die zu lösende Aufgabe – nach der Überwindung der Übergangsschwierigkeiten – nicht nur nicht schwieriger, sondern sogar leichter sein wird als die Aufgabe, der sich ein moderner

Industriekapitän gegenübersieht. Die Erzengel stehen für die allbekannte Behauptung, daß die sozialistische Existenzform ein ethisches Niveau voraussetzt, das die Menschen, wie sie sind, wohl kaum erreichen können.

Die Sozialisten müssen es sich selbst zuschreiben, wenn derartige Argumente überhaupt zu großer Geltung bei ihren Gegnern gelangt sind. Sie sprachen von den Greueln der kapitalistischen Unterdrückung und Ausbeutung, die nur beseitigt werden müßten, um sogleich die menschliche Natur in all ihrer Schönheit zu zeigen oder, auf alle Fälle, einen Erziehungsprozeß auszulösen, der die menschlichen Seelen umwandeln und sie auf das erforderliche ethische Niveau führen werde[2]. Damit setzten sie sich nicht nur dem Vorwurf aus, den Massen in lächerlicher Weise zu schmeicheln, sondern auch dem Vorwurf, für einen Rousseauismus einzutreten, der immerhin reichlich überlebt sein sollte. Es ist jedoch ganz unnötig, dies zu tun. Der gesunde Menschenverstand genügt völlig für diese Verhandlung.

Wir wollen zu diesem Zweck eine Unterscheidung vornehmen, die sich als nützlich erweist, obschon sie von Psychologen abgelehnt werden dürfte. Erstens kann eine gegebene Reihe von Neigungen des Empfindens und Handelns durch Veränderungen in der sozialen Umwelt sich verändern, während das ihr (der «menschlichen Natur») zugrunde liegende Schema bleibt, wie es ist. Wir wollen dies «Veränderung durch neue Bedingungen» nennen. Zweitens können, immer noch innerhalb dieses Grundschemas, diese neuen Bedingungen auf Empfindungs- und Handlungsneigungen stoßen, die (obschon sie letzten Endes durch Veränderungen in der Umwelt gewandelt werden können, namentlich wenn diese Veränderungen rational durchgeführt werden) dennoch während einiger Zeit Widerstand leisten und, so lange sie dies tun, Störungen hervorrufen. Diesem Sachverhalt können wir den Ausdruck «Gewohnheiten»

[2] Unter den Neo-Marxisten war der Hauptsünder Max Adler (nicht zu verwechseln mit den beiden andern Wiener Adlers, die einen hervorragenden Platz in der Geschichte des österreichischen Sozialismus einnehmen: Victor Adler, der große Organisator und Parteiführer, und sein Sohn Fritz Adler, der Mörder des Ministerpräsidenten Graf Stürgkh).

zugesellen. Drittens kann das Grundschema selbst verändert werden, entweder innerhalb des gleichen Menschenbestands oder dadurch, daß widerspenstige Elemente ausgeschieden werden. Die menschliche Natur ist sicherlich bis zu einem gewissen Grade formbar, namentlich in Gruppen, deren Zusammensetzung verändert werden kann. Wie weit diese Formbarkeit geht, ist eine Frage für ernste Forschung – keine Frage, die im Stil der Rednertribüne entweder durch unbekümmerte Zustimmung oder durch ebenso unbekümmerte Ablehnung nutzbringend behandelt werden kann. Wir brauchen uns jedoch in keiner Richtung festzulegen, da keine solche grundsätzliche Umwandlung der menschlichen Seele jetzt notwendig wäre, um den Sozialismus in Gang zu bringen.

Davon können wir uns leicht überzeugen. Wir können erstens den landwirtschaftlichen Sektor ausschließen, der vermutlich die ernstlichsten Schwierigkeiten bereiten würde. Unser Sozialismus wäre immer noch Sozialismus, wenn die sozialistische Leitung sich auf eine Art von Agrarplanung beschränkte, die nur graduell sich von der Praxis unterschiede, die bereits in Entwicklung ist: Aufstellung eines Produktionsplanes; Rationalisierung des Standorts (der Verwendung des Bodens); Lieferung von Maschinen, Saatgut, Zuchtvieh, Düngemitteln usw. an die Bauern; Festsetzung der Produktenpreise und Abnahme der Produkte zu diesen Preisen, – dies ist alles, was nötig wäre, und es würde sogar die bäuerliche Welt und ihre Geisteshaltung im wesentlichen intakt lassen. Es gibt noch andere mögliche Wege. Für uns ist jedoch einzig wichtig, daß es einen Weg gibt, den man mit sehr wenig Friktionen und unbegrenzt verfolgen könnte, ohne den Anspruch der Gesellschaft, sich sozialistisch zu nennen, irgend zu beeinträchtigen.

Zweitens die Welt des Arbeiters und des Angestellten. Keine Wandlung der Seelen, keine schmerzhafte Anpassung würde von ihnen verlangt. Ihre Arbeit würde im wesentlichen gleich bleiben, wie sie ist, – und sie würde, mit einer wichtigen Einschränkung, die später noch beizufügen ist, zu ähnlichen Ansichten und Gewohnheiten führen. Nach der Arbeit würde der Arbeiter oder Angestellte zu einem Heim und zu Freizeitbeschäftigungen zurückkehren, die die sozialistische Phantasie nennen mag, wie es ihr gefällt – er kann zum Beispiel proletarischen Fußball spielen, während er jetzt bürgerlichen Fußball spielt –, und die doch nach wie vor die gleiche Art von Heim und die gleiche Art von Beschäftigung wären. In diesem Sektor brauchen also keine großen Schwierigkeiten zu entstehen.

Drittens besteht das Problem jener Gruppen, die nicht unnatürlicherweise erwarten, daß sie die Opfer der sozialistischen Ordnung sein werden, – das Problem, grob gesprochen, der oberen oder führenden Schicht. Es kann nicht im Sinn jener geheiligten Lehre gelöst werden, die weit über das sozialistische Lager hinaus ein Glaubensartikel geworden ist, – der Lehre nämlich, daß diese Schicht nur aus überfütterten Raubtieren besteht, deren Vorhandensein in diesen wirtschaftlichen und sozialen Stellungen nur durch Glück und Rücksichtslosigkeit erklärlich ist und die keine andere «Funktion» erfüllt, als den arbeitenden Massen – oder den Konsumenten, je nach dem – die Früchte ihrer Arbeit vorzuenthalten; daß diese Raubtiere überdies ihr eigenes Spiel durch Unfähigkeit verpfuschen und (um einen moderneren Zug beizufügen), daß sie durch ihre Gewohnheit, den größeren Teil ihrer Beute zu horten, Depressionen hervorrufen; schließlich daß die sozialistische Gemeinschaft sich nicht weiter um sie zu kümmern braucht, als daß sie dafür sorgt, daß sie rasch aus ihren Stellungen vertrieben und an Sabotageakten gehindert werden. Unbeschadet der etwaigen politischen und, im Falle des Unternormalen, psychologisch-therapeutischen Vorzüge dieser Lehre, ist sie nicht einmal guter Sozialismus. Denn jeder zivilisierte Sozialist, der etwas auf sich hält und von ernsten Leuten ernst genommen werden will, wird manche Tatsachen in bezug auf die Qualität und die Leistungen der bürgerlichen Schicht zugeben, die mit einer derartigen Lehre unvereinbar sind, und wird des weiteren argumentieren, daß die oberen Schichten überhaupt nicht geopfert, sondern im Gegenteil von den Fesseln eines Systems befreit werden sollen, welches sie moralisch nicht weniger unterdrückt, als es die Massen wirtschaftlich unterdrückt. Von diesem Standpunkt aus, der mit der Lehre von Karl Marx übereinstimmt, ist der Weg nicht allzu weit zur Folgerung, daß eine Mitarbeit der bürgerlichen Elemente recht eigentlich entscheidend für den Erfolg oder Mißerfolg der sozialistischen Ordnung sein könnte.

Das Problem stellt sich daher folgendermaßen. Hier ist eine Klasse, die dank des selektiven Prozesses, dessen Ergebnis sie ist, ein Menschenmaterial von übernormaler Qualität[8] enthält und folglich ein nationales Aktivum darstellt, das zu verwenden für jede soziale Organisation vernünftig ist. Schon dies allein impliziert mehr als einen bloßen Verzicht auf ihre Ausrottung. Überdies erfüllt diese Klasse lebenswichtige Funk-

---

[8] Vgl. Kapitel 6. – Genauer ausgedrückt: das typische Individuum der bürgerlichen Klasse ist in bezug auf intellektuelle und willensmäßige Fähigkeiten dem typischen Individuum jeder andern Klasse der industriellen Gesellschaft überlegen. Dies ist zwar nie statistisch festgestellt worden und kann es auch kaum je werden, doch dies folgt aus einer Analyse jenes sozialen Selektionsprozesses in der kapitalistischen Gesellschaft. Die Natur des Prozesses bestimmt auch den Sinn, in dem der Ausdruck «Überlegenheit» verstanden werden muß. Durch eine ähnliche Analyse anderer sozialer Welten läßt sich zeigen, daß das gleiche für alle herrschenden Klassen gilt, über die wir historische Informationen besitzen. Das heißt: es kann in allen Fällen gezeigt werden, erstens daß die menschlichen Moleküle innerhalb der Klasse, in die sie hineingeboren werden, steigen und fallen, in einer Art, die zu der Hypothese paßt, daß sie dies wegen ihrer relativen Fähigkeiten tun; zweitens kann auch gezeigt werden, daß sie über die Grenzlinien ihrer Klasse hinüber in der gleichen Art steigen und fallen. Dieses Steigen und Fallen in höhere und tiefere Klassen braucht in der Regel mehr als eine Generation. Diese Moleküle sind daher eher Familien als Individuen. Dies erklärt, warum Beobachter, die ihre Aufmerksamkeit auf die Individuen konzentrieren, so oft keine Beziehung zwischen Fähigkeit und Klassenposition finden können, ja geneigt sind, zwischen beiden einen Gegensatz zu sehen. Denn die Individuen beginnen ihre Laufbahn mit so verschiedenen Handicaps, daß – mit Ausnahme von Fällen ungewöhnlicher persönlicher Leistungen – diese Beziehung, zumal sie sich nur auf einen Modus bezieht und Raum für viele Ausnahmen läßt, viel weniger klar zutage tritt, wenn wir nicht die ganze Kette überblicken, von der jedes Individuum nur ein Glied ist. Diese Andeutungen sind natürlich noch kein Beweis meines Arguments; sie lassen nur erkennen, wie ich diesen Beweis führen würde, wenn dies innerhalb des Rahmens dieses Buches möglich wäre. Ich darf immerhin den Leser auf meine «Theorie der sozialen Klassen im ethnisch homogenen Milieu» im *Archiv für Sozialwissenschaft*, 1927, verweisen.

tionen, die auch in einer sozialistischen Gesellschaft erfüllt werden müssen. Wir haben gesehen, daß sie kausal mit praktisch allen kulturellen Leistungen der kapitalistischen Epoche verknüpft war und ist und ebenso mit allen wirtschaftlichen Leistungen, soweit diese nicht aus der Vermehrung der arbeitenden Bevölkerung zu erklären sind, das heißt also mit der ganzen Zunahme, die gewöhnlich Produktivität der Arbeit (Produktion pro Arbeitsstunde) genannt wird[4]. Und diese Leistungen waren ihrerseits kausal mit einem System von Belohnungen und Strafen von einzigartiger Wirksamkeit verknüpft, das der Sozialismus notgedrungen abschaffen muß. Darum besteht die Frage, einerseits ob das bürgerliche Menschenmaterial in die Dienste einer sozialistischen Gesellschaft eingespannt werden kann, und andrerseits, ob die von der Bourgeoisie versehenen Funktionen, die ihr der Sozialismus wegnehmen muß, von andern Stellen oder durch andere als bürgerliche Methoden – oder durch beides – versehen werden können.

III. Das Problem der bürokratischen Leitung

Die rationale Ausnützung des bürgerlichen Menschenmaterials ist zweifellos das Problem, das ein sozialistisches Regime als das allerschwierigste empfinden wird, und es braucht einigen Optimismus zur Behauptung, daß es erfolgreich gelöst werden wird. Dies ist indessen nicht in erster Linie seinen inhärenten Schwierigkeiten zuzuschreiben, sondern vielmehr jener Schwierigkeit, der die Sozialisten begegnen werden, wenn sie seine Bedeutung erkennen und ihm in einem vernünftigen Geisteszustand gegenübertreten. Die Lehre von der Natur und den Funktionen der kapitalistischen Klasse, auf die oben angespielt wurde, ist an sich schon ein Symptom einer starken Abneigung gegen ein solches Verhalten, und man kann in ihr eine psychotechnische Vorbereitung für ein ablehnendes Verhalten sehen. Es ist dies nicht überraschend. Ob Freibeuter oder Parteifunktionär oder Beamter, – der einzelne Sozialist sieht jedenfalls im

---

[4] Wie schon in Teil I erwähnt, ist dies von Marx selbst in einer klassischen Stelle des Kommunistischen Manifests anerkannt worden.

Aufstieg des Sozialismus in naiver, aber verständlicher Weise ein Synonym zu *seinem* Aufstieg zur Macht. Sozialisierung bedeutet für ihn, daß «wir» zur Macht gelangen. Die Absetzung der bisher Leitenden ist ein wichtiger, vielleicht der wichtigste Teil des Schauspiels. Und ich gestehe, daß ich in der Unterhaltung mit militanten Sozialisten oft Zweifel hegte, ob manchen von ihnen oder sogar den meisten viel an einem sozialistischen – in anderer Beziehung noch so vollkommenen – Regime gelegen wäre, wenn es von andern Leuten als von ihnen regiert werden sollte. Ich muß sofort beifügen, daß die Haltung anderer Sozialisten über jeden Tadel erhaben war[5].

An sich verlangt eine erfolgreiche Lösung des Problems vor allen Dingen, daß dem Bürgerstamm gestattet wird, die Arbeit zu tun, für die er durch Fähigkeit und Tradition qualifiziert ist, und daß folglich für leitende Stellungen eine Selektionsmethode eingeführt wird, die auf Tauglichkeit basiert und nicht gegen den Exbourgeois differentiiert. Solche Methoden sind denkbar, und einige von ihnen mögen sogar von der kapitalistischen Methode, wie sie in der Ära der Großunternehmung funktioniert, vorteilhaft abstechen. Indessen bedeutet die Erlaubnis, eine Arbeit zu tun, mehr als die bloße Ernennung zu einer angemessenen Stellung. Ist man ernannt, muß man auch die Freiheit erhalten, auf eigene Verantwortung zu handeln. Und dies wirft die Frage der «Bürokratisierung des Wirtschaftslebens» auf, die das Thema so vieler antisozialistischer Moralpredigten bildet.

Ich kann mir meinenteils – unter den Bedingungen der modernen Gesellschaft – eine sozialistische Organisation in keiner andern Form als der eines riesigen und allumfassenden bürokratischen Apparats vorstellen. Jede andere Möglichkeit, die ich erdenken kann, würde Fehlschlag und Zusammenbruch bedeuten. Dies sollte immerhin niemanden erschrecken, der sich klar ist, wie weit die Bürokratisierung des Wirtschaftslebens – sogar des Lebens im allgemeinen – schon gediehen ist und der sich durch das Dickicht von Phrasen, die um dieses Thema

---

[5] Darüber vergleiche man den Kommentar zu den Beratungen der deutschen Sozialisierungskommission (Seite 476 f.).

herumgewachsen ist, durchzuhauen weiß. Wie im Falle des «Monopols» ist der Einfluß, den diese Phrasen auf uns ausüben, weitgehend auf ihre historische Quelle zurückzuführen. In der Epoche des aufsteigenden Kapitalismus behauptete sich die Bourgeoisie in erster Linie durch einen Kampf gegen die Territorialmächte, die durch eine monarchistische Bürokratie vertreten waren und handelten. Und das meiste dessen, was die Händler und Fabrikanten als ärgerliche oder törichte Einmischung empfanden, verband sich im kollektiven Denken der kapitalistischen Klasse mit dieser Bürokratie oder diesem Beamtentum. Solch eine Gedankenverbindung ist etwas äußerst Dauerhaftes; diese insbesonders erwies sich als so dauerhaft, daß selbst Sozialisten sich vor diesem Kinderschreck fürchten und ganz entgegen ihrer sonstigen Gewohnheit uns oft versichern, daß ihren Plänen nichts ferner liegt als die Idee eines bürokratischen Regimes[6].

Wir werden im nächsten Teil sehen, daß die Bürokratie nicht ein Hindernis der Demokratie, sondern ihre unvermeidliche Ergänzung darstellt. Gleicherweise ist sie eine unvermeidbare Ergänzung der modernen Wirtschaftsentwicklung, und sie wird mehr denn je in einem sozialistischen Gemeinwesen wesentlich sein. Aber die Anerkennung der Unvermeidbarkeit einer umfassenden Bürokratisierung löst noch nicht die aus ihr entstehenden Probleme, so daß wir ebenso gut diese Gelegenheit benützen können, um darzulegen, worin diese bestehen.

Die Beseitigung des Gewinn- und Verlustmotivs, worauf oft ausschließlich der Nachdruck gelegt wird, ist nicht der wesentliche Punkt. Zudem ist die Verantwortlichkeit – in dem Sinn, daß man für eigene Fehler mit eigenem Gelde zahlen muß – ohnehin am Verschwinden (obschon nicht so rasch, wie das Wunschdenken uns glauben lassen möchte), und die Art der Verantwortlichkeit, die in einer Großunternehmung vorhanden

---

[6] In Rußland gibt es einen weiteren Grund für solche Bekenntnisse. Der Kinderschreck wurde dort zu einem Sündenbock, den alle Führer, namentlich aber Trotzky, gut zu verwenden wußten. Indem sie durchaus richtig auf die Gedankenlosigkeit sowohl des heimischen wie des ausländischen Publikums spekulierten, schoben sie einfach alles in Rußland, was sie nicht als bewunderungswürdig empfanden, der «Bürokratie» in die Schuhe.

ist, ließe sich zweifellos auch in einer sozialistischen Gesellschaft zustande bringen (siehe unten). Auch ist die Methode der Auswahl leitender Beamter, wie sie Bürokratien oder Verwaltungen eigen ist, nicht unbedingt so leistungsunfähig, wie dies oft behauptet wird. Verwaltungsregeln für Ernennung und Beförderung entbehren nicht eines beachtlichen Maßes von Rationalität. Sie bewähren sich auch oft besser in der Praxis, als sie auf dem Papier aussehen: namentlich das Element der gesamthaften Ansicht der Behörde über einen bestimmten Mann vermag, wenn ihm das richtige Gewicht beigelegt wird, viel zur Förderung der Fähigkeit – wenigstens der Fähigkeit einer bestimmten Art – beizutragen.

Weit wichtiger ist ein anderer Punkt. Die bürokratische Methode der Geschäftsführung und die moralische Atmosphäre, die sie verbreitet, üben zweifellos oft einen deprimierenden Einfluß gerade auf die aktivsten Menschen aus. Dies rührt hauptsächlich von der Schwierigkeit her – sie ist der bürokratischen Maschine inhärent –, die individuelle Initiative mit dem Mechanismus ihrer Betätigung in Einklang zu bringen. Oft gewährt die Maschine wenig Spielraum für Initiative und viel Spielraum für böswillige Versuche, sie zu ersticken. Daraus mag ein Gefühl von Behinderung und Nutzlosigkeit entstehen, das seinerseits eine Geisteshaltung erzeugt, die in vernichtender Kritik der Anstrengungen anderer schwelgt. Dies braucht nicht so zu sein; manche Bürokratien gewinnen durch die nähere Bekanntschaft mit ihrer Arbeit. Aber es ist schwierig, dieses Gefühl zu vermeiden und es gibt dafür kein einfaches Rezept.

Es ist jedoch nicht schwierig, den Menschenbestand bürgerlicher Herkunft an seinen richtigen Platz innerhalb dieser Maschine einzufügen und seine Arbeitsgewohnheiten umzuformen. Wir werden später sehen, daß – zumindest im Falle der Sozialisierung in der Fülle der Zeit – die Bedingungen für eine moralische Akzeptierung der sozialistischen Ordnung der Dinge und für eine Übertragung der Treuepflichten auf sie wahrscheinlich erfüllbar sind und daß es keine Kommissare geben muß, denen man entgegenarbeitet und die man beleidigt. Eine vernünftige Behandlung der ex-bürgerlichen Elemente im Hinblick auf die Sicherung einer maximalen Leistung ihrerseits wird dann nichts erfordern, das nicht auch im Falle leitenden Personals irgend einer andern Herkunft notwendig ist. Die Frage, was diese vernünftige Behandlung in sich schließt, ist von einigen sozialistischen Autoritäten bereits so vernünftig und undemagogisch beantwortet worden, daß ein sehr kurzer Überblick über die wichtigen Punkte genügen wird.

Wir tun gut daran, gleich von Beginn anzuerkennen, daß es ebenso wirklichkeitsfremd wäre, sich ausschließlich auf ein rein altruistisches Pflichtgefühl zu verlassen, wie dessen Bedeutung und Möglichkeiten generell zu leugnen. Selbst wenn die verschiedenen Elemente, die dem Pflichtgefühl verwandt sind, voll in Betracht gezogen werden, wie zum Beispiel die aus der Arbeit und ihrer Leitung entstehende Befriedigung, dürfte sich vermutlich ein gewisses System von Belohnungen, wenigstens in der Form sozialer Anerkennung und sozialen Prestiges, als vorteilhaft erweisen. Auf der einen Seite lehrt die gewöhnliche Erfahrung, daß kaum ein Mann oder eine Frau – seien sie noch so hochgesinnt – zu finden sind, deren Altruismus oder Pflichtgefühl in völliger Unabhängigkeit mindestens von dieser Art von Selbstinteresse oder, wenn man lieber will, von Eitelkeit oder von Selbstbestätigungswünschen arbeitet. Auf der andern Seite ist es klar, daß die Haltung, die diesem oft rührend offenkundigen Sachverhalt zugrunde liegt, tiefer verwurzelt ist als das kapitalistische System und zur Logik des Lebens innerhalb jeder sozialen Gruppe gehört. Sie kann daher nicht durch Phrasen über die Pest des Kapitalismus, der die Seelen vergiftet und ihre «natürlichen» Neigungen ablenkt, abgetan werden. Es ist jedoch sehr leicht, mit dieser Art des individuellen Egoismus so fertig zu werden, daß man ihn für den Dienst der Gesellschaft ausnützt. Und eine sozialistische Gemeinschaft ist dazu in besonders günstiger Lage.

In der kapitalistischen Gesellschaft hat die soziale Anerkennung einer Leistung oder das soziale Prestige eine starke wirtschaftliche Nebenbedeutung, sowohl weil nach den kapitalistischen Maßstäben der geldmäßige Gewinn den typischen Erfolgsindex darstellt, als auch weil die meisten Zubehöre des sozialen Ansehens – namentlich dieses subtilste aller wirtschaftlichen Güter, die soziale Distanz – erkauft werden müssen.

Dieser Prestige- oder Distinktionswert des privaten Reichtums ist natürlich von den Ökonomen schon immer erkannt worden. John Stuart Mill, der gewiß kein Zauberer in Voraussicht oder Einsicht war, hat ihn gesehen. Und es ist klar, daß unter den Reizmitteln zu übernormaler Leistung dies eines der wichtigsten ist.

Es ist im Teil II gezeigt worden, daß die kapitalistische Entwicklung selbst dahin tendiert, dieses Motiv für die Begierde nach Reichtum gleichzeitig mit allen andern zu schwächen. Folglich wird der Sozialismus eine nicht annähernd so große Umwertung der Lebenswerte bei den Menschen erfordern, die gegenwärtig die oberste Schicht bilden, als er es vor hundert Jahren getan hätte. Zudem kann das Prestigemotiv mehr als irgend ein anderes durch die einfache Schaffung anderer Verhältnisse umgeformt werden: es ist durchaus denkbar, daß Menschen, die erfolgreiche Leistungen aufzuweisen haben, fast ebenso gut dadurch zufrieden gestellt werden können, daß sie das Privileg erhalten, eine Briefmarke an ihre Hosen kleben zu dürfen – sofern dieses Privileg mit der notwendigen Sparsamkeit verliehen wird –, als wenn sie jährlich eine Million einnehmen. Dies wäre auch gar nicht irrational. Denn angenommen, die Briefmarke beeindrucke die Umwelt so sehr, daß diese ihrem Träger mit Ehrerbietung zu begegnen sich veranlaßt sähe, so wird sie ihm viele der Vorteile gewähren, um derentwillen er gegenwärtig die jährliche Million preist. Dieses Argument verliert nichts durch die Tatsache, daß ein solches Verfahren lediglich eine Erfindung wieder aufleben ließe, die in der Vergangenheit weitherum mit ausgezeichneten Resultaten verwendet worden ist. Warum nicht? Trotzky selbst hat den Orden der Roten Fahne angenommen.

Was die Vorzugsbehandlung in Realeinkommen ausgedrückt betrifft, so sollte vor allem beachtet werden, daß sie bis zu einem gewissen Grad eine Sache des rationalen Verhaltens gegenüber dem vorhandenen Vorrat an sozialem Reichtum ist, ganz unabhängig vom Aspekt des Anreizes. Gerade so wie Rennpferde und Preisbullen die dankbaren Empfänger von Aufmerksamkeiten sind, die jedem Pferd oder Stier zukommen zu lassen weder vernünftig noch möglich wäre, so muß dem Menschen, der Übernormales leistet, eine Vorzugsbehandlung gewährt werden, wenn die Regeln wirtschaftlicher Rationalität vorherrschen sollen. Natürlich braucht dies nicht der Fall zu sein. Die Gemeinschaft kann sich entschließen, Idealen Folge zu geben, die dies ausschließen, und sie kann es ablehnen, Menschen in gleicher Weise wie Maschinen zu betrachten. Und ein Ökonom ist darüber nichts anderes zu sagen berechtigt, als daß die Gemeinschaft nicht handeln sollte in Unkenntnis der Tatsache, daß diese Ideale etwas kosten. Dieser Punkt ist von beträchtlicher Bedeutung. Viele Einkommen, die so hoch sind, daß sie unfreundliche Kommentare hervorrufen, geben ihren Empfängern nicht mehr als die Lebens- und Arbeitsbedingungen – einschließlich Distanz und der Freiheit von kleineren Plackereien –, die hinreichen, um sie für die Art ihrer Tätigkeit in Form zu halten.

Insoweit als dieser Punkt berücksichtigt wird, wird er gleichzeitig, mindestens teilweise, das Problem der Schaffung rein wirtschaftlicher Stimuli lösen. Ich glaube jedoch, daß die sozialistische Gemeinschaft, wiederum vom Standpunkt der Rationalität aus, beträchtlich gewinnen wird, wenn sie über die Grenzen, die durch den Rennpferd- oder Maschinenaspekt gesetzt sind, weit hinausgeht. Auch hier läßt sich die Begründung einerseits aus der Beobachtung des menschlichen Verhaltens ableiten und andrerseits aus der Analyse von Wirtschaft und Zivilisation des Kapitalismus, die durchaus nicht die Ansicht stützt, daß der Nachdruck, dessen sich die Gesellschaft durch eine Vorzugsbehandlung bedienen kann, ein Produkt kapitalistischer Verhältnisse ist. Diese Nötigung ist eine Triebkraft sozial wertvoller Anstrengung. Wenn ihr alie Aussicht auf Befriedigung genommen wird, werden die Ergebnisse einigermaßen kleiner ausfallen, als sie sein könnten, obschon es unmöglich ist zu sagen, um wie viel, und obschon die Bedeutung dieses Elementes um so geringer sein wird, je stationärer der Wirtschaftsprozeß ist, wenn der Sozialismus ans Ruder gelangt.

Das heißt nicht, daß, um die Möglichkeiten derartigen Anreizes voll auszunützen, die Nominaleinkommen bis zu etwa der gegenwärtigen Höhe steigen müssen, – weit entfernt davon. Gegenwärtig schließen sie Steuern, Sparanlagen usw. ein. Die

Eliminierung dieser Posten würde an sich schon genügen, um die Zahlen, die der kleinbürgerlichen Mentalität unserer Zeit ein solches Ärgernis sind, drastisch zu kürzen. Wie wir früher gesehen haben, werden zudem die Menschen in den oberen Einkommenskategorien immer mehr zu bescheideneren Vorstellungen erzogen und verlieren de facto die meisten Motive – abgesehen vom Prestigemotiv –, um jene Einkommensebenen zu begehren, die früher Ausgaben in seigneurialem Maßstab gestatteten; ihre Vorstellungen werden noch bescheidener sein in dem Zeitpunkt, in dem ein Erfolg des Sozialismus erwartet werden kann.

Natürlich werden ökonomische Pharisäer immer noch die Hände in heiligem Entsetzen zusammenschlagen. Zu ihrem Nutzen mache ich gern darauf aufmerksam, daß uns Mittel zur Verfügung stehen, um ihre Bedenken zu zerstreuen. Diese Mittel sind in der kapitalistischen Welt entstanden, doch in Rußland stark weiterentwickelt worden. Im Wesentlichen bestehen sie in einer Verbindung von Naturalzahlungen mit einer großzügigen Vergütung in Geld für Ausgaben, die als notwendig für die richtige Erfüllung gewisser Pflichten angesehen werden. In den meisten Ländern werden zweifellos die höheren Stellen der Verwaltung nur sehr bescheiden, oft unvernünftig bescheiden, besoldet, und die großen politischen Ämter weisen meist dekorativ kleine Geldgehälter aus. Aber dies wird in vielen Fällen wenigstens teilweise, in einigen Fällen sehr reichlich nicht nur durch Auszeichnungen kompensiert, sondern auch durch amtliche, auf öffentliche Kosten unterhaltene Residenzen, durch Zulagen für «offizielle» Empfänge, durch die Bereitstellung der Admiralsyacht und anderer Yachten, durch Sonderzulagen für die Mitarbeit in internationalen Kommissionen oder im Hauptquartier einer Armee usw.

IV. Sparen und Disziplin

Was geschieht endlich mit den gegenwärtig von der Bourgeoisie versehenen Funktionen, die das sozialistische Regime ihr wegzunehmen gehalten ist? Unter dieser Überschrift wollen wir Sparen und Disziplin diskutieren.

Was die erste anlangt – eine Funktion, die fast ausschließlich von der Bourgeoisie und namentlich ihren höheren Rängen versehen wird –, werde ich nicht argumentieren, daß Sparen unnötig oder antisozial ist. Auch werde ich vom Leser nicht verlangen, daß er sich auf den Hang zum Sparen bei den einzelnen Genossen verlasse. Ihr Beitrag soll zwar nicht übersehen werden, aber er wäre ungenügend, es sei denn, die sozialistische Wirtschaft ist als quasi-stationär zu denken. Wie wir gesehen haben, kann die Zentralbehörde all das, was bis jetzt durch privates Sparen getan wird, viel wirksamer dadurch zustande bringen, daß sie einen Teil der nationalen Produktivkräfte direkt der Produktion von neuen Anlagen und Ausrüstungsgegenständen zuweist. Die russische Erfahrung mag in mancher Beziehung nicht beweiskräftig sein, aber in dieser ist sie überzeugend. Entbehrungen und «Abstinenz» sind auferlegt worden, wie keine kapitalistische Gesellschaft sie je hätte erzwingen können. Auf einem weiter fortgeschrittenen Stadium der wirtschaftlichen Entwicklung müßte bei weitem nicht so viel verlangt werden, um einen Fortschritt im kapitalistischen Tempo zu sichern. Wenn vom kapitalistischen Vorgänger ein quasi-stationäres Stadium erreicht ist, mag sogar freiwilliges Sparen genügen. Obschon das Problem immer lösbar ist, zeigt es wieder, daß verschiedene Situationen verschiedene Sozialismen erfordern und daß der idyllische Typ nur dann erfolgreich sein kann, wenn dem wirtschaftlichen Fortschritt keine Bedeutung beigemessen wird, in welchem Fall das wirtschaftliche Kriterium seine Relevanz verliert, oder wenn der wirtschaftliche Fortschritt zwar für die Vergangenheit hoch eingeschätzt, aber für die Zukunft als bedeutungslos angesprochen wird, da er bereits weit genug gegangen sei.

Was die Disziplin anlangt, so gibt es eine offenkundige Beziehung zwischen der Leistungsfähigkeit der wirtschaftlichen Maschine und der Autorität über die Arbeitnehmer, welche die kommerzielle Gesellschaft mittels der Institutionen des Privateigentums und des «freien» Arbeitsvertrags den bürgerlichen Arbeitgebern überträgt. Dies ist nicht einfach ein Privileg, das den Besitzenden verliehen wird, damit sie die Nichtbesitzenden ausbeuten können. Hinter dem unmittelbar berührten Privatinteresse liegt das Sozialinteresse am reibungslosen Funktionieren des Produktionsapparates. Wie weit in einer gegebenen Situation dem letzteren tatsächlich durch das erstere gedient wird, darüber können die Ansichten beträchtlich auseinandergehen, ebenso wie über das Ausmaß an funktionslosen Entbehrungen, welche die Methode, das Sozialinteresse dem Selbstinteresse der Arbeitgeber anzuvertrauen, dem Unterlegenen gewöhnlich aufbürdete. Historisch kann jedoch keine große Meinungsverschiedenheit weder über das Vorhandensein jenes sozialen Interesses noch über die generelle Wirksamkeit dieser Methode herrschen, zumal sie in der Epoche des intakten Kapitalismus offensichtlich die einzig mögliche war. Darum haben wir folgende zwei Fragen zu beantworten. Wird dieses Sozialinteresse in der sozialistischen Umwelt weiter bestehen? Wenn ja, kann der sozialistische Plan das erforderliche Maß an Autorität, wie groß es auch sein mag, bieten?

Es wird zweckmäßig sein, den Ausdruck «Autorität» durch sein Komplement, «autoritäre Disziplin», zu ersetzen; darunter soll die – von andern Personen als den disziplinierten Individuen eingebleute – Gewohnheit verstanden werden, Befehlen zu gehorchen und Kontrolle und Kritik zu akzeptieren. Davon unterscheiden wir die «Selbstdisziplin» (wir bemerken beiläufig, daß diese, zum Teil wenigstens, auf früheres, sogar angestammtes Ausgesetztsein unter den disziplinierenden Einfluß der Autorität zurückzuführen ist) und die «Gruppendisziplin», die das Ergebnis des Druckes der Gruppenmeinung auf jedes Glied der Gruppe und die zum Teil in ähnlicher Weise dem in der Vergangenheit erduldeten autoritären Training zuzuschreiben ist.

Es gibt nun zwei Tatsachen, die vermutlich zu einer strafferen Selbstdisziplin und Gruppendisziplin in der sozialistischen Ordnung führen werden. Diese Frage ist wie so manche andere durch lächerliche Idealisierung nahezu verborgen – durch absurde Vorstellungen wie die, daß die Arbeiter mittels intelligenter Diskussion (während sie sich von angenehmen Spielen ausruhen) zu Entscheidungen gelangen, worauf sie sich erheben, um sie in freudevollem Wetteifer auszuführen. Doch derartiges Zeug sollte uns nicht blind machen gegenüber Tatsachen und Folgerungen aus Tatsachen, die für günstige Aussichten von vernünftiger Natur sprechen.

Erstens: die sozialistische Ordnung wird vermutlich über jene moralische Gefolgschaft verfügen, die dem Kapitalismus immer mehr verweigert wird. Es ist kaum nötig zu betonen, daß dies dem Arbeiter eine gesündere Einstellung gegenüber seinen Pflichten geben wird, als er sie vermutlich unter einem System haben kann, zu dessen Ablehnung er gelangt ist. Zudem ist seine Ablehnung weitgehend das Ergebnis der Einflüsse, denen er unterliegt. Er lehnt ab, weil man es ihn so lehrt. Seine Loyalität und sein Stolz auf eine gute Leistung werden ihm systematisch ausgeredet. Seine ganze Lebenseinstellung wird durch den Klassenkampf-Komplex verbogen. Was ich bei einer früheren Gelegenheit das eingewurzelte Interesse an sozialer Unruhe genannt habe, wird jedoch weitgehend verschwinden – oder zum Verschwinden gebracht werden, wie wir gleich noch sehen werden –, zusammen mit allen anderen eingewurzelten Interessen. Natürlich ist dem die Einbuße gegenüberzustellen, daß der disziplinierende Einfluß, der von der Verantwortlichkeit für das eigene wirtschaftliche Schicksal ausging, beseitigt wird.

Zweitens: eines der Hauptverdienste der sozialistischen Ordnung besteht darin, daß sie die Natur der wirtschaftlichen Phänomene mit unmißverständlicher Klarheit zeigt, während in der kapitalistischen Ordnung ihr Gesicht hinter der Maske des Gewinninteresses verborgen bleibt. Wir können über die Verbrechen und Narrheiten, die nach der Meinung der Sozialisten hinter dieser Maske begangen werden, denken wie wir wollen, aber wir können die Wichtigkeit der Maske selbst nicht bestreiten. Zum Beispiel könnte in einer sozialistischen Gesellschaft vermutlich niemand daran zweifeln, daß die Importe das sind, was einer Nation aus dem internationalen Handel zufließt, und daß die Exporte das Opfer sind, das man auf sich nehmen muß, um die Importe zu beschaffen. Während in der kommerziellen Gesellschaft diese Einsicht des gesunden Menschenverstandes dem Mann auf der Straße in der Regel völlig verborgen ist und dieser daher fröhlich Maßnahmen unterstützt, die zu seinem Nachteil sind. Auch wird eine sozialistische Verwaltung – unbeschadet dessen, was sie sonst zusammenstümpern mag – bestimmt nicht jemandem eine Prämie bezahlen mit dem ausdrücklichen Zweck, ihn zu veranlassen, daß er *nicht* produziere. Und es wird niemand Erfolg mit irgendeinem Unsinn über das Sparen haben. Daher wird die Wirtschaftspolitik weit über die nächstliegenden Dinge hinaus rationalisiert und einige der schlimmsten Ursachen der Vergeudung werden vermieden werden, einfach weil die wirtschaftliche Bedeutung von Maßnahmen und Prozessen jedem Genossen klar sein wird. Unter anderm wird sich nun jeder Genosse der wahren Bedeutung von Widerspenstigkeit bei der Arbeit und namentlich von Streiks bewußt werden. Es ist ganz gleichgültig, daß er nicht aus diesem Grund die Streiks der kapitalistischen Periode *ex post facto* verurteilen wird, vorausgesetzt, daß er nur zum Schluß kommt, Streiks seien «nun» nichts anderes als antisoziale Angriffe auf den Reichtum der Nation. Würde er trotzdem streiken, täte er es mit schlechtem Gewissen und zöge die Mißbilligung der Öffentlichkeit auf sich. Vor allem gäbe es keine wohlmeinenden Bourgeois beider Geschlechter mehr, die es furchtbar spannend finden, Streikenden und Streikführern Beifall zu spenden.

V. Autoritäre Disziplin im Sozialismus; die russische Lehre

Diese zwei Tatsachen führen uns indessen weiter als nur zur Folgerung, daß, soweit sie reichen, in einer sozialistischen Gesellschaft mehr Selbstdisziplin und mehr Gruppendisziplin und daher weniger Bedürfnis nach autoritärer Disziplin vorhanden sein wird als in der Gesellschaftsordnung des gefesselten Kapitalismus. Sie machen es überdies wahrscheinlich, daß der autoritäre Zwang zur Disziplin, wo nötig, sich als leichtere Aufgabe erweisen wird[7]. Bevor ich die Gründe für diese Ansicht gebe,

[7] Falls dies wenigstens für gewisse Typen des sozialistischen Systems vernünftigerweise zu erwarten ist, kann die Bedeutung dieser Tatsache kaum übertrieben werden. Es ist nicht nur so, daß Disziplin die Qualität und wenn nötig auch die Quantität der Arbeitsstunden erhöht. Unabhängig davon ist Disziplin ein Ersparnisfaktor erster Ordnung. Sie schmiert

muß ich die Gründe anführen, aus denen ich glaube, daß die sozialistische Gesellschaft nicht imstande sein wird, ohne autoritäre Disziplin auszukommen.

Erstens und vor allem: insoweit als Selbstdisziplin und Gruppendisziplin, wenigstens in beträchtlichem Ausmaß, das Ergebnis früherer, vielleicht angestammter, von der autoritären Disziplin ausgeübter Erziehung sind, werden sie sich erschöpfen, wenn diese Erziehung während längerer Zeit unterbrochen wird, – ganz unabhängig davon, ob die sozialistische Ordnung zusätzliche Gründe für die Bewahrung des erforderlichen Verhaltenstyps bietet, die an die rationale Überlegung oder die moralische Gefolgschaft von Einzelnen oder Gruppen appel lieren. Solche Gründe und ihre Akzeptierung sind wichtige Faktoren, – mehr jedoch insofern als sie die Menschen veranlassen, sich dieser Erziehung und einem System von Sanktionen zu unterwerfen, als daß sie sie instand setzen, sich aus eigenem Ansporn auf dieser Höhe zu halten. Dieser Aspekt gewinnt an Gewicht, wenn wir überlegen, daß wir die Disziplin in der eintönigen Routine des Alltags – mit ihren mindestens teilweise verdrießlichen Details und durch keinen Enthusiasmus verklärt – betrachten, und daß die sozialistische Ordnung, um nicht mehr zu sagen, einen Teil des Drucks des Selbstbehauptungsmotivs, das weitgehend die Selbstdisziplin in der kapitalistischen Gesellschaft motiviert, zum Teil wenigstens, aufheben wird.

Zweitens: mit der Notwendigkeit eines unablässigen Trainings des Normalmenschen ist eng die andere Notwendigkeit verbunden, mit den «unternormal Leistungsfähigen» angemessen zu verfahren. Dieser Ausdruck bezieht sich nicht auf vereinzelte pathologische Fälle, sondern auf einen breiten Rand von vielleicht 25 % der Bevölkerung. Insoweit die unternormalen Leistungen auf moralische oder willensmäßige Defekte zurückgehen, ist die Erwartung, daß sie mit dem Kapitalismus verschwinden wer-

---

die Räder der Wirtschaftsmaschine und setzt die Unwirtschaftlichkeit und die Gesamtaufwendung pro Leistungseinheit stark herunter. Die Leistungsfähigkeit sowohl der Planung wie auch namentlich der allgemeinen Verwaltung kann auf ein Niveau gehoben werden, das weit über dem liegt, was unter den gegenwärtigen Verhältnissen erreichbar ist.

den, völlig wirklichkeitsfremd. Das große Problem und der große Feind der Menschheit, der unternormale Mensch, wird in unserer Mitte weiterbestehen, so gut wie heute. Man kann kaum mit ihm fertig werden durch bloße Gruppendisziplin *ohne sonstige Hilfe*, – obschon natürlich der Mechanismus der autoritären Disziplin so konstruiert werden kann, daß er wenigstens teilweise durch die Gruppe wirkt, zu der der unternormale Mensch als Element gehört.

Drittens: es kann zwar erwartet werden, daß das eingewurzelte Interesse an sozialer Unruhe zum Teil verschwinden wird, doch besteht Grund zur Annahme, daß es nicht vollständig verschwinden wird. Unruhe zu stiften und Universalschlüssel in die Maschinen zu werfen wird nach wie vor eine Karriere oder der Abkürzungsweg zu einer Karriere sein; nicht weniger als heute wird es auch in Zukunft die natürliche Reaktion sowohl von Idealisten wie auch von Egoisten sein, die mit ihrer Stellung oder mit der Welt im allgemeinen unzufrieden sind. Zudem wird es auch in der sozialistischen Gesellschaft Ziele genug geben, worum man kämpft. Letzten Endes wird ja nur eine der großen Streitursachen eliminiert sein. Auch abgesehen von der naheliegenden Wahrscheinlichkeit, daß gebietsmäßige – geographische und industrielle – Interessen weiterbestehen werden, mögen Meinungsstreitigkeiten entstehen zum Beispiel über das relative Gewicht, das dem unmittelbaren Genuß gegenüber der Wohlfahrt künftiger Geschlechter beizulegen ist; und eine Verwaltung, die für die Sache der letzteren Partei ergreift, könnte sich sehr wohl einer Haltung gegenübersehen, die der gegenwärtigen Haltung der Arbeiter und der Öffentlichkeit im allgemeinen gegenüber der Großunternehmung und ihrer Akkumulationspolitik gar nicht so unähnlich wäre. Und wenn wir uns endlich gar daran erinnern, was wir über das Thema der kulturellen Indeterminiertheit des Sozialismus geschrieben haben, werden wir uns klar darüber werden müssen, daß viele der großen Probleme des Völkerlebens ebenso offen sein werden wie zuvor und daß wenig Grund zur Annahme vorliegt, daß die Menschen den Kampf darüber einstellen werden.

Wenn wir nun die Fähigkeit der sozialistischen Verwaltung

würdigen, mit den unter diesen drei Kategorien möglicherweise entstehenden Schwierigkeiten fertig zu werden, dann müssen wir beachten, daß der Vergleich mit dem Kapitalismus gezogen wird, so wie er heute ist, oder gar mit dem Kapitalismus, wie er voraussichtlich in einem noch fortgeschritteneren Stadium der Auflösung funktionieren wird. Als wir die Bedeutung der bedingungslosen Unterordnung in der einzelnen Unternehmung[8] diskutierten, die seit den Tagen von Jeremy Bentham von vielen Ökonomen so völlig übersehen worden ist, haben wir gesehen, daß die kapitalistische Entwicklung dahin tendiert, ihre soziologisch-psychologischen Grundlagen abzutragen. Die Bereitschaft des Arbeiters, Anordnungen zu gehorchen, entsprang nie einer rationalen Überzeugung von den Tugenden der kapitalistischen Gesellschaft oder einer rationalen Wahrnehmung irgendwelcher Vorteile, die ihm persönlich zuflossen. Sie entsprang vielmehr der Disziplin, die ihm vom feudalen Vorgänger seines bürgerlichen Herrn eingebleut worden war. Auf diesen Herrn übertrug das Proletariat einen Teil jenes Respekts – keineswegs den ganzen –, den seine Vorfahren in allen normalen Fällen den Feudalherren entgegengebracht hatten. Die Nachkommen der Feudalherren erleichterten auch der Bourgeoisie ihre Aufgabe, indem sie während des größten Teils der kapitalistischen Geschichte politisch an der Macht blieben.

Indem die Bourgeoisie diese schützende Schicht bekämpfte, indem sie die Gleichheit in der politischen Sphäre akzeptierte und indem sie Arbeiter lehrte, daß sie ebenso wertvolle Bürger wie irgend jemand sonst seien, hat sie diesen Vorteil verwirkt. Während einiger Zeit blieb noch genügend Autorität übrig, um den allmählichen, doch unaufhörlichen Wandel zu verbergen, der mit Notwendigkeit die Disziplin in der Fabrik auflösen mußte. Heute ist sie größtenteils verschwunden. Verschwunden sind die meisten Mittel zur Aufrechterhaltung der Disziplin und mehr noch die Macht, sie anzuwenden. Verschwunden ist die moralische Unterstützung, die die Allgemeinheit dem mit Disziplinverletzungen kämpfenden Arbeitgeber zu gewäh-

---

[8] Siehe Kapitel 11, Seite 208.

ren pflegte. Verschwunden ist endlich – weitgehend als Folge des Entzuges dieser Unterstützung – die frühere Haltung der Regierungsstellen; Schritt für Schritt können wir den Weg verfolgen, der von der Rückendeckung für den Fabrikherrn zur Neutralität führte, dann über die verschiedenen Nuancen der Neutralität zur Unterstützung des Rechts des Arbeiters auf Gleichberechtigung in den Verhandlungen, und von hier aus zur Unterstützung der Gewerkschaft sowohl gegen die Arbeitgeber wie auch gegen die einzelnen Arbeiter[9]. Das Bild wird vervollständigt durch die Haltung des bezahlten Geschäftsangestellten, der wohl weiß, daß wenn er für ein öffentliches Interesse zu kämpfen behauptete, er nicht einmal Entrüstung, sondern nur Heiterkeit hervorrufen würde, und der daraus schließt, daß es angenehmer ist, für Fortschrittlichkeit verurteilt zu werden – oder in Ferien zu gehen – als üble Nachrede oder Gefahren dadurch auf sich zu ziehen, daß man etwas tut, was niemand als seine Pflicht anerkennt.

Angesichts dieses Stands der Dinge brauchen wir nicht einmal die ihm innewohnenden Tendenzen sehr weit vorauszuschauen, um uns Situationen zu vergegenwärtigen, in denen *der Sozialismus das einzige Mittel sein mag, um die soziale Disziplin wieder herzustellen.* Jedenfalls aber ist es klar, daß die Vorteile,

---

[9] Eine Duldung, die gleichbedeutend ist mit der Ermunterung solcher Praktiken wie Streikpostenstehen, mag als eindrücklicher Markstein eines Prozesses dienen, der nicht in gerader Richtung verlaufen ist. Die Gesetzgebung und noch mehr die Verwaltungspraxis der Vereinigten Staaten ist besonders interessant, weil die betreffenden Probleme hier deshalb mit so unvergleichlicher Deutlichkeit zu Tage getreten sind, da der Wandel, nachdem er so lange hintangehalten ward, auf so kurze Zeit zusammengedrängt wurde. Das Fehlen jeder Einsicht, daß es noch andere soziale Interessen geben könnte, deren sich eine Regierung in ihrer Einstellung zu den Arbeitsproblemen anzunehmen hätte, als die kurzfristigen Interessen der Arbeiterklasse, ist ebenso charakteristisch wie die nur halben Herzens erfolgte, doch bedeutsame Übernahme der Klassenkampftaktik. Manches kann durch eine besondere politische Konstellation erklärt werden und durch die typisch amerikanische Unmöglichkeit, das Proletariat auf irgendwelche andere Weise in eine wirksame Organisation einzuzäunen. Aber der illustrative Wert der amerikanischen Arbeitersituation wird dadurch nicht wesentlich geschmälert.

über die in dieser Beziehung eine sozialistische Leitung gebieten wird, so beträchtlich sind, daß sie auf der Waage der produktiven Leistungsfähigkeit schwer wiegen.

Erstens werden der sozialistischen Leitung viel mehr Werkzeuge der autoritären Disziplin zur Verfügung stehen, als je eine kapitalistische Leitung wieder wird haben können. Die Androhung der Entlassung ist praktisch das einzige Werkzeug, das übrig blieb, – in Übereinstimmung mit der Vorstellung Benthams von einem Vertrage, der durch sozial Gleichgestellte rational abgeschlossen und aufgelöst werden kann –, und der Griff selbst dieses Werkzeugs ist so geformt, daß er die Hand verletzt, die es zu gebrauchen versucht. Doch eine Androhung der Entlassung durch die sozialistische Leitung kann die Drohung bedeuten, den Unterhalt zu entziehen, der nicht durch eine andere Beschäftigung gesichert werden kann. Während zudem in der kapitalistischen Gesellschaft der Regel nach die Frage ist: entweder Entlassung oder nichts – weil die öffentliche Meinung grundsätzlich schon die Vorstellung der Disziplinierung einer Vertragspartei durch die andere ablehnt –, dürfte die sozialistische Leitung imstande sein, diese Drohung in jedem vernünftig scheinenden Ausmaß anzuwenden und ebenso andere Sanktionen zu verhängen. Unter den weniger drastischen Sanktionen gibt es solche, die eine kapitalistische Leitung in Ermangelung moralischer Autorität nicht gebrauchen kann. In einer neuen sozialen Atmosphäre mögen bloße Ermahnungen eine Wirkung haben, die sie heutzutage vermutlich nicht haben können.

Zweitens wird die sozialistische Leitung die Werkzeuge autoritärer Disziplin, die ihr zur Verfügung stehen, viel leichter gebrauchen können. Es wird keine Regierung geben, die sich einmischt. Die Intellektuellen werden als Gruppe nicht mehr feindlich eingestellt sein, und jene Individuen, die es noch sind, werden durch eine Gesellschaft in Schranken gehalten werden, die aufs neue an ihre eigenen Normen glaubt. Eine derartige Gesellschaft wird namentlich in der Führung der Jugend fest sein. Und die öffentliche Meinung wird, um es zu wiederholen, nun nicht mehr länger ein Verhalten dulden, das sie als halbverbrecherisch betrachten wird. Ein Streik wäre eine Meuterei.

Drittens wird es unendlich viel mehr Beweggründe, die Autorität aufrecht zu erhalten, für die leitende Gruppe geben als für eine Regierung in einer kapitalistischen Demokratie. Gegenwärtig ist die Haltung der Regierungen gegenüber dem Geschäftsleben der Haltung verwandt, die wir im politischen Leben mit «Opposition» verbinden: sie ist kritisch, hemmend und zutiefst verantwortungslos. Das könnte im Sozialismus nicht so sein. Das Produktionsministerium wird für das Funktionieren der Maschine verantwortlich sein. Gewiß wäre diese Verantwortlichkeit nur politisch, und gute Redekunst könnte möglicherweise manche Sünden verdecken. Trotzdem, – das Oppositionsinteresse der Regierung wird mit Notwendigkeit ausgeschaltet und durch ein starkes Motiv für erfolgreiche Tätigkeit ersetzt werden. Wirtschaftliche Notwendigkeiten werden nicht länger eine lächerliche Angelegenheit sein. Versuche, die Arbeit zu behindern und die Menschen gegen ihre Arbeit einzunehmen, werden gleichbedeutend mit einem Angriff auf die Regierung sein. Und es kann mit gutem Grund angenommen werden, daß sie darauf reagieren wird.

Wie schon im Fall des Sparens verringern auch hier die verschiedenen Einwände, die gegen Generalisierungen der russischen Erfahrung erhoben werden können, nicht ihren Lehrwert in einer Frage, die in einer reiferen oder sonstwie näher an die Norm herankommenden sozialistischen Gesellschaft weniger und nicht mehr Schwierigkeiten bieten würde. Im Gegenteil können wir kaum auf eine bessere Illustration der Hauptpunkte des obigen Argumentes hoffen.

Die bolschewistische Revolution von 1917 vollendete die Desorganisation des kleinen, aber stark konzentrierten industriellen Proletariats Rußlands. Die Massen entglitten völlig jeglicher Führung und verwirklichten ihre Vorstellung von der neuen Ordnung der Dinge durch unzählige Streiks in der Art eigenmächtiger Ferien und durch die Inbesitznahme der Fabriken[10]. Fabrikleitung durch Arbeiterräte oder Gewerkschaften

[10] Solche Zusammenbrüche der Disziplin haben sich bis jetzt in den meisten historischen Fällen ereignet. Zum Beispiel waren sie der unmittelbare Grund des Scheiterns des quasi-sozialistischen Experiments, das in Paris während der Revolution von 1848 unternommen wurde.

war an der Tagesordnung und wurde von vielen Führern als Selbstverständlichkeit hingenommen. Nur unter großen Schwierigkeiten wurde den Ingenieuren und dem Obersten Rat ein Minimum von Einfluß gesichert und zwar durch einen zu Beginn des Jahres 1918 geschlossenen Kompromiß, dessen völlig unbefriedigendes Funktionieren einer der Hauptgründe dafür war, daß man sich zur NEP, zur neuen ökonomischen Politik des Jahres 1921 entschloß. Die Gewerkschaften verfielen darauf für eine gewisse Zeit wieder in Funktionen und Verhaltensweisen ähnlich denen, die sie in einem schwer gefesselten Kapitalismus haben. Aber der erste Fünfjahresplan (1928) änderte dies alles; im Jahre 1932 war das industrielle Proletariat straffer geführt als unter dem letzten Zaren. Was auch sonst den Bolschewisten mißlungen sein mag, so haben sie doch sicher in dieser Beziehung seither stets Erfolg gehabt. Die Art, wie dies erreicht wurde, ist äußerst lehrreich.

Die Gewerkschaften wurden nicht unterdrückt. Im Gegenteil wurden sie von der Regierung begünstigt: die Mitgliederzahl nahm sprungweise zu und erreichte bereits 1932 fast siebzehn Millionen. Aber sie entwickelten sich aus Exponenten von Gruppeninteressen und aus Disziplins- und Leistungshindernissen zu Exponenten der sozialen Interessen und zu Werkzeugen der Disziplin und Leistung und gewannen dabei eine Haltung, die so völlig verschieden von der ist, die mit den Gewerkschaften in kapitalistischen Ländern verbunden ist, daß einige westliche Arbeitervertreter ablehnten, sie überhaupt als Gewerkschaften anzuerkennen. Sie leisteten nicht mehr Widerstand gegen die mit dem Tempo der Industrialisierung verbundenen Entbehrungen. Sie traten bereitwillig für eine Verlängerung des Arbeitstages ohne zusätzliche Entschädigung ein. Sie gaben das Prinzip gleicher Löhne auf und traten für ein Prämiensystem und andere Leistungsanreize, für das *Stachanow-System* und ähnliches ein. Sie anerkannten das Recht des Betriebsleiters, *nach Belieben* Arbeiter zu entlassen, – oder fügten sich ihm; sie erschwerten die «demokratische Versammlungsmanie» – die Gewohnheit der Arbeiter, die erhaltenen Befehle zu diskutieren und sie erst nach Billigung auszuführen –, und in Zusammenarbeit mit «Genossengerichten» und «Reinigungskommissionen» ergriffen sie recht scharfe Maßnahmen gegen Drückeberger und Unternormale. Man hörte nun nichts mehr vom Recht zu streiken und die Produktion zu kontrollieren.

Nun bestand ideologisch bei alldem keinerlei Schwierigkeit. Wir mögen über die eigenartige Terminologie lächeln, die alles als gegenrevolutionär und der Marxschen Lehre widersprechend etikettierte, was nicht vollständig in Einklang mit dem Staatsinteresse an der vollen Ausnützung der Arbeit stand. Aber de facto ist nichts Antisozialistisches an dieser Haltung: es ist nur logisch, daß mit dem Klassenkampf auch die obstruktionistischen Praktiken verschwinden und der Charakter der Kollektivabkommen sich ändert. Die Kritiker tun unrecht, wenn sie das Maß von Selbstdisziplin und Gruppendisziplin übersehen, welches das System auszulösen vermochte und das die Erwartungen vollauf bestätigt, die wir zu diesem Punkt hegten. Gleichzeitig ist es nicht weniger unrecht, die Rolle zu übersehen, die bei der vorliegenden Leistung der autoritäre Typ der Disziplin spielt, der die andern Arten der Disziplin kräftig unterstützt und nicht weniger kräftig ergänzt.

Sowohl die individuellen Gewerkschaften wie auch ihr Zentralorgan, der Generalrat, wurden der Kontrolle der Regierung und der Kommunistischen Partei unterstellt. Was man üblicherweise die Arbeiteropposition in der Partei nannte, wurde unterdrückt, und Arbeiterführer, die auf der Anerkennung eines Sonderinteresses der Arbeiter beharrten, wurden aus ihren Stellungen entfernt. Somit waren seit der Zeit der Reorganisation der Regierung im Jahre 1921, sicher aber seit 1929, die Gewerkschaften kaum mehr in der Lage, etwas zu sagen oder zu tun, was den Wünschen der regierenden Gruppe hätte zuwiderlaufen können. Sie sind Organe der autoritären Disziplin geworden, – eine Tatsache, die eines der früher ausgeführten Argumente ausgezeichnet illustriert.

Insofern die ungesunde Einstellung des modernen Arbeiters zu seiner Arbeit den Einflüssen zuzuschreiben ist, denen er ausgesetzt ist, ist es wiederum wesentlich, den ungeheuren Unterschied zu beachten, den es ausmacht, ob Pflichtgefühl und Stolz auf seine Leistung ihm unaufhörlich ein- statt unaufhörlich ausgeredet wird. Die Tatsache, daß der russische Staat im Gegensatz zum kapitalistischen Staat in der Lage ist, im Unterricht und in der Leitung der Jugend die Übereinstimmung mit seinen Zielen und strukturellen Ideen zu erzwingen, vergrößert unermeßlich seine Fähigkeit, eine der Fabrikdisziplin günstige Atmosphäre zu schaffen. Intellektuelle haben offensichtlich nicht die Freiheit, sich unberufen einzumischen. Und es gibt keine öffentliche Meinung, die zu Übertretungen ermuntert.

Endlich sind Entlassungen, die Hunger bedeuten, Versetzungen, die auf Deportation herauskommen, «Besuche» durch Chocbrigaden und gelegentlich auch durch Genossen der Roten Armee – unabhängig von ihrer gesetzlichen Untermauerung – praktisch selbständige Mittel in der Hand der Regierung, um die Leistungen zu sichern. Ihre Verwendung ist wohlbegründet und, wie allgemein zugegeben wird, sind sie unnachsichtlich verwendet worden. Sanktionen, an deren Anwendung kein kapitalistischer Arbeitgeber je dächte, selbst wenn er die Macht dazu hätte, drohen finster hinter allen sanfteren psychotechnischen Maßnahmen.

Die unheimlichen Nebenbedeutungen von alle dem sind für unser Argument unwesentlich. Es ist nichts Unheimliches an dem, was ich klarzulegen versuche. Die Grausamkeiten gegenüber Einzelnen und ganzen Gruppen sind weitgehend der Unreife der Situation, den Verhältnissen des Landes und der Beschaffenheit seines Regierungspersonals zuzuschreiben. In andern Verhältnissen, auf andern Entwicklungsstufen und mit anderm Regierungspersonal werden sie nicht notwendig sein. Wenn es sich als unnötig herausstellen sollte, überhaupt Sanktionen anzuwenden, dann um so besser. Der springende Punkt ist der, daß wenigstens *ein* sozialistisches Regime tatsächlich imstande gewesen ist, die Gruppendisziplin zu fördern und autoritäre Disziplin aufzuzwingen. Das Prinzip ist wichtig, – nicht die besonderen Formen, in welchen es in die Praxis umgesetzt wurde.

Auch abgesehen von den Vorzügen oder Nachteilen der Grundpläne fällt somit ein Vergleich mit dem gefesselten Kapitalismus nicht ungünstig für die sozialistische Alternative aus. Es muß noch einmal unterstrichen werden, daß wir nur von

Möglichkeiten gesprochen haben, – wenn auch in anderm Sinn als jenem, der bei unserer Diskussion des Grundplanes relevant war. Viele Annahmen sind nötig, um sie in Gewißheiten oder auch nur in praktische Wahrscheinlichkeiten zu verwandeln, und es ist zweifellos ebenso legitim, sich andere Annahmen zu eigen zu machen, die andere Ergebnisse zeitigen würden. Tatsächlich brauchen wir nur anzunehmen, daß die Ideen des idyllischen Sozialismus, wie ich ihn genannt habe, vorherrschen, um uns von der Wahrscheinlichkeit eines vollständigen, ja lächerlichen Mißlingens zu überzeugen. Das wäre nicht einmal das schlimmst-mögliche Ergebnis. Ein bis zur Lächerlichkeit offenkundiger Fehlschlag könnte geheilt werden. Viel heimtückischer und auch viel wahrscheinlicher ist ein nicht so vollständiges Mißlingen, das die politische Psychotechnik den Leuten als Erfolg weismachen könnte. Zudem sind Abweichungen vom Grundplan der Maschinerie und von den Betriebsgrundsätzen des Systems selbstverständlich nicht weniger wahrscheinlich als in der kommerziellen Gesellschaft; aber sie mögen sich als schwerwiegender und weniger selbstheilend herausstellen. Wenn der Leser jedoch noch einmal die einzelnen Schritte unseres Argumentes überblickt, wird er, denke ich, sich davon überzeugen können, daß die Einwände, die in dieser Kategorie von Überlegungen ihre Wurzeln haben, unsere Sache nicht wesentlich beeinträchtigen – oder daß es, genauer ausgedrückt, Einwände sind nicht gegen den Sozialismus an sich, wie er für unsern Zweck definiert wurde, sondern gegen Charakterzüge, wie sie besondere Typen des Sozialismus aufweisen mögen. Es folgt nicht aus ihnen, daß es unsinnig oder gottlos ist, für den Sozialismus zu kämpfen. Es folgt nur daraus, daß der «Kampf für den Sozialismus» nichts Determiniertes bedeutet, sofern er nicht verkoppelt ist mit einer Vorstellung, welche Art des Sozialismus funktionieren wird. Ob solch ein Sozialismus mit dem vereinbar ist, was wir gewöhnlich unter Demokratie verstehen, ist eine andere Frage.

NEUNZEHNTES KAPITEL

ÜBERGANG

I. Unterscheidung zweier gesonderter Probleme

Es wird, glaube ich, von jedermann und namentlich von allen orthodoxen Sozialisten anerkannt, daß der Übergang von der kapitalistischen zur sozialistischen Ordnung stets Probleme *sui generis* stellen wird, unabhängig von den Bedingungen, unter denen er vor sich gehen mag. Aber die Art und das Ausmaß der zu erwartenden Schwierigkeiten weisen je nach dem Stadium der kapitalistischen Entwicklung, auf dem der Übergang erfolgen soll, und je nach den Methoden, die die sozialisierende Gruppe zu verwenden fähig und willens ist, so große Unterschiede auf, daß es zweckmäßig sein wird, zwei verschiedene Fälle zu konstruieren, um zwei verschiedene Typen von Bedingungen und Umständen zu charakterisieren. Dieses Verfahren läßt sich um so leichter anwenden, als das Wann und das Wie in offenkundigem Zusammenhang stehen. Trotzdem werden beide Fälle einzig in bezug auf den voll entwickelten und «gefesselten» Kapitalismus behandelt werden – ich werde keinen Raum an die durch frühere Stadien gebotenen Möglichkeiten oder Unmöglichkeiten verschwenden. Dessen eingedenk wollen wir sie die Fälle der reifen und der vorzeitigen Sozialisierung nennen.

Das Argument des zweiten Teiles kann größtenteils in der Marxschen Behauptung zusammengefaßt werden, daß der ökonomische Prozeß die Tendenz hat, sich *selbst* (und auch die menschliche Seele) zu sozialisieren. Damit wollen wir sagen, daß die technischen, organisatorischen, kommerziellen, administrativen und psychologischen Vorbedingungen des Sozialismus dahin tendieren, sich mehr und mehr zu erfüllen. Wir wollen uns wiederum den Zustand der Dinge vergegenwärtigen, der in der Zukunft undeutlich zu sehen ist, wenn dieser Trend projiziert wird: Das Wirtschaftsleben wird mit Ausnahme des Agrarsektors von einer kleinen Zahl bürokratisierter Gesellschaftsunternehmungen kontrolliert. Der Fortschritt hat sich verlangsamt und ist mechanisiert und planmäßig geworden. Der Zinsfuß nähert sich dem Nullpunkt, und zwar nicht nur zeitweilig oder unter dem Druck der staatlichen Politik, sondern dauernd infolge des Dahinschwindens von Investitionsgelegenheiten. Der industrielle Besitz und die industrielle Leitung sind entpersönlicht worden, – da das Eigentum in Aktien- und Obligationenbesitz degeneriert ist und die Geschäftsleiter ähnliche Denkgewohnheiten wie Beamte angenommen haben. Die kapitalistische Motivation und ihre Maßstäbe sind am Vergehen und Verwelken. Die Folgerung hinsichtlich des Überganges zu einem sozialistischen Regime in solcher Fülle der Zeit ist naheliegend. Zwei Punkte verdienen jedoch erwähnt zu werden.

Erstens werden die Menschen – sogar die Sozialisten – unterschiedlicher Meinung sein sowohl über den Grad der Annäherung an jenen Zustand, der sie zufrieden stellen wird, als auch über ihre Diagnose des Annäherungsgrades, der zu einer gegebenen Zeit tatsächlich erreicht ist. Dies ist ganz natürlich, weil der dem kapitalistischen Prozeß inhärente Fortschritt in Richtung des Sozialismus nur ganz allmählich erfolgt und nie an irgendwelchen Verkehrslichtern vorbeiführt, die allen erkennbar und über alle Zweifel erhaben genau zeigen, wenn die Straße frei ist. Der Spielraum für ehrliche Meinungsverschiedenheiten wird noch beträchtlich erweitert durch die weitere Tatsache, daß die erforderlichen Erfolgsbedingungen sich nicht notwendig *pari passu* entwickeln. Zum Beispiel könnte recht einleuchtend argumentiert werden, daß im Jahre 1913 die industrielle Struktur der Vereinigten Staaten, für sich genommen, schon fast «reifer» war als diejenige Deutschlands. Dennoch wird kaum jemand zweifeln, daß, wenn das Experiment in beiden Ländern gemacht worden wäre, die Erfolgsaussichten bei den vom Staat gebrochenen Deutschen viel größer gewesen wären, da sie von der besten Bürokratie, die die Welt je gesehen hat, und von ihren hervorragenden Gewerkschaften geführt und diszipliniert wurden. Aber abgesehen von ehrlichen Meinungsverschiedenheiten, – einschließlich jener, die aus Verschiedenheiten des Temperaments erklärlich sind, ähnlich jenen, welche gleich fähige und achtbare Ärzte verschiedener Meinung über die Ratsamkeit einer Operation sein lassen –, abgesehen also davon wird immer ein oft nur zu sehr begründeter Verdacht bestehen, daß die eine Diskussionspartei nie die Reife zugibt und sie nie wird zugeben wollen, weil sie den Sozialismus nicht wirklich will, und daß die andere Partei aus Gründen, die vielleicht idealistischen Quellen entspringen, vielleicht auch nicht, die Reife unter allen Umständen als gegeben annehmen wird.

Wenn wir sogar annehmen, daß ein unverkennbarer Reifezustand erreicht worden ist, dann wird zweitens der Übergang immer noch eine besondere Aktion erfordern und noch eine ganze Reihe von Problemen stellen.

Der kapitalistische Prozeß bringt Dinge und Seelen für den Sozialismus in Form. Im Grenzfall kann er dies so weit erreichen, daß der letzte Schritt nur noch eine Formalität ist. Aber selbst dann würde sich die kapitalistische Ordnung nicht von selbst in die sozialistische verwandeln; solch ein letzter Schritt, die offizielle Anerkennung des Sozialismus als des Lebensgesetzes der Allgemeinheit, müßte immer noch – zum Beispiel in der Form einer Verfassungsänderung – erfolgen. In der Praxis werden jedoch die Menschen nicht auf das Eintreten des Grenzfalles warten. Auch wäre es für sie nicht vernünftig, dies zu tun; denn die Reife kann für alle Absichten und Zwecke zu einer Zeit erreicht sein, wenn die kapitalistischen Interessen und die kapitalistische Haltung noch nicht vollständig aus jedem Winkel und jeder Ritze der sozialen Struktur verschwunden sind. Und in diesem Falle wäre die Annahme der Verfassungsänderung mehr als nur eine Formalität. Es gäbe einigen Widerstand und einige Schwierigkeiten zu überwinden. Bevor wir diese betrachten, wollen wir noch eine andere Unterscheidung einführen.

Grundsätzlich formen sich Dinge und Seelen für den Sozialismus automatisch, das heißt unabhängig von irgend jemandes Wollen und von irgendwelchen zu diesem Zwecke ergriffenen Maßnahmen. Aber dieser Prozeß erzeugt unter anderem auch ein solches Wollen und folglich solche Maßnahmen, –

Verordnungen, Verwaltungsaktionen und so weiter. Die Gesamtsumme dieser Maßnahmen ist Teil der Sozialisierungspolitik, die deshalb lange Zeitspannen, jedenfalls Jahrzehnte umfassend gedacht werden muß. Doch ihre Geschichte läßt sich leicht in zwei Abschnitte teilen, die durch den Akt der Annahme und Organisation des sozialistischen Regimes getrennt sind. Vor diesem Akt ist die Sozialisierungspolitik – gleichgültig ob mit oder ohne Absicht – vorbereitend, nach dem Akt ist sie konstitutiv. Der erste Abschnitt wird nur kurz zu Ende dieses Kapitels besprochen werden. Wir werden uns nun auf den zweiten konzentrieren.

II. Sozialisierung im Zustand der Reife

Im Falle der reifen Sozialisierung sind die Schwierigkeiten, mit welchen sich die «Sozialisierung nach dem Akt» als erster Aufgabe zu befassen haben wird, nicht nur nicht unüberwindbar, sondern sogar nicht einmal besonders ernsthaft. Reife impliziert, daß der Widerstand schwach sein wird, und daß vom größeren Teil *aller* Klassen eine Cooperation in Erscheinung treten wird. Dafür symptomatisch wird gerade die Möglichkeit sein, die Annahme durch eine Verfassungsänderung zu erwirken, das heißt auf friedliche Weise ohne einen Bruch in der legalen Kontinuität. *Ex hypothesi* wird die Natur dieses Schrittes allgemein verstanden werden und selbst jene, die ihn nicht begrüßen, werden ihm größtenteils doch ein *tolerari posse* zugestehen. Niemand wird bestürzt sein oder das Gefühl haben, die Welt um ihn herum breche zusammen.

Selbst so ist es natürlich nicht völlig ausgeschlossen, daß es zu einer Revolution kommt. Aber die Gefahr in dieser Hinsicht ist nicht groß. Nicht nur wird das vollständige oder annähernd vollständige Fehlen einerseits eines organisierten Widerstandes und andrerseits einer heftigen Aufregung die Chance für eine revolutionäre Fahrt vermindern, sondern es wird auch eine Gruppe erfahrener und verantwortungsbewußter Männer da sein, die bereit sind, das Steuer in die Hand zu nehmen, und die sowohl fähig wie auch willens sind, die Disziplin aufrecht zu erhalten und vernünftige Methoden zu verwenden, die den

Schock auf ein Minimum reduzieren. Sie werden unterstützt sein durch gut ausgebildete öffentliche und private Bürokratien, die gewohnt sind, von jeder legalen Autorität, unbeschadet ihrer Art, Weisungen in Empfang zu nehmen und die jedenfalls nicht sehr eingenommen für kapitalistische Interessen sind.

Zunächst wollen wir die Übergangsprobleme vor dem neuen Ministerium oder dem Zentralamt in der gleichen Weise vereinfachen, wie wir bereits ihre Dauerprobleme vereinfacht haben, das heißt wir nehmen an, daß sie die Bauern im wesentlichen in Ruhe lassen werden. Dadurch wird erstens einmal eine Schwierigkeit ausgeschaltet, die sich sehr wohl als verhängnisvoll erweisen könnte – denn nirgends sonst ist das Besitzinteresse so lebendig wie bei Farmern oder Bauern; die agrarische Welt ist nicht überall von *russischen* Bauern bevölkert –, und zweitens wird dadurch auch zusätzliche Unterstützung gewonnen; denn niemand haßt so sehr die Großindustrie und das spezifisch kapitalistische Interesse wie der Bauer. Voraussichtlich wird das Zentralamt auch andere Typen des kleinen Mannes versöhnen: um die sozialisierten Industrien herum mag dem kleinen Handwerker gestattet sein, wenigstens für eine gewisse Zeit noch sein Handwerk zum Profit auszuüben, und dem kleinen selbständigen Detailhändler, seinen Verkauf weiter zu führen, so wie es heutzutage der Tabakhändler tut in Ländern, in denen Tabak und Tabakerzeugnisse Staatsmonopol sind. Am andern Ende der Stufenleiter wird man die persönlichen Interessen der Menschen, deren Arbeit individuell zählt – sagen wir die eines Betriebsleiters –, in der oben angedeuteten Richtung berücksichtigen können, um jegliche ernstliche Störung im Gang der Wirtschaftsmaschine zu vermeiden. Natürlich könnte eine drastische Durchführung egalitärer Ideale alles verderben.

Und das Kapitalisten-Interesse? Wenn die Zeit erfüllt ist, können wir es, wie wir oben andeuteten, ungefähr mit dem Interesse der Aktien- und Obligationenbesitzer gleichsetzen, – wobei die letzteren auch noch die Eigentümer von Hypotheken und Versicherungspolicen umfassen. Der Sozialist, der nichts kennt als seine Heilige Schrift und der sich jene Gruppe als aus einer kleinen Zahl von ungeheur reichen Nichtstuern zusammengesetzt denkt, könnte eine Überraschung erleben: im

Zeitpunkt der Reife wird möglicherweise diese Gruppe über eine Mehrheit der Wählerschaft verfügen, die dann Vorschlägen zur Konfiskation ihrer im Einzelfall noch so kleinen Besitzrechte wenig geneigt wäre. Es ist jedoch gleichgültig, ob das sozialistische Regime sie ohne Entschädigung expropriieren könnte oder «sollte» oder nicht. Für uns ist einzig wichtig, daß es unter keinem ökonomischen Zwang stünde, dies zu tun, und daß wenn es sich für die Konfiskation entschiede, dies durch die freie Wahl der Gemeinschaft geschähe, – gemäß zum Beispiel den ethischen Prinzipien, zu denen sie sich bekennt, – nicht aber weil es keinen andern Weg gibt. Denn die Bezahlung von Zinsen auf Obligationen und Hypotheken, so weit sie im Besitze von Einzelnen sind, plus die Bezahlung von Versicherungsansprüchen, plus die Bezahlung von Zinsen (statt Dividenden) auf Obligationen, die vom Zentralamt an frühere Aktienbesitzer auszugeben wären, – so daß diese Aktienbesitzer zwar ihr Stimmrecht verlören, aber immer noch ein Einkommen erhielten, das ungefähr einem angemessen gewählten Durchschnitt früherer Dividenden entspräche, – alle diese Zahlungen zusammen würden, wie ein Blick auf die einschlägigen Statistiken zeigt, keine untragbare Belastung bedeuten. Soweit das sozialistische Gemeinwesen von privaten Ersparnissen weiter Gebrauch macht, dürfte es offensichtlich politisch von Vorteil sein, diese Last zu übernehmen. Eine zeitliche Begrenzung könnte erreicht werden entweder durch eine Verwandlung dieser Zahlungen in zeitlich befristete Annuitäten oder durch eine geeignete Anwendung der Einkommens- und Erbschaftssteuern, die vor ihrem endgültigen Verschwinden auf diese Weise noch einen letzten Dienst leisten könnten.

Dies, denke ich, charakterisiert zur Genüge eine ausführbare Methode der «Sozialisierung nach dem Akt»; sie würde unter den betrachteten Umständen die Aufgabe des Überganges voraussichtlich fest, sicher und mild erfüllen, mit einem Minimum an Energieverlust und an Schädigung der kulturellen und wirtschaftlichen Werte. Die Leitungen von Großkonzernen würden nur in jenen Fällen ersetzt, in denen besondere Gründe für einen Wechsel vorliegen. Wenn es im Augenblick des Überganges unter den zu sozialisierenden Firmen noch Privatfirmen gibt, würden sie zuerst in Aktiengesellschaften umgewandelt und dann in der gleichen Weise wie die andern sozialisiert. Die Gründung neuer Firmen würde natürlich verboten. Die Struktur von zwischengesellschaftlichen Verbindungen – namentlich Holding-Gesellschaften – würde rationalisiert, das heißt auf jene Verbindungen reduziert, die der verwaltungstechnischen Leistungsfähigkeit dienen. Die Banken würden sämtlich in Filialen des Zentral-Instituts verwandelt und könnten in dieser Form nicht nur einige ihrer mechanischen Funktionen – zum mindesten Teile der sozialen Buchführung würden beinahe notwendig auf sie abgewälzt –, sondern vielleicht auch einen gewissen Einfluß auf die Leitung der Industrie behalten, vielleicht in der Form des Rechts, «Kredite» zu gewähren und abzulehnen. In diesem Falle würde der Zentralbank ihre Unabhängigkeit vom Produktionsministerium belassen und sie könnte eine Art von allgemeiner Aufsichtsstelle werden.

Wenn das Zentralamt zuerst nur langsam vorginge und allmählich, ohne plötzlichen Ruck, die Zügel übernähme, hätte so das Wirtschaftssystem Zeit zur Einführung und zur Orientierung, während die mit dem Übergang verbundenen kleineren Probleme der Reihe nach gelöst werden könnten. Produktionsanpassungen wären am Anfang nur wenige nötig, – eine Angelegenheit von höchstens 5 % der Gesamtproduktion. Denn die Nachfragestruktur wird sich nicht wesentlich ändern, falls sich nicht die egalitären Ideen viel stärker durchsetzen, als ich angenommen habe. Verschiebungen von Menschen, zum Beispiel von Advokaten, in andere Beschäftigungen müßten freilich in etwas größerem Umfang stattfinden, weil es in der kapitalistischen Industrie Funktionen gibt, die in der sozialistischen Wirtschaft nicht mehr erfüllt werden müssen. Aber auch das würde keine ernstlichen Schwierigkeiten bereiten. Die Ausschaltung von Produktionseinheiten mit unternormaler Leistung, die weitere Konzentration auf die vorteilhaftesten Produktionsgelegenheiten, die standortmäßige Rationalisierung mit der damit verbundenen Neuverteilung der Bevölkerung, die Standardisierung der Produktions- und Konsumgüter usw., – alle diese größeren Probleme würden nicht oder müssen jedenfalls nicht entstehen, ehe nicht das System die organische Veränderung verdaut hat und ruhig in der alten Richtung weiterläuft. Von einem derartigen Sozialismus kann mit gutem Grund erwartet werden, daß er mit der Zeit alle seinem Grundplan inhärenten Möglichkeiten höherer Leistung verwirklicht.

III. Sozialisierung im Zustand der Unreife

1. Eine derartige Prognose ist im zweiten Fall, im Fall der vorzeitigen Annahme des Prinzips des Sozialismus, nicht möglich. Dieser kann definiert werden als Übergang von der kapitalistischen zur sozialistischen Ordnung zu einer Zeit, da es den Sozialisten möglich geworden ist, die Kontrolle über die zentralen Organe des kapitalistischen Staates zu gewinnen, während nichtsdestoweniger Dinge und Seelen noch unvorbereitet sind. Um es noch einmal zu wiederholen: wir wollen nicht Situationen von solcher Unreife diskutieren, daß die Hoffnung auf Erfolg für jeden vernünftigen Menschen als phantastisch erschiene und ein Versuch, die Macht zu erobern, nichts anderes als ein lächerlicher Putsch sein könnte. Daher werde ich nicht argumentieren, daß eine unreife Sozialisierung unvermeidlicherweise in einer völligen Verwirrung enden oder die dabei entstehende Ordnung mit Notwendigkeit zusammenbrechen müsse. Es ist immer noch der gegenwärtige Typ des gefesselten Kapitalismus, den ich betrachte, und in bezug auf welchen das Problem überhaupt vernünftigerweise gestellt werden kann. Unter solchen Umständen ist es sogar wahrscheinlich, daß es früher oder später gestellt wird. Auf lange Sicht betrachtet wird die Situation für sozialistische Bestrebungen immer günstiger. Es ist jedoch noch wichtiger, daß kurzfristige Situationen vorkommen können, in denen eine zeitweilige Lähmung der kapitalistischen Schichten und ihrer Organe verlockende Möglichkeiten bietet, – die deutsche Situation in den Jahren 1918 und 1919 ist ein gutes Beispiel dafür; einige Ökonomen würden auch auf die amerikanische Situation im Jahre 1932 hinweisen.

2. Was diese Unvorbereitetheit oder Unreife der Dinge und Seelen genau bedeutet, kann sich der Leser ohne weiteres klar

machen, wenn er auf das Bild einer reifen Situation zurückgreift, das wir einige Seiten vorher entworfen haben. Trotzdem möchte ich noch einige Züge für den besonderen Fall der Vereinigten Staaten im Jahre 1932 beifügen.

Auf eine Periode kräftiger – obschon, an der Veränderungsrate gemessen, nicht anormaler – industrieller Aktivität war eine Depression gefolgt, deren Heftigkeit das Ausmaß der notwendigen Anpassungen an die Ergebnisse des «Fortschritts» bezeugte. Dieser Fortschritt war in den Hauptrichtungen offenkundig nicht zu Ende geführt, – es genügt auf das Gebiet der Elektrifizierung der Landwirtschaft und des Haushalts, auf alle Neuheiten der Chemie und auf die sich eröffnenden Möglichkeiten im Baugewerbe hinzuweisen. Von einer bürokratisierenden Sozialisierung hätte man daher einen beträchtlichen Verlust an Unternehmerenergie, an produktiver Leistungsfähigkeit und an künftiger Massenwohlfahrt voraussagen können. Es ist erheiternd, zu sehen, daß die allgemeine Auffassung, die dem Publikum von den Intellektuellen mit sozialistischen Neigungen in der Hysterie der Depressionen eingeflößt wurde, gerade das Gegenteil behauptete. Dies gehört jedoch mehr zur Diagnose der Sozialpsychologie dieser Situation als zu ihrer ökonomischen Interpretation.

Unreife zeigte sich auch in der industriellen und kommerziellen Organisation. Die Zahl der kleinen und mittleren Geschäfte war immer noch sehr beträchtlich und ihre Zusammenarbeit in Gewerbeverbänden usw. bei weitem noch nicht vollkommen; selbst die Entwicklung der Großunternehmungen, – obschon Gegenstand von viel unkritischer Bewunderung und Feindschaft –, war noch lange nicht so weit fortgeschritten, daß unsere Sozialisierungsmethode leicht und sicher anzuwenden gewesen wäre. Wenn wir die Grenze der Großunternehmung bei Geschäften ziehen, die 50 Millionen Dollar Aktiven haben, dann waren nur 53,3 % der Gesamtsumme des Landes im Besitze großer Gesellschaften, nur 36,2 %, wenn wir Banken und Public Utilities ausschließen, und nur 46,3 % in der Kategorie der Fabriken[1]. Kleinere Gesellschaften wer-

[1] Vgl. W. L. Crum, «Concentration of Corporate Control», *Journal of Business*, Band VIII, Seite 275.

den sich jedoch im allgemeinen nicht gut zur Sozialisierung eignen, und es darf nicht erwartet werden, daß sie in ihrer bestehenden Form auch unter der Sozialisierung weiterarbeiten. Wenn wir trotzdem die Grenze auf 10 Millionen Dollar heruntersetzen, finden wir immer noch nicht mehr als 67,5 bzw. 52,7 bzw. 64,5 %. Schon die Aufgabe, einen derart strukturierten Organismus zu «übernehmen», wäre furchtbar gewesen. Die noch furchtbarere Aufgabe, ihn zum Funktionieren zu bringen und ihn zu verbessern, hätte angepackt werden müssen ohne eine erfahrene Bürokratie und mit einer unvollkommen organisierten und teilweise so fragwürdig geführten Arbeiterschaft, daß sie wahrscheinlich der Führung entglitten wäre.

Die Seelen waren noch weniger vorbereitet als die Dinge. Trotz des durch die Depression erlittenen Schocks dachten und fühlten nicht nur die Geschäftsleute, sondern auch ein sehr großer Teil der Arbeiter und Farmer immer noch in den Begriffen der bürgerlichen Ordnung und hatten nicht *wirklich* eine klare Vorstellung von irgendwelcher Alternative; für sie war die Vorstellung einer Sozialisierung, ja auch von etwas weniger weitgehendem, immer noch «unamerikanisch». Es gab keine leistungsfähige sozialistische Partei, ja nicht einmal eine zahlenmäßig ins Gewicht fallende Unterstützung für eine der offiziellen sozialistischen Gruppen mit Ausnahme der Kommunisten der Stalinschen Richtung. Die Farmer empfanden gegen den Sozialismus eine Abneigung, die nur um eine Spur geringer war als gegen die Großunternehmungen im allgemeinen und die Eisenbahnen im besondern, obschon große Mühe zu ihrer Beruhigung aufgewandt wurde. Die Unterstützung wäre jedenfalls nur schwach und größtenteils entweder lärmend interessiert oder sonst lauwarm, – dagegen der Widerstand stark gewesen. Es wäre der Widerstand von Menschen gewesen, die aufrichtig das Gefühl hatten, daß das, was sie taten, niemand anders, am wenigsten der Staat, ebenso gut tun könnte und daß sie durch ihren Widerstand nicht nur für ihre Interessen, sondern auch für das Gemeinwohl kämpften – für das absolute Licht gegen die absolute Finsternis. Die amerikanische Bourgeoisie hatte zwar an Vitalität eingebüßt, hatte sie aber nicht vollständig verloren. Sie hätte mit gutem Gewissen Widerstand geleistet und wäre in der Lage gewesen, sowohl ihre Zustimmung wie ihre Mitarbeit zu versagen. Ein Symptom der Situation hätte sich darin gezeigt, daß es notwendig gewesen wäre, nicht gegen vereinzelte Individuen, sondern gegen Gruppen und Klassen Gewalt anzuwenden; ein anderes Symptom wäre die Unmöglichkeit gewesen, die Annahme der sozialistischen Prinzipien durch Verfassungsänderungen durchzusetzen, das heißt ohne Bruch in der legalen Kontinuität: die neue Ordnung hätte durch eine Revolution errichtet werden müssen, die mit mehr Wahrscheinlichkeit blutig als unblutig verlaufen wäre. Gegen dieses besondere Beispiel einer unreifen Situation mag eingewendet werden, daß es zur Kategorie der vollkommen hoffnungslosen Fälle gehöre. Doch das Bild vereinigt und illustriert die Hauptzüge, die jede unreife Sozialisierung aufweist, und dient deshalb dem Zweck einer Diskussion des allgemeinen Falles.

Dieser Fall ist natürlich derjenige, der von den orthodoxen Sozialisten in Erwägung gezogen wird; diese könnten sich zur Mehrzahl nicht mit etwas weniger Faszinierendem als der glorreichen Erledigung des kapitalistischen Drachens durch den proletarischen Sankt Georg abfinden. Es geschieht jedoch nicht wegen dieses unglücklichen Weiterbestehens der früheren bürgerlichen Revolutionsideologie, daß wir nun die Folgen betrachten, die sich aus dieser Verbindung von politischer Gelegenheit und wirtschaftlicher Unvorbereitetheit ergeben, sondern weil die Probleme, die charakteristisch sind für den Akt der Sozialisierung, wie er gewöhnlich verstanden wird, nur in diesem Fall auftauchen.

3. Nehmen wir also an, daß das «Revolutionäre Volk» – dies wurde in der bolschewistischen Revolution eine Art von offiziellem Titel wie «Allerchristlichster König» – die zentralen Ämter der Regierung, die nichtsozialistischen Parteien, die nichtsozialistische Presse usw. erobert und seine Männer eingesetzt hat. Das Personal dieser Ämter ebenso wie das Personal der industriellen und kommerziellen Unternehmungen wird zum Teil zu einer – *ex hypothesi* – unfreiwilligen Mitarbeit gezwungen und zum Teil durch die Arbeiterführer und durch die

Intellektuellen ersetzt, die aus den Cafés in diese Ämter eilen. Dem neuen Zentralamt wollen wir zwei Dinge zugestehen: eine rote Armee, die stark genug ist, offenen Widerstand zu ersticken und Ausschreitungen – namentlich wilde Sozialisierungen[2] – dadurch zu unterdrücken, daß sie ohne Unterschied nach rechts und links feuert, – und genügend Einsicht, um die Bauern oder Farmer auf die oben angedeutete Art in Ruhe zu lassen. Wir unterlassen jede Annahme in bezug auf den Grad von Rationalität oder Humanität bei der den Mitgliedern der einst regierenden Schichten widerfahrenden Behandlung. Es ist de facto schwer zu sehen, wie eine andere als die schonungsloseste Behandlung unter diesen Umständen möglich wäre. Menschen, die wissen, daß ihre Aktion von ihren Gegnern als nichts anderes denn ein bösartiger Angriff empfunden wird, und daß sie Gefahr laufen, das Schicksal von Karl Liebknecht und Rosa Luxemburg zu erleiden, werden schnell zu Gewalttätigkeiten getrieben, die über alle ursprünglichen Absichten hinausgehen. Sie werden kaum imstande sein, sich anders als mit verbrecherischer Grausamkeit gegen Gegner zu verhalten, in denen sie grausame Verbrecher sehen, – jene Gegner, die immer noch für die alte Ordnung einstehen, und jene Gegner, welche die neue Linkspartei bilden, die mit Notwendigkeit entsteht. Weder Gewalt noch Sadismus werden jedoch Probleme lösen. Was kann das Zentralamt anderes tun als über Sabotage zu klagen und zusätzliche Vollmachten zu verlangen, um mit Verschwörern und Plünderern fertig zu werden?

Das erste, was getan werden muß, ist: eine Inflation hervorrufen. Die Banken müssen beschlagnahmt und zusammengelegt oder mit dem Schatzamt koordiniert werden, und das Zentralamt oder Ministerium muß Depositen und Banknoten schaffen, und dabei so weit als möglich die traditionellen Methoden verwenden. Ich glaube, eine Inflation ist unvermeidlich; denn ich muß noch den Sozialisten entgegentreten, die da leugnen, daß in dem hier diskutierten Fall die sozialistische Revo-

[2] Wilde Sozialisierungen, – ein Ausdruck, der offizielle Anerkennung genießt –, sind Versuche der Arbeiter eines jeden Betriebes, die Leitung zu ersetzen und die Dinge selbst in die Hand zu nehmen. Sie sind der Albdruck jedes verantwortungsbewußten Sozialisten.

lution, mindestens zeitweise, den Wirtschaftsprozeß lähmen würde, oder daß infolge ihrer das Schatzamt und die Finanzzentren für den Augenblick knapp an greifbaren Mitteln wären. Da das sozialistische System der Buchführung und der Einkommenseinheiten noch nicht betriebsbereit ist, bleibt nichts anderes übrig als eine Politik, analog derjenigen Deutschlands in und nach dem ersten Weltkrieg oder jener Frankreichs in und nach der Revolution von 1789, – ungeachtet der Tatsache, daß in diesen Fällen gerade der Wille, mit dem System des Privateigentums und den Methoden der kommerziellen Gesellschaften nicht zu brechen, es war, der eine Inflation für so beträchtliche Zeit auferlegt hat; für «den Tag nach der sozialistischen Revolution», wenn noch nichts seine Form hat, ist dieser Unterschied gleichgültig.

Es sollte jedoch hinzugefügt werden, daß es außer der Notwendigkeit noch ein anderes Motiv für das Einschlagen dieses Kurses gibt. Eine Inflation ist an sich ein ausgezeichnetes Mittel, um gewisse Übergangsschwierigkeiten zu ebnen und eine teilweise Expropriation zu bewirken. Was das erste angeht, so ist es zum Beispiel offenkundig, daß eine drastische Erhöhung der Geldlöhne für einige Zeit dazu helfen wird, mögliche Wutausbrüche beim Sinken der Reallöhne abzuwehren, das, wenigstens zeitweise, auferlegt werden müßte. Was das zweite betrifft, so expropriiert die Inflation die Besitzer von Geldforderungen in erfrischend einfacher Weise. Das Zentralamt könnte sich sogar die Sache dadurch erleichtern, daß es den Besitzern von Realkapital – Fabriken usw. – Entschädigungen in beliebiger Höhe auszahlt, wenn es gleichzeitig beschließt, daß diese über kurz oder lang wertlos werden sollen. Endlich darf nicht vergessen werden, daß eine Inflation mit Macht jene Blöcke der Privatwirtschaft rammen würde, die man vielleicht vorläufig noch stehen lassen mußte. Denn nichts hat, worauf Lenin hingewiesen hat, eine so desorganisierende Wirkung wie eine Inflation: «um die bürgerliche Gesellschaft zu zerstören, muß man ihr Geldwesen verwüsten».

4. Das zweite, was zu tun ist, ist selbstverständlich: zu *sozialisieren*. Die Diskussion der Übergangsprobleme geht natürlich von dem alten, zwischen den Sozialisten selbst geführten Kampfe

(oder genauer: dem Kampf zwischen den Sozialisten und dem, was man richtiger als Arbeiterführer bezeichnet) um die volle oder gleichzeitige gegen die teilweise oder allmähliche Sozialisierung aus. Viele Sozialisten denken anscheinend, sie seien es der Reinheit des Bekenntnisses und dem wahren Glauben an die Wirksamkeit der sozialistischen Gnade schuldig, die erstere unter allen Umständen zu verfechten und jene schwächlichen Arbeiterführer zu verachten, die in diesem wie in andern Punkten durch sehr unbequeme Spuren von Verantwortungsbewußtsein behindert sind. Doch ich gedenke für die echten Gläubigen zu stimmen[3]. Wir diskutieren hier nicht die Übergangspolitik in einem kapitalistischen System; das ist ein anderes Problem, das gleich noch zu berühren ist, wenn wir erkennen werden, daß eine allmähliche Sozialisierung *innerhalb des kapitalistischen Rahmens* nicht nur möglich, sondern auch das voraussichtlich Naheliegendste ist. Wir diskutieren hier die vollkommen anders geartete Übergangspolitik, die verfolgt werden muß, *nachdem* ein sozialistisches Regime durch eine politische Revolution errichtet ist.

Selbst wenn es in diesem Fall nur zum unvermeidbaren Minimum an Ausschreitungen kommt und eine starke Hand ein verhältnismäßig geordnetes Vorgehen durchsetzt, ist es schwierig, sich einen Zustand vorzustellen, in dem einige der großen Industrien sozialisiert sind, während von anderen erwartet wird, daß sie weiterarbeiten, als ob nichts geschehen wäre. Unter einer revolutionären Regierung, die in Übereinstimmung mit wenigstens einigen der in den Tagen der Verantwortungslosigkeit propagierten Ideen leben müßte, wird wohl jede verbleibende Privatindustrie zu funktionieren aufhören. Ich denke hier nicht in erster Linie an die Obstruktion, die von seiten der Unternehmer und der kapitalistischen Interessen im allgemeinen zu erwarten ist. Ihre Macht wird heutzutage übertrieben und würde unter den Augen von Kommissaren weitgehend zu existieren aufhören. Und es ist nicht die Art

---

[3] Die Heilige Schrift unterstützt sie indessen nicht eindeutig. Wenn der Leser im *Kommunistischen Manifest* nachschaut, wird er gerade an der wichtigsten Stelle ein höchst verwirrendes «nach und nach» finden.

des Bourgeois, die Erfüllung laufender Pflichten zu verweigern; die Art des Bourgeois ist es, daran festzuhalten. Es würde Widerstand geben, – aber Widerstand in der politischen Sphäre und eher außerhalb der Fabriken als Widerstand in ihnen. Nicht-sozialisierte Industrien würden aufhören zu funktionieren, einfach darum, weil sie durch die Aufsichtskommissare und durch die Stimmung sowohl ihrer Arbeiter wie der Öffentlichkeit daran gehindert wären, auf ihre eigene Art zu funktionieren, – die einzige, in der die kapitalistische Industrie funktionieren kann.

Aber dieses Argument überdeckt lediglich die Fälle der Großindustrie und jener Sektoren, die leicht in große Unternehmungseinheiten umgeformt werden können. Es überdeckt nicht vollständig das ganze Gebiet zwischen der von uns ausgeschlossenen Agrarsphäre und der Großindustrie. Auf diesem Gebiet, das hauptsächlich aus kleinen oder mittleren Unternehmungen besteht, könnte das Zentralamt vermutlich manövrieren, wie es jeweils die Zweckmäßigkeit gebietet, und im einzelnen je nach den wechselnden Umständen vor- und zurückgehen. Das wäre immer noch eine volle Sozialisierung in dem Sinn, wie wir den Ausdruck verstehen.

Ein Punkt bleibt noch zuzufügen. Es sollte klar sein, daß eine Sozialisierung in einer Situation, die so wenig reif ist, daß sie eine Revolution nicht nur im Sinne eines Bruches in der legalen Kontinuität, sondern auch im Sinne einer nachfolgenden Schreckensherrschaft verlangt, weder kurz- noch langfristig zum Vorteil von irgend jemand sein kann, ausgenommen jene, die sie durchführen. Es mag eine der weniger erbaulichen Pflichten des berufsmäßigen Agitators sein, die Begeisterung anzufachen und den Mut zu verherrlichen, der all das Risiko auf sich nimmt, das damit verbunden sein mag. Doch was den akademischen Intellektuellen betrifft, so ist der einzige Mut, der ihm möglicherweise zur Ehre gereichen kann, der Mut zu kritisieren, zu warnen und zur Zurückhaltung zu raten.

IV. Sozialistische Politik vor dem Akt; das englische Beispiel

Doch müssen wir wirklich den Schluß ziehen, daß ernsthafte Sozialisten heute und in den nächsten fünfzig oder hundert Jahren nichts anderes tun können als predigen und warten? Dies ist mehr als von einer Partei erwartet werden kann, die sich ihre Mitgliederzahl bewahren will. Diese Tatsache, sowie alle Argumente – und aller Hohn und Spott –, die aus dieser allzu menschlichen Quelle fließen, sollten indessen nicht die andere Tatsache verdunkeln, daß ein gewichtiges Argument für diese Schlußfolgerung spricht. Es könnte sogar durchaus logisch argumentiert werden, daß die Sozialisten ein Interesse daran haben, die für sie arbeitende Entwicklung zu fördern und folglich den Kapitalismus eher zu entfesseln als ihn noch mehr zu fesseln.

Dies bedeutet jedoch meines Erachtens nicht, daß es für die Sozialisten nichts zu tun gibt, – jedenfalls unter den Bedingungen der heutigen Zeit. Obwohl Versuche, den Sozialismus zu errichten, gegenwärtig bei den meisten großen Völkern und bei vielen kleinen ohne Zweifel mit einem Fehlschlag zu rechnen hätten – vielleicht einem Fehlschlag des Sozialismus als solchen, sicher aber einem Fehlschlag der für das Wagnis verantwortlichen sozialistischen Gruppen, während eine andere Gruppe, die nicht notwendigerweise sozialistisch im üblichen Sinn sein müßte, dann leicht in ihren Gewändern weiter wandern könnte, – und obwohl infolgedessen eine Politik der Sozialisierung nach dem Akt wahrscheinlich eine sehr zweifelhafte Angelegenheit ist, bietet eine Politik der Sozialisierung vor dem Akt viel bessere Chancen. Wie andere Parteien, doch mit einer klareren Vorstellung des Zieles, können die Sozialisten sich daran beteiligen, ohne den Enderfolg in Frage zu stellen. Alles, was ich über diese Frage zu sagen habe, wird sich am besten an einem besonderen Beispiel zeigen lassen.

Alle charakteristischen Züge, die wir uns für unser Beispiel wünschen könnten, finden sich im modernen England. Einerseits ist seine industrielle und kommerzielle Struktur offenbar noch nicht reif für eine erfolgreiche, «gleichzeitige» Sozialisierung, namentlich weil die Konzentration der Kontrolle über die Unternehmungen noch nicht weit genug fortgeschritten ist. In Übereinstimmung damit sind weder die Direktionen noch die Kapitalisten noch die Arbeiter bereit, sie zu akzeptieren, – es besteht noch viel lebensfähiger «Individualismus», jedenfalls genug, um sich zu wehren und die Mitarbeit zu verweigern. Anderseits ist ungefähr seit dem Beginn dieses Jahrhunderts ein merkbares Nachlassen der Unternehmeraktivität zu verzeichnen, was unter anderm zum Ergebnis führte, daß staatliche Führung und staatliche Kontrolle auf wichtigen Gebieten, zum Beispiel bei der Elektrizitätserzeugung, von *allen* Parteien nicht nur gebilligt, sondern sogar gefordert wurde. Mit mehr Recht als sonst irgendwo kann behauptet werden, daß der Kapitalismus weitaus den größeren Teil seiner Arbeit geleistet hat. Zudem ist das englische Volk im großen ganzen heute vom Staate gebrochen. Die englischen Arbeiter sind gut organisiert und in der Regel verantwortungsbewußt geführt. Eine erfahrene Bürokratie von tadellosem kulturellen und moralischen Niveau könnte verläßlich damit betraut werden, die für eine Ausdehnung der staatlichen Sphäre erforderlichen neuen Elemente zu assimilieren. Die unvergleichliche Integrität des englischen Politikers und das Vorhandensein einer herrschenden Klasse, die an Fähigkeit und Zivilisation einzig in ihrer Art ist, machen vieles leicht, was sonstwo unmöglich wäre. Namentlich vereinigt diese herrschende Gruppe in denkbarbar wirksamstem Verhältnis die Treue zur formalen Tradition mit größter Anpassungsfähigkeit an neue Prinzipien, Situationen und Personen. Sie will herrschen, ist aber durchaus bereit, im Namen wechselnder Interessen zu herrschen. Sie führt das industrielle England so gut, wie sie das agrare England führte, das protektionistische so gut wie das freihändlerische. Und sie besitzt ein Talent ohnegleichen, nicht nur die Programme, sondern auch die Köpfe der Opposition zu nutzen. Sie assimilierte Disraeli, der anderswo ein zweiter Lassalle geworden wäre. Sie hätte, wenn nötig, selbst Trotzky assimiliert oder vielmehr den Earl of Prinkipo, K. G.[4], der er sicherlich in diesem Falle geworden wäre.

[4] [K. G. = Ritter des Hosenbandordens.]

Unter solchen Umständen ist eine Sozialisierungspolitik denkbar, die ein ausgedehntes Nationalisierungsprogramm durchführt und dabei gleichzeitig einerseits einen großen Schritt zum Sozialismus hin unternimmt und es anderseits möglich macht, daß alle nicht in diesem Programm eingeschlossenen Interessen und Tätigkeiten für unbegrenzte Zeit unberührt und ungestört bleiben. Diese könnten sogar von manchen fiskalischen und andern Fesseln und Lasten befreit werden, die sie nun behindern.

Folgende Gebiete des Wirtschaftslebens könnten sozialisiert werden ohne ernstliche Einbuße an Leistungsfähigkeit oder ernsthafte Rückwirkungen auf die Gebiete, die der privaten Führung zu belassen sind. Die Frage der Entschädigungen könnte so gelöst werden, wie es in unserer Diskussion der reifen Sozialisierung angedeutet wurde; bei den heutigen Sätzen der Einkommens- und der Erbschaftssteuern wäre dies keine schwierige Angelegenheit.

Erstens ist der englische Bankapparat zweifellos völlig reif für die Sozialisierung. Die Bank von England ist kaum etwas anderes als eine Abteilung des Schatzamtes, ja in Wirklichkeit weniger selbständig, als sich ein wohlgeordnetes sozialistisches Gemeinwesen sein Finanzorgan wohl wünschen würde. Im kommerziellen Bankwesen scheint die Konzentration und Bürokratisierung ganze Arbeit geleistet zu haben. Die großen Konzerne könnten veranlaßt werden, alles was noch an selbständigen Banken vorhanden ist, zu absorbieren und könnten dann mit der Bank von England in die «Nationale Bank-Verwaltung» fusioniert werden, die auch Sparbanken, Baugenossenschaften usw. absorbieren könnte, ohne daß ein Kunde außer durch seine Zeitung etwas von der Veränderung merken würde. Der Gewinn aus der rationalisierten Koordination der Dienstleistungen könnte beträchtlich sein. Vom sozialistischen Standpunkt aus wäre auch dadurch ein Gewinn erzielt, daß der staatliche Einfluß auf nicht-nationalisierte Sektoren vermehrt würde.

Zweitens ist das Versicherungswesen ein alter Kandidat für die Nationalisierung und ist bereits heute in weitem Ausmaß mechanisiert. Eine Integration mit wenigstens einigen Zweigen der Sozialversicherung dürfte sich als tunlich erweisen; die Verkaufskosten von Policen könnten beträchtlich gesenkt werden und auch hier könnten die Sozialisten sich über den Machtzuwachs freuen, den der Staat durch die Kontrolle über die Fonds der Versicherungsgesellschaften erhalten würde.

Drittens wären nur wenige Leute geneigt, hinsichtlich der Eisenbahnen oder sogar des ganzen Transportwesens große Schwierigkeiten zu machen. Tatsächlich ist der Binnenverkehr das bestgeeignete Gebiet für erfolgreiche Staatsverwaltung.

Viertens: die Nationalisierung der Bergwerke, insbesondere der Kohlengruben und der Produktion von Kohle- und Teerprodukten bis und mit Benzol, und auch des Handels mit Kohle und mit diesen Produkten, dürfte sogar eine unmittelbare Steigerung der Leistungsfähigkeit ergeben und sich als großer Erfolg erweisen, wenn die Arbeiterprobleme befriedigend gelöst werden können. Vom technischen und kommerziellen Standpunkt aus scheint der Fall klar. Doch es scheint ebenso klar, daß wenn man versucht, über die angedeutete Grenze hinaus zu gehen, ein Erfolg in der chemischen Industrie bei der Aktivität der Privatunternehmer nicht mit gleicher Sicherheit erwartet werden darf.

Fünftens: da die Nationalisierung bei der Erzeugung, Übertragung und Verteilung der elektrischen Energie im wesentlichen bereits durchgeführt ist, bleibt hier einzig festzustellen, daß die elektrotechnische Industrie ein typisches Beispiel dafür ist, was immer noch vom privaten Unternehmertum erwartet werden kann; dies zeigt, wie wenig Sinn es wirtschaftlich gesprochen hat, entweder für allgemeine oder gegen jede Sozialisierung einzutreten. Hingegen zeigt der Fall der Elektrizitätserzeugung auch, wie schwierig es ist, bei einer sozialisierten Industrie einen Gewinn herauszuarbeiten; und doch wäre dies eine wesentliche Vorbedingung des Erfolges, wenn der Staat einen so großen Teil des nationalen Wirtschaftslebens absorbieren und dabei nach wie vor alle Aufgaben des modernen Staates erfüllen soll.

Sechstens: Sozialisierung der Eisen- und Stahlindustrie wird als ein Vorschlag empfunden werden, der strittiger ist als alle bisherigen. Doch hat sich sicherlich diese Industrie bereits ihre Hörner abgelaufen und kann von nun an «verwaltet» werden, – wobei die «Verwaltung» natürlich eine enorme Forschungsabteilung umschließen müßte. Einige Vorteile würden sich aus der Koordination ergeben. Und es besteht kaum viel Gefahr, daß man der Früchte irgendwelcher Unternehmer-Impulse verlustig gehen würde.

Siebentens: die Bau- und Baumaterialindustrien könnten meines Erachtens mit Erfolg durch eine geeignete öffentliche Körperschaft betrieben werden, vielleicht ausgenommen den Anteil des Architekten. So vieles wird hier bereits auf die eine oder andere Weise reguliert, subventioniert und kontrolliert, daß sogar ein Leistungsgewinn entstehen könnte, der vielleicht genügen würde, um etwa neu auftauchende Verlustquellen zu kompensieren.

Das ist nicht unbedingt alles. Jedoch müßte jeder Schritt über dieses Programm hinaus mit besonderen, meist nicht-wirtschaftlichen Gründen gerechtfertigt werden, – Rüstungs- oder Schlüsselindustrien, Filmtheater, Schiffbau und Lebensmittelhandel wären mögliche Beispiele. Jedenfalls hätte man an diesen sieben Posten für erhebliche Zeit genug zu verdauen; sie wären auch ausreichend, daß ein verantwortungsbewußter Sozialist, wenn so viel geschieht, sein Werk segnen und die Konzessionen akzeptieren könnte, die er gleichzeitig vernünftigerweise außerhalb des nationalisierten Sektors machen müßte. Wenn er auch auf der Nationalisierung des Bodens beharrt, dabei jedoch nach meiner Annahme die Lage der Bauern beim alten läßt, das heißt wenn er alles was an Grundrenten und Regalien übrig ist, auf den Staat überträgt, so habe ich als Ökonom nichts dagegen einzuwenden.[5]

Der gegenwärtige Krieg wird natürlich die sozialen, politischen und ökonomischen Daten unseres Problems verändern.

---

[5] Es ist hier nicht der Platz, persönliche Neigungen vorzubringen. Immerhin möchte ich dahin verstanden werden, daß die obige Feststellung aus beruflichem Pflichtgefühl gemacht ist und nicht bedeutet, daß ich von diesem Vorschlag begeistert bin. Wäre ich Engländer, würde ich im Gegenteil mich mit allen Kräften dagegen zur Wehr setzen.

Viele Dinge werden möglich, viele andere unmöglich werden, die es früher nicht waren. Es scheint mir jedoch um der Klarheit des politischen Denkens willen wesentlich, daß man das Problem unabhängig von den Auswirkungen des Krieges betrachtet. Andernfalls tritt ihr Charakter nicht klar genug hervor. Daher lasse ich dieses Kapitel in Form und Inhalt genau so, wie ich es im Sommer 1938 geschrieben habe.

VIERTER TEIL

SOZIALISMUS UND DEMOKRATIE

ZWANZIGSTES KAPITEL

DIE PROBLEMSTELLUNG

I. Die Diktatur des Proletariats

Nichts ist so irreführend wie das Zunächstliegende. Die Ereignisse der letzten zwanzig oder fünfundzwanzig Jahre haben uns das Problem sehen gelehrt, das hinter der Überschrift dieses Teiles lauert. Bis ungefähr 1916 schien den meisten Menschen, allen voran den akkreditierten Exponenten der sozialistischen Orthodoxie, die Beziehung zwischen Sozialismus und Demokratie durchaus klar zu sein. Es wäre kaum jemandem eingefallen, den Anspruch der Sozialisten auf Zugehörigkeit zum demokratischen Klub in Zweifel zu ziehen. Natürlich behaupteten die Sozialisten selbst – mit Ausnahme einiger weniger syndikalistischer Gruppen –, sogar die einzig wahren Demokraten zu sein und allein die echte Ware zu verkaufen, die man niemals mit der Fälschung der Bourgeois verwechseln dürfe.

Nicht nur war es für sie ganz natürlich, daß sie die Werte ihres Sozialismus durch die Werte der Demokratie zu steigern suchten, sondern sie hatten auch eine Theorie zu bieten, die zu ihrer Zufriedenheit bewies, daß die zwei unauflöslich verbunden seien. Nach dieser Theorie bildet die private Kontrolle über die Produktionsmittel die Grundlage sowohl für die Fähigkeit der Kapitalistenklasse, die Arbeiter auszubeuten, als auch für ihre Fähigkeit, Befehle ihres Klasseninteresses der Leitung der politischen Geschäfte der Allgemeinheit aufzuzwingen; die politische Macht der Kapitalistenklasse erscheint so als besondere Form ihrer wirtschaftlichen Macht. Daraus wird gefolgert einerseits, daß es keine Demokratie geben kann, solange diese Macht existiert, – daß bloß politische Demokratie notwendig ein Betrug ist –, und anderseits, daß die Beseitigung dieser Macht gleichzeitig die «Ausbeutung des Menschen durch den

Menschen» enden und die «Herrschaft des Volkes» heraufführen werde.

Dieses Argument ist natürlich spezifisch marxistisch. Gerade weil es logisch – in Wirklichkeit tautologisch – aus den Begriffsdefinitionen des Marxschen Systems folgt, wird es das Los des letzteren und namentlich das Los der Lehre von der «Ausbeutung des Menschen durch den Menschen» teilen müssen[1]. Es wird im folgenden eine meiner Ansicht nach realistischere Analyse der Beziehung zwischen den sozialistischen Gruppen und dem demokratischen Glaubensbekenntnis geboten werden. Wir brauchen jedoch auch eine realistischere Theorie der Beziehung, die zwischen Sozialismus und Demokratie selbst bestehen dürfte, das heißt jener Beziehung, die unabhängig von Wünschen und Schlagworten zwischen der sozialistischen Ordnung, wie wir sie definiert haben, und dem *modus operandi* einer demokratischen Regierung bestehen dürfte. Um dieses Problem zu lösen, müssen wir zuerst das Wesen der Demokratie erforschen. Ein anderer Punkt erfordert jedoch eine sofortige Klärung.

Ein einmal existierender Sozialismus ist vielleicht das wirkliche Ideal einer Demokratie. Aber die Sozialisten sind nicht immer sehr wählerisch in bezug auf den Weg, auf dem er in Existenz zu bringen ist. Schon aus heiligen Texten springen uns die Worte Revolution und Diktatur entgegen, und viele moderne Sozialisten haben noch deutlicher Zeugnis abgelegt für die Tatsache, daß sie keinen Einwand gegen die Erzwingung der Pforten des sozialistischen Paradieses durch Gewalt und Terror haben, die den demokratischeren Bekehrungsmitteln zu Hilfe kommen müßten. Marxens eigene diesbezügliche Stellung läßt ohne Zweifel eine Auslegung zu, die ihn in den Augen der Demokraten rein waschen dürfte. In Teil I wurde gezeigt, wie seine Ansichten über Revolution und Evolution miteinander in Einklang gebracht werden können. «Revolution» braucht nicht zu bedeuten, daß eine Minderheit ihren Willen einem widerspenstigen Volk aufzuzwingen sucht; sie

[1] Immerhin bildet die Tatsache, daß individuelle und Gruppenmacht durch rein wirtschaftliche Begriffe – wie es Marxens Theorie der sozialen Klassen tut – nicht definiert werden kann, einen noch wesentlicheren Grund, warum dieses Argument unannehmbar ist.

kann einfach die Beseitigung von Hindernissen bedeuten, die dem Willen des Volkes von überlebten Institutionen entgegengestellt werden, welche der Kontrolle von an ihrer Erhaltung interessierten Gruppen unterliegen. Die «Diktatur des Proletariats» gestattet eine ähnliche Auslegung. Zur Unterstützung dessen möchte ich wiederum auf den Wortlaut der entscheidenden Stellen des Kommunistischen Manifests verweisen, wo Marx davon spricht, «nach und nach» die Dinge der Bourgeoisie zu entreißen, und wo er das Verschwinden der Klassenunterschiede «im Laufe der Entwicklung» erwartet, – Ausdrücke, die, trotz des Nachdruckes auf der «Gewalt», in Richtung eines Vorgehens zu weisen scheinen, das innerhalb der Demokratie (das Wort im üblichen Sinn verstanden) bleiben dürfte.

Doch die Grundlagen für diese Interpretation, welche die berühmte «soziale Revolution» und die nicht weniger berühmte «Diktatur» fast auf die Bedeutungslosigkeit agitatorischer Floskeln zwecks Anfeuerung der Phantasie reduzieren, sind nicht voll überzeugend. Viele Sozialisten, die Marxens Jünger waren, und viele, die es zu sein behaupteten, waren anderer Ansicht. Wenn ich der Autorität der wahren Schriftgelehrten und Pharisäer, die das Gesetz besser kennen sollten als ich, und einem Eindruck nachgebe, der auf der Lektüre der Bände der «Neuen Zeit» beruht, muß ich die Möglichkeit einräumen, daß Marx, wenn er hätte wählen müssen, vermutlich den Sozialismus *über* die Beobachtung eines demokratischen Verfahrens gestellt hätte.

In diesem Falle hätte er zweifellos erklärt, wie es so viele nach ihm getan haben, daß er nicht wirklich vom wahrhaft demokratischen Pfade abweiche; denn um die wahre Demokratie zum Leben zu bringen, sei es nötig, die giftigen Dämpfe des Kapitalismus, die sie ersticken, zu beseitigen. Für denjenigen nun, der an die Demokratie glaubt, nimmt die Wichtigkeit der Beobachtung eines demokratischen Verfahrens offenbar im Verhältnis zur Wichtigkeit des strittigen Punktes zu. Daher muß seine Beobachtung niemals eifriger verfolgt und sorgfältiger mit allen verfügbaren Garantien gesichert werden als im Falle einer fundamentalen sozialen Rekonstruktion. Wer bereit ist, eine laxere Auffassung zuzulassen und entweder ein offenkundig undemokratisches Verfahren oder irgendeine Methode zur Erreichung formell demokratischer Entscheidungen durch undemokratische Mittel zu akzeptieren, beweist dadurch eindeutig, daß er andere Dinge höher bewertet als die Demokratie. Wer durch und durch Demokrat ist, wird jegliche solche Konstruktion als bis zu den Wurzeln verderbt erachten, wie sehr er sie auch auf anderen Gebieten billigen mag. Jeder Versuch, die Menschen zu zwingen, etwas anzunehmen, was für gut und schön gehalten wird, was sie aber nicht tatsächlich wollen – obschon sie es vielleicht schätzen lernen würden, wenn sie die Ergebnisse kennten –, trägt den Stempel eines antidemokratischen Bekenntnisses. Es ist Sache des Kasuisten zu entscheiden, ob eine Ausnahme gemacht werden darf für Handlungen, die *einzig* zum Zwecke begangen werden, die wahre Demokratie zu verwirklichen, vorausgesetzt, daß sie die einzigen dazu in Frage kommenden Mittel sind. Doch selbst wenn dies zugegeben wird, gilt es nicht für den Fall des Sozialismus, der, wie wir gesehen haben, wahrscheinlich genau dann auf demokratischem Wege möglich wird, wenn sein praktischer Erfolg zu erwarten steht.

Jedenfalls ist es klar, daß alle Argumente zugunsten einer Ausschaltung der Demokratie während der Übergangsperiode eine ausgezeichnete Gelegenheit bieten, aller Verantwortlichkeit dafür aus dem Wege zu gehen. Solche provisorische Ordnungen können sehr wohl ein Jahrhundert oder noch länger dauern, und einer durch eine siegreiche Revolution zur Herrschaft gelangten Gruppe stehen alle Mittel zur Verfügung, um sie unbegrenzt zu verlängern oder um die Formen der Demokratie ohne ihren Inhalt zu übernehmen.

II. Die Erfahrungen mit den sozialistischen Parteien

Sobald wir uns einer Prüfung der Vergangenheit der sozialistischen Parteien zuwenden, entstehen unvermeidlich Zweifel an der Gültigkeit ihrer Behauptung, daß sie einmütig das demokratische Bekenntnis verteidigt hätten.

An erster Stelle ist das große sozialistische Gemeinwesen zu nennen, das durch eine Minderheitspartei regiert wird und keiner andern Partei irgendwelche Chancen bietet. Die Vertreter dieser Partei, versammelt zu ihrem achtzehnten Kongreß, hörten sich Berichte an und faßten einstimmig Beschlüsse, ohne daß etwas wie eine Diskussion in unserem Sinne stattgefunden hätte. Sie beschlossen den Kongreß mit einer Resolution, daß – so der offizielle Text – «das russische Volk [?] in bedingungsloser Ergebenheit gegenüber der Partei von Lenin-Stalin und seinem großen Führer das Programm der großen Arbeiten akzeptiert, das in jenem erhabensten Dokument unserer Epoche, dem Bericht des Genossen Stalin, entworfen ist, um es ohne Wanken auszuführen», und daß «unsere Bolschewistische Partei unter der Führung des Genius des großen Stalin in eine neue Phase der Entwicklung tritt»[2]. Derartiges, sowie Wahlen ohne Gegenkandidaten, zusammen mit Schauprozessen und GPU-Methoden können zweifellos «die vollkommenste Demokratie der Welt» darstellen, wenn diesem Begriff eine entsprechende Bedeutung beigelegt wird – aber es ist nicht gerade das, was die meisten Amerikaner darunter verstehen würden.

Und doch ist, wenigstens seinem Wesen und Prinzip nach, dieses Gemeinwesen sozialistisch, und so waren es auch die kurzlebigen Schöpfungen dieser Art auf bayrischem und namentlich ungarischem Boden. Nun gibt es zweifellos sozialistische Gruppen, die bis heute konsequent sich an das halten, was in den Vereinigten Staaten unter «Demokratischen Idealen» verstanden wird: sie umfassen zum Beispiel die Mehrheit der englischen Sozialisten, die sozialistischen Parteien in Belgien, den Niederlanden und den skandinavischen Ländern, die amerikanische Partei unter der Führung von Norman Thomas und deutsche Gruppen im Exil. Von ihrem Standpunkt aus sowohl als auch vom Standpunkt des Beobachters ist man leicht versucht abzustreiten, daß das russische System den «wahren» So-

---

[2] Ich kann nicht russisch. Die obigen Stellen sind wortgetreu aus der deutschen Zeitung übersetzt, die in Moskau veröffentlicht wurde; sie stehen daher möglichen Einwänden gegen ihre Übersetzung des russischen Textes offen, obschon natürlich diese Zeitung nicht in der Lage war, irgend etwas zu veröffentlichen, was nicht völlig von den Behörden gebilligt war. [Diese Stellen sind aus dem Englischen nun wieder ins Deutsche rückübersetzt.]

zialismus darstellt, und zu behaupten, daß es – wenigstens in dieser Beziehung – eine Verirrung ist. Aber was bedeutet «wahrer» Sozialismus anderes als «der Sozialismus, der uns gefällt»? Was bedeuten folglich solche Feststellungen anderes als die Anerkennung der Tatsache, daß es Formen des Sozialismus gibt, die nicht über die Gefolgschaft aller Sozialisten verfügen und die undemokratische einschließen? Daß ein sozialistisches Regime undemokratisch sein kann, ist, wie wir oben gesehen haben, in der Tat unbestreitbar, auf der rein logischen Grundlage, daß die bestimmenden Charakterzüge des Sozialismus noch nichts über das politische Verfahren implizieren. Insofern ist die einzige Frage die, ob und in welchem Sinne er demokratisch sein *kann*.

Zweitens haben jene sozialistischen Gruppen, die konsequent den demokratischen Glauben hochgehalten haben, weder je eine Chance noch ein Motiv zu einem andern Bekenntnis gehabt. Sie lebten in einer Umgebung, die undemokratische Reden und Methoden sehr übel aufgenommen hätte und sich de facto immer gegen Syndikalisten gewandt hat. In einigen Fällen hatten sie allen Grund, sich für demokratische Prinzipien einzusetzen, die ihnen und ihrer Tätigkeit Schutz gewährten. In andern Fällen waren die meisten von ihnen mit den politischen und andern Ergebnissen zufrieden, die ein Fortschreiten auf demokratischen Bahnen abzuwerfen versprach. Es ist leicht, sich vorzustellen, was mit den sozialistischen Parteien beispielsweise Englands oder Schwedens geschehen wäre, wenn sie ernsthaft Symptome antidemokratischer Neigungen gezeigt hätten. Sie bemerkten gleichzeitig, daß ihre Macht fortwährend zunahm und daß sie von selbst allmählich an verantwortungsvolle Stelle aufrückten. Als es so weit war, waren sie damit zufrieden. Indem sie also ihre Treue zur Demokratie bekundeten, taten sie während der ganzen Zeit nur das Naheliegende. Die Tatsache, daß ihre Politik nicht das Wohlgefallen Lenins erweckte, beweist nicht, daß er, wenn er an ihrer Stelle gewesen wäre, sich anders verhalten hätte. In Deutschland, wo sich die Partei sogar noch besser entwickelte, aber wo bis 1918 der Zugang zu politischer Verantwortlichkeit versperrt schien, hatten die Sozialisten, die sich einem starken und feindlichen Staat gegenüber sahen und sich zu ihrem Schutz auf bürgerliche Sympathien und auf die Macht von bestenfalls halbsozialistischen Gewerkschaften verlassen mußten, noch weniger die Freiheit, vom demokratischen Bekenntnis abzugehen; denn dadurch hätten sie nur ihren Feinden in die Hände gespielt. Es war für sie ein Gebot einfachster Klugheit, sich Sozial*demokraten* zu nennen.

Drittens aber sind es nur wenige und nicht sehr überzeugende Probefälle, die günstig ausgefallen sind[3]. In einem gewissen Sinne ist es richtig, daß die sozialdemokratische Partei Deutschlands im Jahre 1918 wählen konnte, daß sie sich für die Demokratie entschied und daß sie (sofern dies ein Beweis demokratischer Bekenntnistreue ist) die Kommunisten mit rücksichtsloser Energie unterdrückt hat. Aber die Partei zerfiel über diesem Problem. Sie verlor große Teile ihres linken Flügels, und die abspringenden Dissidenten haben mehr, nicht weniger Anspruch auf die Kennzeichnung als Sozialisten denn jene, die blieben. Auch waren viele der letzteren, obschon sie sich der Parteidisziplin fügten, nicht einverstanden. Und viele von jenen, die einverstanden waren, waren es nur deswegen, weil – spätestens seit dem Sommer 1919 – die Chancen, mit radikalerem (das heißt in diesem Fall: mit antidemokratischem) Vorgehen Erfolg zu haben, äußerst gering wurden und insbesondere weil eine linksgerichtete Politik in Berlin ernsthafte Sezessionsgefahren im Rheinland und in den südlich des Mains gelegenenen Ländern bedeutete, selbst wenn sie nicht sogleich eine zerschmetternde Niederlage erlitten hätte. Endlich gewährte auch die Demokratie der Mehrheit oder jedenfalls ihrem gewerkschaftlichen Element alles, was ihr wirklich am Herzen lag, einschließlich der Ämter. Sie mußten zwar die Beute mit dem katholischen Zentrum teilen. Aber der Handel stellte beide Seiten zufrieden. Ja, die Sozialisten wurden bald zu Wortführern der Demokratie, dies allerdings erst, als eine Opposition mit anti-demokratischem Glaubensbekenntnis sich gegen sie zu erheben begann.

---

[3] Wir beschränken uns auf die Haltung der sozialistischen Parteien in der nationalen Politik. Ihr Verhalten und das der Gewerkschaften gegenüber nicht-sozialistischen oder nicht zur Gewerkschaft gehörenden Arbeitern ist selbstverständlich noch weniger überzeugend.

Ich denke nicht daran, die deutschen Sozialdemokraten zu tadeln wegen des Verantwortungsgefühls, das sie bewiesen, oder auch nur wegen der Behaglichkeit, mit der sie sich auf den bequemen Lehnstühlen des Ämterapparates niederließen. Das zweite ist eine allgemein menschliche Schwäche, das erste muß ihnen durchaus als Aktivum gebucht werden [...]. Aber es braucht einigen Optimismus, um sie als Zeugen für die unentwegte Treue der Sozialisten gegenüber dem demokratischen Verfahren zu zitieren. Auch kann ich keine besseren Probefälle finden – es sei denn, wir sind tatsächlich zur Annahme des russischen und des ungarischen Falles bereit, die beide die kritische Kombination einer Möglichkeit der Machtergreifung mit der Unmöglichkeit, es mit demokratischen Mitteln zu tun, aufweisen. Unsere Schwierigkeit wird gut illustriert durch den österreichischen Fall, dessen Bedeutung infolge des außergewöhnlichen Ranges der führenden (neomarxistischen) Gruppe weit über die Bedeutung des Landes hinausstiecht. Die österreichischen Sozialisten hielten 1918 und 1919 zur Demokratie, als dies noch nicht, wie bald darauf, eine Sache der Selbstverteidigung war. Während der wenigen Monate jedoch, da die Monopolisierung der Macht innerhalb Reichweite zu sein schien, war die Stellung vieler von ihnen nicht ganz unzweideutig. Zu jener Zeit sprach Fritz Adler vom Mehrheitsprinzip als vom Fetischdienst am «Zufall der Arithmetik», und viele andere zuckten die Achseln über demokratische Verfahrensregeln. Und doch waren diese Männer ordentliche Parteimitglieder und keine Kommunisten. Als der Bolschewismus in Ungarn herrschte, wurde die Frage des einzuschlagenden Kurses brennend. Niemand kann die Diskussion jener Epoche verfolgt haben, ohne zu sehen, daß die Empfindung der Partei nicht schlecht durch die Formel wiedergegeben wurde: «Wir finden keinen besonderen Gefallen an der Aussicht, nach links gehen zu müssen [= Sowjetmethoden anzuwenden]. Aber wenn wir gehen müssen, dann werden wir alle zusammen gehen»[4]. Diese Beur-

[4] Einfacher ausgedrückt bedeutete dieser Ausspruch eines der prominenteren Führer, daß sie sich völlig der Gefahr bewußt waren, den Bolschewismus in einem Lande zu inszenieren, das in bezug auf seine Nahrungsmittel völlig auf die kapitalistischen Mächte angewiesen war und

teilung sowohl der allgemeinen Lage des Landes als auch der Parteigefahr war außerordentlich vernünftig – ebenso die Schlußfolgerung. Flammende Treue zu demokratischen Prinzipien war jedoch in keiner ersichtlich. Am Ende fanden sie sich zurück. Doch die Bekehrung kam nicht aus Reue, sondern im Gefolge der ungarischen Gegenrevolution.

Ich bitte die Leser, nicht zu glauben, daß ich die Sozialisten der Unaufrichtigkeit zeihe oder daß ich sie als schlechte Demokraten oder als grundsatzlose Ränkeschmiede und Opportunisten der Verachtung preisgeben möchte. Trotz des kindischen Machiavellismus, dem gewisse ihrer Propheten frönen, glaube ich durchaus, daß im Grunde ihres Herzens die meisten stets ebenso aufrichtig in ihren Glaubensbekenntnissen gewesen sind wie andere Menschen. Zudem glaube ich nicht an Unaufrichtigkeit im sozialen Kampf; denn die Menschen denken letzten Endes immer, was sie denken wollen und wozu sie sich unaufhörlich bekennen. Was die Demokratie betrifft, so sind die sozialistischen Parteien vermutlich nicht mehr Opportunisten als andere Parteien auch; sie verfechten einfach die Demokratie, wenn, weil und wann es ihren Idealen und Interessen dient, und sonst nicht. Damit die Leser sich nicht entsetzen und meinen, eine so unmoralische Ansicht sei nur des geriebensten politischen Praktikers würdig, wollen wir alsbald ein Denkexperiment anstellen, das uns gleichzeitig auch den Ausgangspunkt für unsere Untersuchung des Wesens der Demokratie abgeben soll.

III. Ein Denkexperiment

Nehmen wir an, daß ein Gemeinwesen auf eine Weise, die des Lesers Kriterien der Demokratie befriedigt, zum Entschluß käme, religiöse Dissidenten zu verfolgen. Das Beispiel ist nicht aus der Luft gegriffen. Gemeinwesen, die die meisten von uns durchaus als Demokratien anerkennen würden, haben Ketzer auf Scheiterhaufen verbrannt – so die Republik von Genf zur

französische und italienische Truppen praktisch vor seiner Türe hatte; daß aber, wenn der Druck Rußlands via Ungarn zu groß werden sollte, sie die Partei nicht sich spalten lassen, sondern versuchen würden, die ganze Herde ins bolschewistische Lager zu treiben.

Zeit Calvins – oder sie sonst auf eine Art verfolgt, die für unsere Moralauffassung abstoßend ist – Massachusetts in der Kolonialzeit mag als Beispiel dienen. Fälle dieser Art verlieren nicht an Relevanz, wenn sie sich in nichtdemokratischen Staaten ereignen. Denn es ist naiv zu glauben, daß der demokratische Prozeß in einer Autokratie vollständig zu arbeiten aufhöre, oder daß ein Autokrat nie nach dem Willen des Volkes handeln oder ihm nachgeben wolle. So oft er es tut, können wir daraus schließen, daß eine ähnliche Aktion auch stattgefunden hätte, wenn die politische Form demokratisch gewesen wäre. Zum Beispiel wurden die Christenverfolgungen, zum mindesten die frühen, sicher von der öffentlichen Meinung Roms gebilligt und wären vermutlich nicht milder ausgefallen, wenn Rom eine reine Demokratie gewesen wäre[5].

Die Hexenverfolgungen liefern ein weiteres Beispiel. Sie entstanden aus der Seele der Massen selbst und waren alles andere als die teuflische Erfindung von Priestern und Fürsten, die sie im Gegenteil unterdrückten, sobald sie sich dazu imstande sahen. Die katholische Kirche hat zwar Hexerei bestraft. Aber wenn wir die tatsächlich ergriffenen Maßnahmen mit jenen gegen die Ketzerei vergleichen, wo Rom wirtschaftlich interessiert war, so haben wir sofort den Eindruck, daß in Sachen Hexerei der heilige Stuhl der öffentlichen Meinung mehr nachgab, als daß er sie anstachelte. Die Jesuiten bekämpften die Hexenverfolgungen am Anfang ohne Erfolg. Gegen das Ende

---

[5] Ein Beispiel möge die Art von Evidenz illustrieren, die es für diese Behauptung gibt. Sueton erzählt in seiner Biographie Nero's (*De vita Caesarum*, liber VI) zuerst von jenen Taten unter seiner Herrschaft, die er, Sueton, zum Teil als nicht tadelnswert, zum Teil sogar als rühmenswert betrachtete (*partim nulla reprehensione*, *partim etiam non mediocri laude digna*), und dann von seinen Untaten (*probra ac scelera*). Die neronische Christenverfolgung führte er nicht in der zweiten, sondern in der ersten Rubrik auf, mitten in einer Liste von recht verdienstlichen Verwaltungsmaßnahmen (*afflicti suppliciis Christiani*, *genus hominum superstitionis novae ac maleficae*). Es liegt kein Grund vor, anzunehmen, daß Sueton etwas anderes als die Auffassung (und folglich den Willen) des Volkes zum Ausdruck brachte. Tatsächlich ist der Verdacht naheliegend, daß das Motiv Neros war, dem Volke zu gefallen.

des siebzehnten und im achtzehnten Jahrhundert – das heißt als der monarchische Absolutismus auf dem Kontinent sich völlig durchgesetzt hatte – gelangten endlich die staatlichen Verbote zur Geltung. Die merkwürdig vorsichtige Weise, in der eine so starke Herrscherin wie die Kaiserin Maria Theresia bei dem Verbot gegen diese Sitte zu Werke ging, zeigt deutlich, daß sie wußte, dabei gegen den Willen ihres Volkes zu kämpfen.

Um schließlich noch ein Beispiel zu wählen, das einigen Bezug auf moderne Probleme hat, so war der Antisemitismus eine der tiefstverwurzelten populären Haltungen in den meisten Ländern, in denen es im Verhältnis zur Gesamtbevölkerung eine irgend namhafte Zahl von Juden gab. In der Moderne ist diese Einstellung unter dem rationalisierenden Einfluß der kapitalistischen Entwicklung zum Teil zurückgegangen; aber es ist noch genug übrig geblieben, um jedem Politiker, der etwa daran appellieren wollte, einen Erfolg beim Volke zu sichern. Die meisten antikapitalistischen Bewegungen unserer Zeit außerhalb des eigentlichen Sozialismus haben tatsächlich die Lehre daraus gezogen. Für das Mittelalter jedoch ist es nicht zu viel gesagt, wenn man behauptet, daß die Juden ihre Erhaltung dem Schutze der Kirche und der Fürsten verdankten, die sie gegen die Opposition des Volkes beschützten und sie zuletzt emanzipierten[6].

Nun zu unserem Experiment. Versetzen wir uns in ein hypothetisches Land, das auf demokratischem Weg die Verfolgung von Christen, das Verbrennen von Hexen und das Hinmorden von Juden praktiziert. Wir würden bestimmt diese Praktiken nicht darum billigen, weil sie nach den Regeln des demokratischen Verfahrens beschlossen wurden. Aber die entscheidende Frage ist die: würden wir die demokratische Verfassung an sich billigen, die solche Resultate hervorbringt, und sie einer nicht-

---

[6] Die beschützende Haltung der Päpste mag mit der Bulle *Etsi Iudaeis* (1120) belegt werden, deren wiederholte Bestätigung durch die Nachfolger von Calixt II. sowohl die Kontinuität dieser Politik wie auch den Widerstand, auf den sie stieß, beweist. Die beschützende Haltung der Fürsten wird leicht verständlich durch den einfachen Hinweis, daß für sie Austreibung oder Massakrierung der Juden den Verlust dringend benötigter Einkünfte bedeutete.

demokratischen vorziehen, die sie vermiede? Tun wir das nicht, so verhalten wir uns genau gleich wie jene glühenden Sozialisten, für die der Kapitalismus schlimmer ist als Hexenjagd und die daher bereit sind, nicht-demokratische Methoden zum Zweck seiner Unterdrückung zu akzeptieren. Soweit dieses Argument reicht, sind wir und sie im gleichen Boot. Es gibt letzte Ideale und Interessen, die auch der glühendste Demokrat über die Demokratie stellen wird, und wenn er sich zur kompromißlosen Treue ihr gegenüber bekennt, so meint er damit einzig, daß er überzeugt ist, die Demokratie werde jene Ideale und Interessen wie Gewissens- und Redefreiheit, Gerechtigkeit, eine anständige Regierung usw. garantieren.

Der Grund, warum dies so ist, ist nicht weit zu suchen. Die Demokratie ist eine politische *Methode*, das heißt: eine gewisse Art institutioneller Ordnung, um zu politischen – legislativen und administrativen – Entscheidungen zu gelangen, und daher unfähig, selbst ein Ziel zu sein, unabhängig davon, welche Entscheidungen sie unter gegebenen historischen Verhältnissen hervorbringt. Und dies muß der Ausgangspunkt für jeden Versuch einer Definition sein.

Welches auch der unterscheidende Zug der demokratischen Methode sein mag, so lehren uns die historischen Beispiele, auf die wir gerade einen Blick geworfen haben, über sie einige Dinge, die wichtig genug sind, um eine ausdrückliche Rekapitulation zu rechtfertigen.

Erstens genügen diese Beispiele, um jeden Versuch einer Bestreitung der eben gemachten Feststellung auszuschließen, nämlich, daß die Demokratie – politische Methode, die sie ist – so wenig wie irgend eine andere Methode ein Ziel an sich sein kann. Es mag eingewandt werden, daß vom logischen Standpunkt aus eine Methode als solche durchaus ein absolutes Ideal oder ein letzter Wert sein kann. Sie *kann*. Ohne Zweifel kann jemand sehr wohl der Ansicht sein, daß der Wille des Volkes maßgebend sein muß, so verbrecherisch oder dumm auch das sein mag, was das demokratische Verfahren in einem gegebenen historischen System sich zu erreichen bemüht, oder daß ihm jedenfalls nur auf dem durch demokratische Prinzipien sanktionierten Wege Widerstand geleistet werden darf.

Es scheint jedoch in solchen Fällen viel natürlicher, vom Pöbel statt vom Volk zu sprechen und seine verbrecherischen Anlagen oder seine Dummheit mit allen verfügbaren Mitteln zu bekämpfen.

Zweitens: wenn wir einig sind, daß unbedingte Treue zur Demokratie nur auf unbedingte Treue zu gewissen Interessen und Idealen, denen die Demokratie erwartungsgemäß dienen soll, zurückgeführt werden kann, dann schließen unsere Beispiele auch den Einwand aus, daß, obschon die Demokratie vielleicht kein absolutes Ideal kraft eigenen Rechtes ist, sie doch ein stellvertretendes ist vermöge der Tatsache, daß sie mit Notwendigkeit, immer und überall, gewissen Interessen oder Idealen dienen wird, für die wir bereit sind, bedingungslos zu kämpfen und zu sterben. Offenbar kann dies nicht richtig sein[7]. Nicht mehr als irgend eine andere politische Methode erzeugt die Demokratie immer die gleichen Resultate oder fördert sie immer die gleichen Interessen oder Ideale. Rationale Treue zu ihr setzt daher nicht nur ein Schema überrationaler Werte, sondern auch einen gewissen Zustand der Gesellschaft voraus, in dem von der Demokratie erwartet werden kann, daß sie in von uns gebilligter Art und Weise arbeitet. Behauptungen über das Funktionieren der Demokratie sind ohne Beziehung auf gegebene Zeitumstände, gegebene Räume und Situationen[8] sinnlos, und natürlich auch die anti-demokratischen Argumente.

Dies ist letzten Endes alles sehr naheliegend und braucht niemanden zu erstaunen und noch weniger zu entsetzen. Denn es hat nichts mit der Inbrunst oder Würde der demokratischen Überzeugung in irgend einer gegebenen Situation zu tun. Sich der bedingten Gültigkeit der eigenen Überzeugungen bewußt zu sein und dennoch entschlossen für sie einzustehen, unterscheidet den zivilisierten Menschen vom Barbaren.

---

[7] Namentlich ist es nicht richtig, daß die Demokratie stets die Gewissensfreiheit besser gewährleiste als die Autokratie. Man nehme den berühmtesten aller Prozesse zum Zeugnis. Pilatus war vom Standpunkt der Juden aus sicherlich der Vertreter der Autokratie. Und doch versuchte er, die Freiheit zu schützen; und es war eine Demokratie, der er nachgab.

[8] Siehe unten, Kapitel 23.

Wir besitzen nun einen Ausgangspunkt, von dem aus wir unsere Untersuchung weiterführen können. Hingegen ist noch keine Definition in Sicht, die uns beim Versuch, die Beziehungen zwischen Demokratie und Sozialismus zu analysieren, helfen könnte. Einige Anfangsschwierigkeiten versperren noch den Ausblick.

Es würde uns nicht viel helfen, bei Aristoteles nachzusehen; er gebrauchte den Begriff, um damit eine der Abweichungen von seinem Ideal eines wohlgeordneten Gemeinwesens zu bezeichnen. Doch einiges Licht mag auf unsere Schwierigkeiten strahlen, wenn wir uns die Bedeutung in Erinnerung rufen, die wir dem Ausdruck «politische Methode» beigelegt haben; sie bedeutet «die Methode, die ein Volk verwendet, um zu Entscheidungen zu gelangen.» Solch eine Methode sollten wir dadurch charakterisieren können, daß wir angeben, von wem und wie diese Entscheidungen getroffen werden. Wenn wir «Entscheidungen treffen» gleich «herrschen» setzen, dann können wir Demokratie als «Herrschaft des Volkes» definieren. Warum ist das nicht genau genug?

Nicht darum, weil es so viele Bedeutungen überdeckt, als es Kombinationen zwischen all den möglichen Definitionen des Begriffes «Volk» (*demos*, das römische *populus*) und all den möglichen Definitionen des Begriffs «herrschen» (*kratein*) gibt, und weil diese Definitionen nicht unabhängig vom Argument über die Demokratie sind. Was den ersten Begriff betrifft, so kann *populus* im konstitutionellen Sinne Sklaven völlig und andere Bewohner teilweise ausschließen; das Gesetz kann jede Art von Rechtszustand zwischen Sklaverei und vollem oder sogar privilegiertem Bürgerrecht kennen. Und abgesehen von gesetzlicher Diskriminierung haben sich zudem zu verschiedenen Zeiten verschiedene Gruppen als das «Volk» betrachtet[9].

[9] Vgl. z. B. die von Voltaire in seinen *Lettres philosophiques* (ed. Lanson[3], Vol. I, p. 103) gegebene Definition: «... le peuple, la plus nombreuse, la plus utile, la plus vertueuse même, et par conséquent, la plus respectable partie des hommes, composée de ceux qui étudient les loix et les sciences,

Natürlich könnten wir sagen: eine demokratische Gesellschaft ist eine Gesellschaft, die keine starken Unterschiede aufweist, wenigstens nicht in Dingen, die die öffentlichen Angelegenheiten betreffen, wie zum Beispiel dem Wahlrecht. Aber erstens hat es Nationen gegeben, die Diskriminierungen der erwähnten Art praktizierten und trotzdem die meisten Charakteristika aufwiesen, die gewöhnlich mit Demokratie verbunden werden. Zweitens: irgend eine Diskriminierung ist immer vorhanden. Zum Beispiel wird in keinem noch so demokratischen Lande das Stimmrecht unter eine bestimmte Altersgrenze ausgedehnt. Wenn wir jedoch nach dem rationalen Grund dieser Beschränkung fragen, entdecken wir, daß er auch auf eine unbestimmte Zahl von Bewohnern über der Altersgrenze zutrifft. Wenn Personen unter der Altersgrenze nicht stimmen dürfen, können wir nicht eine Nation undemokratisch nennen, die aus den gleichen oder analogen Gründen auch andere Leute ausschließt. Man beachte: es ist nicht relevant, ob wir, die Beobachter, die Gültigkeit dieser Gründe anerkennen oder die Gültigkeit der praktischen Verordnungen, durch deren Anwendung sie gewisse Teile der Bevölkerung ausschließen; wichtig ist einzig, daß die betreffende Gesellschaft sie anerkennt. Auch darf nicht eingewandt werden, daß dies zwar für Ausschluß auf Grund persönlicher Unreife (zum Beispiel «Erreichung der Urteilsfähigkeit») gelte, jedoch nicht gelte für einen generellen Ausschluß aus Gründen, die mit der Fähigkeit, das Stimmrecht auf intelligente Weise zu gebrauchen, nichts zu tun hätten. Denn «Reife» ist eine Sache der Ansicht und des Grades. Ihr Vorhandensein muß durch ein gewisses System von Regeln festgelegt werden. *Ohne Absurdität oder Unaufrichtigkeit* ist durchaus die Ansicht möglich, daß die Reife an der Fähigkeit, sich seinen eigenen Unterhalt zu sichern, gemessen werden kann. In einem Gemeinwesen mit starken religiösen Überzeugungen kann vertreten werden – wiederum ohne Absurdität oder Unaufrichtig-

---

des négocians, des artisans; en un mot, de tout qui n'était point tyran ...» Heutzutage bedeutet «Volk» leicht «Masse»; aber Voltaires Begriff deckt sich besser mit jenem «Volk», für das die Verfassung der USA. geschrieben worden ist.

keit –, daß anderer Glaube, oder in einem anti-feministischen Gemeinwesen, daß das Geschlecht disqualifiziert. Eine rassenbewußte Nation mag die Reife mit rassischen Überlegungen verbinden[10]. Und dergleichen mehr. Der springende Punkt ist, um es zu wiederholen, nicht, was *wir* über irgend einen oder alle diese möglichen Gründe der Rechtsunfähigkeit denken. Der springende Punkt ist der, daß, unter der Voraussetzung entsprechender Ansichten über diese und ähnliche Fragen, Disqualifikationen auf Grund der wirtschaftlichen Stellung, der Religion und des Geschlechts in die gleiche Klasse fallen wie Disqualifikationen, die wir alle miteinander als mit der Demokratie vereinbar betrachten. Sicherlich können wir sie mißbilligen. Aber wenn wir dies tun, sollten wir, logisch richtig, die Theorien über die Bedeutung von Besitz, Religion, Geschlecht, Rasse usw. mißbilligen, statt solche Gesellschaften «undemokratisch» zu nennen. Religiöser Eifer ist zum Beispiel sicherlich mit Demokratie vereinbar, gleichviel, wie wir diese definieren. Es gibt einen Typ religiöser Haltung, dem ein Ketzer schlimmer als ein Wahnsinniger zu sein scheint. Folgt nicht daraus, daß der Ketzer von der Teilnahme an politischen Entscheidungen ausgeschlossen werden sollte, so wie ein Verrückter ausgeschlossen wird[11]? Müssen wir es nicht jedem *populus* selbst überlassen, sich zu definieren?

Diese unausweichliche Folgerung wird gewöhnlich dadurch umgangen, daß zusätzliche Annahmen in die Theorie des demokratischen Prozesses eingeführt werden, – einige von ihnen werden in den nächsten Kapiteln erörtert. Mittlerweile wollen wir lediglich feststellen, daß sie viel Nebelhaftes aus dem Weg räumt. Unter anderem enthüllt sie die Tatsache, daß die

---

[10] So schließen die Vereinigten Staaten Orientalen und [Hitler-]Deutschland Juden vom Bürgerrecht aus; im südlichen Teil der Vereinigten Staaten sind oft auch die Neger ihres Stimmrechtes beraubt.

[11] Für den Bolschewisten gehört jeder Nicht-Bolschewist in die gleiche Kategorie. Folglich würde uns die Herrschaft der bolschewistischen Partei noch nicht *per se* dazu berechtigen, die Sowjetrepublik undemokratisch zu nennen. Wir sind nur dann dazu berechtigt, wenn die bolschewistische Partei selbst in einer undemokratischen Weise geleitet wird, – was offenkundig der Fall ist.

Beziehung zwischen Demokratie und Freiheit beträchtlich komplexer sein muß, als wir gewöhnlich glauben.

Noch ernstlichere Schwierigkeiten entstehen in bezug auf das zweite Element, das im Begriff der Demokratie enthalten ist, das *kratein*. Das Wesen und der *modus operandi* jeder «Herrschaft» sind immer schwierig zu erklären. Die legalen Machtbefugnisse sind nie eine Garantie für die Fähigkeit, sie zu gebrauchen; sie sind jedoch sowohl wichtige Stützen, wie Fesseln; überkommenes Prestige macht stets viel aus, nie aber alles; der persönliche Erfolg und, teilweise unabhängig vom Erfolg, das persönliche Gewicht haben Wirkungen und erzeugen Gegenwirkungen sowohl der gesetzlichen wie auch der traditionalen Komponenten des institutionellen Systems. Kein Monarch, kein Diktator, keine oligarchische Gruppe ist jemals absolut. Sie herrschen nicht nur in Abhängigkeit von den Daten der nationalen Situation, sondern auch in Abhängigkeit von der Notwendigkeit, mit Hilfe einiger Menschen zu handeln, mit anderen auszukommen, wieder andere zu neutralisieren und den Rest zu unterdrücken. Und dies kann auf beinahe unendlich viele Weisen getan werden, deren jede bestimmen wird, was eine gegebene formale Ordnung wirklich bedeutet sowohl für die Nation, in der sie Geltung hat, wie auch für den wissenschaftlichen Beobachter; von «Monarchie» zu sprechen, als ob sie etwas ganz Bestimmtes wäre, ist gleichbedeutend mit Dilettantismus. Aber wenn es das Volk – so oder so definiert – ist, das das *kratein* zu besorgen hat, entsteht noch ein anderes Problem: Wie ist es dem «Volk» technisch möglich zu herrschen?

Es gibt eine Gruppe von Fällen, in denen dieses Problem nicht entsteht, wenigstens nicht in akuter Form. In kleinen und primitiven Gemeinwesen mit einfacher sozialer Struktur[12], wo es wenig gibt, worüber man uneinig sein könnte, ist es denkbar, daß alle Individuen, die das durch die Verfassung definierte Volk bilden, tatsächlich an allen Pflichten der Gesetzgebung

[12] Die kleine Zahl und die lokale Konzentration des Volkes sind wesentlich. Die Primitivität der Zivilisation und die Einfachheit der Struktur sind weniger wichtig, erleichtern aber beträchtlich das Funktionieren der Demokratie.

und Verwaltung teilnehmen. Gewisse Schwierigkeiten mögen auch in solchen Fällen bestehen bleiben und der Psycholog, der das kollektive Verhalten analysiert, hätte noch manches zu sagen über Führerschaft, Reklame und andere Quellen der Abweichung vom populären Ideal einer Demokratie. Trotzdem dürfte es hier offenbar sinnvoll sein vom Willen oder von den Handlungen des Gemeinwesens oder des Volkes als solchen – von Regierung durch das Volk – zu sprechen, namentlich wenn das Volk mittels Debatten, die in der physischen Anwesenheit aller geführt werden, zu politischen Entscheidungen gelangt, wie zum Beispiel in der griechischen *polis* oder in den Stadtversammlungen Neu-Englands. Dieser Fall, von dem manchmal als dem Fall der «unmittelbaren Demokratie» gesprochen wird, hat tatsächlich vielen politischen Theoretikern als Ausgangspunkt gedient.

In allen andern Fällen entsteht unser Problem, doch können wir mit ihm verhältnismäßig leicht fertig werden, wenn wir bereit sind, die «Regierung durch das Volk» fallen zu lassen und durch «die vom Volk gebilligte Regierung» zu ersetzen. Es spricht vieles für ein solches Vorgehen. Viele der Behauptungen, die wir gewöhnlich über die Demokratie aufstellen, treffen für alle Regierungen zu, die über die allgemeine Gefolgschaft einer großen Mehrheit ihres Volkes oder, besser noch, einer großen Mehrheit jeder Klasse ihres Volkes verfügen. Dies bezieht sich namentlich auf die gewöhnlich mit der demokratischen Methode in Verbindung gebrachten Tugenden: menschliche Würde – die Zufriedenheit, die aus dem Gefühl entsteht, daß im großen ganzen die politischen Angelegenheiten mit den eigenen Vorstellungen, wie sie sein sollten, übereinstimmen – die Koordinierung der Politik mit der öffentlichen Meinung – die vertrauensvolle Haltung des Bürgers zu seiner Regierung und die Zusammenarbeit mit ihr – das Vertrauen der letzteren auf die Achtung und die Unterstützung des Mannes der Straße –, all dies und manches andere, das vielen von uns als das eigentliche Wesen der Demokratie erscheinen wird, ist durchaus zufriedenstellend durch die Idee einer vom Volke gebilligten Regierung überdeckt. Und da es klar ist, daß, ausgenommen den Fall der «unmittelbaren Demokratie», das Volk als solches niemals tatsächlich herrschen oder regieren kann, scheint diese Definition nichts zu wünschen zu lassen.

Trotzdem können wir sie nicht akzeptieren. Es wimmelt von Beispielen – vielleicht bilden sie sogar die Mehrheit der geschichtlichen Fälle – von Autokratien, sowohl *dei gratia* als auch diktatorischen, von verschiedenen Monarchien des nicht-autokratischen Typs, von aristokratischen und plutokratischen Oligarchien, die alle normalerweise über die unbezweifelte, oft glühende Gefolgschaft einer überwältigenden Mehrheit aus allen Klassen ihres Volkes verfügten und die in Anbetracht ihrer Umweltsbedingungen sehr erfolgreich das sicherstellten, was nach dem Glauben der meisten von uns die demokratische Methode sichern sollte. Es ist wichtig, dies hervorzuheben und das erhebliche Element von Demokratie – in diesem Sinn – zu erkennen, das in diesen Fällen enthalten war. Solch ein Gegengift gegen den Kult der bloßen Formen, der bloßen Phrasenmacherei sogar, wäre tatsächlich höchst wünschenswert. Dadurch ändert sich jedoch nichts an der Tatsache, daß wenn wir diese Lösung akzeptieren, wir das Phänomen verlieren, das wir identifizieren wollen: die Demokratien gingen in einer viel größeren Klasse politischer Ordnung auf, die Individuen von deutlich nicht-demokratischem Aussehen enthält.

Etwas lernen wir jedoch trotzdem aus unserm Mißerfolg. Jenseits der «unmittelbaren Demokratie» liegt ein unbegrenzter Reichtum von möglichen Formen, in denen das «Volk» an den Regierungsgeschäften teilnehmen oder jene, die tatsächlich herrschen, beeinflussen oder kontrollieren kann. Keine dieser Formen, namentlich keine der durchführbaren, hat einen offenkundigen oder exklusiven Anspruch darauf, «Regierung durch das Volk» genannt zu werden, wenn diese Worte in ihrem natürlichen Sinn verstanden werden. Wenn eine von ihnen einen solchen Titel erwirbt, so kann sie dies nur kraft einer willkürlichen Abmachung über die Definition der Bedeutung, die dem Ausdruck «herrschen» beigelegt werden soll. Eine solche Abmachung ist natürlich immer möglich: das Volk herrscht in Tat und Wahrheit nie, aber durch Definition kann es immer dazu gebracht werden.

Die juristischen «Theorien» der Demokratie, die im siebzehnten und achtzehnten Jahrhundert entwickelt wurden, hatten den ausdrücklichen Zweck, solche Definitionen zu liefern, die gewisse tatsächliche oder ideale Regierungsformen mit der Ideologie der «Herrschaft durch das Volk» verkoppelten. Warum sich diese Ideologie aufdrängte, ist nicht schwer zu verstehen. In jener Zeit fiel, wenigstens bei den westeuropäischen Ländern, der Mantel der «von Gott verliehenen Autorität» immer rascher von den Schultern der Könige[13] – begonnen hat der Prozeß natürlich schon viel früher –, und sowohl als sittliches wie als erklärendes Prinzip bot sich als Ersatz der «Wille des Volkes» oder die «souveräne Macht des Volkes»; dieser Ersatz war außerordentlich annehmbar für eine Mentalität, die zwar bereit war, dieses besondere *charisma* von allerhöchster Autorität fallen zu lassen, aber nicht bereit war, ohne irgend eines auszukommen.

Nachdem das Problem solchermaßen gestellt war, stöberte der juristische Verstand in der Rumpelkammer seiner Konstruktionen herum, um nach Instrumenten zu suchen, mit deren Hilfe sich dieses letzte Postulat mit bestehenden politischen Systemen vereinbaren ließe. Was die Rumpelkammer bot, das waren im wesentlichen fiktive Unterwerfungsverträge unter einen Fürsten[14], durch die das souveräne Volk der Annahme nach seine Freiheit oder Macht verschachert habe, oder nicht weniger fiktive Verträge, durch die es diese Macht oder Teile davon an gewählte Vertreter delegierte. Solche Konstruktionen mögen zu gewissen praktischen Zwecken sehr dienlich gewesen sein; sie sind jedoch für uns absolut wertlos. Sie können nicht

---

[13] Sir Robert Filmers *Patriarcha* (erschienen 1680) kann als letzte wichtige Darstellung der Lehre vom göttlichen Recht in der englischen politischen Philosophie betrachtet werden.

[14] Diese Verträge waren *fictiones juris et de jure*. Es gab jedoch eine realistische Analogie für sie, nämlich die freiwillige und vertragsmäßige Unterwerfung eines Freien unter einen mittelalterlichen Feudalherrn, wie sie zwischen dem sechsten und zwölften Jahrhundert ausgiebig praktiziert wurde. Der Freie anerkannte die Rechtsprechung des Feudalherrn und gewisse wirtschaftliche Verpflichtungen. Er gab seinen Stand als völlig freier Mann auf. Er erhielt dagegen den Schutz des Herrn und andere Vorteile.

einmal von einem juristischen Standpunkt aus verteidigt werden.

Denn um überhaupt sinnvoll zu sein, dürfen sich die Ausdrücke Delegation und Repräsentation nicht auf einzelne Bürger beziehen – das wäre die Lehre der mittelalterlichen Stände –, sondern auf das Volk als ganzes. Das Volk als solches müßte dann so aufgefaßt werden, daß es seine Macht beispielsweise an ein Parlament delegiert, das es (sc. das Volk) zu repräsentieren hat. Aber nur eine (physische oder moralische) Person kann juristisch delegieren oder repräsentiert werden. So wurden die amerikanischen Kolonien oder Staaten, die Delegierte an die Kontinentalkongresse sandten, die seit 1774 in Philadelphia zusammentraten – die sogenannten «revolutionären Kongresse» –, tatsächlich durch diese Delegierten repräsentiert. Dagegen nicht das Volk dieser Kolonien oder Staaten, da ein Volk als solches keine juristische Persönlichkeit hat: die Behauptung, daß es an ein Parlament Gewalten delegiere oder durch ein Parlament repräsentiert werde, ist eine Behauptung, die jeder juristischen Bedeutung bar ist[15]. Was ist denn aber ein Parlament? Die Antwort ist naheliegend: es ist ein Organ des Staates gerade wie die Regierung oder ein Gerichtshof. Wenn ein Parlament überhaupt das Volk repräsentiert, so muß es das in einem andern Sinne tun, den wir erst noch entdecken müssen.

Diese «Theorien» über die Souveränität des Volkes und über Delegation und Repräsentation spiegeln jedoch mehr als nur ein ideologisches Postulat und ein paar Fragmente juristischer Technik wieder. Sie ergänzen eine Soziologie oder eine Sozialphilosophie des politischen Körpers, die teilweise unter dem Einfluß des Wiederauflebens griechischer Spekulationen über diesen Gegenstand, teilweise unter dem Einfluß der Zeitereignisse[16] Gestalt annahm und gegen Ende des achtzehnten

[15] Gleicherweise ist es juristisch sinnlos, eine öffentliche Anklage als den Prozeß «des Volkes gegen den Herrn Soundso» zu bezeichnen. Juristisch ist der Ankläger der Staat.

[16] Das ist besonders deutlich in England und namentlich im Fall von John Locke. Als politischer Philosoph schrieb er unter dem Deckmantel allgemeiner Argumentation einfach gegen Jakob II. und für seine Whigfreunde, die die Verantwortung für die «glorreiche Revolution» trifft. Dies

Jahrhunderts ihren Höhepunkt erreichte und tatsächlich das Problem zu lösen versuchte. Obschon solche allgemeinen Ausdrücke nie adaequat oder, genau genommen, richtig sind, will ich es wagen, sie in der üblichen Weise als ihrem Wesen nach rationalistisch, hedonistisch und individualistisch zu bezeichnen: die in hedonistischen Begriffen definierte Glückseligkeit der Individuen – die mit einer klaren Erkenntnis sowohl dieses Ziels als auch der geeigneten Mittel begabt sind oder die einer Erziehung zugänglich sind, die ihnen diese klare Erkenntnis mitteilt –, diese Glückseligkeit wurde als der Sinn des Lebens und als das große Prinzip alles Tuns in der privaten und in der politischen Sphäre aufgefaßt. Wir können diese Soziologie oder Sozialphilosophie, dieses Produkt des Frühkapitalismus, ebenso gut mit dem von John Stuart Mill eingeführten Begriff als Utilitarismus bezeichnen. Ihm zufolge war ein mit diesem Prinzip übereinstimmendes Verhalten nicht bloß das einzig rationale und berechtigte, sondern *ipso facto* auch das «natürliche». Diese Behauptung bildet die Brücke zwischen den im übrigen sehr verschiedenartigen Theorien Benthams und Rousseaus *Contrat social* – Namen, die uns in dem, was sonst hier im Dunkeln gelassen werden muß, als Leuchtfeuer dienen mögen.

Wenn solch verzweifelte Kürze den Leser nicht abhält, meiner Argumentation zu folgen, so sollte die Bedeutung dieser Philosophie für das Thema der Demokratie klar sein. Sie lieferte offenbar unter anderm eine Theorie über das Wesen des Staates und über die Zwecke, um deretwillen der Staat existiert. Vermöge des Nachdruckes, den sie auf das rationale und hedonistische Individuum und seine sittliche Autonomie legte, schien sie zudem in der Lage zu sein, die einzig richtigen politischen

erklärt den Erfolg von Gedankengängen, die ohne diese praktische Nebenbedeutung unter aller Kritik gewesen wären. Das Ziel der Regierung ist das Wohl des Volkes und dieses Wohl besteht im Schutz des Privateigentums, weshalb die Menschen «zur Gesellschaft zusammentreten». Zu diesem Zweck kommen sie zusammen und machen einen Urvertrag der Unterwerfung unter eine gemeinsame Autorität. Dieser Vertrag ist gebrochen, Eigentum und Freiheit gefährdet und der Widerstand gerechtfertigt, wenn, offen gesagt, die aristokratischen Whigs und die Londoner Kaufleute finden, sie hätten das Recht.

Methoden zur Führung dieses Staates und zur Erreichung jener Ziele zu lehren – «das größte Glück der größten Zahl» und ähnliche schöne Dinge. Endlich bot sie auch etwas, das aussah wie eine rationale Begründung des Glaubens an den «Willen des Volkes» *(volonté générale)* und des Glaubens an jenen Rat, der alles zusammenfaßt, was die als «philosophische Radikale» bekannt gewordene Gruppe von Schriftstellern unter Demokratie verstand[17]: man erziehe das Volk und lasse es frei wählen.

Eine ablehnende Kritik dieser Konstruktion entstand beinahe unmittelbar als Teil der allgemeinen Reaktion gegen den Rationalismus des achtzehnten Jahrhunderts, die nach den Revolutions- und den Napoleonischen Kriegen einsetzte. Was wir auch von den Verdiensten oder Gefahren der gewöhnlich «Romantik» benannten Bewegung halten mögen, – jedenfalls vermittelte sie ein tieferes Verständnis der vorkapitalistischen Gesellschaft und der historischen Entwicklung im allgemeinen; dadurch enthüllte sie einige Grundirrtümer des Utilitarismus und jener politischen Theorie, welcher der Utilitarismus als Grundlage diente. Später erwies sich die historische, soziologische, biologische, psychologische und ökonomische Analyse als für beide verderblich, und heutzutage ist es schwierig, jemanden zu finden, der soziologische Prozesse erforscht und noch ein gutes Wort für eine von ihnen übrig hätte. Doch so seltsam es scheinen mag, – während der ganzen Zeit, da diese Theorie in Stücke zerschlagen wurde, vollzog sich das Handeln weiter auf ihrer Basis. Je mehr sie als unhaltbar erwiesen wurde, desto vollständiger beherrschte sie die offizielle Phraseologie und die Rhetorik der Politiker. Aus diesem Grunde müssen wir uns im nächsten Kapitel einer Erörterung dessen zuwenden, was die «klassische Lehre der Demokratie» genannt sein mag.

Doch keine Institution, keine Praxis, kein Glauben steht oder fällt mit der Theorie, die jeweils zu ihrer Stütze geboten wird. Die Demokratie bildet keine Ausnahme. Es ist tatsächlich möglich, eine Theorie des demokratischen Prozesses aufzustellen,

---

[17] Zur allgemeinen Orientierung vergleiche man namentlich Kent, *The Philosophical Radical;* Graham Wallas, *The Life of Francis Place;* Leslie Stephen, *The English Utilitarians.*

die allen Realitäten von Gruppenaktionen und der öffentlichen Meinung Rechnung trägt. Diese Theorie wird in Kapitel 22 vorgelegt werden, und dann werden wir endlich zu sagen imstand sein, wie es voraussichtlich der Demokratie in einer sozialistischen Ordnung ergehen wird.

EINUNDZWANZIGSTES KAPITEL

DIE KLASSISCHE LEHRE DER DEMOKRATIE

I. Das Gemeinwohl und der Wille des Volkes

Die Philosophie der Demokratie im achtzehnten Jahrhundert mag in folgende Definition gefaßt werden: die demokratische Methode ist jene institutionelle Ordnung zur Erzielung politischer Entscheide, die das Gemeinwohl dadurch verwirklicht, daß sie das Volk selbst die Streitfragen entscheiden läßt und zwar durch die Wahl von Personen, die zusammenzutreten haben, um seinen Willen auszuführen. Wir wollen nun entwickeln, was darin impliziert ist.

Es besteht also die Auffassung, daß es ein Gemeinwohl als sichtbaren Leitstern der Politik gibt, das stets einfach zu definieren ist und das jedem normalen Menschen mittels rationaler Argumente sichtbar gemacht werden kann. Folglich gibt es auch keine Entschuldigung dafür, daß man es nicht sieht, ja nicht einmal eine Erklärung für das Vorhandensein von Menschen, die es nicht sehen, es sei denn Unwissenheit – die behoben werden kann –, Dummheit und antisoziales Interesse. Zu dem impliziert dieses Gemeinwohl ganz bestimmte Antworten auf alle Fragen, so daß jeder soziale Sachverhalt und jede ergriffene oder noch zu ergreifende Maßnahme unzweideutig als «gut» oder «schlecht» klassiert werden können. Da deshalb das ganze Volk, wenigstens im Prinzip, gleicher Meinung sein muß, gibt es auch einen «allgemeinen Willen» des Volkes (= Willen aller vernünftigen Individuen), der mit dem Gemeinwohl oder dem Gemeininteresse oder der allgemeinen Wohlfahrt oder der Glückseligkeit gleichbedeutend ist. Das einzige, was – abgesehen von Dummheit oder dunklen Interessen – möglicherweise zu einer abweichenden Auffassung führen und das Vorhandensein einer Opposition erklären kann, sind Meinungsverschiedenheiten in bezug auf die Geschwindigkeit, mit der man sich dem Ziel nähern soll, über welches sich im Prinzip alle nahezu einig sind. So ist jedes Glied des Gemeinwesens sich dieses Zieles und dessen, was er oder sie will, bewußt, erkennt klar, was gut und was schlecht ist und nimmt aktiv und verantwortungsbewußt an der Förderung des ersteren und Bekämpfung des letzteren teil, und alle Glieder zusammen kontrollieren ihre öffentlichen Angelegenheiten.

Zwar verlangt die Führung eines Teils dieser Geschäfte besondere Fähigkeiten und Techniken und muß daher Spezialisten, die diese besitzen, anvertraut werden. Das berührt jedoch nicht das Prinzip, weil diese Spezialisten einfach handeln, um den Willen des Volkes auszuführen, genau wie ein Arzt handelt, um den Genesungswillen des Patienten auszuführen. Zwar wäre es ferner in einem Gemeinwesen von einer gewissen Größe, namentlich wenn es das Phänomen der Arbeitsteilung aufweist, höchst unpraktisch, wenn jeder einzelne Bürger sich mit allen andern Bürgern wegen jeder Frage in Verbindung setzen müßte, um seinen Teil zum Herrschen oder Regieren beizutragen. Es ist bequemer, nur die wichtigsten Entscheidungen den einzelnen Bürgern vorzulegen, damit sie sich dazu äußern können – zum Beispiel durch ein Referendum –, und im übrigen durch ein von ihnen bestelltes Komitee zu handeln, – durch eine Versammlung oder ein Parlament, dessen Mitglieder durch öffentliche Wahl gewählt werden. Dieses Komitee oder diese Körperschaft von Delegierten wird, wie wir gesehen haben, das Volk nicht in einem juristischen, doch wenigstens in einem technischen Sinn repräsentieren, – es wird dem Willen der Wählerschaft Stimme verleihen, ihn widerspiegeln oder ihn vertreten. Wiederum mag sich aus Bequemlichkeitsgründen dieses sonst zu große Komitee in kleinere Komitees für die verschiedenen Abteilungen der öffentlichen Geschäfte auflösen. Endlich wird es unter diesen kleineren Komitees ein allgemeines Komitee hauptsächlich zur Erledigung der laufenden Verwaltungsgeschäfte geben, genannt Kabinett oder Regierung, möglicherweise mit einem Generalsekretär oder Sündenbock, einem sogenannten Ministerpräsidenten, an seiner Spitze[1].

---

[1] Die offizielle Theorie der Funktionen eines Kabinettsministers vertritt

Sobald wir alle Voraussetzungen akzeptieren, die von dieser Verfassungstheorie gemacht werden oder in ihr enthalten sind, erhält die Demokratie in der Tat eine völlig unzweideutige Bedeutung: es gibt im Zusammenhang mit ihr kein Problem mehr, abgesehen von der Frage ihrer Errichtung. Auch brauchen wir uns nur über ein paar logische Bedenken hinwegzusetzen, um hinzufügen zu können, daß in diesem Falle die demokratische Ordnung nicht nur die beste aller denkbaren wäre, sondern daß auch wenige Leute Lust nach einer anderen hätten. Es ist jedoch nicht weniger klar, daß diese Voraussetzungen ebenso viele Behauptungen von Tatsachen sind, die alle erst noch bewiesen werden müßten, wenn wir zu diesem Schluß gelangen sollen. Und es ist viel leichter sie zu widerlegen.

Erstens gibt es kein solches Ding wie ein eindeutig bestimmtes Gemeinwohl, über das sich das ganze Volk kraft rationaler Argumente einig wäre oder zur Einigkeit gebracht werden könnte. Das ist in erster Linie nicht auf die Tatsache zurückzuführen, daß einige Leute vielleicht etwas anderes als das Gemeinwohl wünschen, sondern auf die viel wesentlichere Tatsache, daß verschiedenen Individuen und Gruppen das Gemeinwohl mit Notwendigkeit etwas Verschiedenes bedeuten muß. Diese Tatsache, die dem Utilitaristen wegen der Enge seines Ausblicks auf die Welt menschlicher Wertungen verborgen bleibt, wird zu Spaltungen über prinzipielle Fragen führen, die nicht durch rationale Argumente geschlossen werden können, weil die letzten Werte – unsere Auffassung von dem, was das Leben und was die Gesellschaft sein sollte – jenseits des Bereiches reiner Logik liegen. Sie mögen in gewissen Fällen durch Kompromisse überbrückt werden, in anderen Fällen aber nicht. Amerikaner, die sagen: «Wir wünschen, daß unser Land sich bis zu den Zähnen bewaffnet, um für das, was wir als recht ansehen, in der ganzen Welt zu kämpfen», und Amerikaner, die sagen: «Wir wünschen, daß unser Land seine eigenen Probleme löst, was der einzige Weg ist, auf dem es der Menschheit dienen kann», sehen sich unreduzierbaren Diffe-

---

tatsächlich die Auffassung, daß dieser ernannt wird, um in seinem Departement darauf zu achten, daß der Wille des Volkes sich durchsetzt.

renzen letzter Werte gegenüber, die durch Kompromisse nur verstümmelt und degradiert werden.

Selbst wenn aber zweitens ein hinreichend bestimmtes Gemeinwohl – so wie zum Beispiel das Utilitaristen-Maximum wirtschaftlicher Bedürfnisbefriedigung[2] – sich als für alle annehmbar erwiese, würde dies nicht ebenso bestimmte Antworten auf einzelne Probleme implizieren. Die Ansichten darüber können in einem solch bedeutenden Ausmaß auseinandergehen, daß größtenteils die gleichen Wirkungen entstehen wie bei «fundamentaler» Uneinigkeit über die Ziele selbst. Beispielsweise ständen Probleme, die mit der Schätzung gegenwärtiger gegenüber zukünftiger Bedürfnisbefriedigung im Zusammenhang stehen, ja sogar der Fall Sozialismus contra Kapitalismus, auch nach der Bekehrung eines jeden einzelnen Bürgers zum Utilitarismus immer noch offen. «Gesundheit» kann von allen gewünscht werden, und doch können die Menschen immer noch verschiedener Ansicht über Impfung und Vasektomie sein. Und dergleichen gibt es viel.

Die utilitaristischen Väter der demokratischen Lehre sahen nicht die volle Bedeutung dieses Problems, einfach weil keiner von ihnen irgendwelche wesentliche Veränderungen im wirtschaftlichen Rahmen und in den Gewohnheiten der bürgerlichen Gesellschaft ernsthaft in Betracht zog. Sie sahen wenig über die Welt eines Eisenhändlers des achtzehnten Jahrhunderts hinaus.

Drittens aber verflüchtigt sich als Folge der beiden vorausgegangenen Feststellungen immer mehr der besondere Begriff des Volkswillens oder der *volonté générale*, den sich die Utilitarier zu eigen machten. Denn dieser Begriff setzt die Existenz eines eindeutig bestimmten Gemeinwohles voraus, das von allen erkannt werden kann. Im Gegensatz zu den Romantikern

[2] Die Bedeutung der «höchsten Glückseligkeit» ist an sich schon ernstem Zweifel ausgesetzt. Selbst wenn jedoch dieser Zweifel behoben und der Gesamtsumme der ökonomischen Bedürfnisbefriedigung einer Gruppe von Menschen eine bestimmte Bedeutung beigelegt werden könnte, dann würde dieses Maximum immer noch durch gegebene Situationen und Wertungen bedingt sein, die vielleicht unmöglich auf demokratischem Wege geändert oder durch Kompromiß verbunden werden können.

hatten die Utilitarier keine Vorstellung dieses halb-mystischen, mit einem eigenen Willen begabten Wesens, – dieser «Volksseele», von der die historische Schule der Jurisprudenz so viel Wesens machte. Sie leiteten ihren Volkswillen ganz einfach vom Willen der Individuen ab. Sofern es keinen Mittelpunkt – das Gemeinwohl – gibt, nach dem wenigstens auf die Dauer *alle* individuellen Willen gravitieren, werden wir nicht jenen besonderen Typ der «natürlichen» *volonté générale* erhalten. Das utilitaristische Gravitationszentrum vereinheitlicht einerseits die individuellen Willen und tendiert darnach, sie vermittels rationaler Diskussion in den Willen des Volkes einzuschmelzen; anderseits verleiht es dem letzteren diese exklusive sittliche Würde, wie sie vom klassischen demokratischen Glaubensbekenntnis gefordert wird. *Dieses Glaubensbekenntnis besteht nicht einfach darin, den Willen des Volkes als solchen zu verehren*, sondern beruht auf gewissen Annahmen über das «natürliche» Ziel dieses Willens –, ein Ziel, das durch die utilitaristische Vernunft sanktioniert ist. Sowohl die Existenz wie auch die Würde dieser Art von *volonté générale* verschwinden, sobald uns die Vorstellung eines Gemeinwohles fehlt. Und beide Stützen der klassischen Lehren zerbröckeln unweigerlich zu Staub.

II. Der Volkswille und das individuelle Wollen

So beweiskräftig diese Argumente auch gegen diesen besonderen Begriff des Volkswillens sprechen, so wenig enthebt uns dies natürlich eines Versuches, einen andern, wirklichkeitsnäheren Begriff aufzubauen. Ich habe nicht die Absicht, die Realität oder die sozialpsychologischen Tatsachen in Frage zu stellen, an die wir denken, wenn wir vom Willen einer Nation sprechen. Ihre Analyse ist sicherlich die Vorbedingung, wenn man mit den Problemen der Demokratie vorwärts kommen will. Es wäre trotzdem besser, diesen Begriff nicht beizubehalten, weil dadurch leicht die Tatsache verdeckt wird, daß sobald wir den Volkswillen von seiner utilitaristischen Nebenbedeutung trennen, wir nicht nur eine verschiedene Theorie der gleichen Sache, sondern eine Theorie einer völlig verschiedenen Sache aufbauen. Wir haben guten Grund auf der Hut zu sein vor den Fallgruben, die auf dem Wege jener Verteidiger der Demokratie liegen, die zwar unter dem Druck des sich anhäufenden Beweismaterials mehr und mehr die Tatsachen des demokratischen Prozesses anerkennen, aber dennoch versuchen, die Resultate, zu denen dieser Prozeß führt, mit Öl aus Krügen des achtzehnten Jahrhunderts zu salben.

Doch obschon man immer noch behaupten kann, daß eine Art von gemeinsamem Willen oder öffentlicher Meinung aus dem unendlich komplexen Wirrwarr von individuellen und Gruppen-Situationen, -Willen, -Einflüssen, -Handlungen und -Gegenhandlungen des «demokratischen Prozesses» hervorgeht, mangelt es dennoch dem Resultat nicht nur an rationaler Einheit, sondern auch an rationaler Sanktion: ersteres bedeutet, daß obschon vom Standpunkt der Analyse aus der demokratische Prozeß nicht einfach chaotisch ist – für den Analytiker ist nichts chaotisch, das in den Bereich erklärender Prinzipien gebracht werden kann –, dennoch die Resultate – außer durch Zufall – nicht an sich sinnvoll sind, im Gegensatz zum Beispiel zur Verwirklichung jeden bestimmten Zieles oder Ideales. Letzteres bedeutet, daß weil sich *dieser* Wille nun nicht mehr mit «dem Guten» deckt, man notwendigerweise, um eine sittliche Würde für das Resultat beanspruchen zu können, auf ein unbedingtes Vertrauen auf die demokratischen Regierungsformen als solche zurückgreifen muß – auf einen Glauben, der im Prinzip von der Wünschbarkeit der Resultate unabhängig sein müßte. Wie wir gesehen haben, ist es nicht leicht, sich auf diesen Standpunkt zu stellen. Aber selbst wenn wir es tun, bleiben uns auch nach dem Ausscheiden des utilitaristischen Gemeinwohles noch eine Menge von Schwierigkeiten übrig.

Insbesondere stehen wir immer noch unter der praktischen Notwendigkeit, dem Willen des *Individuums* eine Unabhängigkeit und eine rationale Qualität beizulegen, die völlig wirklichkeitsfremd sind. Wenn wir argumentieren, daß der Wille des Bürgers *per se* ein politischer Faktor ist, der Anspruch auf Achtung hat, so muß er erst einmal existieren. Das heißt, daß er etwas mehr sein muß als nur eine unbestimmte Handvoll vager Triebe, die um vorhandene Schlagworte und falsch verstandene

Eindrücke lose herumspielen. Jedermann müßte eindeutig wissen, wofür er sich einsetzen will. Dieser bestimmte Wille müßte mit der Fähigkeit ausgerüstet sein, die Tatsachen, die jedermann direkt zugänglich sind, richtig zu beobachten und zu interpretieren und die Informationen über Tatsachen, die nicht direkt zugänglich sind, kritisch zu sichten. Endlich müßte aus diesem bestimmten Willen und aus diesen gesicherten Tatsachen, gemäß den Regeln der logischen Folgerung, ein klarer *und rascher* Schluß in bezug auf besondere Probleme gezogen werden – und zwar mit einem so hohen Grade allgemeiner Effizienz, daß die Ansicht des einen als ebenso gut wie die Meinung irgend eines andern gelten könnte, ohne daß dies ein offensichtlicher Unsinn wäre[3]. Und alles dies müßte der ideale Bürger aus sich selbst heraus und unabhängig vom Druck einzelner Gruppen und von irgendwelcher Propaganda[4] leisten;

---

[3] Dies erklärt den stark egalitären Charakter sowohl der klassischen Lehre der Demokratie wie auch der populären demokratischen Glaubenssätze. Wir werden später noch zeigen, wie die Gleichheit den Status eines ethischen Postulats erringen kann. Als tatsächliche Aussage über die menschliche Natur kann sie in keinem denkbaren Sinne richtig sein. In Anbetracht dessen ist das Postulat selbst oft neu gefaßt worden, so daß es den Sinn «Gleichheit der Möglichkeiten» erhielt. Aber, auch abgesehen von den dem Worte «Möglichkeit» inhärenten Schwierigkeiten, hilft uns diese Neuformulierung nicht viel, weil eine tatsächliche und nicht eine potentielle Gleichheit der Leistung in Fragen des politischen Verhaltens erforderlich ist, wenn die Stimme eines jeden das gleiche Gewicht bei der Entscheidung strittiger Punkte haben soll.

Es sollte im Vorbeigehen beachtet werden, daß die demokratische Ausdrucksweise dazu gedient hat, die Association von Ungleichheit jeglicher Art mit «Ungerechtigkeit» zu fördern, die ein so wichtiges Element im psychischen Schema des Erfolglosen ist und im Arsenal des Politikers, der ihn benutzt. Eines der merkwürdigsten Symptome war in dieser Beziehung die athenische Einrichtung des Ostrazismus oder vielmehr der Gebrauch, der manchmal davon gemacht wurde. Der Ostrazismus bestand in der Verbannung eines Einzelnen durch öffentliche Abstimmung – nicht unbedingt aus irgend einem besonderen Grund: er diente manchmal als Methode, einen unbequem hervorragenden Bürger zu entfernen, bei dem man das Gefühl hatte, daß er «für mehr als einen zählte».

[4] Dieser Ausdruck wird hier in seinem ursprünglichen Sinn verwendet

denn Willensäußerungen und Schlußfolgerungen, die der Wählerschaft aufgezwungen werden, können nicht als letzte Gegebenheiten des demokratischen Prozesses gelten. Die Frage, ob diese Bedingungen in dem Ausmaß erfüllt sind, das erforderlich ist, um die Demokratie funktionieren zu lassen, sollte nicht leichtsinnig bejaht oder ebenso leichtsinnig verneint werden. Sie kann nur beantwortet werden durch eine mühselige Bewertung eines ganzen Irrgartens von sich widersprechendem Beweismaterial.

Bevor wir uns jedoch an diese Aufgabe machen, möchte ich ganz sicherstellen, daß der Leser die Bedeutung eines andern Punktes, den ich bereits hervorgehoben habe, völlig erkennt. Ich will daher wiederholen, daß selbst, wenn die Ansichten und Wünsche der einzelnen Bürger völlig bestimmte und unabhängige Daten für das Funktionieren des demokratischen Prozesses wären und wenn jedermann mit idealer Rationalität und Raschheit seine Handlungen darnach richtete, doch nicht unbedingt daraus folgen würde, daß die politischen Entscheidungen, die durch diesen Prozeß aus dem Rohmaterial dieser einzelnen Willen entstehen, irgend etwas darstellen, was in einem überzeugenden Sinn «der Wille des Volkes» genannt werden könnte. Es ist nicht nur denkbar, sondern, zumal wenn die einzelnen Willen stark auseinandergehen, sogar sehr wahrscheinlich, daß die entstehenden politischen Entscheide nicht mit dem übereinstimmen, «was das Volk wirklich wünscht». Auch kann nicht entgegnet werden, daß wenn dies auch nicht genau das ist, was es wünscht, das Volk doch ein «faires Kompromiß» erhält.

---

und nicht in dem Sinn, den er zur Zeit immer mehr annimmt und der zur Definition führt: Propaganda ist jegliche Aussage, die aus einer Quelle stammt, die wir nicht lieben. Ich nehme an, daß sich der Ausdruck vom Namen des Kardinalskomitees herleitet, das sich mit den die Verbreitung des katholischen Glaubens berührenden Angelegenheiten befaßt, der *congregatio de propaganda fide*. An und für sich besitzt er daher keine herabsetzende Bedeutung und impliziert namentlich auch keine Verdrehung von Tatsachen. Man kann zum Beispiel Propaganda für eine wissenschaftliche Methode machen. Propaganda bedeutet einfach die Darstellung von Tatsachen und Argumenten im Hinblick auf eine Beeinflussung der Handlungen und Ansichten der Menschen in einer bestimmten Richtung.

Das kann so sein. Die Aussichten, daß es sich so verhält, sind bei jenen Fragen am größten, die ihrem Wesen nach quantitativ sind oder eine Abstufung erlauben, – so zum Beispiel der Frage, wie viel für Arbeitslosenunterstützungen ausgegeben werden soll, vorausgesetzt, daß jedermann für einige Ausgaben zu diesem Zwecke eintritt. Bei qualitativen Fragen jedoch, wie zum Beispiel bei der Frage, ob man Ketzer verfolgen oder in einen Krieg eintreten soll, kann das erreichte Ergebnis – obschon aus verschiedenen Gründen – dem ganzen Volk gleich zuwider sein, wogegen die durch eine nichtdemokratische Stelle gefällte Entscheidung sich als für alle viel annehmbarer erweisen könnte.

Ein Beispiel mag dies illustrieren. Ich nehme an, daß die Herrschaft Napoleons zur Zeit, als er erster Konsul war, als eine militärische Diktatur bezeichnet werden darf. Eines der dringendsten politischen Bedürfnisse jenes Augenblickes war ein Religionsabkommen, das mit dem von der Revolution und dem Direktorium hinterlassenen Chaos aufräumte und Millionen von Herzen den Frieden brächte. Dies erreichte er durch eine Anzahl von meisterhaften Zügen, gipfelnd im Konkordat mit dem Papst (1801) und den «Organischen Artikeln» (1802), die das Unversöhnliche versöhnten, gerade das rechte Ausmaß von Freiheit für den Gottesdienst gewährten und gleichzeitig die Autorität des Staates stark untermauerten. Er reorganisierte auch die französische katholische Kirche, stattete sie mit neuen Geldmitteln aus, löste das heikle Problem des «konstitutionellen» Klerus und brachte die neue Einrichtung höchst erfolgreich mit einem Minimum an Reibungen in Gang. Wenn es überhaupt je eine Berechtigung für die Ansicht gab, daß das Volk tatsächlich etwas Bestimmtes will, so bildet diese Ordnung eines der besten geschichtlichen Beispiele. Das muß jedermann klar werden, der den französischen Klassenaufbau jener Zeit betrachtet, und es wird völlig bestätigt durch die Tatsache, daß diese Kirchenpolitik stark zu der beinahe allgemeinen Popularität beitrug, die das Konsulat genoß. Doch es ist schwer zu sehen, wie dieses Resultat auf demokratischem Wege hätte erreicht werden können. Kirchenfeindliche Regungen waren nicht ausgestorben und beschränkten sich keineswegs auf die besiegten Jakobiner. Menschen mit solchen

Überzeugungen oder deren Führer hätten unmöglich einen so weit gehenden Kompromiß abschließen können[5]. Am andern Ende der Leiter gewann dagegen eine starke Woge grimmiger katholischer Empfindungen immer mehr an Kraft. Menschen, die diese Empfindung teilten, oder ihre Führer, die von ihrem guten Willen abhängig waren, hätten unmöglich an der napoleonischen Grenze Halt machen können; namentlich hätten sie keine so starke Stellung gegenüber dem Heiligen Stuhl gehabt, für den zudem kein Grund bestanden hätte nachzugeben, da er sah, in welcher Richtung sich die Verhältnisse entwickelten. Und der Wille der Bauern, die vor allem wieder ihre Priester, ihre Kirchen und Prozessionen haben wollten, wäre durch die sehr natürliche Furcht gelähmt gewesen, daß die revolutionäre Regelung der Bodenfrage gefährdet werde, sobald der Klerus – besonders die Bischöfe – wieder im Sattel sei. Verfahrene Situationen oder endlose Kämpfe, die zu steigender Erbitterung geführt hätten, wären sehr wahrscheinlich das Ergebnis eines jeden Versuchs gewesen, die Frage demokratisch zu regeln. Napoleon hingegen war imstande, sie vernünftig zu regeln, gerade weil alle jene Gruppen, die ihren Standpunkt aus eigenem Willen nicht aufgeben konnten, gleichzeitig fähig und willens waren, eine Ordnung anzunehmen, wenn sie ihnen auferlegt wurde.

Dieses Beispiel steht selbstverständlich nicht vereinzelt da[6]. Wenn man aus den Resultaten, die sich auf die Dauer gesehen für das Volk im ganzen als zufriedenstellend erweisen, den Prüfstein einer Regierung *für* das Volk macht, dann würde die Regierung *durch* das Volk, wie sie von der klassischen Lehre der Demokratie aufgefaßt wurde, oft ihr nicht entsprechen.

---

[5] Die gesetzgebenden Körperschaften verweigerten Napoleon in der Tat jegliche Unterstützung dieser Politik, trotz aller Einschüchterungen; und einige seiner vertrautesten Paladine leisteten ihm Widerstand.

[6] Es könnten andere Beispiele aus Napoleons Handlungsweise angeführt werden. Er war ein Autokrat, der da, wo seine dynastischen Interessen oder seine Außenpolitik nicht im Spiele standen, einfach das zu tun trachtete, was er als Wunsch oder Bedürfnis des Volkes erkannte. Das ist auch der Sinn des Ratschlages, den er Eugène Beauharnais für seine Verwaltung Norditaliens gab.

III. Die menschliche Natur in der Politik

Wir haben noch unsere Frage zu beantworten über die Bestimmtheit und Unabhängigkeit des Willens des Wählers, über seine Fähigkeit, Fakten zu beobachten und zu interpretieren und rasch und klar rationale Schlußfolgerungen aus beidem zu ziehen. Dieses Thema gehört in ein Kapitel der Sozialpsychologie, das wir «Die menschliche Natur in der Politik» nennen können[7].

Während der zweiten Hälfte des letzten Jahrhunderts ist die Vorstellung der menschlichen Persönlichkeit als homogener Einheit und die Vorstellung eines bestimmten Willens als Hauptantriebskraft des Handelns immer mehr verblaßt – sogar schon vor den Zeiten von Théodule Ribot und Sigmund Freud. Namentlich auf dem Gebiet der Sozialwissenschaften, wo die Bedeutung des außerrationalen und irrationalen Elements in unserem Verhalten mehr und mehr Aufmerksamkeit auf sich gezogen hat – man denke an Paretos *Traité de Sociologie* – haben diese Vorstellungen mehr und mehr an Bedeutung verloren. Aus dem großen Beweismaterial, das gegen die Hypothese der Rationalität zusammengetragen wurde, will ich nur zwei Beispiele erwähnen.

---

[7] Dies ist der Titel eines aufrichtigen und entzückenden Buches von einem der liebenswürdigsten englischen Radikalen, der je gelebt hat, Graham Wallas. Trotz allem, was bisher über diesen Gegenstand geschrieben worden ist, und namentlich trotz aller Detailstudien, die nun eine viel klarere Einsicht ermöglichen, kann dieses Buch immer noch als beste Einführung in die politische Psychologie empfohlen werden. Und doch zieht auch dieser Autor, nachdem er mit bewunderungswürdiger Offenheit den Prozeß gegen die unkritische Annahme der klassischen Lehre geführt hat, nicht den naheliegenden Schluß. Dies ist um so bemerkenswerter, als er mit Recht auf der Notwendigkeit einer wissenschaftlichen Haltung besteht und Lord Bryce zur Rede stellt, weil dieser in seinem Buche über «Das amerikanische Gemeinwesen» sich als «grimmig» entschlossen erklärte, inmitten der Wolken enttäuschender Tatsachen ein Stück blauen Himmels zu sehen. Was, so scheint Graham Wallas auszurufen, würden wir von einem Meteorologen sagen, der von Anbeginn an darauf bestünde, ein Stück blauen Himmels zu sehen? Trotzdem vertritt er im konstruktiven Teil seines Buches ungefähr den gleichen Standpunkt.

Das eine mag – trotz späterer, sehr viel sorgfältigerer Arbeiten – noch mit dem Namen von Gustave Le Bon verknüpft werden, dem Begründer oder jedenfalls dem ersten wirksamen Exponenten der Psychologie der Mengen (*psychologie des foules*)[8]. Indem er, allerdings übertreibend, die Tatsachen des menschlichen Verhaltens unter dem Einfluß der Agglomeration zeigt – namentlich das plötzliche Verschwinden sittlicher Hemmungen und zivilisierter Denk- und Empfindungsweisen, den plötzlichen Ausbruch von primitiven Trieben, von Infantilismen und verbrecherischen Neigungen im Zustand der Aufregung –, hat er uns grauenhaften Fakten gegenübergestellt, von denen jedermann wußte, die aber niemand sehen wollte, und er hat hierdurch dem Bild der menschlichen Natur, das der klassischen Lehre der Demokratie und der demokratischen Sage von den Revolutionen zugrunde liegt, einen gefährlichen Schlag versetzt. Zweifellos ist viel auszusagen über die Schmalheit der Tatsachenbasis von Le Bon's Schlußfolgerungen, die zum Beispiel ganz und gar nicht auf das normale Verhalten einer englischen oder anglo-amerikanischen Menge passen. Die Kritiker, zumal jene, denen die Folgerungen dieses Zweiges der Sozialpsychologie unangenehm waren, bauschten natürlich diese Schwächen auf. Aber andrerseits darf nicht vergessen werden, daß die Phänomene der Mengenpsychologie sich keineswegs auf einen Mob beschränken, der in den engen Straßen einer romanischen Stadt herumschwärmt. Jedes Parlament, jedes Komitee, jeder Kriegsrat, der aus einem Dutzend sechzigjähriger Generäle besteht, zeigt, wenn auch in milderen Formen, einige dieser Züge, die im Falle des Pöbels so auffällig zutage treten, – namentlich ein vermindertes Verantwortlichkeitsgefühl, ein tieferes Niveau der Denkenergie und eine größere Empfänglichkeit für nicht-logische Einflüsse. Diese Phänomene sind überdies nicht auf eine Menge im Sinne einer physischen Agglomeration vieler Menschen beschränkt.

---

[8] Der deutsche Ausdruck «Massenpsychologie» ruft einer Warnung: die Psychologie der Mengen darf nicht mit der Psychologie der Massen verwechselt werden. Erstere enthält nicht unbedingt eine Klassenbedeutung und hat an sich nichts mit der Erforschung der Art des Denkens und Fühlens zum Beispiel der arbeitenden Klasse zu tun.

Zeitungsleser, Radiohörer, Parteimitglieder können, selbst wenn sie physisch nicht auf einem Punkt versammelt sind, schrecklich leicht in eine psychologische Menge verwandelt und in einen Zustand der Raserei versetzt werden, in dem jeder Versuch eines rationalen Arguments die animalischen Geister nur noch mehr reizt.

Die andere Quelle desillusionierenden Beweismaterials, die ich erwähnen möchte, ist viel bescheidener, – ihr entfließt kein Blut, sondern nur Unsinn. Ökonomen, die die Tatsachen genauer zu beobachten lernen, entdecken nun allmählich, daß sogar im gewöhnlichsten Verlauf des täglichen Lebens ihre Konsumenten nicht ganz nach der Vorstellung leben, die die Lehrbücher meistens vermitteln. Einerseits sind ihre Bedürfnisse durchaus nicht so bestimmt und ihre Handlungen auf Grund dieser Bedürfnisse bei weitem nicht so rational und rasch. Andrerseits sind sie dem Einfluß der Reklame und anderer Überredungsmethoden so leicht zugänglich, daß oft die Produzenten ihnen zu diktieren scheinen, anstatt von ihnen dirigiert zu werden. Die Technik der erfolgreichen Reklame ist besonders instruktiv. Sie enthält zwar beinahe immer einen Appell an die Vernunft. Aber mehr als das rationale Argument zählt die bloße, oft wiederholte Behauptung und ebenso der direkte Angriff auf das Unterbewußtsein, der in der Form von Versuchen auftritt, angenehme Assoziationen völlig außerrationalen, sehr oft sexuellen Charakters hervorzurufen und zu kristallisieren.

Die Folgerung daraus muß, obschon sie naheliegend ist, vorsichtig gezogen werden. Im gewöhnlichen Verlauf oft sich wiederholender Entscheidungen ist das Individuum dem heilsamen und rationalisierenden Einfluß günstiger und ungünstiger Erfahrungen unterworfen. Es steht auch unter dem Einfluß relativ einfacher und unproblematischer Motive und Interessen, die nur gelegentlich durch irgendwelche Erregungen gestört werden. Historisch mag des Konsumenten Begehren nach Schuhen wenigstens teilweise durch die Aktion eines Produzenten gesteigert sein, der hübsches Schuhwerk anbot und dafür Reklame machte; und doch ist es jederzeit ein echtes Bedürfnis, dessen Bestimmtheit über «Schuhe im allgemeinen» hinausreicht und das ein langes Experimentieren von vielen der Irrationalitäten befreit, die ihm ursprünglich vielleicht angehaftet haben[9]. Unter dem Stimulus dieser einfachen Motive lernen überdies die Konsumenten, bei gewissen Dingen (Häusern, Autos) nach den Ratschlägen unparteiischer Experten zu handeln und werden in andern Dingen selbst zu Fachmännern. Es ist ganz einfach nicht wahr, daß die Hausfrauen in bezug auf Nahrungsmittel, *bekannte* Haushaltartikel und Bekleidungsgegenstände so leicht zum Narren gehalten werden können. Wie jeder Geschäftsmann, durch eigenen Schaden klug geworden, weiß, beharren die meisten von ihnen unerbittlich auf dem Artikel, den sie im Kopf haben.

Dies trifft natürlich noch offenkundiger für die Produzentenseite zu. Zweifellos kann ein Fabrikant träge, ein schlechter Beurteiler der geschäftlichen Möglichkeiten oder sonst unfähig sein; es besteht jedoch ein wirksamer Mechanismus, der ihn entweder umformen oder ausschalten wird. Der Taylorismus beruht zwar auf der Tatsache, daß der Mensch einfache Handgriffe während Jahrtausenden ausführen und sie trotzdem unwirtschaftlich ausführen kann. Dennoch können weder die Absicht, so rationell als möglich zu arbeiten, noch ein stetiger Druck in Richtung der Rationalität ernsthaft in Frage gestellt werden, gleichgültig welches Niveau der industriellen oder kommerziellen Aktivität wir gerade im Auge haben[10].

---

[9] An der obigen Stelle bedeutet «Irrationalität» die Unfähigkeit, auf Grund eines gegebenen Wunsches rational zu handeln. Sie bezieht sich nicht auf die Vernünftigkeit des Wunsches selber nach der Ansicht des Beobachters. Das ist wichtig zu beachten: denn Ökonomen, die das Ausmaß der Irrationalität des Konsumenten würdigen, übertreiben dies manchmal, weil sie die beiden Dinge verwechseln. So mag der Putz eines Fabrikmädchens einem Professor als Zeichen eines irrationalen Verhaltens erscheinen, für das es keine andere Erklärung als die Künste der Reklame gibt. In Wirklichkeit ist er vielleicht das höchste Ziel ihrer Wünsche. In diesem Fall können ihre Ausgaben dafür von idealer Rationalität im obigen Sinne sein.

[10] Dieses Niveau ist natürlich nicht nur in bezug auf Epochen und Orte verschieden, sondern auch – bei gegebenem Ort und gegebener Zeit – in bezug auf verschiedene industrielle Sektoren und Klassen. So etwas wie ein allgemeines Schema der Rationalität gibt es nicht.

Und so verhält es sich mit den meisten Entscheidungen des täglichen Lebens, die innerhalb des engen Gebietes liegen, das das Denken des einzelnen Bürgers mit vollem Empfinden für seine Realität umschließt. Grob gesprochen besteht es aus den Dingen, die ihn unmittelbar berühren, – ihn selbst und seine Familie, seine Geschäfte, seine Liebhabereien, seine Freunde und Feinde, seine Stadtgemeinde oder sein Quartier, seine Klasse, Kirche, Gewerkschaft oder irgend eine andere soziale Gruppe, deren aktives Mitglied er ist, – den Dingen seiner persönlichen Beobachtung, den Dingen, die ihm vertraut sind, unabhängig davon, was ihm seine Zeitung sagt, den Dingen, die er unmittelbar beeinflussen oder arrangieren kann und denen gegenüber er jenes Verantwortlichkeitsgefühl entwickelt, das durch eine direkte Beziehung zum günstigen oder ungünstigen Ausgang einer Handlungsweise veranlaßt wird.

Noch einmal: Bestimmtheit und Rationalität im Denken und im Handeln[11], sind durch diese Vertrautheit mit Menschen und Dingen oder durch dieses Gefühl für Wirklichkeit und Verantwortlichkeit nicht garantiert. Eine ganze Reihe anderer Bedingungen, die sehr oft nicht erfüllt sind, wären dazu notwendig. Zum Beispiel können Generationen unter irgendeinem irrationalen Verhalten in Fragen der Hygiene leiden, ohne darum ihre Leiden mit ihren schädlichen Gewohnheiten in Verbindung zu bringen. Solange dies nicht geschieht, führen natürlich objektive Konsequenzen, auch wenn sie noch so regelmäßig eintreten, nicht zu subjektiver Erfahrung. So erwies es sich als unglaublich schwierig, daß sich die Menschheit des Zusammenhangs zwischen Infektion und Epidemien bewußt wurde: die Tatsachen wiesen mit einer, wie uns scheint, unmißverständ-

[11] Rationalität des Denkens und Rationalität des Handelns sind zwei verschiedene Dinge. Rationalität des Denkens garantiert nicht immer Rationalität des Handelns. Und die letztere kann vorhanden sein ohne klare Überlegung und unabhängig von jeglicher Fähigkeit, das Rationale des eigenen Handelns richtig zu formulieren. Der Beobachter, zumal wenn er Interview- und Fragebogen-Methoden anwendet, übersieht dies oft und erhält infolgedessen eine übertriebene Vorstellung von der Bedeutung der Irrationalität im Verhalten. Dies ist eine andere Ursache jener Übersteigerungen, denen wir so oft begegnen.

lichen Deutlichkeit darauf hin; dennoch taten bis Ende des achtzehnten Jahrhunderts die Ärzte nahezu nichts, um Menschen, die von infektiösen Krankheiten, wie Masern oder Pokken, befallen waren, von der Berührung mit andern Menschen fern zu halten. Und es ist zu erwarten, daß die Verhältnisse noch viel schlimmer liegen, wenn nicht nur Unfähigkeit, sondern auch eine Abneigung gegen die Erkenntnis kausaler Zusammenhänge vorhanden ist oder wenn irgendwelche Interessen gegen ihre Erkenntnis ankämpfen.

Trotz alledem und trotz aller Einschränkungen, die sich aufdrängen, gibt es, innerhalb eines viel weiteren Horizontes, für jedermann ein engeres Gebiet – von sehr verschiedenem Ausmaß, je nach den verschiedenen Gruppen und Individuen, und eher durch eine breite Zone als durch eine scharfe Linie umgrenzt –, das sich durch ein Gefühl der Wirklichkeit oder Vertrautheit oder Verantwortlichkeit heraushebt. Und dieses Gebiet beherbergt relativ bestimmte individuelle Entschlüsse. Diese mögen uns oft unintelligent, eng, egoistisch vorkommen; und es mag nicht für jedermann klar sein, warum wir, wenn es zu politischen Entscheidungen kommt, an ihrem Schreine niederknien, geschweige denn, warum wir uns verpflichtet fühlen sollen, jeden einzelnen von ihnen als einen – und keinen für mehr als einen – zu zählen. Wenn wir uns jedoch dazu entschließen niederzuknien, werden wir wenigstens den Schrein nicht leer finden[12].

---

[12] Es sollte beachtet werden, daß wenn ich von bestimmten und ursprünglichen Willensäußerungen spreche, ich damit nicht beabsichtige, sie zu letzten Gegebenheiten für alle Arten der sozialen Analyse zu erheben. Natürlich sind sie selbst das Produkt des sozialen Prozesses und des sozialen Milieus. Ich meine nur, daß sie als Gegebenheiten für die Art von zweckbestimmter Analyse dienen können, die der Ökonom vornimmt, wenn er zum Beispiel die Preise aus Neigungen oder Bedürfnissen ableitet, die jederzeit «gegeben» sind und nicht jedesmal weiter analysiert zu werden brauchen. Gleicherweise können wir für unsern Zweck von ursprünglichen und bestimmten Willensäußerungen reden, die jederzeit unabhängig von irgendwelchen Versuchen, sie zu fabrizieren, gegeben sind, obschon wir anerkennen, daß diese ursprünglichen Willensäußerungen selbst das Ergebnis von Umwelteinflüssen der Vergangenheit sind, einschließlich propa-

Nun verschwinden aber diese verhältnismäßige Bestimmtheit der Entschlüsse und diese Rationalität des Verhaltens nicht plötzlich, sobald wir uns von diesen Belangen des täglichen Lebens in Haus und Geschäft entfernen, die uns erziehen und disciplinieren. Im Gebiet der öffentlichen Angelegenheiten gibt es Sektoren, die mehr innerhalb der Vorstellungskraft des Bürgers liegen als andere. Das gilt erstens für die lokalen Angelegenheiten. Aber selbst dort stoßen wir auf eine beschränkte Fähigkeit, die Tatsachen zu erkennen, eine beschränkte Bereitschaft, danach zu handeln, ein beschränktes Verantwortungsgefühl. Wir alle kennen den Mann – häufig ist er in seiner Art ein Musterexemplar –, der erklärt, daß die lokale Verwaltung nicht seine Sache ist, und der nur die Achseln zuckt über Praktiken, derentwegen er auf seinem eigenen Bureau lieber sterben als daß er sie dulden würde. Hochgesinnte Bürger, die gerne Mahnreden halten und über die Verantwortlichkeit des einzelnen Wählers oder Steuerzahlers predigen, entdecken immer wieder die Tatsache, daß sich dieser Wähler durchaus nicht verantwortlich dafür fühlt, was die Lokalpolitiker tun. Dennoch kann der Lokalpatriotismus, namentlich in Gemeinwesen, die nicht zu groß für persönlichen Kontakt sind, ein sehr wichtiger Faktor für das «Funktionieren der Demokratie» sein. Auch sind die Probleme einer Stadt in mancher Beziehung den Problemen eines Industriekonzerns verwandt. Der Mann, der diesen versteht, versteht bis zu einem gewissen Grad auch jene. Der Fabrikant, der Händler und der Arbeiter braucht nicht aus seiner Welt herauszutreten, um eine rational vertretbare Auffassung (die natürlich richtig oder falsch sein kann) über Straßenreinigung oder Rathäuser zu gewinnen.

Zweitens gibt es viele nationale Streitfragen, welche Individuen und Gruppen so unmittelbar und unmißverständlich angehen, daß sie Willensäußerungen hervorrufen, die durchaus echt und bestimmt sind. Das wichtigste Beispiel bieten jene

gandistischer Einflüsse. Diese Unterscheidung zwischen ursprünglichem (oder echtem) und fabriziertem Willen (siehe unten) ist schwierig und kann nicht in allen Fällen und für alle Zwecke angewandt werden. Für unsern Zweck genügt es jedoch, auf den im Bereich des gesunden Menschenverstandes liegenden Fall hinzuweisen, der vertreten werden kann.

Fragen, die einen unmittelbaren und persönlichen pekuniären Vorteil für einzelne Wähler und Wählergruppen bedeuten, wie direkte Zahlungen, Schutzzölle, die Silberpolitik und dergleichen mehr. Eine Erfahrung, die bis auf das Altertum zurückgeht, zeigt, daß im großen ganzen die Wähler rasch und rational auf jede solche Chance reagieren. Aber die klassische Lehre von der Demokratie hat offenkundig nur wenig aus der Entfaltung einer derartigen Rationalität zu gewinnen. Die Wähler erweisen sich durch sie als schlechte und sogar korrumpierte Richter über solche Fragen[13] – ja, sie erweisen sich oft sogar als schlechte Kenner ihrer eigenen langfristigen Interessen; denn es ist nur das kurzfristige Versprechen, das politisch zählt, und nur die kurzfristige Rationalität, die sich wirksam durchsetzt.

Wenn wir uns jedoch noch weiter von den privaten Belangen der Familie und des Bureaus entfernen und uns in jene Regionen nationaler und internationaler Angelegenheiten begeben, denen eine unmittelbare und unmißverständliche Verbindung mit jenen privaten Belangen fehlt, so entsprechen die private Willensäußerung, die Beherrschung der Tatsachen und die Methode der Schlußfolgerung sehr bald nicht mehr den Erfordernissen der klassischen Lehre. Was mir am meisten auffällt und mir der eigentliche Kern aller Schwierigkeiten zu sein scheint, ist die Tatsache, daß der Sinn für die Wirklichkeit[14] so völlig verloren geht. Normalerweise teilen die großen politi-

---

[13] Der Grund, warum die Anhänger Benthams dies so vollständig übersahen, ist der, daß sie die Möglichkeiten der Massenkorruption im modernen Kapitalismus nicht in Betracht zogen. Da sie in ihrer politischen Theorie den gleichen Fehler begingen wie in ihrer Wirtschaftstheorie, empfanden sie keine Reue über ihr Postulat, daß «das Volk» der beste Kenner seiner eigenen individuellen Interessen sei und daß diese notwendig mit den Interessen aller Volksangehörigen zusammenfallen müßten. Natürlich fiel ihnen dies deshalb leichter, weil sie tatsächlich, wenn auch nicht absichtlich, in den Begriffen der Bourgeois-Interessen philosophierten, die mehr von einem sparsamen Staate als von irgendwelchen direkten Bestechungen zu gewinnen hatten.

[14] William James' «prickelnder Wirklichkeitssinn». Die Bedeutung dieses Punktes ist besonders von Graham Wallas betont worden.

schen Fragen im Seelenhaushalt des typischen Bürgers den Platz mit jenen Mußestunden-Interessen, die nicht den Rang von Liebhabereien erreicht haben, und mit den Gegenständen der verantwortungslosen «Konversation». Diese Dinge scheinen so weit weg zu sein; sie haben so gar nichts von einem Geschäftsunternehmen an sich; die Gefahren verwirklichen sich vielleicht überhaupt nicht, und wenn sie es doch tun sollten, so können sie sich immer noch als nicht so ernst erweisen; man hat das Gefühl, sich in einer fiktiven Welt zu bewegen.

Dieser reduzierte Wirklichkeitssinn erklärt nun nicht nur ein reduziertes Verantwortungsgefühl, sondern auch den Mangel an wirksamer Willensäußerung. Jedermann hat natürlich seine eigenen Phrasen, seine Begehren, seine Wunschträume und seine Beschwerden; namentlich besitzt jedermann seine Vorlieben und seine Abneigungen. Aber gewöhnlich entspricht dies nicht dem, was wir einen Willen nennen – das psychische Gegenstück zu ziel- und verantwortungsbewußtem Handeln. De facto gibt es für den privaten Bürger, der über nationale Angelegenheiten nachsinnt, keinen Spielraum für einen solchen Willen und keine Aufgabe, an der er sich entwickeln könnte. Er ist Mitglied eines handlungsunfähigen Komitees, des Komitees der ganzen Nation, und darum verwendet er auf die Meisterung eines politischen Problems weniger disziplinierte Anstrengung als auf ein Bridgespiel[15].

Das reduzierte Verantwortungsgefühl und das Fehlen wirksamer Willensäußerung erklären ihrerseits den Mangel an Ur-

[15] Es dürfte eine Hilfe zur Klärung dieses Punktes sein, wenn wir uns fragen, warum an einem Bridgetisch so viel mehr Intelligenz und klares Denken als beispielsweise in einer politischen Diskussion zwischen Nichtpolitikern sichtbar wird. Am Bridgetisch ist eine bestimmte Aufgabe gestellt; wir unterstehen der Disziplin von Spielregeln; Erfolg und Mißerfolg sind klar bestimmt, und wir sind an verantwortungslosem Verhalten gehindert dadurch, daß nicht nur jeder Fehler, den wir machen, sofort zählt, sondern er uns auch unmittelbar zugeschrieben wird. Diese Bedingungen zeigen gerade dadurch, daß sie für das politische Verhalten des gewöhnlichen Bürgers nicht erfüllt sind, warum diesem in der Politik all die Umsicht und Urteilskraft fehlen, die er in seinem Beruf vielleicht an den Tag legt.

teilsvermögen und die Unwissenheit des gewöhnlichen Bürgers in Fragen der innern und äußern Politik, die im Fall gebildeter Leute und solcher Leute, die mit Erfolg in nichtpolitischen Lebensstellungen tätig sind, womöglich noch anstößiger sind als bei ungebildeten Leuten auf bescheidenen Posten. Informationsmöglichkeiten sind reichlich vorhanden und leicht zugänglich. Aber dies scheint überhaupt keinen Unterschied auszumachen. Und wir sollten uns drob nicht weiter verwundern. Wir brauchen nur die Haltung eines Advokaten gegenüber seinen Instruktionen und die Haltung des gleichen Advokaten gegenüber den Darstellungen politischer Tatsachen in seiner Zeitung zu vergleichen, um zu sehen, was los ist. Im einen Fall hat der Advokat durch jahrelange zielbewußte Arbeit, die unter dem eindeutigen Stimulus des Interesses an seiner beruflichen Tüchtigkeit stand, sich dazu befähigt, die Relevanz seiner Fakten richtig zu würdigen; und unter einem nicht weniger starken Stimulus richtet er nun seine Fertigkeiten, seinen Verstand, seinen Willen auf den Inhalt der Instruktionen. Im andern Fall hat er sich nicht die Mühe genommen, sich auszubilden; er gibt sich auch keine Mühe, die Informationen zu verarbeiten, oder die Regeln der Kritik, die er sonst so gut zu gebrauchen weiß, darauf anzuwenden; und lange oder komplizierte Argumentationen machen ihn ungeduldig. Dies läuft alles darauf hinaus, zu zeigen, daß ohne die Initiative, die aus unmittelbarer Verantwortlichkeit hervorgeht, die Unwissenheit angesichts zahlreicher und noch so vollständiger und richtiger Informationen weiterbesteht. Sie besteht weiter auch angesichts der verdienstvollen Bemühungen, die über das bloße Präsentieren von Informationen hinauszugelangen und ihre Verwendung mittels Vorträgen, Kursen und Diskussionsgruppen zu lehren suchen. Die Resultate sind nicht gleich Null. Aber sie sind gering. Man kann die Menschen nicht die Leiter hinauftragen.

So fällt der typische Bürger auf eine tiefere Stufe der gedanklichen Leistung, sobald er das politische Gebiet betritt. Er argumentiert und analysiert auf eine Art und Weise, die er innerhalb der Sphäre seiner wirklichen Interessen bereitwillig als infantil anerkennen würde. Er wird wieder zum Primitiven.

Sein Denken wird assoziativ und affektmäßig[16]. Dies zieht nun zwei weitere Folgen von ominöser Bedeutung nach sich.

Erstens würde der typische Bürger – selbst wenn es keine politischen Gruppen gäbe, die ihn zu beeinflussen suchten – in politischen Fragen leicht den außerrationalen oder irrationalen Vorurteilen oder Trieben nachgeben. Die Schwäche der rationalen Verfahrensweisen, die er auf die Politik anwendet, und das Fehlen einer wirksamen logischen Kontrolle der Resultate, zu denen er gelangt, würden an sich schon zur Erklärung genügen. Überdies wird er, einfach weil er nicht «ganz dabei» ist, in seinen gewöhnlichen moralischen Anforderungen nachlassen und gelegentlich dunkeln Impulsen nachgeben, die die Verhältnisse seines privaten Lebens ihm gewöhnlich zu unterdrücken helfen. Wenn er aber einem Ausbruch edler Entrüstung nachgibt, kann es in bezug auf die Weisheit oder Rationalität seiner Folgerungen und Schlüsse gerade so schlecht herauskommen. Dadurch wird es für ihn noch schwieriger, die Dinge in ihren richtigen Proportionen zu sehen oder gar gleichzeitig mehr als nur eine Seite einer Sache zu sehen. Wenn er einmal aus seiner gewöhnlichen Unbestimmtheit heraustritt und den bestimmten Willen entfaltet, den die klassische Lehre der Demokratie postuliert, ist es infolgedessen sehr wohl möglich, daß er noch unintelligenter und verantwortungsloser wird, als er gewöhnlich schon ist. An gewissen Wendepunkten kann sich das für seine Nation als verhängnisvoll erweisen[17].

Zweitens: je schwächer jedoch das logische Element in der öffentlichen Meinung ist und je vollständiger die rationale Kritik und der rationalisierende Einfluß persönlicher Erfahrung und Verantwortlichkeit fehlt, desto größer sind die Chancen

---

[16] Siehe Kapitel 12.

[17] Über die Bedeutung solcher Ausbrüche kann kein Zweifel bestehen. Aber es ist möglich, ihre Echtheit zu bezweifeln. Die Analyse wird in vielen Fällen zeigen, daß sie durch die Aktion einer Gruppe veranlaßt wurden und nicht spontan aus dem Volk entstanden. In diesem Fall gehören sie zu einer (zweiten) Klasse von Erscheinungen, mit der wir uns gleich noch befassen werden. Persönlich glaube ich, daß es echte Fälle gibt. Aber ich bin nicht sicher, ob nicht eine sorgfältigere Analyse auch auf ihrem Grund gewisse psychotechnische Anstrengungen entdecken würde.

für Gruppen, die Privatinteressen verfolgen. Diese Gruppen können aus berufsmäßigen Politikern bestehen oder aus Exponenten wirtschaftlicher Interessen oder aus Idealisten der einen oder andern Art oder aus Menschen, die einfach an der Inszenierung und Leitung politischer Schaustellungen ein Interesse finden. Die Soziologie solcher Gruppen ist für das vorliegende Argument unwesentlich. Hier ist einzig wichtig, daß sie angesichts der «Menschlichen Natur in der Politik», wie sie nun einmal ist, fähig sind, den Volkswillen zu formen und innerhalb sehr weiter Grenzen sogar zu schaffen. Wir sehen uns bei der Analyse politischer Prozesse weithin nicht einem ursprünglichen, sondern einem fabrizierten Willen gegenüber. Und oft ist es einzig dieses Artefakt, das in Wirklichkeit der *volonté générale* der klassischen Lehre entspricht. Soweit dies so ist, ist der «Wille des Volks» das Erzeugnis und nicht die Triebkraft des politischen Prozesses.

Die Art und Weise, in der Probleme und der Volkswille in bezug auf diese Probleme fabriziert werden, ist völlig analog zur Art und Weise der kommerziellen Reklametechnik. Wir finden die gleichen Versuche, an das Unterbewußtsein heranzukommen. Wir finden die gleiche Technik der Schaffung günstiger oder ungünstiger Assoziationen, die um so wirksamer sind, je weniger rational sie sind. Wir sehen, daß das gleiche vermieden, das gleiche verschwiegen wird, und wir finden den gleichen Trick, durch wiederholte Behauptung eine Meinung zu schaffen – und dieser Trick ist genau so lange erfolgreich, als er rationale Argumente vermeidet und so auch die Gefahr, die kritischen Fähigkeiten des Volkes zu wecken. In diesem Stile gehen die Analogien weiter. Nur haben alle diese Künste unendlich mehr Spielraum in der Sphäre der öffentlichen Angelegenheiten als in der Sphäre des privaten und beruflichen Lebens. Das Bild des hübschesten Mädchens, das je gelebt hat, wird sich auf die Dauer als machtlos erweisen, um den Absatz einer schlechten Zigarette aufrechtzuerhalten. Eine entsprechend wirksame Sicherung im Fall politischer Entscheidungen gibt es nicht. Viele Entscheidungen von verhängnisvoller Bedeutung sind so beschaffen, daß es dem Publikum unmöglich ist, in Muße und zu mäßigen Kosten mit ihnen zu experimentieren. Selbst wenn dies jedoch möglich ist, ist das Urteil in der Regel nicht so leicht zu fällen wie im Fall der Zigarette, weil die Wirkungen weniger leicht zu interpretieren sind.

Aber solche Künste verderben auch, und zwar in einem Ausmaß, das auf dem Gebiet der kommerziellen Reklame völlig unbekannt ist, jene Formen der politischen Reklame, die sich an die Vernunft zu richten vorgeben. Für den Beobachter tritt der antirationale oder jedenfalls außerrationale Appell, wenn er in Tatsachen und Argumente gehüllt wird, und die Schutzlosigkeit des Opfers nicht weniger klar, sondern im Gegenteil klarer zu Tage. Wir haben oben gesehen, warum es so schwierig ist, dem Publikum unparteiische Informationen über politische Probleme und logisch richtige Schlußfolgerungen daraus zu vermitteln, und woher es kommt, daß Informationen und Argumente in politischen Fragen nur «vermerkt» werden, wenn sie an schon vorhandene Vorstellungen des Bürgers anknüpfen können. In der Regel sind jedoch diese Vorstellungen nicht bestimmt genug, um besondere Schlußfolgerungen zu determinieren. Da sie ihrerseits fabriziert werden können, ist ein wirksames politisches Argument fast unvermeidlich gleichbedeutend mit dem Versuch, vorhandene willensmäßige Prämissen in eine besondere Form zu gießen, und nicht nur mit dem Versuch, sie zu ergänzen oder dem Bürger zu helfen, seine Entschlüsse zu fassen.

So sind denn Informationen und Argumente, für die schlagende Beweise vorgebracht werden, zumeist die Diener politischer Absichten. Da der Mensch immer als erstes für seine Ideale und Interessen zu lügen bereit sein wird, dürfen wir erwarten und finden wir auch tatsächlich, daß eine wirksame Information beinahe immer verfälscht oder ausgewählt[18] ist und daß eine wirksame Argumentation in der Politik hauptsächlich darin besteht, gewisse Behauptungen zu Axiomen zu erheben und andere von der Traktandenliste zu streichen; so kommt sie auf die oben erwähnte Psychotechnik heraus. Der Leser, der mich für ungebührlich pessimistisch hält, braucht

[18] Eine ausgewählte Information, selbst wenn sie an sich richtig ist, ist ein Versuch zu lügen, indem man die Wahrheit spricht.

sich nur selbst zu fragen, ob er niemals gehört – oder selber gesagt – hat, daß von dieser oder jener unbequemen Tatsache nicht öffentlich gesprochen werden darf oder daß eine gewisse Richtung der Argumentation trotz ihrer Gültigkeit unerwünscht ist. Wenn Menschen, die nach den üblichen Maßstäben höchst ehrenwert, ja sogar hochgesinnt sind, sich den Implikationen daraus fügen – zeigen sie nicht dadurch, was sie über die Verdienste oder sogar die Existenz des Volkswillens denken?

Dies alles hat natürlich seine Grenzen[19]. Es liegt viel Wahrheit in Jeffersons Ausspruch, daß letzten Endes die Leute klüger sind, als jedes einzelne Individuum sein kann, oder in Lincolns Ausspruch über die Unmöglichkeit, «ständig das ganze Volk zum Narren zu halten». Aber beide Aussprüche betonen in höchst bezeichnender Weise den langfristigen Aspekt. Ohne Zweifel ist es möglich zu argumentieren, daß nach einer gewissen Zeit die kollektive Psyche Ansichten entwickeln wird, die uns nicht selten als höchst vernünftig und sogar scharfsinnig vorkommen. Die Geschichte besteht indessen aus einer Folge von kurzfristigen Situationen, die den Lauf der Dinge endgültig verändern können. Wenn das ganze Volk kurzfristig «zum Narren gehalten» und schrittweise zu etwas verführt werden kann, was es nicht eigentlich will, und wenn das kein Ausnahmefall ist, den wir übersehen dürfen, so wird noch so viel gesunder Menschenverstand rückschauend nichts an der Tatsache ändern können, daß in Wirklichkeit das Volk die Streitfragen weder stellt noch entscheidet, sondern daß diese Fragen, die sein Schicksal bestimmen, normalerweise für das Volk gestellt und entschieden werden. Gerade wer die Demokratie liebt, hat mehr Grund als irgend jemand sonst, diese Tatsache anzuerkennen und sein Glaubensbekenntnis von dem Vorwurf zu befreien, daß es auf Spiegelfechterei beruht.

---

[19] Wahrscheinlich würden diese Grenzen deutlicher sichtbar, wenn Streitfragen häufiger durch ein Referendum entschieden würden. Vermutlich wissen die Politiker, weshalb sie gegenüber dieser Einrichtung eine fast immer feindliche Haltung einnehmen.

IV. Gründe für das Weiterbestehen der klassischen Lehre

Wie ist es jedoch möglich, daß eine Lehre, die in so offenkundigem Gegensatz zu den Tatsachen steht, bis heute weitergelebt und weiter ihren Platz in den Herzen des Volkes und in der offiziellen Sprache der Regierungen behauptet hat? Die widersprechenden Fakten sind jedermann bekannt – jedermann gibt sie mit vollkommener, häufig mit zynischer Offenheit zu. Die theoretische Grundlage, der utilitaristische Rationalismus, ist tot – niemand anerkennt ihn noch als eine richtige Theorie der Politik. Trotzdem ist unsere Frage nicht schwierig zu beantworten.

Erstens einmal findet die klassische Lehre vom kollektiven Handeln, obschon sie durch die Resultate der empirischen Analyse nicht gestützt wird, in jener Assoziation mit der Religion, auf die ich bereits aufmerksam gemacht habe, eine sehr kräftige Unterstützung. Das mag auf den ersten Blick nicht sehr einleuchtend sein. Die führenden Utilitaristen waren alles andere als religiös im gewöhnlichen Sinne des Wortes. De facto glaubten sie sich antireligiös und wurden auch fast allgemein dafür gehalten. Sie waren stolz auf ihre Haltung, die sie gerade als unmetaphysisch ansahen, und sie hatten keinerlei Sympathie für die religiösen Einrichtungen und die religiösen Bewegungen ihrer Zeit. Wir brauchen jedoch nur noch einen Blick auf das Bild zu werfen, das sie vom sozialen Prozeß entwarfen, um zu entdecken, daß es wesentliche Züge des Glaubens des protestantischen Christentums enthielt und de facto aus diesem Glauben abgeleitet war. Den Intellektuellen, die ihre Religion abgeworfen hatten, bot das utilitaristische Bekenntnis einen Ersatz dafür. Den Vielen, die ihren religiösen Glauben behalten hatten, wurde die klassische Lehre zu einer politischen Ergänzung[20].

Indem diese Lehre – und in der Folge auch jene Art demokratischer Überzeugung, die auf ihr basiert – in die Kate-

---

[20] Man beachte die Analogie zum sozialistischen Glauben; auch dieser ist für einige Menschen ein Ersatz des christlichen Glaubens, für andere eine Ergänzung.

gorien der Religion transponiert wird, verändert sie ihr Wesen. Man braucht sich nun nicht mehr irgendwelche logische Skrupeln über das «Allgemeinwohl» und «Die letzten Werte» zu machen. All das ist für uns bereits entschieden durch den Plan des Schöpfers, durch dessen Absicht alles bestimmt und sanktioniert wird. Was früher unbestimmt und unmotiviert schien, ist plötzlich völlig bestimmt und überzeugend. Beispielsweise ist die Stimme des Volkes nun Gottes Stimme. Oder nehmen wir die Gleichheit: ihre wirkliche Bedeutung ist ungewiß, und es besteht kaum irgendwelche rationale Berechtigung, sie zu einem Postulat zu erheben, solange wir uns in der Sphäre empirischer Analyse bewegen. Das Christentum birgt jedoch ein stark egalitäres Element. Der Erlöser ist für alle gestorben: er hat keinen Unterschied gemacht zwischen Individuen verschiedenen sozialen Standes. Dadurch hat er Zeugnis abgelegt für den inneren Wert der individuellen Seele, einen Wert, der keine Abstufungen zuläßt. Ist nicht dies eine Sanktionierung – und wie mir scheint, die einzig mögliche[21] –, um «jeden als einen, niemanden für mehr als einen zu zählen» – eine Sanktionierung, die Artikeln des demokratischen Glaubensbekenntnisses einen überirdischen Sinn einflößt, für die es nicht leicht ist, einen anderen zu finden? Diese Deutung überdeckt nicht alles, bestimmt nicht. Trotzdem scheint sie, soweit als sie reicht, manches zu erklären, das sonst unerklärlich, ja sinnlos wäre. Namentlich erklärt sie die Haltung des Gläubigen gegenüber der Kritik: wie im Falle des Sozialismus wird die grundsätzlich andere Meinung nicht bloß als Irrtum, sondern als Sünde betrachtet; sie ist Anlaß nicht bloß zu logischem Gegenargument, sondern auch zu moralischer Entrüstung.

---

[21] Es könnte eingewendet werden, daß so schwierig es sein mag, dem Wort «Gleichheit» eine *allgemeine* Bedeutung beizulegen, doch in den meisten, wenn nicht in allen Fällen eine solche Bedeutung aus dem Zusammenhang herausgelesen werden kann. Man könnte zum Beispiel aus den Umständen, unter denen die Ansprache von Gettysburg gehalten wurde, wohl ableiten, daß mit der «Behauptung, daß alle Menschen frei und gleich geschaffen sind», Lincoln einfach die Gleichheit des gesetzlichen Status meinte, im Gegensatz zur Ungleichheit, die in der Anerkennung der Sklaverei enthalten ist. Diese Bedeutung wäre hinreichend bestimmt. Wenn

Wir können unser Problem auch anders stellen und sagen, daß die Demokratie, wenn sie auf diese Weise motiviert wird, aufhört, eine bloße Methode zu sein, über die man rational wie über eine Dampfmaschine oder ein Desinfektionsmittel diskutieren kann. Sie wird nun tatsächlich zu etwas, wozu ich sie von einem andern Standpunkt aus für unfähig hielt, nämlich zu einem idealen oder richtiger zum Teil eines idealen Schemas der Dinge. Allein schon das Wort kann zu einer Fahne, zu einem Symbol all dessen werden, was dem Menschen teuer ist, was er an seinem Lande liebt, ob es nun rational dazu gehört oder nicht. Auf der einen Seite wird ihm dann die Frage, in welchem Verhältnis die verschiedenen, im demokratischen Glaubensbekenntnis enthaltenen Behauptungen zu den Tatsachen der Politik stehen, ebenso irrelevant werden, wie es für den gläubigen Katholiken die Frage ist, wie das Verhalten Alexanders VI. zu dem übernatürlichen Glorienschein paßt, der das Amt des Papstes umgibt. Auf der andern Seite wird ein Demokrat dieses Typs zwar Forderungen, die weitreichende Implikationen in bezug auf Gleichheit und Brüderlichkeit enthalten, akzeptieren, trotzdem aber in der Lage sein, in aller Aufrichtigkeit auch fast jegliche Abweichung zu akzeptieren, die seine eigene Haltung oder Stellung mit sich bringen mag. Das ist nicht einmal unlogisch. Bloße Distanz vom Faktum ist kein Argument gegen eine ethische Maxime oder eine mystische Hoffnung.

Zweitens besteht die Tatsache, daß die Formen und Phrasen der klassischen Demokratie für viele Nationen mit Ereignissen und Entwicklungen in ihrer Geschichte verbunden sind, von der die große Mehrheit begeistert ist und die sie billigt. Jede Opposition gegen ein bestehendes Regime wird wahrscheinlich diese Formen und Phrasen benützen, unabhängig von ihrer Bedeutung und ihren sozialen Wurzeln[22]. Wenn sie sich durch-

---

wir aber fragen, warum diese Behauptung moralisch und politisch bindend sein soll, und wenn wir nicht antworten wollen, «weil jeder Mensch von Natur aus genau gleich wie jeder andere ist», dann können wir nur auf die durch den christlichen Glauben gegebene Sanktionierung zurückgreifen Diese Lösung ist möglicherweise im Wort «geschaffen» enthalten.

[22] Es könnte scheinen, als ob eine Ausnahme für Oppositionen zu machen wäre, die sich zu offenkundig autokratischen Regimes entwickeln. Aber

setzt und wenn die darauf folgende Entwicklung sich als zufriedenstellend erweist, dann werden diese Formen in der nationalen Ideologie Wurzel schlagen.

Die Vereinigten Staaten sind in dieser Hinsicht das hervorragendste Beispiel. Ihre Existenz als souveräner Staat ist mit dem Kampf gegen ein monarchisches und aristokratisches England verknüpft. Mit Ausnahme einer Minderheit von Loyalisten erblickten wahrscheinlich die Amerikaner zur Zeit der Grenvilleschen Verwaltung im englischen Monarchen schon nicht mehr *ihren* König und in der englischen Aristokratie nicht mehr *ihre* Aristokratie. Im Unabhängigkeitskrieg fochten sie gegen einen Monarchen und eine Aristokratie, die ihnen sowohl tatsächlich wie ihrem Empfinden nach Fremde geworden waren, die sich in ihre politischen und wirtschaftlichen Interessen einmischten. Schon von einem frühen Stadium der Unruhen an stellten sie jedoch ihre Sache, die in Wirklichkeit eine nationale war, als einen Kampf des «Volkes» gegen seine «Herrscher» dar, in der Form von unveräußerlichen «Menschenrechten» und im Licht der allgemeinen Prinzipien der klassischen Demokratie. Der Wortlaut der Unabhängigkeitserklärung und der Verfassung übernahm diese Prinzipien. Es folgte eine erstaunliche Entwicklung, die die meisten Amerikaner vollauf beschäftigte und befriedigte und dadurch die in den geheiligten Dokumenten der Nation aufbewahrte Lehre zu verifizieren schien.

Oppositionen erringen selten den Sieg, solange die herrschenden Gruppen auf der Höhe ihrer Macht und ihres Erfolges stehen. In der ersten Hälfte des neunzehnten Jahrhunderts haben die Oppositionen, die sich zum klassischen Glauben der Demokratie bekannten, sich erhoben und sich letzten Endes durchgesetzt gegen Regierungen, von denen einige – namentlich in Italien – offenkundig im Zustande des Verfalls und sprichwörtlich für ihre Unfähigkeit, Brutalität und Korruption waren. Natürlicher-, wenn auch nicht ganz logischer-

---

selbst diese entstanden historisch gesehen meistens auf demokratischem Wege und gründeten ihre Herrschaft auf die Zustimmung des Volkes. Cäsar wurde nicht von Plebejern umgebracht. Doch die aristokratischen Oligarchen, die ihn ermordeten, gebrauchten ebenfalls demokratische Phrasen.

weise gereichte auch dies jenem Glauben zur Ehre, der sich überdies vorteilhaft abhob gegen den dunklen Aberglauben, den diese Regierungen unterstützten. Unter diesen Umständen bedeutete die demokratische Revolution den Anbruch der Freiheit und Anständigkeit und der demokratische Glauben ein Evangelium der Vernunft und Verbesserung. Natürlich war es nicht anders möglich, als daß mit der Zeit dieser Vorteil verlorenging und der Abstand zwischen Lehre und Praxis der Demokratie entdeckt wurde. Aber der Glanz des Tagesanbruchs verblich nur langsam.

Drittens darf nicht vergessen werden, daß es soziale Systeme gibt, in denen die klassische Lehre tatsächlich den Fakten mit einem genügenden Näherungsgrad entspricht. Wie erwähnt, ist dies der Fall bei vielen kleinen und primitiven Gesellschaften, die denn auch den Urhebern dieser Lehre als Prototyp dienten. Es kann dies auch der Fall sein bei Gesellschaften, die nicht primitiv sind, vorausgesetzt, daß sie nicht allzu differenziert sind und keine allzu schwierigen Probleme aufweisen. Die Schweiz ist das beste Beispiel dafür. Es gibt so wenig Anlaß zum Streit in einer Welt von Bauern, die, mit Ausnahme von Hotels und Banken, keine große kapitalistische Industrie enthält, und die Probleme der öffentlichen Politik sind so einfach und stetig, daß von einer überwältigenden Mehrheit ein Verständnis für sie und eine Einigung über sie erwartet werden kann. Aber wenn wir zum Schluß kommen, daß sich in solchen Fällen die klassische Lehre der Wirklichkeit nähert, müssen wir sofort hinzufügen, daß sie es nicht darum tut, weil sie einen wirksamen Mechanismus politischer Entscheidung beschreibt, sondern nur weil hier keine großen Entscheidungen zu treffen sind. Endlich kann auch hier wieder an den Fall der Vereinigten Staaten erinnert werden, um zu zeigen, daß die klassische Lehre manchmal mit den tatsächlichen Verhältnissen übereinzustimmen scheint auch in einer Gesellschaft, die groß und stark differenziert ist, und in der große Probleme entschieden werden müssen, vorausgesetzt daß ihnen durch günstige Umstände der Stachel genommen ist. Bis zum Eintritt der Vereinigten Staaten in den ersten Weltkrieg war die öffentliche Meinung hauptsächlich mit der Aufgabe beschäftigt, die wirtschaftlichen Möglichkeiten der eigenen Umwelt auszunützen. Solange diese Beschäftigung nicht ernstlich gestört wurde, war dem Durchschnittsbürger, der auf die Possen der Politiker mit gutmütiger Verachtung herabsah, alles andere grundsätzlich gleichgültig. Einzelne Gruppen mochten sich über die Zölle, über die Silberpolitik, über lokale Mißwirtschaft oder über einen gelegentlichen Zank mit England aufregen. Das Volk im großen und ganzen kümmerte sich nicht viel darum, außer in dem einem Fall ernster Meinungsverschiedenheit, die denn auch zu einem nationalen Unheil, dem Bürgerkrieg, führte.

Und viertens wird natürlich von den Politikern eine Ausdrucksweise hoch geschätzt, die den Massen schmeichelt und eine ausgezeichnete Gelegenheit bietet, um nicht nur der Verantwortung auszuweichen, sondern auch die Gegner zu zerschmettern – im Namen des Volkes.

ZWEIUNDZWANZIGSTES KAPITEL

EINE ANDERE THEORIE DER DEMOKRATIE

I. Der Konkurrenzkampf um die politische Führung

Ich glaube, daß die meisten politisch Interessierten bereits so weit sind, daß sie die Kritik akzeptieren, die im vorangegangenen Kapitel gegen die klassische Lehre der Demokratie gerichtet wurde. Ich glaube auch, daß die meisten schon jetzt bereit sind oder es bald sein werden, eine andere Theorie zu akzeptieren, die viel lebenswahrer ist und gleichzeitig viel von dem vor dem Untergang bewahrt, was die Paten der demokratischen Methode mit diesem Ausdruck wirklich meinen. Sie sei wie die klassische Theorie in aller Kürze hier definiert.

Es sei daran erinnert, daß unsere Hauptschwierigkeiten bei der klassischen Theorie sich um die Behauptung gruppierten, daß «das Volk» eine feststehende und rationale Ansicht über jede einzelne Frage besitzt und daß es – in einer Demokratie – dieser Ansicht dadurch Wirkungskraft verleiht, daß es «Vertreter» wählt, die dafür sorgen, daß diese Ansicht ausgeführt wird. So wird die Wahl der Repräsentanten dem Hauptzweck der demokratischen Ordnung nachgeordnet, der darin besteht, der Wählerschaft die Macht des politischen Entscheides zu verleihen. Angenommen nun, wir vertauschen die Rollen dieser beiden Elemente und stellen den Entscheid von Fragen durch die Wählerschaft der Wahl jener Männer nach, die die Entscheidung zu treffen haben. Oder um es anders auszudrücken: wir nehmen nun den Standpunkt ein, daß die Rolle des Volkes darin besteht, eine Regierung hervorzubringen oder sonst eine dazwischengeschobene Körperschaft, die ihrerseits eine nationale Exekutive[1] oder Regierung hervorbringt. Und wir defi-

[1] Das unaufrichtige Wort «Exekutive» weist zwar in Wirklichkeit in eine falsche Richtung. Aber es verliert diese, wenn wir es in dem Sinn

nieren: die demokratische Methode ist diejenige Ordnung der Institutionen zur Erreichung politischer Entscheidungen, bei welcher einzelne die Entscheidungsbefugnis vermittels eines Konkurrenzkampfs um die Stimmen des Volkes erwerben.

Die Verteidigung und Erklärung dieser Idee wird sehr bald zeigen, daß sie hinsichtlich der Wahrscheinlichkeit ihrer Prämissen und der Haltbarkeit ihrer Behauptungen die Theorie des demokratischen Prozesses beträchtlich verbessert.

Erstens gelangen wir in den Besitz eines leidlich brauchbaren Kriteriums, mit welchem demokratische Regierungen von andern unterschieden werden können. Wir haben gesehen, daß die klassische Theorie deswegen in Schwierigkeiten gerät, weil durch Regierungen, die nach keinem anerkannten Gebrauch des Begriffes «demokratisch» genannt werden können, sowohl dem Willen wie auch dem Wohl des Volkes gerade so gut oder sogar besser gedient werden kann und in vielen historischen Fällen auch gedient worden ist. Jetzt befinden wir uns aber in einer etwas besseren Lage, zum Teil darum, weil wir die Bedeutung des *modus procedendi* hervorzuheben entschlossen sind, dessen Vorhandensein oder Fehlen in den meisten Fällen leicht zu verifizieren ist[2].

Zum Beispiel erfüllt eine parlamentarische Monarchie wie die englische die Anforderungen der demokratischen Methode, weil der Monarch praktisch dazu gezwungen ist, die gleichen Männer in das Kabinett zu berufen, die das Parlament wählen würde. Eine «konstitutionelle» Monarchie besitzt nicht die Eigenschaften, um sie demokratisch nennen zu können, weil den Wählerschaften und Parlamenten – während sie alle andern Rechte mit den Wählerschaften und Parlamenten der parlamentarischen Monarchie gemein haben – doch die Befugnis fehlt, ihre Wünsche in bezug auf das regierende Komitee durchzusetzen: die Kabinettsminister sind in diesem Falle Diener des Monarchen, dem Wesen wie auch dem Namen nach, und können im Prinzip von ihm ebenso gut entlassen wie ernannt

brauchen, in dem wir von den «ausführenden Organen» einer Gesellschaftsunternehmung sprechen, die ebenfalls beträchtlich mehr tun, als nur den Willen der Aktieninhaber «auszuführen».

[2] Man vergleiche immerhin weiter unten den vierten Punkt.

werden. Solch eine Ordnung kann das Volk durchaus befriedigen. Die Wählerschaft kann diese Tatsache bestätigen dadurch, daß sie gegen jeden Vorschlag einer Abänderung stimmt. Der Monarch kann so populär sein, daß er jeden Mitbewerber um das höchste Amt zu schlagen vermag. Aber da kein Mechanismus vorhanden ist, um diese Konkurrenz wirksam zu gestalten, fällt dieser Fall nicht unter unsere Definition.

Zweitens läßt uns die in dieser Definition verkörperte Theorie allen wünschbaren Raum für eine angemessene Anerkennung der lebenswichtigen Tatsache der Führung. Die klassische Theorie hat das nicht getan, sondern hat, wie wir gesehen haben, der Wählerschaft ein völlig wirklichkeitsfremdes Ausmaß von Initiative beigelegt, was praktisch auf ein Ignorieren der Führung herauskam. Kollektive handeln jedoch beinahe ausschließlich dadurch, daß sie eine Führung akzeptieren – es ist dies der beherrschende Mechanismus praktisch jedes kollektiven Handelns, das mehr ist als bloßer Reflex. Behauptungen über das Funktionieren und die Resultate der demokratischen Methode, die dem Rechnung tragen, sind daher notwendig sehr viel wirklichkeitsnäher als Behauptungen, die es nicht tun. Sie werden nicht schon bei der Ausführung einer *volonté générale* Halt machen, sondern werden weitgehend zeigen, wie sie entsteht oder wie sie substituiert oder verfälscht wird. Was wir den «fabrizierten Willen» genannt haben, steht nun nicht mehr außerhalb der Theorie, ist keine Verirrung mehr, um deren Nichtvorhandensein wir den Himmel bitten; er gehört, wie es sein muß, in die Mitte unseres Gebäudes.

Drittens jedoch, soweit es überhaupt echte Willensäußerungen von Gruppen gibt – zum Beispiel den Willen der Arbeitslosen, Arbeitslosenunterstützung zu bekommen, oder den Willen anderer Gruppen, zu helfen – werden auch diese von unserer Theorie nicht vernachlässigt. Im Gegenteil vermögen wir ihnen nun gerade die Rolle zuzuweisen, die sie tatsächlich spielen. Solche Willensäußerungen setzen sich in der Regel nicht unmittelbar durch. Selbst wenn sie kräftig und bestimmt sind, bleiben sie oft während Jahrzehnten latent, bis sie von irgend einem politischen Führer, der sie in politische Faktoren verwandelt, zum Leben erweckt werden. Dies tut er – oder sonst tun es seine Agenten für ihn –, indem er diese Willensäußerungen organisiert, indem er sie aufstachelt und indem er zuletzt geeignete Punkte in seine Werbeschriften aufnimmt. Die Wechselbeziehung zwischen Sonderinteressen und öffentlicher Meinung und die Art, in der sie die Form hervorbringen, die wir die politische Situation nennen, erscheinen von diesem Standpunkt aus in einem neuen und viel klareren Licht.

Viertens ist natürlich unsere Theorie ebenso wenig genau bestimmt, als es der Begriff des Konkurrenzkampfes um die Führung ist. Dieser Begriff bietet ähnliche Schwierigkeiten wie der Begriff der Konkurrenz in der wirtschaftlichen Sphäre, mit dem er nutzbringend verglichen werden kann. Im Wirtschaftsleben fehlt die Konkurrenz nie völlig, aber sie ist kaum je vollkommen[3]. Ähnlich besteht im politischen Leben immer einige Konkurrenz, wenn auch vielleicht nur potentiell, um die Gefolgschaft des Volkes. Zur Vereinfachung haben wir jene Art von Konkurrenz um die Führung, die die Demokratie definieren soll, auf freie Konkurrenz um freie Stimmen beschränkt. Berechtigt ist dies deshalb, weil «Demokratie» eine anerkannte Methode zu implizieren scheint, nach welcher der Konkurrenzkampf zu führen ist, und weil die Methode der Wahl praktisch die einzig mögliche für Gemeinwesen aller Größen ist. Doch obschon dadurch viele Arten der Gewinnung der Führung ausgeschlossen werden, die ausgeschlossen werden sollten[4], wie zum Beispiel die Konkurrenz durch einen militärischen Aufstand, werden doch nicht die Fälle ausgeschlossen, die auffallend analog zu jenen wirtschaftlichen Phänomenen sind, die wir

---

[3] In Teil II hatten wir Beispiele der Probleme, die daraus entstehen.

[4] Es werden auch Methoden ausgeschlossen, die nicht ausgeschlossen werden sollten, zum Beispiel der Erwerb politischer Führung durch die stillschweigende Hinnahme des Volkes oder durch die Wahl *quasi per inspirationem*. Letztere unterscheidet sich von einer Wahl durch Stimmabgabe nur durch einen technischen Unterschied. Aber die erstere ist nicht ganz ohne Bedeutung, sogar in der modernen Politik; der Einfluß, den ein Parteiführer *innerhalb seiner Partei* hat, beruht oft auf nichts anderem als auf der stillschweigenden Hinnahme seiner Führung. Vergleichsweise sind dies jedoch Details, die meines Erachtens in einer Skizze wie der vorliegenden vernachlässigt werden dürfen.

als «unfaire» oder «betrügerische» Konkurrenz oder als Konkurrenzbeschränkung bezeichnen. Und wir können sie nicht ausschließen, da uns, wenn wir es täten, nur ein völlig wirklichkeitsfremdes Idealbild übrig bliebe[5]. Zwischen diesem Idealfall, der nicht existiert, und den Fällen, in welchen jegliche Konkurrenz mit dem regierenden Führer mit Gewalt verhindert wird, liegt eine fortlaufende Reihe von Variationen, innerhalb derer die demokratische Regierungsmethode mit unendlich kleinen Schritten allmählich in die autokratische übergeht. Aber wenn wir nicht philosophieren, sondern verstehen wollen, so ist dies durchaus in Ordnung. Der Wert unseres Kriteriums wird dadurch nicht ernsthaft geschädigt.

Fünftens scheint unsere Theorie die Beziehung zu klären, die zwischen der Demokratie und der individuellen Freiheit besteht. Wenn wir mit letzterer das Vorhandensein einer Sphäre individueller Selbstregierung meinen, deren Grenzen historisch veränderlich sind – *keine* Gesellschaft duldet absolute Freiheit, nicht einmal eine absolute Gewissens- und Redefreiheit, *keine* Gesellschaft reduziert diese Sphäre auf Null –, dann wird diese Frage offenkundig zu einer Sache des Grades. Wir haben gesehen, daß die demokratische Methode nicht unbedingt eine größere Summe individueller Freiheit garantiert, als irgend eine andere politische Methode unter gleichen Umständen gestatten würde. Es kann sehr wohl umgekehrt sein! Aber es besteht noch eine Beziehung zwischen den beiden. Wenn, wenigstens im Prinzip, jedermann die Freiheit hat, sich dadurch um die politische Führung zu bewerben, daß er sich der Wählerschaft vorstellt[6], dann wird dies in den meisten, wenn auch nicht in allen Fällen, ein beträchtliches Quantum Diskussionsfreiheit für *alle* bedeuten. Namentlich wird es normalerweise ein beträchtliches Quantum Pressefreiheit bedeuten. Diese Beziehung zwischen Demokratie und Freiheit ist nicht absolut bündig und kann verfälscht werden. Aber vom Standpunkt des Intellek-

[5] Wie auf wirtschaftlichem Gebiet sind *einige* Einschränkungen in den gesetzlichen und moralischen Prinzipien des Gemeinwesens enthalten.

[6] Das heißt Freiheit im gleichen Sinne, wie jedermann die Freiheit hat, eine weitere Textilfabrik aufzutun.

tuellen aus ist sie nichtsdestoweniger sehr wichtig. Gleichzeitig ist dies aber auch alles, was über diese Beziehung gesagt werden kann.

Sechstens sollte beachtet werden, daß indem ich es zur Hauptfunktion der Wählerschaft machte, (direkt oder durch eine dazwischengeschobene Körperschaft) eine Regierung hervorzubringen, ich in diese Formulierung auch die Funktion ihrer Absetzung einschließen wollte. Das eine bedeutet einfach die Akzeptierung eines Führers oder einer Gruppe von Führern, das andere einfach die Rücknahme dieser Akzeptierung. Dadurch wird ein Element berücksichtigt, das der Leser bisher vermißt haben dürfte. Er mag daran gedacht haben, daß die Wählerschaft nicht nur installiert, sondern auch kontrolliert. Aber da die Wählerschaft normalerweise ihre politischen Führer nur insofern kontrolliert, als sie es ablehnt, sie selbst oder die sie stützenden parlamentarischen Mehrheiten wiederzuwählen, scheint es angebracht zu sein, unsere Vorstellungen einer Kontrolle in der durch unsere Definition angedeuteten Weise zu reduzieren. Gelegentlich ereignet sich ein spontaner Umschwung, der unmittelbar eine Regierung oder einen einzelnen Minister stürzt oder einen bestimmten Kurs aufzwingt. Aber dies sind nicht nur Ausnahmefälle – sie stehen auch, wie wir noch sehen werden, im Gegensatz zum Geist der demokratischen Methode.

Siebentens erhellt unsere Methode, was sehr wünschenswert ist, einen alten Streitpunkt. Wer immer die klassische Lehre der Demokratie akzeptiert und folglich glaubt, daß die demokratische Methode die Entscheidung der strittigen Fragen und die Gestaltung der Politik nach dem Willen des Volkes gewährleistet, muß sich an der Tatsache stoßen, daß selbst wenn dieser Wille unbestreitbar wirklich und bestimmt wäre, dann die Entscheidung durch einfache Mehrheiten ihn in vielen Fällen mehr verdrehen als wirksam werden lassen würde. Der Wille der Mehrheit ist augenscheinlich der Wille der Mehrheit und nicht der Wille «des Volkes». Letzterer ist ein Mosaik, das durchaus nicht vom ersteren «repräsentiert» wird. Die beiden durch eine Definition gleichzusetzen, heißt nicht das Problem lösen. Versuche zu einer wirklichen Lösung sind jedoch von den Verfassern der verschiedenen Pläne für eine «proportionale Vertretung» unternommen worden.

Diese Pläne sind aus praktischen Gründen auf ablehnende Kritik gestoßen. Es liegt in der Tat offen zu Tage, daß der Proporz nicht nur allen möglichen Idiosynkrasien Gelegenheit bietet, sich breit zu machen, sondern daß er auch die Demokratie hindern mag, arbeitsfähige Regierungen hervorzubringen, und sich so als Gefahr in Zeiten der Bedrängnis erweisen kann[7]. Bevor wir jedoch daraus den Schluß ziehen, daß die Demokratie funktionsunfähig wird, sobald man ihr Prinzip folgerichtig durchführt, sollten wir uns lieber fragen, ob dieses Prinzip wirklich die proportionale Vertretung impliziert. In Tat und Wahrheit tut es dies nicht. Wenn die Anerkennung der Führung die eigentliche Funktion der Stimmabgabe der Wählerschaft ist, bricht die Verteidigung des Proporzes zusammen, weil ihre Prämissen nicht mehr bindend sind. Das Prinzip der Demokratie bedeutet dann einfach, daß die Zügel der Regierung jenen übergeben werden sollten, die über mehr Unterstützung verfügen als die andern, in Konkurrenz stehenden Individuen oder Teams. Und dies wiederum scheint die Geltung des Majoritätssystems innerhalb der Logik der demokratischen Methode zu sichern, obschon wir es auf andern Gebieten, die außerhalb dieser Logik liegen, immer noch verurteilen mögen.

II. Die Anwendung des Prinzips

Die im vorausgehenden Abschnitt skizzierte Theorie wollen wir nun an einigen der wichtigeren Struktur- und Funktions-Merkmale der politischen Maschine in den demokratischen Ländern ausprobieren.

1. In einer Demokratie besteht, wie gesagt, die Hauptfunktion der Stimmabgabe des Wählers darin, eine Regierung hervorzubringen. Das kann die Wahl einer vollzähligen Beamten-Garnitur für alle Ämter bedeuten. Diese Praxis ist jedoch im

---

[7] Die Argumente gegen den Proporz sind von Prof. F. A. Hermens in «The Trojan Horse of Democracy», *Social Research*, November 1938, trefflich zusammengefaßt worden.

wesentlichen bei Gemeinderegierungen zu finden und wird deshalb in der Folge nicht berücksichtigt[8]. Wenn wir nur die Staatsregierung betrachten, können wir sagen, daß das Hervorbringen einer Regierung praktisch darauf herauskommt zu entscheiden, wer der führende Mann sein soll[9]. Wie oben werden wir ihn «Ministerpräsident» nennen.

Es gibt nur eine Demokratie, wo dies unmittelbar durch die Abstimmung der Wählerschaft geschieht, nämlich die Vereinigten Staaten[10]. In allen andern Fällen bringt die Abstimmung der

---

[8] Wir tun dies nur um der Einfachheit willen. Das Phänomen paßt vollkommen in unser Schema.

[9] Das ist nur annähernd richtig. Zwar verhilft tatsächlich die Stimme des Wählers einer Gruppe zur Macht, die in allen normalen Fällen einen individuellen Führer anerkennt; es gibt aber in der Regel auch noch Führer zweiten und dritten Ranges, die politische Waffen aus eigenem Recht tragen und die der Führer, ohne daß ihm eine andere Wahl bleibt, in entsprechende Ämter setzen muß. Die Bedeutung dieser Tatsache wird gleich noch ersichtlich werden.

Auch ein anderer Punkt ist zu beachten. Obschon begründete Erwartung besteht, daß ein Mann, der zu höchster Befehlsgewalt aufrückt, im allgemeinen ein Mann von beträchtlicher persönlicher Kraft ist, einerlei was er sonst sein mag – wir werden später noch näher darauf zurückkommen –, folgt nicht daraus, daß dies immer der Fall sein wird. Deshalb soll der Ausdruck «Führer» oder «führender Mann» nicht implizieren, daß die solchermaßen bezeichneten Individuen notwendig mit Führerqualitäten begabt sind oder daß sie tatsächlich immer persönlich anführen. Es gibt politische Situationen, die dem Aufstieg von Männern ohne Führerqualitäten (und ohne andere Qualitäten) günstig sind und ungünstig für die Errichtung starker individueller Positionen. Eine Partei oder eine Kombination von Parteien kann daher gelegentlich ohne Haupt sein. Aber jedermann anerkennt, daß dies ein pathologischer Zustand und eine typische Ursache der Niederlage ist.

[10] Wir dürfen meines Erachtens das Wahlkollegium außer acht lassen. Wenn ich den Präsidenten der Vereinigten Staaten einen Ministerpräsidenten nenne, will ich damit die grundsätzliche Ähnlichkeit seiner Stellung mit der des Ministerpräsidenten in andern Demokratien hervorheben. Aber ich möchte nicht die Unterschiede verwischen, obschon sie zum Teil mehr formal als wirklich sind. Der wenigst wichtige Unterschied ist der, daß der Präsident auch die weithin nur zeremoniellen Funktionen zum Beispiel des französischen Präsidenten ausübt. Viel wichtiger ist, daß er den

Wählerschaft nicht unmittelbar die Regierung hervor, sondern ein Zwischenorgan, im folgenden Parlament genannt[11], auf das die Funktion der Hervorbringung der Regierung übergeht. Es dürfte leicht sein, die Akzeptierung oder vielmehr die Entwicklung dieser Ordnung sowohl aus historischen wie aus Gründen der Zweckmäßigkeit zu erklären, und ebenso auch die verschiedenartigen Formen, die sie in verschiedenen sozialen Systemen angenommen hat. Aber sie ist keine logische Konstruktion; sie ist ein natürliches Gewächs, und ihre subtilen Bedeutungen und Resultate sind den offiziellen Theorien – gar nicht zu reden von den juristischen – völlig entgangen.

Wie bringt ein Parlament eine Regierung hervor? Die naheliegendste Methode ist die, sie zu wählen oder, realistischer, den

---

Kongreß nicht auflösen kann – aber auch der französische Ministerpräsident könnte dies nicht. Andrerseits ist seine Stellung stärker als die des englischen Premierministers, vermöge der Tatsache, daß seine Führung unabhängig von einer Mehrheit im Kongreß ist, wenigstens gesetzlich; denn in Tat und Wahrheit ist er kaltgestellt, wenn er keine besitzt. Ferner kann er Kabinettsmitglieder (beinahe) nach Belieben ernennen und entlassen. Letztere können kaum Minister im englischen Sinn des Wortes genannt werden und sind in Wirklichkeit nichts anderes, als was das Wort «Staatssekretär» im üblichen Sprachgebrauch besagt. Wir können deshalb sagen, daß in gewissem Sinn der Präsident nicht nur Ministerpräsident, sondern einziger Minister ist, es sei denn, wir sehen eine Analogie zwischen den Funktionen eines englischen Kabinettsministers und den Funktionen der Leiter der Verwaltungskräfte im Kongreß.

Diese und viele andere Eigentümlichkeiten in den Vereinigten Staaten oder einem andern Lande, das demokratische Methoden verwendet, zu diskutieren und zu interpretieren, bietet keine Schwierigkeiten. Aber um Platz zu sparen, werden wir uns hauptsächlich an das englische Modell halten und alle andern Fälle als mehr oder weniger wichtige «Abweichungen» betrachten, – auf Grund der Theorie, daß bis jetzt die Logik der demokratischen Regierung in der englischen Praxis, wenn auch nicht in ihren gesetzlichen Formen, sich am vollständigsten ausgewirkt hat.

[11] Man wird sich daran erinnern, daß ich das Parlament als ein Organ des Staates definiert habe. Obschon dies einfach aus Gründen der formalen (juristischen) Logik geschah, fügt sich diese Definition doch besonders gut in unsern Begriff der demokratischen Methode ein. Die Mitgliedschaft im Parlament ist folglich ein Amt.

Ministerpräsidenten zu wählen und dann über die von ihm vorgelegte Ministerliste abzustimmen. Diese Methode wird selten verwendet[12]. Aber sie verdeutlicht besser als alle andern die Natur des Vorganges. Zudem können alle andern auf sie reduziert werden, weil der Mann, der Ministerpräsident wird, in allen normalen Fällen derjenige ist, den das Parlament wählen würde. Die Art und Weise, in der er tatsächlich zu seinem Amt berufen wird, – durch einen Monarchen wie in England, durch einen Präsidenten wie in Frankreich oder durch eine besondere Stelle oder ein besonderes Komitee wie im Preußischen Freistaat der Weimarer Periode –, ist eine bloße Formsache.

Die klassische englische Praxis ist folgende. Nach einer allgemeinen Wahl verfügt die siegreiche Partei normalerweise über eine Mehrheit der Sitze im Parlament und ist so in der Lage, gegen jedermann außer ihrem eigenen Führer ein Mißtrauensvotum auszusprechen – dieser wird auf diese negative Weise «durch das Parlament» für die Führung der Nation designiert. Er empfängt seinen Auftrag vom Monarchen – «findet sich zum Handkuß ein» – und legt ihm seine Ministerliste vor, von der die Liste der Kabinettsminister einen Teil bildet. In diese nimmt er erstens ein paar Parteiveteranen auf, die das erhalten, was man Ehrenamt nennen könnte, zweitens die Führer des zweiten Glieds, diejenigen, auf die er für die laufenden Parlamentskämpfe zählt und die ihre Bevorzugung zum Teil ihrem positiven politischen Wert, zum Teil ihrem Wert als potentielle Störungsfaktoren verdanken; drittens die kommenden Männer, die er in den Zauberkreis des Amts einführt, um die «hellen Köpfe der Wilden heranzuziehen»; und manchmal viertens einige Männer, die er zur Besetzung gewisser Ämter für besonders befähigt hält[13]. Aber wiederum hat diese Praxis in allen Normalfällen die Tendenz, die gleichen Resultate hervor-

---

[12] Sie wurde zum Beispiel in Österreich nach dem Zusammenbruch von 1918 angewendet.

[13] Wenn man, wie manche es tun, darüber klagt, wie wenig die Befähigung für ein Amt bei diesen Methoden zählt, so liegt dies außerhalb dessen, womit sich eine Beschreibung zu befassen hat; es gehört zum Wesen der demokratischen Regierung, daß in erster Linie die politischen Werte zählen und die Fähigkeiten nur nebenbei.

zubringen, wie es eine Wahl durch das Parlament täte. Der Leser wird auch sehen, daß wo – wie in England – der Premierminister die tatsächliche Macht hat, das Parlament aufzulösen («sich an das Land zu wenden»), das Resultat bis zu einem gewissen Grad sich dem Resultat nähern wird, das wir von einer direkten Wahl des Kabinettes durch die Wählerschaft erwarten würden, solange die letztere ihm ihre Unterstützung gewährt[14]. Das mag an einem berühmten Beispiel gezeigt werden.

2. Die Regierung Beaconsfield (Disraeli) durfte im Jahre 1879 nach beinahe sechs Jahren erfolgreicher Machtausübung, die im augenfälligen Erfolg des Berliner Kongresses gipfelte[15], nach

[14] Wenn, wie es der Fall in Frankreich war, der Ministerpräsident keine solche Macht hat, erlangen die parlamentarischen Koterien eine solche Unabhängigkeit, daß dieser Parallelismus zwischen der Akzeptierung eines Mannes durch das Parlament und der Akzeptierung des gleichen Mannes durch die Wählerschaft abgeschwächt oder zerstört wird. Das ist die Situation, in der das Gesellschaftsspiel der parlamentarischen Politik ausartet. Von unserem Standpunkt aus ist dies eine Abweichung vom Grundplan der Maschinerie. Raymond Poincaré war der gleichen Ansicht.

Natürlich kommen solche Situationen auch in England vor. Denn die Macht des Premierministers, das Parlament aufzulösen – genau gesagt seine Macht, dem Monarchen «den Rat zu geben», das Unterhaus aufzulösen –, ist unwirksam, wenn entweder der innere Kreis seiner Partei sich dagegen zur Wehr setzt oder wenn keine Aussicht besteht, daß die Wahlen seinen Einfluß auf das Parlament verstärken werden. Das heißt er kann stärker (obschon vielleicht immer noch schwach) im Parlament sein, als er es im Land ist. Ein solcher Zustand entwickelt sich tendenzmäßig mit einer gewissen Regelmäßigkeit, nachdem eine Regierung während einiger Jahre an der Macht gewesen ist. Unter dem englischen System kann jedoch diese Abweichung vom Grundplan nicht sehr lange dauern.

[15] Ich will damit nicht sagen, daß die zeitweilige Regelung der durch den Russisch-Türkischen Krieg aufgeworfenen Fragen und der Erwerb der völlig nutzlosen Insel Cypern an sich solche Meisterstücke der Staatskunst waren. Ich meine damit vielmehr, daß vom Standpunkt der heimischen Politik aus sie gerade jene Art von augenfälligem Erfolg waren, die der Eitelkeit des Durchschnittsbürgers normalerweise schmeicheln und die Chancen der Regierung in einer Atmosphäre von Jingo-Patriotismus stark fördern. In der Tat war es die allgemeine Ansicht, daß Disraeli gesiegt hätte, wenn er das Parlament gleich nach seiner Rückkehr aus Berlin aufgelöst hätte.

allen üblichen Rechnungen mit Fug einen Wahlerfolg erwarten. Da erregte plötzlich Gladstone das Land durch eine Reihe von Ansprachen von unvergleichlicher Gewalt (Midlothian Campagne), in denen die türkischen Greuel mit solchem Erfolg ausgespielt wurden, daß *er persönlich* auf einer Woge der populären Begeisterung hochgetragen wurde. Die offizielle Partei hatte nichts damit zu tun. Mehrere ihrer Führer drückten sogar ihre Mißbilligung aus. Gladstone hatte die Führung Jahre zuvor aufgegeben und eroberte nun das Land ohne fremde Hilfe. Als aber die liberale Partei unter diesem Ansporn einen überwältigenden Sieg davongetragen hatte, war es jedermann klar, daß er wiederum als Parteiführer akzeptiert werden mußte – nein, daß er vermöge seiner nationalen Führerschaft der Führer der Partei geworden und daß einfach kein Raum für einen andern da war. Er gelangte zur Macht im Glanz des Ruhms.

Dieses Beispiel lehrt uns nun eine Menge über das Funktionieren der demokratischen Methode. Zunächst einmal muß man sich klar werden, daß es zwar in seiner Dramatik einzigartig ist, aber in sonst nichts. Es ist das übergroße Exemplar einer normalen Gattung. Die Fälle der beiden Pitt, von Peel, Palmerston, Disraeli, Campbell Bannermann und andern unterscheiden sich nur dem Grad nach.

Erstens zur Frage der politischen Führerschaft des Premierministers[16]. Unser Beispiel zeigt, daß sie aus drei verschiedenen

[16] Es ist charakteristisch für die englische Art, daß die offizielle Anerkennung der Existenz des Amtes eines Premierministers erst 1907 erfolgte, als dieses Amt in der offiziellen Rangordnung am Hofe erscheinen durfte. Aber es ist so alt wie die demokratische Regierung. Da jedoch die demokratische Regierung nie durch einen besondern Akt eingeführt wurde, sondern sich langsam als Teil eines umfassenden sozialen Prozesses entwickelte, ist es nicht leicht, einen ungefähren Geburtstag oder eine ungefähre Geburtsperiode anzugeben. Es gibt einen langen Zeitabschnitt, der embryonale Fälle aufweist. Es ist verführerisch, die Einrichtung seit der Regierungszeit Wilhelms III. zu datieren, dessen so viel schwächere Stellung als die der einheimischen Herrscher diese Auffassung stützen könnte. Der Einwand dagegen lautet weniger, daß England damals keine «Demokratie» war – der Leser wird sich erinnern, daß wir die Demokratie nicht durch das Ausmaß des Wahlrechtes definieren –, sondern vielmehr, daß

Elementen besteht, die nicht verwechselt werden dürfen und sich von Fall zu Fall in verschiedenem Verhältnis mischen, wobei dann die Mischung den Charakter der Herrschaft jedes einzelnen Ministerpräsidenten bestimmt. Äußerlich gesehen gelangt er zu seinem Amt als der führende Mann seiner Partei *im Parlament*. Sobald er jedoch eingesetzt ist, wird er in gewissem Sinn zum Führer *des Parlamentes* – zum Führer unmittelbar des Hauses, dessen Mitglied er ist, mittelbar aber auch des andern. Das ist mehr als ein offizieller Euphemismus, mehr auch, als was in seiner Gewalt über seine eigene Partei enthalten ist. Er gelangt

---

einerseits der embryonale Fall von Danby sich unter Karl II. ereignet hatte, und daß andrerseits Wilhelm III. sich nie mit dieser Ordnung aussöhnte und mit Erfolg gewisse Angelegenheiten selbst in der Hand behielt. Wir dürfen natürlich Ministerpräsidenten nicht mit bloßen Ratgebern verwechseln, so einflußreich diese bei ihrem Herrscher und so fest verankert sie auch im eigentlichen Zentrum des offiziellen Machtgebäudes gewesen sein mögen, – Männer wie zum Beispiel Richelieu, Mazarin oder Strafford. Godolphin und Harley unter Königin Anna waren deutliche Übergangsfälle. Der erste Mann, der schon zu seiner Zeit und auch allgemein von den politischen Historikern anerkannt wurde, war Sir Robert Walpole. Aber sowohl ihm wie auch dem Herzog von Newcastle (oder seinem Bruder, Henry Pelham, oder beiden zusammen) und tatsächlich allen führenden Männern bis hinunter zu Lord Shelburne (einschließlich des älteren Pitt, der sogar als Staatssekretär des Äußern unsere Forderungen *im Wesen* nahezu erfüllt) fehlt das eine oder andere Charakteristikum. Das erste voll ausgewachsene Exemplar war der jüngere Pitt.

Es ist interessant zu sehen, daß das, was im Fall von Sir Robert Walpole (und später auch im Fall von Lord Carteret [Earl of Granville]) die eigene Zeit erkannte, nicht die Existenz eines für eine demokratische Regierung wesentlichen Organes war, das durch verkümmerte Gewebe durchbrach. Im Gegenteil, die öffentliche Meinung empfand es als äußerst schädliche Wucherung, deren Wachstum eine Bedrohung der nationalen Wohlfahrt und der Demokratie bilde. «Einziger Minister» oder «Erster Minister» war ein Schmähruf, den Walpoles Feinde ihm entgegenschleuderten. Diese Tatsache ist bedeutsam. Sie zeigt nicht nur den Widerstand, auf den neue Einrichtungen gewöhnlich stoßen. Sie zeigt auch, daß diese Einrichtung als mit der klassischen Lehre der Demokratie unvereinbar empfunden wurde; diese hat tatsächlich keinen Platz für politische Führerschaft in unserem Sinne und folglich auch keinen Platz für die Realitäten der Stellung eines Premierministers.

zu Einfluß auf die andern Parteien und auf einzelne ihrer Mitglieder (oder erregt ihre Antipathie); und das ist bedeutsam für seine Erfolgsaussichten. Im Grenzfall, am besten dargestellt am Beispiel von Sir Robert Peel, kann er sogar seine eigene Partei vermittels einer andern zu etwas zwingen. Endlich hat das gut entwickelte Exemplar der Ministerpräsidenten-Gattung, obschon er in allen Normalfällen das Haupt seiner Partei auch *im Lande* ist, eine Stellung im Lande, die sehr verschieden ist von jener, die er in seiner Eigenschaft als Parteihaupt automatisch erwirbt. Er führt die Parteimeinung schöpferisch – er formt sie – und erhebt sich zuletzt zu einer gestaltenden Führung der öffentlichen Meinung über die Grenzen der Partei hinaus – hin zu nationaler Führerschaft, die bis zu gewissem Grad von bloßer Parteimeinung unabhängig werden kann. Es braucht nicht gesagt zu werden, wie stark persönlich eine solche Leistung und wie groß die Bedeutung eines solchen Haltes außerhalb von Partei und Parlament ist. In die Hand des Führers ist eine Peitsche gelegt, deren Knall widerspenstige und konspirierende Anhänger wieder zum Gehorchen bringt, wogegen ihr Riemen die Hand, die sie erfolglos braucht, scharf schlagen wird.

Unsere Behauptung, daß in einem parlamentarischen System die Funktion, eine Regierung hervorzubringen, auf das Parlament übergeht, wir dadurch wesentlich eingeschränkt. Das Parlament entscheidet tatsächlich normalerweise, wer Ministerpräsident werden soll; doch es ist dabei nicht völlig frei. Es entscheidet mehr durch Hinnahme als durch Initiative. Ausgenommen pathologische Fälle wie die französische Kammer, sind die Wünsche der Abgeordneten in der Regel nicht die letzten Daten des Prozesses, aus dem die Regierung hervorgeht. Die Abgeordneten sind nicht nur durch Parteibindungen gefesselt; sie werden auch vom Mann, den sie «wählen», getrieben – zur Handlung der «Wahl» selbst getrieben, genau gleich wie sie von ihm getrieben werden, wenn sie ihn einmal «gewählt» haben. Jedes Pferd hat natürlich die Freiheit, über die Stränge zu schlagen, und kann nicht immer an der Kandarre gehalten werden. Auflehnung und passiver Widerstand gegen die Führung des Führers zeigen aber nur um so deutlicher die normale Beziehung. Und diese normale Beziehung gehört zum Wesen der demokratischen Methode. Gladstones persönlicher Sieg im Jahre 1880 ist die Antwort auf die offizielle Theorie, daß das Parlament die Regierung einsetzt und abdankt[17].

3. Alsdann zur Frage des Charakters und der Rolle des Kabinetts[18]. Es trägt ein merkwürdiges Doppelgesicht, dieses gemeinsame Produkt von Parlament und Premierminister. Letzterer bezeichnet, wie wir gesehen haben, die zu ernennenden Mitglieder, und ersteres akzeptiert die Wahl, beeinflußt sie aber

---

[17] Gladstone selbst hat an dieser Theorie festgehalten. Im Jahre 1874, als er in den Wahlen unterlegen war, wollte er immer noch sich dem Parlament stellen, weil es Sache des Parlamentes sei, den Demissionsbeschluß zu fassen. Das hat natürlich gar nichts zu bedeuten. In der gleichen Weise bekannte er sich eifrig zu unbegrenzter Ehrerbietung gegenüber der Krone. Ein Biograph nach dem andern hat sich über diese höfische Haltung des großen demokratischen Führers gewundert. Sicherlich hat jedoch Königin Viktoria die bessere Urteilskraft besessen als jene Biographen, wenn wir aus der starken Abneigung urteilen dürfen, die sie von 1879 an für Gladstone zeigte und die die Biographen einfach dem verderblichen Einfluß Disraelis zuschreiben. Muß wirklich darauf hingewiesen werden, daß ein Bekenntnis der Ehrerbietung zwei Bedeutungen haben kann? Der Mann, der seine Frau mit ausgesuchter Höflichkeit behandelt, ist in der Regel nicht der Mann, der eine Kameradschaft zwischen den Geschlechtern auf dem Fuße der Gleichheit akzeptiert. In Tat und Wahrheit ist die höfliche Haltung gerade eine Methode, um dies zu vermeiden.

[18] Mehr noch als die Entwicklung des Amtes des Premierministers ist die des Kabinetts durch die historische Kontinuität verwischt, welche Veränderungen im Charakter einer Institution verdeckt. Bis auf den heutigen Tag ist das englische Kabinett juristisch der handelnde Teil des Privy Council, des Geheimen Rats, der natürlich in ausgesprochen vordemokratischen Zeiten ein Instrument der Regierung war. Aber unter dieser Oberfläche hat sich ein völlig anderes Organ entwickelt. Sobald wir uns darüber klar werden, ist die Aufgabe, seine Entstehung zu datieren, etwas leichter, als es die analoge Aufgabe im Fall des Premierministers war. Obschon embryonale Kabinette zur Zeit Karls II. existierten (das «Kabale»-Ministerium war eines, und das Komitee der Vier, das im Zusammenhang mit Temple's Experiment gebildet wurde), dürfte die Whig-«Junto» unter Wilhelm III. wohl mit Recht an erster Stelle genannt werden. Von der Regierungszeit der Königin Anna an sind es nur unbedeutendere Fragen der Zugehörigkeit oder des Funktionierens, über die eine Meinungsverschiedenheit möglich ist.

auch. Vom Standpunkt der Partei aus gesehen ist es eine Versammlung von Unterführern, die mehr oder weniger ihre eigene Struktur widerspiegelt. Vom Standpunkt des Ministerpräsidenten aus gesehen ist es eine Versammlung nicht nur von Waffenkameraden, sondern auch von Parteileuten, die ihre eigenen Interessen und Aussichten zu berücksichtigen haben – ein Miniaturparlament. Damit die Kombination zustande kommt und funktioniert, ist es notwendig, daß die künftigen Kabinettsminister sich dazu entschließen – nicht unbedingt aus begeisterter Liebe –, unter Herrn X zu dienen, und daß Herr X sein Programm so aufstellt, daß seine Kabinettskollegen sich nicht zu oft versucht fühlen, «ihre Stellung in Wiedererwägung zu ziehen», wie man sich offiziell ausdrückt, oder in einen Sitzstreik zu treten. So hat das Kabinett – und das gleiche gilt auch für das weitere Ministerium, welches auch die nicht dem Kabinett zugehörenden politischen Beamten umfaßt – eine Funktion im demokratischen Prozeß, die sich sowohl von der des Premierministers, wie auch von der der Partei, des Parlamentes und der Wählerschaft unterscheidet. Diese Funktion der mittelbaren Führung ist verknüpft mit den laufenden Geschäften (wenn sie auch keineswegs darauf basiert), die von den einzelnen Kabinettsmitgliedern in den verschiedenen Departementen erledigt werden, an deren Spitze sie gestellt sind, um die Hand der führenden Gruppe auf den Mechanismus der Bürokratie zu legen. Und dies hat, wenn überhaupt eine, dann nur eine sehr lockere Beziehung zur «Wacht darüber, daß der Wille des Volkes in jedem Departement ausgeführt wird». Gerade in den besten Fällen werden dem Volk Resultate vorgelegt, an die es niemals gedacht und die es nicht im voraus gebilligt hätte.

4. Wieder zur Frage des Parlaments. Ich habe sowohl definiert, was mir seine Hauptfunktion zu sein scheint, als auch diese Definition näher umschrieben. Doch man könnte einwenden, daß meine Definition seinen andern Funktionen nicht gerecht wird. Das Parlament tut offensichtlich eine Menge anderer Dinge und setzt nicht nur Regierungen ein und ab. Es erläßt Gesetze. Und es verwaltet sogar. Denn obschon jeder Parlamentsakt, ausgenommen Resolutionen und politische Erklärungen, in einem formalen Sinne «Recht» setzt, gibt es manche Akte,

die als Verwaltungsmaßnahmen angesehen werden müssen. Das Budget ist das wichtigste Beispiel. Seine Aufstellung ist eine Verwaltungsfunktion. Und doch wird es in den Vereinigten Staaten vom Kongreß aufgestellt. Selbst da, wo es vom Finanzminister mit der Billigung des Kabinetts aufgestellt wird wie in England, muß das Parlament darüber abstimmen, und durch diese Abstimmung wird es zu einem Parlamentsakt. Wird nicht dadurch unsere Theorie widerlegt?

Wenn zwei Armeen gegeneinander operieren, konzentrieren sich ihre einzelnen Bewegungen immer auf besondere Objekte, die durch ihre strategische oder taktische Lage bestimmt sind. Sie mögen um einen besonderen Landstrich oder einen besonderen Hügel kämpfen. Aber die Wünschbarkeit der Eroberung dieses Striches oder Hügels muß aus dem strategischen oder taktischen Ziel abgeleitet werden, das in der Besiegung des Feindes besteht. Es wäre offensichtlich absurd, sie aus irgendwelchen außermilitärischen Eigenschaften, die dieser Hügel oder Streifen besitzen mag, ableiten zu wollen. In ähnlicher Weise ist das erste und höchste Ziel jeder politischen Partei, über die andern den Sieg davonzutragen, um zur Macht zu gelangen oder an der Macht zu bleiben. Wie die Eroberung des Landstriches oder Hügels ist die Entscheidung über die politischen Streitpunkte vom Standpunkt des Politikers aus nicht das Ziel, sondern nur das Material der parlamentarischen Tätigkeit. Da die Politiker mit Worten statt mit Kugeln feuern, und da diese Worte notwendigerweise von den zur Debatte stehenden Problemen geliefert werden, mag dies nicht immer so klar sein wie im militärischen Falle. Aber trotzdem bildet der Sieg über den Gegner den Kern beider Spiele[19].

Grundsätzlich bildet also die laufende Produktion parlamentarischer Entscheidungen über nationale Fragen die Methode,

---

[19] Manchmal tauchen Politiker aus dem Phrasennebel auf. Um ein Beispiel anzuführen, gegen das nicht der Einwand der Frivolität erhoben werden kann: kein geringerer Politiker als Sir Robert Peel hat das Wesen seines Handwerkes trefflich charakterisiert, als er nach seinem parlamentarischen Sieg über die Whig-Regierung wegen der Jamaica-Politik der letzteren sagte: «Jamaica ließ sich als gutes Pferd starten». Der Leser sollte darüber nachdenken.

mit welcher das Parlament die Regierung an der Macht hält oder dies zu tun ablehnt, oder mit der das Parlament die Führerschaft des Ministerpräsidenten annimmt oder ablehnt[20]. Mit den gleich noch zu berücksichtigenden Ausnahmen ist *jede* Abstimmung ein Vertrauens- oder Mißtrauensvotum, und die Abstimmungen, die technisch so genannt werden, heben nur *in abstracto* das wesentliche Element hervor, das allen gemeinsam ist. Davon können wir uns überzeugen, wenn wir beobachten, daß die Initiative, um Fragen zur parlamentarischen Entscheidung zu bringen, in der Regel bei der Regierung liegt oder beim Schattenkabinett der Opposition, aber nicht bei privaten Parlamentsmitgliedern.

Es ist der Ministerpräsident, der aus dem unaufhörlichen Strom laufender Probleme jene auswählt, die er zu parlamentarischen Fragen machen will, das heißt jene, zu denen seine Regierung beabsichtigt, Gesetzesvorschläge einzubringen, oder zum mindesten Resolutionen, wenn er seiner Sache nicht sicher ist. Natürlich übernimmt jede Regierung von ihrer Vorgängerin eine Hinterlassenschaft von offenen Fragen, die sie vielleicht nicht beiseitelegen kann; andere werden aus politischer Routine aufgegriffen; nur im Falle einer besonders brillanten Leistung ist ein Premierminister in der Lage, Gesetze über eine

[20] Dies gilt selbstverständlich ebenso sehr für die Praxis Frankreichs vor Vichy und Italiens vor dem Fascismus wie für die Praxis Englands. Es kann jedoch im Falle der Vereinigten Staaten bezweifelt werden, wo die Niederlage der Administration in einer wichtigen Frage nicht den Rücktritt des Präsidenten nach sich zieht. Dies ist jedoch einfach der Tatsache zuzuschreiben, daß die amerikanische Verfassung, die eine andere politische Theorie verkörpert, keine Entwicklung der parlamentarischen Praxis gemäß ihrer Logik gestattete. In Tat und Wahrheit ist es dieser Logik zum Teil doch gelungen sich durchzusetzen. Niederlagen bei wichtigen Fragen können zwar den Präsidenten nicht absetzen, werden aber sein Ansehen im allgemeinen so schwächen, daß sie ihn aus einer führenden Stellung verdrängen. Für den Augenblick schafft dies eine abnorme Situation. Aber ob er dann die nächste Präsidentenwahl gewinnt oder verliert, so wird jedenfalls der Konflikt dann in einer Weise entschieden, die sich nicht wesentlich unterscheidet von der Weise, in der ein englischer Premierminister eine ähnliche Situation behandelt, indem er das Parlament auflöst.

politische Frage zu erlassen, die er selbst aufgeworfen hat. In jedem Fall bildet jedoch die Auswahl oder die Führung der Regierung, ob frei oder nicht, den Faktor, der die Tätigkeit des Parlaments beherrscht. Wenn ein Gesetzesentwurf von der Opposition eingebracht wird, bedeutet dies, daß sie eine Schlacht anbietet: solch ein Vorgehen ist ein Angriff, den die Regierung entweder durch Aneignung des strittigen Punktes durchkreuzen oder sonst zurückschlagen muß. Wenn eine wichtige Vorlage, die nicht auf dem Speisezettel der Regierung steht, durch eine Gruppe der Regierungspartei eingebracht wird, bedeutet dies Empörung und wird von den Ministern von diesem Standpunkt und nicht von den außer-taktischen Vorzügen des Falles aus betrachtet. Dies gilt sogar für das Ingangbringen einer Debatte. Sofern sie nicht von der Regierung angeregt oder sanktioniert wurde, ist dies ein Symptom, daß der Regierung die Gewalt aus der Hand gleitet. Schließlich – wenn eine Maßnahme durch ein zwischenparteiliches Übereinkommen beschlossen wird, so bedeutet dies eine unentschiedene oder eine aus strategischen Gründen vermiedene Schlacht[21].

---

[21] In diesem Zusammenhang mag ein anderes höchst bedeutsames Beispiel der englischen Technik erwähnt werden. Es wird oder wurde gewöhnlich auf einer wichtigen Gesetzesvorlage nicht bestanden, wenn bei der zweiten Lesung die Mehrheit sehr gering wurde. In erster Linie wurde durch diese Praxis eine wichtige Beschränkung des Mehrheitsprinzips anerkannt, wie es in einer gutgeführten Demokratie tatsächlich angewendet wird: es wäre nicht richtig zu behaupten, daß in einer Demokratie die Minderheit immer zum Nachgeben gezwungen wird. Es gibt jedoch noch einen zweiten Punkt. Während die Minderheit nicht immer gezwungen ist, der Mehrheit in der besonderen, zur Debatte stehenden Streitfrage nachzugeben, ist sie praktisch immer gezwungen, – obschon es auch hier Ausnahmen gibt –, ihr in der Frage nachzugeben, ob das Kabinett am Ruder bleiben soll. Eine derartige Abstimmung bei der zweiten Lesung eines wichtigen Regierungsgesetzes kann als Vereinigung eines Vertrauensvotums mit einem Votum für das Fallenlassen einer Vorlage aufgefaßt werden. Wenn einzig der Inhalt der Vorlage wichtig wäre, hätte es kaum einen Sinn, darüber abzustimmen, es sei denn, um ihr dadurch Gesetzeskraft zu geben. Aber wenn das Parlament in erster Linie daran interessiert ist, das Kabinett am Ruder zu halten, wird eine solche Taktik sofort verständlich.

5. Die Ausnahmen von diesem Prinzip der Führung der Regierung in «repräsentativen» Versammlungen dienen nur dazu, zu zeigen, wie nahe das Prinzip der Wirklichkeit kommt. Sie sind zweifacher Art.

Erstens ist keine Führung absolut. Die politische Führung, die gemäß der demokratischen Methode ausgeübt wird, ist wegen des Konkurrenzelementes, das das Wesen der Demokratie ausmacht, noch weniger absolut, als es andere sind. Da theoretisch jeder Parteianhänger das Recht hat, seinen Führer abzusetzen, und da es fast immer Anhänger gibt, die tatsächlich die Möglichkeit dazu haben, so steuern der private Abgeordnete und der Minister – wenn er das Gefühl hat, er könne es zu einem noch höheren Posten bringen – innerhalb und außerhalb des inneren Zirkels auf einer mittleren Linie zwischen einer bedingungslosen Nachfolge hinter der Fahne des Führers und dem bedingungslosen Entrollen einer eigenen Fahne; dabei werden Risiken und Chancen mit einer Geschicklichkeit gegeneinander abgewogen, die manchmal wirklich bewunderungswürdig ist[22]. Der Führer antwortet seinerseits damit, daß er auf einer mittleren Linie zwischen dem Bestehen auf Disziplin und der Nachsicht gegenüber Widersetzlichkeiten durchsteuert. Er mäßigt den Druck durch mehr oder weniger kluge Konzessionen, teilt abwechselnd Tadel aus und Komplimente, abwechselnd Strafen und Vergünstigungen. Dieses Spiel ergibt, je nach der relativen Stärke der Individuen und ihrer Stellung, eine sehr unbeständige, doch in den meisten Fällen beachtliche Summe von Freiheit. Namentlich jene Gruppen, die stark genug sind, um ihren Groll zur Geltung zu bringen, und doch nicht stark genug, als daß es sich lohnt, ihre Vor-

---

[22] Eines der lehrreichsten Beispiele zur Illustrierung der obigen Ausführungen bietet der Kurs, den Joseph Chamberlain in bezug auf die irische Frage in den achtziger Jahren eingeschlagen hat. Letzten Endes hat er Gladstone ausmanövriert; aber er begann seinen Feldzug, während er offiziell sein eifriger Anhänger war. Und der Fall ist außergewöhnlich nur in der Kraft und Brillanz dieses Mannes. Wie jeder politische Kapitän weiß, kann man nur bei Mittelmäßigkeiten auf Loyalität rechnen. Das ist der Grund, warum einige der größten Kapitäne, zum Beispiel Disraeli, sich mit durchaus zweitklassigen Männern umgaben.

kämpfer und deren Programme in die Regierungspläne miteinzubeziehen, werden im allgemeinen ihren Willen in kleineren Fragen durchsetzen dürfen – jedenfalls in Fragen, bei welchen der Ministerpräsident veranlaßt werden kann, sie als kleinere Fragen oder als Fragen von partieller Bedeutung zu betrachten. So mögen Gruppen von Anhängern oder gar einzelne Mitglieder gelegentlich die Möglichkeit haben, eigene Gesetze einzubringen; und noch mehr Nachsicht hat natürlich bloße Kritik zu gewärtigen oder die Weigerung, mechanisch für jede Regierungsvorlage zu stimmen. Aber wir brauchen uns dies nur von einem praktischen Gesichtspunkt aus anzusehen, um aus den Grenzen, die dem Gebrauch dieser Freiheit gesetzt sind, zu erkennen, daß darin nicht das Prinzip der Arbeit eines Parlaments verkörpert ist, sondern Abweichungen von ihm.

Zweitens gibt es Fälle, in denen die politische Maschine nicht imstande ist, gewisse Probleme aufzugreifen, entweder weil die Oberbefehls-Stellen der Regierungs- und der Oppositionstruppen ihren politischen Wert nicht erkennen oder weil dieser Wert tatsächlich zweifelhaft ist[23]. Solche Probleme können dann von Außenseitern aufgegriffen werden, die lieber auf eigene Faust zur Macht gelangen als in den Reihen der bestehenden Parteien dienen wollen. Das gehört natürlich durchaus zur normalen Politik. Aber es gibt noch eine andere Möglichkeit. Es kann jemandem so viel an einer besonderen Frage liegen, daß er die politische Arena betritt, nur um diese in seiner Art gelöst zu sehen, ohne dabei den Wunsch zu hegen, eine normale politische Laufbahn zu beginnen. Das ist jedoch so ungewöhnlich, daß es schwierig ist, dafür Beispiele erstrangiger Bedeutung zu finden. Vielleicht war Richard Cobden eines. Beispiele zweitrangiger Bedeutung sind zwar häufiger, namentlich Beispiele vom Kreuzfahrertyp. Aber niemand wird behaupten,

---

[23] Ein Problem, das nie in Angriff genommen wurde, stellt ein typisches Beispiel der ersten Art dar. Die typischen Gründe, aus denen eine Regierung und das Schattenkabinett der Opposition stillschweigend übereinkommen können, ein Problem auf sich beruhen zu lassen, obschon sie sich über seine Möglichkeiten klar sind, sind die technischen Schwierigkeiten seiner Behandlung und die Furcht, es werde partielle Schwierigkeiten verursachen.

daß sie etwas anderes als Abweichungen von der normalen Praxis sind.

Wir können folgendermaßen zusammenfassen. Bei der Betrachtung menschlicher Gesellschaften macht es uns in der Regel keine Schwierigkeit, wenigstens in der rohen Art des gesunden Menschenverstandes die verschiedenen Ziele zu spezifizieren, die die hier untersuchten Gesellschaften zu erreichen streben. Von diesen Zielen kann gesagt werden, daß sie den Grund oder Sinn der entsprechenden individuellen Tätigkeiten erklären. Aber es folgt nicht daraus, daß der soziale Sinn eines Tätigkeits-Typs notwendig auch das treibende Motiv und folglich die Erklärung des letzteren darstellt. Wenn dies nicht der Fall ist, dann kann eine Theorie, die sich mit einer Analyse des sozialen Zieles oder des zu befriedigenden sozialen Bedürfnisses begnügt, nicht als hinreichende Begründung für die Tätigkeit, die diesem Ziel dient, akzeptiert werden. Zum Beispiel ist der Grund, warum es so etwas wie eine ökonomische Tätigkeit gibt, natürlich der, daß die Menschen sich nähren und kleiden usw. wollen. Die Mittel zur Befriedigung dieser Wünsche zu liefern, ist das soziale Ziel oder der soziale Sinn der Produktion. Trotzdem sind wir uns alle einig, daß diese These ein sehr wirklichkeitsfremder Ausgangspunkt für eine Theorie der wirtschaftlichen Tätigkeit in der kommerziellen Gesellschaft wäre und daß wir besser vorwärtskommen, wenn wir von Thesen über Profite ausgehen. In ähnlicher Weise ist der soziale Sinn oder die soziale Funktion der parlamentarischen Tätigkeit ohne Zweifel die, Gesetze und teilweise auch Verwaltungsmaßnahmen hervorzubringen. Aber um zu verstehen, wie die demokratische Politik diesem sozialen Ziele dient, müssen wir vom Konkurrenzkampf um Macht und Amt ausgehen und uns klar werden, daß die soziale Funktion, so wie die Dinge nun einmal liegen, nur nebenher erfüllt wird – im gleichen Sinne wie die Produktion eine Nebenerscheinung beim Erzielen von Profiten ist.

6. Schließlich zur Rolle der Wählerschaft. Hier bedarf nur ein Punkt noch besonderer Erwähnung. Wir haben gesehen, daß die Wünsche der Parlamentsmitglieder nicht die letzten Daten des Prozesses sind, der die Regierung hervorbringt. Eine ähnliche Feststellung ist in bezug auf die Wählerschaft zu ma-

chen. Ihre Entscheidung – die ideologisch zur «Berufung durch das Volk» verklärt wird – fließt nicht aus ihrer eigenen Initiative, sondern wird geformt, und diese Formung ist ein wesentlicher Teil des demokratischen Prozesses. Wähler entscheiden keine Streitfragen. Aber ebensowenig lesen sie völlig unbefangen ihre Parlamentsmitglieder aus der wählbaren Bevölkerung aus. In allen normalen Fällen liegt die Initiative beim Kandidaten, der sich um das Amt als Parlamentsmitglied und die damit jeweils verbundene lokale Führung bewirbt. Die Wähler beschränken sich darauf, sein Angebot entweder anderen vorzuziehen und es anzunehmen oder es abzulehnen. Selbst die meisten jener Ausnahmefälle, in denen jemand ursprünglich durch die Wähler aufgestellt wird, fallen in die gleiche Kategorie aus einem der folgenden Gründe: natürlich braucht sich ein Mann nicht um die Führerschaft zu bewerben, wenn er sie bereits besitzt; oder es kann geschehen, daß ein lokaler Führer, der die Abstimmung kontrollieren oder beeinflussen kann, jedoch nicht imstande oder nicht willens ist, sich selbst um ein Mandat zu bewerben, einen andern designiert, der dann anscheinend durch die Wähler auf deren eigene Initiative ausgesucht worden ist.

Aber auch das Maß von Initiative der Wählerschaft, das in der Annahme eines der konkurrierenden Kandidaten liegt, wird durch das Vorhandensein von Parteien noch weiter beschränkt. Eine Partei ist nicht, wie uns die klassische Lehre (oder Edmund Burke) glauben machen möchte, eine Gruppe von Menschen, die das allgemeine Wohl «auf Grund eines Prinzips, über das sie sich alle einig sind», zu fördern beabsichtigen. Diese Rationalisierung ist darum so gefährlich, weil sie so verlockend ist. Denn alle Parteien werden sich natürlich jederzeit mit einem Vorrat von Prinzipien oder Rettungsplanken versehen, und diese Prinzipien oder Planken können ebenso charakteristisch für die Partei, die sie annimmt, und ebenso wichtig für ihren Erfolg sein, wie die Warenzeichen der Artikel, die ein Warenhaus verkauft, für dieses charakteristisch und für seinen Erfolg wichtig sind. Aber das Warenhaus kann nicht durch seine Warenzeichen und eine Partei nicht durch ihre Prinzipien definiert werden. Eine Partei ist eine Gruppe, deren Mitglieder willens sind, im Konkurrenzkampf um die politische Macht in Übereinstimmung miteinander zu handeln. Wenn das nicht so wäre, wäre es unmöglich, daß verschiedene Parteien genau das gleiche oder doch beinahe das gleiche Programm aufstellten. Und doch geschieht dies, wie jedermann weiß. Parteipolitiker und Parteimaschinen sind nur die Antwort auf die Tatsache, daß die Wählermasse keiner andern Handlung als der Panik fähig ist, und sie bilden einen Versuch, den politischen Konkurrenzkampf genau gleich wie die entsprechenden Praktiken eines Wirtschaftsverbands zu regulieren. Die Psychotechnik der Parteileitung und der Parteireklame, der Schlagworte und der Marschmusik ist kein bloßes Beiwerk. Sie gehören zum Wesen der Politik. So auch der politische «boß».

DREIUNDZWANZIGSTES KAPITEL

DIE SCHLUSSFOLGERUNG

I. Einige Folgerungen aus der vorangehenden Analyse

Die Theorie der Konkurrenz um die Führerschaft hat sich als befriedigende Interpretation der Tatbestände des demokratischen Prozesses erwiesen. Wir werden sie daher bei unserm Versuch, das Verhältnis zwischen der Demokratie und einer sozialistischen Ordnung der Dinge aufzudecken, natürlich benützen. Wie oben festgestellt wurde, behaupten die Sozialisten nicht nur ihre Vereinbarkeit; sie behaupten vielmehr, daß die Demokratie den Sozialismus impliziert und daß es außer im Sozialismus keine wahre Demokratie geben kann. Der Leser wird andrerseits sicher wenigstens die eine oder andere der zahlreichen Schriften kennen, die während der letzten paar Jahre in den Vereinigten Staaten veröffentlicht wurden und die beweisen sollen, daß eine Planwirtschaft, um nicht zu reden vom voll entfalteten Sozialismus, mit der Demokratie unvereinbar ist. Beide Standpunkte sind natürlich leicht verständlich vom psychologischen Hintergrund dieses Streites und vom natürlichen Wunsch beider Streitparteien aus, sich die Unterstützung eines Volkes zu sichern, dessen große Mehrheit leidenschaftlich an die Demokratie glaubt. Aber wie, wenn wir die Frage stellen: wo liegt die Wahrheit?

Unsere Analyse in diesem und den vorangehenden Teilen dieses Buches gibt uns ohne weiteres eine Antwort. Zwischen dem Sozialismus nach unserer Definition und der Demokratie nach unserer Definition besteht keine notwendige Beziehung: sie können ohne einander existieren. Gleichzeitig besteht keine Unvereinbarkeit: bei entsprechendem Stand der sozialen Umwelt kann die sozialistische Maschine nach demokratischen Prinzipien laufen.

Man beachte jedoch, daß diese einfachen Feststellungen von

unserer Auffassung des Wesens von Sozialismus und Demokratie abhängen. Daher bedeuten sie nicht nur weniger, sondern auch etwas anderes als das, was sich die beiden streitenden Parteien darunter vorstellen. Aus diesem Grund auch und weil hinter der Frage der bloßen Vereinbarkeit unausweichlich die weitere Frage auftaucht, ob die demokratische Methode in einem sozialistischen Regime besser oder schlechter funktioniert als in einem kapitalistischen Regime, bleibt uns noch vieles zu erklären übrig. Namentlich müssen wir versuchen, die Bedingungen zu formulieren, unter denen die demokratische Methode voraussichtlich befriedigend arbeiten wird. Das wird im zweiten Teil dieses Kapitels geschehen. Vorerst wollen wir uns einige der Folgerungen aus unserer Analyse des demokratischen Prozesses betrachten.

Erstens einmal bedeutet Demokratie unter unserem Gesichtspunkt nicht – und kann es auch nicht bedeuten –, daß das Volk tatsächlich herrscht, jedenfalls nicht im üblichen Sinn der Begriffe «Volk» und «herrschen». Demokratie bedeutet nur, daß das Volk die Möglichkeit hat, die Männer, die es beherrschen sollen, zu akzeptieren oder abzulehnen. Aber da es dies auch auf völlig undemokratischen Wegen entscheiden kann, mußten wir unsere Definition verengern durch Einführung eines weiteren Kriteriums zur Identifizierung der demokratischen Methode, nämlich des freien Wettbewerbs zwischen den Führungsanwärtern um die Stimmen der Wählerschaft. Ein Aspekt davon kann dadurch ausgedrückt werden, daß man sagt: die Demokratie ist die Herrschaft des Politikers. Es ist von größter Bedeutung, sich ganz klar zu machen, was das nach sich zieht.

Viele Exponenten der demokratischen Lehre haben sich sehr darum bemüht, die politische Aktivität jeder beruflichen Nebenbedeutung zu entkleiden. Sie vertraten energisch, oft leidenschaftlich die Ansicht, die Politik solle kein Beruf sein und die Demokratie entarte, sobald Politik zum Beruf werde. Das ist jedoch reine Ideologie. Es stimmt zwar, daß zum Beispiel Geschäftsleute oder Advokaten ins Parlament gewählt werden, gelegentlich auch ein Amt übernehmen und doch primäre Geschäftsleute oder Advokaten bleiben. Es stimmt auch, daß manche, die primär Politiker werden, sich für ihren Lebensunterhalt weiter auf eine andere Tätigkeit stützen[1]. Normalerweise aber bedeutet der persönliche Erfolg in der Politik – und insbesondere ein mehr als gelegentlicher Aufstieg zu Kabinettsrang – eine konzentrierte Arbeit von beruflicher Art und versetzt die andern Tätigkeiten in den Rang von Nebenbeschäftigungen oder notwendigen Hausarbeiten. Wenn wir den Tatsachen offen ins Auge blicken wollen, dann müssen wir erkennen, daß in jeder Art von moderner Demokratie, abgesehen von der schweizerischen, die Politik unausweichlich eine Karriere ist. Dies wiederum bedeutet die Anerkennung besonderer Berufsinteressen beim einzelnen Politiker und eines besonderen Gruppeninteresses beim politischen Berufszweig als solchem. Es ist wichtig, diesen Faktor in unsere Theorie einzuführen. Manches Rätsel löst sich, sobald wir davon Kenntnis nehmen[2]. Unter anderm endet sofort das Erstaunen darüber, daß die Politiker so oft dem Interesse ihrer Klasse oder der Gruppe, mit der sie persönlich verbunden sind, nicht dienen. «Was die Geschäftsleute nicht verstehen, ist, daß ich genau so mit Stimmen handle, wie sie mit Öl handeln[3].» Wer diesen Ausspruch, der

[1] Beispiele sind natürlich in Hülle und Fülle vorhanden. Eine besonders instruktive Klasse sind die Juristen in der französischen Kammer und im französischen Senat. Einige der hervorragenden politischen Führer waren zugleich auch große Advokaten: man denke zum Beispiel an Waldeck-Rousseau und Poincaré. Aber in der Regel (und wenn wir die Fälle ausscheiden wollen, in denen eine Rechtsanwalts-Praxis wunderbarerweise von selbst läuft, wenn einer der Partner ein führender Politiker ist und häufig in ein politisches Amt berufen wird) gehen der Erfolg im Gerichtssaal und der Erfolg in der Politik nicht Hand in Hand.

[2] Es sollte beachtet werden, wie gut sich dieses Argument in unsere Analyse der Stellung und des Verhaltens der Intellektuellen in Kapitel 13, Abschnitt II einfügt.

[3] Eine derartige Ansicht wird manchmal als frivol oder zynisch mißbilligt. Ich finde es im Gegenteil frivol oder zynisch, Schlagwörtern Lippendienste zu leisten, für die man privat nur ein Augurenlächeln übrig hat. Man kann aber ebenso gut daraufhinweisen, daß die fragliche Auffassung für den Politiker nicht so diskreditierend ist, wie es den Anschein hat. Sie schließt keineswegs Pflichtgefühl oder Ideale aus. Wiederum mag die Analogie mit dem Geschäftsmann dies klar machen. Wie ich an anderer

einem der erfolgreichsten Politiker, der je gelebt hat, zugeschrieben wird, nicht so in sich aufgenommen hat, daß er ihn zeitlebens nicht mehr vergißt, steckt politisch gesprochen noch in den Kinderschuhen.

Wir wollen festhalten, daß kein Grund zur Annahme vorliegt, dies werde in einer sozialistischen Gesellschaftsorganisation besser oder schlechter sein. Der Arzt oder der Ingenieur, der vermittels eines Erfolgs als Arzt oder Ingenieur seinen Ehrgeiz stillen will, wird weiterhin ein Menschentyp für sich sein und eigene Interessen besonderer Art haben; der Arzt oder der Ingenieur, der die Institutionen seines Landes in Gang halten und reformieren will, wird auch weiterhin ein anderer Menschentyp sein und Interessen anderer Art haben.

Zweitens haben jene Forscher, die sich mit Fragen der politischen Organisation beschäftigt haben, schon seit jeher Zweifel hinsichtlich der administrativen Leistungsfähigkeit der Demokratie in großen und komplexen Gesellschaften geäußert. Insbesondere wurde nachdrücklich darauf hingewiesen, daß, verglichen mit anderen Ordnungen, die Leistungsfähigkeit einer demokratischen Regierung infolge des ungeheuren Energieverlustes, den die führenden Männer durch den fortwährenden Kampf innerhalb und außerhalb des Parlamentes erleiden, unvermeidlicherweise verringert wird. Sie wird – aus dem gleichen Grund – noch dadurch verringert, daß sie gezwungen ist, die Politik den Erfordernissen der politischen Kriegführung anzupassen. Keine dieser Behauptungen kann angezweifelt werden. Beide ergänzen und belegen unsere frühere Feststellung, daß für die demokratische Methode Gesetzgebung und Verwaltung bloße Nebenprodukte des Kampfes um die politischen Ämter sind.

Man vergegenwärtige sich beispielsweise die Stellung eines

Stelle gesagt habe, wird kein Ökonom, der irgendetwas von den Realitäten des Wirtschaftslebens weiß, auch nur für einen Augenblick behaupten, daß Pflichtgefühl und Ideale von Dienst am Kunden und Leistungsfähigkeit keine Rolle bei der Formung des Verhaltens der Geschäftsleute spielen. Und doch hat der gleiche Ökonom durchaus recht, wenn er seine Erklärung dieses Verhaltens auf ein System gründet, das auf dem Gewinnmotiv beruht.

Ministerpräsidenten. Wo die Regierungen so unstabil sind, wie sie es in Frankreich von 1871 bis zum Zusammenbruch im Jahre 1940 waren, muß seine Aufmerksamkeit beinahe ausschließlich durch eine Aufgabe absorbiert werden, die dem Versuche gleicht, aus Billiardkugeln eine Pyramide zu bauen. Nur Männer mit ganz ungewöhnlicher Kraft können unter solchen Umständen noch Energie für die laufende administrative Arbeit an Gesetzesvorlagen usw. übrig haben; und nur solche außerordentliche Männer können sich bei ihren untergebenen Beamten Autorität verschaffen; denn wie alle andern wissen diese, daß ihr Chef in kurzer Zeit wieder verschwinden wird. Selbstverständlich liegen die Verhältnisse im englischen Fall lange nicht so schlimm. Unstabile Regierungskombinationen bilden hier die Ausnahme, und eine Regierung kann normalerweise mit einer Lebensdauer von ungefähr fünf oder sechs Jahren rechnen. Die Minister können sich in ihre Ämter einarbeiten und können nicht so leicht durch das Parlament aus dem Sattel gehoben werden. Aber das heißt nicht, daß sie vom Kämpfen befreit sind. Sie stehen fortwährend im Gefecht, und wenn die Regierungen nicht ständig um ihr Leben kämpfen müssen, so nur deswegen, weil sie in der Regel imstande sind, die laufenden Angriffe schon diesseits des Gefahrenpunktes zu stoppen. Der Premierminister muß seine Gegner fortwährend beobachten, muß seine eigne Herde ununterbrochen führen, muß bereit sein, in die Breschen zu treten, die sich jederzeit öffnen können, muß seine Hand über alle zur Debatte stehenden Maßnahmen halten, sein Kabinett kontrollieren usw., was alles zusammen darauf hinausläuft, daß er während einer Parlamentstagung von Glück reden kann, wenn ihm des Morgens ein paar Stunden zum Nachdenken und zur richtigen Arbeit übrig bleiben. Individuelle Fehlschläge und Niederlagen einer Regierung als ganzer haben nicht selten ihre Ursache in der physischen Erschöpfung des führenden Mannes oder der führenden Männer[4]. Wie könnte er – so mag da sehr wohl gefragt

[4] Um ein folgenschweres Beispiel zu nennen: Jedem, der den Anfängen des Weltkrieges von 1914–1918 nachgeht, muß die Passivität der englischen Regierung von der Ermordung des Erzherzogs bis zur Kriegserklärung auffallen. Nicht daß keine Bemühungen zur Verhütung des Bran-

werden – die Führung und Beaufsichtigung eines Verwaltungsorganismus übernehmen, der alle Probleme des Wirtschaftslebens umfassen soll?

Aber diese Verschwendung von Regierungsenergie ist noch nicht alles. Der unaufhörliche Konkurrenzkampf um Erringung und Behauptung des Amtes verleiht jeder Erwägung von politischen und Verwaltungsmaßnahmen jene Färbung, die durch die Redewendung «Stimmenhandel» so wunderbar ausgedrückt wird. Die Tatsache, daß in einer Demokratie die Regierung in erster Linie auf die politischen Werte einer Politik oder einer Gesetzesvorlage oder eines Verwaltungsaktes achten muß, – das heißt also, die eigentliche Tatsache, die das demokratische Prinzip der Abhängigkeit der Regierung von den Stimmungen des Parlamentes und der Wählerschaft aufzwingt –, wird wahrscheinlich alle Gründe Für und Wider verzerren. Namentlich zwingt sie die Männer, die selbst am Steuer oder nahe dem Steuer sind, alles von kurzfristigem Standpunkt aus zu betrachten, und sie macht es ihnen außerordentlich schwierig, solchen langfristigen Interessen der Nation zu dienen, die beständige Arbeit für fernliegende Ziele erfordern; zum Beispiel ist die Außenpolitik in Gefahr, zur Innenpolitik zu entarten. Und nicht weniger schwierig wird es, die Maßnahmen richtig zu dosieren. Die Dosierung, zu der sich eine Regierung mit einem Auge auf ihre politischen Chancen entschließt, ist nicht notwendig diejenige, die die für die Nation befriedigendsten Ergebnisse zeitigt.

So kann in einer Demokratie der Ministerpräsident mit einem Reiter verglichen werden, der durch den Versuch, sich im Sattel zu halten, so völlig in Anspruch genommen wird, daß er

---

des unternommen wurden. Aber sie waren eigentümlich unwirksam und blieben weit hinter dem zurück, was hätte getan werden können. Es kann dies natürlich mit der Theorie erklärt werden, daß die Regierung Asquith nicht wirklich den Krieg vermeiden wollte. Aber wenn diese Theorie für unbefriedigend gehalten wird, was nach meiner Meinung geschehen sollte, dann muß sich eine andere aufdrängen: es ist durchaus möglich, daß die Herren auf der Ministerbank durch ihr politisches Spiel so absorbiert waren, daß sie die Gefahren der internationalen Lage nicht erkannten, bis es dann zu spät war.

keinen Plan für seinen Ritt aufstellen kann, oder mit einem General, der so vollauf damit beschäftigt ist, sich zu vergewissern, daß seine Armee seinen Befehlen gehorcht, daß er die Strategie sich selbst überlassen muß. Und dies bleibt wahr (und muß im Falle einiger Länder wie Frankreich und Italien offen als eine der Quellen antidemokratischer Empfindungen anerkannt werden), trotz der Tatsachen, die als mildernde Umstände vorgebracht werden können.

Einmal besteht die Tatsache, daß die Beispiele, in denen diese Folgen in einem als unerträglich empfundenen Ausmaß zu Tage treten, oft dadurch erklärt werden können, daß das Sozialsystem nicht der Aufgabe gewachsen ist, mit demokratischen Einrichtungen zu arbeiten. Wie das Beispiel von Frankreich und Italien zeigt, kann dies in Ländern vorkommen, die viel zivilisierter sind als andere Länder, denen diese Aufgabe gelingt. Doch trotzdem wird dadurch das Gewicht der Kritik reduziert auf die Feststellung, daß das befriedigende Funktionieren der demokratischen Methode an die Erfüllung gewisser Bedingungen gebunden ist, – eine These, die gleich noch behandelt werden soll.

Sodann stellt sich die Frage der Alternative. Diese Schwächen sind offenbar auch in nicht-demokratischen Systemen vorhanden. Sich den Zugang zu einer führenden Stellung beispielsweise an einem Hof zu erobern, kann ebenso viel Energie absorbieren und kann die Ansichten über strittige Punkte ebenso sehr verzerren wie der demokratische Kampf, obschon diese Vergeudung und Verzerrung nicht so öffentlich sichtbar wird. Das will heißen, daß Versuche einer vergleichenden Würdigung von Regierungsmaschinen noch viele andere Faktoren neben den institutionellen Prinzipien berücksichtigen müssen.

Überdies werden einige von uns den Kritikern antworten, daß ein tieferes Niveau der Regierungsleistung gerade das ist, was wir uns wünschen. Bestimmt wollen wir nicht die Objekte diktatorischer Leistungsfähigkeit sein, nicht bloßes Material für ein großes Spiel. So etwas wie der Gosplan mag in den Vereinigten Staaten zurzeit unmöglich sein. Aber beweist das nicht eben, daß in den Vereinigten Staaten genau wie der russische Gosplan, so auch sein hypothetisches Analogon sowohl den Geist wie die organische Struktur des Gemeinwesens verletzen würde?

Schließlich kann auch durch entsprechende institutionelle Verbesserungen manches zur Verminderung des Druckes auf die führenden Männer vorgekehrt werden. Die amerikanische Ordnung beispielsweise zeigt in diesem Punkte manche Vorteile. Zweifellos muß der amerikanische «Premierminister» sein Augenmerk ständig auf das politische Schachbrett richten. Aber er braucht sich nicht für jede einzelne Maßnahme verantwortlich zu fühlen. Und da er nicht im Kongreß sitzt, ist er wenigstens von der physischen Anstrengung, die das mit sich bringen würde, befreit. Er hat jede wünschbare Möglichkeit, seine Kräfte zu schonen.

Drittens läßt unsere Analyse im vorangegangenen Kapitel das Problem der Qualität der Männer, die die demokratische Methode für Führerstellungen auserwählt, scharf hervortreten. Es braucht kaum an die hierauf bezügliche, wohlbekannte Argumentation erinnert zu werden: die demokratische Methode schafft berufsmäßige Politiker, die sie dann zu Verwaltungsdilettanten und «Staatsmännern» macht. Da ihnen selbst alle Kenntnisse fehlen, die für die Lösung der ihnen gestellten Aufgaben notwendig wären, ernennen sie Macaulays «Richter ohne Rechtskenntnis und Diplomaten ohne Französisch», ruinieren dadurch die Beamtenschaft und entmutigen ihre besten Elemente. Es gibt aber noch einen andern, schlimmeren Punkt, abseits von allen Fragen der Spezialisten-Fähigkeit und -Erfahrung: die intellektuellen und charakterlichen Eigenschaften, die einen guten Kandidaten ausmachen, sind nicht unbedingt jene, die einen guten Verwaltungsmann ausmachen, und die Auswahl vermittels des Wahlerfolges kann sich gerade gegen Menschen wenden, die in der Leitung der Geschäfte erfolgreich wären. Und selbst wenn die Produkte dieser Auswahl sich im Amt als Erfolg ausweisen, können diese Erfolge sehr wohl Fehlschläge für die Nation sein. Ein Politiker, der ein guter Taktiker ist, kann jede beliebige Zahl administrativer Fehlgriffe erfolgreich überleben.

Die Anerkennung des Wahrheitskerns in alledem sollte wieder durch die Anerkennung der mildernden Umstände abgeschwächt werden. Insonderheit: die Sache der Demokratie kann durch die Betrachtung der Alternativen nur gewinnen! In keiner sozialen Sphäre – vielleicht mit Ausnahme des Konkurrenzkapitalismus – wird die Leistungsfähigkeit ausschließlich durch das Auswahlsystem erprobt, nirgends wird in der Weise ausgewählt, wie ein Rennstall seinen Derby-Crack aussucht. Alle Systeme prämiieren, freilich in verschiedenem Ausmaß, auch andere Eigenschaften, – Eigenschaften, die oft mit der Leistung sich schlecht vertragen. Doch wir können vielleicht noch weitergehen. Es ist nicht ganz richtig, daß im Durchschnittsfall der politische Erfolg nichts für einen Mann beweist oder daß der Politiker nichts als ein Dilettant ist. Eine sehr wichtige Sache versteht er von Berufs wegen, nämlich die Menschenbehandlung. Und wenigstens im allgemeinen dürfte die Fähigkeit, sich eine politische Führerstellung zu erringen, mit einer gewissen Summe persönlicher Kraft und anderer Eigenschaften verbunden sein, die in der Werkstatt des Ministerpräsidenten willkommen und nützlich sind. Immerhin gibt es also im Strom, der die Politiker in die Ämter der Nation trägt, manche Felsen, die nicht unwirksam sind, um den Aufstieg des Deppen oder des Windbeutels zu verhindern.

Daß in solchen Dingen eine allgemeine Argumentation in der einen oder andern Richtung nicht zu einem bestimmten Ergebnis führt, entspricht nur dem, was vernünftigerweise zu erwarten ist. Viel erstaunlicher und bedeutsamer ist, daß die Fakten, zumindest auf den ersten Blick, in keiner Weise beweiskräftiger sind. Nichts ist leichter als eine eindrucksvolle Liste von Fehlschlägen der demokratischen Methode aufzustellen, namentlich wenn wir nicht nur Fälle einschließen, wo es zu einem tatsächlichen Zusammenbruch oder einer nationalen Verwirrung kam, sondern auch jene, in welchen zwar die Nation ein gesundes und gedeihliches Leben führte, jedoch die Leistung im politischen Sektor deutlich unter dem Standard der Leistungen in andern Sektoren lag. Es ist jedoch genau so leicht, kaum weniger eindrucksvolle Beweise zugunsten des Politikers vorzuführen. Um ein hervorragendes Beispiel zu nennen: Gewiß war der Krieg im Altertum keine solch technische Angelegenheit, wie er es neuerdings geworden ist. Dennoch sollte man denken, daß die Fähigkeit, im Krieg erfolgreich zu sein, auch damals sehr wenig mit der Fähigkeit zu tun hatte, sich in ein politisches Amt wählen zu lassen. Alle römischen Generäle der republikanischen Ära waren jedoch Politiker, und alle erhielten ihr Kommando unmittelbar durch die Wahlämter, die sie inne hatten und vorher inne gehabt hatten. Einige der schlimmsten Katastrophen wurden dadurch verursacht. Aber im großen ganzen bewährten sich diese Politiker-Soldaten bemerkenswert gut.

Warum ist dies so? Es kann nur eine Antwort auf diese Frage geben.

II. Bedingungen für den Erfolg der demokratischen Methode

Wenn ein Physiker die Beobachtung macht, daß der gleiche Mechanismus zu verschiedenen Zeiten und an verschiedenen Orten verschieden arbeitet, so schließt er daraus, daß sein Funktionieren von Bedingungen abhängt, die außerhalb des Mechanismus liegen. Wir können nur zum gleichen Schluß gelangen. Und es ist ebenso leicht zu sehen, welches diese Bedingungen sind, wie es leicht zu sehen war, unter welchen Bedingungen von der klassischen Lehre der Demokratie erwartet werden konnte, daß sie in annehmbarem Grad auf die Wirklichkeit paßt.

Diese Schlußfolgerung weist uns eindeutig auf jene streng relativistische Anschauung, die schon die ganze Zeit angezeigt war. Genau so wie es keine zu allen Zeiten und an allen Orten gültigen Gründe für oder wider den Sozialismus gibt, so gibt es keine absolut gültigen, allgemeinen Gründe für oder wider die demokratische Methode. Und genau so wie beim Sozialismus wird es dadurch schwierig, mit Hilfe einer *ceteris paribus*-Klausel zu argumentieren; denn «das Übrige» *kann* nicht gleich sein in Situationen, in denen die Demokratie eine funktionsfähige oder die einzig funktionsfähige Ordnung ist, und Situationen, in denen sie es nicht ist. Die Demokratie gedeiht in sozialen Systemen, die gewisse Charakteristika aufweisen, und man kann sehr wohl zweifeln, ob es überhaupt einen Sinn hat zu fragen, wie es ihr in andern ergehen würde, denen diese Charakteristika fehlen – oder wie es den Menschen in jenen andern Systemen mit ihr ergehen würde. Die Bedingungen, die meines Erachtens erfüllt sein müssen, damit die demokratische Methode ein Erfolg ist[5], – in Gesellschaften, in denen es ihr überhaupt möglich ist zu funktionieren –, werde ich in vier Gruppen einteilen; und ich werde mich auf die großen Industrieländer des modernen Typs beschränken.

Die erste Bedingung ist, daß das Menschenmaterial der Politik, – die Leute, die die Parteimaschine bedienen, ins Parlament gewählt werden und zu Kabinettsposten aufsteigen –, von hinreichend hoher Qualität ist. Das bedeutet mehr, als daß eine genügende Zahl von Individuen mit entsprechenden Fähigkeiten und sittlichem Charakter existieren müssen. Wie schon früher betont, trifft die demokratische Methode ihre Auswahl nicht einfach aus «der» Bevölkerung, sondern nur aus jenen Elementen der Bevölkerung, die für den politischen Beruf verfügbar sind oder, noch genauer, die sich zur Wahl offerieren. Alle Auswahlmethoden tun dies natürlich. Alle können deshalb je nach dem Grad, bis zu welchem ein gegebener Beruf Talent und Charakter anzieht, darin ein Leistungsniveau hervorbringen, das über oder unter dem nationalen Durchschnitt liegt. Doch der Konkurrenzkampf um verantwortungsvolle Posten geht einerseits verschwenderisch mit Menschen und Energien um; andrerseits kann der demokratische Prozeß leicht Verhältnisse im politischen Sektor schaffen, die, wenn einmal vorhanden, die meisten Menschen abstoßen werden, die irgendwo sonst zu Erfolg kommen können. Aus diesem zwiefachen Grunde ist die Qualität des Menschenmaterials besonders wichtig für den Erfolg einer demokratischen Regierung. Es ist nicht wahr, daß in einer Demokratie die Menschen immer nach Art

---

[5] Unter «Erfolg» verstehe ich nicht mehr, als daß sich der demokratische Prozeß stetig reproduziert, ohne Situationen zu schaffen, die zur Zuflucht bei nicht-demokratischen Methoden zwingen, und daß er die laufenden Probleme in einer Weise anpackt, die allen Interessen, die politisch ins Gewicht fallen, auf die Länge annehmbar erscheint. Ich verstehe nicht darunter, daß jeder Beobachter von seinem individuellen Standpunkt aus die Ergebnisse zu billigen braucht.

und Qualität die Regierung haben, die sie wünschen oder verdienen.

Es dürfte viele Wege geben, auf denen Politiker von hinreichend hoher Qualität gewonnen werden können. Bis jetzt scheint immerhin die Erfahrung zu lehren, daß die einzig wirksame Gewähr in der Existenz einer sozialen Schicht liegt, die – selbst das Produkt eines strengen Auswahlprozesses – sich der Politik als einer Selbstverständlichkeit zuwendet. Wenn solch eine Schicht weder allzu exklusiv noch dem Außenseiter allzu leicht zugänglich ist und wenn sie stark genug ist, um die meisten Elemente, die sie laufend aufnimmt, auch zu assimilieren, dann wird sie für die politische Karriere nicht nur Produkte in Vorrat haben, die mit Erfolg manche Prüfungen auf andern Gebieten bestanden (zum Beispiel eine Lehre im privaten Geschäftsleben absolviert) haben, sondern sie wird ihre Tauglichkeit noch steigern, indem sie ihnen erfahrungsgesättigte Traditionen, einen Berufskodex und einen gemeinsamen Fonds von Ansichten mitgibt.

Es ist kaum ein bloßer Zufall, daß England, das einzige Land, das unsere Bedingung völlig erfüllt, zugleich auch das einzige Land ist, das eine politische Gesellschaft in diesem Sinne besitzt. Noch lehrreicher ist der Fall Deutschlands in der Periode der Weimarer Republik (1918 bis 1933). Die deutschen Politiker jener Periode hatten nichts von dem an sich, was man gewöhnlich als offenkundige Mängel bezeichnen würde. Das durchschnittliche Parlamentsmitglied und der durchschnittliche Ministerpräsident und Kabinettsminister waren rechtschaffen, vernünftig und verantwortungsbewußt. Das gilt für alle Parteien. Mit gehörigem Respekt für einen Talentspritzer, der hie und da sichtbar wurde – wenn auch selten auf oder nahe einem Oberkommandoposten –, muß dennoch beigefügt werden, daß die meisten ausgesprochen unter pari waren, in einigen Fällen sogar erbärmlich darunter. Offenbar kann die Ursache nicht darin liegen, daß es der Nation als ganzer an Fähigkeit und Energie fehlte. Aber Fähigkeit und Energie verschmähten die politische Karriere. Und es gab keine Klasse oder Gruppe, deren Glieder in der Politik ihre vorbestimmte Karriere gesehen hätten. Diesem politischen System fehlte das Feuer aus manchen Gründen. Aber die Tatsache, daß es letzten Endes durch die Hand eines antidemokratischen Führers eine so vernichtende Niederlage erfuhr, läßt nichtsdestoweniger das Fehlen anfeuernder demokratischer Führung erkennen.

Die zweite Vorbedingung für einen Erfolg der Demokratie ist, daß der wirksame Bereich politischer Entscheidung nicht allzu weit ausgedehnt wird. Wie weit er ausgedehnt werden kann, hängt nicht nur von den allgemeinen Grenzen der demokratischen Methode ab, die aus der im vorangegangenen Abschnitt entwickelten Analyse folgen, sondern auch von den besonderen Umständen eines jeden einzelnen Falles. Um dies konkreter auszudrücken: der Bereich hängt nicht nur von der Art und Menge von Fragen ab, die erfolgreich von einer Regierung behandelt werden können, die selbst dem Druck eines unaufhörlichen Kampfes um ihr politisches Leben ausgesetzt ist; er hängt auch, zu jeder Zeit und an jedem Ort, von der Qualität der Männer ab, die diese Regierung bilden, und von dem Typ der politischen Maschine und der Natur der öffentlichen Meinung, womit sie zu arbeiten haben. Vom Standpunkt unserer Theorie der Demokratie aus ist es nicht notwendig zu verlangen, wie es dies vom Standpunkt der klassischen Theorie aus wäre, daß sich der politische Apparat nur mit solchen Angelegenheiten befaßt, die das große Publikum völlig verstehen und worüber es eine ernsthafte Ansicht haben kann. Doch ein weniger weitgehendes Erfordernis der gleichen Art drängt sich noch auf. Es verlangt nach weiterer Erklärung.

Selbstverständlich kann es keine gesetzlichen Grenzen geben in Hinsicht dessen, was ein Parlament unter der Führung des Ministerpräsidenten der eigenen Entscheidung, im Notfall mit Hilfe einer Verfassungsänderung, unterstellen kann. Um aber richtig zu funktionieren, muß sich dieses allmächtige Parlament selbst gewisse Einschränkungen auferlegen, – so hat schon Edmund Burke argumentiert bei der Erörterung des Verhaltens der englischen Regierung und des englischen Parlaments in bezug auf die amerikanischen Kolonien. Ähnlich können wir argumentieren, daß selbst innerhalb des Bereichs von Fragen, die der parlamentarischen Abstimmung zu unterwerfen sind, für Regierung und Parlament oft die Notwendigkeit entsteht,

Maßnahmen zu beschließen, bei denen ihre Entscheidung rein formaler Natur ist oder höchstens einen reinen Aufsichtscharakter trägt. Sonst würde die Demokratie gesetzgeberische Mißgeburten hervorbringen. Man nehme zum Beispiel den Fall einer so umfangreichen und technischen Maßnahme wie den Erlaß eines Strafgesetzes. Die demokratische Methode wird spielen in bezug auf die Frage, ob das Land eine solche Kodifizierung überhaupt haben soll oder nicht. Sie wird auch spielen in bezug auf gewisse «strittige Punkte», welche die Regierung für eine politische Entscheidung von mehr als formaler Natur auswählen mag – beispielsweise ob gewisse Praktiken von Arbeitnehmer- oder Arbeitgebervereinigungen als strafbar betrachtet werden sollen oder nicht. Im übrigen jedoch werden Regierung und Parlament den Rat des Spezialisten annehmen müssen, gleichgültig, was sie selbst vielleicht denken. Denn das Verbrechen ist ein komplexes Phänomen. Der Begriff deckt in Wirklichkeit viele Phänomene, die untereinander wenig gemeinsam haben. Populäre Schlagworte darüber sind fast ohne Ausnahme falsch. Und seine rationale Behandlung verlangt, daß die Gesetzgebung über diese Materie vor Anfällen von Rachegelüst wie vor Anfällen von Sentimentalität in gleicher Weise bewahrt wird – Anfällen, welchen der Laie in der Regierung und im Parlament abwechselnd nachzugeben geneigt ist. Das wollte ich ausdrücken, als ich die Grenzen des *wirksamen* Bereichs politischer Entscheidung unterstrich – des Bereichs, innerhalb dessen die Politiker sowohl in Wahrheit als auch der Form nach entscheiden.

Wieder kann die fragliche Bedingung in der Wirklichkeit durch eine entsprechende Einschränkung der Tätigkeiten des Staates erfüllt werden. Es wäre aber ein ernstes Mißverständnis, wenn der Leser glaubte, daß eine solche Beschränkung notwendig impliziert wäre. «Demokratie» verlangt nicht, daß jede Funktion des Staates ihrer politischen Methode untersteht. Zum Beispiel ist in den meisten demokratischen Ländern den Richtern ein großes Maß von Unabhängigkeit gegenüber den politischen Stellen gewährleistet. Ein anderes Beispiel ist die Stellung, die die Bank von England bis 1914 innehatte. Einige ihrer Funktionen waren in Wirklichkeit öffentlicher Natur.

Trotzdem standen diese Funktionen einer Stelle zu, die juristisch gesprochen eine Handelsgesellschaft war, mit hinreichender Unabhängigkeit vom politischen Sektor, um eine eigene Politik zu treiben. Gewisse Bundesstellen der Vereinigten Staaten sind weitere hierher gehörende Fälle. Die Interstate Commerce Commission stellt einen Versuch dar, die Sphäre der öffentlichen Autorität auszudehnen, ohne die Sphäre der politischen Entscheidung zu erweitern. Oder, um noch ein weiteres Beispiel zu geben: einige Bundesstaaten finanzieren staatliche Universitäten «ohne Koppel», das heißt ohne Einmischung, was in einigen Fällen auf praktisch völlige Autonomie herauskommt.

So ist es denkbar, daß fast alle menschlichen Belange in die Sphäre des Staates einbezogen und doch nicht stärker zum Gegenstand des politischen Kampfes werden, als es bedingt ist durch die Durchbringung des Gesetzes, das die Vollmacht erteilt, die Behörde ernennt, die sie ausübt, und den Kontakt herstellt, der durch die Rolle der Regierung als allgemeiner Aufsichtsbehörde impliziert ist. Es ist natürlich richtig, daß diese Aufsicht zu einer verderblichen Beeinflussung ausarten kann. Die Macht des Politikers, das Personal nicht-politischer öffentlicher Stellen zu ernennen, wird, wenn hemmungslos ausgeübt, oft an sich schon genügen, um diese zu korrumpieren. Doch das berührt das fragliche Prinzip als solches nicht.

Als dritte Bedingung muß eine demokratische Regierung in einer modernen industriellen Gesellschaft für alle Zwecke, die die Sphäre der öffentlichen Tätigkeit umschließen soll, – gleichgültig, ob dies viel oder wenig ist –, über die Dienste einer gut ausgebildeten Bürokratie von hohem Rang, guter Tradition, starkem Pflichtgefühl und einem nicht weniger starken *esprit de corps* verfügen können. Eine derartige Bürokratie ist die Hauptantwort auf das Argument: Regierung durch Amateure. Potentiell ist sie die einzige Antwort auf die Frage, die in den Vereinigten Staaten so oft gestellt wird: die demokratische Politik hat sich als unfähig erwiesen, anständige Stadtverwaltungen hervorzubringen; wie können wir erwarten, daß die Nation gedeiht, wenn alles und jedes, letzten Endes auch der ganze Produktionsprozeß, ihr ausgeliefert wird? Und schließlich ist sie auch die vornehmliche Antwort auf die Frage, wie unsere zweite Bedingung erfüllt werden kann[6], wenn die Sphäre der öffentlichen Kontrolle weit ausgedehnt ist.

Es genügt nicht, daß die Bürokratie in der Erledigung der laufenden Verwaltungsgeschäfte Gutes leistet und zur Erteilung von Ratschlägen fähig ist. Sie muß auch stark genug sein, um die Führung zu übernehmen und im Bedarfsfall die Politiker an der Spitze der Ministerien zu instruieren. Um dazu in der Lage zu sein, muß sie eigene Prinzipien entwickeln können und muß unabhängig genug sein, um sie durchzusetzen. Sie muß eine Gewalt eigenen Rechtes sein. Das heißt soviel wie, daß in Tat und Wahrheit, wenn auch nicht der Form nach, Ernennung, Beförderung und Amtszeit (innerhalb der Beamtenreglemente, die die Politiker nur ungern verletzen) weitgehend von ihrer eigenen Auffassung als Körperschaft abhängig sein müssen – trotz allem Lärm, der mit Sicherheit entsteht, sobald sich die Politiker oder die Öffentlichkeit dadurch gehemmt sehen, was häufig der Fall sein wird.

Wie im Fall der Personenauswahl für die Politik ist auch hier wieder die Frage des verfügbaren Menschenmaterials von ausschlaggebender Bedeutung. Die Ausbildung ist zwar wichtig, aber doch von sekundärer Wichtigkeit. Und wieder kann das erforderliche Material und der für das Funktionieren einer offiziellen Klasse dieser Art notwendige Traditionskodex am leichtesten gesichert werden, wenn eine soziale Schicht von zulänglicher Qualität und entsprechendem Prestige vorhanden ist, aus der die Rekrutierungen erfolgen können – nicht zu reich, nicht zu arm, nicht zu exklusiv, nicht zu leicht zugänglich. Die europäischen Bürokratien sind trotz der Tatsache, daß sie genug absprechende Kritik auf sich gezogen haben, um ihre Leistungen zu verdunkeln, ein gutes Beispiel für das, was ich auszudrücken versuche. Sie sind das Produkt einer langen Entwicklung, die mit den Ministerialen der mittelalterlichen Magnaten

[6] [...] In allen drei Fällen ist die durch die Bürokratie gebotene Antwort in keinem Sinn als ideal zu betrachten. Andrerseits sollten sich die Leser nicht über Gebühr durch die Assoziationen beeinflussen lassen, die der Begriff im populären Sprachgebrauch enthält. Jedenfalls ist diese Antwort die einzig realistische.

begann (ursprünglich Sklaven, die zu administrativen und militärischen Zwecken ausgewählt, in den Stand des niedern Adels aufstiegen) und durch die Jahrhunderte weiterging, bis daraus die mächtige Maschine entstand, die wir heutzutage vor uns haben. Sie kann nicht in aller Eile geschaffen werden. Sie kann nicht mit Geld «angeheuert» werden. Aber sie wächst überall, gleichgültig welche politische Methode eine Nation sich zu eigen macht. Ihre Ausdehnung ist das einzig Sichere in bezug auf unsere Zukunft.

Die vierte Gruppe von Bedingungen kann in dem Ausdruck «Demokratische Selbstkontrolle» zusammengefaßt werden. Jedermann wird mir natürlich zustimmen, daß die demokratische Methode nicht reibungslos funktionieren kann, wenn nicht alle wichtigen Gruppen eines Landes willens sind, jede gesetzgeberische Maßnahme, solange sie Gesetzeskraft hat, und alle Ausführungsbestimmungen, die durch gesetzlich zuständige Behörden erlassen werden, zu akzeptieren. Aber die «demokratische Selbstkontrolle» enthält noch sehr viel mehr.

Vor allem müssen Wählerschaft und Parlament auf einem genügend hohen intellektuellen und moralischen Niveau stehen, um gegen Angebote von Schwindlern und Querulanten gefeit zu sein, – sonst werden auch Menschen, die weder das eine noch das andere sind, beiden in die Arme getrieben. Zudem können auch Fehlschläge, die die Demokratie in Mißkredit bringen und die Anhänglichkeit an sie unterminieren, sich ereignen, wenn Gesetze durchgehen, die keine Rücksicht auf die Ansprüche anderer oder auf die nationale Situation nehmen. Die einzelnen Vorschläge für eine Gesetzesreform oder für eine Aktion der Exekutive müssen, wie die Dinge liegen, sich damit begnügen, in Reih und Glied zu stehen; sie dürfen nicht versuchen, aus der Reihe zu tanzen. Wenn sich der Leser daran erinnert, was im vorangegangenen Kapitel über den *modus operandi* der demokratischen Methode gesagt wurde, wird er sich klar werden, daß dies sehr viel freiwillige Unterordnung verlangt.

Namentlich müssen die Politiker im Parlament der Versuchung widerstehen, jedesmal, wenn es möglich wäre, die Regierung zu stürzen oder in Verlegenheit zu bringen. Tun sie es doch, so ist keine erfolgreiche Politik möglich. Das bedeutet, daß die Anhänger der Regierung ihre Führung akzeptieren und ihr gestatten müssen, ein Programm aufzustellen und danach zu handeln, und daß die Opposition die Führung des «Schattenkabinetts» an ihrer Spitze akzeptieren und ihr gestatten sollte, die politische Kriegführung innerhalb gewisser Spielregeln zu halten. Die Erfüllung dieses Erfordernisses, dessen gewohnheitsmäßige Verletzung den Anfang vom Ende einer Demokratie bedeutet, verlangt, wie wir sehen werden, eine bestimmte Summe von Traditionalismus, – nicht zu viel und nicht zu wenig. Der Schutz dieses Traditionalismus ist in der Tat einer der Zwecke, für den Spielregeln des parlamentarischen Verfahrens und der parlamentarischen Etikette existieren.

Die Wähler außerhalb des Parlaments müssen die Arbeitsteilung zwischen ihnen selbst und den von ihnen gewählten Politikern respektieren. Sie dürfen diesen zwischen den Wahlen nicht allzu leicht das Vertrauen entziehen und müssen einsehen, daß wenn sie einmal jemanden gewählt haben, die politische Tätigkeit seine Sache ist und nicht die ihre. Das bedeutet, daß sie davon absehen müssen, ihm vorzuschreiben, was er tun soll – ein Prinzip, das seit den Zeiten Edmund Burkes tatsächlich allgemein von den Verfassungen und von der politischen Theorie anerkannt worden ist. Aber seine Implikationen werden nicht allgemein verstanden. Einerseits sind sich nur wenige Leute klar, daß dieses Prinzip im Gegensatz zur klassischen Lehre der Demokratie steht und eigentlich den Verzicht auf sie bedeutet. Denn wenn das Volk in dem Sinne regieren soll, daß es über einzelne Fragen entscheidet, – was wäre dann natürlicher, als daß es für seine Vertreter Instruktionen herausgäbe, so wie es im Jahre 1789 und vorher die Wähler der französischen Generalstaaten taten? Andrerseits wird noch weniger erkannt, daß wenn das Prinzip angenommen wird, dann nicht nur so formale Instruktionen wie jene französischen *cahiers*, sondern auch weniger formale Versuche, die Aktionsfreiheit der Parlamentsmitglieder zu beschränken, – zum Beispiel die Gewohnheit, sie mit Briefen und Telegrammen zu bombardieren –, gleicherweise in Bann getan werden sollten.

Wir können hier nicht auf all die heiklen Probleme eingehen, die dies aufwirft hinsichtlich der wahren Natur der Demokratie (nach unserer Definition). An dieser Stelle ist einzig wichtig, daß eine erfolgreiche demokratische Praxis in großen und komplizierten Gesellschaften von jeher allem Hineinregieren der hintern Parlamentssitze unveränderlich feind gewesen ist – so weit, daß man seine Zuflucht zur Geheimdiplomatie nahm und über Absichten und Verpflichtungen nicht mehr die Wahrheit sagte – und daß es sehr viel Selbstkontrolle des Bürgers braucht, um sich des Hineinregierens zu enthalten.

Schließlich erfordert ein wirksamer Konkurrenzkampf um die Führung ein großes Maß an Toleranz gegenüber anderen Ansichten. Es ist schon früher darauf hingewiesen worden, daß diese Toleranz niemals absolut ist und es nie sein kann. Aber es muß jedem Führerkandidaten, der nicht von Gesetzes wegen ausgeschlossen ist, die Möglichkeit gegeben sein, seine Sache vorzubringen, ohne daß die Ordnung gestört wird. Und dies kann bedeuten, daß Menschen geduldig zuhören müssen, wenn irgend jemand ihre lebenswichtigsten Interessen angreift oder ihre teuersten Ideale kränkt – oder als Alternative: daß der Führerkandidat, der solche Auffassungen vertritt, sich selbst entsprechend zurückhält. Weder das eine noch das andere ist möglich ohne echte Achtung vor den Ansichten der Mitbürger, – eine Achtung, die bis zur Bereitschaft geht, seine eigenen Ansichten unterzuordnen.

Jedes System kann bis zu einem gewissen Grad eine abweichende Praxis ertragen. Aber sogar das notwendige Minimum an demokratischer Selbstkontrolle erfordert offensichtlich eine bestimmte Art von nationalem Charakter und nationalen Gewohnheiten, welche nicht überall die Gelegenheit sich zu entwickeln hatten und welche die demokratische Methode selber nicht mit Sicherheit hervorbringt. Und nirgends wird diese Selbstkontrolle jede Probe jenseits eines gewissen, sich ändernden Grades der Beanspruchung bestehen. Der Leser braucht nur nochmals unsere Bedingungen zu überblicken, um sich davon zu überzeugen, daß eine demokratische Regierung nur dann mit vollem Vorteil arbeitet, wenn alle wichtigen Interessen nicht nur in ihrer Treue zum Land praktisch einmütig sind, sondern auch in ihrer Treue zu den Strukturprinzipien der bestehenden Gesellschaft. Sobald diese Prinzipien in Frage gestellt werden und Streitpunkte entstehen, die eine Nation in zwei feindliche Lager teilen, gerät die Demokratie in Nachteil. Und ihre Funktionsfähigkeit kann völlig aufhören, sobald Interessen und Ideale mitbetroffen sind, über welche die Menschen einen Kompromiß ablehnen.

Das kann bis zur These verallgemeinert werden, daß die demokratische Methode in unruhigen Zeiten im Nachteil sein wird. Tatsächlich anerkennen die Demokratien aller Typen mit praktischer Einmütigkeit, daß es Situationen gibt, in denen es die Vernunft erheischt, die Konkurrenz-Führung aufzugeben und eine monopolistische Führung zu akzeptieren. Im alten Rom sah die Verfassung ein Nicht-Wahlamt vor, das solch ein Führungsmonopol in Notzeiten verlieh. Der Inhaber wurde *magister populi* oder *dictator* genannt. Ähnliche Vorsichtsmaßnahmen sind praktisch allen Verfassungen bekannt, einschließlich der der Vereinigten Staaten: der Präsident der Vereinigten Staaten erlangt unter gewissen Umständen eine Macht, die ihn in jeder Beziehung zu einem Diktator im römischen Sinne macht, so groß auch die Unterschiede sowohl in der juristischen Konstruktion wie in den praktischen Einzelheiten sind. Wenn das Monopol entweder auf eine bestimmte Zeit (wie ursprünglich in Rom) oder für die Dauer einer bestimmten, kurzfristigen Notlage wirksam beschränkt wird, ist das demokratische Prinzip der Konkurrenzführerschaft bloß suspendiert. Wenn das Monopol weder gesetzlich noch tatsächlich hinsichtlich der Zeit beschränkt ist (und wenn es nicht hinsichtlich der Zeit beschränkt ist, wird es natürlich dahin tendieren, auch in jeder andern Beziehung unbeschränkt zu werden), wird das demokratische Prinzip aufgehoben, und wir haben den Fall der Diktatur im heutigen Sinn[7].

---

[7] Im alten Rom, dessen Begriffe wir zu mißbrauchen pflegen, entwickelte sich eine Autokratie, die während mehrerer Jahrhunderte gewisse Züge aufwies, die nicht unähnlich denen der modernen Diktaturen sind, obschon die Analogie nicht zu weit getrieben werden sollte. Doch diese Autokratie bediente sich nicht des republikanischen Amtes eines Diktators, ausgenommen in einem Fall: Caius Julius Cäsar. Sullas Diktatur war einfach ein vorübergehendes Magistrat, das für einen bestimmten Zweck (die Verfassungsreform) geschaffen wurde. Und sonst gibt es nur völlig «reguläre» Fälle.

III. Demokratie in der sozialistischen Ordnung

1. Bei der Darlegung unserer Schlußfolgerungen beginnen wir am besten mit der Beziehung zwischen der Demokratie und der kapitalistischen Ordnung der Dinge.

Die Ideologie der Demokratie, wie sie sich in der klassischen Lehre widerspiegelt, beruht auf einem rationalistischen Schema der menschlichen Handlungen und der Lebenswerte. Auf Grund eines früheren Arguments (Kapitel 11) würde diese Tatsache an sich genügen, um seinen bourgeoisen Ursprung vermuten zu lassen. Die Geschichte bestätigt eindeutig diese Vermutung: historisch entstand die moderne Demokratie gleichzeitig mit dem Kapitalismus und in ursächlichem Zusammenhang mit ihm. Das gleiche gilt auch für die demokratische Praxis: die Demokratie im Sinn unserer Theorie einer Konkurrenz um die Führung führte den Vorsitz über den Prozeß der politischen und institutionellen Wandlung, durch den die Bourgeoisie die soziale und politische Struktur, die ihrer Machtergreifung voranging, umformte und von ihrem eigenen Standpunkt aus rationalisierte: die demokratische Methode war das politische Werkzeug dieser Rekonstruktion. Wir haben gesehen, daß die demokratische Methode – besonders gut – auch in gewissen außer- und vorkapitalistischen Gesellschaften funktioniert. Aber die moderne Demokratie ist ein Produkt des kapitalistischen Prozesses.

Ob die Demokratie eines jener Produkte des Kapitalismus ist, die mit ihm untergehen müssen, ist natürlich eine andere Frage. Und noch eine andere ist es, wie gut oder schlecht sich die kapitalistische Gesellschaft für die Aufgabe eignet, mit der von ihr entwickelten demokratischen Methode zu arbeiten.

Was die letzte Frage betrifft, so ist es klar, daß sich die kapitalistische Gesellschaft in einer Beziehung gut dazu eignet. Die Bourgeoisie hat eine ihr eigene Lösung für das Problem gefunden, wie die Sphäre der politischen Entscheidung auf jenes Ausmaß reduziert werden kann, das mit Hilfe der Methode der Führungskonkurrenz bewältigt werden kann. Das bürgerliche System beschränkt die Sphäre der Politik, indem es die Sphäre der öffentlichen Autorität begrenzt; seine Lösung liegt im Ideal des sparsamen Staates, der in erster Linie dazu da ist, die bürgerliche Legalität zu garantieren und einen festen Rahmen für autonome individuelle Bestrebungen auf allen Gebieten zu bieten. Trägt man zudem den pazifistischen – jedenfalls antimilitaristischen – und freihändlerischen Tendenzen Rechnung, die wir der bürgerlichen Gesellschaft inhärent fanden, so wird ersichtlich, daß die Bedeutung der Rolle der politischen Entscheidung im bürgerlichen Staat – im Prinzip wenigstens – auf jedes beliebige Maß zurückgeschraubt werden kann, das die Unfähigkeit des politischen Sektors erfordern mag.

Nun hat die Anziehungskraft einer solchen Art von Staat für uns ohne Zweifel aufgehört. Die bürgerliche Demokratie ist bestimmt ein sehr spezieller historischer Fall, und Ansprüche, die in ihrem Namen an uns vielleicht gestellt werden, sind offenbar abhängig von der Akzeptierung von Maßstäben, die nicht mehr die unseren sind. Doch es ist absurd zu leugnen, daß diese Lösung, die uns unsympathisch ist, eine Lösung und daß die bürgerliche Demokratie eine Demokratie ist. Im Gegenteil: da ihre Farben verblassen, ist es um so wichtiger zu erkennen, wie farbenreich sie in der Zeit ihrer Vollkraft war, wie weite *und gleiche* Möglichkeiten sie den Familien (wenn nicht den Einzelnen) eröffnete, wie groß die persönliche Freiheit war, die sie jenen (oder den Kindern jener) gewährte, die ihre Prüfung bestanden. Es ist ebenfalls wichtig zu erkennen, wie gut sie, zumindest während einiger Jahrzehnte, dem Druck ungünstiger Bedingungen standhielt und wie gut sie funktionierte, wenn sie sich Forderungen gegenübersah, die außerhalb der bürgerlichen Interessen lagen und diesen feindlich waren.

Auch in anderer Beziehung eignete sich die kapitalistische Gesellschaft in ihrem Zenit durchaus für die Aufgabe, die Demokratie zum Erfolg zu führen. Für eine Klasse, deren Interessen am besten gedient wird, wenn man sie in Ruhe läßt, ist es leichter, demokratische Selbstbeschränkung auszuüben, als für Klassen, die naturgemäß versuchen, auf Kosten des Staates zu leben. Der Bourgeois, der in erster Linie durch seine eigenen Belange in Anspruch genommen wird, wird im allgemeinen – solange diese Belange nicht ernsthaft bedroht sind – mit größerer Wahrscheinlichkeit Toleranz zeigen gegenüber politischen Differenzen und Achtung für Ansichten, die er nicht teilt, als irgend ein anderer Typ menschlicher Wesen. Überdies wird, solange in einer Gesellschaft bürgerliche Maßstäbe vorherrschen, diese Haltung sich auch auf andere Klassen auszudehnen tendieren. Die englischen Großgrundinteressen akzeptierten die Niederlage von 1845 mit relativ gutem Willen; die englischen Arbeiter kämpften um die Aufhebung von Entrechtungen, zögerten aber bis zum Beginn des gegenwärtigen Jahrhunderts, Vorrechte zu verlangen. Gewiß trat in andern Ländern solche Selbstbeschränkung viel weniger zutage. Diese Abweichungen vom Prinzip waren nicht immer gefährlich und nicht immer mit kapitalistischen Interessen verquickt. Aber in einigen Fällen löste sich das politische Leben fast ganz in einen Kampf von Interessengruppen auf, und in vielen Fällen sind Praktiken, die nicht im Einklang mit dem Geist der demokratischen Methode stehen, so wichtig geworden, daß sie ihren *modus operandi* verzerren. Daß es keine wahre Demokratie in der kapitalistischen Ordnung geben «kann», ist trotzdem eine offensichtliche Übertreibung[8].

In beiden Beziehungen verliert jedoch der Kapitalismus rapid die Vorteile, die er lange besaß. Die bürgerliche Demokratie, die mit diesem Staatsideal verheiratet ist, hat seit einiger Zeit mit zunehmender Reibung gearbeitet. Teilweise war dies der Tatsache zuzuschreiben, daß, wie wir früher gesehen haben, die demokratische Methode niemals günstige Resultate erzielt, wenn die Völker über grundsätzliche Fragen der sozialen Struktur scharf geteilter Ansicht sind. Und diese Schwierigkeit wiederum hat sich als besonders ernsthaft erwiesen, weil die bür-

---

[8] Man sollte sagen, daß gewisse Abweichungen vom Prinzip der Demokratie vorliegen, die mit dem Vorhandensein organisierter kapitalistischer Interessen in Zusammenhang stehen. Mit dieser Korrektur ist jedoch die Behauptung sowohl vom Standpunkt der klassischen als auch vom Standpunkt unserer eigenen Theorie der Demokratie aus richtig. Vom ersten Standpunkt aus bedeutet das Ergebnis, daß die den privaten Interessen zur Verfügung stehenden Mittel oft dazu verwendet werden, um den Willen des Volkes zu durchkreuzen. Vom zweiten Standpunkt aus bedeutet das Ergebnis, daß diese privaten Mittel oft verwendet werden, um das Funktionieren des Mechanismus der Führerkonkurrenz zu stören.

gerliche Gesellschaft eine weitere Bedingung für das Funktionieren der demokratischen Methode entschieden nicht mehr erfüllt. Die Bourgeoisie brachte Individuen hervor, die als politische Führer dadurch erfolgreich waren, daß sie in eine politische Klasse nichtbürgerlichen Ursprungs übertraten; aber sie brachte nicht eine eigene erfolgreiche politische Schicht hervor, obwohl man denken sollte, daß die dritte Generation der industriellen Familien alle Gelegenheit zu ihrer Bildung gehabt hätte. Warum dies so gewesen ist, ist in Teil II ausführlich erklärt. Alle diese Tatsachen zusammen scheinen eine pessimistische Prognose für diesen Typ der Demokratie nahezulegen. Sie dürften auch die augenscheinliche Leichtigkeit erklären, mit der sie sich in einigen Fällen der Diktatur ergab.

2. Die Ideologie des klassischen Sozialismus ist der Abkömmling der Bourgeois-Ideologie. Namentlich teilt sie völlig den rationalistischen und utilitaristischen Hintergrund der letzteren und viele der Ideen und Ideale, die in die klassische Lehre der Demokratie eingegangen sind. Insoweit bereitete es den Sozialisten in der Tat keinerlei Schwierigkeit, sich diesen Teil der bürgerlichen Erbschaft anzueignen und Gründe für die These vorzubringen, daß jene Elemente der klassischen Lehre, die der Sozialismus nicht absorbieren kann, – zum Beispiel der nachdrückliche Schutz des Privateigentums –, ihren Grundprinzipien in Wirklichkeit widersprechen. Glaubensartikel dieser Art vermochten sogar in völlig nicht-demokratischen Formen des Sozialismus weiterzuleben, und wir können darauf vertrauen, daß die Schriftgelehrten und Pharisäer alle Abgründe, die sich zwischen Glauben und Praxis auftun mögen, durch passende Phrasen überbrücken werden. Es ist jedoch die Praxis, die uns interessiert – das Schicksal der demokratischen Praxis, wie sie durch die Lehre von der Führerkonkurrenz gedeutet wird. Und da wir gesehen haben, daß ein nicht-demokratischer Sozialismus durchaus möglich ist, ist die eigentliche Frage wiederum: wie gut oder wie schlecht sich der Sozialismus für die Aufgabe eignet, dic demokratische Methode in Funktion zu bringen, – wenn er es versuchen sollte.

Wichtig ist, folgenden Punkt festzuhalten: Kein Mensch mit Verantwortungsgefühl kann die Folgen einer Ausdehnung der demokratischen Methode, das heißt der Sphäre der «Politik», auf alle wirtschaftlichen Fragen gleichmütig ins Auge fassen. Im Glauben, daß der demokratische Sozialismus gerade das bedeutet, wird solch ein Mensch natürlich den Schluß ziehen, daß ein demokratischer Sozialismus fehlschlagen muß. Doch dies folgt nicht notwendig daraus. Wie oben angeführt, ist eine Erweiterung des Bereichs der öffentlichen Leitung nicht gleichbedeutend mit einer entsprechenden Erweiterung des Bereichs der politischen Leitung. Es ist denkbar, daß jener erweitert wird, bis er die ganzen wirtschaftlichen Bezirke einer Nation absorbiert, während dieser weiterhin innerhalb der Grenzen bleibt, die durch die Beschränkungen der demokratischen Methode gesetzt sind.

Es folgt jedoch daraus, daß in einer sozialistischen Gesellschaft diese Beschränkungen ein viel ernsteres Problem darstellen werden. Denn der sozialistischen Gesellschaft fehlen die automatischen Hemmungen, die der politischen Sphäre durch das bürgerliche Schema auferlegt werden. Zudem wird es in der sozialistischen Gesellschaft nicht mehr möglich sein, im Gedanken Trost zu finden, daß die Unzulänglichkeiten des politischen Verfahrens letzten Endes eine Garantie der Freiheit sind. Mangel an leistungsfähiger Leitung wird Mangel an Brot bedeuten. Immerhin können die Stellen, die die Wirtschaftsmaschine zu bedienen haben, – das Zentralamt, dem wir in Teil III begegnet sind, sowie die untergeordneten Ämter, denen die Leitung einzelner Industrien oder Konzerne anvertraut ist –, so organisiert und bemannt werden, daß sie bei der Erfüllung ihrer laufenden Pflichten vor der Einmischung von Politikern oder wichtigtuerischen Kommissionen oder ihren eigenen Arbeitern hinlänglich gefeit sind. Das heißt sie können von der Atmosphäre des politischen Kampfes hinreichend ferngerückt werden, um keine anderen als die mit dem Begriff Bürokratie verbundenen Unzulänglichkeiten aufweisen. Und sogar diese *können* stark reduziert werden durch eine angemessene Konzentration der Verantwortung auf einzelne Personen und durch ein System gutgewählter Antriebsmittel und Strafen, deren wichtigsten Teil die Methoden der Ernennung und Beförderung bilden.

Ernsthafte Sozialisten, die sich nicht gerade auf einer Agitationsreise und die sich in verantwortungsbewußter Stimmung befanden, haben schon immer dieses Problem gesehen, und ebenso die Tatsache, daß «Demokratie» keine Antwort darauf ist. Eine interessante Illustration bieten die Beratungen der deutschen «Sozialisierungs-Kommission». Im Jahre 1919, als sich die Deutsche Sozialdemokratische Partei bereits entschieden gegen den Bolschewismus gewandt hatte, glaubten ihre radikaleren Mitglieder immer noch, daß einige Sozialisierungsmaßnahmen praktisch notwendig seien und bevorstünden, und demgemäß wurde eine Kommission zur Umschreibung der Ziele und zur Empfehlung von Methoden ernannt. Sie bestand nicht ausschließlich aus Sozialisten; aber der sozialistische Einfluß war vorherrschend. Karl Kautsky war Vorsitzender. Bestimmte Empfehlungen wurden nur in bezug auf Kohle gemacht, und selbst diese (– entstanden, während sich die Wolken antisozialistischer Empfindung zusammenzogen –) sind nicht sehr interessant. Desto interessanter sind die Ansichten, die in der Diskussion zu einer Zeit vorgebracht wurden, als weitergehende Hoffnungen noch überwogen. Der Gedanke, daß Betriebsleiter durch die Arbeiter der gleichen Betriebe gewählt werden sollten, wurde offen und einmütig verworfen. Die Arbeiterräte, die in den Monaten des allgemeinen Zusammenbruchs entstanden waren, waren Gegenstand von Abneigung und Argwohn. Die Kommission suchte sich so weit als möglich von den populären Ideen einer «industriellen Demokratie»[9]

[9] Industrielle oder wirtschaftliche Demokratie ist eine Phrase, die in so vielen Quasi-Utopien auftritt, daß sie kaum mehr einen realen Sinn hat. Sie bedeutet nach meiner Ansicht hauptsächlich zweierlei: erstens die Herrschaft der Gewerkschaften über die industriellen Beziehungen; zweitens die Demokratisierung der monarchischen Fabrik durch Arbeitervertretungen in der Geschäftsleitung oder durch andere Maßnahmen, die geeignet sind, ihnen einen Einfluß auf die Einführung technischer Verbesserungen, die Geschäftspolitik im allgemeinen und natürlich auf die Betriebsdisziplin im besonderen, einschließlich der Methoden des «Anheuerns und Hinausfeuerns», zu sichern. Gewinnbeteiligung ist ein Geheimmittel einer Untergruppe von Plänen. Man kann mit Sicherheit annehmen, daß sich viel von dieser wirtschaftlichen Demokratie unter einem sozialistischen Regime in

zu entfernen, tat ihr möglichstes, ihnen eine unschädliche Fassung zu geben und gab sich keine Mühe, ihre Funktionen zu entwickeln. Um so mehr bemühte sie sich darum, die Autorität der Betriebsleitung zu stärken und ihre Unabhängigkeit zu sichern. Viel Gedankenarbeit wurde darauf verwendet, wie man es verhindern könne, daß die Geschäftsleiter ihre kapitalistische Vitalität verlören und in bürokratische Geleise gerieten. Wenn es überhaupt möglich ist, von Diskussionsergebnissen zu sprechen, die bald alle praktische Bedeutung verlieren sollten, – de facto hätten sich diese sozialistischen Betriebsleiter nicht sehr stark von ihren kapitalistischen Vorgängern unterschieden, und in vielen Fällen wären die gleichen Personen wieder ernannt worden. Wir gelangen somit auf einem andern Weg zum gleichen Schluß, zu dem wir schon in Teil III gekommen waren.

Wir sind jedoch nun in der Lage, diese Schlußfolgerung mit einer Antwort auf das Problem «Demokratie im Sozialismus» in Verbindung zu bringen. Natürlich sind die heutigen Formen und Organe des demokratischen Verfahrens in gewissem Sinn ebenso sehr das Erzeugnis der Struktur und der Probleme der bürgerlichen Welt, wie es das Grundprinzip der Demokratie selbst ist. Das ist aber kein Grund, warum sie zugleich mit dem Kapitalismus verschwinden sollten. Allgemeine Wahlen, Parteien, Parlamente, Kabinette und Ministerpräsidenten mögen sich immer noch als die geeignetsten Instrumente erweisen, um die Traktandenliste zu behandeln, die die sozialistische Ordnung der politischen Entscheidung vorbehalten mag. Diese Traktandenliste wird von all jenen Punkten befreit sein, die heutzutage aus dem Zusammenprall privater Interessen und aus der Notwendigkeit ihrer Regelung entstehen. An ihre Stellen werden neue treten. Es werden Fragen entschieden werden müssen wie zum Beispiel, welche Größe das Investitionsvolumen haben soll, oder wie die bestehenden Regeln für die Verteilung des Sozialproduktes abgeändert werden sollen und dergleichen mehr. Allgemeine Debatten über Probleme der Lei-

---

Luft auflösen wird. Doch ist dies nicht so bedenklich, als es klingt. Denn viele der Interessen, die diese Art von Demokratie schützen soll, werden dann nicht mehr existieren.

stungsfähigkeit und Untersuchungskommissionen vom Typ der English Royal Commissions würden auch weiterhin ihre gegenwärtigen Aufgaben erfüllen.

Somit würden zwar ohne Zweifel die Politiker im Kabinett und namentlich der Politiker an der Spitze des Produktionsministeriums den Einfluß des politischen Elementes geltend machen, und zwar sowohl durch ihre gesetzgeberischen Maßnahmen betreffs der allgemeinen Prinzipien zur Leitung der Wirtschaftsmaschine, als auch durch ihre Anstellungsbefugnis, die nicht völlig fehlen oder nur formaler Natur sein kann. Aber sie brauchen ihn nicht in einem Ausmaße geltend zu machen, das mit der Leistungsfähigkeit unvereinbar ist. Und der Produktionsminister braucht sich nicht stärker in den inneren Betrieb einzelner Industrien einzumischen, als der englische Gesundheits- oder Kriegsminister sich in den inneren Betrieb seines Departements einmischt.

3. Es ist selbstverständlich, daß die Aufgabe, in der angedeuteten Weise eine sozialistische Demokratie ins Werk zu setzen, völlig hoffnungslos wäre, außer im Falle einer Gesellschaft, die alle Erfordernisse der «Reife» erfüllt, die wir in Teil III aufgeführt haben, einschließlich namentlich der Fähigkeit, die sozialistische Ordnung auf demokratischem Wege aufzurichten, und des Vorhandenseins einer Bürokratie von entsprechendem Niveau und entsprechender Erfahrung. Eine Gesellschaft jedoch, die tatsächlich diese Forderungen erfüllt – ich werde mich mit keiner andern befassen –, würde vor allen Dingen über einen Vorteil von vielleicht entscheidender Bedeutung verfügen.

Ich habe hervorgehoben: von einer Demokratie kann nicht erwartet werden, daß sie befriedigend funktioniert, wenn nicht die große Mehrheit der Bevölkerung in allen Klassen entschlossen ist, sich an die Regel des demokratischen Spiels zu halten, und das wiederum bedeutet, daß sie über die Grundlagen ihrer institutionellen Struktur im wesentlichen einig ist. Zurzeit ist die letztere Vorbedingung nicht erfüllt. So viele Menschen haben den Wertmaßstäben der kapitalistischen Gesellschaft die Gefolgschaft gekündigt und so viele werden sie noch kündigen, daß schon allein aus diesem Grund die Demokratie mit zunehmender Reibung arbeiten muß. Auf der hier ins Auge gefaßten Stufe kann jedoch der Sozialismus vielleicht den Riß wieder schließen und wieder eine Einmütigkeit über die tektonischen Grundsätze des sozialen Gebäudes herbeiführen. Tut er das, so wird der verbleibende Antagonismus genau von jener Art sein, mit der die demokratische Methode ohne weiteres fertig wird.

Es ist in Teil III auch darauf hingewiesen worden, daß diese verbleibenden Antagonismen durch die Eliminierung von sich widerstreitenden kapitalistischen Interessen noch weiter an Zahl und Bedeutung abnehmen werden. Die Beziehungen zwischen Landwirtschaft und Industrie, zwischen Klein- und Großindustrie, zwischen stahl-produzierenden und stahl-konsumierenden Industrien werden – oder können – aufhören, politische Fragen zu sein, die durch das relative Gewicht von Interessengruppen entschieden werden; sie werden zu technischen Fragen, auf welche die Techniker leidenschaftslose und unzweideutige Antworten geben können. Obschon es vielleicht utopisch wäre, zu erwarten, daß es nun keine verschiedenen wirtschaftlichen Interessen oder keine Konflikte zwischen ihnen mehr gäbe, und noch utopischer, daß keine nicht-wirtschaftlichen Probleme mehr Anlaß zu Meinungsverschiedenheiten böten, so läßt sich doch füglich die Erwartung vertreten, daß sich die Gesamtzahl der kontroversen Fragen verringern würde, selbst im Vergleich mit der Zeit des intakten Kapitalismus. Es gäbe zum Beispiel keine «Silber-Partei». Das politische Leben wäre gereinigt.

Auf den ersten Blick hat der Sozialismus keine naheliegende Lösung für das Problem zu bieten, das in andern Formen der Gesellschaft durch das Vorhandensein einer politischen Klasse mit stabilen Traditionen gelöst wurde. Ich habe schon früher gesagt, daß es Berufspolitiker geben wird. Es *kann* sich ein politischer Kreis entwickeln, über dessen Qualität zu spekulieren jedoch müssig wäre.

So weit schwingt der Sozialismus obenaus. Es mag aber immer noch argumentiert werden, daß seine höhere Punktzahl durch die Bedeutung und die Wahrscheinlichkeit möglicher Abweichungen leicht ausgeglichen werden kann. Bis zu einem gewissen Grad sind wir dem zuvorgekommen, indem wir auf der wirtschaftlichen Reife bestanden, was unter anderm bedeutet, daß keine großen Opfer von einer Generation zugunsten einer späteren gefordert werden müssen. Selbst wenn jedoch keine Notwendigkeit dazu besteht, die Menschen mittels eines Gosplans zu schinden, mag sich die Aufgabe, den demokratischen Kurs einzuhalten, als sehr schwierig erweisen. Wohl kann man sich Umstände vorstellen, unter denen es den Personen am Steuerruder normalerweise sie zu lösen gelingen sollte, – aber kaum leichter als Umstände, unter denen sie angesichts einer Lähmung, die sich vom politischen Sektor über die ganze Wirtschaft des Landes ausbreitet, in einen Kurs getrieben werden, der immer eine gewisse Versuchung darstellen muß für Menschen, die die ungeheure, der sozialistischen Organisation inhärente Macht über die Bevölkerung vor Augen haben. Letzten Endes bedeutet die wirksame Leitung der sozialistischen Wirtschaft nicht die Diktatur *durch*, sondern *über* das Proletariat in den Fabriken. Die Menschen, die dort in einer solch strengen Disziplin gehalten werden, wären zwar bei den Wahlen souverän. Doch genau so wie sie diese Souveränität verwenden können, um die Disziplin der Fabrik zu lockern, so können die Regierungen – und gerade die Regierungen, denen die Zukunft der Nation am Herzen liegt – von dieser Disziplin Gebrauch machen, um jene Souveränität zu beschränken. Praktische Notwendigkeit mag dazu führen, daß sich die sozialistische Demokratie letzten Endes als größerer Trug erweist, als es die kapitalistische Demokratie je gewesen ist.

Jedenfalls wird jene Demokratie keine gesteigerte persönliche Freiheit bedeuten. Und noch einmal: sie wird keine größere Annäherung an die Ideale bedeuten, die in dem Schrein der klassischen Lehre geborgen sind.

NACHWORT

Der zweite Weltkrieg und die Zukunft der sozialistischen Parteien

Welchen Einfluß der zweite Weltkrieg auf das Schicksal der bestehenden sozialistischen Gruppen haben wird, hängt natürlich von seiner Dauer und seinem Ausgang ab. Darüber Spekulationen anzustellen, hat für unsern Zweck meines Erachtens keinen Sinn. Wir wollen immerhin beispielshalber aus der Menge der möglichen Fälle zwei Fälle näher betrachten.

Selbst im jetzigen Zeitpunkt (Juli 1942) erwarten anscheinend viele Beobachter, daß Rußland mit einem großen Zuwachs an Macht und Prestige aus diesem Krieg hervorgehen, ja daß Stalin der eigentliche Sieger sein wird. Selbst wenn das so sein sollte, folgt doch nicht unbedingt, daß eine kommunistische Weltrevolution das Ergebnis sein oder daß gar eine «Russifizierung» von Kontinentaleuropa stattfinden wird, begleitet von einer Austilgung der oberen Schichten und einer Abrechnung mit nichtkommunistischen, sozialistischen (und trotzkistischen) Gruppen. Denn selbst wenn wir von einem möglichen angelsächsischen Widerstand gegen die Ausdehnung der russischen Macht absehen, ist es nicht sicher, daß das eigene Interesse der russischen Autokratie in dieser Richtung liegen wird. Doch es ist sicher, daß die Erfolgsaussichten einer solchen Vollendung – einer Verwirklichung des vollen Leninschen Programms – unermeßlich gesteigert würden. Immerhin dürfte diese Weltrevolution verschieden sein von der Marxschen Idee, – sie wäre für jene, die sie als Ersatz zu akzeptieren bereit sind, ohne Zweifel kein Traumgebilde mehr. Und dies nicht nur in bezug auf Europa.

In diesem Falle wäre das Schicksal des orthodoxen Sozialismus und alles dessen, was er vertritt, besiegelt. Und dies wäre es – auf dem europäischen Kontinent – auch, im Falle sich die faschistischen Mächte behaupten sollten. Wenn wir jedoch einen vollständigen Sieg der anglo-amerikanisch-russischen Allianz annehmen, – das heißt einen Sieg, bei dem die bedingungslose Übergabe erzwungen wird, bei dem aber alle Ehre England und den Vereinigten Staaten zufällt –, dann sehen wir leicht, daß der orthodoxe Sozialismus vom Typ der deutschen Sozialdemokratie oder von einem noch stärker gewerkschaftlichen Typ auf dem europäischen Kontinent bedeutend mehr Chance des Weiterbestandes hat – jedenfalls für einige Zeit. Einer der Gründe für diese Auffassung liegt darin, daß sich die Menschen, wenn sie sowohl den bolschewistischen wie den faschistischen Weg versperrt finden, wohl einer sozialdemokratischen Republik als der naheliegendsten der verbleibenden Möglichkeiten zuwenden düften. Es gibt jedoch noch einen viel wichtigeren Grund: der gewerkschaftliche Sozialismus wird die Gunst der Sieger genießen. Denn die Folge eines so völligen Sieges, wie wir ihn jetzt im Auge haben, wird eine angelsächsische Leitung der Geschäfte der Welt sein, – eine Art von angelsächsischer Herrschaft, die nach den Ideen, die unter unsern Augen Gestalt annehmen, «Ethischer Imperialismus» genannt werden kann. Eine derartige Ordnung der Welt, in der die Interessen und Ziele anderer Nationen nur so weit zählen würden, als sie von England und den Vereinigten Staaten verstanden und gebilligt wurden, kann nur durch Waffengewalt errichtet und nur durch eine ständige Bereitschaft, Waffengewalt anzuwenden, erhalten werden. Es ist vielleicht unnötig zu erklären, warum unter den politischen und wirtschaftlichen Bedingungen unserer Zeit dies für die beiden Länder eine Sozialordnung bedeuten würde, die am ehesten als «Militärischer Sozialismus» umschrieben werden kann. Es ist jedoch klar, daß die Aufgabe, die Welt unter Kontrolle und in Ordnung zu halten, einerseits durch die Wiederherstellung und Neuschaffung kleiner und kraftloser Staaten in Europa und andrerseits durch die Einsetzung von Regierungen des gewerkschaftlichen oder sozialdemokratischen Typs, sehr erleichtert würde. Namentlich in Deutschland und Italien würden die Überreste der sozialdemokratischen Parteien das einzige politische Material bilden, aus dem sich Regierungen bauen ließen, die unter Umständen diese Weltordnung über die Periode der Niederlage hinaus akzeptieren und ohne innere Vorbehalte mit den Vertretern des Weltprotektorats zusammenarbeiten könnten. Dies – sei sie groß oder klein – ist die Chance des liberalen Sozialismus.

Vom Standpunkt dieses Buches (wenn auch von keinem andern) aus ist dies alles von zweitrangiger Bedeutung. Was auch das Schicksal der einzelnen sozialistischen *Gruppen* sein mag, so steht es jedenfalls außer Zweifel, daß der gegenwärtige Weltbrand – unvermeidlich, überall und unabhängig vom Ausgang des Krieges – einen weiteren großen Schritt in der Richtung der sozialistischen *Ordnung* bedeuten wird. Zur Begründung dieser Prognose genügt es, auf unsere Erfahrung mit den Wirkungen des ersten Weltkrieges auf das Sozialgebäude Europas hinzuweisen. Diesmal wird der Schritt aber auch in den Vereinigten Staaten gemacht werden.

Doch diese Erfahrung, obzwar ein wertvoller Führer, reicht nicht aus. Seither ist ein Vierteljahrhundert verflossen. Das ist keine Zeitspanne, die übersehen werden kann, nicht einmal in bezug auf die säkularen Kräfte, die (in dem in Teil II erklärten Sinn) auf den Sozialismus hinarbeiten. Abgesehen von allem andern werden wir uns am Ende dieses Krieges einer wirtschaftlichen Lage, einer sozialen Atmosphäre, einer politischen Machtverteilung gegenübersehen, die von jener von 1918 grundsätzlich verschieden ist. Vieles hat sich jedoch während dieser fünfundzwanzig Jahre ereignet, das nicht aus den säkularen Tendenzen allein hätte vorausgesagt werden können. Unter anderm gab es die große Krise, die, auf eine heikle Situation stoßend, die sozialen Strukturen bis auf ihre Grundfesten erschütterte, und dies nirgends mehr als in den Vereinigten Staaten. Noch wirkungsvoller zur Untergrabung dieser Strukturen waren die Maßnahmen, die gegen die Krise ergriffen wurden. Und dies muß weitgehend politischen Konstellationen zugeschrieben werden, die teilweise zufällig waren. Die Folgen sind offensichtlich. Insbesondere haben sich ungeheure Bürokratien entwickelt, die bereits so mächtig sind, daß sie ihre Stellung behaupten und Maßnahmen eines fundamentalen Neuaufbaus durchführen können.

In keinem Land wird die Kriegsbesteuerung der Unternehmungen und der Unternehmerklasse im gleichen Ausmaß wie nach 1919 herabgesetzt werden können. Das mag an sich schon genügen, um die Motoren des Kapitalismus endgültig zum Stillstand zu bringen und damit einen weiteren Grund für die Verstaatlichung zu bieten. Eine Inflation, selbst wenn sie nicht weiter geht, als es – zum Beispiel in den Vereinigten Staaten – unter dem gegenwärtigen politischen System unvermeidlich ist, dürfte wohl ein übriges tun, sowohl direkt wie auch – durch die Radikalisierung expropriierter Besitzer von Obligationen und Versicherungspolicen – indirekt. Zudem werden nirgends die kriegswirtschaftlichen Kontrollen in dem Maß abgebaut werden, wie wir nach den Erfahrungen der Jahre nach 1918 glauben könnten. Sie werden zu andern Zwecken verwendet werden. In den Vereinigten Staaten werden bereits Schritte unternommen, um die öffentliche Meinung auf eine staatliche Lenkung der Nachkriegs-Anpassungen vorzubereiten und um die bourgeoise Alternative auszuschalten. Endlich liegt auch kein Grund zur Auffassung vor, daß der Staat den Einfluß, den er auf den Kapitalmarkt und den Investitionsprozeß gewonnen hat, je wieder aufgeben wird. Gewiß ist dies alles nicht gleichbedeutend mit Sozialismus. Aber der Sozialismus kann sich unter solchen Umständen als die einzig praktisch mögliche Alternative zu Engpässen und unaufhörlicher Reibung aufdrängen.

Einzelheiten und Schlagworte werden natürlich in den verschiedenen Ländern verschieden sein. Ebenso die politische Taktik und die wirtschaftlichen Resultate. Die englische Entwicklung ist verhältnismäßig leicht voraussehbar. Die Labourleute sind der Regierung Churchill unter dem Druck der Not beigetreten. Doch unabhängig von jeder Notlage waren sie schon weit vorgerückt auf dem Weg zu Amt *und* Macht. Sie werden deshalb ohne weiteres in der Lage sein, den Wiederaufbau nach dem Kriege allein oder – was sich als die erfolgreichste Methode erweisen dürfte – mit einer von ihnen geleiteten Koalitionsregierung durchzuführen. Die Kriegswirtschaft wird einige ihrer unmittelbaren Ziele bereits verwirklicht haben. In weitem Umfang werden sie nur das beibehalten müssen, was sie bereits gewonnen haben. Es ist zu erwarten, daß cin weiteres Vorrücken auf das sozialistische Ziel hin verhältnismäßig leicht sein wird in Verhältnissen, unter denen für die

Kapitalisten nicht viel übrig blieb, wofür sie kämpfen könnten. Und es mag sich als möglich erweisen, ganz offen vorzugehen und die Sozialisierung ohne Aufregung, in geordneter Weise und weitgehend mit allgemeiner Zustimmung durchzuführen. Aus manchen Gründen, hauptsächlich aber wegen der Schwäche der offiziellen sozialistischen Partei, ist eine Prognose im Falle der Vereinigten Staaten weniger leicht zu stellen. Doch die endgültigen Resultate werden wahrscheinlich nicht anders sein, obschon es die Schlagworte beinahe mit Bestimmtheit sein werden – und auch die Kosten sowohl an Wohlfahrt wie an kulturellen Werten.

Noch einmal: es ist nur der Sozialismus in dem Sinn, wie er in diesem Buche definiert wurde, der solchermaßen voraussagbar ist. Nichts sonst ist es. Namentlich ist wenig Grund zu glauben, daß dieser Sozialismus die Heraufkunft jener Zivilisation bedeuten wird, von der orthodoxe Sozialisten träumen. Es ist sehr viel wahrscheinlicher, daß sie faschistische Züge zeigen wird. Das wäre eine seltsame Antwort auf das Gebet von Marx. Aber die Geschichte gefällt sich manchmal in Scherzen von fragwürdigem Geschmack.

II. GEGEN MISSVERSTÄNDNISSE – ZUR KLÄRUNG

(Aus dem Vorwort zur zweiten amerikanischen Ausgabe; mit einem Vorbericht von E. S.)

In dem Augenblick, da diese zweite deutsche Ausgabe in den Druck geht, weilt Joseph Schumpeter nicht mehr unter den Lebenden. In den ersten Januartagen des Jahres 1950 hat ein Hirnschlag ihn dahingerafft, als er sich noch mit großen Plänen trug, die ihm als krönender Abschluß seines Werkes erschienen. Ein Manuskript einer Dogmengeschichte, die er dem Unterzeichneten gegenüber als «Geschichte des analytischen Werkzeugs» definierte, ist großenteils fertiggestellt und wird nach seiner Veröffentlichung den Freunden des großen Gelehrten und der wissenschaftlichen Welt als letztes Dokument den letzten Standpunkt weisen, den der immer Wandelbare, immer Produktive theoretisch in seinen letzten Lebensmonaten eingenommen hat. Als ebensolches, letztes Zeugnis des theoretisch-soziologisch-politischen Standpunkts muß nun die zweite Auflage von «Capitalism, Socialism and Democracy» (New York und London, 1946) gelten, die ihr Verfasser selbst noch keineswegs als endgültig angesehen hat.

In englischer Sprache enthält die zweite Auflage außer einem neuen Vorwort ein neues Schlußkapitel, *das* «Die Folgen des zweiten Weltkriegs» *betitelt ist. In einem kurzen ersten Abschnitt «England und der orthodoxe Sozialismus» skizziert hier Schumpeter die englische Entwicklung, weist darauf hin, wie sehr sie im Einklang mit den Ausführungen seines 14. Kapitels steht, und stellt als das zentrale und schwierigste Problem des englischen Sozialismus heraus, daß jede weitergreifende Sozialisierung notwendig die Gewerkschaften zu sozialisieren hat. Der zweite, umfangreichste Abschnitt «Ökonomische Möglichkeiten in den Vereinigten Staaten» legt die außerordentlichen Chancen dar, welche der Kapitalismus in den USA. für eine Periode von 50 Jahren unter günstigen politischen und psychologischen Bedingungen noch besitzen könnte, zeigt die beschränkte Richtigkeit der Stagnationstheorie und mündet doch in der skeptischen Prognose, daß außerökonomische Faktoren vielleicht Ergebnisse für Einkommen und Beschäftigung zeitigen werden, die als Verifikation der Stagnationstheorie ausschauen mögen ... Der dritte Abschnitt «Russischer Imperialismus und Kommunismus» analysiert die Gründe, aus denen Rußland als der eigentliche Sieger aus dem Zweiten Weltkrieg hervorging, und beleuchtet einige der mutmaßlichen politischen und wirtschaftlichen Folgen.*

Wie man sieht, bringt dieses Schlußkapitel eine Aktualisierung der in dem Buch behandelten Probleme, eine Aktualisierung, die ihrem Wesen nach kurzfristigere Aussagen enthält als die langfristigen Extrapolierungen und Prognosen, die vorangehen. Vermutlich ist dies der Grund, aus welchem Schumpeter sich ablehnend gegen eine Übertragung dieses Kapitels verhielt und bis zur endgültigen Fassung in der dritten englischen Ausgabe zu warten bat. Ob dieser Wunsch des Verfassers auch übers Grab hinaus zu beachten ist, war nicht leicht zu entscheiden. Wer, wie der Unterzeichnete, durch fast vier Jahrzehnte mit Schumpeter verbunden war, hat oft genug erlebt, daß Schumpeter ein Diskussionsvotum oder sogar einen Vortrag bagatellisierte und doch Freunde und Kollegen und Schüler ihn nur allzugern im Druck festgehalten hätten. So stellt sich auch hier Schumpeters Bitte einem legitimen Interesse des deutschsprachigen Lesers entgegen. Aber ihr so bald nach dem Tode nicht zu entsprechen, schien uns nicht angängig. So begnüge man sich einstweilen mit diesem Hinweis. Sollte es zu einer dritten deutschen Ausgabe kommen, so wird neu zu entscheiden sein, ob die Patina der Zeit vielleicht doch den aktuellen Ausführungen so viel bleibendes Gewicht verliehen hat, daß sie auch vor Schumpeters eigenem Urteil bestehen könnten und eine deutsche Übertragung verantwortet werden darf.

Einverstanden war Schumpeter mit einer sinngemäßen Verwendung des Vorworts *zur zweiten englischen Ausgabe. Es folgt daher nachstehend als Abschluß des ganzen Werks, mit einem Titel, der zugleich seinen Anlaß und sein Ziel verdeutlicht.*

Basel, 20. Mai 1950 *E. S.*

Gegen Mißverständnisse – Zur Klärung

Diese Ausgabe enthält das Buch von 1942 ohne irgendeine Änderung [...]. Der Grund, aus dem ich sogar davon absah, einzelne Worte zu ändern, was an einer Reihe von Stellen offensichtlich angebracht wäre, ist der, daß bei Fragen, wie sie dieses Buch behandelt, unmöglich Formulierungen geändert werden können, ohne auch den Sinn zu ändern oder zumindest den Verdacht zu erwecken, daß man es getan habe. Und ich lege nunmal einiges Gewicht auf die Tatsache, daß weder die Ereignisse der letzten vier Jahre noch die in den Zeitschriften reichlich vorgebrachten Kritiken meine Diagnosen und Prognosen angetastet haben, – im Gegenteil, sie scheinen mir durch neue Tatsachen und Ereignisse nur vollauf bestätigt zu sein. [...]

An dieser Stelle gedenke ich einige kritische Einwände oder richtiger: Typen kritischer Einwände festzuhalten, die gegen das Buch – nicht notwendig im Druck – erhoben worden sind. Ich will so verfahren, weil ich hoffe, daß Antworten, wie ich sie zu bieten habe, sich für manche Leser als nützlich erweisen können, und nicht etwa, weil ich mit der Aufnahme dieses Buches irgendwie unzufrieden bin. Ganz im Gegenteil möchte ich diese Gelegenheit benutzen, um seinen Rezensenten für ihre unwandelbare Freundlichkeit und Liebenswürdigkeit und seinen Übersetzern in sieben Sprachen für ihre hochherzigen Bemühungen zu danken.

Zuallererst seien zwei Einwände fachlicher Natur erwähnt. Ein hervorragender Ökonom von internationalem Ansehen hat erklärt, er lehne meine Behauptung ab, daß als Teil des in diesem Buch beschriebenen Prozesses auf lange Sicht eine Tendenz zur Verflüchtigung der Profite besteht: die Mühe des Verkaufs, sagte er, wird immer sich im Preis Ausdruck verschaffen. Ich habe nicht den Eindruck, daß eine wirkliche Differenz zwischen uns vorhanden ist, – nur gebrauchen wir den Begriff «Profite» in verschiedenem Sinn. Verkaufsanstrengungen, wie sie vielleicht auch in einem Wirtschaftssystem noch nötig sind, das in gleichmäßiger Routine zur Ruhe gekommen ist, werden unzweifelhaft ihren Ertrag ernten müssen, genau so wie jede andere Art von Tätigkeit, die mit der Leitung eines Geschäfts verknüpft ist. Aber ich subsumiere dies unter «Leitungslöhne», um das auszusondern und zu unterstreichen, was ich für die fundamentale Quelle des industriellen Gewinns halte: die Profite, welche die kapitalistische Ordnung mit der erfolgreichen Einführung neuer Güter oder neuer Produktionsmethoden oder neuer Organisationsformen verbindet. Ich sehe nicht, wie man leugnen könnte, daß die Geschichte der Industrie überzeugend für die Wichtigkeit dieses Elementes der kapitalistischen Erträge zeugt. Und ich halte daran fest, daß mit wachsender Mechanisierung des industriellen «Fortschritts» (Gemeinschaftsarbeit in Forschungsabteilungen usw.) dieses Element und mit ihm der wichtigste Pfeiler der wirtschaftlichen Position der Kapitalistenklasse notwendig mit der Zeit zerbröckelt.

Die häufigste Kritik am rein ökonomischen Argument dieses Buches, die ich zu hören bekam – sie verstieg sich manchmal bis zu einem Verweis –, richtete sich gegen das, was viele Leser als Verteidigung der monopolistischen Praxis erachteten. Ja, ich glaube wirklich, daß *ein Großteil* des heutigen Geredes über Monopole sowie *die Gesamtheit* des heutigen Geredes über die schrecklichen Wirkungen des Sparens nichts als radikale Ideologie ist und keinerlei Grundlage in den Tatsachen hat. In leichterer Stimmung äußere ich mich gelegentlich schärfer als hier, besonders über die – jetzige oder vorgeschlagene – «Politik», die auf dieser Ideologie basiert. Aber hier, wo es sich beinah um eine Berufspflicht handelt, wünsche ich nur festzustellen: alles, was der Leser in diesem Buch über «Monopol» findet, führt in letzter Analyse auf die nachstehenden Behauptungen zurück, die nach meiner Überzeugung kein kompetenter Ökonom verneinen kann:

1. Die klassische Theorie der monopolistischen Preisbildung (die Cournot-Marshall-Theorie) ist nicht völlig wertlos, besonders dann nicht, wenn sie so weit verbessert wird, daß sie sich nicht nur mit der momentanen Maximierung des Monopolgewinns befaßt, sondern auch mit der Maximierung auf längere Frist. Doch sie arbeitet mit Annahmen, die so restriktiv sind, daß sie ihre *direkte* Anwendung auf die Wirklichkeit ausschließen. Vor allem kann sie nicht für den Zweck benutzt werden, für den sie heute im Unterricht benutzt *wird*, nämlich für einen Vergleich zwischen der Art, in der eine Wirtschaft des vollkommenen Wettbewerbs funktioniert, und der Art, in der eine Wirtschaft funktioniert, die erhebliche monopolistische Elemente enthält. Der Hauptgrund dafür ist, daß die Theorie gegebene Nachfrage- und Kostenbedingungen annimmt, und zwar die gleichen für den Fall des Wettbewerbs und für den Fall des Monopols, wogegen es zum Wesen der modernen Großunternehmung gehört, daß ihre Nachfrage- und Kosten-Bedingungen

bei großen Ausbringungsmengen sehr viel günstiger sind – und dies ist unausweichlich so – als die Nachfrage- und Kostenbedingungen, die bei einem Regime des vollkommenen Wettbewerbs in den gleichen Industrien existieren würden.

2. Die herrschende ökonomische Theorie ist fast zur Gänze eine Theorie der Lenkung eines gegebenen industriellen Apparats. Aber sehr viel wichtiger als die Art, in welcher der Kapitalismus gegebene industrielle Strukturen lenkt, ist die Art, in welcher er sie schafft (vgl. Kapitel 7 und 8). Und in diesen Schöpfungsprozeß findet das monopolistische Element notwendig Eingang. Dies gibt dem Monopol-Problem ein völlig anderes Aussehen, und ebenso den Gesetzgebungs- und Verwaltungsmethoden, die sich mit ihm befassen.

3. Ökonomen, die gegen Kartelle und andere Methoden industrieller Selbstverwaltung donnern, machen des öftern nichts geltend, was an sich verkehrt ist. Aber sie unterlassen die notwendigen Einschränkungen. Und wer notwendige Einschränkungen unterläßt, präsentiert nicht die volle Wahrheit. Es gäbe noch andere Dinge zu erwähnen, aber ich nehme davon Abstand, um mich einer zweiten Gruppe von Einwänden zuzuwenden.

Ich dachte, ich hätte jede Vorsicht walten lassen, um ganz klarzustellen, daß dies kein politisches Buch ist und daß ich nicht die Absicht habe, irgend etwas zu verteidigen oder zu befürworten. Trotzdem ist mir, zu meinem Amüsement, die Absicht unterschoben worden – und zwar mehr als einmal, obschon, soviel ich weiß, nicht im Druck –, ich «befürwortete einen fremden Kollektivismus». Ich erwähne dieses Faktum nicht um seiner selbst willen, sondern um einen andern Einwand festzunageln, der hinter diesem lauert. Wenn ich nicht Kollektivismus befürworten will, weder fremden noch einheimischen, – warum schrieb ich dann überhaupt? Ist es nicht völlig sinnlos, Folgerungen aus beobachteten Tatsachen herauszuarbeiten, ohne zu praktischen Empfehlungen zu gelangen? Ich war jedesmal sehr interessiert, wenn mir dieser Einwand begegnete, – er ist solch ein hübsches Symptom einer Haltung, die vieles im modernen Leben erklärt. Wir schmieden dauernd zuviel Pläne und denken dauernd zu wenig nach. Wir nehmen jeden Appell zum Denken übel und hassen jedes ungewohnte Argument, das nicht in Übereinstimmung steht mit dem, was wir schon glauben oder gern glauben möchten. Wir tappen in unsere Zukunft, so wie wir in den Krieg tappten, – mit verbundenen Augen. Nun, genau dies ist der Punkt, wo ich dem Leser helfen wollte. Ich wollte ihn dazu bringen, daß er nachdenkt. Und um das zu tun, war es wesentlich, seine Aufmerksamkeit nicht durch Erörterungen abzulenken, was von irgendeinem fixierten Standpunkt aus «in der Sache getan werden sollte», – das hätte sein Interesse ganz mit Beschlag belegt. Die Analyse hat ihre klarumgrenzte Aufgabe, und an diese Aufgabe wollte ich mich halten, obwohl ich mir der Tatsache völlig bewußt gewesen bin, daß dieser Entschluß mich um einen großen Teil des Echos bringen mußte, das ein paar Seiten voll praktischer Schlußfolgerungen hervorgerufen hätten.

Dies führt, als letztes, zu dem Vorwurf des «Defaitismus». Ich bestreite nachdrücklich, daß dieser Ausdruck auf eine analytische Arbeit anwendbar ist. Defaitismus bezeichnet einen gewissen Seelenzustand, der bedeutungsvoll nur im Hinblick auf das Handeln wird. Fakten an sich oder Folgerungen aus ihnen können niemals defaitistisch sein, noch das Gegenteil, gleichviel worin das besteht. Die Nachricht, daß ein bestimmtes Schiff im Sinken ist, ist nicht defaitistisch. Aber die Gesinnung, in der diese Nachricht aufgenommen wird, kann defaitistisch sein: die Mannschaft kann sich hinsetzen und sich betrinken. Jedoch sie kann auch zu den Pumpen stürzen. Wenn die Männer einfach die Nachricht negieren, obwohl sie sorgfältig erhärtet ist, dann sind sie «Escapisten», sind sie Leute, die vor der Wahrheit die Augen zusperren. Ja, selbst wenn meine Feststellung von Tendenzen stärker auf eine Voraussage hinausliefe, als dies in meiner Absicht lag, selbst dann lägen darin keine defaitistischen Suggestionen. Welcher normale Mensch wird darauf verzichten, sein Leben zu verteidigen, einfach weil er ganz davon überzeugt ist, daß er früher oder später ohnehin sterben muß? Das gilt für die beiden Gruppen, von denen der Vorwurf erhoben wurde: für die Paten einer privatkapitalistischen Gesellschaft wie für die Paten eines demokratischen Sozialismus. Beide haben nur zu gewinnen, wenn sie klarer als sie es im Allgemeinen tun, das Wesen der sozialen Situation erkennen, in der ihnen vom Schicksal zu handeln aufgegeben ist.

Freimütig auch unheilschwangere Tatbestände aufzuzeigen, war noch nie so nötig wie heute; denn es scheint, wir haben den Escapismus, die Flucht vor der Wirklichkeit, zu einem Denksystem entwickelt. [...] Die Tatsachen und die Folgerungen [...] sind sicher weder erfreulich noch tröstlich. Jedoch *sie* sind nicht defaitistisch. Ein Defaitist ist, wer mit den Lippen sich zum Christentum und all den andern Werten unserer Kultur bekennt und dennoch sich weigert, zu ihrer Verteidigung zu den Waffen zu greifen, gleichviel ob er ihren Untergang als eine selbstverständliche Gewißheit ansieht oder sich mit nichtigen Hoffnungen täuscht, wo keine Hoffnung ist. Denn heute ist eine jener Situationen, in denen Optimismus nichts ist als eine Form der Pflichtvergessenheit.

Joseph A. Schumpeter

Taconic, Connecticut
Juli 1946

NAMEN- UND SACHVERZEICHNIS